U0816888

大学化学习题精解系列

有机化学习题精解(上)

(第二版)

冯骏材　丁景范　吴　琳　编著

科学出版社

北　京

内 容 简 介

本书为《大学化学习题精解系列》之一，是原《大学基础课化学类习题精解丛书》之《有机化学习题精解(上)》的第二版。

本书是根据现行有机化学教学大纲的要求，按照国内外通用的有机化学教材内容，在第一版的基础上修订编写而成。全书分上、下两册，本书是上册，包括烷烃和环烷烃，对映异构，卤代烷，烯烃，炔烃与二烯烃，芳烃，波谱学和有机结构，醇、酚、醚，醛和酮，共九章。所有习题均给出详细参考解答，便于学生自学。

本书可作为高等院校化学、化学工程与工艺、生物化学、环境化学、药学、医学、材料等有关专业本科生和硕士研究生备考者的参考用书，也可供从事有机化学教学的教师参考。

图书在版编目(CIP)数据

有机化学习题精解(上)/冯骏材，丁景范，吴琳编著. —2 版. —北京：科学出版社，2009

大学化学习题精解系列

ISBN 978-7-03-022036-3

Ⅰ.有… Ⅱ.①冯… ②丁… ③吴… Ⅲ.有机化学—高等学校—解题 Ⅳ.O62-44

中国版本图书馆 CIP 数据核字(2008)第 101628 号

责任编辑：胡华强　丁　里　王志欣／责任校对：陈玉凤
责任印制：赵　博／封面设计：陈　敬

科学出版社 出版
北京东黄城根北街 16 号
邮政编码：100717
http://www.sciencep.com

北京天宇星印刷厂印刷

科学出版社发行　各地新华书店经销

*

1999 年 8 月第 一 版　开本：B5(720×1000)
2009 年 1 月第 二 版　印张：19 3/4
2024 年 12 月第二十一次印刷　字数：372 000

定价：56.00 元

(如有印装质量问题，我社负责调换)

《大学化学习题精解系列》
原《大学基础课化学类习题精解丛书》编委会

总策划人：唐任寰　胡华强

编委：

无机化学习题精解：	唐任寰	（北京大学）
（上、下册）	胡少文	（北京大学）
	廖宝凉	（华中科技大学）
	兰雁华	（华中科技大学）
	李东风	（华中师范大学）
	周井炎	（华中科技大学）
	吴映辉	（华中科技大学）
有机化学习题精解：	冯骏材	（南京大学）
（上、下册）	丁景范	（山西大学）
	吴　琳	（南京大学）
物理化学习题精解：	王文清	（北京大学）
（上、下册）	高宏成	（北京大学）
	沈兴海	（北京大学）
定量分析习题精解：	潘祖亭	（武汉大学）
	曾百肇	（武汉大学）
仪器分析习题精解：	赵文宽	（武汉大学）
	胡胜水	（武汉大学）

序

我国将开始全面实施《高等教育面向21世纪教育内容和课程体系改革计划》，按照新的专业方案，实现课程结构和教学内容的整合、优化，编写出版一批高水平、高质量的教材来。其目标就是转变教育思想，改革人才培养模式，实现教学内容、课程体系、教学方法和手段的现代化，形成和建立有中国特色高等教育的教学内容和课程体系。

演算习题是学习中的重要环节，是课堂和课本所学知识的初步应用与实践，通过演算和思考，不仅能考查对知识的理解和运用程度，巩固书本知识，而且培养了科学的思维方法和解题能力。在学习中，若仅是为了完成作业、应付考试，或舍身于题海，则会徒然劳多益少，趣味索然。反之，若能直取主题，举一反三，便可收事半功倍之效，心旷神怡。

本套丛书共分8卷，是从大学主干基础课的四大化学：无机化学、有机化学、物理化学和分析化学等课程中精选得来，包括了综合性大学、高等院校理科和应用化学类本科生从一年级至四年级的基本知识和能力运算。各书每章在简明扼要的基本知识或主要公式后，针对性挑选系列练习题，对每题均给出解题思路、方法和步骤，使同学能加深对相关章节知识的理解和掌握，以及运用知识之灵活性，并便于读者随时翻阅，不致在解题过程中因噎废食，半途而废。

约请参加本套丛书编写的有北京大学、南京大学、武汉大学、华中科技大学和华中师范大学等长期在教学第一线从事基础教学和科学研究的教师们，他们积累有丰富的教学经验和科研成果，相得益彰，并且深入同学实际，循循善诱。不管教育内容和课程体系做如何的更改调整，集四大化学的精选题解都具有提纲挈领的功力，因其中筛集以千计的题条几囊括了化学类题海之精英，包含各类题型和不同层面的难度及其变化。融会贯通的结果将熟能生巧，并对其他“高、精、尖”难题迎刃而解。工欲善其事，必先利其器。历年来综合性大学、高等院校理科化学专业及应用化学专业本科生、研究生和出国留学人员的沙场战绩证明，本套丛书将是对他们十分有用并必备的学习工具。

我们对北京大学、南京大学、武汉大学、华中科技大学、华中师范大学和科学出版社等有关领导给予的大力支持和积极帮助深表感谢。

鉴于是首次组织著名大学的化学教授和专家们分别执写基础化学课目，虽经认真磋商和校核，仍难免存在错误和不妥之处，还望专家和读者们不吝赐教和指正，以便我们今后工作中加以改进，不胜感谢。

唐任寰

1999年5月于北京大学燕园

第二版前言

本书是根据现行有机化学教学大纲的要求，按照国内外通用的有机化学教材内容，在第一版的基础上修订编写而成。编写本书时较好地处理了结构与性质、机理与反应的关系，阐述了反应中的区域选择性和立体选择性、合成中的官能团转换和碳架的建立，强调了不同类型化合物之间反应机理的相似性和它们的内在联系。相对于第一版而言，本书丰富了各章的内容提要，较为详尽地叙述和总结了各章的主要内容，包括各类化合物的结构、性质、反应和机理、合成方法等，可起到帮助学生学习和总结的作用。本书还增加了解题示例，并给出了详细的解题思路和方法，帮助读者提高解题的能力和正确性。本书所选习题典型、全面，有利于学生加强对有机化学基本概念的理解以及对基本理论和基本方法的掌握。所有习题均给出详细参考解答，便于学生自学。

本书对第一版中的习题作了调整和删减，尽可能地符合教学的基本要求，在掌握各类有机化合物的结构、性质、反应和机理等基本要求的基础上，培养学生举一反三的能力。

全书由冯骏材（南京大学）、丁景范（山西大学）、吴琳（南京大学）分工编写修订，最后由冯骏材统稿。

编写过程中纠正了第一版习题和解答中的错误，并为此诚恳地向读者表示歉意。同时还要感谢使用过第一版并提出不少宝贵意见的老师和学生。本书尽力避免不必要的错误，欢迎读者批评指正，发现的错误将在重印给予纠正。

编　者

2008 年 5 月于南京大学

第一版前言

有机化学是大学本科的一门重要基础课，我们根据有机化学的特点，在教学过程中紧紧抓住“读、听、写、议”四个环节，注重学习方法，举一反三的能力，推理能力和自我拓宽知识面等能力的培养，取得了较好的效果。这里的“写”就是要动手，不仅仅是要求完成一定量的作业，做好笔记，写好总结，更主要是要求把“写”当作进一步巩固和提高有机化学学习效果的手段。我们根据有机化学的教学要求，组织编写了这本习题详解，其目的也是为了使读者有更多的机会通过习题的训练，在思维方法和能力上有所提高。同时在解题时，我们除在书写上尽量规范以外，还在不少地方提供了解题的思路，起到了辅导的作用。

本书的习题来源主要靠教学的积累、继承和收集，部分习题根据文献资料和教学要求作了适当的改造和编辑。全书由冯骏材（南京大学），丁景范（山西大学），吴琳（南京大学）分工编写，并经多次讨论修改而成，最后由冯骏材统稿。

由于习题的解题方法必须与教学进展相衔接，所以有的题解方法未必是最恰当的方法，然而在相应的章节中应该是合理的。

各章在习题前的“基本内容”具有内容提要和总结的性质，然而由于各章的内容、重点各异，采用了几种不同的编写规格，目的是让读者在有机化学的学习中根据自己学习的具体情况作自我总结时参考。如果读者在有机化学的各章学习后，通过总结，能在头脑中留下一个条理十分清晰的轮廓是十分有益的。

限于编者的水平及成稿仓促，再加上习题及解答的复核工作量相当大，尽管编者尽了很大的努力来避免错误，但错误和不妥之处在所难免，编者恳切希望读者批评指正。

本书编写过程中得到两校同行老师们的支持和鼓励，并提出不少宝贵意见，在此致以衷心感谢。

编　者

1999年1月于南京大学化学楼

目　　录

序

第二版前言

第一版前言

第一章　烷烃和环烷烃 …… 1

第二章　对映异构 …… 27

第三章　卤代烷 …… 49

第四章　烯烃 …… 72

第五章　炔烃与二烯烃 …… 101

第六章　芳烃 …… 124

第七章　波谱学和有机结构 …… 163

第八章　醇、酚、醚 …… 208

第九章　醛和酮 …… 244

第一章　烷烃和环烷烃

一、内 容 提 要

1. 烷烃和环烷烃结构的特征

烷烃和环烷烃都是只含碳和氢两种元素的有机化合物。烷烃的通式为 C_nH_{2n+2}，单环环烷烃的通式为 C_nH_{2n}。它们都是饱和烃。

在烷烃和环烷烃中，碳原子以 sp^3 杂化轨道分别与氢原子的 s 轨道和另一个碳原子的 sp^3 杂化轨道交盖，构成碳-氢 σ 键和碳-碳 σ 键。在烷烃中，键角接近 $109°28'$。甲烷具有正四面体的结构，直链烷烃的碳链呈锯齿形结构。在环烷烃中，除小环外，五～七元环、大多数中环及大环中的键角也接近正常键角。

2. 烷烃的异构

烷烃的异构是由于分子中碳原子的连接顺序不同而引起的，由碳原子的连接顺序不同而产生的异构称为构造异构。

异构体的推导是先写出不带支链的最长碳链为碳架，然后依次写出少一个、两个等碳原子的碳链。碳原子的最长碳链为碳架，而把少下来的一个、两个等碳原子作为支链依次写在相应碳架的不同碳原子上，从而构成不同的异构体，最后用氢原子将碳原子的化合价饱和。

例如，推导分子式为 C_7H_{16} 的烷烃的构造异构体可按如下步骤进行：

第一步：写出 C—C—C—C—C—C—C 主碳架。

第二步：写出六碳的主碳架 C—C—C—C—C—C，然后以一个 C 为支链，依次连在上述的主碳架上，得到 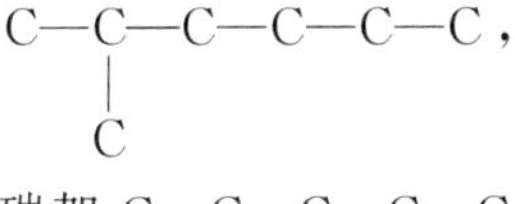，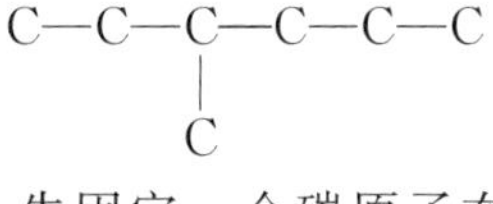。

第三步：写出五碳的主碳架 C—C—C—C—C，先固定一个碳原子在 C_2 上，然后将另一个碳原子依次连在主碳架上，得到 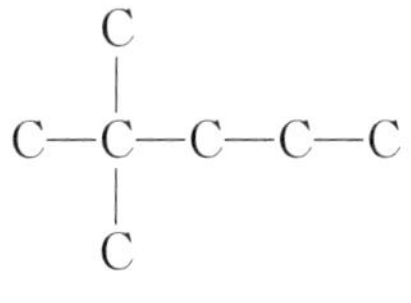，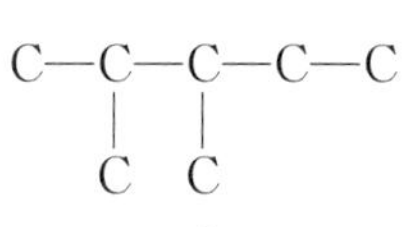，

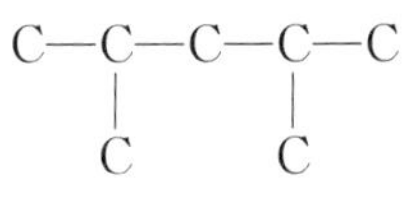，若将一个碳原子先固定在 C_3 上，则得 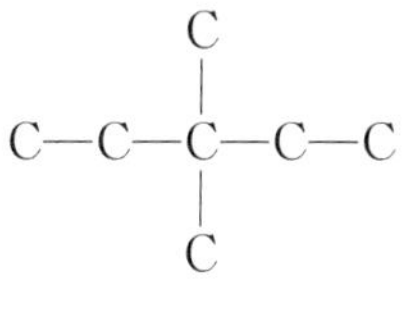，

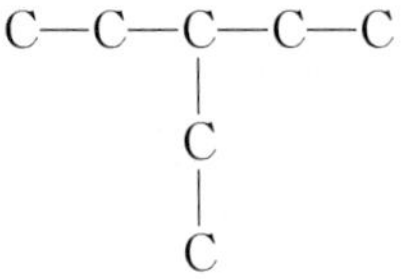
。

第四步:写出四碳的主碳架 C—C—C—C,先分别固定两个碳原子在 C_2 上,然后把剩下的一个碳原子连上,从而得到 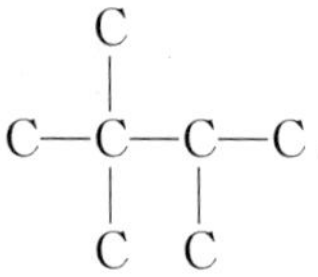 ,共得到九个异构体。

第五步:用氢原子使上述各式中碳原子的化合价饱和。

上述各异构体可以用键线式简写如下:

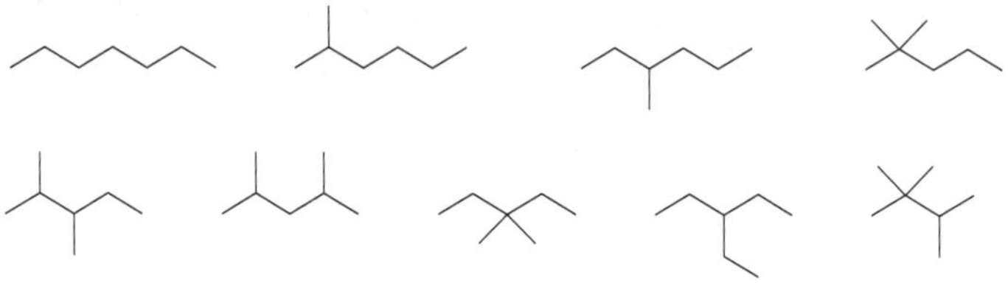

3. 烷烃的命名

链状烷烃的命名原则如下:

(1) 选择最长的碳链为主链,称为某烷。

(2) 如有两条或两条以上最长碳链可供选择时,优先选择取代基多的碳链为主链。

(3) 主链的编号原则是从最靠近取代基的一端开始。

(4) 按先取代基、后母体的顺序命名。取代基出现的顺序按优先基团后出现的原则。例如:

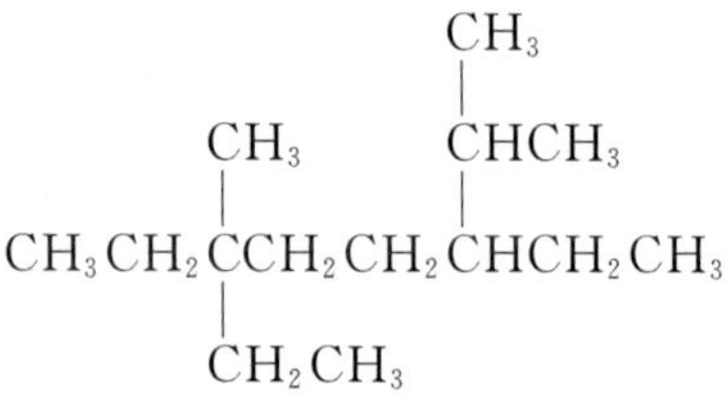

2,6-二甲基-3,6-二乙基辛烷

环烷烃的命名原则如下:

(1) 对于简单的单环环烷烃,通常将单环作为母体,取代基的编号遵循最低系列原则。

(2) 如有几种可能的编号,选择顺序规则中顺序最小的基团编的位次最小。

例如:

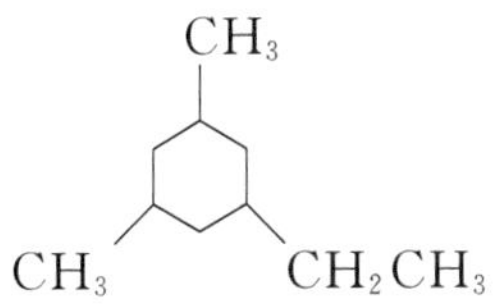

1,3-二甲基-5-乙基环己烷

(3) 桥环化合物以桥环上碳原子总数称桥环的母体烷烃。桥环上的取代基列在母体的前面。桥环烃的编号有固定的顺序,从一个桥头开始,经最长的桥编到第二个桥头,然后沿次长的桥编到第一个桥头,再依次从更短的桥编下去。当编号可以选择时,应尽量选择使取代基的位次小。例如:

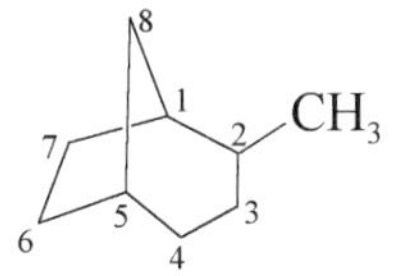

应命名为 2-甲基二环[3.2.1]辛烷,而不是 4-甲基二环[3.2.1]辛烷。方括号中的数字为碳桥上的碳原子数,中间用小圆点隔开。

(4) 螺环化合物以螺环上碳原子总数称螺环的母体烷烃,螺环上的取代基列在母体的前面。螺环烃的编号有固定的顺序,从小环靠近螺原子的碳原子开始编号,编到螺原子时即完成小环的编号,然后沿着大环编下去。当编号可以选择时,应尽量选择使取代基的位次小。例如:

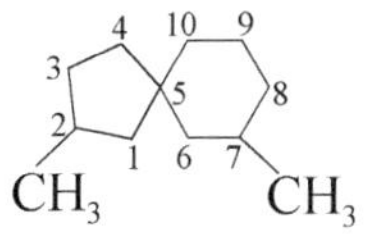

应命名为 2,7-二甲基螺[4.5]癸烷,而不是 3,7-二甲基螺[4.5]癸烷或其他。方括号中的数字为螺原子外的环上的碳原子数,中间用小圆点隔开。

4. 烷烃和环烷烃的构象

在烷烃中由于 σ 键的旋转,导致原子或原子团在空间的排列不同,这样产生的异构称为构象异构,构象异构是无限的。在乙烷的无数构象中,势能最高、最不稳定的是重叠式构象,势能最低、最稳定的是交叉式构象,它们可以用锯架式或纽曼(Newman)投影式分别表示如下:

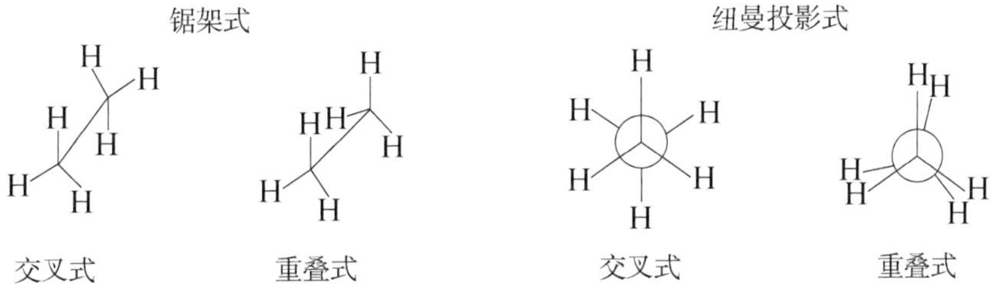

环烷烃中以环己烷的构象最为重要。环己烷的典型构象有船式、椅式、半椅式和扭船式。其中,椅式构象的势能最低、最稳定;半椅式构象的势能最高、最不稳定。在椅式构象中,每相邻两个碳原子间的关系都是邻位交叉式构象,所以可以从乙烷的交叉式构象推导出环己烷的椅式构象。

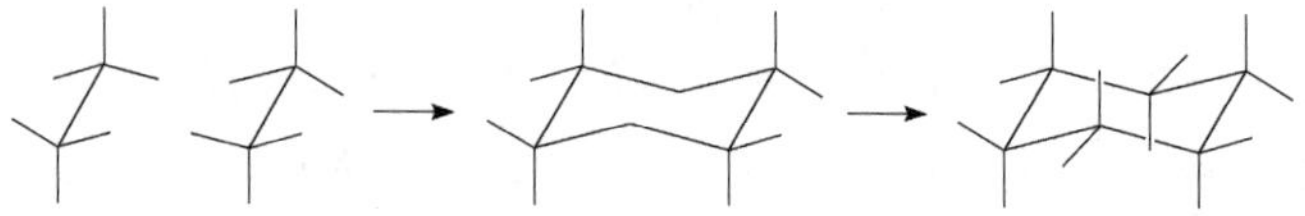

只有正确地写出环己烷的构象,才能写好有两个或三个环己烷稠合的化合物的各个构象。

对于取代环烷烃,取代基尽可能占在 e 键上的构象是稳定构象;对于不同取代基的取代环烷烃,体积相对较大的取代基尽可能占在 e 键上的构象是稳定构象。

5. 烷烃的燃烧热和生成热与异构体的相对稳定性

对于同分异构体,它们的势能并不完全相同,即它们的相对稳定性不同。但由于同分异构体彻底燃烧后的结果是一样的,因此它们的势能不同,燃烧后放出的热量也不同,即它们的燃烧热不同。势能较低的,相对较稳定,燃烧热较小;相反,势能较高的,相对较不稳定,燃烧热较大,这就是燃烧热与异构体相对稳定性之间的关系。

对于同分异构体,也可以用生成热来判断它们的相对稳定性。因为生成同分异构体的原子及原子数相同,所以生成热数值越小(对于负值即负的越多),异构体越稳定。

相应地,同样可以根据同分异构体的相对稳定性来判断它们燃烧热及生成热的相对大小,示意图如下:

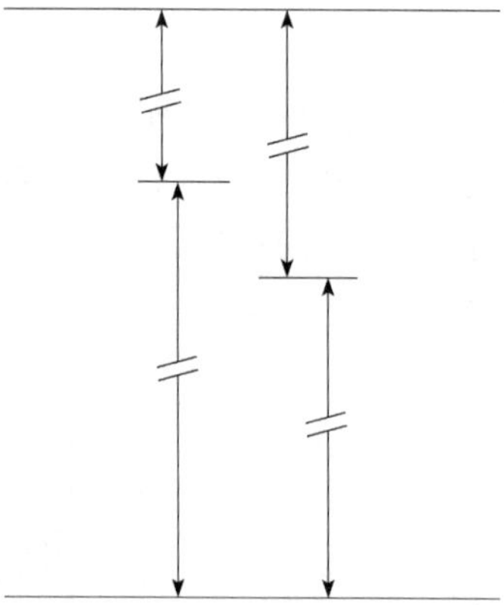

同分异构体的稳定性(势能)与燃烧热和生成热的关系示意图

6. 烷烃卤化的自由基反应机理

烷烃与卤素反应生成卤代烃，反应按自由基反应机理进行。首先，卤素在光、热或化学引发剂作用下生成卤素自由基，然后与烷烃反应生成卤代烃。自由基反应机理通常经过链引发、链增长、链终止三个主要阶段。

$$Cl_2 \xrightarrow{h\nu} 2Cl\cdot \qquad \text{链引发}$$

$$Cl\cdot + RH \longrightarrow HCl + R\cdot$$
$$R\cdot + Cl_2 \longrightarrow RCl + Cl\cdot \qquad \text{链增长}$$

$$R\cdot + R\cdot \longrightarrow R{-}R$$
$$Cl\cdot + Cl\cdot \longrightarrow Cl_2 \qquad \text{链终止}$$
$$R\cdot + Cl\cdot \longrightarrow RCl$$

自由基的稳定性顺序为叔碳自由基＞仲碳自由基＞伯碳自由基。所以，烷烃发生自由基取代反应时氢的活性顺序为叔氢＞仲氢＞伯氢。

7. 小环环烷烃的张力和化学反应

小环环烷烃具有较大的环张力，产生张力的主要因素有非键作用、键长的变化、键角的变化和扭转角的变化，其能量分别表示为 E_{nb}、E_l、E_θ、E_Φ。

环丙烷的张力最大，容易与氢、溴、溴化氢等发生加成反应，得到相应的开环产物。

环丁烷的张力比环丙烷小，开环反应不如环丙烷容易，与溴能发生取代反应。

环丙烷对氧化剂高锰酸钾稳定。

二、解 题 示 例

【例 1-1】 写出含五个碳原子的可能开链烷基（C_5H_{11}—），并用系统命名法命名。

解 首先写出含五个碳原子的碳架异构，然后关键是找出各碳架异构中不等价的氢原子，从而可以得到不同的烷基。

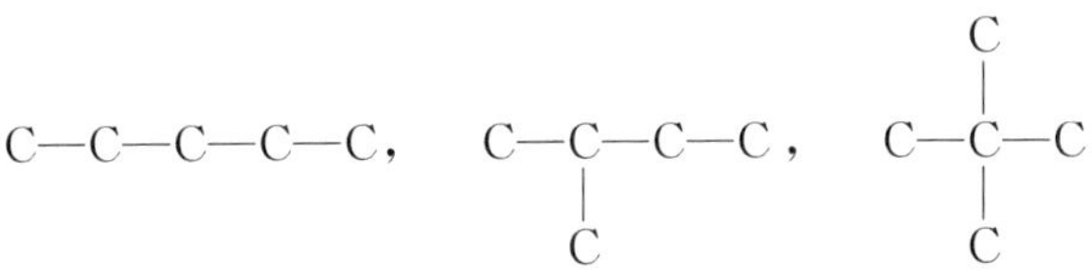

在 C—C—C—C—C 中有三种不等价的氢原子，因此可衍生出三种相同碳架的烷基：

C—C—C—C—C—

戊基

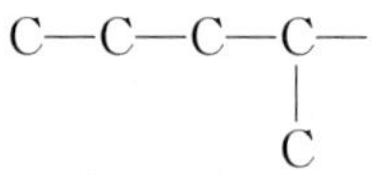
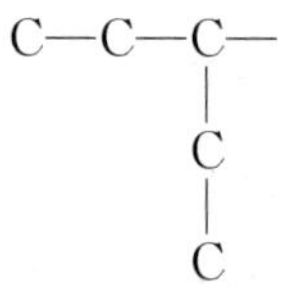

1-甲基丁基　　1-乙基丙基

在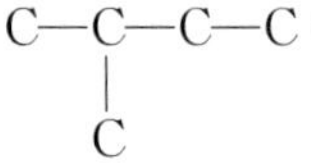中有四种不等价的氢原子,因此可衍生出四种相同碳架的烷基:

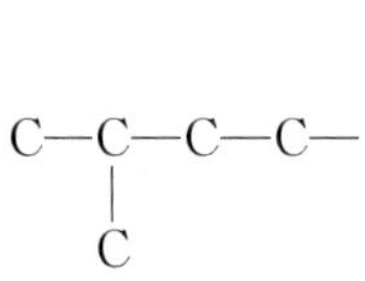
3-甲基丁基

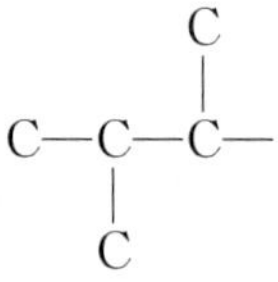
1,2-二甲基丙基

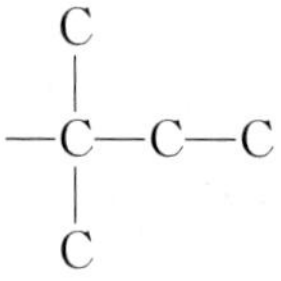
1,1-二甲基丙基

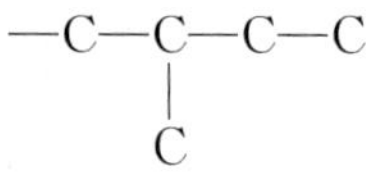
2-甲基丁基

在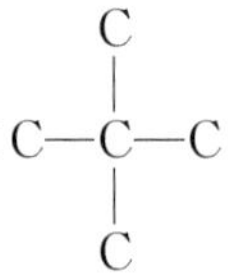中都为等价的氢原子,所以只有一种烷基,即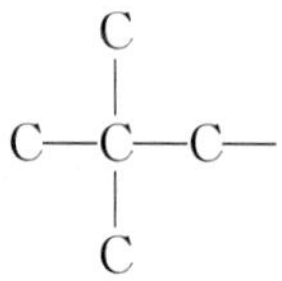(2,2-二甲基丙基)。

因此,含五个碳原子的开链烷基共八个。侧链作为取代基,其编号是从游离价碳原子开始的。

【例 1-2】 写出 2-甲基丁烷和 2,2,4-三甲基戊烷的可能一氯取代物的结构式,并用系统命名法命名。

解　2-甲基丁烷的构造式为

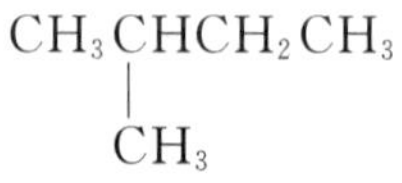

分子中具有四种不等价的氢原子,所以氯取代时可以生成四种不同的一氯取代物:

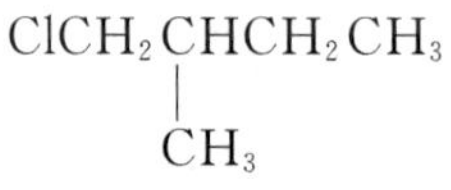
2-甲基-1-氯丁烷

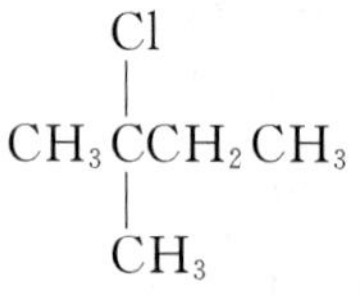
2-甲基-2-氯丁烷

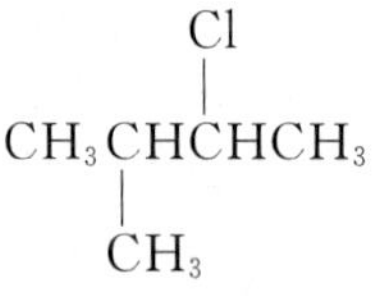
2-甲基-3-氯丁烷

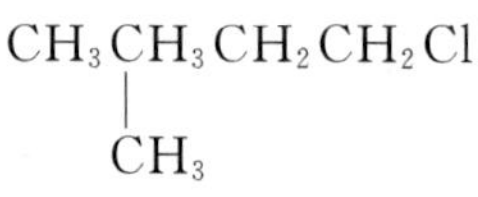
3-甲基-1-氯丁烷

2,2,4-三甲基戊烷的构造式为

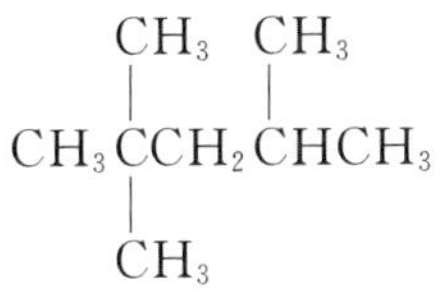

分子中也具有四种不等价的氢原子，同样可以生成四种不同的一氯取代物：

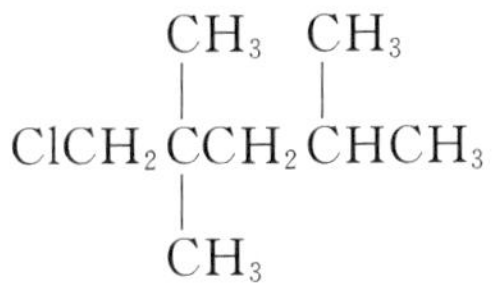

2,2,4-三甲基-1-氯戊烷

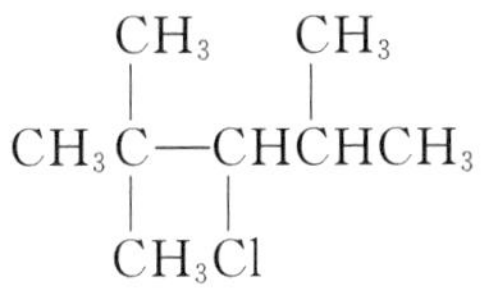

2,2,4-三甲基-3-氯戊烷

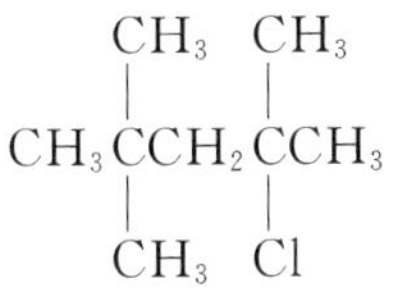

2,2,4-三甲基-4-氯戊烷

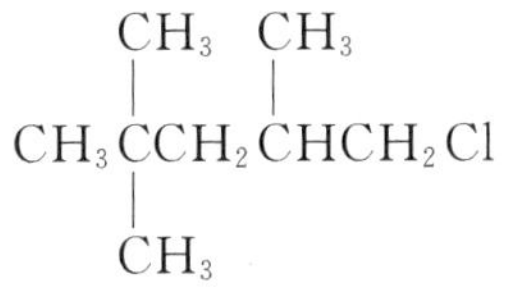

2,4,4-三甲基-1-氯戊烷

【例 1-3】 写出分子中仅含一个季碳原子、一个叔碳原子和一个仲碳原子及多个伯碳原子的最简单的烷烃的可能异构体。

解 根据季碳、叔碳和仲碳的定义，异构体必须具有如下特征：

季碳

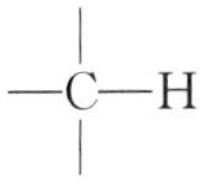

叔碳

仲碳

其中游离价表示必须与其他碳原子相连接。在构造上要符合最简单烷烃的要求，首先它们之间必须互相连接，然后剩余的游离价用最小的烷基（甲基）饱和。季、叔、仲碳互相连接时有如下三种方式：

季—仲—叔　　季—叔—仲　　叔—季—仲

因此，相应的烷烃为

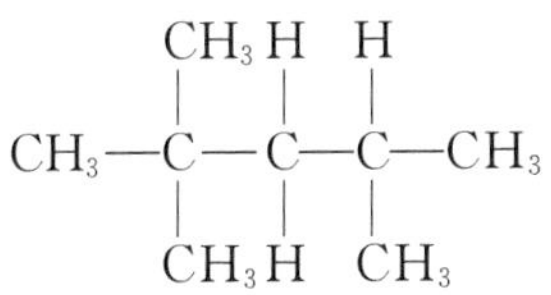

2,2,4-三甲基戊烷

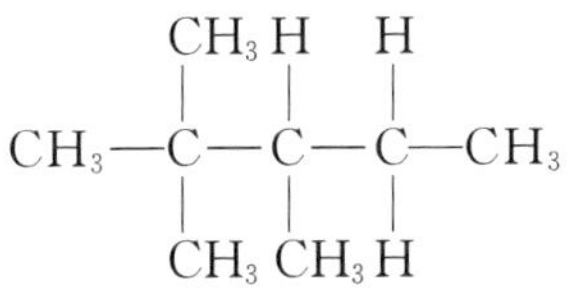

2,2,3-三甲基戊烷

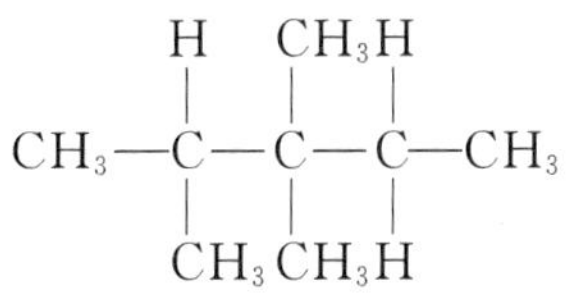

2,3,3-三甲基戊烷

【例 1-4】 写出 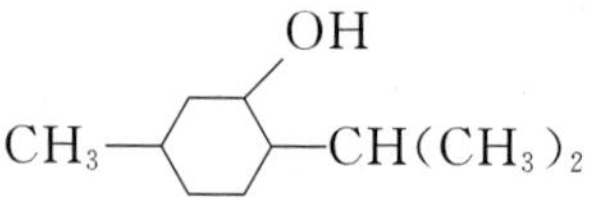 可能的构型异构体。

解 化合物的构造已经确定,构型仅指环上三取代基的相对顺反形式,因此可能的构型异构体有

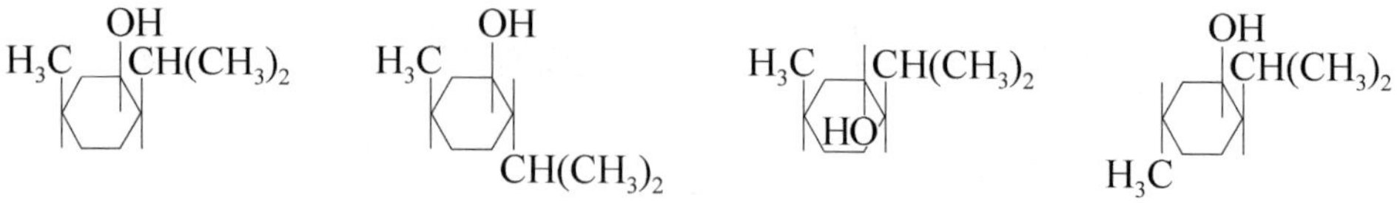

【例 1-5】 判断下列环烃化合物的结构是否正确,并解释原因。

(1) 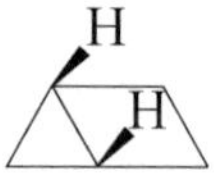

(2) 
(3) 

(4) 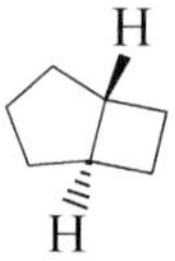

(5) 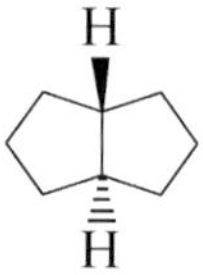

(6) 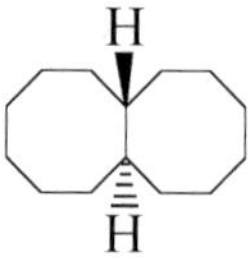

解 其中(3)和(4)是错误的,它们分别是由三元环与六元环及四元环与五元环以反式稠合在一起,这在立体结构上是做不到的。而顺式稠合却不受环大小的影响,所以(1)是正确的。(5)和(6)都是由两个较大的环以反式稠合,在立体结构上是做得到的,所以它们是正确的。(2)是螺环,不受环大小的影响,所以也是正确的。

【例 1-6】 写出下列化合物的相应构象式。

(1) 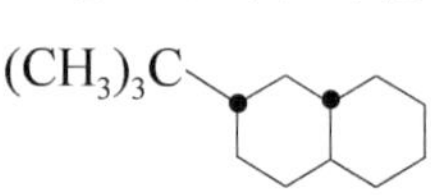

(2) 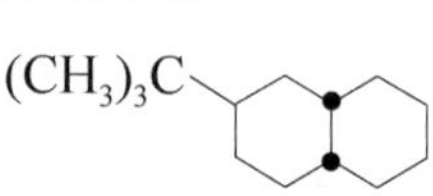

(3) 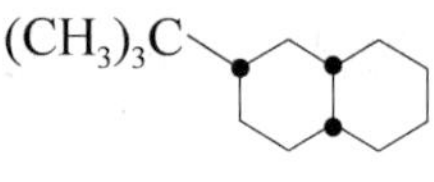

(4) 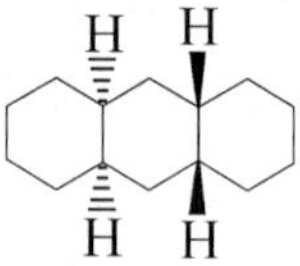

解 这里黑点仅表示 H 靠近观察者的投影,或者指向环平面上方的 H。明确这个意义后,再根据相应构型写出其构象式就不容易写错,因此有

(1) 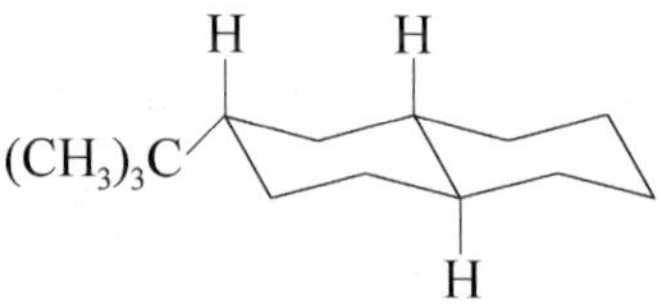

(2) 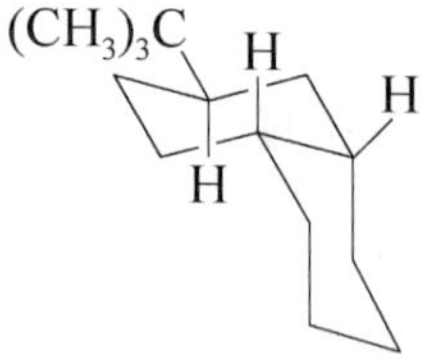

(3) 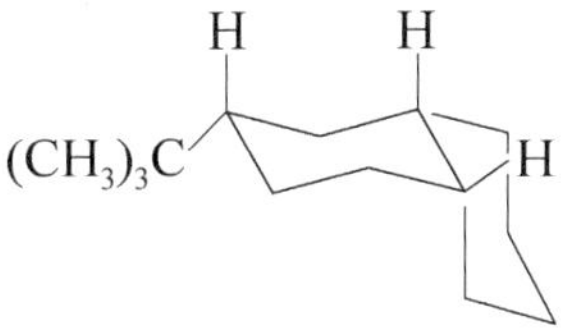　　(4) 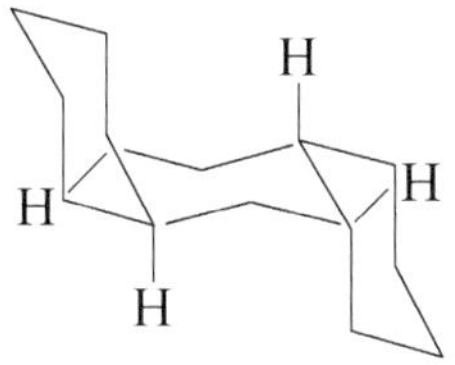

【例 1-7】　如何解释环丙烷中氢的酸性比丙烷中氢的酸性大？

解　这必须要从它们的成键轨道情况来分析。原子轨道沿着键轴方向从正面交盖能达到最大程度的交盖，这样构成的 σ 键也最强。丙烷中的碳-碳 σ 键和碳-氢 σ 键就是分别由两个碳原子以 sp^3 杂化轨道正面交盖及由碳原子以 sp^3 杂化轨道和氢原子的 s 轨道从正面交盖而成的。而在环丙烷中，由于必须由三个碳原子组成共平面的三元环，因此环上碳原子不可能按正常的 sp^3 杂化轨道沿键轴方向从正面互相交盖成键，而必定要在交盖重叠时偏离键轴，形成弯曲形的键，称为香蕉键。这时键角也不可能是正常的 109°28′，这势必产生角张力，为了尽可能减小角张力，碳原子在形成碳环的轨道中具有较大成分的 p 轨道特征，而在形成环外的 C—H 中，碳原子却具有较大成分的 s 轨道特征，其 H—C—H 键角也增至 114°。在 C—H 键中，碳原子所用杂化轨道中的 s 成分增大，则该碳原子上氢的酸性增强，所以环丙烷中氢的酸性要比丙烷中氢的酸性大。

【例 1-8】　叔丁基过氧化物[$(CH_3)_3C—O—O—C(CH_3)_3$]可以作为烷烃自由基反应的引发剂。在叔丁基过氧化物存在下，将 2-甲基丙烷和四氯化碳混合，并加热至 130～140℃，得到 2-甲基-2-氯丙烷和三氯甲烷。试根据上述实验事实提出合理的反应机理。

解　过氧化物中的氧-氧键较弱，容易在受热的情况下发生均裂，生成烷氧基自由基，从而引发自由基链反应。

$$(CH_3)_3C—O—O—C(CH_3)_3 \longrightarrow 2(CH_3)_3CO\cdot$$

$$(CH_3)_3CO\cdot + CH_3\underset{\displaystyle CH_3}{\underset{|}{C}}HCH_3 \longrightarrow (CH_3)_3COH + (CH_3)_3C\cdot$$

$$(CH_3)_3C\cdot + CCl_4 \longrightarrow CH_3\overset{\displaystyle Cl}{\overset{|}{\underset{\displaystyle CH_3}{\underset{|}{C}}}}CH_3 + \cdot CCl_3$$

$$\cdot CCl_3 + CH_3\underset{\displaystyle CH_3}{\underset{|}{C}}HCH_3 \longrightarrow CHCl_3 + (CH_3)_3C\cdot$$

【例 1-9】　简单讨论甲基自由基的结构，并画出示意图。

解　甲基自由基中碳原子外层有 7 个电子，其中有 6 个电子占在碳原子的 sp^2

杂化轨道上,杂化轨道分别与氢原子的 s 轨道交盖组成 3 个碳-氢 σ 键,成平面结构,碳原子外层还剩 1 个电子,占在碳原子原来的 p 轨道上,它垂直于上述 3 个碳-氢 σ 键所在的平面。其示意图如下:

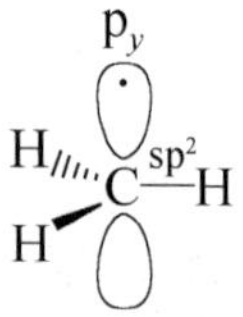

【例 1-10】 用系统命名法命名下列四甲基取代环己烷,并讨论它的稳定构象。

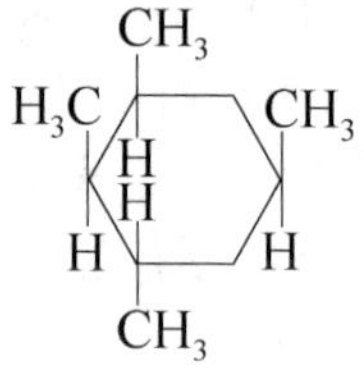

解 命名为 r-1,顺-2,反-3,顺-5-四甲基环己烷。

该化合物的构型已给定,稳定构象应为椅式构象,其中有 2 个甲基占在 a 键上,另 2 个甲基占在 e 键上。构象翻转后得到另一个椅式构象,同样是 2 个 a 键甲基和 2 个 e 键甲基。但仔细分析这两个椅式构象的稳定性有差别。

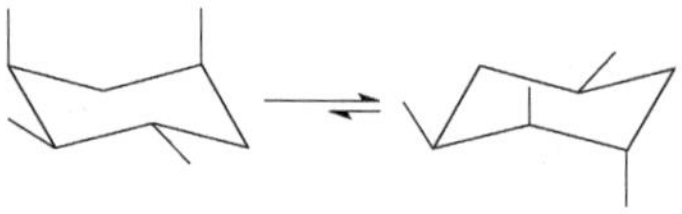

(A)　　　　(B)

(A)构象中的两个 a 键甲基在环的同一边,有很强的 1,3-相互排斥作用,而(B)构象中的两个 a 键甲基在环的两边,相互排斥力较小,所以相对而言,(B)构象式比(A)构象式稳定。

三、习题与参考解答

【习题 1-1】 什么是烃、饱和烃和不饱和烃?

解 分子中只含碳、氢两种元素的有机化合物称为烃。烃分子中碳原子之间仅以单键相互连接成链的称为饱和烃,也称烷烃。烷烃中碳链为开链的称为开链烷烃,而碳-碳之间连接成环的称为环烷烃。烃分子中除碳-碳单键外,还含碳-碳双键(C═C)或碳-碳叁键(C≡C)的称为不饱和烃。

【习题 1-2】 什么是烷基?写出常见的烷基及相应的名称。

解 烷烃分子中去掉一个氢原子,生成的一价原子团称为烷基。常见的烷基有

CH_3—	甲基(简写为 Me—)
CH_3CH_2—	乙基(简写为 Et—)
$CH_3CH_2CH_2$—	丙基(简写为 Pr—)
$CH_3CH_2CH_2CH_2$—	丁基(简写为 Bu—)

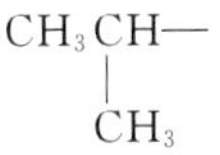 异丙基(简写为 *i*-Pr—)

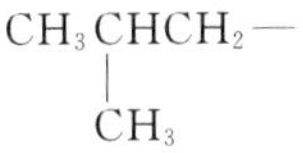 异丁基(简写为 *i*-Bu—)

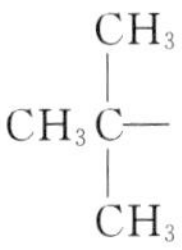 叔丁基(简写为 *t*-Bu—)

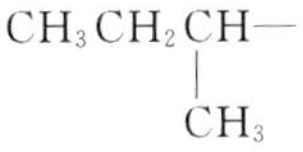 仲丁基(简写为 *s*-Bu—)

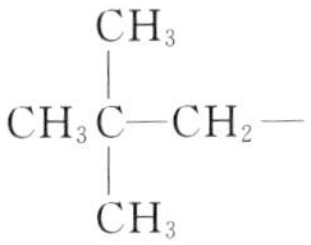 新戊基

【习题 1-3】 用系统命名法命名下列直链烷烃。

(1) 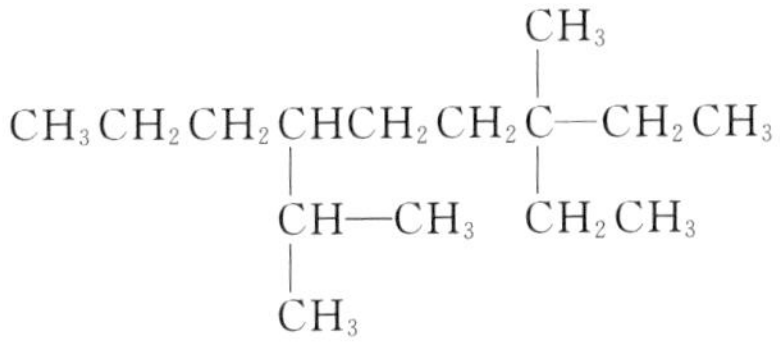

(2) 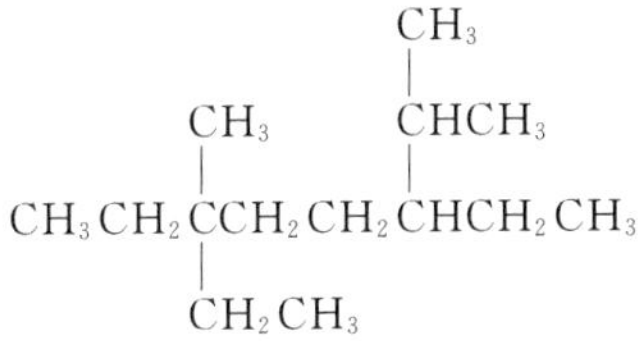

(3) 

(4) 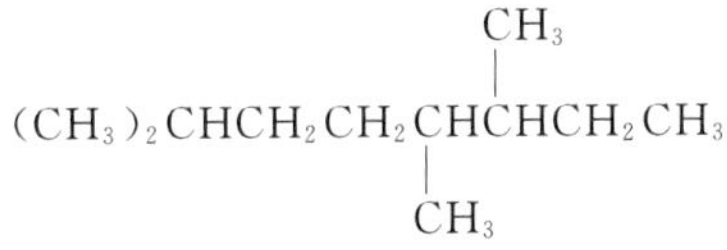

(5) 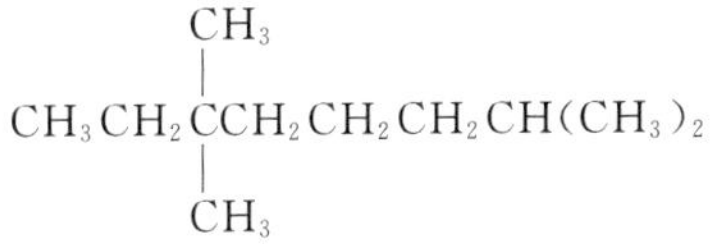

(6) 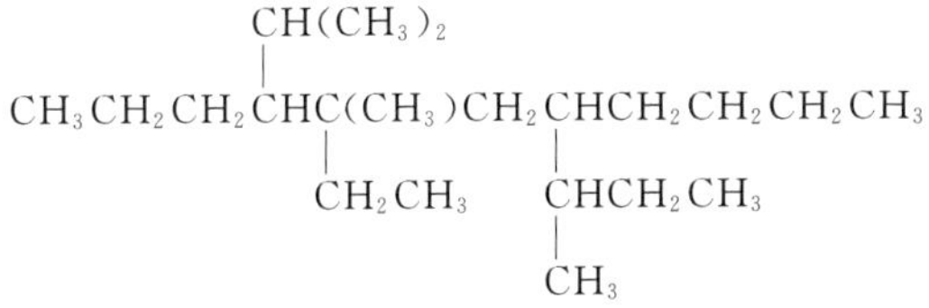

解 (1) 3-甲基-3-乙基-6-异丙基壬烷

(2) 2,6-二甲基-3,6-二乙基辛烷

(3) 3-甲基-4-乙基己烷

(4) 2,5,6-三甲基辛烷

(5) 2,6,6-三甲基辛烷

(6) 5-甲基-5-乙基-4-异丙基-7-仲丁基十一烷

烷烃的命名是先取代基后母体,取代基按顺序规则,优先基团后出现的原则排列在母体名称的前面。相同取代基必须合并,表示取代基位置的阿拉伯数字必须写在相应取代基前面,阿拉伯数字与汉字之间必须用半字格一短横"-"隔开,阿拉伯数字之间用逗号","分开。

【习题 1-4】 什么是伯、仲、叔、季碳原子？什么是伯、仲、叔氢原子？

解 在烷烃分子中,某碳原子仅与一个其他碳原子相连接时称为伯碳原子,当与两个其他碳原子相连接时称为仲碳原子,当与三个或四个其他碳原子相连接时分别称为叔碳原子或季碳原子。伯、仲、叔碳原子上连接的氢原子分别称为伯氢原子、仲氢原子和叔氢原子。

【习题 1-5】 写出己烷的所有异构体,并用系统命名法命名。

解

己烷

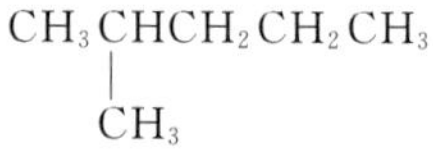

2-甲基戊烷

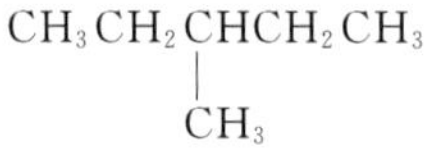

3-甲基戊烷

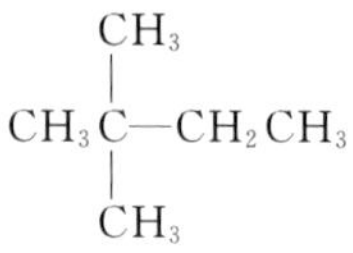

2,2-二甲基丁烷

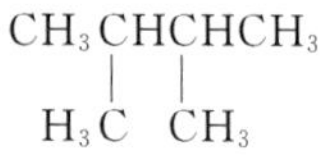

2,3-二甲基丁烷

【习题 1-6】 写出符合下列条件的烷烃构造式,并用系统命名法命名。

(1) 只含有伯氢原子的戊烷

(2) 含有一个叔氢原子的戊烷

(3) 只含有伯氢和仲氢原子的己烷

(4) 含有一个叔碳原子的己烷

(5) 含有一个季碳原子的己烷

(6) 只含有一种一氯取代的戊烷

(7) 只有三种一氯取代的戊烷

(8) 有四种一氯取代的戊烷

(9) 只有两种二氯取代的戊烷

解 (1) 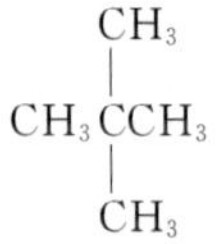 2,2-二甲基丙烷

(2)  2-甲基丁烷

(3) $CH_3CH_2CH_2CH_2CH_2CH_3$　己烷

(4) $CH_3CHCH_2CH_2CH_3$　2-甲基戊烷

　　|
　　CH_3

$CH_3CH_2CHCH_2CH_3$　3-甲基戊烷

　　　|
　　　CH_3

　　CH_3
　　|
(5) $CH_3CCH_2CH_3$　2,2-二甲基丁烷
　　|
　　CH_3

　　CH_3
　　|
(6) CH_3CCH_3　2,2-二甲基丙烷
　　|
　　CH_3

(7) $CH_3CH_2CH_2CH_2CH_3$　戊烷

(8) $CH_3CHCH_2CH_3$　2-甲基丁烷

　　|
　　CH_3

　　CH_3
　　|
(9) CH_3CCH_3　2,2-二甲基丙烷
　　|
　　CH_3

对相应烷烃各异构体中伯、仲、叔、季碳原子及伯、仲、叔氢原子的确证及对各异构体中氢原子的化学环境的比较是解此题的关键。

【习题 1-7】 用键线式表示下列化合物的结构。

(1) 丙烷　　(2) 丁烷

(3) 异丁烷　　(4) 2,2-二甲基丙烷

(5) 2,3-二甲基丁烷　　(6) 3-乙基戊烷

(7) 3-甲基-1-氯丁烷　　(8) 3,4,5-三甲基-4-丙基庚烷

(9) 2,5-二甲基-4-异丁基庚烷　　(10) 5-(3-甲基丁基)癸烷

解 (1) 　(2) 

(3) 　(4) 

(5) 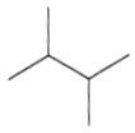　(6) 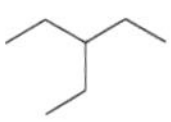

(7) 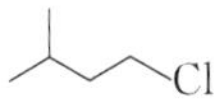

(8) 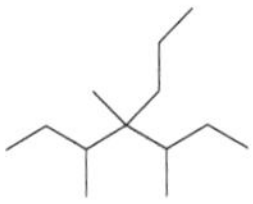

(9) 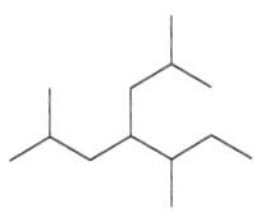　(10) 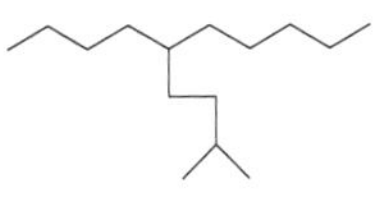

键线式是最简单的表示有机化合物构造式的方法。其中每个拐点及端点都表示碳原子,氢原子省略不写,但杂原子必须标出。

【习题 1-8】 写出含甲基最多的分子式分别为 C_8H_{18} 和 $C_{11}H_{24}$ 的烷烃的紧缩结构式及相应的键线式。

解 叔丁基是含甲基最多的烷基,因此根据题意,C_8H_{18} 的结构式为 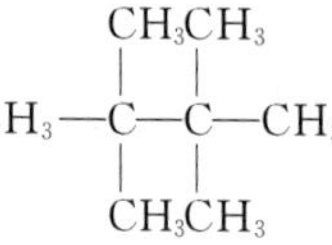,其紧缩结构式为 $(CH_3)_3C—C(CH_3)_3$,相应的键线式为 。

在上述结构式的任意碳-碳键之间插入 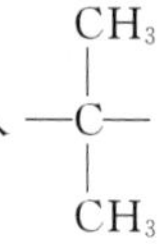,即得到含甲基最多的 $C_{11}H_{24}$ 的结构式 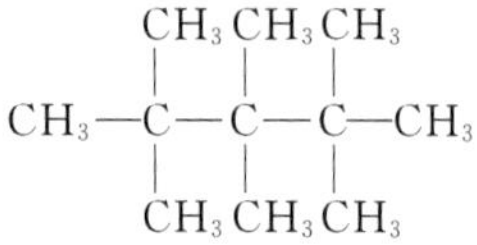,其紧缩结构式为 $(CH_3)_3C—C(CH_3)_2C(CH_3)_3$,相应的键线式为 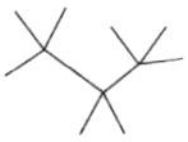。

【习题 1-9】 将下列烷烃按照沸点由高到低的顺序排列,然后与手册核对。

(1) 己烷　(2) 辛烷　(3) 3-甲基庚烷

(4) 正戊烷　(5) 2,3-二甲基戊烷　(6) 2-甲基己烷

(7) 四甲基丁烷

解 (2)>(3)>(7)>(6)>(5)>(1)>(4)。

烷烃为非极性分子,其沸点主要取决于相对分子质量大小以及相对分子质量相同时分子中支链的数目。

【习题 1-10】 用纽曼投影式表示 2,3-二甲基丁烷的交叉式和重叠式构象异构体,并比较其相应势能。

解 (1) 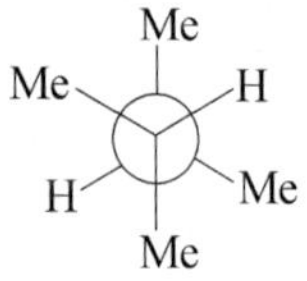 (2) 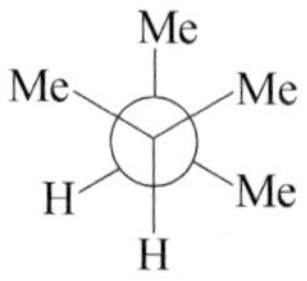 (3) 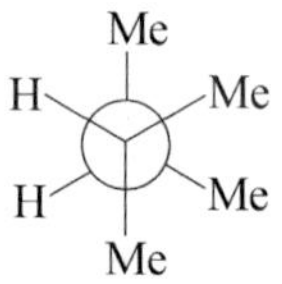

(4) 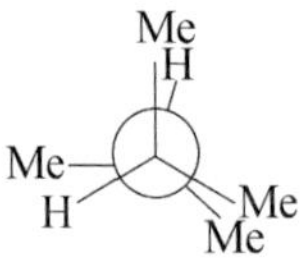 (5) 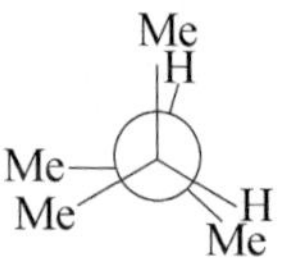 (6) 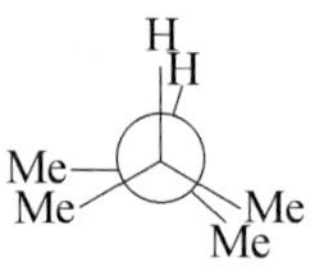

(1)~(3)为交叉式,(4)~(6)为重叠式构象。其势能大小顺序为(6)>(5)=(4)>(3)=(2)>(1)。

【习题 1-11】 按题意要求,用纽曼投影式写出下列化合物的最稳定构象。

(1) 3-甲基戊烷(以 $C_2—C_3$ 为准)

(2) 3,3-二甲基己烷(以 $C_3—C_4$ 为准)

(3) 2,2,5,5-四甲基己烷(以 $C_3—C_4$ 为准)

解 (1) 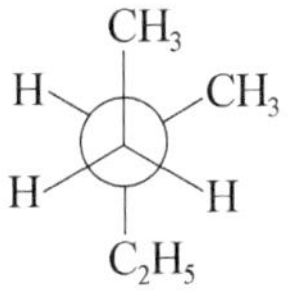

(2) 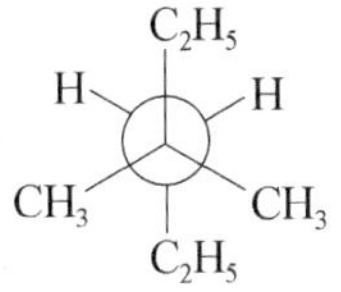

(3) 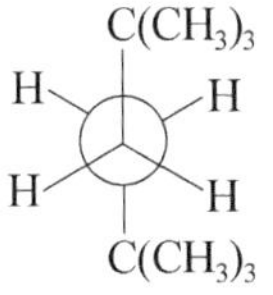

【习题 1-12】 某烷烃相对分子质量为 114,在光照下与氯气反应,仅能生成一种一氯化产物,试推测其结构式。

解 烷烃的通式为 C_nH_{2n+2},则有 $12n+2n+2=114$,解得 $n=8$,则该烷烃的分子式为 C_8H_{18}。

由于只能生成一种一氯化产物,说明该烷烃中的 18 个氢原子是等性的,因此其结构为

$$(CH_3)_3C—C(CH_3)_3$$

【习题 1-13】 以甲烷的溴化为例,讨论反应 $Br\cdot + CH_4 \longrightarrow \cdot CH_3 + HBr$ 中过渡态和 $\cdot CH_3$ 的状态,并画出反应进程势能变化示意图。

解

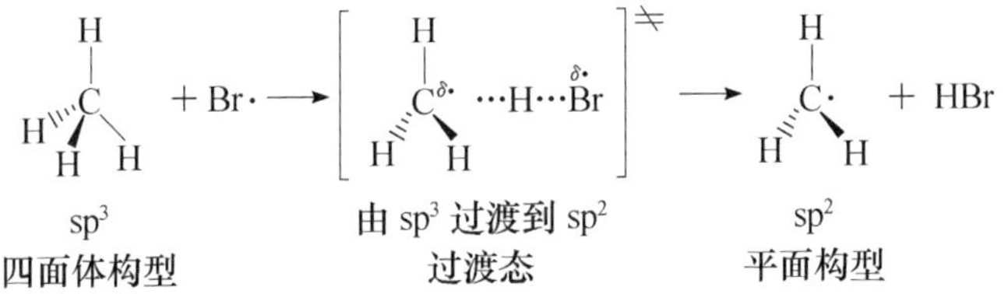

$\cdot CH_3$ 中碳原子为 sp^2 杂化状态,呈平面构型,孤电子在垂直于碳氢原子所在平面的 p 轨道上。

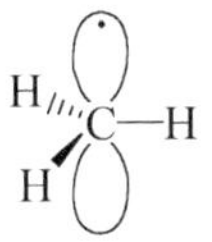

反应进程势能变化示意图如下:

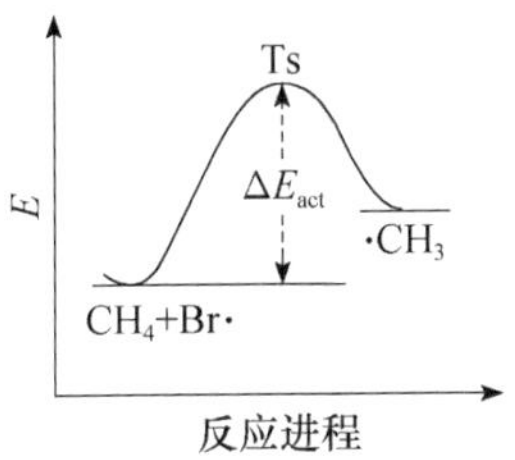

【习题 1-14】 写出环己烷溴化生成一溴环己烷的反应机理,并画出反应进程势能变化的曲线示意图。

解

$$Br_2 \xrightarrow{h\nu} 2Br\cdot \qquad 链引发$$

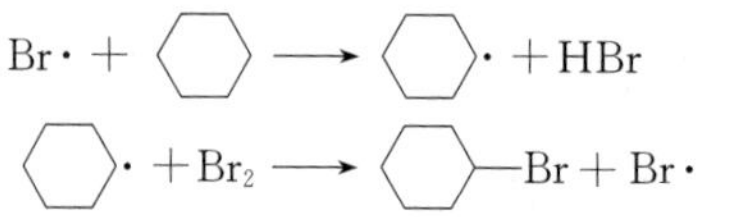

链增长

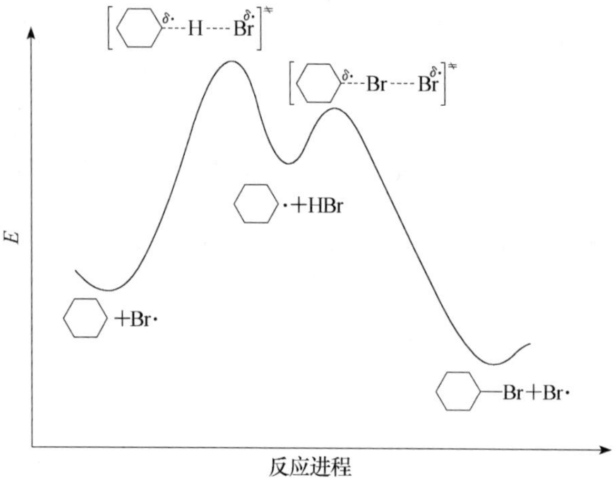

【习题 1-15】 比较下列自由基的稳定性。

$CH_3\dot{C}HCH(CH_3)_2$　　$\dot{C}H_2CH_2CH(CH_3)_2$　　$CH_3CH_2\dot{C}(CH_3)_2$

解 稳定性顺序为 $CH_3CH_2\dot{C}(CH_3)_2 > CH_3\dot{C}HCH(CH_3)_2 > \dot{C}H_2CH_2CH(CH_3)_2$。

烷基自由基的稳定性有如下规律：

叔碳自由基>仲碳自由基>伯碳自由基>甲基自由基

【习题 1-16】 以 $(CH_3)_2CHCH_2CH_3$ 与 X_2 发生卤化反应为例，在同一坐标图上分别表示伯、仲、叔氢原子卤化时生成过渡态和相应自由基的势能示意图，并简要说明不同氢原子在卤化时的相对活性。

解 根据哈蒙德(Hammond)假定，在这一步反应中，生成相应自由基前的过渡态更接近自由基。叔碳自由基最稳定，相应的势能最低；伯碳自由基最不稳定，相应的势能最高；仲碳自由基居中。因此生成叔碳自由基前的相应过渡态的势能最低，生成伯碳自由基前的相应过渡态的势能最高，仲碳居中，其相应活化能的大小为 $\Delta E_{act}^{伯} > \Delta E_{act}^{仲} > \Delta E_{act}^{叔}$。由此可知其卤化时氢的活性为叔氢>仲氢>伯氢。反应进程势能变化示意图如下：

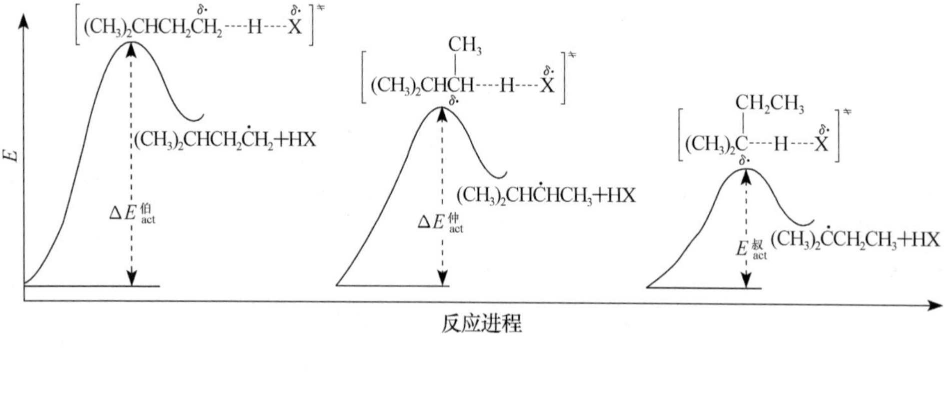

【习题 1-17】 2-甲基丁烷发生一氯化反应，已知其四种一氯化产物和相应的百分含量如下：

$$(CH_3)_2CHCH_2CH_3 + Cl_2 \xrightarrow{光} \underset{27.1\%}{ClCH_2\overset{\overset{CH_3}{|}}{C}HCH_2CH_3} +$$

$$\underset{23.1\%}{(CH_3)_2\overset{\overset{Cl}{|}}{C}CH_2CH_3} + \underset{36.2\%}{(CH_3)_2CH\underset{\underset{Cl}{|}}{C}HCH_3} + \underset{13.6\%}{(CH_3)_2CHCH_2CH_2Cl}$$

推算伯、仲、叔氢原子被氯取代的活性比。

解

$$\left.\begin{array}{ll} 伯氢 & (27.1+13.6)/9=4.5 \\ 仲氢 & 36.2/2=18.1 \\ 叔氢 & 23.1/1=23.1 \end{array}\right\} \times \frac{1}{4.5} = \begin{cases} 1 \\ 4 \\ 5.1 \end{cases}$$

【习题 1-18】 利用习题 1-17 中得到的烷烃中伯、仲、叔氢在氯化时的活性比，求 $CH_3CH_2CH_2CH_3$ 氯化时得到的各种一氯化产物的相对含量。

解 不同一氯化产物的相对含量与它们相应的原子数和活性比有关。原子数之比为

$$伯氢 : 仲氢 = 6 : 4 = 3 : 2$$

其活性比为

$$伯氢 : 仲氢 = 1 : 4$$

所以 1-氯丁烷的相对含量为

$$\frac{3\times1}{3\times1+4\times2}\times100\% = 27.27\%$$

2-氯丁烷的相对含量为

$$\frac{4\times2}{3\times1+4\times2}\times100\% = 72.73\%$$

【习题 1-19】 烷烃溴化时，其相应氢原子溴化的活性比为伯氢：仲氢：叔氢＝1：80：1600。请计算 2-甲基丙烷溴化时各一溴取代物的相对含量。

解 原子数之比为

$$伯氢 : 叔氢 = 9 : 1$$

所以 2-甲基-1-溴丙烷的相对含量为

$$\frac{9\times1}{9\times1+1\times1600}\times100\% = 0.6\%$$

2-甲基-2-溴丙烷的相对含量为

$$\frac{1\times1600}{9\times1+1\times1600}\times100\% = 99.4\%$$

【习题 1-20】 在实验室欲从(1)异丁烷制备卤代叔丁基，(2)新戊烷制备卤代新戊烷，根据习题 1-17～习题 1-19 的结果分析卤化剂应选择 Cl_2 还是 Br_2，并说明原因。

解 (1) 应选择 Br_2，因为 Br_2 的选择性比 Cl_2 高。

(2) 可以选择 Cl_2 或 Br_2。因为新戊烷分子中只有一种伯氢原子。考虑 Cl_2 比 Br_2 活泼,且价格便宜,因此选择 Cl_2 可能更好。

【习题 1-21】 简要说明甲烷氯化比全氚代甲烷(CD_4)氯化的速率要快约 20 倍的原因。

解 由于氯化的链增长的第一步为

$$Cl\cdot + CH_4(CD_4) \longrightarrow HCl + \dot{C}H_3(\dot{C}D_3)$$

相对而言是反应速率慢的一步,在这一步要断裂 C—H(C—D)键,而 C—D 键的键能比 C—H 键的键能大,因此 CD_4 在氯化时需要的反应活化能 ΔE_{act} 要比 CH_4 氯化时的大。反应活化能大,则反应速率就慢,所以甲烷氯化要比全氚代甲烷氯化快。

【习题 1-22】 硫酰氯(SO_2Cl_2)可用作烷烃的氯化剂,当用过氧化物(ROOR)作为引发剂时可产生二氧化硫。试写出在过氧化物引发下,烷烃被硫酰氯氯化的反应机理。

解 过氧化物很容易发生氧-氧键的均裂,产生烷氧基自由基。所以氯化的反应机理为

$$ROOR \longrightarrow 2RO\cdot$$
$$RO\cdot + R'H \longrightarrow ROH + R'\cdot$$
$$R'\cdot + SO_2Cl_2 \longrightarrow \cdot SO_2Cl + R'Cl$$
$$\cdot SO_2Cl \longrightarrow SO_2 + Cl\cdot$$
$$Cl\cdot + R'H \longrightarrow R'\cdot + HCl$$

【习题 1-23】 在 50℃时,四乙基铅[$Pb(C_2H_5)_4$]能引发甲烷与氯气按自由基机理发生烷烃的氯化反应,试写出其可能的机理。

解 四烷基铅中的 Pb—C 键很弱,很容易发生均裂,产生相应的自由基。其反应机理可能为

$$Pb(C_2H_5)_4 \longrightarrow \cdot\dot{\underset{\cdot}{P}}b\cdot + 4CH_3CH_2\cdot$$
$$CH_3CH_2\cdot + Cl_2 \longrightarrow CH_3CH_2Cl + Cl\cdot$$
$$Cl\cdot + CH_4 \longrightarrow HCl + CH_3\cdot$$
$$CH_3\cdot + Cl_2 \longrightarrow CH_3Cl + Cl\cdot$$

【习题 1-24】 用系统命名法命名下列化合物。

(1) 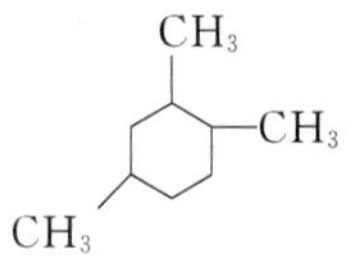

(2) 

(3) 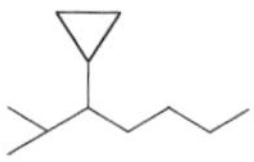

(4) 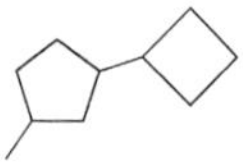

(5) 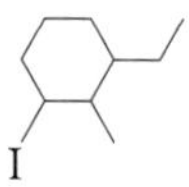

(6) 

(7) 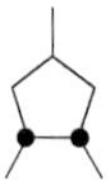

(8) 

(9) 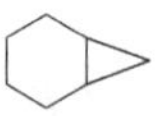

(10) 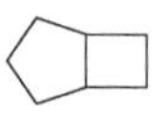

(11) 

(12) 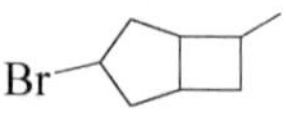

(13) 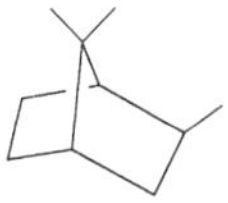
(14) 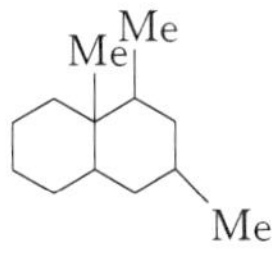
(15) 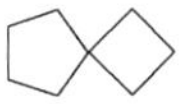

(16) 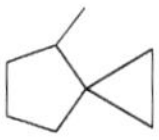
(17) 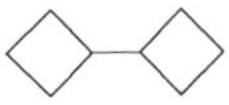
(18) 

解　(1) 1,2,4-三甲基环己烷

(2) 1,1-二甲基-3-异丙基环戊烷

(3) 2-甲基-3-环丙基庚烷

(4) 1-甲基-3-环丁基环戊烷

(5) 2-甲基-1-乙基-3-碘环己烷

(6) 反-1,4-二甲基环己烷

(7) *r*-1,顺-2,反-4-三甲基环戊烷

(8) *r*-1,反-2,顺-3-三甲基环己烷

(9) 二环[4.1.0]庚烷

(10) 二环[3.2.0]庚烷

(11) 二环[1.1.1]戊烷

(12) 6-甲基-3-溴二环[3.2.0]庚烷

(13) 2,7,7-三甲基二环[2.2.1]庚烷

(14) 1,2,4-三甲基二环[4.4.0]癸烷或1,3,9-三甲基十氢化萘

(15) 螺[3.4]辛烷

(16) 4-甲基螺[2.4]庚烷

(17) $1,1'$-联环丁烷

(18) 三环[4.2.2.$0^{1,6}$]癸烷

【习题 1-25】　写出符合下列名称的化合物的结构式。

(1) 乙基环丙烷

(2) 1,2-二甲基环丙烷

(3) 反-1-氯-2-溴环丁烷

(4) 二环[1.1.0]丁烷

(5) 二环[3.1.1]庚烷

(6) 顺二环[3.3.0]辛烷

(7) 2-乙基-7-碘二环[2.2.1]庚烷

(8) 1,4-二甲基二环[2.2.2]辛烷

(9) 螺[2.5]辛烷

(10) 5-甲基螺[3.4]辛烷

解　(1) 
(2) 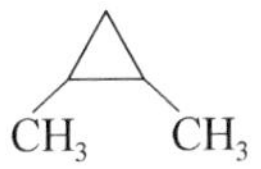
可以有顺反异构
(3) 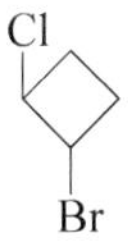

(4) 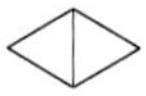

(5) 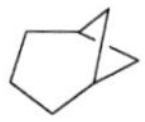

(6) 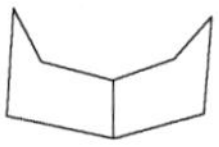

(7) 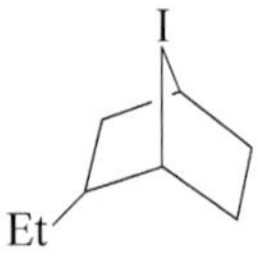

(8) 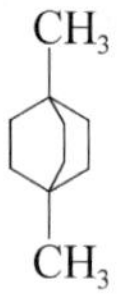

(9) 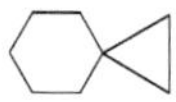

(10) 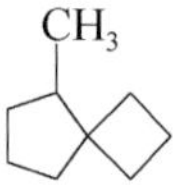

注意掌握桥环烃和螺环烃的定义、环上碳原子各自特有的编号规则及书写原则,就能够做到正确命名或根据名称写出其相应的结构。

【习题 1-26】 试推出桥环烃中二环和三环化合物的通式。

解 桥环烃是指共用两个或两个以上碳原子的多环化合物。判断是二环或三环的方法是将桥环烃中相关碳-碳键断裂,使之变为开链化合物,需断裂两次碳-碳键才能转变为开链化合物的桥环烃称为二环,需断裂三次碳-碳键的称为三环。因此二环具有 2 个不饱和度,其通式为 C_nH_{2n-2},三环具有 3 个不饱和度,其通式为 C_nH_{2n-4}。

【习题 1-27】 写出下列化合物可能的构型异构体。

(1) 1,3-二甲基-5-氯环己烷

(2) 1-甲基-3-氯-5-溴环己烷

解 (1) 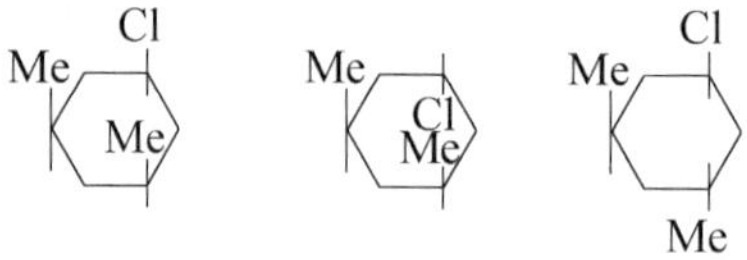

(2) 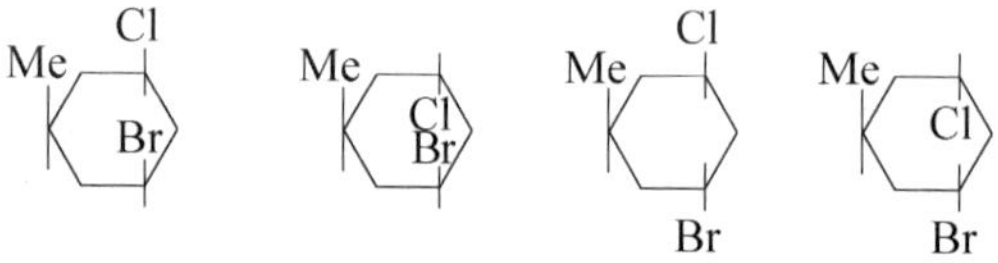

【习题 1-28】 写出下列化合物的最稳定构象。

(1) 顺-1-甲基-3-异丙基环己烷和反-1-甲基-3-异丙基环己烷

(2) 顺-1-甲基-4-叔丁基环己烷

(3) 1,1,3,4-四甲基环己烷

(4) r-1,反-2,顺-4-三甲基环己烷

解 (1) 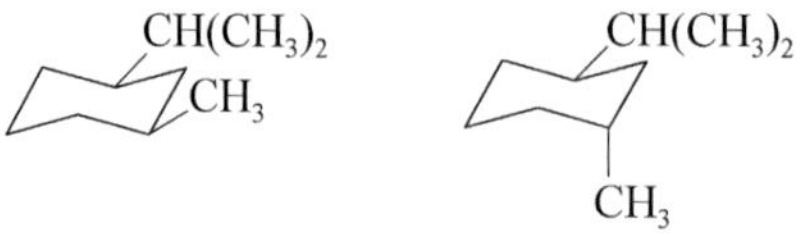

(2) 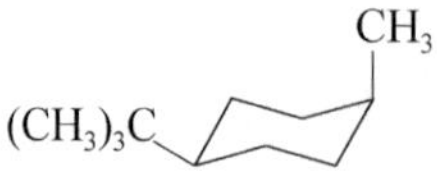

(3) 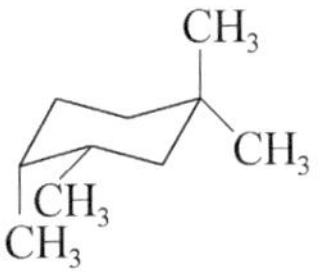

要尽可能避免 1,3-二甲基在 a 键上有斥力的构象,如

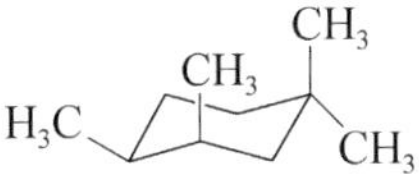

(4) 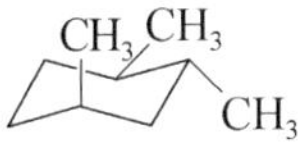

【习题 1-29】 写出下列各组化合物的优势构象式,并进行适当讨论。

(1) 顺-1-甲基-4-溴环己烷和反-1-甲基-4-溴环己烷

(2) 顺-1-叔丁基-4-溴环己烷和反-1-叔丁基-4-溴环己烷

(3) 顺-1,3-二甲基-顺-5-溴环己烷和顺-1,3-二甲基-反-5-溴环己烷

解 (1) 顺式: 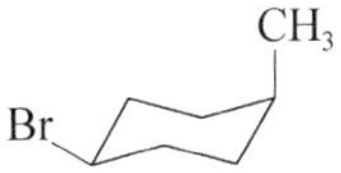

或 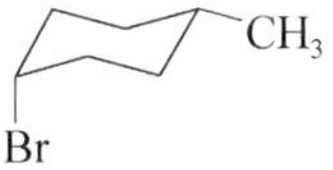

反式: 

在反式构象中,二取代基为 Br(e)、CH_3(e)时是优势构象,也称稳定构象。而在顺式构象中,虽然 CH_3 比 Br 略大,但差别较小,所以对取 CH_3(e)、Br(a)的构象与取 CH_3(a)、Br(e)的构象难以比较。

(2) 顺式: 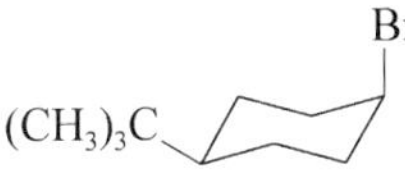

反式: 

由于体积大的叔丁基$(CH_3)_3C$—在构象中只能占在 e 键的位置,因此在顺式中,溴原子只能取 Br(a)。在反式中,二取代基都占在 e 键,因此反式构象比顺式构象稳定。由于$(CH_3)_3C$—起了阻碍构象翻转的"冻结"作用,因此它们分别都是相应构型的优势构象。

(3) 顺-顺: 

顺-反: 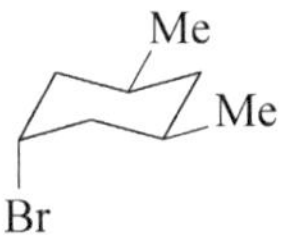

这些都是相应构型的稳定构象。在多取代环己烷的构象中,除特大基团只能在 e 键上以外,其余的要尽可能使较多的取代基占在 e 键上,有时还必须考虑 1,3-二取代基的相互作用问题。

【习题 1-30】 比较下列各对构型式的稳定性。

(1) 顺-1-甲基-2-异丙基环己烷,反-1-甲基-2-异丙基环己烷

(2) 顺-1-甲基-3-异丙基环己烷,反-1-甲基-3-异丙基环己烷

(3) 顺-1-甲基-4-异丙基环己烷,反-1-甲基-4-异丙基环己烷

(4) 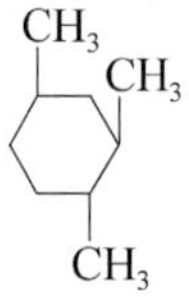 , 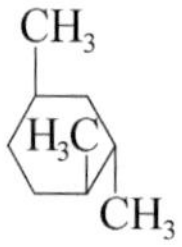

(5) 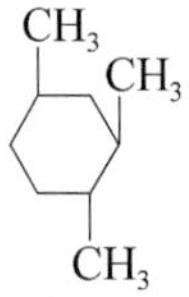 , 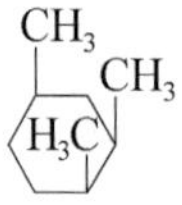

解　这些取代环己烷的稳定性必须从它们的最稳定构象来考虑。

(1) 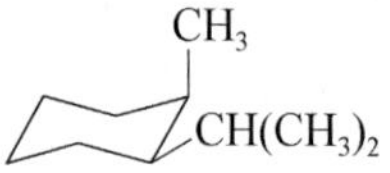 $<$ 

顺式　　反式

(2)  $>$ 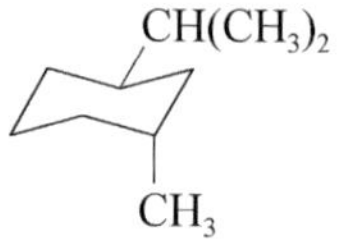

顺式　　反式

(3)  $<$ 

顺式　　反式

(4) 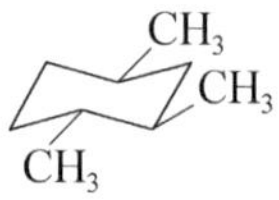 $>$ 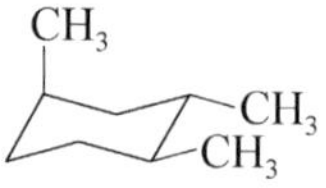

(5) 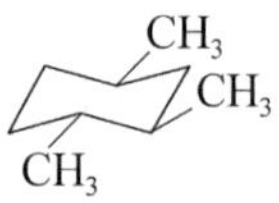 $>$ 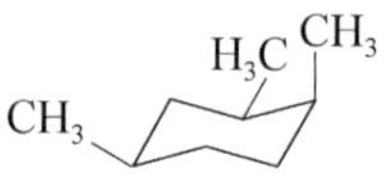

【习题 1-31】　画出下列化合物最稳定的构象式。

(1) 1-甲基-1-正丙基环己烷　　(2) 顺-1-甲基-4-叔丁基环己烷

(3) 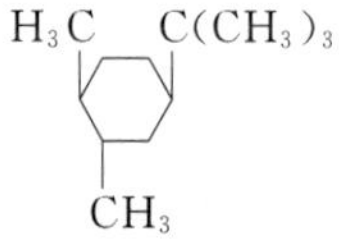　　(4) 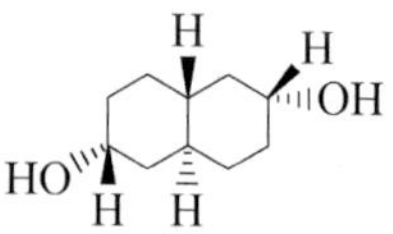

(5) 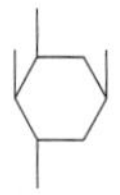

解　(1) 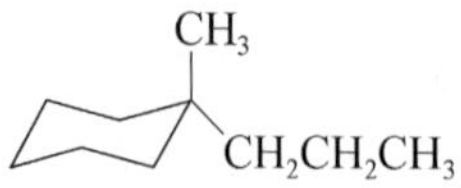　　(2) 

(3) 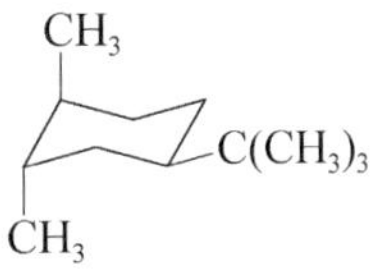　　(4) 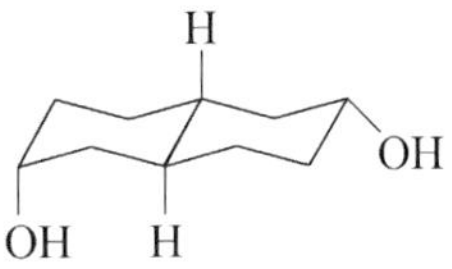

(5) 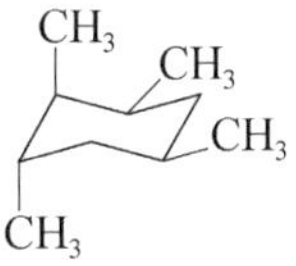

在构象式(5)中有两个 CH_3(e)和两个 CH_3(a)，如果将此构象翻转成另一构象，同样得两个 CH_3(a)和两个 CH_3(e)，只是原来的 e、a 键互换。但翻转后的构象中却有严重的 CH_3/CH_3 1,3-相互作用，所以翻转后构象不如翻转前稳定。

【习题 1-32】 比较下列各组化合物的燃烧热大小。

(1) 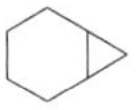，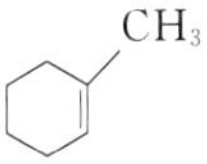　　(2) 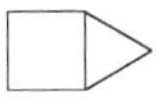，

(3) 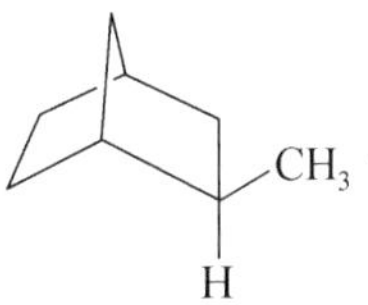，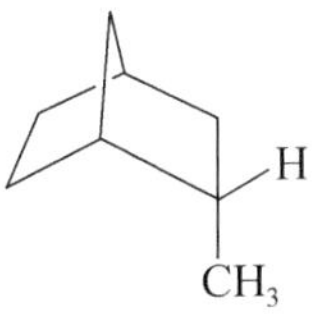　　(4) 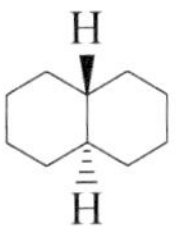，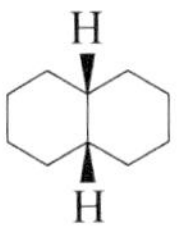

(5) 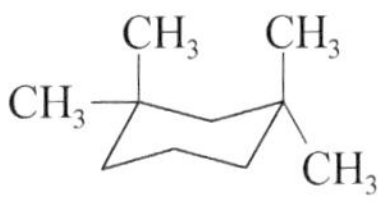，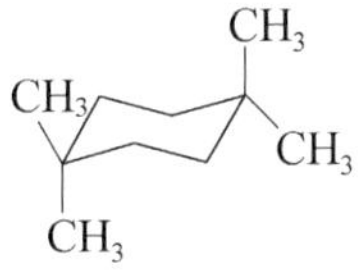

解　各组化合物都互为异构体(构造、构型或构象)，具有相同的碳、氢原子数，所以完全燃烧后得到相同物质的量的 CO_2 和 H_2O，回到相同的能量基准线上。因此比较各组化合物的相对稳定性(势能高低)就可以得出其燃烧热的相对大小。

(1) >　(2) <　(3) <　(4) <　(5) >

【习题 1-33】 写出 2-甲基二环[4.4.0]癸烷的构型异构体及相应的构象式。

解

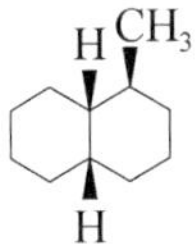　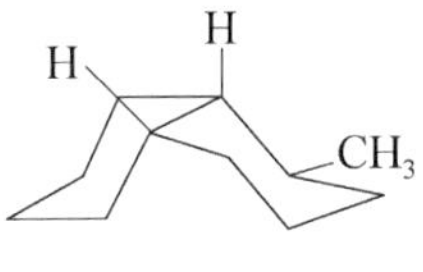

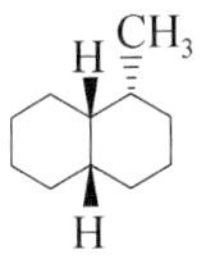　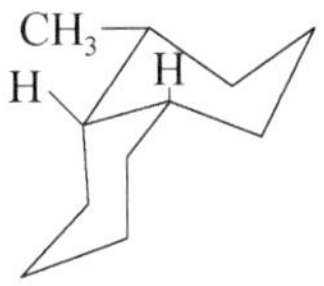

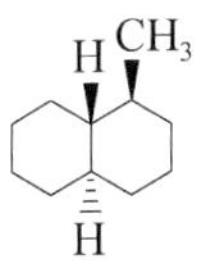　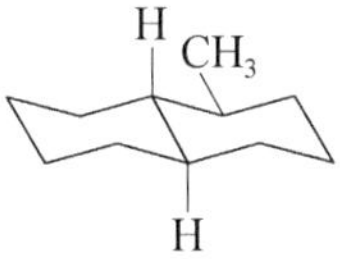

【习题 1-34】 画出 1,3-二叔丁基环己烷的构象式。

解 1,3-二叔丁基环己烷有顺、反两个异构体,在顺-1,3-二叔丁基环己烷的构象式中,两个叔丁基都占在 e 键上,为稳定构象,即

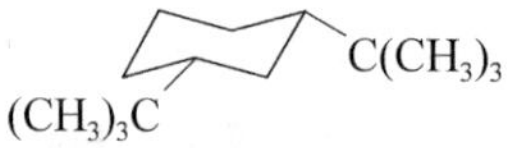

但在反-1,3-二叔丁基环己烷的椅式构象中,其中一个叔丁基必须占在 a 键上,由于叔丁基是个很大的基团,与 3,5-位上 H(a)相互作用,导致很大的跨环张力,使这种构象不稳定,这时反-1,3-二叔丁基环己烷将取船式构象式,即

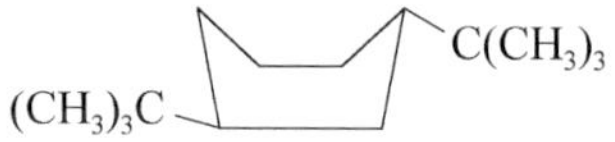

这时两个叔丁基处于能量较低的 e 键上。

【习题 1-35】 写出甲基环己烷一溴化取代产物的可能异构体。

解 甲基环己烷中有五种不同化学环境的氢,所以一溴化可得五种构造异构体。又由于环状的 1,2-二取代环己烷、1,3-二取代环己烷和 1,4-二取代环己烷会产生顺反异构体,因此甲基环己烷的一溴取代产物有

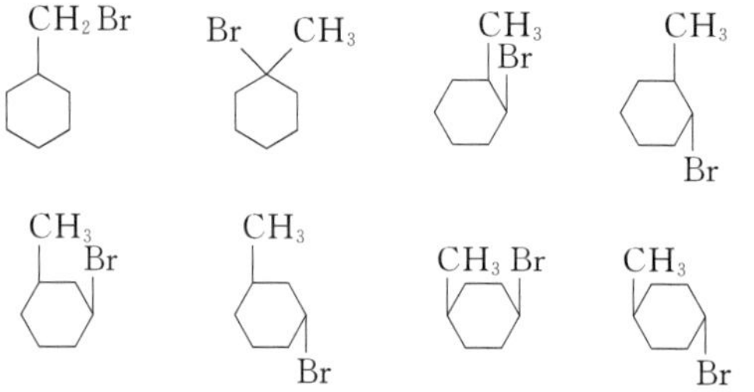

【习题 1-36】 完成下列反应。

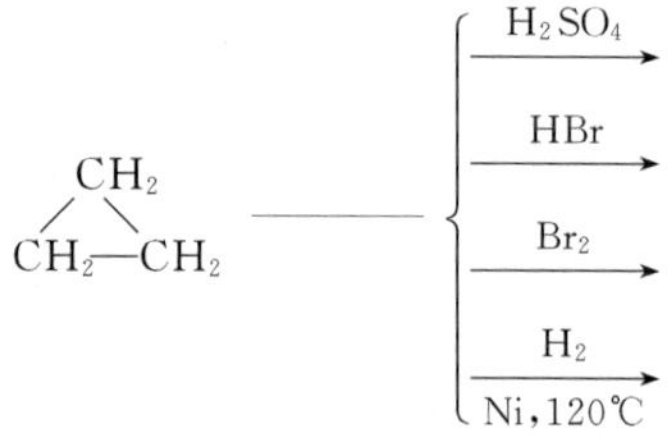

解 三元环被打开,分别生成 $CH_3CH_2CH_2OSO_3H$、$CH_3CH_2CH_2Br$、$BrCH_2CH_2CH_2Br$、$CH_3CH_2CH_3$。

【习题 1-37】 写出 1,1-二甲基环丙烷与 HBr 及 Br_2 反应的可能产物,估计哪一种产物是主要产物。

解

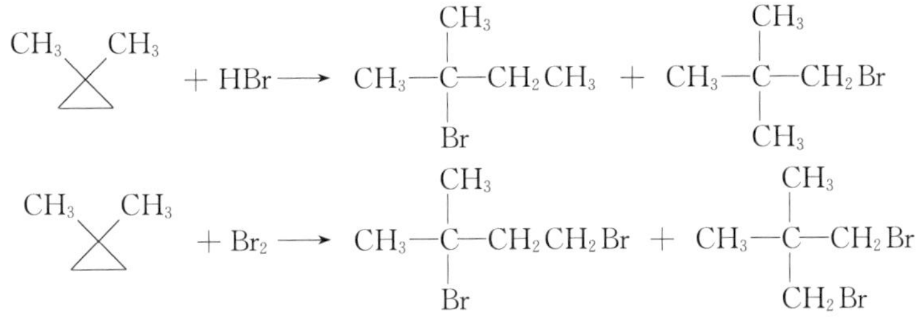

1,1-二甲基环丙烷在 HBr 作用下,有两种开环方式,分别生成反应中间体 $CH_3\overset{+}{C}(CH_3)CH_2CH_3$ 和 $CH_3C(CH_3)_2\overset{+}{C}H_2$,由于叔碳正离子比伯碳正离子稳定,因此 $CH_3CBr(CH_3)CH_2CH_3$ 是主要产物。

1,1-二甲基环丙烷与 Br_2 的反应与上述相似,分别生成反应中间体 $CH_3\overset{+}{C}(CH_3)CH_2CH_2Br$ 与 $CH_3C(CH_3)(CH_2Br)\overset{+}{C}H_2$,前者比后者稳定,所以 $CH_3CBr(CH_3)CH_2CH_2Br$ 是主要产物。

【习题 1-38】 单环烷烃$(CH_2)_n$ 中,单位 CH_2 的燃烧热为 $-\Delta H_c^{\ominus}/n$,对环丙烷和环丁烷分别为 697.1kJ·mol^{-1} 和 686.2kJ·mol^{-1},而对环戊烷和环己烷分别为 664.0kJ·mol^{-1} 和 658.6kJ·mol^{-1},解释其原因。

解 环烷烃越不稳定,其燃烧热越大。环丙烷的张力最大,所以单位 CH_2 的燃烧热最大。环丁烷的张力比环丙烷小,比环戊烷和环己烷大,所以其单位 CH_2 的燃烧热也居中。而环戊烷及环己烷基本上无张力,所以它们单位 CH_2 的燃烧热很接近,而与环丁烷及环丙烷相差较大。

【习题 1-39】 比较顺-1,3-二甲基环己烷和反-1,3-二甲基环己烷两种异构体的燃烧热。

解 顺-1,3-二甲基己烷和反-1,3-二甲基环己烷的稳定构象分别为

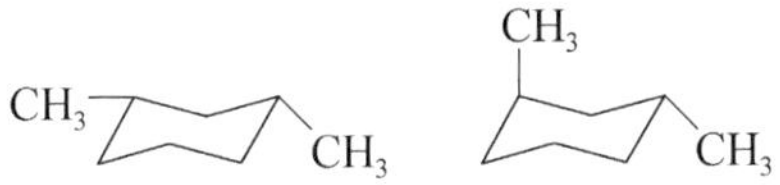

顺式　　　　反式

在顺式异构体中,两个 CH_3 都在 e 键上,而反式异构体中,两个 CH_3 只能分别在 e 键和 a 键上,因此顺式异构体比反式异构体稳定,顺式异构体的燃烧热比反式异构体的小。

【习题 1-40】 写出三环[3.2.1.0^{1,5}]辛烷与 Br_2 在 -60℃时反应的产物。

解

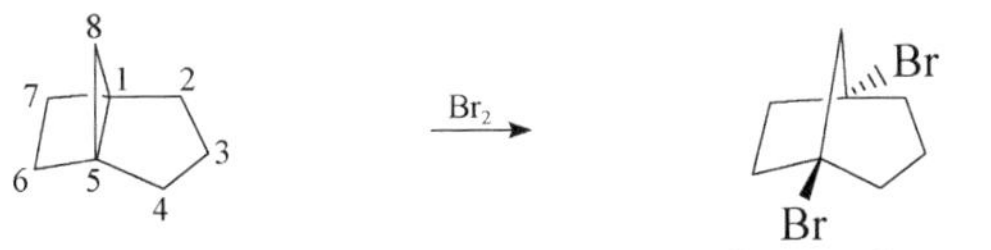

三环[3.2.1.0^{1,5}]辛烷　　1,5-二溴二环[3.2.1]辛烷

由于反应物中具有三元环和四元环结构,因此张力较大。与 Br_2 反应后,反应物中三元环打开,二环的张力同时解除,所以反应在低温即可顺利进行。

【习题 1-41】 反-1,2-二甲基环己烷中大约以 90%的二平伏键(e,e)构象存在,而反-1,2-二溴环己烷(或反-1,2-二氯环己烷)中却以等量的二平伏键(e,e)和二直立键(a,a)构象存在,并且二直立键的数量随溶剂极性的增加而减少。试说明反-1,2-二甲基环己烷与反-1,2-二溴环己烷之间这种差别的原因。

解　在反-1,2-二甲基环己烷的构象中,两个甲基占在 e 键上的构象相当稳定,所以 90%左右的构象是两个甲基取二平伏键(e,e)的构象。在反-1,2-二溴(或二氯)环己烷中,当二卤原子在 e 键时,由于 C—Br 键的极性,带部分负电荷的卤原子之间相互排斥,使之稳定性降低;而当二卤原子在 a 键时,尽管占在 a 键上不如占在 e 键上稳定,但却因二卤原子在 a 键时彼此相距较远,偶极之间的排斥相应减小,稳定性增加。综合来看,两者的能量相近,稳定性相差不大,所以在非极性溶剂中,大约各占 50%的份额。而在极性溶剂中,由于极性溶剂分子对带负电荷的卤原子之间的相互吸引,形成溶剂分子对卤原子的包围,使二卤原子之间的排斥力减小,这时卤原子以占在能量较低的 e 键上为主,因此随溶剂的极性增加,二卤原子占 e 键的份额增大。

【习题 1-42】 用简单化学方法区别下列各组化合物。

(1) 丙烷,环丙烷

(2) 1,2-二甲基环丙烷,环戊烷

解　环丙烷及取代环丙烷都可以在很低的温度下与 Br_2 发生开环加成反应,生成相应的二溴丙烷类化合物,所以它们可以使 Br_2/CCl_4 溶液褪色,而烷烃及小环以外的环烷烃在同样条件下不发生以上反应(只有在光照或其他能引发自由基反应的条件下才能与 Br_2 发生取代反应),因此有

(1) 丙烷 / 环丙烷 $\xrightarrow{Br_2/CCl_4}$ 丙烷:(—);环丙烷:(+)褪色

(2) 1,2-二甲基环丙烷 / 环戊烷 $\xrightarrow{Br_2/CCl_4}$ 1,2-二甲基环丙烷:(+)褪色;环戊烷:(—)

【习题 1-43】 葡萄糖具有氧杂环己烷的六元环母体结构,其两个异构体的构型分别表示如下:

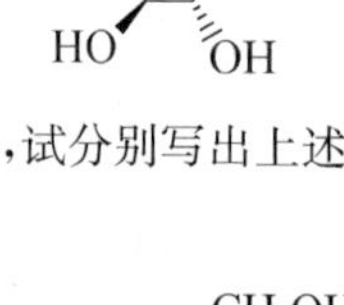

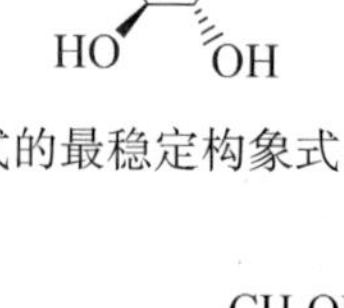

它们主要以椅式构象存在,试分别写出上述两构型式的最稳定构象式。

解

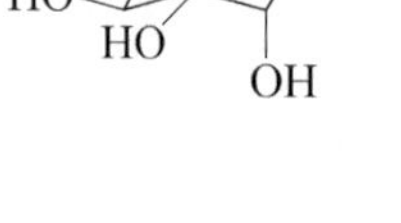

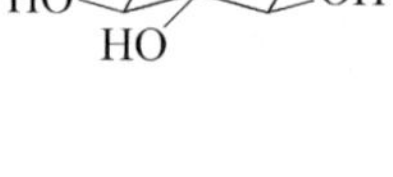

第二章　对映异构

一、内容提要

1. 旋光物质和比旋光度

（1）旋光物质：在偏光通过某物质时，能使偏光振动平面发生旋转一定角度的物质称为旋光物质。

（2）比旋光度$[\alpha]_\lambda^t$：

$$[\alpha]_\lambda^t = \frac{100\alpha}{lc}$$

式中：α为旋光度，c为样品浓度$[g \cdot (100mL)^{-1}]$，l为盛液管长度（单位为10cm）。

旋光物质的比旋光度在一定波长（通常用钠光源）、温度和溶剂条件下为一定值，可作为特定的物理常数使用。比旋光度按所测的旋光度是右旋或左旋分别用（＋）或（－）表示。

物质的旋光性质也可以用分子比旋光度$[m]_\lambda^t$表示。分子比旋光度与比旋光度的换算公式如下：

$$[m]_\lambda^t = \frac{[\alpha]_\lambda^t \times \text{相对分子质量}}{100}$$

2. 对称元素

1）对称轴C_n（对称操作为转动）

分子围绕某一个轴转动$2\pi/n$后，得到与原来分子等价构型的分子，则称该分子具有n阶对称轴。

2）对称面σ（对称操作为反映）

通过分子内的一个面将分子中的各个原子反映，得到与原来分子等价构型的分子，这个面称为该分子的对称面。

3）对称面中心i（对称操作为反演）

通过分子内的一个点将分子中的各个原子反演，得到与原来分子等价构型的分子，这个点称为该分子的对称中心。

4）更迭对称轴S_n（对称操作包括转动和反映）

分子先围绕某一个轴转动$2\pi/n$，然后对垂直于该轴的一个面将分子中的各个原子反映,这样得到与原来分子等价构型的分子,则称该分子具有 S_n 重更迭对称轴(也称反轴)。

不具有对称面、对称中心或更迭对称轴中任何一种对称元素的分子为不对称分子,具有旋光性。一般情况下可以用分子中是否具有对称面或对称中心来判断该分子是否有光学活性。而对称轴不能作为判断分子是否具有光学活性的依据。

不对称分子一定是手性分子,而手性分子不一定是不对称分子。

3. 对映异构

凡分子与其镜像不能重叠,它们之间相当于左手与右手的关系,互相对映,则该分子与其镜像分子互称为对映异构体。对映异构体的表示法如下:

(1) D/L 表示法:是以甘油醛为参照物,右旋甘油醛为 D 构型,左旋甘油醛为 L 构型,然后其他化合物与其比较,命名为 D 或 L 构型。这种以甘油醛构型为参照标准而确定的构型称为相对构型,现在除用于表示糖、氨基酸的构型外已很少应用。

(2) *R*/*S* 表示法:这是国际纯粹与应用化学联合会(IUPAC)建议表示对映体构型的方法,是应用更广泛和方便的方法。

在用 *R*/*S* 标定构型时,是把手性分子写成透视式或费歇尔(Fischer)投影式后,将手性碳原子上所连的四个不同的原子或基团按顺序规则及取代基法则来确定。这种能真实反映分子中原子或基团在空间排列情况的构型称为绝对构型。其要点如下:

(a) 原子序数大的原子优先于原子序数小的原子。

(b) 同位素按相对原子质量大的原子优先于相对原子质量小的原子。

(c) 当两原子无法比较其优先顺序时,用外推法比较与它们相连的原子,直到能比较其区别为止。

(d) *Z* 构型优先于 *E* 构型。

(e) *R* 构型优先于 *S* 构型。

(f) *RR* 构型优先于 *RS* 构型,*SS* 构型优先于 *SR* 构型。

4. 含不对称碳原子化合物的构型

1) 含一个不对称碳原子的化合物

分子没有对称面和对称中心,具有一对对映体,构型分别用 *R* 和 *S* 表示。

2) 含多个不对称碳原子的化合物

(1) 当化合物含多个不相同的不对称碳原子时,具有 2^n 个异构体,组成 2^{n-1}

对外消旋体。

(2) 当化合物含有相同的不对称碳原子时，其异构体数目少于 2^n 个。例如，具有两个相同不对称碳原子的化合物，只有三个异构体，其中一个为内消旋体，构型分别为 *R* 和 *S*，另两个互为对映体，构型分别为 *RR* 和 *SS*，它们组成一对外消旋体。

5. 含手性轴和手性面的旋光化合物

在丙二烯型分子中，只要在 C_1 和 C_3 碳原子上连的两个原子或基团不同，这时分子实体与镜像不能重叠，它们互为对映异构体。这种分子中虽然不含不对称原子，但分子中存在一个轴，通过轴的两个平面在轴的两侧的基团不同，从而使分子产生手性，这种轴称为手性轴。

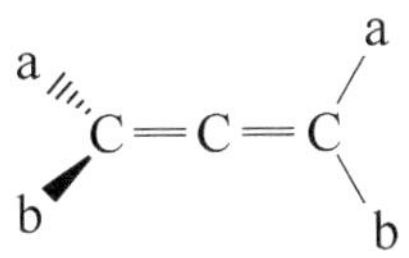

某些联苯型化合物和螺环化合物中也存在手性轴，因此分子具有手性。

联苯中两苯环之间以 σ 键相连，当两个邻位都被足够大的不同基团取代后，两苯环不能沿 σ 键自由旋转，并且不可能在同一平面内。这时分子中存在手性轴，分子实体与镜像不能重叠，它们互为对映异构体。

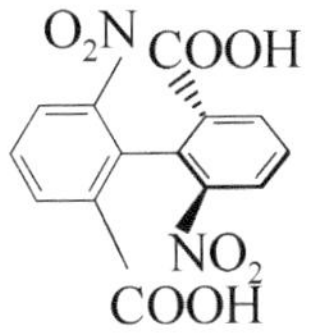

在螺旋烃中，一个典型的例子是由多个苯环彼此以两邻位稠合而成的具有螺旋结构特征的分子，如六螺苯，这个分子不含手性原子，但两端的两个苯环不可能在同一平面内，螺旋结构特征表明分子内存在一个扭曲的面，导致实物与其镜像不能重叠，分子具有手性，这个扭曲面称为手性面。

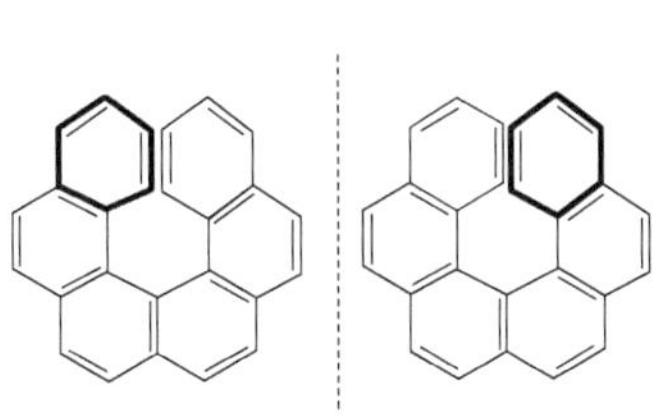

六螺苯

二、解 题 示 例

【例 2-1】 以 2-丁醇 ($CH_3\underset{\mid\atop OH}{C}HCH_2CH_3$) 为例,说明如何确定手性碳原子的 R/S 构型。

解 2-丁醇中有一个手性碳原子,存在如下一对对映体:

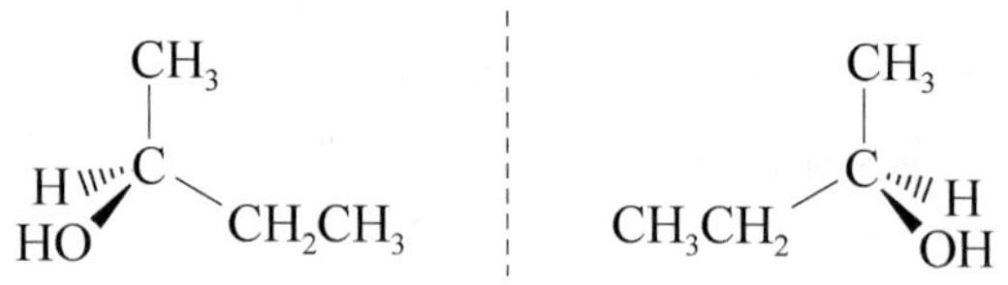

在确定手性碳原子的 R/S 构型前,必须先将与手性碳原子相连的四个不同原子(基团)按顺序规则排列,本题的顺序为 $HO > CH_3CH_2 > CH_3 > H$,然后把顺序编号最小的原子(基团)放在视线前方的最远处,本题中即 H 在视线前方的最远处。这时如果 HO、CH_3CH_2、CH_3 是按顺时针方向排列,则此手性碳为 R 构型。反之,如按反时针排列,则为 S 构型。

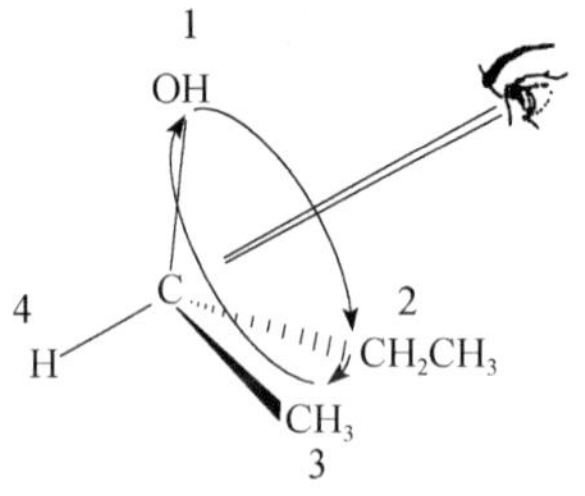

(R)-2-丁醇

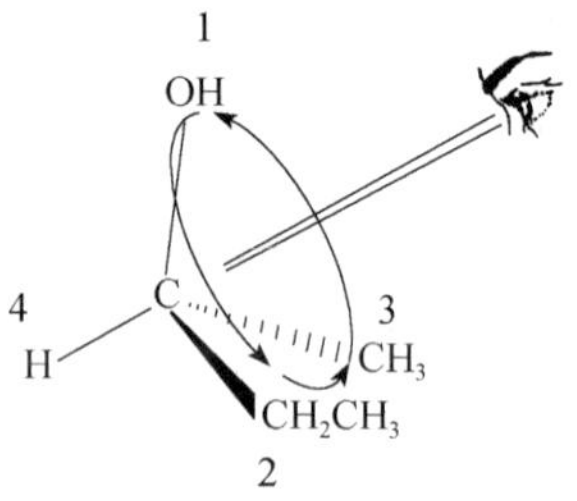

(S)-2-丁醇

也可以用右手规则或左手规则来说明。当把右手拇指指向顺序编号最小的原子(基团)时,若其余三原子(基团)的排列顺序与其余四手指握拳时的指向相同,则为 R 构型。符合左手规则的则为 S 构型。

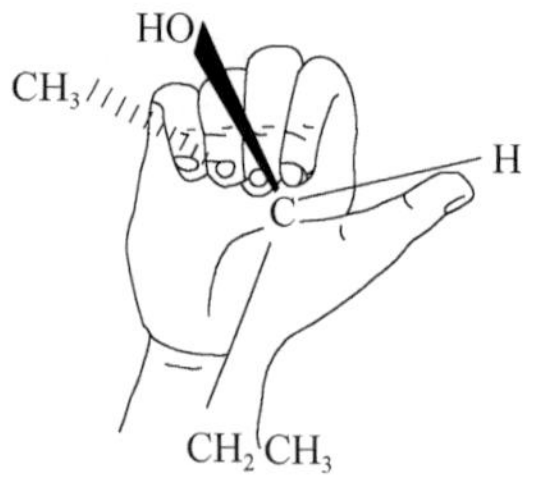

(R)-2-丁醇

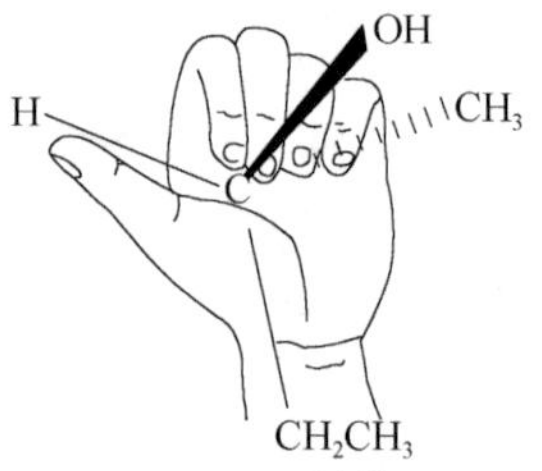

(S)-2-丁醇

若把 2-丁醇改写成费歇尔投影式如下：

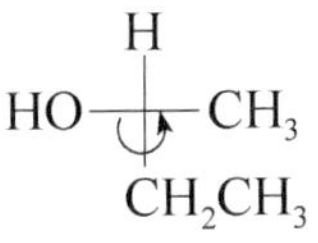

(A)

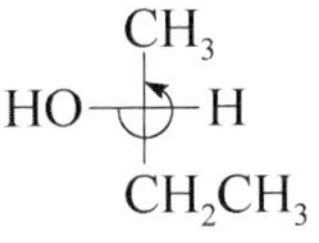

(B)

在费歇尔投影式中，若顺序编号最小的原子(基团)写在纵线上(上、下都可以)，而其余三原子(基团)被看作同在一纸平面上，其顺序排列为反时针方向排列，则手性碳为 S 构型(A)，反之如为顺时针方向排列，则手性碳为 R 构型。若顺序编号最小的原子(基团)写在横线上(左、右都可以)，而其余三原子(基团)的顺序排列为反时针方向排列，则手性碳为 R 构型(B)，反之如为顺时针方向排列，则手性碳为 S 构型。

这些经验规律只有在充分掌握了 R/S 构型确定的基本原理后才可以运用自如。

【例 2-2】 判断下列化合物中手性碳原子的构型，分别用 R/S 标记。

(1) 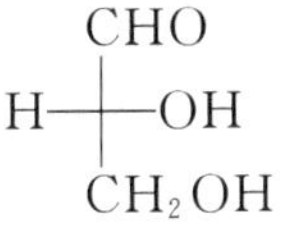

(2) 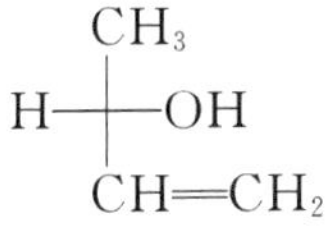

(3) 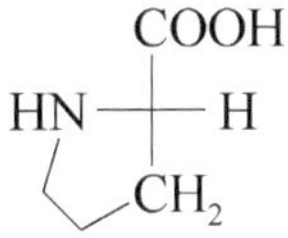

(4) 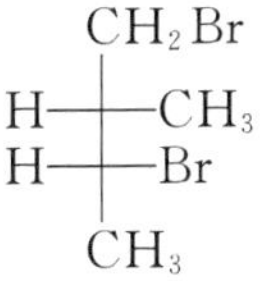

(5) 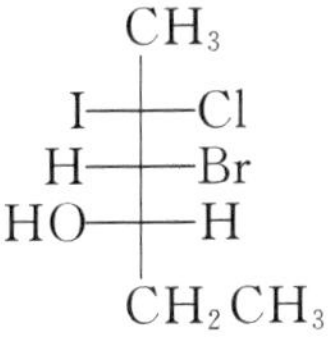

(6) 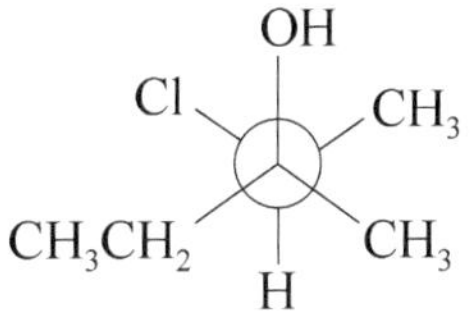

(7) 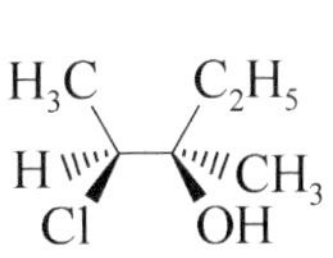

(8) 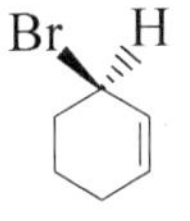

(9) 

(10) 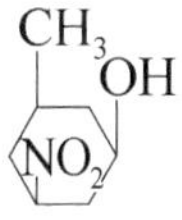

解 碳-碳双键相当于碳与两个碳相连，碳-氧双键相当于碳与两个氧相连。

(1) 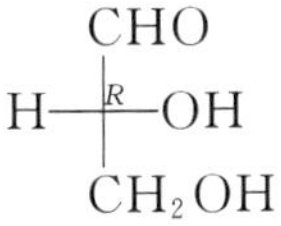

(2) 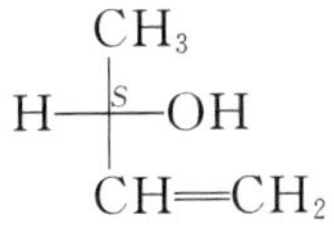

(3) 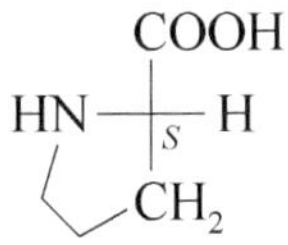

(4) 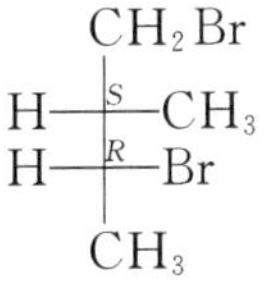

(5) 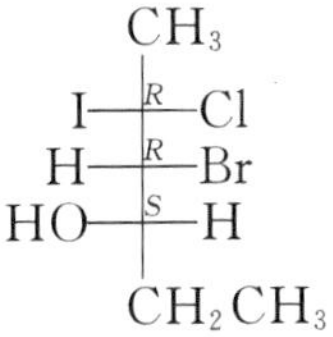

(6) 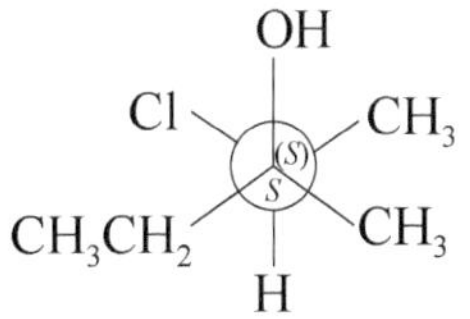

(7) 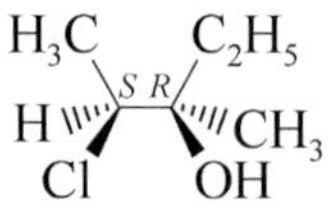　(8) 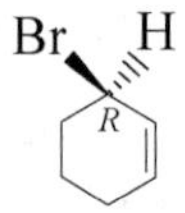　(9) 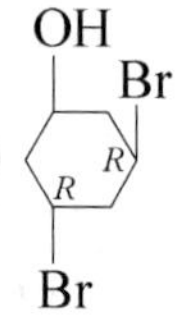　(10) 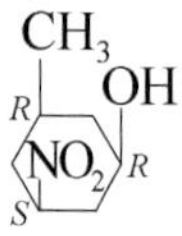

【例 2-3】 将下列透视式改写成费歇尔投影式。

(1) 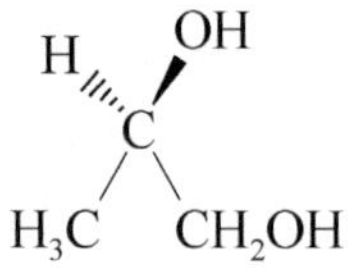　(2) 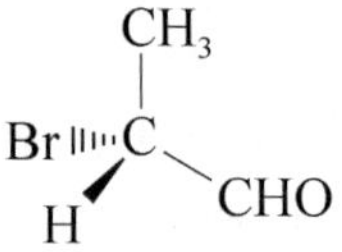

(3) 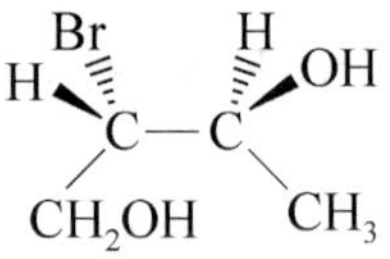　(4) 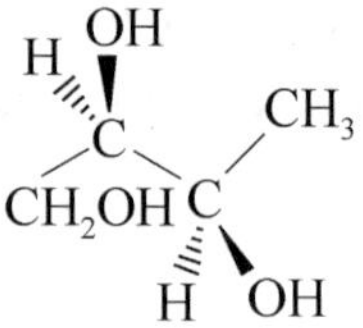

解　在费歇尔投影式中,将氧化态较高的碳原子写在竖线的上方,氧化态较低的碳原子写在竖线的下方。然后根据手性碳原子的构型,将手性碳原子上的另外两个基团写在横线的左边或右边。

(1) 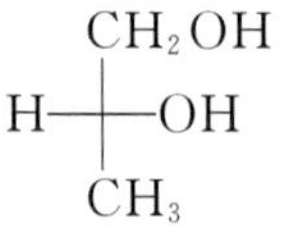　(2) 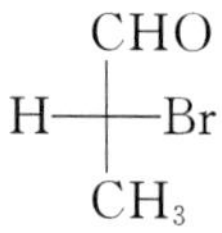

(3) 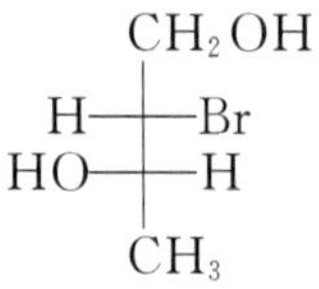　(4) 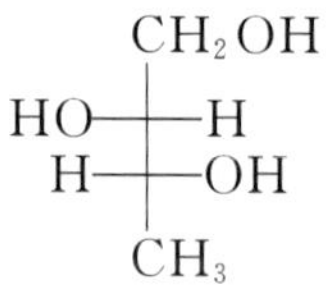

【例 2-4】 下列叙述是否正确?为什么?

(1) *S* 构型的化合物一定是具有左旋(-)的对映异构体。

(2) 非手性的化合物可以有手性中心。

(3) 非光学活性的物质一定是非手性的化合物。

(4) 在化学反应中,由 *S* 构型的反应物转变为 *R* 构型的产物,一定伴随着构型的翻转。

(5) 非手性分子经反应后得到的产物是手性分子,则其必定是外消旋体。

解　(1) 错误。旋光方向是通过旋光仪测得的结果,它与 *R* 或 *S* 构型之间没有必然的关系,*R* 构型的化合物可以为左旋或右旋,其对映体 *S* 构型也可以为右旋或左旋。但同为对映体的 *R*/*S* 构型,其旋光方向一定相反。

(2) 正确。内消旋体是非手性化合物,但可以有手性中心。

(3) 错误。外消旋体没有光学活性,然而是手性化合物。

(4) 错误。未必都发生构型的翻转,有时可因手性中心所连的基团发生化学变化而导致在排列顺序上发生变化，从而会有不同的构型表示，而构型却没有翻转。

(5) 错误。如果反应是在手性试剂、手性溶剂或手性催化剂等手性条件下进行，通常可得到某旋光异构体是主要产物，产物有光学活性，而不是完全的外消旋体。

【例 2-5】 写出 3-氯-5-溴环己醇的所有立体异构体。

解 3-氯-5-溴环己醇的构造式为 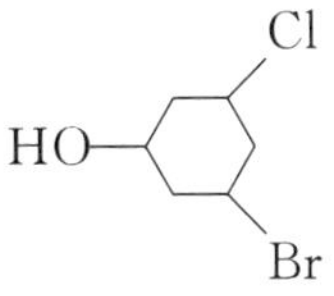

，分子中有 3 个不同的手性碳原子，应有 $2^3=8$ 个立体异构体，包括顺反异构和旋光异构。

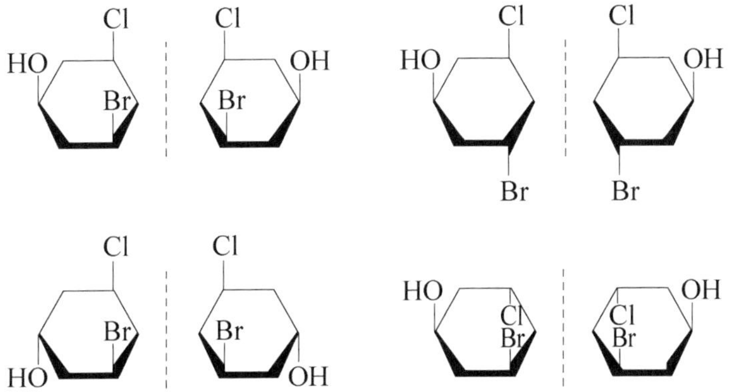

当写出构型式后，立即考察分子中的对称元素，如没有对称面和对称中心，则可以立即画出它的镜像，这样写异构体时不会遗漏和写错，并且它们之间的关系也十分清楚。

【例 2-6】 在酸催化下，(－)-α-羟基丙酸与甲醇反应，生成(＋)-α-羟基丙酸甲酯，反应式如下：

$$(-)\text{-}CH_3\underset{\underset{OH}{|}}{C}HCOOH + CH_3OH \xrightarrow{H^+} (+)\text{-}CH_3\underset{\underset{OH}{|}}{C}HCOOCH_3$$

推测反应前后构型的变化。

解 反应后构型没有发生变化。尽管产物的旋光方向相对于反应物而言发生了变化，但在与手性碳原子(C^*)相连的原子之间没有发生键的断裂，而且与手性碳原子相连的原子(基团)的顺序也没有发生变化，所以上述反应中不可能发生手性碳原子的构型变化，这也说明了旋光方向与构型之间没有必然的关系。

【例 2-7】 写出在光照下丁烷氯化时的一氯化产物，如有立体异构体产生，则说明其形成过程。

解 得到1-氯丁烷和外消旋体2-氯丁烷。

在生成2-氯丁烷时,作为反应中间体的烷基自由基为$CH_3\dot{C}HCH_2CH_3$,碳自由基为sp^2杂化,为平面结构,具有孤电子的p轨道垂直于上述平面,碳自由基可以在平面的两边从Cl_2中夺取Cl原子,从而得到*R*和*S*构型的2-氯丁烷。由于平面两边的概率相等,因此得到外消旋体2-氯丁烷。

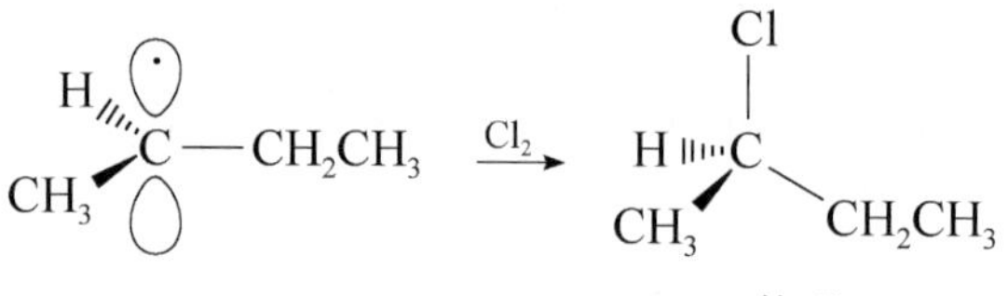

*R*构型　　*S*构型

【例2-8】 利用椅式构象式讨论1,2-二甲基环己烷顺反异构体的立体化学。

解 顺-1,2-二甲基环己烷的构型式为

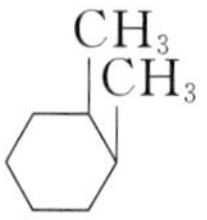

分子中有一对称面,因此分子没有手性。而反-1,2-二甲基环己烷的构型式中既没有对称面也没有对称中心,应有一对对映体

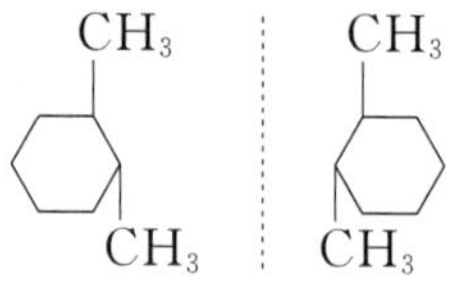

它们组成一对外消旋体。

从它们的构象式来看,反-1,2-二甲基环己烷的稳定构象式应为

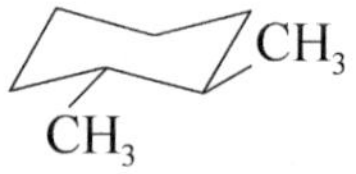

分子中没有对称面和对称中心,它与其镜像组成一对对映体。

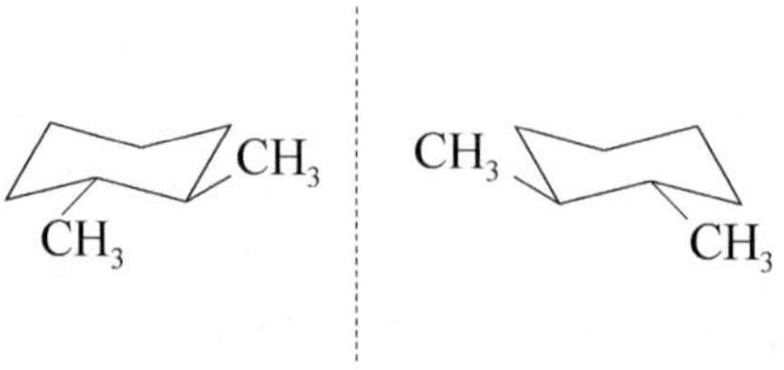

而顺-1,2-二甲基环己烷的稳定构象式为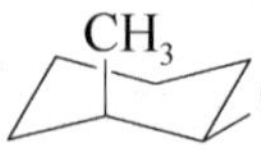(A),两个甲基分别占在a键和e键上,它既没有对称面又没有对称中心,与其镜像(B)应不能重叠。

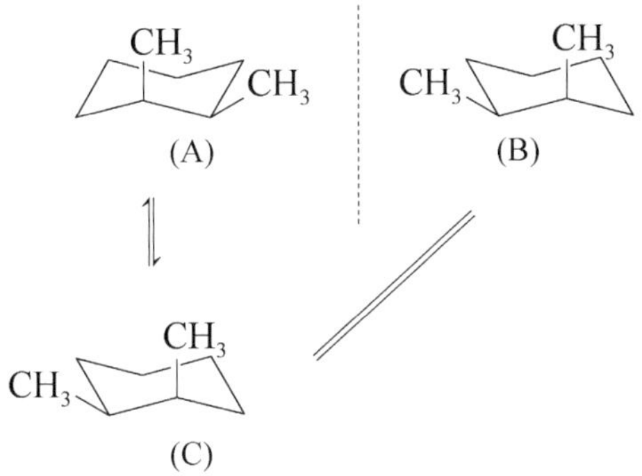

但由于构象(A)与构象(C)在通常条件下可以迅速互相翻转,(A)与(C)的能量相等,构象的份额相等,且无法拆分,而(C)与(B)的构象相同,即为(A)的镜像。这说明在分子总额中,构象(A)与(B)的份额相等,且无法拆分。而旋光是分子总体性质的反映,因此顺-1,2 二甲基环己烷无旋光性,其结果与用构型式讨论的结果一致。

由此可见,在讨论旋光异构体时,只要用相应分子的构型式对其对称性进行讨论即可。

【例 2-9】 写出(*R*)-2-甲基-3-氯丁烷在光照下氯化得到的所有二氯丁烷产物的结构。

解 (*R*)-2 甲基-3-氯丁烷的费歇尔投影式为

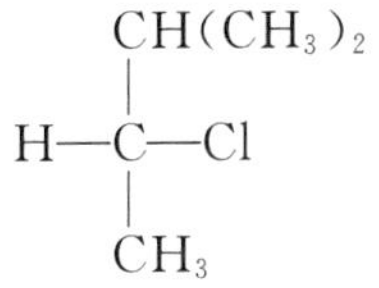

手性碳为 C_3,它分别与$(CH_3)_2CH$、CH_3、Cl 和 H 相连,其中有 4 种不同化学环境的 H,它们都可以被氯化生成相应的二氯丁烷。当 C_1 上的一个氢被氯取代后,C_2 成为新生的手性碳原子,它有两种构型,从而得到(2*R*,3*R*)-2-甲基-1,3-二氯丁烷和(2*S*,3*R*)-2-甲基-1,3-二氯丁烷。当 C_2 上的一个氢被氯取代后,得到(*R*)-2-甲基-2,3-二氯丁烷。当 C_3 上的一个氢被氯取代后,得到 2-甲基-3,3-二氯丁烷,没有手性。当 C_4 上的一个氢被氯取代后,这时 C_3 的构型没有发生变化,但手性碳 C_3 上所连基团的顺序发生了变化,所以产物为(S)-3-甲基-1,2-二氯丁烷。

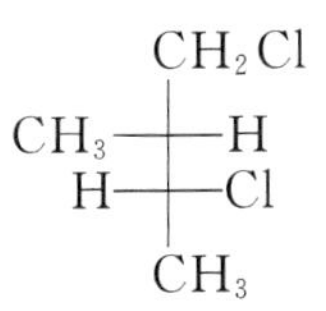

(2*R*,3*R*)-2-甲基-1,3-二氯丁烷

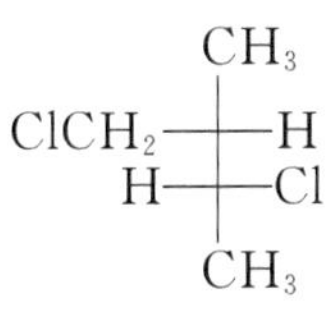

(2*S*,3*R*)-2-甲基-1,3-二氯丁烷

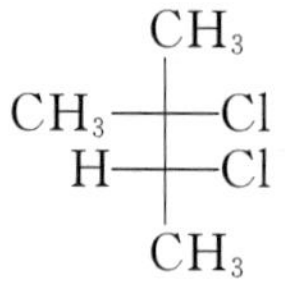
(*R*)-2-甲基-2,3-二氯丁烷

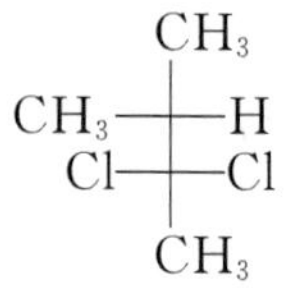
2-甲基-2,3-二氯丁烷

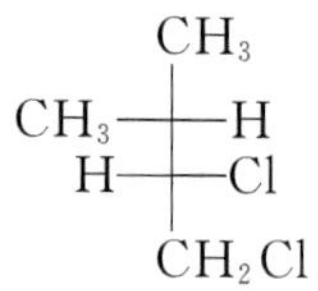
(*S*)-3-甲基-1,2-二氯丁烷

【例 2-10】 推测下列反应中产物的构型。

(1) (*S*)-$CH_3CH_2CH(O^-)CH_3 + CH_3I \longrightarrow CH_3CH_2CH(OCH_3)CH_3 + I^-$

(2) (*S*)-$CH_3CH_2CH_2CH(OH)CH{=}CH_2 + H_2 \xrightarrow{Pt}$
$CH_3CH_2CH_2CH(OH)CH_2CH_3$

解 (1) 反应产物的构型仍为 *S* 构型,因为与手性碳相连的键没有发生断裂,另外与手性碳相连基团的优先顺序也没有变,所以产物仍为 *S* 构型。

(2) 反应产物的构型为 *R* 构型,尽管与手性碳相连的键没有发生断裂,但与手性碳相连基团的优先顺序发生了变化(由—OH,—CH═CH_2,—C_3H_7,H 变化为—OH,—C_3H_7,—C_2H_5,H),所以产物的构型应为 *R* 构型。

三、习题与参考解答

【习题 2-1】 什么是手性中心?

解 当原子或原子团围绕某一点呈非对称排列,从而使分子与其镜像不能重叠,分子具有手性,这个点称为手性中心。不对称碳原子是手性中心的一个特例。通常手性中心为碳原子,然而 N、S、P、Si 等原子也可以成为手性中心。手性中心通常在该原子的右上角用“ * ”标记。例如:

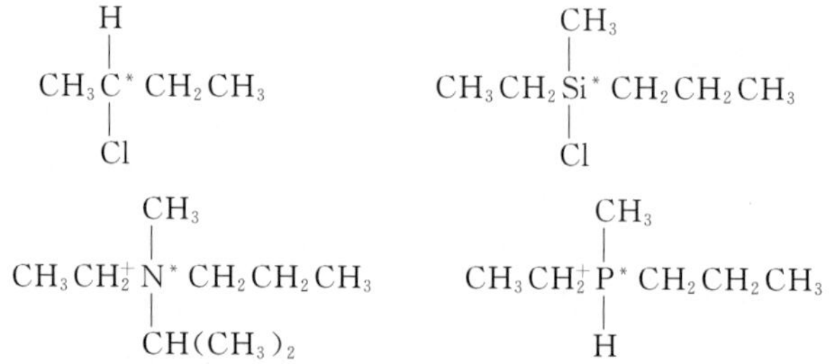

其中 C^*,Si^*,$^+N^*$,$^+P^*$ 均为手性中心。

由于在碳正离子 C^+ 和碳自由基 $\dot{C}$ 中,碳原子以 sp^2 杂化轨道与其他原子成键,呈平面构型,具有对称面,因此 C^+ 和 $\dot{C}$ 不能成为手性中心。

【习题 2-2】 将某旋光物质 1.5g 溶于乙醇,制得 50mL 溶液,将该溶液置于 10cm 的旋光管中,在钠光源(λ=5893Å,D 线)下于 20℃测得其旋光度为+2.79°,求其比旋光度$[\alpha]_D^{20}$。

解 10cm＝1dm，$\frac{1.5\text{g}}{50\text{mL}}=0.03\text{g}\cdot\text{mL}^{-1}$，则有

$$[\alpha]_{\text{D}}^{20}=\frac{\alpha}{lc}=\frac{+2.79^{\circ}}{1\times 0.03}=+93^{\circ}$$

【习题 2-3】 习题 2-2 中，(1)如果改在 5cm 旋光管的旋光仪中测试，则其观察到的旋光度 α 是多少？

(2) 如果旋光管仍为 10cm，而被测溶液由原来的 50mL 稀释至 150mL，则观察到的旋光度 α 是多少？

解 (1) 旋光管长度减少为原来的一半，则观察到的旋光度也只有原来的一半，即

$$\alpha=\frac{1}{2}\times(+2.79^{\circ})=+1.39^{\circ}$$

或

$$\alpha=[\alpha]_{\text{D}}^{20}\ lc=(+93^{\circ})\times 0.5\times 0.03=+1.39^{\circ}$$

(2) 溶液浓度只有原来的 1/3，则观察到的旋光度也只有原来的 1/3，即

$$\alpha=\frac{1}{3}\times(+2.79^{\circ})=+0.93^{\circ}$$

或

$$\alpha=[\alpha]_{\text{D}}^{20}\ lc=(+93^{\circ})\times 1\times 0.01=+0.93^{\circ}$$

【习题 2-4】 测得某光学活性物质溶液的旋光度为＋170°，如何确定其为＋170°而不是－190°？

解 给定的某光学活性物质的旋光度随其溶液的浓度及旋光管的长度变化而变化。但其比旋光度却是不变的，其关系式为

$$[\alpha]_{\text{D}}^{t}=\frac{\alpha}{lc}$$

通常 l 单位为 dm，c 单位为 $\text{g}\cdot\text{mL}^{-1}$。旋光度 α 将随 c 或 l 的变化而变化，若 c 或 l 改成原来的一半，则 α 将由＋170°变为＋85°。若旋光度是－190°，则当 c 或 l 变为原来的一半时，其旋光度应变为－95°。

【习题 2-5】 用 R/S 标记下列化合物的构型。

(1)
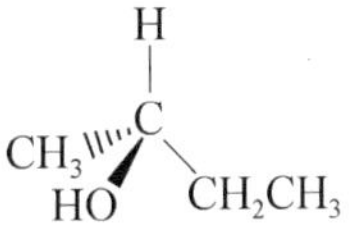

(2)
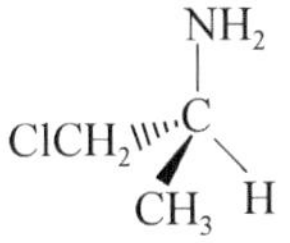

(3)
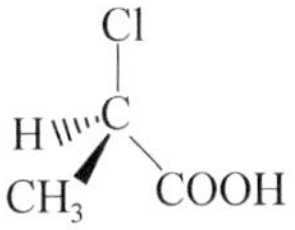

(4)
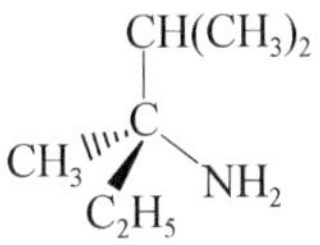

(5)
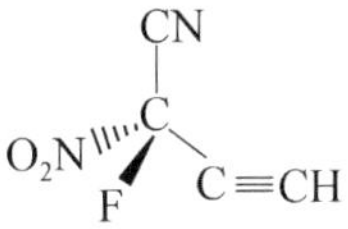

(6)
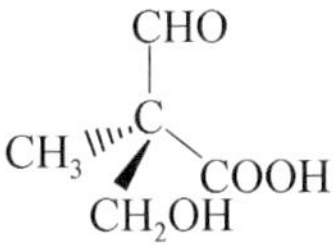

(7)
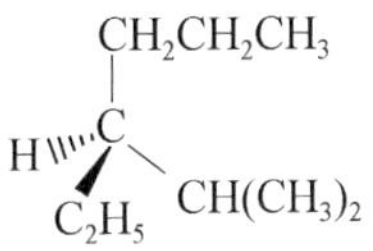

(8)
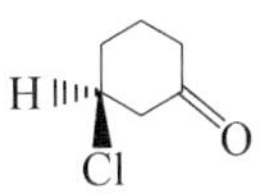

(9)
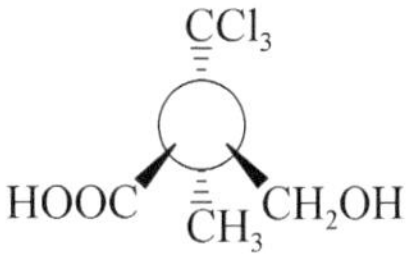

(10)
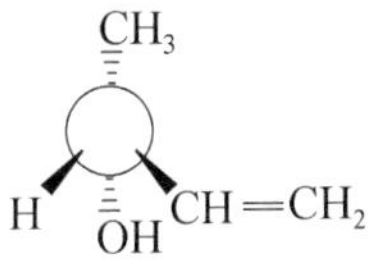

(11)
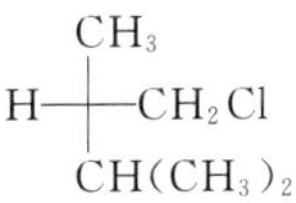

(12)
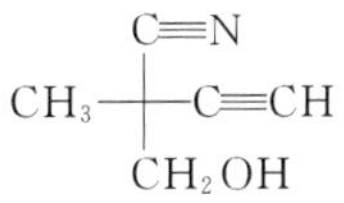

(13) 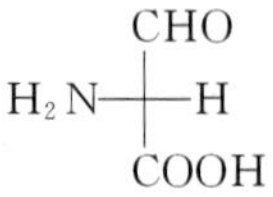

(14) 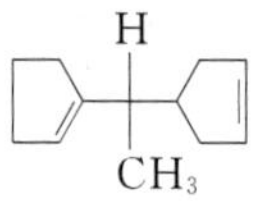

解　这是以 R/S 对手性化合物的绝对构型作标记，将手性中心连接的四个不同原子(基团)按顺序规则排列，然后按一定法则确定其 R/S 构型。

对于含重键的基团，可以看作相当于

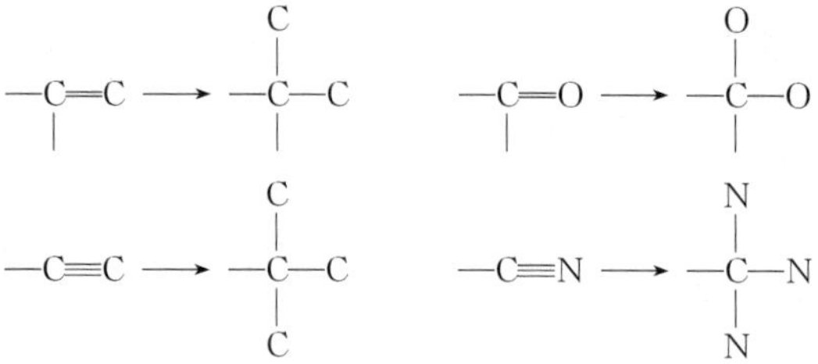

因此有(1)R;(2)S;(3)R;(4)S;(5)R;(6)S;(7)S;(8)S;(9)S;(10)R;(11)S;(12)S;(13)R;(14)R。

【习题 2-6】　用 R/S 标记下列多手性中心化合物的构型。

(1) 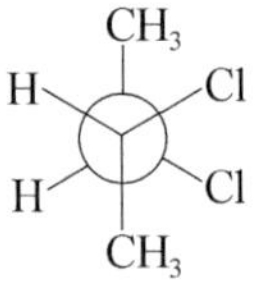

(2) 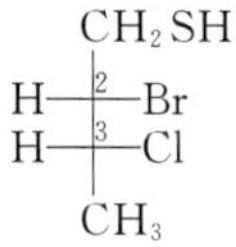

(3) 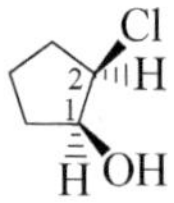

(4) 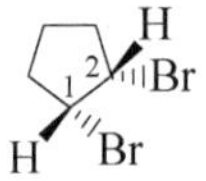

(5) 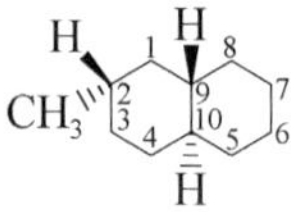

(6) 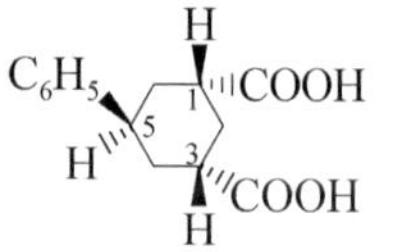

(7) 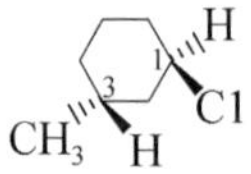

(8) 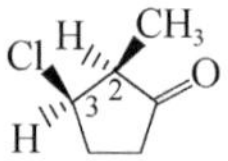

(9) 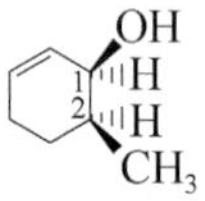

(10) 

(11) 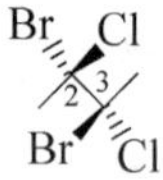

(12) 

(13) 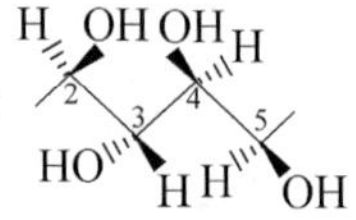

(14) 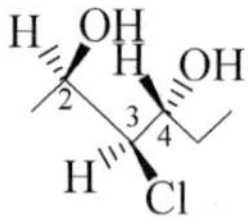

(15) 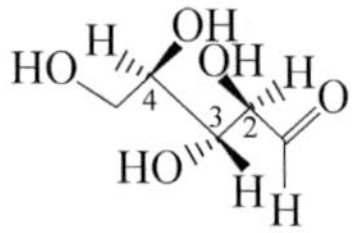

解　(1) $2R,3R$;　(2) $2S,3R$;　(3) $1S,2R$;　(4) $1R,2S$;　(5) $2S,9S,10S$;　(6) $1S,3R$;　(7) $1R,3R$;　(8) $2S,3R$;　(9) $1S,2S$;　(10) $2R,3R$;　(11) $2S,3S$;　(12) $2R,3R$;　(13) $2R,3R,4S,5R$;　(14) $2R,3S,4R$;　(15) $2R,3R,4R$。

【习题 2-7】　判断下列各对化合物之间的关系。

(1) 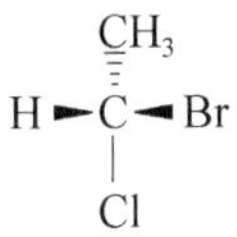 与 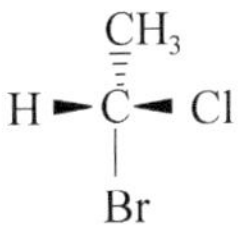 或 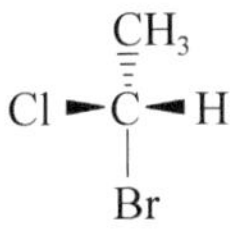

(A)　(B)　(C)

(2) 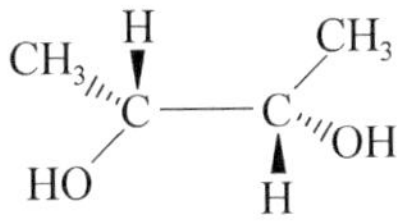 与 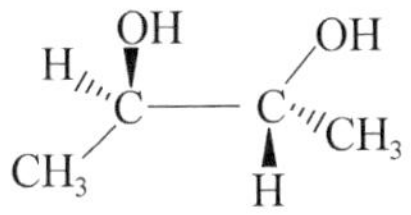

(3) 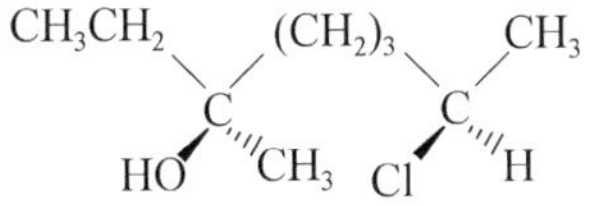 与 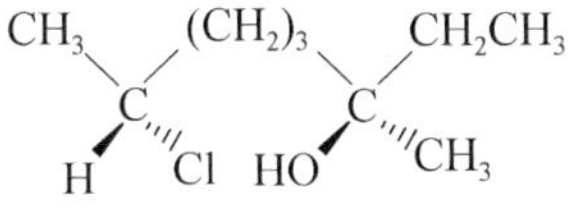

(4) 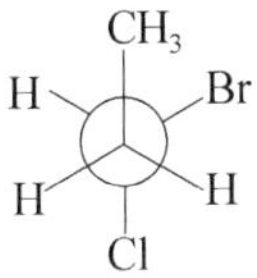 与 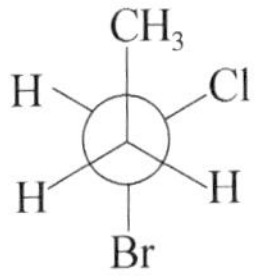

(5) 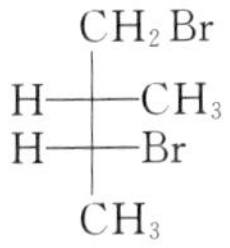 与 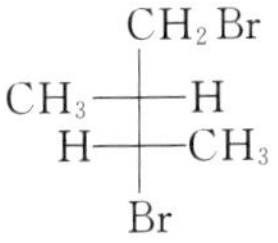

(6) 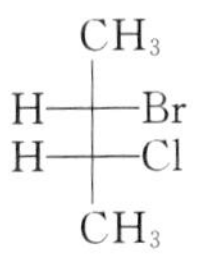 与 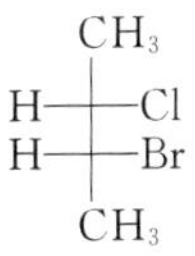 、 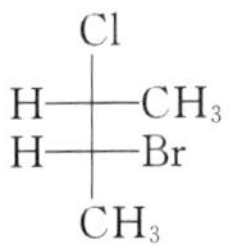 或 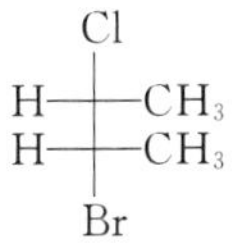

(A)　(B)　(C)　(D)

(7)  与 

(8) 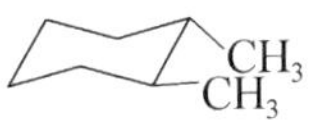 与 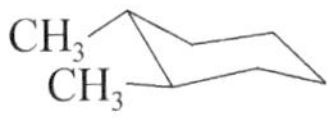

(9) 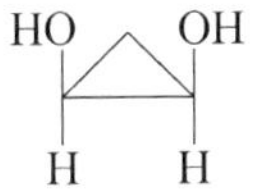 与 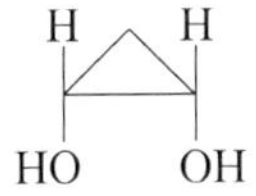

(10) 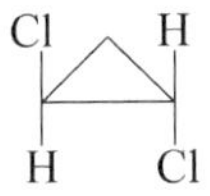 与 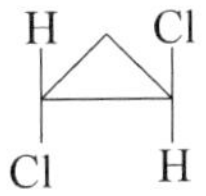 或 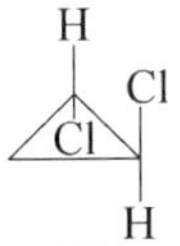

(A)　(B)　(C)

解　(1) (A)与(B)为对映体,(A)与(C)为同一化合物

(2) 非对映体

(3) 非对映体

(4) 对映体

(5) 对映体

(6) (A)与(B)为对映体,(A)与(C)为非对映体,(A)与(D)为同一化合物

(7) 同一化合物

(8) 对映体

(9) 同一化合物

(10) (A)与(B)为对映体,(A)与(C)为同一化合物

【习题 2-8】 写出下列化合物的结构式。

(1) (1*R*,3*R*)-1,3-二氯环己烷

(2) (3*R*,4*S*)-3-甲基-4-氯己烷

(3) 内消旋体 1,3-二甲基环戊烷

(4) 具有光学活性的 1,2-二甲基环丁烷

(5) (1*R*,3*R*,4*S*)-1-甲基-4-异丙基-3-氯环己烷

(6) (1*R*,4*R*,5*S*)-4-甲基-5-氯环庚烷甲酸

解 (1) 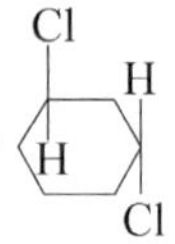

(2) 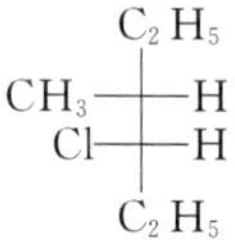

(3) 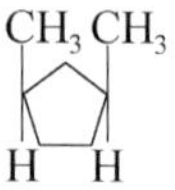

(4) 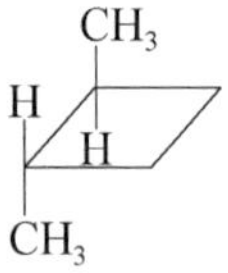

(5) 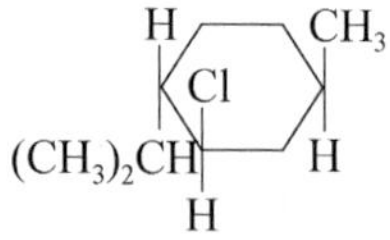

(6) 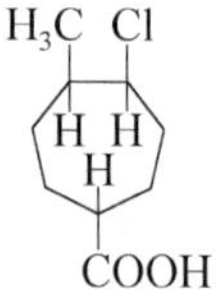

【习题 2-9】 写出下列化合物的三维结构式。

(1) (*R*)-2-羟基丙酸

(2) (*R*)-2,3-二溴丙醛

(3) (*R*)-3-氰基环戊酮

(4) (*R*)-2-氘代丙酸

(5) (*R*)-3-甲基-3-甲氧基-4-己烯-2-酮

(6) (*S*)-3-乙基-1-庚烯-5-炔

解 (1) 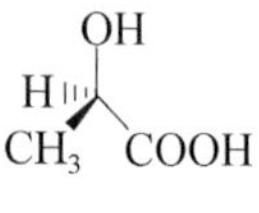

(2) 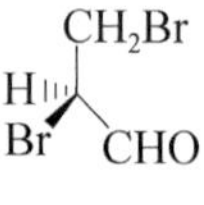

(3) 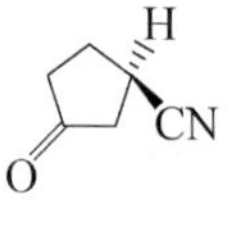

(4) 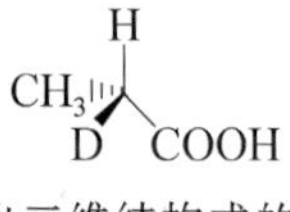

(5) 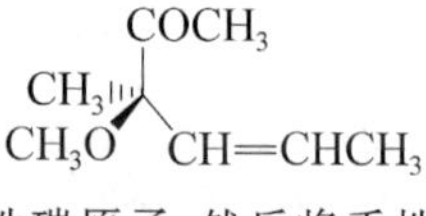

(6) 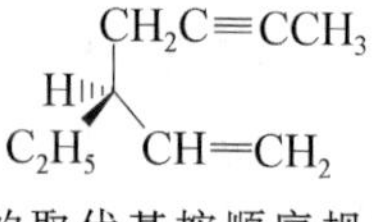

画出三维结构式的基本骨架,找出手性碳原子,然后将手性碳原子的取代基按顺序规则编序,最后将取代基按构型填写在三维结构骨架的相应位置。

【习题 2-10】 请用三维结构式及费歇尔投影式写出 $C_6H_5CHBrCHClC_6H_5$ 的可能立体异构体,并用 *R*/*S* 标出其构型。

解

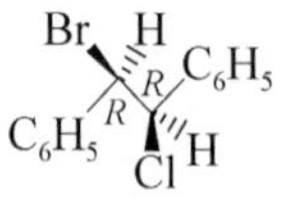

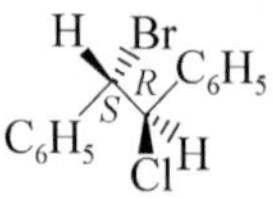

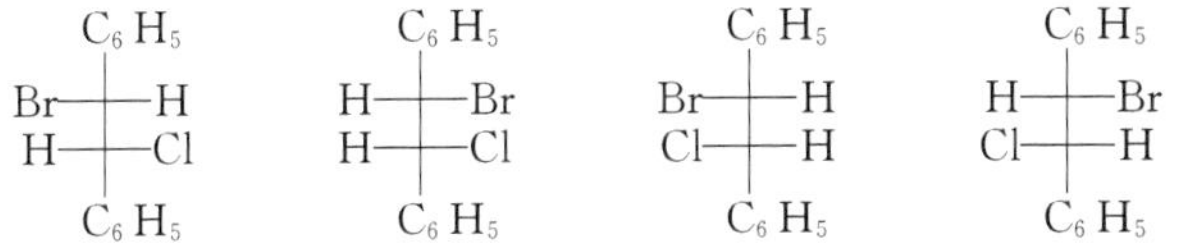

【习题 2-11】 假定观察到的 2-溴辛烷对映体混合物的旋光度为＋18°，而(*R*)-(－)-2-溴辛烷的比旋光度为－36°。计算该 2-溴辛烷对映体混合物中 *R* 或 *S* 构型的百分含量。

解 假定在对映体混合物中，*R* 构型的摩尔分数为 x，则 *S* 构型的摩尔分数为 $1-x$，因此

$$x(-36°)+(1-x)(+36°)=18°$$

$$x=0.25$$

即混合物中 *R* 构型占 25％，*S* 构型占 75％，也就是说混合物中有 50％的外消旋体和 50％的 *S* 构型。

【习题 2-12】 用费歇尔投影式写出 2-甲基-1，3-二溴丁烷的异构体，并用 *R*/*S* 表示手性碳原子的构型。

解 2-甲基-1，3-二溴丁烷为 $CH_3\overset{*}{\underset{Br}{C}}H\overset{*}{\underset{CH_3}{C}}HCH_2Br$，分子中有两个不同的手性碳原子，应有四个异构体，分别为

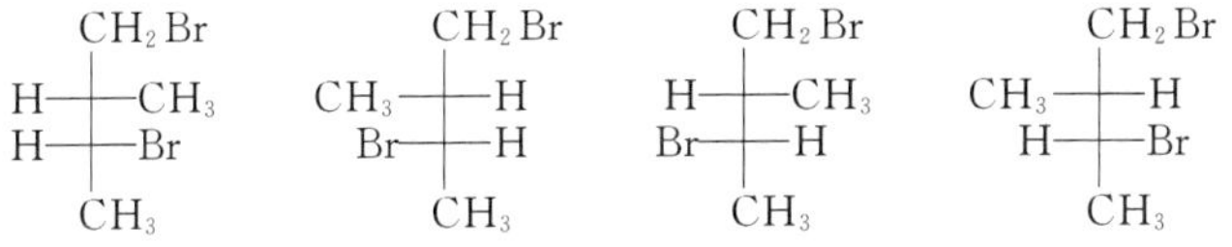

2*S*，3*R*　　2*R*，3*S*　　2*S*，3*S*　　2*R*，3*R*

【习题 2-13】 写出下列化合物所有的立体异构体。

(1) 1，2-二甲基环丙烷

(2) 1，2-和 1，3-二甲基环丁烷

(3) 1，2-和 1，3-二甲基环戊烷

(4) 2，2-二甲基环丙醇

(5) 2，2-二甲基-1，3-环戊二甲酸

解 (1)

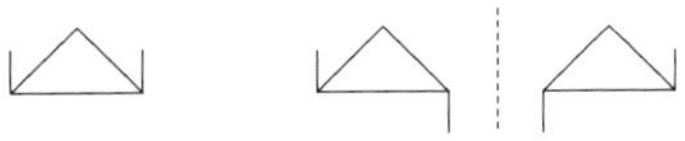

顺式　内消旋　　反式　外消旋

(2)

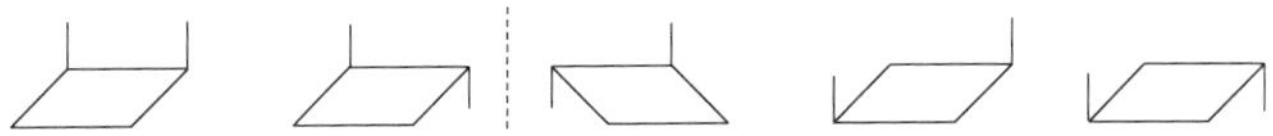

1,2- 顺式　内消旋　　1,2- 反式　外消旋　　1,3- 顺式　　1,3- 反式

(3) 

1,2-顺式
内消旋

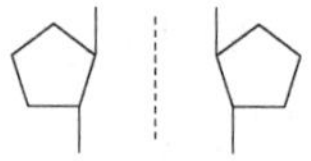

1,2-反式
外消旋

1,3-顺式
内消旋

1,3-反式
外消旋

(4) 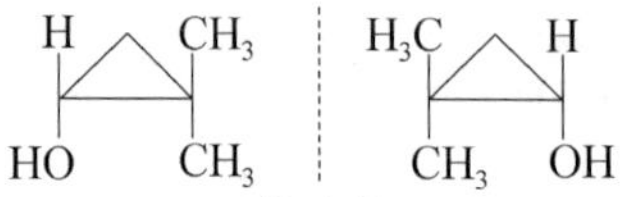

外消旋

(5) 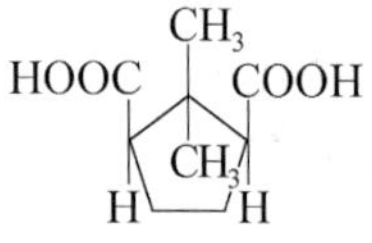

内消旋

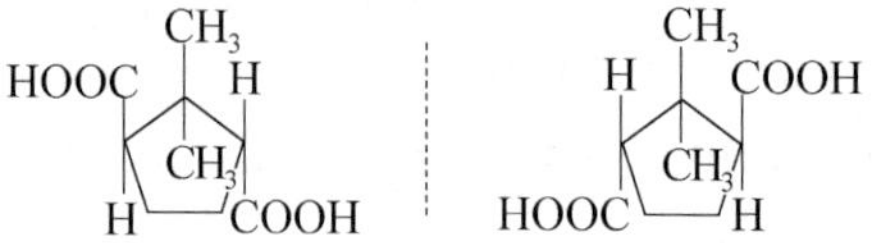

外消旋

【习题 2-14】 比较下列化合物的关系。

(1) 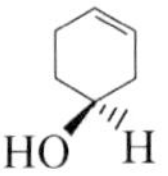　(2) 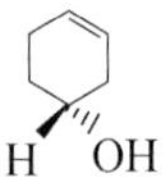　(3) 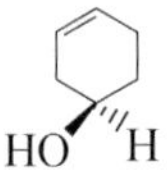　(4) 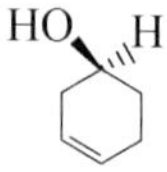

解　化合物(1)与(2)、(3)、(4)的构造相同,(1)中手性碳原子为 *S* 构型,因此根据(2)、(3)、(4)相应的构型可以确定其关系。(2)为 *R* 构型,(3)为 *R* 构型,(4)为 *S* 构型。所以,化合物(1)与(4)为同一化合物,(2)和(3)为同一化合物,(1)、(4)与(2)、(3)互为对映体。

【习题 2-15】 将下列化合物的伞形式改写成费歇尔投影式,并用 *R*/*S* 标出手性碳原子的构型。

(1) 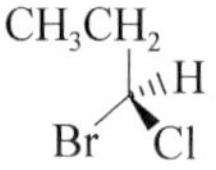　(2) 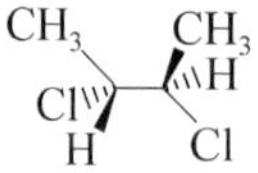　(3) 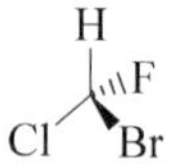

(4) 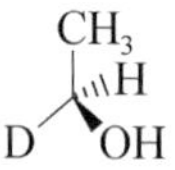　(5) 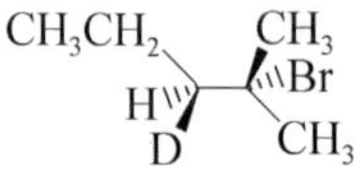　(6) 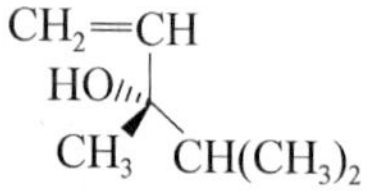

(7) 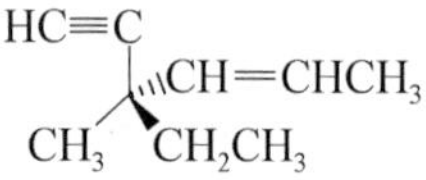　(8) 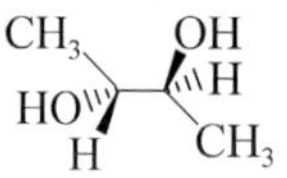

解　(1) 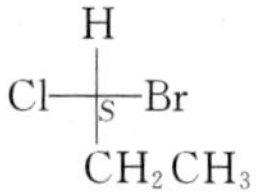　(2) 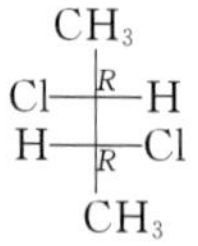　(3) 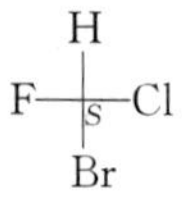

(4) 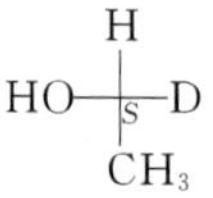　(5) 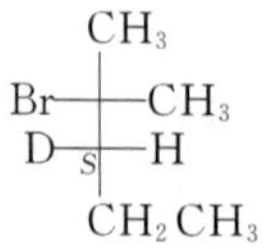　(6) 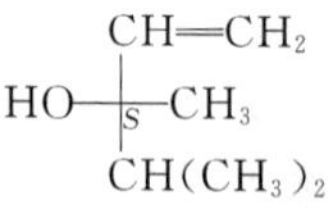

(7) 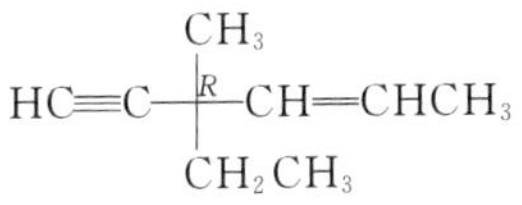

(8) 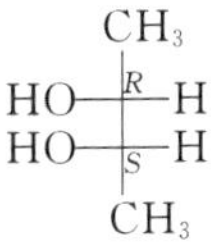

【习题 2-16】 樟脑的结构为

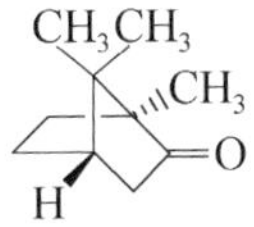

指出分子中的手性碳原子。它只有一对外消旋体是已知的，为什么？

解　两个桥头碳分别为两个不同的手性碳原子，理论上应该有四个立体异构体，组成两对外消旋体。但由于桥头不能翻转，因此只有一对对映体，组成一对外消旋体。

【习题 2-17】 指出下列化合物的立体异构体的数目。

(1) 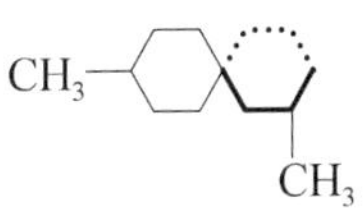

(2) 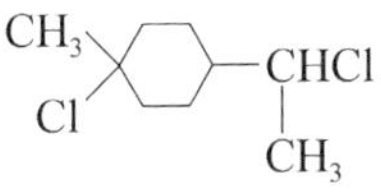

(3) 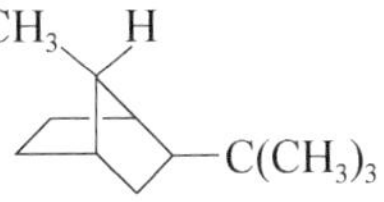

(4) 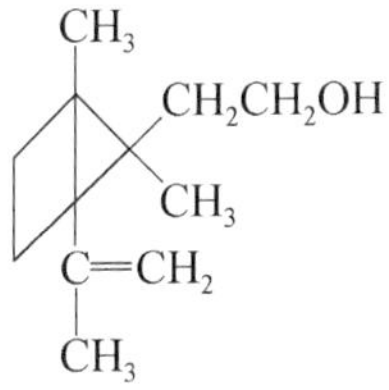

(5) 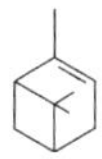

(6) 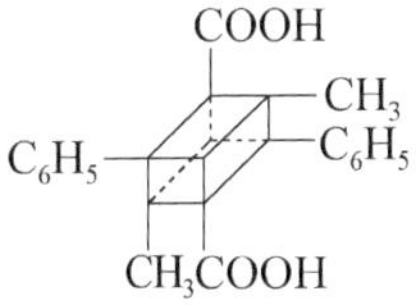

(7) 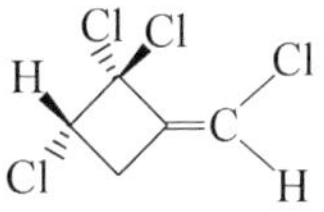

解　(1) 4 个；(2) 4 个；(3) 8 个（四个手性碳原子，但两个桥头碳原子只按一个计算）；(4) 4 个；(5) 2 个；(6) 1 个；(7) 4 个。

解此类题必须要考虑分子是否有对称面或对称中心，有多少个手性碳原子，是否有桥头手性碳原子的影响，是否有顺反异构等。

【习题 2-18】 写出 2-氯螺[4.5]癸烷和 8-氯螺[4.5]癸烷的可能异构体。

解　2-氯螺[4.5]癸烷有一对对映体

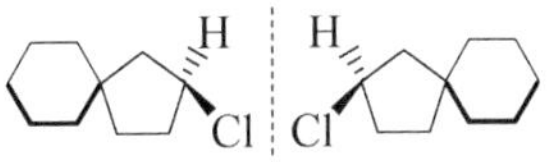

8-氯螺[4.5]癸烷中，五元环所在平面（垂直于六元环平面）即为分子的对称面，无手性。

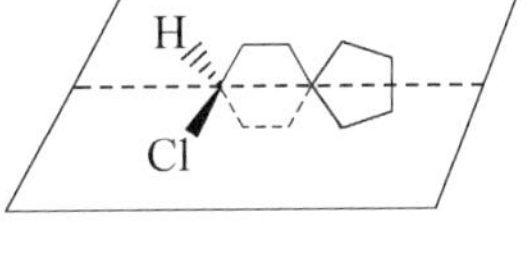

掌握螺环中两环所在平面的相对关系是解此题的关键。

【习题 2-19】 判断下列化合物的立体异构体的数目。

(1) 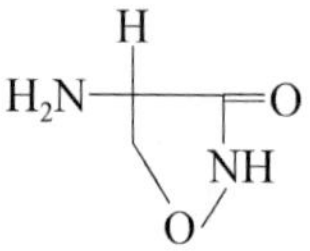

环丝氨酸

(2) 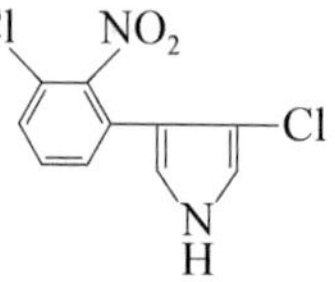

吡硝菌素

(3) 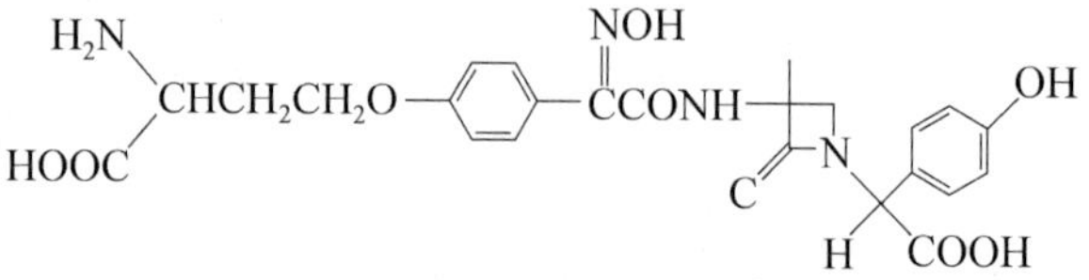

诺卡杀菌素

(4) 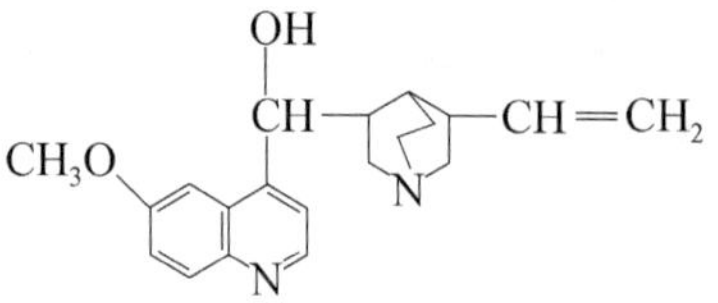

喹咛(金鸡纳碱)

(5) 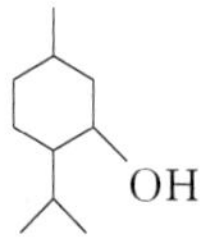

薄荷醇

(6) 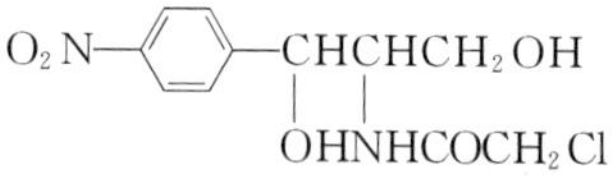

氯霉素

解 (1) 2 个;(2) 有对称面,无立体异构体;(3) 16 个;(4) 16 个;(5) 8 个;(6) 4 个。

【习题 2-20】 写出异戊烷的一氯化产物。

解 异戊烷 $\underset{|\atop CH_3}{CH_3CHCH_2CH_3}$ 有四个不同化学环境的氢,可以写出四种不同的一氯异戊烷的构造式,即

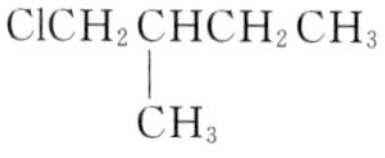

(A)

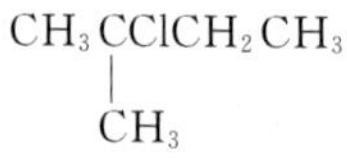

(B)

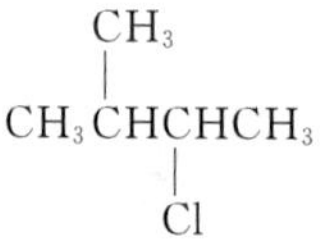

(C)

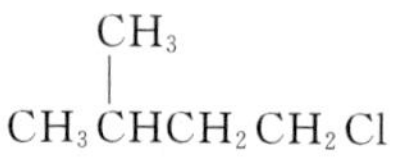

(D)

其中(A)和(C)中有一个手性碳原子,可以拆分为旋光异构体。

【习题 2-21】 写出(S)-2-氯丁烷经一氯化得到的二氯丁烷产物。

解 (1) (*R*)-1,2-二氯丁烷;(2) (*S*)-1,3-二氯丁烷;(3) 2,2-二氯丁烷;(4) (2*S*,3*S*)-2,3-二氯丁烷;(5) (2*S*,3*R*)-2,3-二氯丁烷。

在产物二氯丁烷中，如果 C_2 仍为不对称碳原子，则其 C_2 的构型通常仍保持原来的构型。

【习题 2-22】 写出四仲丁基甲烷的所有异构体，并说明它们相互之间的关系。

解 在四仲丁基甲烷中，其中心碳原子并不是一个不对称碳原子，在 4 个仲丁基中各有一个手性碳原子，而手性基团不能被切成等价的两部分，所以整个分子没有对称中心和对称面。仲丁基中手性碳原子可能是 *R* 或 *S* 构型，因此其异构体可以表示为 *RRRR*、*SSSS*、*RRRS*、*SSSR*、*RRSS*，前 4 个组成两对对映体，而 *RRSS* 与 *SSRR* 为同一化合物。所以四仲丁基甲烷共有 5 个异构体，4 个有旋光性，1 个无旋光性。无旋光性的 *RRSS* 异构体中没有对称中心和对称面，但与其镜像 *SSRR* 能重叠，为同一化合物。这是分子中没有对称面和对称中心而有更迭对称轴的例子。

【习题 2-23】 写出甲基环己醇的可能异构体。

解 在 2-甲基环己醇中有 2 个不同的手性碳原子，应有 $2^2=4$ 个异构体，即

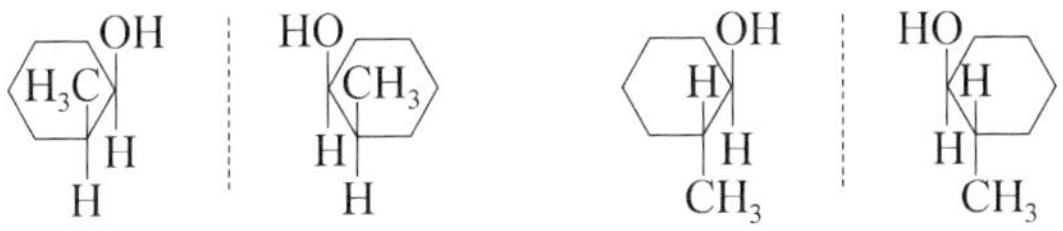

顺式　　　　反式

在 3-甲基环己醇中同样有 2 个不同的手性碳原子，有 $2^2=4$ 个异构体，即

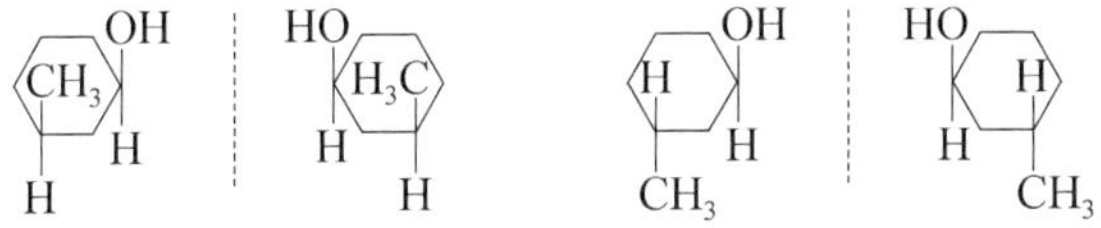

顺式　　　　反式

而 4-甲基环己醇中的顺式或反式构型中都有一个对称面，所以都没有光学活性。

顺式　　　　反式

如果是 4-仲丁基环己醇，则结果又如何？

【习题 2-24】 2,3,4,5-四羟基己二酸 [HOOC(CH)$_4$COOH]（CH 上连 OH）共有多少个异构体？

解 共有 10 个异构体，以其手性碳原子的构型表示分别为 *RRRR*、*SSSS*、*RRRS*、*SSSR*、*RRSR*、*SSRS*、*RSSR*、*SRRS*、*RSRS*、*RRSS*，前 8 个组成 4 对对映体，后 2 个为内消旋体。

【习题 2-25】 酒石酸（HOOCCHCHCOOH，两个 CH 上各连 OH）在立体化学的研究历史上曾是个很重要的化合物，而自然界的酒石酸通常以两种不具旋光性的形式存在，其熔点分别为 206℃ 和 140℃。熔点为 206℃ 的不旋光酒石酸可以拆分为熔点(170℃)相同且均具光学活性的两部分，比旋光度分别为 $[\alpha]_D^{25}=+12°$ 和 $[\alpha]_D^{25}=-12°$。试用费歇尔投影式说明。

解

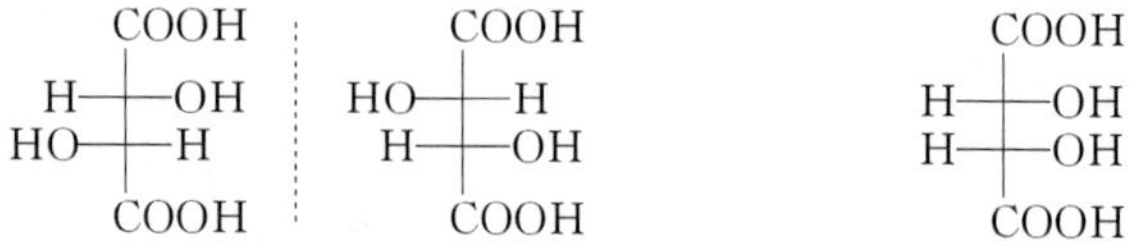

外消旋体　　　　　　　　内消旋体

熔点 206℃　　　　　　　熔点 140℃

【习题 2-26】 在下列分子中，C_2 和 C_4 的构型分别为 S 和 R 构型。对 C_3 而言，它所连接的四个基团不同，但分子却无光学活性，为什么？

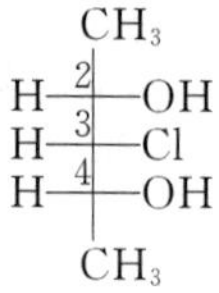

解 整个分子无光学活性，是因为通过 C_3 及 C_3 上的 H 和 Cl 三原子所在的平面是分子的对称面，C_2 和 C_4 的构型互为镜像，所以 C_3 又称伪不对称碳原子。

试讨论在上述分子中，将 Cl 原子用仲丁基取代后的结果。

【习题 2-27】 用纽曼投影式写出下列化合物的最稳定构象。

(1) (1R,2S)-1,2-二氯-1,2-二苯基乙烷

(2) (1R,2S)-1,2-二氯-1,2-二苯基乙烷

(3) (2S,3R)-2,3-丁二醇

(4) (2S,3S)-2,3-丁二醇

解 (1) 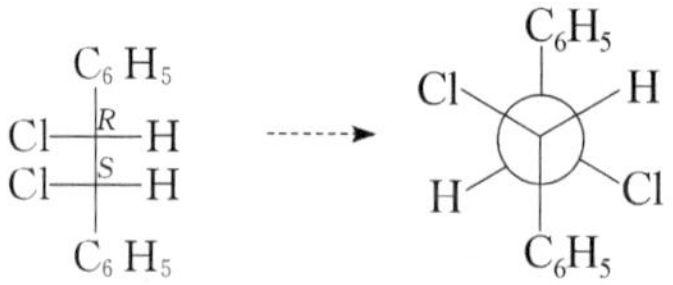

(2) 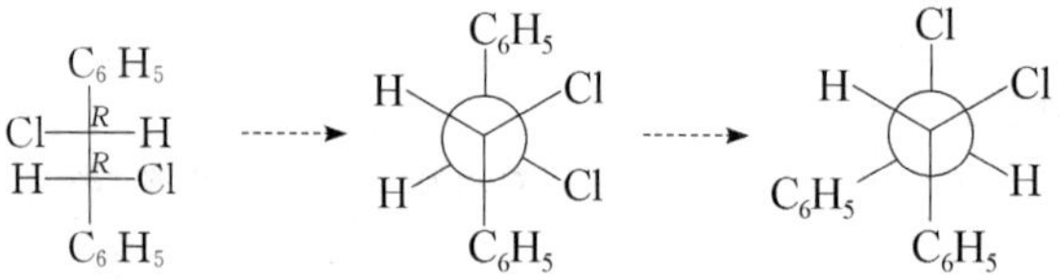

(3) 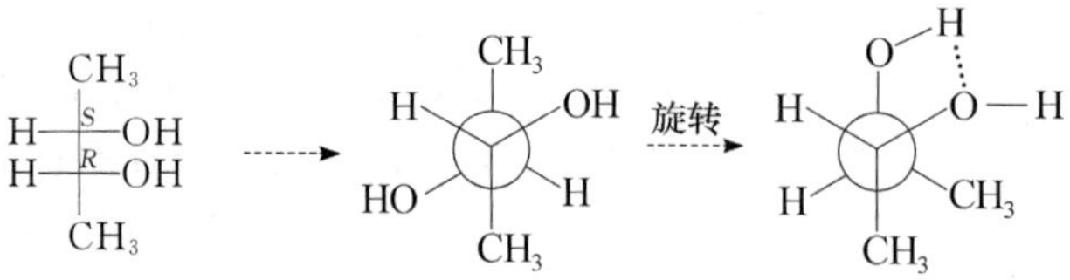

(4) 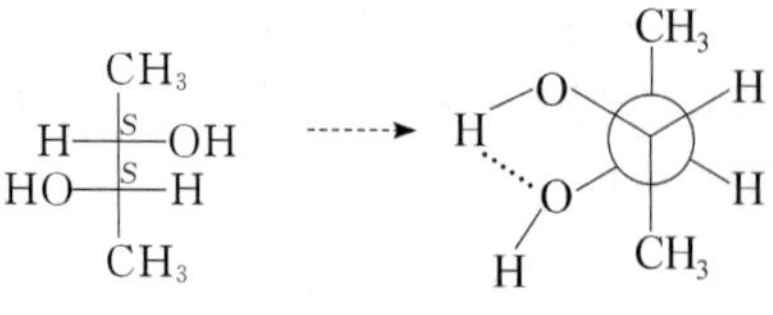

先根据题意写出相应的费歇尔投影式,在验证其构型后,再根据空间位阻、氢键形成的可能性等因素,将其转变为最稳定的纽曼投影式构象。熟练掌握后也可以直接写出其稳定纽曼投影式。

【习题 2-28】 醇钠与卤代烃反应可以生成相应的醚:

$$RONa + R'Cl \longrightarrow R—O—R' + NaCl$$

试写出 (±)-$CH_3CH_2CH_2\underset{\displaystyle |\atop ONa}{C}HCH_3$ 与 (±)-$CH_3CH_2CH_2\underset{\displaystyle |\atop Cl}{C}HCH_3$ 反应生成醚的可能产物。

解　可能生成如下产物:

(1) (+)-$CH_3CH_2CH_2\underset{\displaystyle |\atop CH_3}{C}HO\underset{\displaystyle |\atop CH_3}{C}HCH_2CH_2CH_3$-(+)

(2) (+)-$CH_3CH_2CH_2\underset{\displaystyle |\atop CH_3}{C}HO\underset{\displaystyle |\atop CH_3}{C}HCH_2CH_2CH_3$-(−)

(3) (−)-$CH_3CH_2CH_2\underset{\displaystyle |\atop CH_3}{C}HO\underset{\displaystyle |\atop CH_3}{C}HCH_2CH_2CH_3$-(+)

(4) (−)-$CH_3CH_2CH_2\underset{\displaystyle |\atop CH_3}{C}HO\underset{\displaystyle |\atop CH_3}{C}HCH_2CH_2CH_3$-(−)

其中(1)与(4)为对映体,(2)与(3)为同一化合物(内消旋体)。此题中实际上当 R=R′时才出现(2)=(3)的情况。请讨论 R≠R′时的结果。

【习题 2-29】 从印度烟叶中可分离得到一种称为山梗烷定的化合物,其结构为

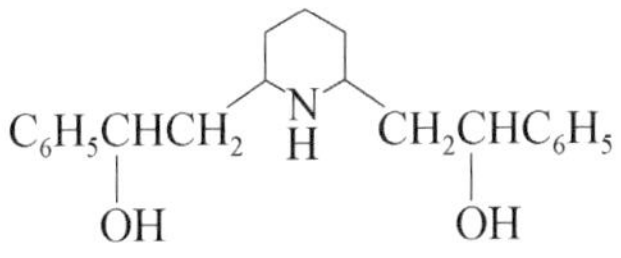

它可用作商品戒烟剂。它无旋光性,也不可拆分为有旋光的化合物。试用构象式表示其立体结构。

解　根据题意可以判断,该化合物不是外消旋体,而在环的 2 位和 6 位上具有两个相同的手性基团,因此两取代基必定是顺式,且其构型相反,其构象式可表示为

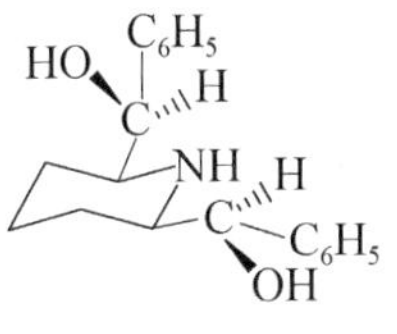

【习题 2-30】 虫草酸(cordycepic acid)为多羟基环己酸,最初认为其构象式为

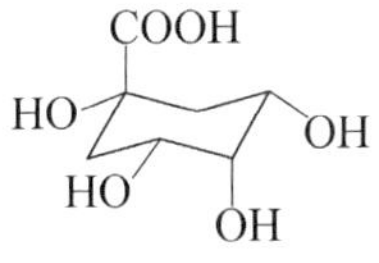

而其比旋光度为$[\alpha]_D^{20}=+4.3°$,因此可判断最初认为的结构是错误的。为什么?

解　虫草酸为旋光化合物，因此可以认为分子内无对称面或对称中心。但在上述结构中有一对称面，分子是内消旋的，这与事实不符，所以上述结构是错误的。

【习题 2-31】　丙二酸及取代丙二酸受热容易失羧，生成相应的乙酸及取代乙酸，反应通式如下：

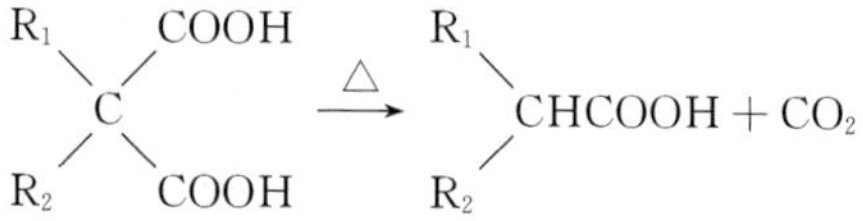

在合成 2,5-二甲基-1,1-环戊烷二羧酸时得到熔点不同的两种物质(A)和(B)，它们均无旋光性，但(B)可以拆分为一对对映体。当加热(A)和(B)时，(A)可以生成两个无旋光性的 2,5-二甲基环戊烷羧酸(C)和(D)，(B)则生成一对对映体(E)和(F)。试推测(A)～(F)的结构，并用反应式表示上述过程。

解

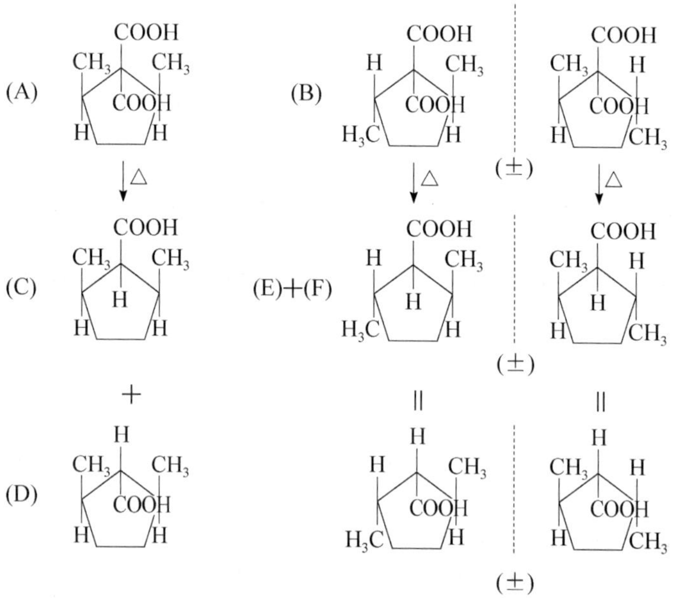

第三章　卤　代　烷

一、内 容 提 要

1. 卤代烷的异构和命名

烷烃分子中的氢原子被卤原子取代后生成的化合物称为卤代烷。当卤原子取代烷烃分子中不等价的氢原子时，则会产生各种不同的异构体。

在对卤代烷进行系统命名时，是把卤原子与烷基一样视为取代基而不是官能团，然后按顺序规则将各取代基排序，根据“较优基团后列出”的原则，先列出烷基，后列出卤原子。例如，2-甲基丁烷光照一氯代可以生成下列构造异构体：

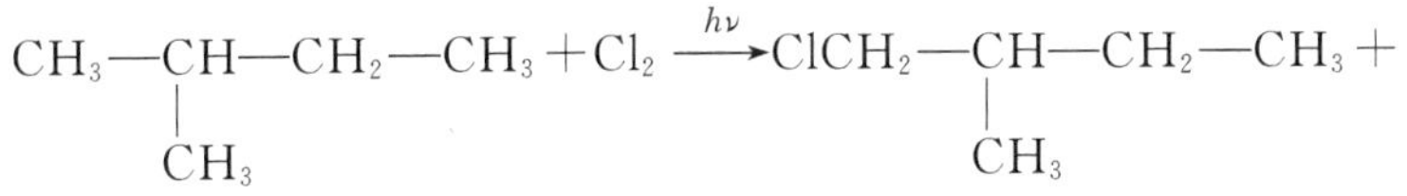

2-甲基-1-氯丁烷

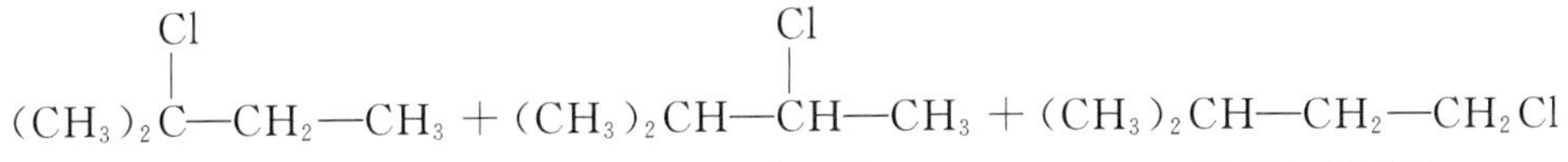

2-甲基-2-氯丁烷　　2-甲基-3-氯丁烷　　3-甲基-1-氯丁烷

当分子中出现手性碳原子时，除了构造异构体之外，还会产生立体异构体。

2. 卤代烷的结构特点和化学反应

在讨论卤代烷的化学反应时，则要将卤原子视为官能团。与官能团直接相连的碳原子是 α-碳原子，次之则为 β-碳原子、γ-碳原子等。

由于卤原子吸引电子的能力比碳原子吸引电子的能力强，因此在卤代烷分子中，碳-卤键是极性键，卤原子带有部分负电荷，而 α-碳原子带部分正电荷，一卤代烷为极性分子。受卤原子的影响，不仅卤代烷的 α-碳上的氢具有酸性，而且β-碳上的氢也具有酸性。由于这些原因，卤代烷的化学反应主要表现为以下四种类型：亲核取代、消除、与活泼金属反应及还原。

1）亲核取代反应

由于 α-碳原子带有部分正电荷，卤原子带有部分负电荷，而卤素负离子又是一种极弱的碱，因此卤代烷中的卤原子很容易被碱性比卤素负离子强的碱取代，生成相应烃的取代物，同时游离出卤素负离子。这里指的比卤素负离子强的碱就是亲核试剂,亲核试剂通常是带负电荷的离子或具有未共用电子对的中性分子。反应中亲核试剂进攻卤代烷中带部分正电荷的α-碳原子或由卤代烷电离出的碳正离子,生成取代产物,称为亲核取代反应,简称 S_N 反应。通式为

$$R—X + \bar{Nu}: \longrightarrow R—Nu + \bar{X}:$$

式中:$\bar{Nu}$:为亲核试剂,X 为卤素离去基团,这里 $\bar{X}$:是带着一对电子离去的,因此一般要求离去基团要具有接受电子和承受负电荷的能力。离去基团作为反应底物(R—X)的组成部分,其离去能力直接影响亲核取代反应的速率。

卤代烷可以发生多种亲核取代反应。

$$R—X + \bar{:}OH \longrightarrow R—OH$$
醇

$$R—X + \bar{:}OR' \longrightarrow R—OR'$$
醚

$$R—X + \bar{:}OCOR' \longrightarrow ROCOR'$$
羧酸酯

$$R—X + \bar{:}SH \longrightarrow RSH$$
硫醇

$$R—X + \bar{:}SR' \longrightarrow RSR'$$
硫醚

$$R—X + :NH_3 \longrightarrow RNH_2$$
伯胺

$$R—X + H_2\ddot{N}R' \longrightarrow RNHR'$$
仲胺

$$R—X + H\ddot{N}R'_2 \longrightarrow RNR'_2$$
叔胺

$$R—X + \ddot{N}R'_3 \longrightarrow R\overset{+}{N}R'_3 \cdot X^-$$
季铵盐

$$R—X + P(C_6H_5)_3 \longrightarrow R\overset{+}{P}(C_6H_5)_3 \cdot X^-$$
鏻盐

$$R—X + \bar{:}CN \longrightarrow RCN$$
腈

$$R—X + \bar{:}C \equiv CR' \longrightarrow RC \equiv CR'$$
炔烃

$$R—X + \bar{:}NO_2 \longrightarrow RNO_2$$
硝基烷+RONO亚硝酸酯

$$R—X + I\bar{:} \longrightarrow RI$$
碘代烷

主要的两种亲核取代反应机理如下：

（1）双分子亲核取代反应(S_N2)。反应速率与反应底物和亲核试剂的浓度都有关。

$$v=k[R—X][Nu^-]$$

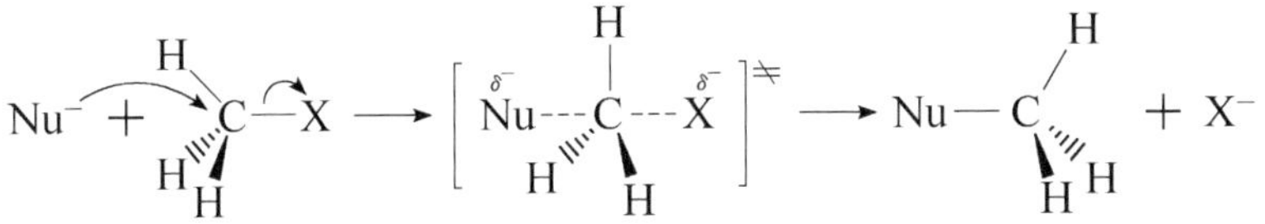

底物 (sp^3)　　过渡态 (sp^2)　　产物 (sp^3)

反应过程中，亲核试剂从离去基团的背面进攻中心碳原子，随着亲核试剂与中心碳原子之间的键逐渐形成，离去基团与中心碳原子之间的键逐渐断裂。新键的形成和旧键的断裂是同步的协同过程，中心碳原子经平面构型的过渡状态(sp^2 杂化)得到构型翻转[瓦尔登(Walden)转化]的产物。例如：

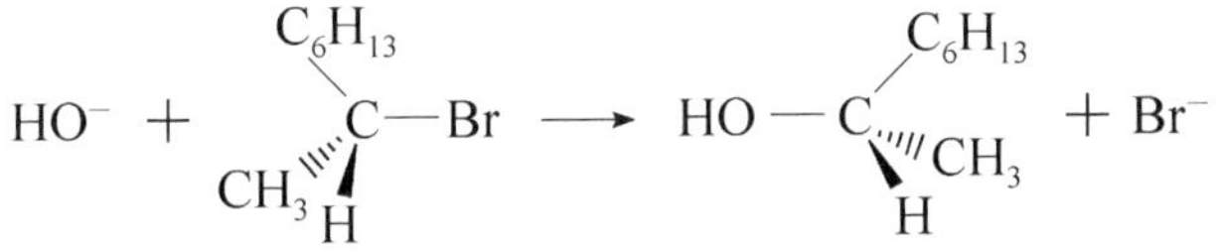

(*R*)-(2)- 溴辛烷　　(*S*)-2- 辛醇

S_N2 是一步反应，在过渡态时有 5 个基团排布在中心碳原子周围，导致过渡态势能升高，反应活化能增大，所以反应底物的空间位阻对 S_N2 反应的影响较大。α-碳原子和 β-碳原子上烷基的增加使 S_N2 反应速率减慢，因此不同烃基的卤代烷的反应活性为伯卤代烷＞仲卤代烷＞叔卤代烷。亲核试剂的亲核能力和离去基团的离去能力的大小直接影响 S_N2 反应的速率。在通常情况下，非极性溶剂有利于反应按 S_N2 机理进行。

（2）单分子亲核取代反应(S_N1)。反应速率只与反应底物卤代烷的浓度有关。

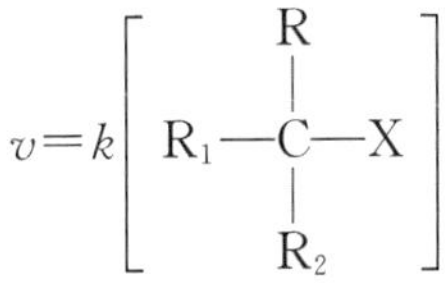

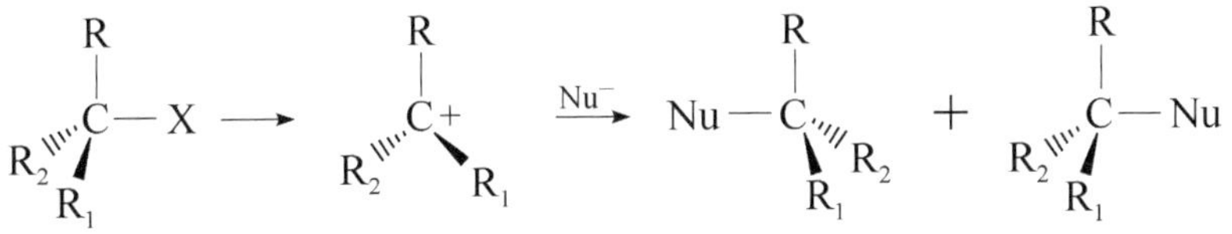

反应中 C—X 的 σ 键首先断裂，离去基团 X 带着一对电子离开反应底物，生成碳正离子中间体，然后碳正离子中间体与亲核试剂结合，生成新的 σ 键，得到取代

产物。C—X σ 键的断裂是反应速率的决定步骤。由于这一步只涉及反应底物分子，因此是单分子取代反应。叔卤代烷与亲核性不强的亲核试剂主要按 S_N1 机理发生反应。若卤代烷中的 α-碳为手性碳原子，则取代后的产物为外消旋混合物。例如：

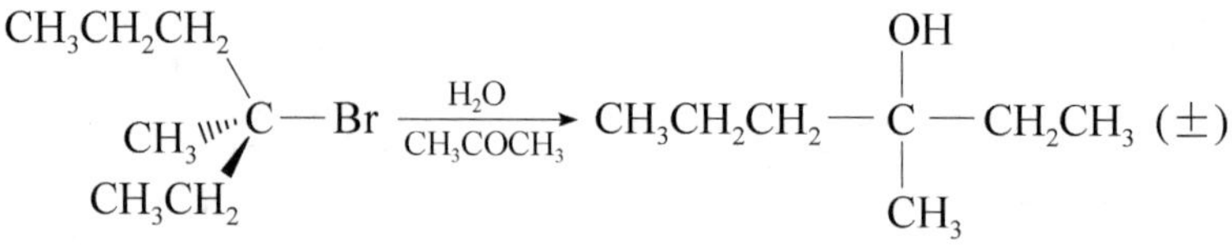

由于生成碳正离子中间体是 S_N1 反应的速率决定步骤，卤代烷的烃基中凡有利于碳正离子中间体正电荷分散的因素将有利于碳正离子的稳定，使 S_N1 反应容易进行。因为碳正离子的稳定性为 3°＞2°＞1°，所以卤代烷的反应活性为叔卤代烷＞仲卤代烷＞伯卤代烷。而且在 S_N1 反应中常可观察到因碳正离子稳定性不同而引起的碳架重排的产物。

碳正离子为平面构型，因此凡由于几何原因不能形成平面构型碳正离子的卤代烷不能发生 S_N1 反应。一般而言，质子溶剂、极性大的溶剂有利于碳正离子的稳定，有利于反应按 S_N1 机理进行。

2）消除反应

卤代烷在较强碱性试剂作用下消除小分子 HX 的反应称为卤代烷的消除反应。凡是消除 α-碳原子上的 X 和 β-碳原子上的 H 的消除反应称为 β-消除，也称 1,2-消除。

在离子型消除反应中，通常是 α-碳上的 X 带着一对电子离去，β-位上的 C—H 键发生异裂，留下一对电子与 α-碳生成 π 键。

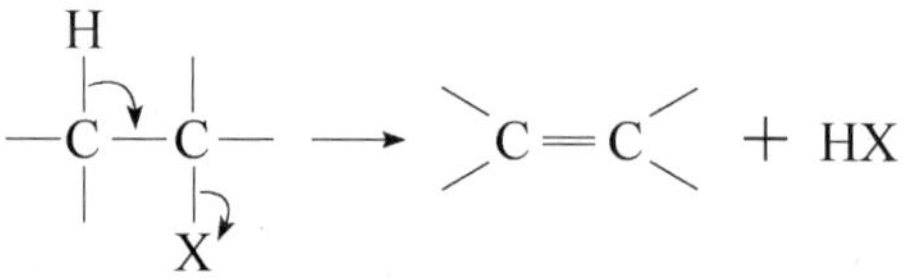

离子型消除反应通常在溶液中进行。

主要的两种 β-消除反应机理如下：

(1) 单分子消除反应(E1)。

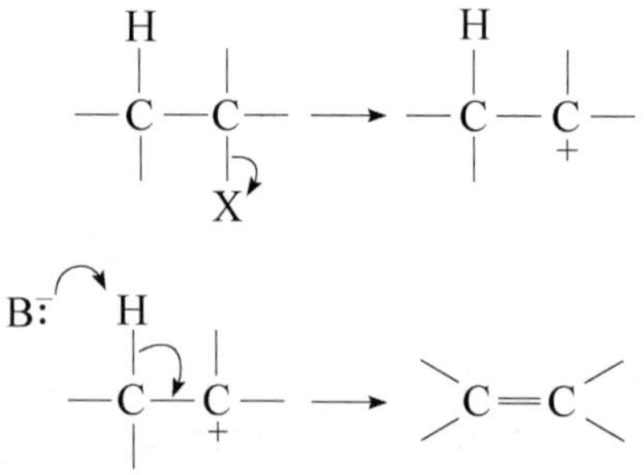

反应分两步进行，第一步是 X 带着一对电子离去，生成碳正离子中间体；第二步是在碱作用下碳正离子失去 β-H，生成碳-碳双键。由于第一步是反应速率的决定步骤，因此消除反应速率只与反应底物卤代烷的浓度有关，而与碱的浓度无关，所以称为单分子消除反应。卤代烷的烃基中凡有利于碳正离子中间体正电荷分散的因素将有利于碳正离子的稳定，有利于消除反应按 E1 机理进行。

在 E1 机理的消除反应中，当中间体碳正离子有两个以上不同 β-H 时，消除哪个 β-H 是有选择性的，称为区域选择性。通常主要产物是生成双键上烷基最多的烯烃，称为札依采夫(Saytzeff)规则。如果生成的烯烃有 E 和 Z 构型时，主要得到 E 构型的产物。

(2) 双分子消除反应(E2)。

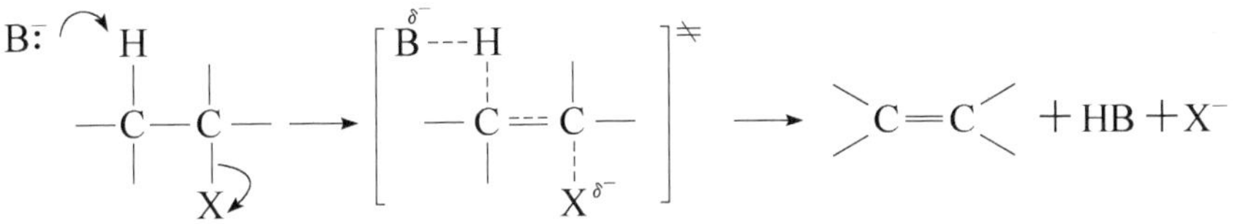

反应为一步反应，反应过程只形成一个过渡态，在碱作用下 C—X 键和 C—H 键的断裂与 π 键的形成是协同进行的，消除反应速率与反应底物卤代烷的浓度和试剂碱的浓度成正比，所以称为双分子消除反应。

由于在双分子消除反应的过渡态中，C—X 键和 C—H 键已部分断裂，π 键已部分形成，即在 α-碳和 β-碳之间已有部分双键的性质，因此消除的主要产物也是生成双键上烷基最多的烯烃，符合札依采夫规则。如果 H—C—C—X 在同一平面内，则在过渡态时两个变形的 sp^3 杂化轨道可以尽可能多地交盖而降低能量，有利于过渡到 sp^2 杂化和 π 键的形成，从而有利于消除反应的进行。从消除构象分析，当 C—X 和 C—H 处于反式共平面时，对碱进攻 β-H 和 X 的离去都有利，所以大多数 E2 消除为反式消除。

α-消除：在浓氢氧化钠溶液作用下，氯仿容易发生 α-消除，生成二氯卡宾：

$$HO^{-} + H—CCl_3 \longrightarrow HOH + :\bar{C}Cl_3$$

$$:\bar{C}Cl_2—Cl \longrightarrow \underset{\text{二氯卡宾}}{:CCl_2} + Cl^{-}$$

3) 与活泼金属反应

(1) 与镁反应：卤代烷在醚类溶剂中容易与金属镁反应形成烷基卤化镁，即格利雅(Grignard)试剂，简称格氏试剂：

$$RX + Mg \xrightarrow{\text{干醚}} RMgX$$

卤代烷分子中的 R 带部分正电荷，而格氏试剂中 R 带部分负电荷，极性发生了转换,从而导致格氏试剂可以与一系列化合物发生反应。它既可以与各种无机酸、有机酸、水、醇、末端炔烃、伯胺、仲胺等含活性氢的化合物反应,又可以与醛、酮、羧酸衍生物等含极性重键的化合物反应。

(2) 与锂反应:卤代烷与金属锂在烃类溶剂中反应形成烷基锂:

$$RX + 2Li \longrightarrow R—Li + LiX$$

烷基锂在许多方面与格氏试剂相似,但 C—Li 键的离子性比 C—Mg 键强,因此烷基锂的反应性更强。

烷基锂与碘化亚铜反应,可以形成二烷基铜锂:

$$2RLi + CuI \longrightarrow R_2CuLi + LiI$$

例如:

$$(CH_3)_2CHBr \xrightarrow{Li} (CH_3)_2CHLi \xrightarrow{CuI} [(CH_3)_2CH]_2CuLi$$

二烷基铜锂在合成 R—R′型不对称烷烃方面有特别重要的用途。例如:

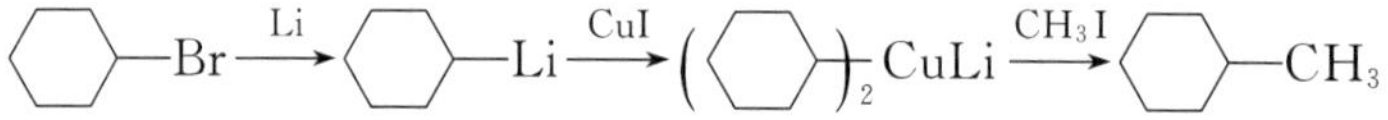

(3) 邻二卤代烷与锌、镁的反应:邻二卤代烷在金属锌或镁作用下,可失去卤素形成烯烃,这种消除反应也是反式消除。例如:

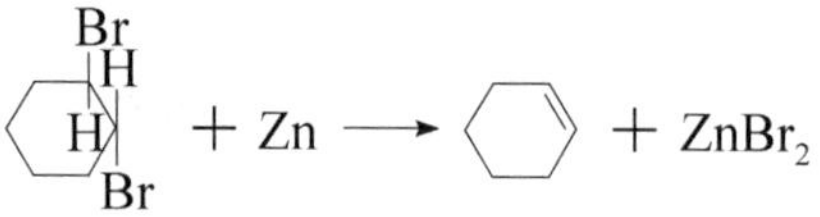

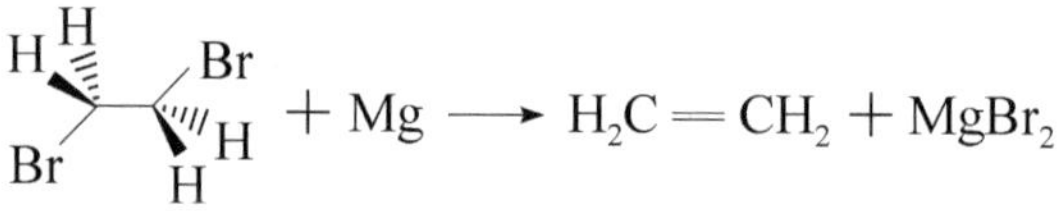

4) 还原反应

卤代烷在 $LiAlH_4$、$NaBH_4$、$Zn+H^+$ 或 H_2+Ni 等作用下可以还原为烷烃。例如:

$$CH_3CH_2CH_2\underset{\displaystyle Br}{\underset{|}{C}}HCH_3 \xrightarrow{[H]} CH_3CH_2CH_2\underset{\displaystyle H}{\underset{|}{C}}HCH_3$$

二、解 题 示 例

【例 3-1】 完成下列转变。

(1) 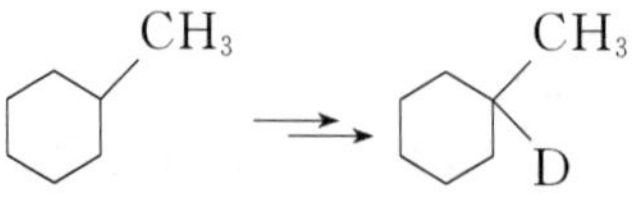

(2) $CH_3CH_2CH_2Br \longrightarrow (CH_3)_2CHCH_2CH_2CH_3$

解　(1) 往分子中引入氘，最常用的方法是利用相应的格氏试剂与含活性氘的化合物(如 D_2O、CH_3COOD 等)反应。甲基环己烷分子中，与甲基相连碳上的氢为唯一的叔氢，根据烷烃室温溴化时三种氢的相对反应活性(见习题 1-19)为

$$3°H : 2°H : 1°H = 1600 : 80 : 1$$

首先应将甲基环己烷室温溴化，以使 1-甲基-1-溴环己烷成为主要产物，然后与镁作用，最后与 CH_3COOD 反应。反应式如下：

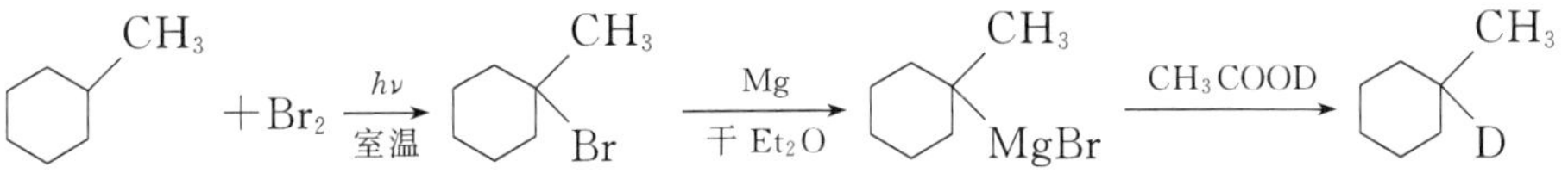

(2) 由三个碳的卤代烷合成六个碳的烷烃，且结构又不对称，显然要利用二烷基铜锂与卤代烷的偶联反应。反应式如下：

$$CH_3CH_2CH_2Br \xrightarrow[C_2H_5OH]{KOH} CH_3CH{=}CH_2 \xrightarrow{HBr} (CH_3)_2CHBr \xrightarrow{Li}$$

$$(CH_3)_2CHLi \xrightarrow{CuI} [(CH_3)_2CH]_2CuLi \xrightarrow{BrCH_2CH_2CH_3} (CH_3)_2CH{-}CH_2CH_2CH_3$$

【例 3-2】　给出(*S*)-2-氯戊烷在光照下与 Cl_2 反应所得一氯代产物的结构。

解　(1) (*R*)-$CH_3CH_2CH_2CHClCH_2Cl$　　手性碳原子上取代基顺序发生变化

(2) $CH_3CH_2CH_2CCl_2CH_3$　　非手性

(3) $CH_3CH_2CHClCHClCH_3$　　(2*S*,3*S*)与(2*S*,3*R*)两种异构体

(4) $CH_3CHClCH_2CHClCH_3$　　(2*S*,4*R* 内消旋体)与(2*S*,4*S*)两种异构体

(5) $CH_2ClCH_2CH_2CHClCH_3$　　*S* 构型

【例 3-3】　氯代叔丁烷在氢氧化钠水溶液中水解时，叔丁醇生成的速率并不随 HO^- 的增加而明显增大，然而增加 HO^- 却导致氯代叔丁烷消除的速率明显增大，如何解释？

解　氯代叔丁烷的水解属于 S_N1 机理，生成叔丁醇的速率与 HO^- 无关，然而增加 HO^- 却增大了 E2 反应的速率，消耗了 HO^-，从而得到了 $(CH_3)_2C{=}CH_2$。

【例 3-4】　推测下列反应的机理，并预计主要产物。

(1) 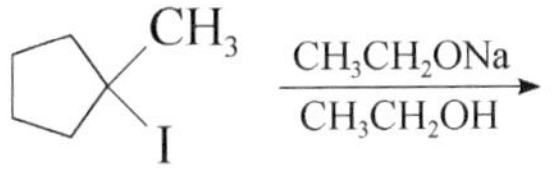

(2) 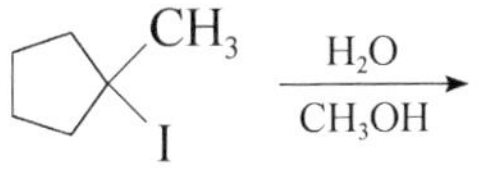

解　两题中反应物相同，都是叔碘代烷，只是试剂不同，在(1)中，试剂为强碱，因此主要发生 E2 反应，生成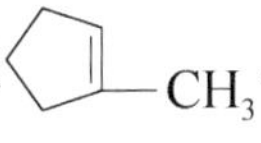。而在(2)中，试剂亲核性和碱性都很弱，

主要发生 S_N1 反应，生成 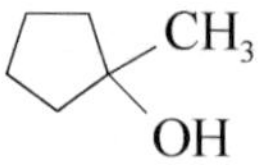 和 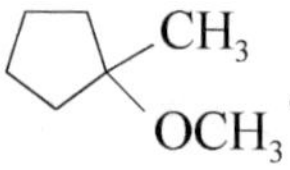。

【例 3-5】 当用(*R*)-$CH_3CH_2CH_2CHDI$ 与过量 NaI^*(放射性碘化钠)-丙酮溶液共热时，可以观察到：(1)反应物发生了外消旋化，(2)外消旋化的速率和[I^{*-}]减少的速率比为 2∶1。请对上述实验事实给出合理的解释。

解 这是典型的伯卤代烷与放射性碘负离子在丙酮溶剂中发生的 S_N2 反应：

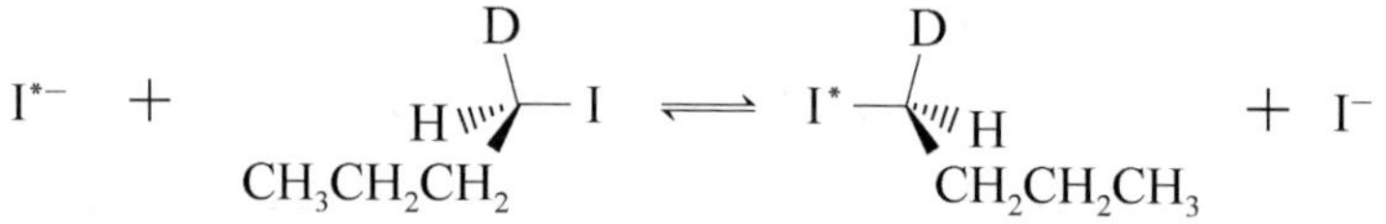

(1) 此时反应物是光学活性的，而它与其对映体的势能是等同的，所以当正反应与逆反应达到平衡(正、逆两个方向取代反应不断进行的动态平衡)时，即反应物发生了外消旋化。

(2) 每当反应掉一个 I^{*-}，即有一分子 *R* 构型的反应物转变为它的对映体(*S* 构型)，而一个 *S* 构型产物还需要另外一个没有反应的 *R* 构型反应物才能组成一对外消旋体，所以外消旋化的速率是[I^{*-}]减少的速率的两倍。

【例 3-6】 完成下列反应，写出相应的主要产物，并给予适当的解释。

(1) 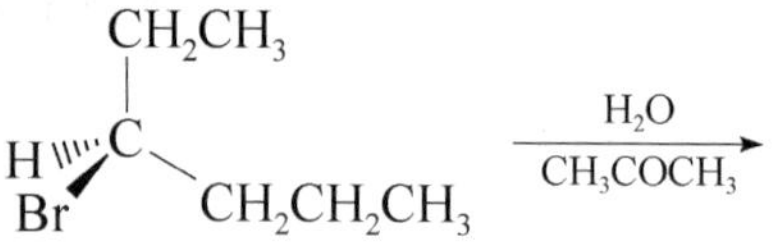

(2) 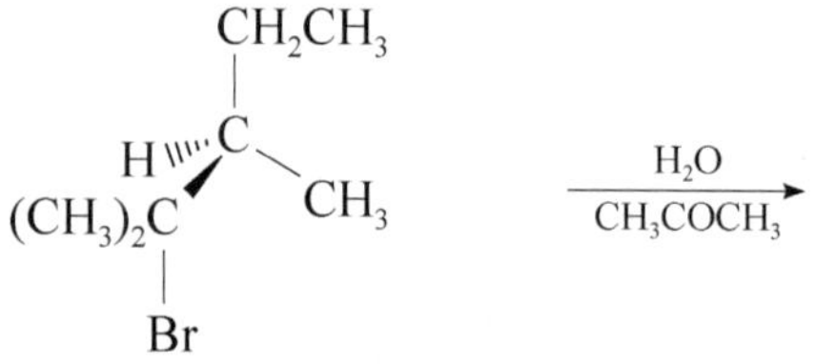

(3) 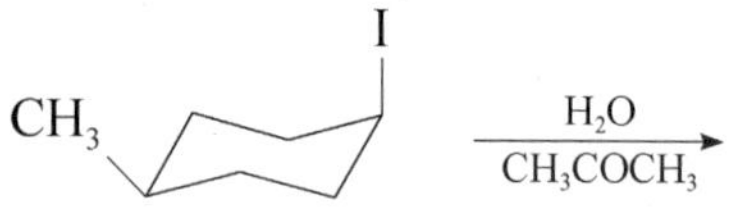

解 (1) 这是仲溴代烷在极性较大的水溶剂中水解，反应主要按 S_N1 机理进行，所以得到外消旋的仲醇。

$$CH_3CH_2CH_2CH(OH)CH_2CH_3(\pm)$$

(2) 叔溴代烷在极性较大的水溶剂中水解，反应按 S_N1 机理进行，β-碳是 *R* 构型的手性碳原子。由于 C_α—C_β 键在反应中没有发生断裂，因此反应前后 β-碳的构型不变。

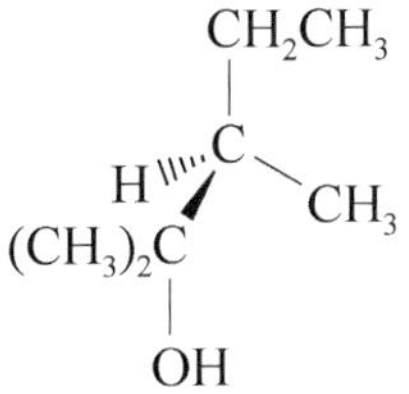

(3) 仲碘代烷在极性较大的水溶剂中水解，反应按 S_N1 机理进行，反应达到平衡时，将主要得到碘和甲基都处在平伏键的最稳定构象。

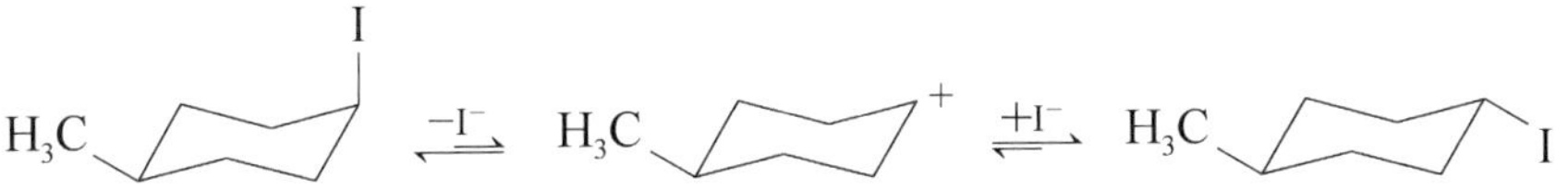

【例 3-7】 下列四种不同电荷类型的 S_N2 反应：

(1) $CH_3I + OH^- \longrightarrow CH_3OH + I^-$

(2) $CH_3I + NH_3 \longrightarrow CH_3\overset{+}{N}H_3 + I^-$

(3) $CH_3\overset{+}{S}(CH_3)_2 + OH^- \longrightarrow CH_3OH + (CH_3)_2S$

(4) $CH_3\overset{+}{S}(CH_3)_2 + NH_3 \longrightarrow CH_3\overset{+}{N}H_3 + (CH_3)_2S$

写出它们的过渡态及其电荷分布，并讨论溶剂极性增大对反应速率的影响。

解 (1) 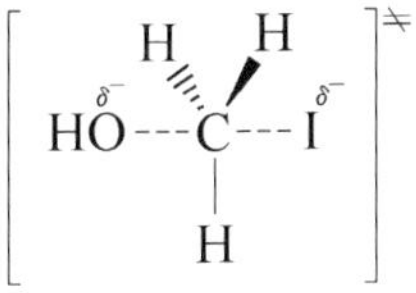 (2) 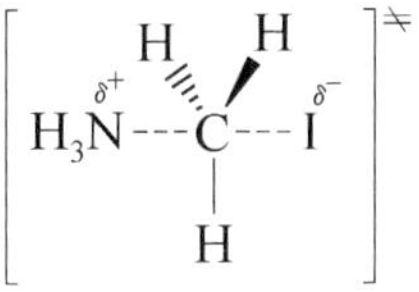

(3) 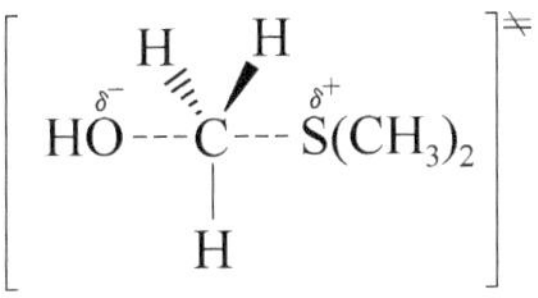 (4) 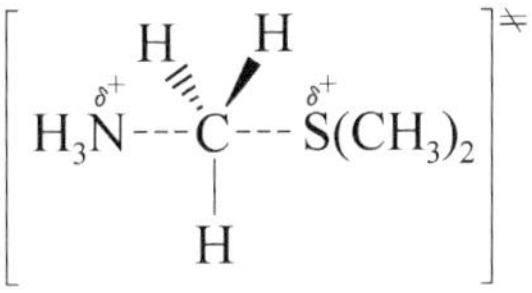

(1) 相对于反应物而言，过渡态时电荷是分散或减少的。当溶剂的极性增大时，带负电荷的亲核试剂的溶剂化程度增加，不利于亲核进攻和过渡态的形成，所以反应速率降低。

(2) 相对于反应物而言，过渡态时电荷是增加的，溶剂的极性增大有利于过渡态的稳定，所以溶剂的极性增大，反应速率也增加。

(3) 相对于反应物而言，过渡态时电荷是减少的，所以溶剂的极性增大，反应速率降低。

(4) 相对于反应物而言，过渡态时电荷是分散或减少的，所以溶剂的极性增大，反应速率降低。

【例 3-8】 写出下列反应中产物的绝对构型。

(1)

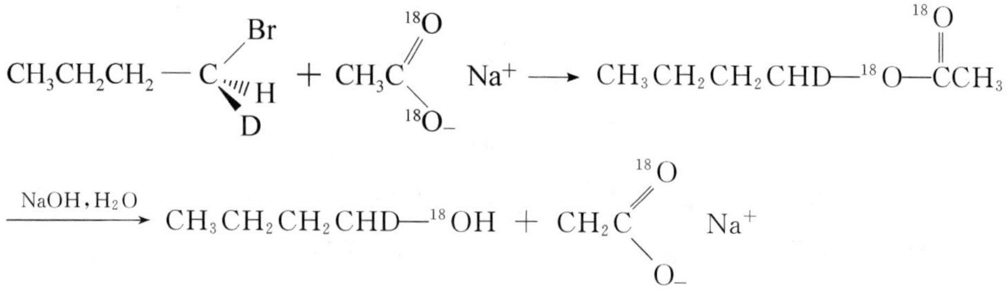

(2) 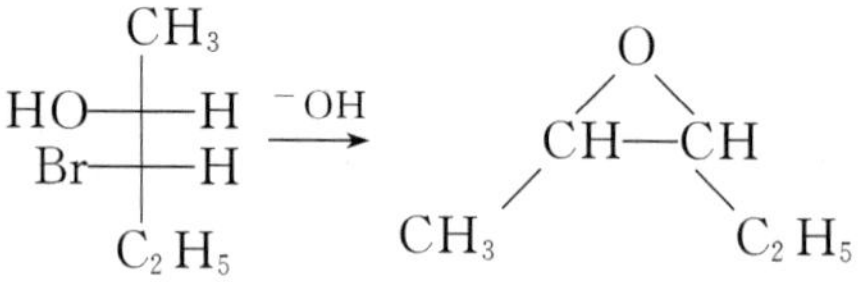

(3) 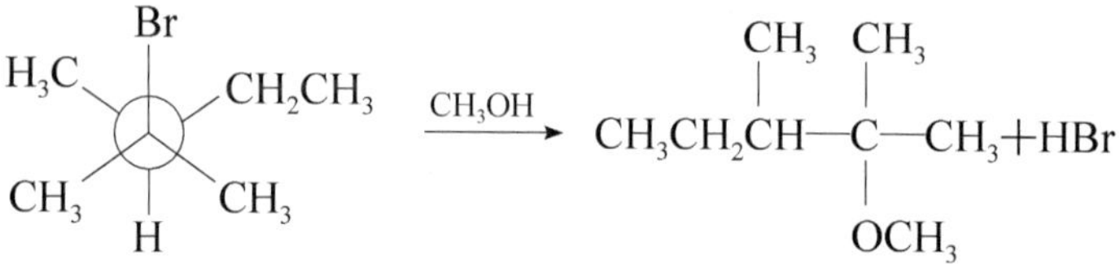

解　(1) 反应物为 *S* 构型，第一步为 S_N2，构型翻转为 *R* 构型，第二步不涉及手性碳原子，故产物 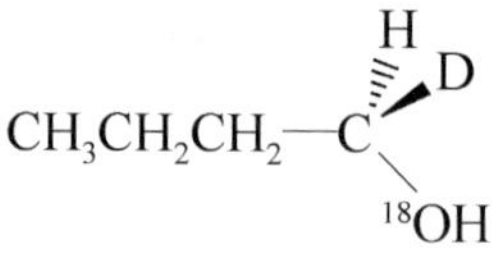 仍为 *R* 构型。

(2) 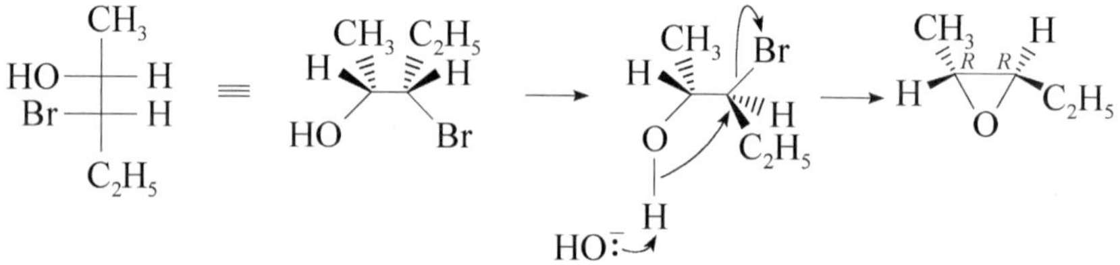

(3) 反应物为 *S* 构型的叔卤代烷，试剂亲核性和碱性都不强，反应为 S_N1，但反应不涉及手性碳原子，因此产物仍然是 *S* 构型。

【例 3-9】　请对下列实验结果给出合理的解释。

(1) 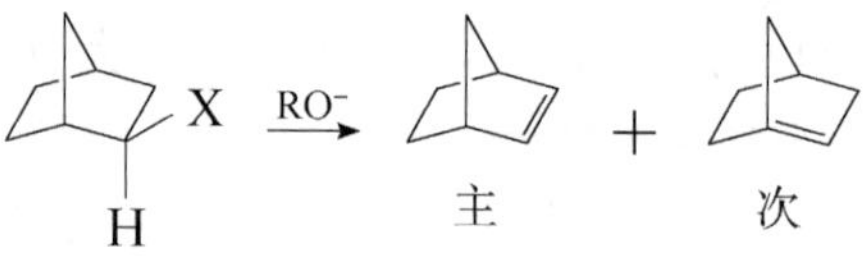

(2) 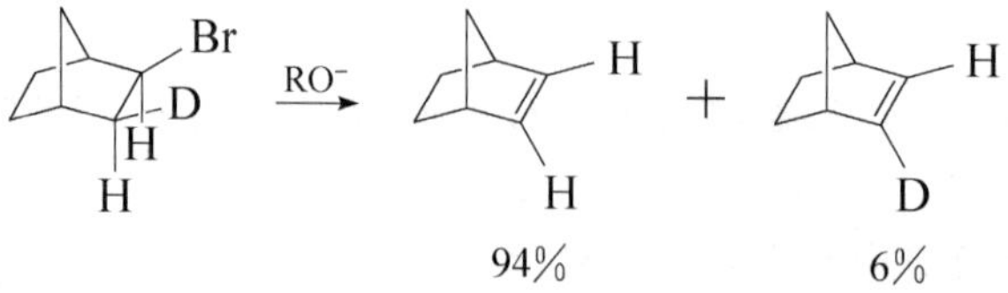

解 (1) 由于碳-碳双键上的碳原子为 sp^2 杂化,三个 sp^2 杂化轨道必须在同一平面内,上述二环因碳桥较短,难以在桥头碳上形成双键,否则张力太大,这符合布雷特(Bredt)规则。

(2) 尽管 C—D 键比 C—H 键的键能大,但由于环的刚性,Br—C—C—H 不能达到反式共平面的消除构象,而 Br—C—C—D 却近于共平面,因此主要得到顺式消除产物。

三、习题与参考解答

【习题 3-1】 用系统命名法命名下列化合物。

(1) 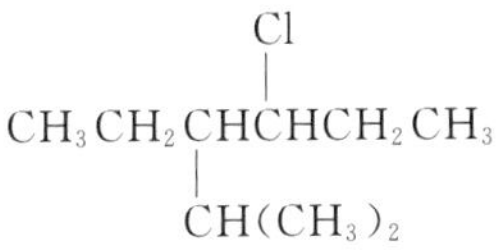

(2) 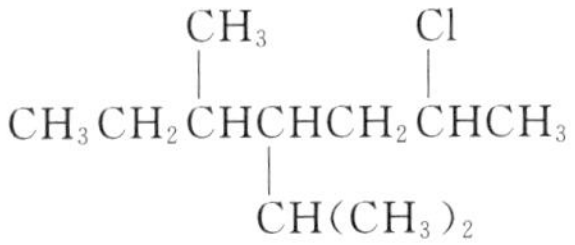

(3) 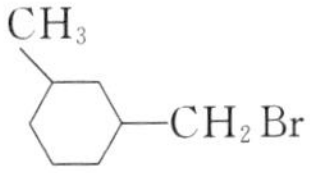

(4) 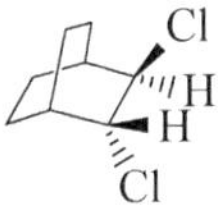

(5) 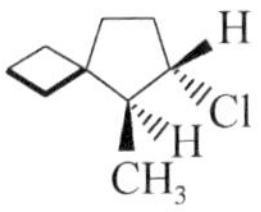

(6) 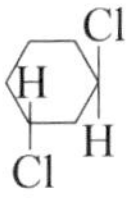

(7) 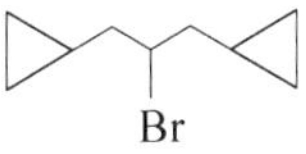

(8) 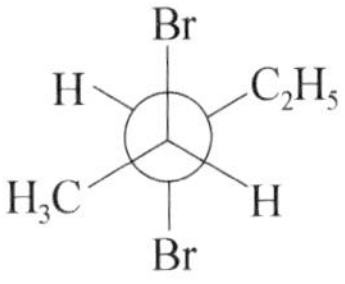

(9) 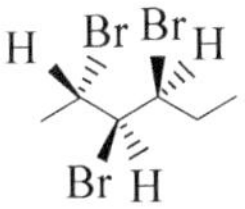

(10) 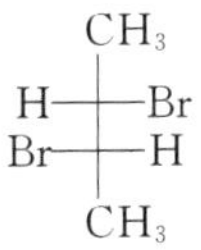

解 (1) 2-甲基-3-乙基-4-氯己烷

(2) 5-甲基-4-(1-甲基乙基)-2-氯庚烷

(3) 1-甲基-3-溴甲基环己烷

(4) 反-2,3-二氯二环[2.2.2]辛烷

(5) (5*S*,6*S*)-5-甲基-6-氯螺[3.4]辛烷

(6) (1*R*,3*R*)-1,3-二氯环己烷

(7) 1,3-二环丙基-2-溴丙烷

(8) (2*S*,3*R*)-2,3-二溴戊烷

(9) (2*S*,3*S*,4*S*)-2,3,4-三溴己烷

(10) (2*S*,3*S*)-2,3-二溴丁烷

【习题 3-2】 用简便的化学方法鉴别下列各组化合物。

(1) 烯丙基氯,氯乙烯

(2) 丁基氯,氯仿

(3) 1,1,1-三氯丁烷,碘乙烷

(4) 2-甲基-1-溴丙烷,2-甲基-2-溴丙烷

解 (1) 烯丙基氯很易离解为稳定的烯丙基正离子,而氯乙烯分子中的氯由于可与碳-碳双键形成 p-π 共轭而不易离解。

$$\left.\begin{array}{l}CH_2{=}CHCH_2Cl\\CH_2{=}CHCl\end{array}\right\}\xrightarrow[C_2H_5OH]{AgNO_3}\begin{array}{l}(+)\ AgCl\ \text{白色沉淀}\\(-)\end{array}$$

(2) 氯仿分子中的氯不活泼,而丁基氯分子中的氯较活泼。

$$\left.\begin{array}{l}CHCl_3\\CH_3CH_2CH_2CH_2Cl\end{array}\right\}\xrightarrow[CH_3COCH_3]{NaI}\begin{array}{l}(-)\\(+)\ NaCl\ \text{沉淀不溶于丙酮}\end{array}$$

(3) 1,1,1-三氯丁烷分子中氯不活泼,而碘乙烷的碘很活泼。

$$\left.\begin{array}{l}Cl_3CCH_2CH_2CH_3\\CH_3CH_2I\end{array}\right\}\xrightarrow[C_2H_5OH]{AgNO_3}\begin{array}{l}(-)\\(+)\ AgI\ \text{黄色沉淀}\end{array}$$

(4) 2-甲基-2-溴丙烷为叔溴代烷,活泼。

$$\left.\begin{array}{l}(CH_3)_2CHCH_2Br\\(CH_3)_3CBr\end{array}\right\}\xrightarrow[C_2H_5OH]{AgNO_3}\begin{array}{l}(+)\ \text{慢慢地出现淡黄色沉淀}\\(+)\ \text{很快出现淡黄色沉淀}\end{array}$$

【习题 3-3】 比较下列碳正离子稳定性。

(1) $CH_3CH_2CH_2CH_2\overset{+}{C}H_2$, $CH_3CH_2\overset{+}{C}HCH_2CH_3$, $CH_3CH_2\overset{+}{C}(CH_3)_2$

(A)　(B)　(C)

(2) 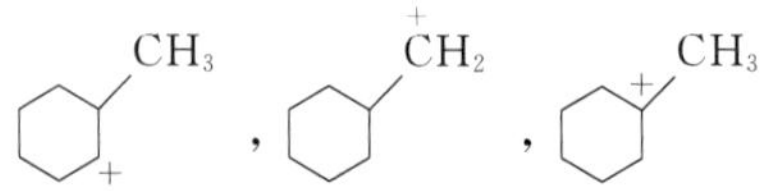

(A)　(B)　(C)

(3) 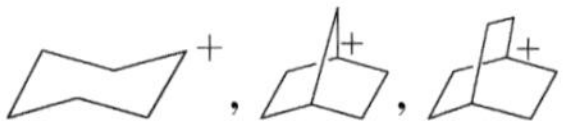

(A)　(B)　(C)

(4) 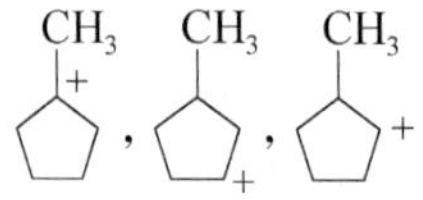

(A)　(B)　(C)

(5) $CH_3CH{=}CH\overset{+}{C}H_2$, $CH_3CH_2CH_2\overset{+}{C}H_2$, $CH_3CH_2\overset{+}{C}HCH_3$

(A)　(B)　(C)

解 碳正离子稳定性为 3°、烯丙基＞2°＞1°，故有

(1) (C)＞(B)＞(A)

(2) (C)＞(A)＞(B)

(3) (A)虽然是仲碳正离子，而(B)、(C)为叔碳正离子，但(B)、(C)是桥头碳正离子，张力较大，其中(B)由于桥较短，张力更大，故稳定性为(A)＞(C)＞(B)。

(4) 考虑到 σ-p 超共轭，故稳定性为(A)＞(B)＞(C)。

(5) (A)＞(C)＞(B)。

【习题 3-4】 解释下列实验结果：

$$CH_3CH_2CH_2CH_2Br + KCN \xrightarrow{C_2H_5OH/H_2O} CH_3CH_2CH_2CH_2CN$$

而

$$(CH_3)_3CBr + KCN \xrightarrow{C_2H_5OH/H_2O} (CH_3)_2C{=}CH_2$$

解 溴代正丁烷为伯卤代烷，在 KCN 作用下易发生 S_N2 反应生成腈。而溴代叔丁烷为叔卤代烷，在极性溶剂 C_2H_5OH-H_2O 中，KCN 显碱性，所以易使其经碳正离子中间体发生 E1 反应，从而生成烯烃。

【习题 3-5】 解释下列反应：

$$CH_3CH_2OH + HI \longrightarrow CH_3CH_2I$$

而

$$CH_3CH_2OH + HCN \longrightarrow \text{不反应}$$

解 这两个反应的差别在于 HI 是强酸，而 HCN 是弱酸，HI 首先使 C_2H_5OH 质子化，然后按 S_N2 反应：

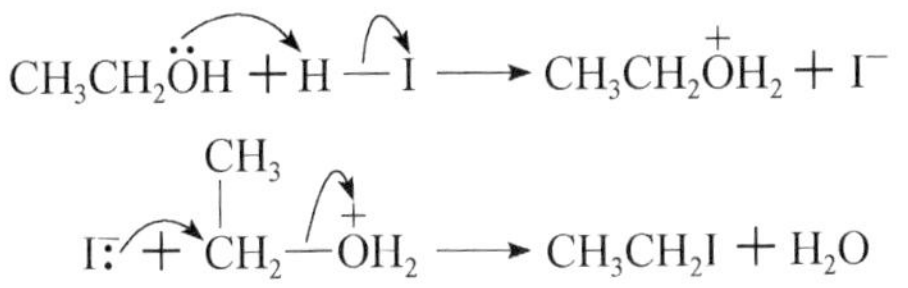

HCN 酸性太弱，难以使 C_2H_5OH 质子化，—OH 又是不好的离去基团，故不反应。

【习题 3-6】 实验证实，用浓盐酸处理 $(CH_3)_3CCH{=}CH_2$ 或 $(CH_3)_3CCH(OH)CH_3$，得到相同的两个氯代烷的异构体(A)和(B)，这两个异构体是什么？试说明之。

解 这两个化合物在盐酸作用下都能形成相同的碳正离子，后者既可直接与 Cl^- 结合，也可重排为更稳定的碳正离子，然后与 Cl^- 结合，反应如下：

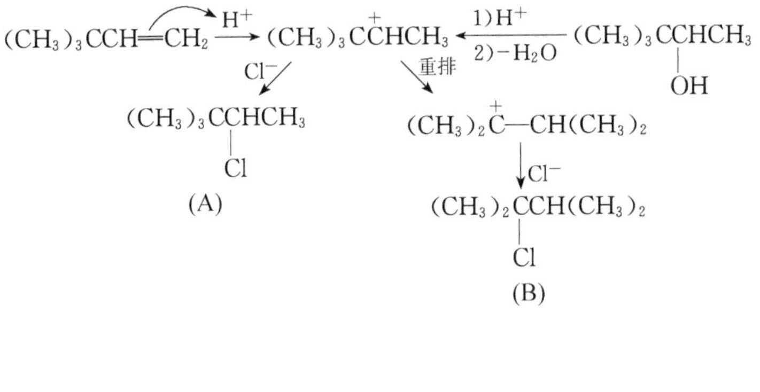

两个反应物以相同比例得到两个同样的氯代烷异构体(A)和(B),但由于重排后的碳正离子较稳定,故以(B)为主。

【习题 3-7】 解释下列实验结果:

$$ClCH_2—CHCl_2 \xrightarrow{^-OH} CH_2{=}CCl_2$$

解 就吸电子诱导(—I)效应来说,两个氯原子的—I 效应要比一个氯原子的强得多,因此—$CHCl_2$ 上的氢酸性较强,易被 HO^- 夺去,从而生成 1,1-二氯乙烯:

$$H\ddot{O}^- + H—CCl_2—CH_2—Cl \longrightarrow HOH + Cl_2C{=}CH_2 + Cl^-$$

【习题 3-8】 下列各对 S_N2 反应中,哪一个速率较快?简述理由。

(1) (i) $CH_3CH_2CH_2CH_2Br + CH_3OH \longrightarrow CH_3CH_2CH_2CH_2OCH_3 + HBr$

(ii) $CH_3CH_2CH_2CH_2Br + CH_3O^- \longrightarrow CH_3CH_2CH_2CH_2OCH_3 + Br^-$

(2) (i) $CH_3CH_2I + {}^-OH \longrightarrow CH_3CH_2OH + I^-$

(ii) $CH_3CH_2I + {}^-SH \longrightarrow CH_3CH_2SH + I^-$

(3) (i) $CH_3CH_2Br + CH_3OH \longrightarrow CH_3CH_2OCH_3 + HBr$

(ii) $CH_3CH_2Br + CH_3SH \longrightarrow CH_3CH_2SCH_3 + HBr$

(4) (i) $CH_3CH_2I(1.0mol \cdot L^{-1}) + CH_3S^-(1.0mol \cdot L^{-1}) \longrightarrow CH_3CH_2SCH_3 + I^-$

(ii) $CH_3CH_2I(1.0mol \cdot L^{-1}) + CH_3S^-(2.0mol \cdot L^{-1}) \longrightarrow CH_3CH_2SCH_3 + I^-$

(5) (i) $CH_3CH_2CH_2Br + {}^-SH \xrightarrow{CH_3OH} CH_3CH_2CH_2SH + Br^-$

(ii) $CH_3CH_2CH_2Br + {}^-SH \xrightarrow{HCON(CH_3)_2} CH_3CH_2CH_2SH + Br^-$

(6) (i) $SCN^- + CH_3CH_2Br \xrightarrow{C_2H_5OH/H_2O} CH_3CH_2SCN + Br^-$

(ii) $SCN^- + CH_3CH_2Br \xrightarrow{C_2H_5OH/H_2O} CH_3CH_2NCS + Br^-$

解 (1) CH_3O^- 亲核性强于 CH_3OH,(ii)快。

(2) HS^- 亲核性强于 HO^-,(ii)快。

(3) CH_3SH 亲核性较强,(ii)快。

(4) 反应均为 S_N2,但(ii)中 CH_3S^- 浓度较高,故(ii)较快。

(5) $HCON(CH_3)_2$ 为非质子极性溶剂,不会使${}^-SH$ 溶剂化,而 CH_3OH 为质子极性溶剂,会使${}^-SH$ 溶剂化,故(ii)较快。

(6) ${}^-SCN$ 为两可离子,既可以硫作为亲核原子,又可以氮作为亲核原子,但前者亲核性强,故(i)较快。

【习题 3-9】 下列各对 S_N1 反应中,哪一个速率较快?简述理由。

(1) (i) $(CH_3)_3CI + CH_3OH \longrightarrow (CH_3)_3COCH_3 + HI$

(ii) $(CH_3)_3CBr + CH_3OH \longrightarrow (CH_3)_3COCH_3 + HBr$

(2) (i) $(CH_3)_3CBr + H_2O \longrightarrow (CH_3)_3COH + HBr$

(ii) $(CH_3)_3CBr + CH_3OH \longrightarrow (CH_3)_3COCH_3 + HBr$

(3) (i) $(CH_3)_3CCl(1.0mol \cdot L^{-1}) + CH_3O^-(0.01mol \cdot L^{-1}) \xrightarrow{CH_3OH} (CH_3)_3COCH_3 + Cl^-$

(ii) $(CH_3)_3CCl(1.0mol\cdot L^{-1})+CH_3O^-(0.001mol\cdot L^{-1})\xrightarrow{CH_3OH}(CH_3)_3COCH_3+Cl^-$

(4) (i) $(CH_3)_3CCl + H_2O \longrightarrow (CH_3)_3COH + HCl$

(ii) $(CH_3)_2C{=}CHCl + H_2O \longrightarrow (CH_3)_2C{=}CHOH + HCl$

解 (1) 反应(i)快。—I 离去倾向大。

(2) 反应(i)快。H_2O 极性较强，有利于 C—Br 键离解。

(3) 一样快。反应按 S_N1 进行，$[CH_3O^-]$对反应速率影响不大。

(4) 反应(i)快。在(ii)反应物中，因氯与双键形成 p-π 共轭而使 C—Cl 键牢固。

【习题 3-10】 下面列出了几个假想的亲核取代反应，由于生成产物的速率极慢，因此合成上无意义，试分别予以讨论。

(1) $HO^- + CH_3CH_2CH_3 \not\longrightarrow CH_3CH_2CH_2OH + H^-$

(2) $HO^- + CH_3CH_2CH_3 \not\longrightarrow CH_3CH_2OH + H_3C^-$

(3)  $+ H_2O \not\longrightarrow CH_3CH_2CH_2CH_2CH_2CH_2OH$

(4) $CH_3CH{=}CHBr + CH_3S^- \not\longrightarrow CH_3CH{=}CHSCH_3 + Br^-$

(5) $Cl^- + CH_3OCH_3 \not\longrightarrow CH_3Cl + CH_3O^-$

(6) $H_3N + CH_3CH_2\overset{+}{O}H_2 \not\longrightarrow CH_3CH_2\overset{+}{N}H_3 + H_2O$

(7) $H_3C^- + CH_3CH_2OH \not\longrightarrow CH_3CH_2CH_3 + HO^-$

解 (1) H^- 的共轭酸是酸性极弱的 H_2，因此 H 的离去倾向极小，反应不能发生。

(2) H_3C^- 的共轭酸是 CH_4，酸性极弱，因此 H_3C^- 离去倾向极小，反应不能发生。

(3) 反应物环己烷分子中 C—C 键牢固，RCH_2^- 碱性极强，其共轭酸是酸性极弱的 RCH_3，因此 RCH_2^- 离去倾向极小，反应不发生。

(4) sp^2 杂化碳原子上的 C—Br 键牢固，—Br 难离去，S_N1、S_N2 都难发生。

(5) CH_3O^- 的共轭酸是 CH_3OH，远远弱于 Cl^- 的共轭酸 HCl，因此在碱性条件下 Cl^- 不能取代 CH_3OCH_3 分子中的—OCH_3。

(6)显然这是酸性条件，NH_3 优先与 H^+ 结合形成 $\overset{+}{N}H_4$，同时生成 CH_3CH_2OH。

(7) H_3C^- 是极强的碱，优先与乙醇中酸性最强的羟基氢结合：

$$H_3C^- + H—OCH_2CH_3 \longrightarrow CH_4 + {}^-OCH_2CH_3$$

记住：亲核试剂有时又是极强的碱！

【习题 3-11】 完成下列反应，并指出反应机理。

(1) $CH_3CH_2CH_2CH_2Br + CH_3O^- \xrightarrow[CH_3OH]{50℃}$

(2) $CH_3CH_2CH_2CH_2Br + (CH_3)_3CO^- \xrightarrow[CH_3OH]{50℃}$

(3) 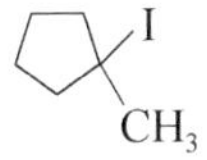 $+ CH_3O^-Na^+ \xrightarrow[CH_3OH]{50℃}$

(4) 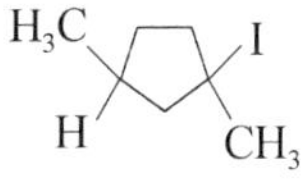 $\xrightarrow[CH_3OH]{25℃}$

(5) $CH_3CH_2CH(Br)CH_2CH_3$ + $CH_3CH_2O^-$ $\xrightarrow[C_2H_5OH]{50℃}$

(6) $(CH_3)_3CO^-$ + $CH_3CH(Br)CH_3$ $\xrightarrow[(CH_3)_3COH]{50℃}$

(7) 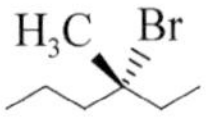 $\xrightarrow[CH_3OH]{25℃}$

(8) 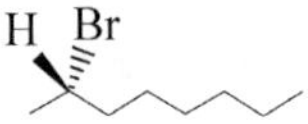 + I^- $\xrightarrow[CH_3OH]{50℃}$

解 (1) 反应物为伯卤代烷,离去基团离去倾向大,进攻试剂亲核性强,易发生 S_N2,主要产物为 $CH_3CH_2CH_2CH_2OCH_3$,次要产物为 $CH_3CH_2CH{=}CH_2$。

(2) 虽然是伯卤代烷,但 $(CH_3)_3CO^-$ 碱性太强,体积大,易发生 E2,主要产物为 $CH_3CH_2CH{=}CH_2$,次要产物为 $CH_3CH_2CH_2CH_2OC(CH_3)_3$(发生 S_N2)。

(3) 试剂碱性强,溶剂极性小,由于是 3°RX,不会发生 S_N2,可能发生 E2,生成 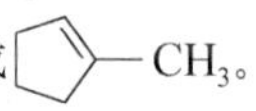。

(4) 反应物为叔卤代烷,试剂亲核性和碱性都不强,易发生 S_N1,主要产物为 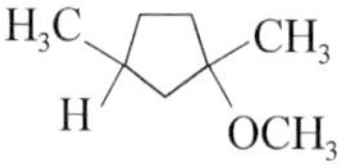 和 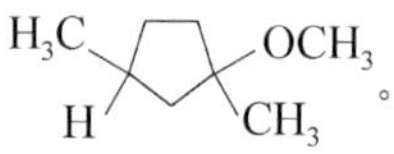。

(5) 试剂碱性强,溶剂极性小,有利于 E2,主要产物为 $CH_3CH_2CH{=}CHCH_3$,次要产物为 $CH_3CH_2CH(OC_2H_5)CH_2CH_3$ (S_N2)。

(6) 试剂碱性强,溶剂极性小,有利于 E2,主要产物为 $CH_3CH{=}CH_2$,次要产物为 $CH_3CH(OC(CH_3)_3)CH_3$ (S_N2)。

(7) 反应物为叔卤代烷,试剂亲核性、碱性都不强,易发生 S_N1,主要产物为 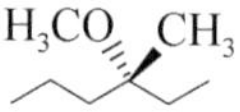 和 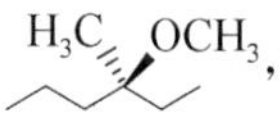,次要产物为 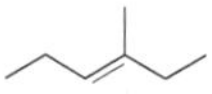 和 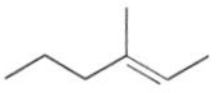。

(8) 反应物为仲卤代烷,试剂亲核性强,但碱性不强,易发生 S_N2,唯一产物为 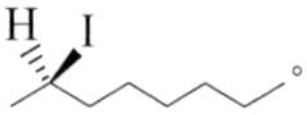。

【习题 3-12】 下列各对化合物中,哪一个在 C_2H_5ONa/C_2H_5OH 作用下更容易发生 E2 反应?

(1) $CH_3(CH_2)_3Cl$ 与 $(CH_3)_3CCl$

(2) $CH_3(CH_2)_3Cl$ 与 $CH_2{=}CHCH_2CH_2Cl$

(3) 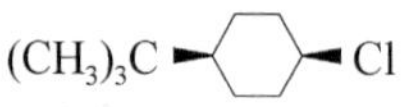 与 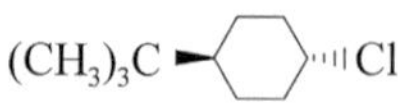

(4) 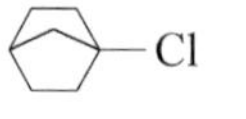 与 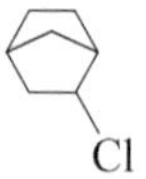

(5) $(CH_3)_3CBr$　与　$CH_3CH_2\overset{CH_3}{\underset{CH_3}{C}}Br$

解　(1) $(CH_3)_3CCl > CH_3(CH_2)_3Cl$。叔卤代烷的 E2 反应比伯卤代烷容易得多。在 E2 过渡态中,双键已部分形成。

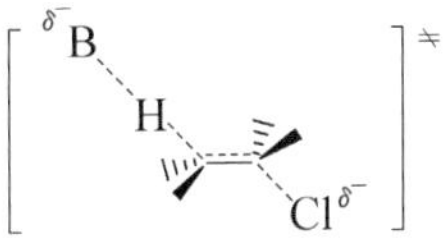

烯烃的热力学稳定性随着双键上取代程度增大而增加。因此,叔卤代烷发生消除反应的过渡态比伯卤代烷发生消除反应的过渡态稳定。

(2) $CH_2=CHCH_2CH_2Cl > CH_2CH_2CH_2CH_2Cl$。前者 β-碳上的氢有较强酸性,易被碱脱去,同时,在形成烯烃的过渡态中双键已部分形成,这种部分形成的双键与原有双键因共轭而稳定。

(3) 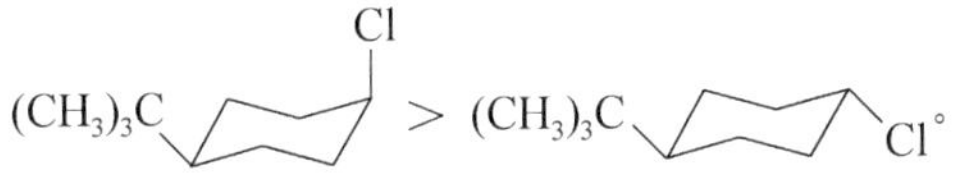

。前者虽不如后者稳定,但这种构象很容易发生反式共平面的 E2 反应,生成相应烯烃。

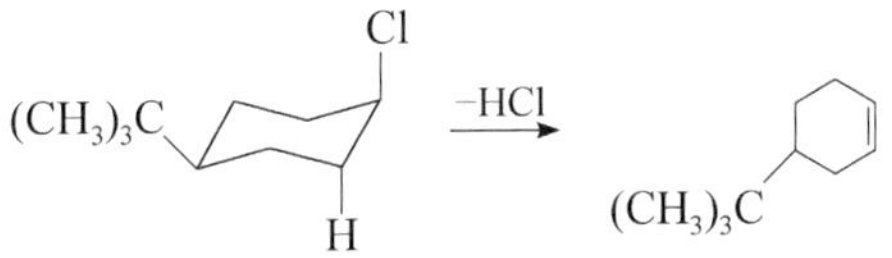

反式的 4-叔丁基-1-氯环己烷虽然较稳定,但必须要翻转为不稳定的构象,才能发生反式共平面的 E2 反应,这就要求较高的反应活化能。

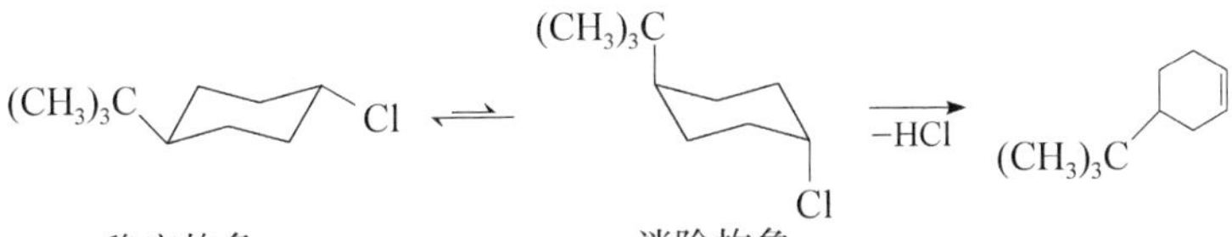

稳定构象　　　　　　　　消除构象

(4) 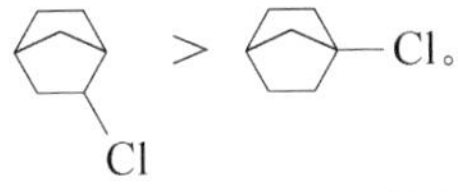

。根据布雷特规则,桥头碳上不易形成双键,因此后者难以发生 E2 反应。前者消除后生成 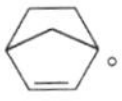。

(5) $CH_3CH_2\overset{CH_3}{\underset{CH_3}{C}}Br > (CH_3)_3CBr$。$\beta$-碳上的烷基取代有利于过渡态的形成。

【习题 3-13】　预测下列卤代物在水溶液中发生溶剂解的产物。

(1) 顺-1-甲基-3-碘环己烷

(2) (R)-2-碘辛烷

(3) (2R,4S)-4-甲基-2-碘己烷

解　(1) 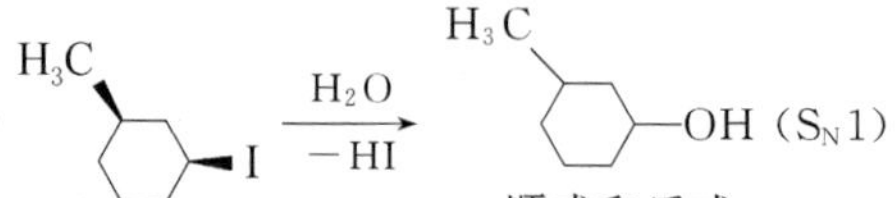

顺式和反式

(2) 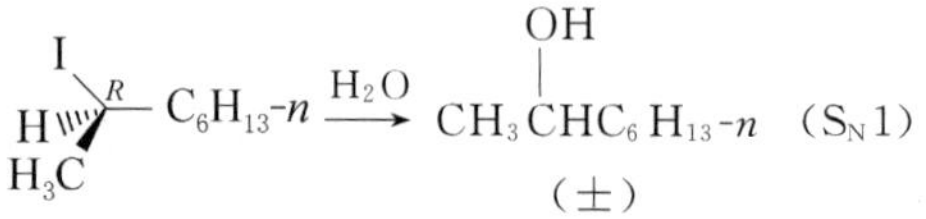

(±)

(3) 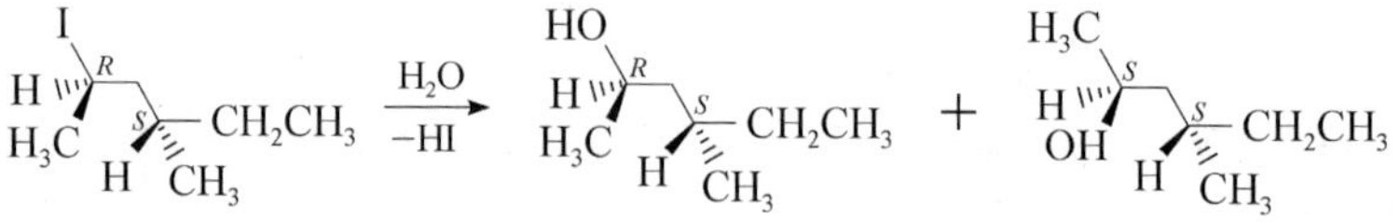

【习题 3-14】　为了观测到 E2 反应中最大的动态同位素效应，在下列化合物中必须把哪些氢用氘代替？

(1) $(CH_3)_2CClCH_3$　　(2) 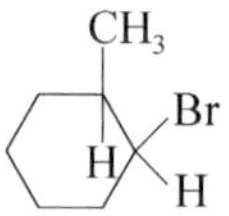

(3) 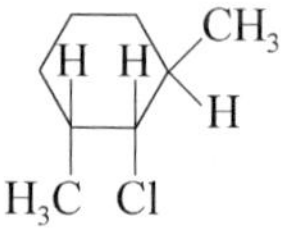

解　(1) 所有九个氢都是 β-H，都要用氘代替，即$(CD_3)_2CClCD_3$。

(2) 由于 E2 反应为反式消除，因此两个 β-位上与 α-Br 处于反式的氢要用氘代替，即

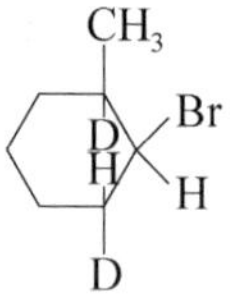

(3) 理由同(2)，即

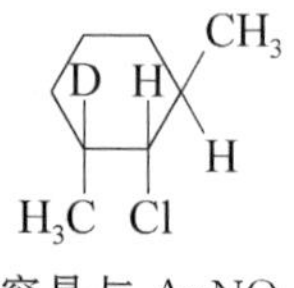

【习题 3-15】　下列化合物哪一个更容易与 $AgNO_3/C_2H_5OH$ 反应？

(A)

(B)

解　二者都为桥环溴代烷，且桥头溴与叔碳相连，当与硝酸银作用时，都只能按 S_N1 机理，经碳正离子中间体进行，(B)中桥链较短，碳正离子稳定性较差，而(A)相应碳正离子稳定性略高，因此(A)较易与硝酸银反应。

【习题 3-16】　溴代环丙烷和溴代环己烷比较，哪一个更容易与 KI/CH_3COCH_3 反应？

解　卤代烷与 $KI-CH_3COCH_3$ 的反应一般遵循 S_N2 机理，中心碳原子在反应中经 sp^2 杂化的过渡态。溴代环丙烷受三元环的约束，键角难由 60°转化为 120°。而溴代环己烷由于键角为

109.5°，中心碳原子较易转化为 sp^2 杂化，因此较易与 KI/CH_3COCH_3 反应，生成不溶于丙酮的 KBr 沉淀。

【习题 3-17】 如果以下两个卤代烷与水的作用是 S_N1 反应，则下列哪种说法是正确的？

$$(CH_3)_3C-\underset{\underset{\displaystyle I}{|}}{\overset{\overset{\displaystyle C(CH_3)_3}{|}}{C}}-C(CH_3)_3 \qquad\qquad H_3C-\underset{\underset{\displaystyle I}{|}}{\overset{\overset{\displaystyle CH_3}{|}}{C}}-CH_3$$

(A)　　　　　　　　　　(B)

(1) (A)比(B)反应快，因为溶剂分子较易进攻(A)中的碘，并将其取代。

(2) (A)比(B)反应快，因为(A)达到中间体时空间排列的张力有较大缓解。

(3) (B)比(A)反应快，因为(B)空间排列的张力比(A)小，所以(B)更易形成碳正离子。

(4) (B)比(A)反应快，因为由(B)形成的碳正离子不如由(A)形成的碳正离子稳定。

(5) (A)和(B)反应速率几乎相同，因为空间效应在 S_N1 反应中不起作用。

解 第(2)种说法正确。因为(A)在其键角由 109.5°扩大到 120°时，张力大为缓解。

【习题 3-18】 通常伯卤代烷在 S_N1 溶剂解反应中总是最不活泼的，但 $BrCH_2OCH_2CH_3$ 在乙醇中可以观测到速率很快的 S_N1 反应，原因何在？

解 $BrCH_2OCH_2CH_3$ 离解出 Br^- 后可以形成一种因共振而稳定的碳正离子：

$$BrCH_2OCH_2CH_3 \longrightarrow Br^- + [\overset{+}{C}H_2-\ddot{O}CH_2CH_3 \longleftrightarrow CH_2=\overset{+}{O}CH_2CH_3]$$

$$\xrightarrow{C_2H_5OH} CH_3CH_2\underset{\underset{\displaystyle H}{|}}{\overset{+}{O}}CH_2-OCH_2CH_3 \xrightarrow{-H^+} CH_3CH_2OCH_2OCH_2CH_3$$

【习题 3-19】 下列各组化合物中，哪一个更容易发生分子内的 S_N2 反应？试排列成序。

(1) $H_2NCH_2CH_2CH_2CH_2Br$ (A)，$H_2NCH_2CH_2Br$ (B)，$H_2NCH_2CH_2CH_2Br$ (C)

(2) $^-OCH_2CH_2CH_2Br$ (A)，$^-OCH_2CH_2Br$ (B)，$^-OCH_2CH_2CH_2CH_2CH_2Br$ (C)

解 分子内 S_N2 反应是否易于发生，既要考虑到亲核原子与中心碳原子碰撞的概率，又要考虑到成环的稳定性，因此有

(1) (A)>(B)>(C)

(2) (C)>(B)>(A)

【习题 3-20】 叔丁醇钾和乙胺这两种碱，哪一种在 E2 反应中效果较好？

解 强碱有利于 E2，因此叔丁醇钾效果较好。

【习题 3-21】 $(CH_3)_3CO^-K^+/(CH_3)_3COH$ 和 $(CH_3)_3CO^-K^+/(CH_3)_2SO$，哪一种在 E2 反应中效果较好？

解 $(CH_3)_3COH$ 是质子极性溶剂，会使 $(CH_3)_3CO^-K^+$ 溶剂化，不利于 $(CH_3)_3CO^-K^+$ 与质子结合，而 $(CH_3)_2SO$ 是非质子极性溶剂，不会使 $(CH_3)_3CO^-K^+$ 溶剂化，较有利于 E2。

【习题 3-22】 下列反应属于哪种机理？

(1) 

(2) 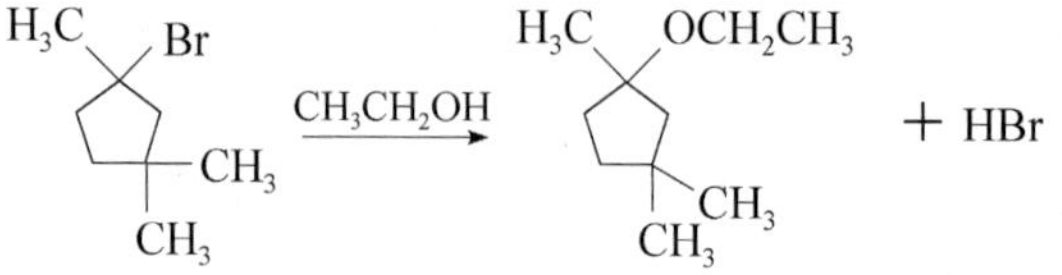

(3) 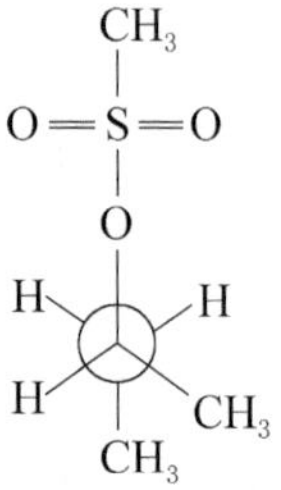 $\xrightarrow[\text{丙酮}]{NaCl}$ $CH_3CH_2CHClCH_3 + Na^- OSO_2CH_3$

(4) 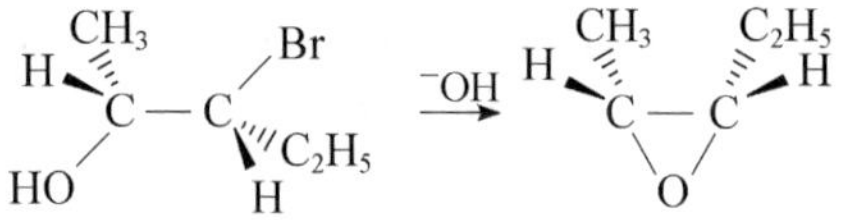

(5) $HO^- + CH_3\overset{+}{S}(CH_3)_2 \longrightarrow CH_3OH + (CH_3)_2S$

(6) 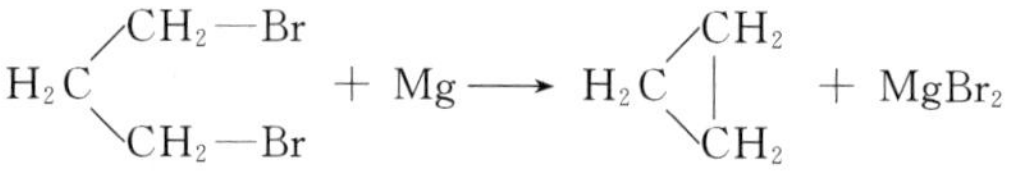

解　(1) ^-SCN 属于两可离子，S 的亲核性比 N 强，溶剂极性不强，氯代环戊烷是 2°卤代烷，故应按 S_N2 进行。

(2) 反应物为 3°卤代烷，试剂亲核性不强，易发生 S_N1 反应，生成外消旋体。

(3) 反应物为 2°甲磺酸酯，甲磺酸根是好的离去基团，试剂碱性不强，亲核性也不很强，这些对 S_N1 有利，而溶剂 CH_3COCH_3 的极性不大又对 S_N2 有利，所以既可以发生 S_N2，又可以发生 S_N1，产物的构型部分翻转，部分外消旋化。

(4) 醇羟基的 H 在 HO^- 作用下部分脱质子，形成烷氧负离子，进而以 S_N2 机理发生分子内亲核取代：

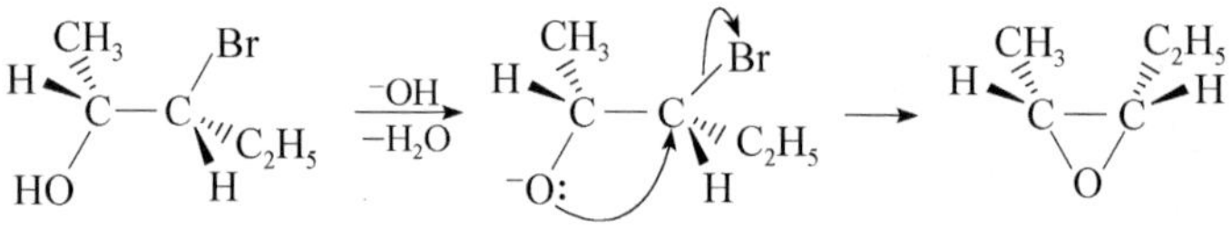

(5) 试剂 HO^- 亲核性强，作用物锍盐中离去基团 $(CH_3)_2S$ 离去倾向大，发生 S_N2 反应：

$$HO^- + CH_3—\overset{+}{S}(CH_3)_2 \longrightarrow HOH + (CH_3)_2S$$

(6) 第一步形成格氏试剂，第二步发生分子内 S_N2 反应：

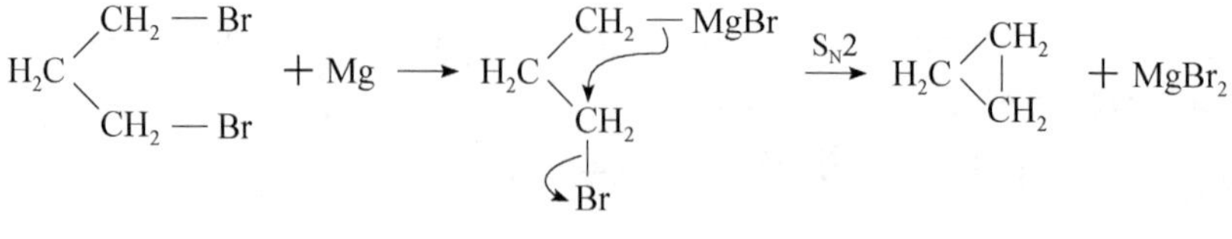

【习题 3-23】 下列化合物能否用于制备相应的格氏试剂？

(1) $BrCH_2CH_2CH_2CH_2OH$　(2) $H_2C{=}CHCl$　(3) $CH_3C(=O)CH_2CH_2CH_2Br$

(4) $HC{\equiv}CCH_2CH_2CH_2Cl$　(5) 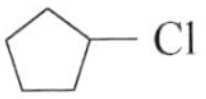　(6) $BrCH_2COOH$

解　(1)、(4)、(6)中有活泼氢，(3)中有羰基，因而除非先将其保护，否则不能直接用于制备相应的格氏试剂。(5)可以。(2)活泼性较差，但若用四氢呋喃为溶剂并提高反应温度，仍可用于制备相应的格氏试剂。

【习题 3-24】 下列各对反应中哪一个会给出较高的消除/取代比？

(1) i-$C_3H_7CMe_2Br$ 或 n-$C_3H_7CMe_2Br$ 在含水乙醇中加热。

(2) $(CH_3CH_2)_2CClCH_3$ 或 $(CH_3CH_2)_2CBrCH_2CH_2CH_3$ 在含水 1,4-二氧六环中加热。

(3) $Me_3CCH_2CMe_2Br$ 在 EtOK/EtOH 或 t-BuOK/t-BuOH 中反应。

(4) EtCHBrMe 在 1mol NaOAc 或 1mol NaOH/EtOH 中反应。

(5)  或 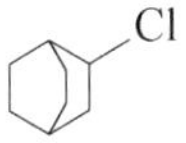 与 $AgNO_3$/EtOH 反应。

(6) 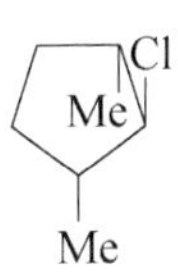 或 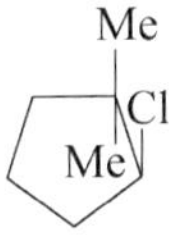 在 EtONa/EtOH 中反应。

(7) $(i\text{-}C_3H_7)_2CClCH_2CH_3$ 在 t-BuOH 或 EtOH 中反应。

解　(1) i-$C_3H_7CMe_2Br$。形成取代程度较高、较稳定的烯烃，相应的过渡态较易达到。

(2) $(CH_3CH_2)_2CClCH_3$。生成的烯烃稳定性较高。

(3) t-BuOK/t-BuOH。碱性较强。

(4) NaOH/EtOH。碱性较强。

(5) 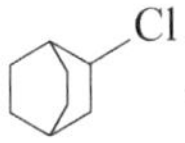，生成 。 受布雷特规则影响，不易在桥头碳上形成双键。

(6) 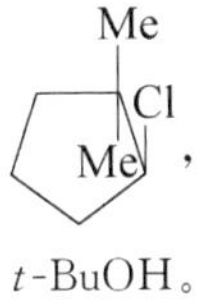，反应为 E2。前者 β-碳上没有与氯处于反式的氢可供消除。

(7) t-BuOH。溶剂极性较小，有利于消除。

【习题 3-25】 给下列反应提出相应的机理。

(1) $(CH_3)_2CHBr + AgNO_3 + H_2O \longrightarrow (CH_3)_2CHOH + AgBr$

(2) 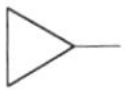 $CH_2Br + H_2O \longrightarrow$ 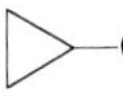 CH_2OH + 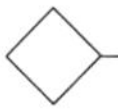 $OH + CH_2{=}CHCH_2CH_2OH$

(3) $$CH_2{=}CH\underset{\underset{}{}}{\overset{Br}{\overset{|}{C}}}HCH_3 \xrightarrow[H_2O]{LiBr} CH_3CH{=}CHCH_2Br$$

(4) $$CH_3CH_2CH_2Br + NO_2^- \longrightarrow CH_3CH_2CH_2NO_2 + CH_3CH_2CH_2ONO + Br^-$$

(5) $$CH_2{=}CH\overset{Br}{\overset{|}{C}}(CH_3)_2 + H_2O \xrightarrow{Ag_2O} \underset{86\%}{CH_2{=}CH{-}\overset{OH}{\overset{|}{C}}(CH_3)_2} + \underset{14\%}{HOCH_2CH{=}C(CH_3)_2}$$

(6) $BrCH_2(CH_2)_8CH_2COOH \xrightarrow[100℃]{K_2CO_3,(CH_3)_2SO}$ 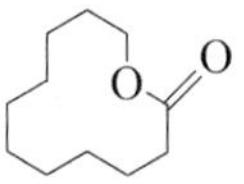

解　(1)

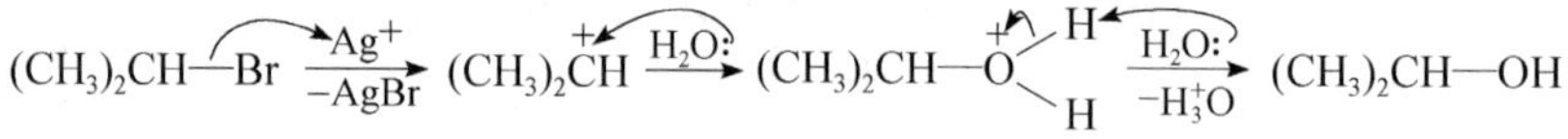

(2)

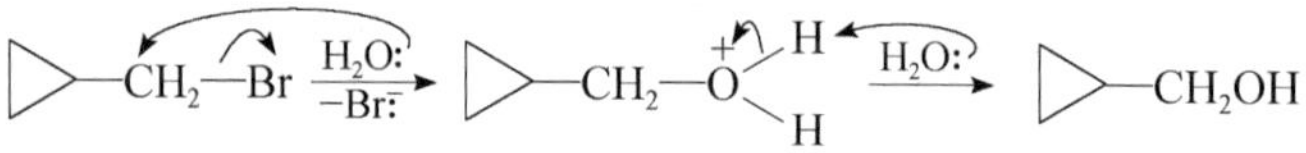

还可能是

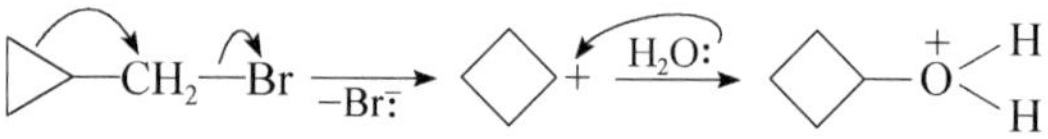

或

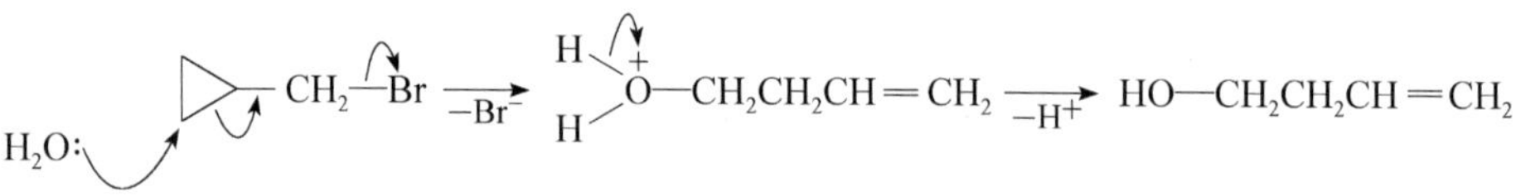

(S_N2)

(3)

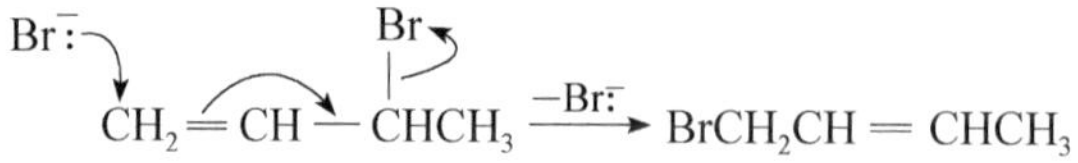

(S_N2)

或

$$CH_2{=}CH{-}\overset{Br}{\overset{|}{C}}HCH_3 \xrightarrow[S_N1]{-Br^-} [CH_2{=}CH\overset{+}{C}HCH_3 \longleftrightarrow \overset{+}{C}H_2CH{=}CHCH_3]$$

$$\xrightarrow{Br^-} BrCH_2CH{=}CHCH_3$$

(S_N1)

(4) 硝酰负离子是两可负离子，则有

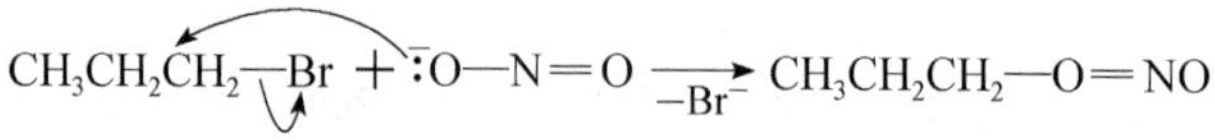

同时

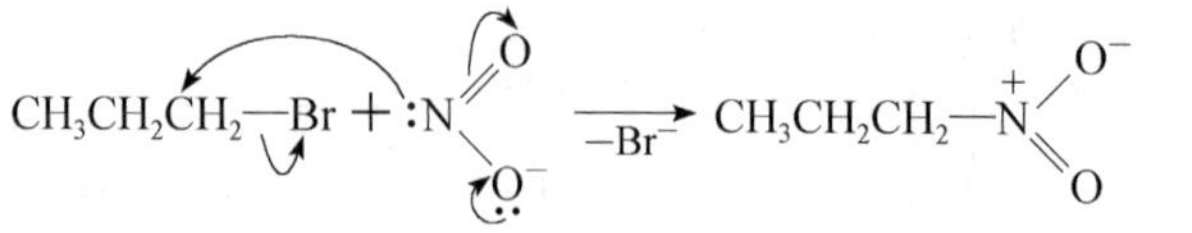

(S_N2)

(5) 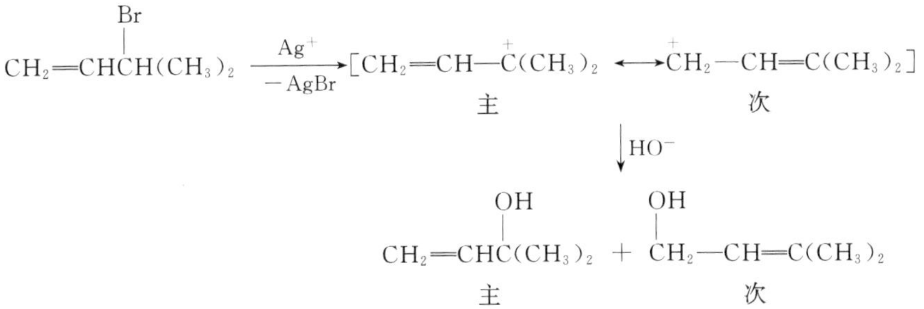

(6) 在非质子极性溶剂(如 DMSO)中,负离子由于不被溶剂化而亲核性增强。

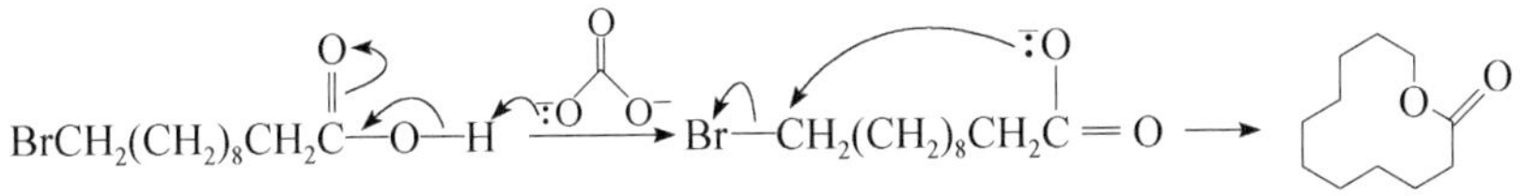

【习题 3-26】 为了合成下列化合物,应当选用何种卤代烷和试剂?

(1) $CH_2{=}CHCH_2OH$

(2) $(CH_3)_2CHCH_2SH$

(3) 反-$C_6H_5CH{=}CHC_6H_5$

(4) 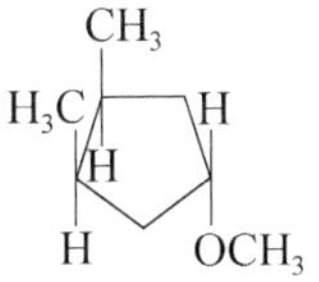

解 (1) $CH_2{=}CHCH_2Cl$, NaOH

(2) $(CH_3)_2CHCH_2Cl$, NaSH

(3) $C_6H_5\underset{\underset{Br}{|}}{C}HCH_2C_6H_5$, EtONa

(4) 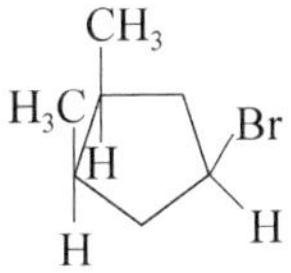 , CH_3ONa

【习题 3-27】 卤代烷为什么很少按 E1 机理进行反应?如何使反应有利于按 E1 进行?

解 卤代烷只有当碱很弱且浓度又很低时才会按 E1 机理进行。碱越强、浓度越大,越有利于 E2。为了使卤代烷按 E1 机理进行,可加入催化剂(如 $AgNO_3$),使之形成 AgX 沉淀,从而有利于形成碳正离子,则反应按 E1 进行。

第四章　烯　　烃

一、内 容 提 要

1. 烯烃的结构、导构和命名

烯烃的官能团是碳-碳双键，双键上的碳为 sp^2 杂化，两个碳原子分别以一个 sp^2 杂化轨道彼此重叠形成碳碳 σ 键，每个碳原子再分别以两个 sp^2 杂化轨道与另外的原子结合，形成另两个 σ 键，每一个双键碳再用剩下的垂直于 sp^2 杂化轨道所在平面的 p 轨道从侧面重叠，形成 π 键，因此碳-碳双键是由一个 σ 键和一个 π 键构成的，呈平面结构。

在命名烯烃时，要选择含有碳-碳双键的最长碳链作为主链，编号应从最靠近碳-碳双键的一端开始，使不饱和键的位次最小。例如：

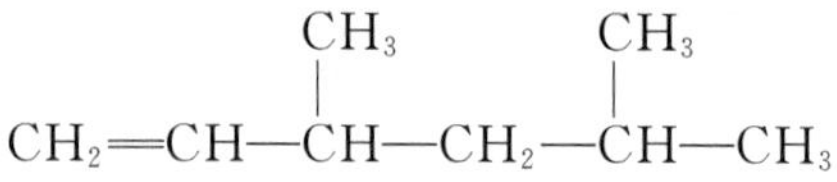

3,5-二甲基-1-己烯

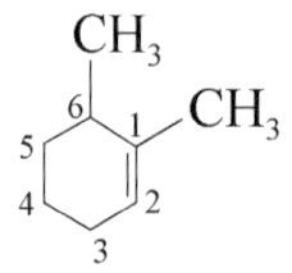

1,6- 二甲基 -1- 环己烯

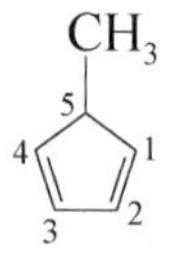

5- 甲基 -1,3- 环戊二烯

由于双键不能自由旋转，因此当双键两端的碳原子所连原子或基团不相同时，这些原子或基团在空间就会产生不同的排列，形成顺反异构体，顺反异构体属于构型异构，是非对映异构体。

当双键两边彼此相同的原子或基团处于双键同侧时，称为顺式；处于异侧时，则称为反式。例如：

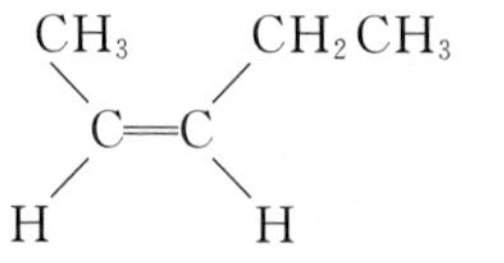

顺-2-戊烯

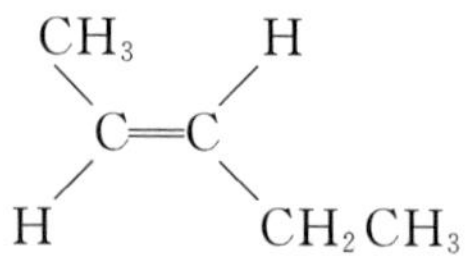

反-2-戊烯

当烯键两碳原子上的四个原子或基团都不相同时，难以用顺和反来区别它们的两个异构体。这时，通常按顺序规则用 Z 或 E 来表示烯烃的构型。双键两侧较优先的两个原子或基团处于同侧的为 Z 型，处于异侧的为 E 型。例如：

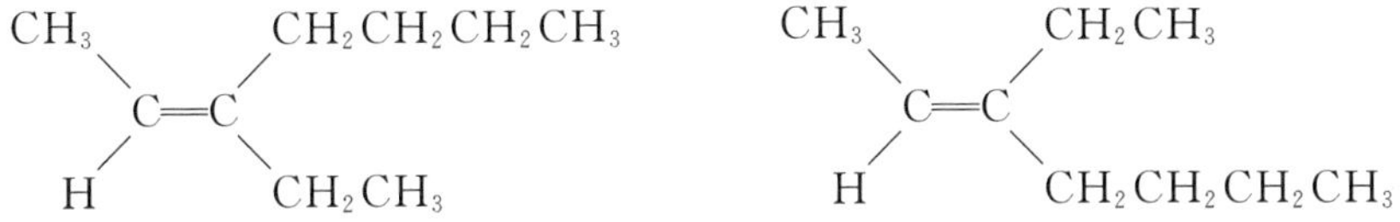

(Z)-3-乙基-2-庚烯　　　　(E)-3-乙基-2-庚烯

由于几何原因，小于八个碳的环烯烃不可能存在稳定的反式异构体。同样，在较小的桥环化合物中，桥头碳通常不能形成双键，因为张力太大。例如，二环[2.2.1]庚-1(2)-烯(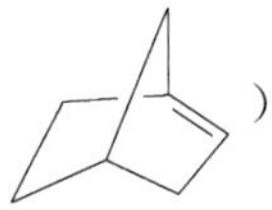)就很不稳定，这称为布雷特规则。

2. 烯烃的亲电加成反应及机理

烯烃的碳-碳双键中，π 键的键能不如 σ 键强，构成 π 键的 π 电子流动性较大，容易在外界电场影响下发生极化，对亲电试剂显示出很大的活泼性。烯烃最重要的反应是亲电加成反应。

1) 与卤化氢加成

烯烃与卤化氢的加成是离子性反应的亲电加成，反应分两步进行，首先生成碳正离子中间体，这一步是反应的速率决定步骤，然后碳正离子与负离子结合得到加成产物。

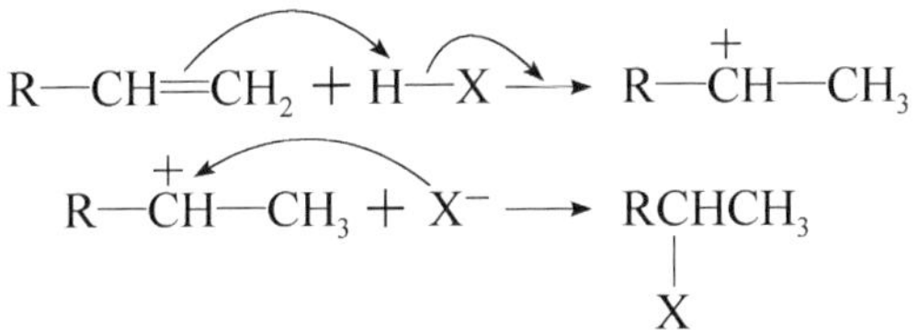

由于碳正离子稳定性顺序为叔碳正离子＞仲碳正离子＞伯碳正离子，因此加成产物有区域选择性，加成产物符合马尔科夫尼科夫(Markovnikov)规则(简称马氏规则)，即不对称烯烃与卤化氢发生亲电加成时，经过相对比较稳定的碳正离子中间体而得到的产物是主要产物。

由于中间体碳正离子有重排成更稳定碳正离子的倾向，因此在烯烃与卤化氢的亲电加成反应中可以观察到重排产物。例如：

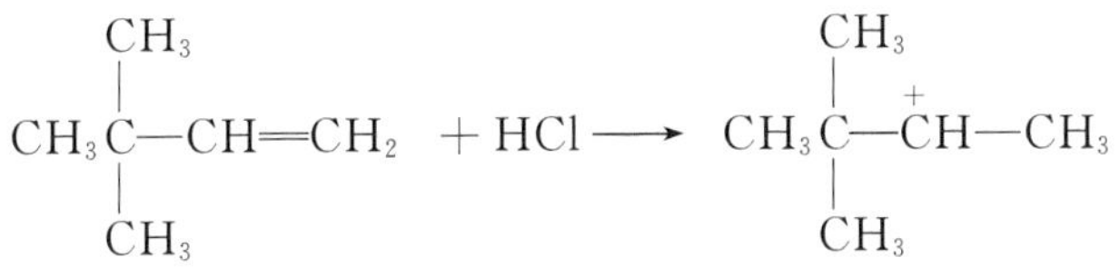

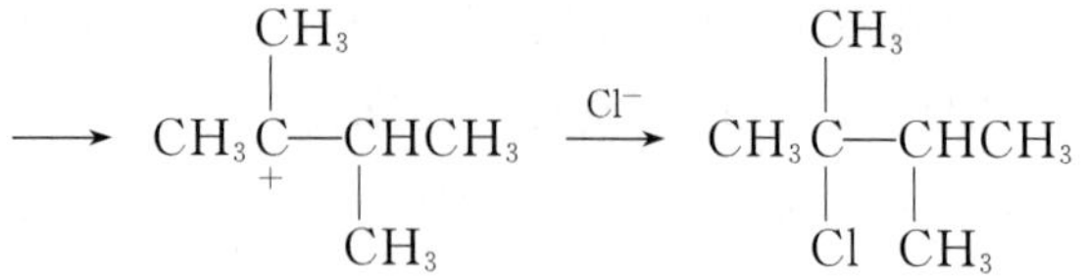

中间体碳正离子为平面构型，如果通过亲电加成生成手性分子，则往往得到一对外消旋体。例如：

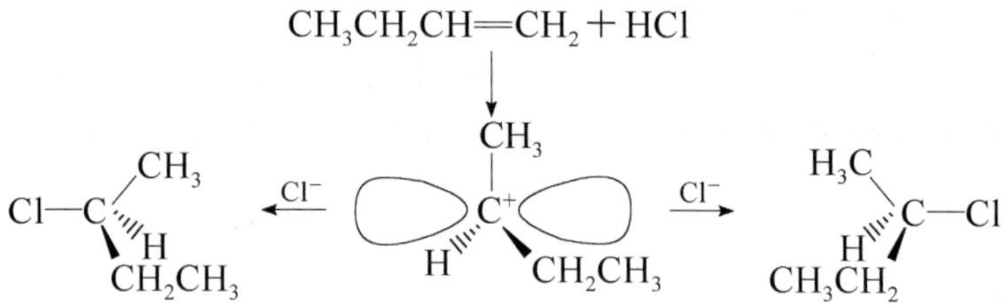

S　　*R*

2）与水加成

水分子是亲核试剂，不能直接与烯烃发生亲电加成反应。因此，烯烃与水的加成必须在酸催化下进行，产物遵循马氏规则。

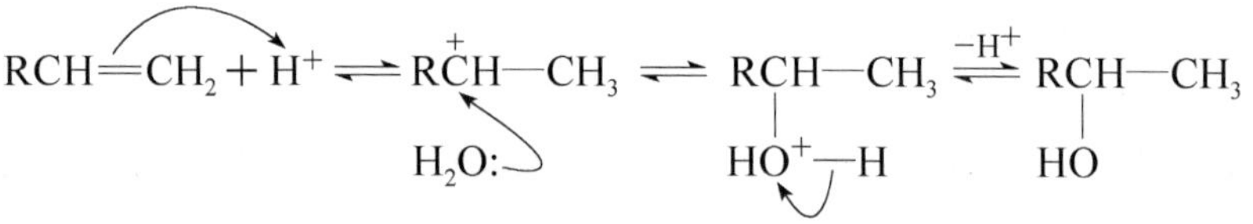

3）与卤素加成

烯烃与卤素(通常是指 Cl_2 和 Br_2)的加成属于亲电加成，反应经过三元环的卤鎓离子中间体，然后卤素负离子从卤鎓离子的背面进攻，生成反式的邻位二卤代烃。例如：

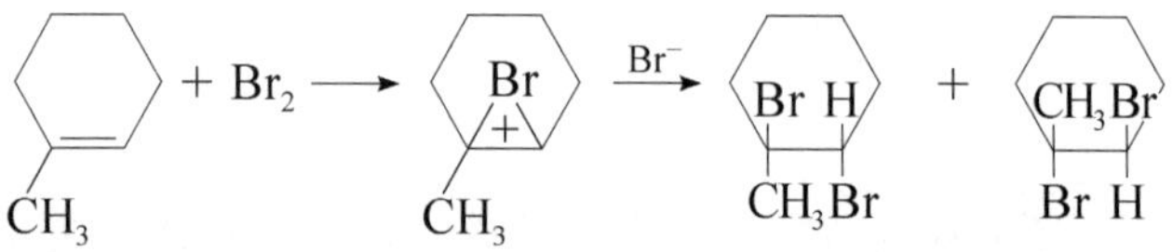

不同构型的烯烃与卤素加成得到不同的立体异构体。例如，(*E*)-2-丁烯与溴加成得到内消旋的 2,3-二溴丁烷。

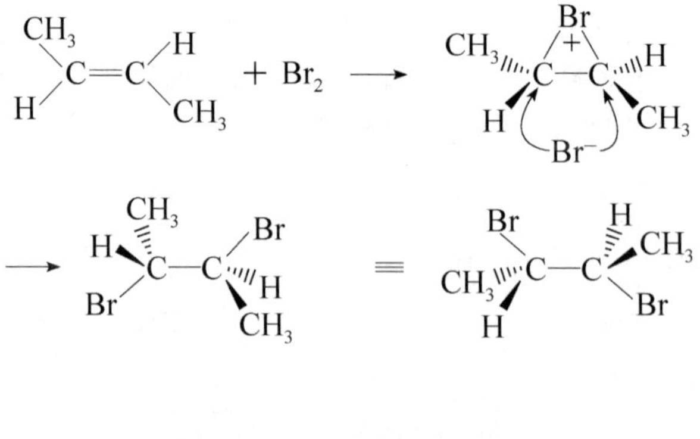

而(Z)-2-丁烯与溴加成得到一对外消旋的2,3-二溴丁烷。

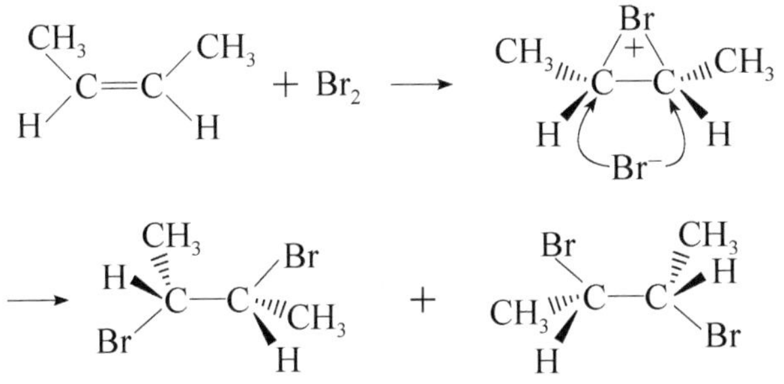

4）羟汞化-脱汞

烯烃与乙酸汞水溶液反应，首先生成有机汞化合物，进而被硼氢化钠还原，从而生成符合马氏规则的醇。例如：

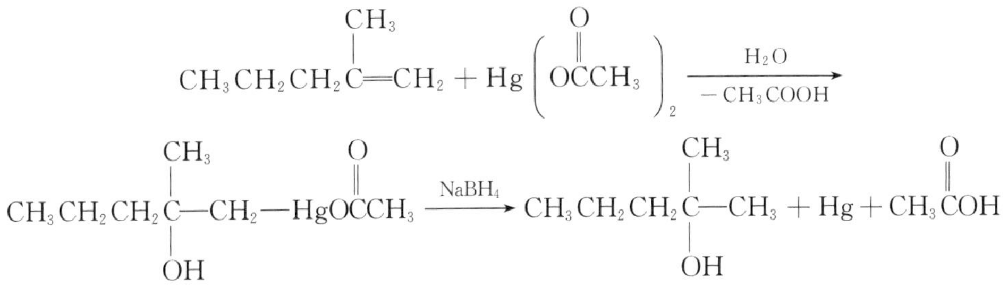

反应若在醇中进行，则最终产物为醚。

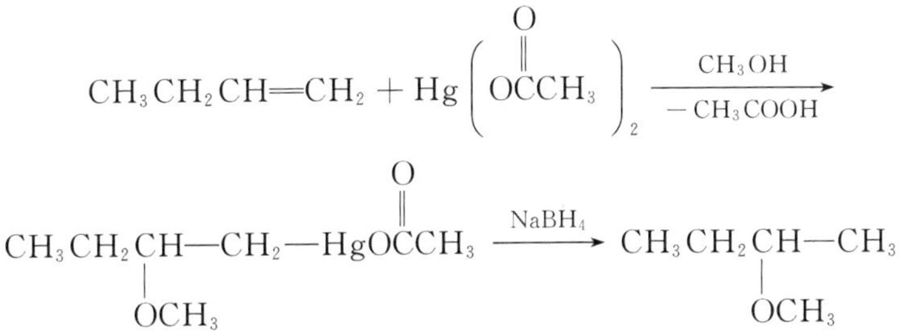

烯烃的羟汞化-脱汞所生成的醇不会发生碳架重排。

5）与次卤酸加成

烯烃与卤素的碱性稀水溶液作用生成卤代醇。例如：

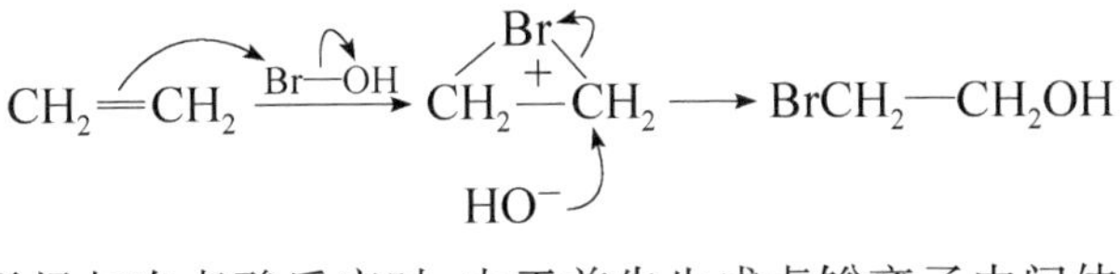

当不对称烯烃与次卤酸反应时，由于首先生成卤鎓离子中间体，它在一定程度上具有相对比较稳定的碳正离子的性质，因此烯键与次卤酸的加成既是反式加成

(立体选择性),产物又符合马氏规则(区域选择性)。

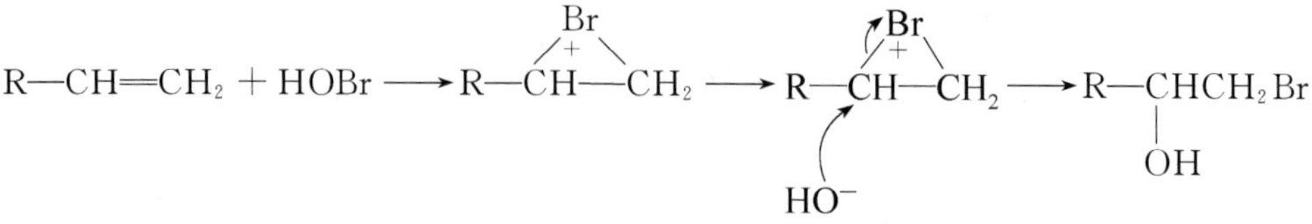

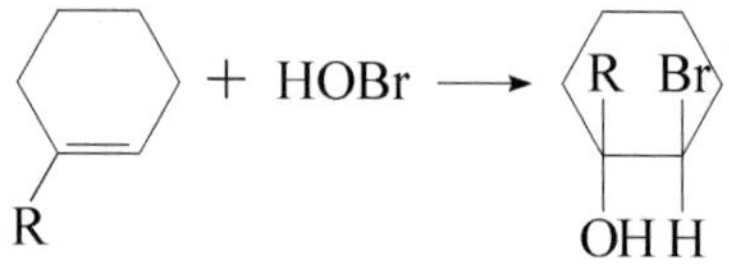

若用卤素的水溶液反应,则进攻溴鎓离子的是 H_2O,然后失去 H^+,得到相同的产物。

6) 硼氢化-氧化

乙硼烷(B_2H_6)与烯烃能迅速加成,生成三烷基硼烷,后者在碱性水溶液中用过氧化氢氧化,硼原子被羟基取代生成相应的醇。例如:

$$3CH_2{=}CH_2+\frac{1}{2}B_2H_6 \longrightarrow (CH_3CH_2)_3B \xrightarrow[HO^-]{H_2O_2} 3CH_3CH_2OH+H_3BO_3$$

反应是经环状过渡态的协同机理进行的。

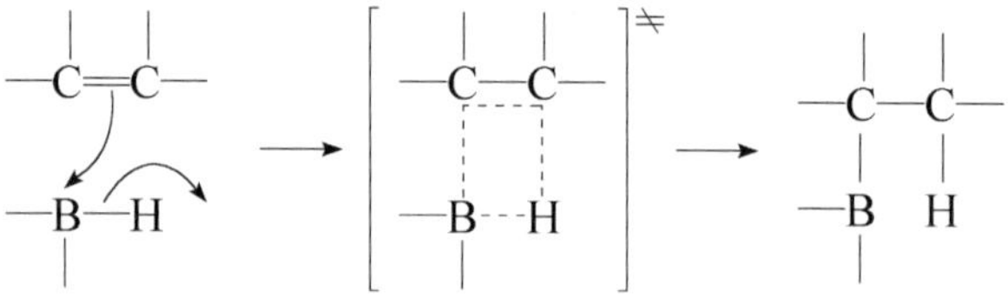

对于不对称烯烃,硼原子总是加在双键碳原子含氢较多、位阻较小的一端,经碱性过氧化氢氧化后,产物相当于不对称烯烃以反马氏规则加上一分子水。

$$3RCH{=}CH_2+\frac{1}{2}B_2H_6 \longrightarrow (RCH_2CH_2)_3B \xrightarrow[HO^-]{H_2O_2} 3RCH_2CH_2OH+H_3BO_3$$

硼氢化-氧化是一种顺式加成,所以是同时具有区域选择性和立体选择性的反应。

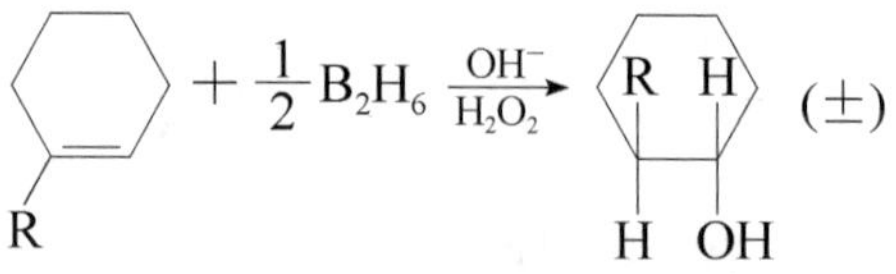

结果是在碳-碳双键上以顺式立体选择性和反马氏规则的区域选择性加上一分子水,得到相应的醇。硼氢化-氧化反应中不发生碳架重排。

3. 烯烃的游离基加成反应——过氧化物效应

在过氧化物存在下，不对称烯烃与溴化氢可以发生反马氏规则的加成，溴加在含氢较多的碳原子上，而氢加在含氢较少的碳原子上。例如：

$$n\text{-}C_4H_9CH{=}CH_2 + HBr \xrightarrow{ROOR} n\text{-}C_4H_9\underset{\displaystyle H}{\underset{|}{C}H}-\underset{\displaystyle Br}{\underset{|}{C}H_2}$$

这称为过氧化物效应。只有溴化氢才有过氧化物效应，反应遵循自由基机理。氯化氢、碘化氢都没有过氧化物效应。

4. 烯烃的氧化

1）稀冷碱性高锰酸钾溶液

在碱性的稀冷高锰酸钾作用下，烯烃被氧化为顺式邻二醇，反应一定要在低温下进行，否则会发生过度氧化。例如：

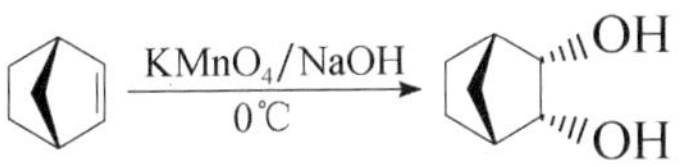

2）四氧化锇

用四氧化锇（OsO_4）使烯烃羟基化是又一个好的顺式羟基化方法，产率较高，但因试剂价贵且有毒，所以仅在实验室少量使用。例如：

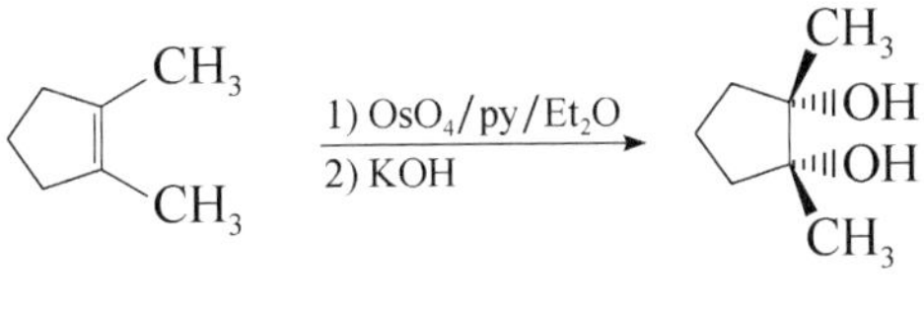

反应中 OsO_4 被还原为 OsO_3，为使其能重复使用，通常加入少量过氧化氢等氧化剂，将 OsO_3 重新氧化为 OsO_4。

3）中性或酸性高锰酸钾溶液

在此条件下，烯键往往断裂，生成羧酸或酮。例如：

$$CH_3CH_2CH_2CH{=}\overset{\displaystyle CH_3}{\overset{|}{C}}CH_2CH_3 \xrightarrow[\triangle]{KMnO_4,\,H^+} CH_3CH_2CH_2COOH + \overset{\displaystyle CH_3}{\overset{|}{C}}(=O)CH_2CH_3$$

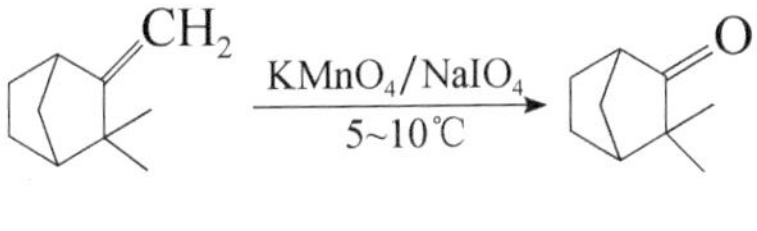

4）过氧酸

有机过氧酸可氧化富电子烯键成环氧化合物，实验室中常用的过氧酸是过苯甲酸、过乙酸、三氟过乙酸或间氯过苯甲酸。例如：

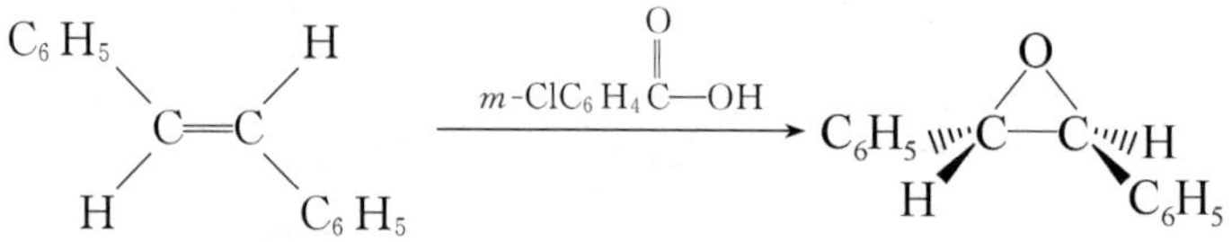

反应具有高度的立体选择性，在反应过程中原来烯烃的构型不变。

5）臭氧化

臭氧(O_3)是一种亲电试剂，和烯键反应形成臭氧化物，这个臭氧化物能被氧化或还原断裂成羧酸、醛或酮，生成物类别取决于后续处理的方法和原来烯烃的结构。例如：

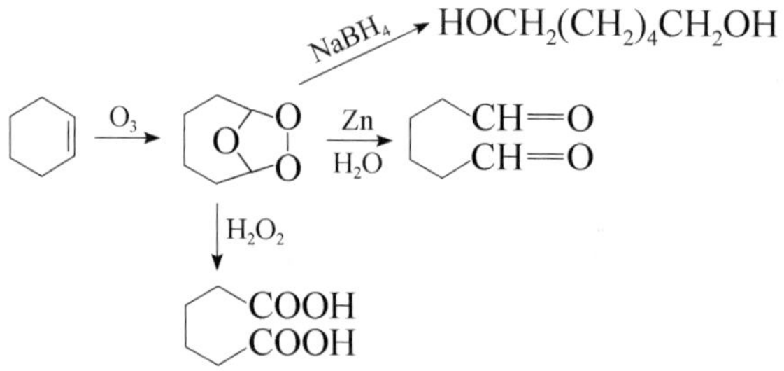

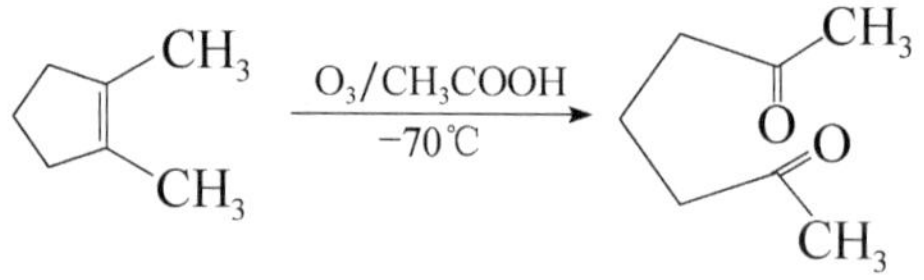

利用这一反应可以测定烯烃结构，另外还可以合成醛、酮、羧酸。

5. 与卡宾加成

卡宾即碳烯，可以由重氮甲烷或烯酮在光照或加热条件下分解得到。

$$\overset{-}{:}CH_2-\overset{+}{N}\equiv N: \xrightarrow[-N_2]{h\nu\text{ 或 }\triangle} :CH_2$$

$$H_2C=C=O \xrightarrow[-CO]{h\nu} :CH_2$$

卡宾是缺电子的亲电试剂，可以与烯键加成。例如：

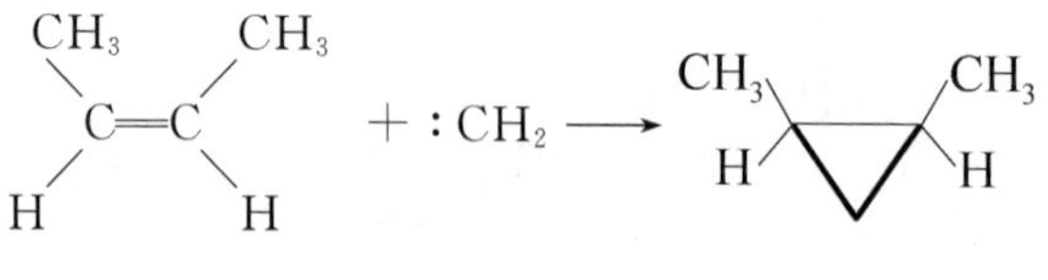

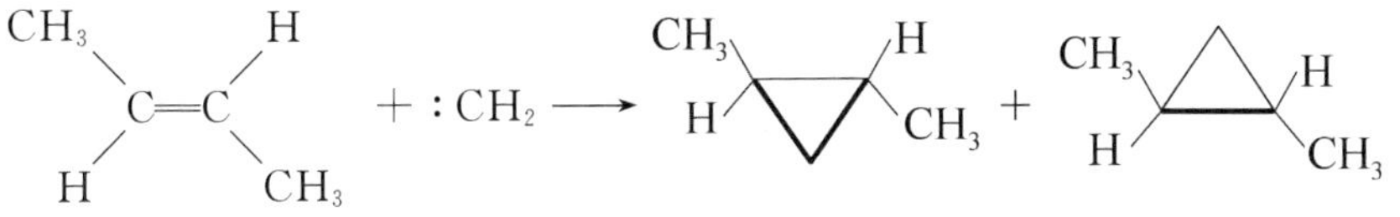

氯仿在浓的强碱作用下生成二氯卡宾：

$$HO:^- + H—CCl_3 \xrightarrow[-H_2O]{} \ddot{C}Cl_2—Cl \xrightarrow[-Cl^-]{} :CCl_2$$

$:CCl_2$ 也可以与烯烃发生加成。例如：

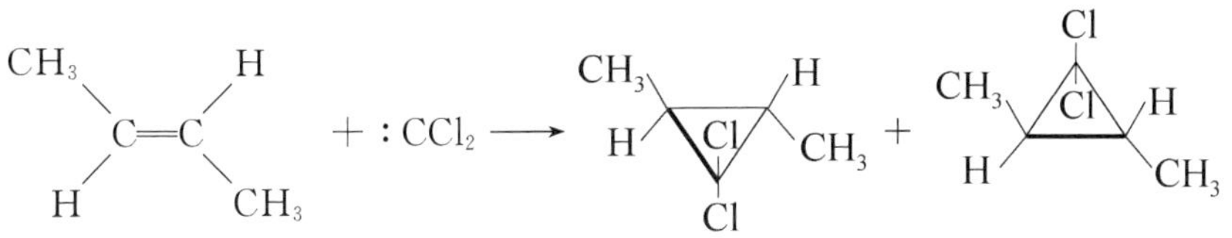

6. α-氢卤代

烯键 α-碳上的氢由于 σ-π 超共轭而具活性，可以被卤素或其他卤化剂[如 *N*-溴代丁二酰亚胺(NBS)]卤代。例如：

$$CH_3CH_2CH_2CH_2CH=CH_2 \xrightarrow[\text{高温}]{Br_2} CH_3CH_2CH_2\underset{\text{Br}}{CH}CH=CH_2$$

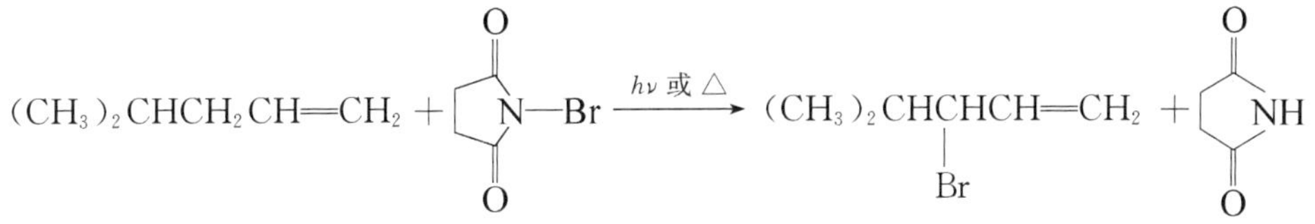

二、解 题 示 例

【例 4-1】 用系统命名法命名下列化合物。

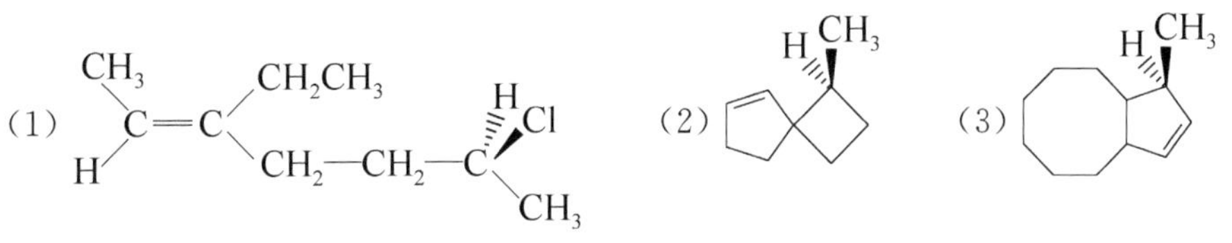

解　(1) 这是含有氯原子的烯烃化合物，氯仅作为取代基，而碳-碳双键是官能团，所以编号应从靠近双键一端开始。并且该化合物既有顺反异构又有对映异构，应先标出手性碳的 *R*/*S* 构型，再标出 *Z*/*E* 构型。因此该化合物的系统名称为(6*S*,2*Z*)-3-乙基-6-氯-2-庚烯。

(2) 螺环化合物要从小环到大环编号,而不管烯键在小环还是大环。因此该化合物的系统名称为(*S*)-1-甲基螺[3.4]-5-辛烯。

(3) 桥环化合物要从大环到小环编号,而不管烯键是在小环还是大环上。因此该化合物的系统名称为(*R*)-11-甲基二环[6.3.0]-9-十一烯,9 代表烯键所在位置。

【例 4-2】 完成下列反应,写出主要产物的稳定构象。

(1) 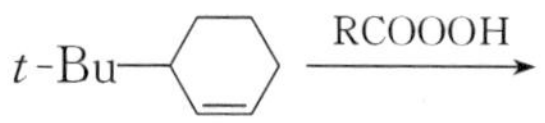

(2) 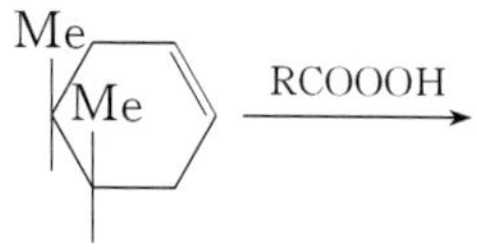

(3) 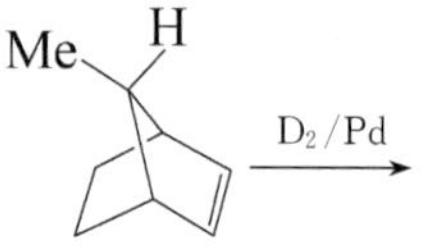

(4) 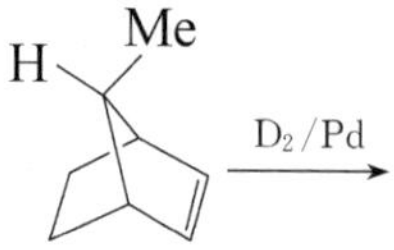

解

(1) 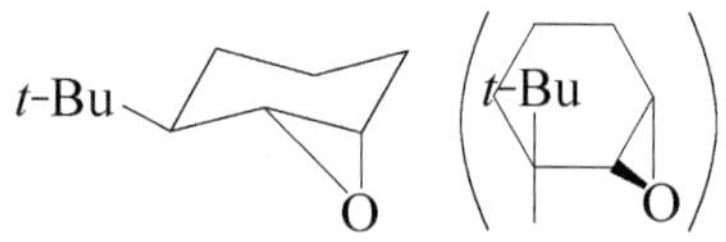

(2) 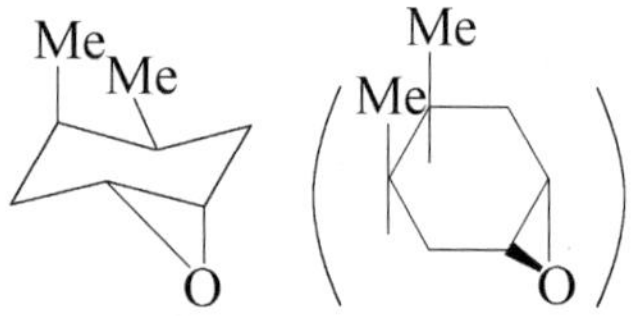

(3) 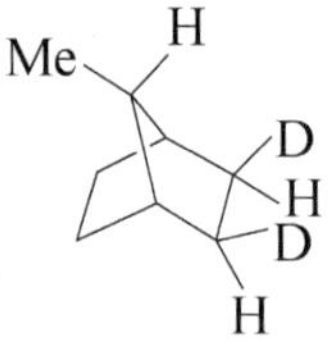

(4) 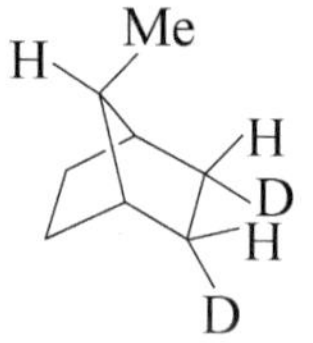

在(1)和(2)中,从相应的构型或构象分析,由于碳-碳双键两边的位阻大小不一样,过氧酸总是从位阻小的一边接近双键,反应生成相应的环氧化合物,因此氧环和取代基分布在环的两边。(3)和(4)都是碳-碳双键上的催化氘化反应,首先是双键吸附在催化剂的表面,然后顺式加成氘。在(3)中,由于 7-甲基离双键较远,而(4)中的甲基离双键较近,因此它们的位阻环境不同,(3)中加氘从环的上面进行,结果 D 在外型键上,而(4)中加氘从环的下面进行,结果 D 在内型键上。

【例 4-3】 由 2-丁烯合成 $CH_3CHBrCHBrCH_2CH_2CHBrCHBrCH_3$。

解 目标分子的碳原子数为原料的两倍,因此设法将两分子原料连接起来,再与溴加成即得产物。

$$CH_3CH{=}CHCH_3 \xrightarrow{NBS} CH_3CH{=}CHCH_2Br \xrightarrow{Li} CH_3CH{=}CHCH_2Li \xrightarrow{CuI}$$

$$(CH_3CH{=}CHCH_2)_2CuLi \xrightarrow{CH_3CH{=}CHCH_2Br} CH_3CH{=}CHCH_2CH_2CH{=}CHCH_3$$

$$\xrightarrow{Br_2} CH_3CHBrCHBrCH_2CH_2CHBrCHBrCH_3$$

【例 4-4】 由 1-甲基环己烯出发，利用其他必要试剂合成下列氘标记的化合物：

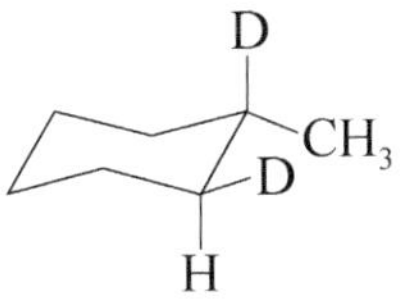

解　这两个氘都处于环的一侧，因此可以采用催化氘化的方法。

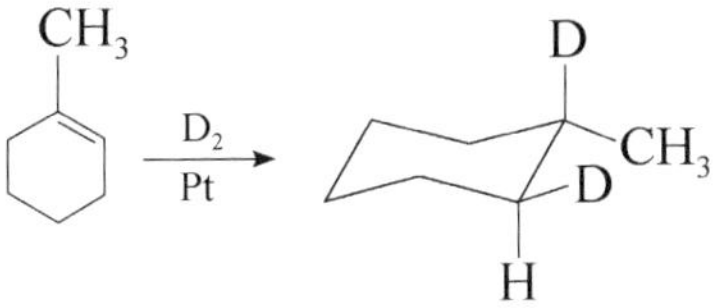

【例 4-5】 推测下列反应的机理。

(1) 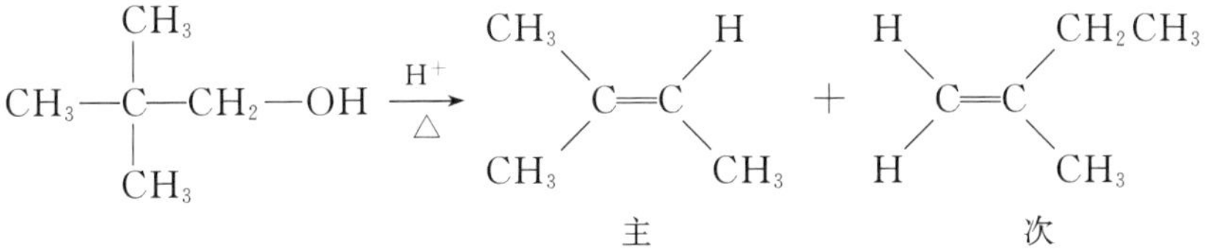

(2) 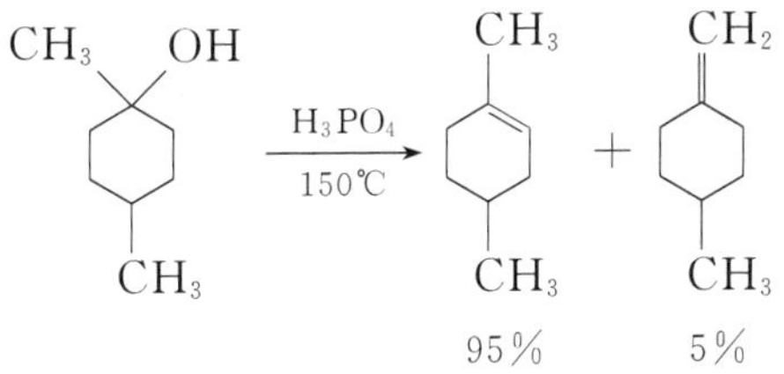

(3) 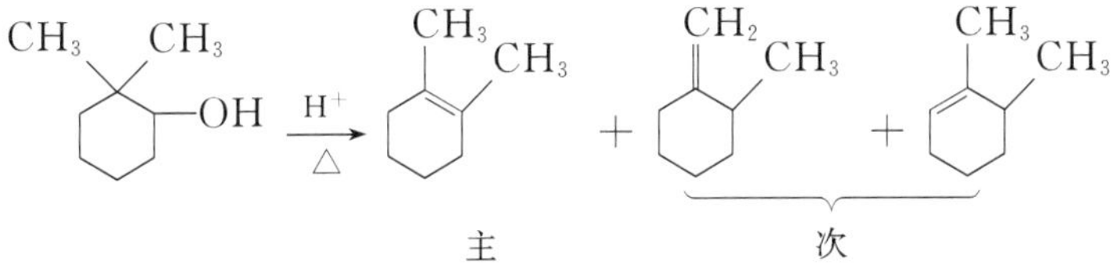

解　(1)

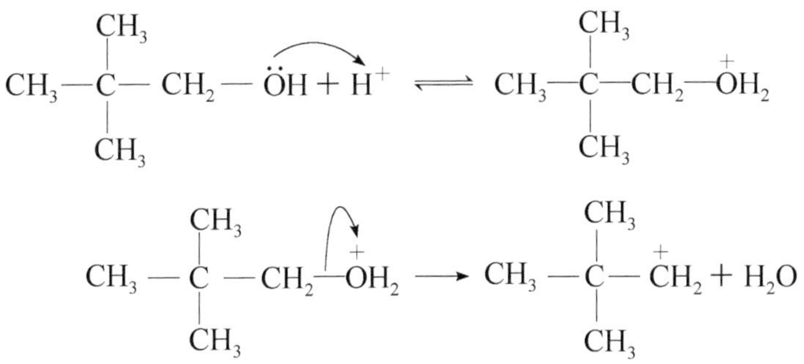

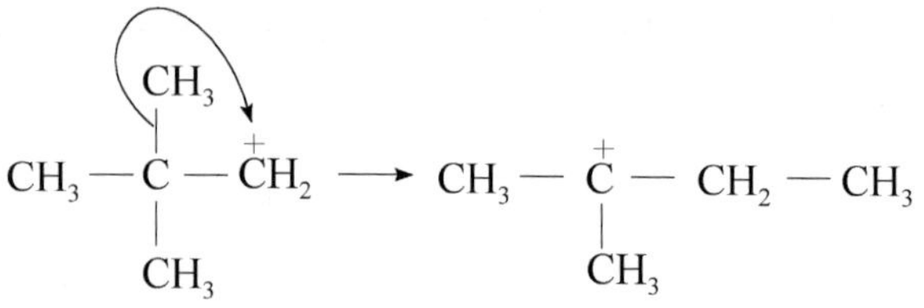

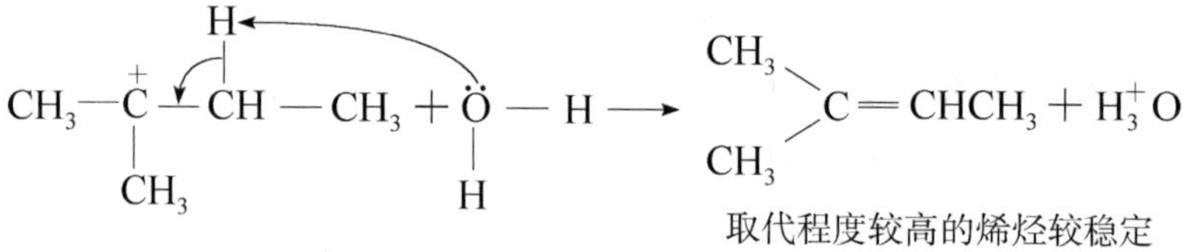

取代程度较高的烯烃较稳定

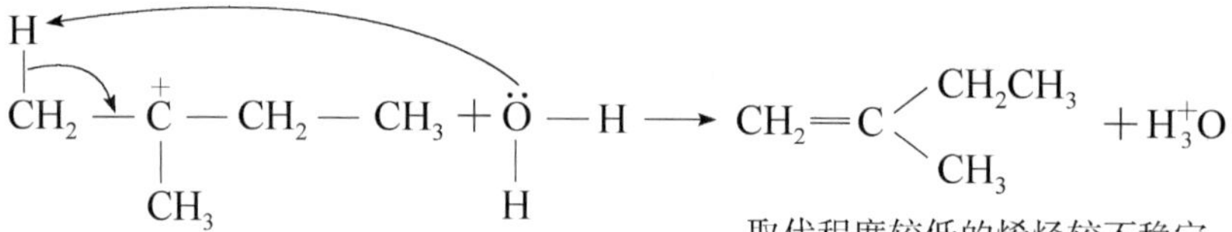

取代程度较低的烯烃较不稳定

(2)

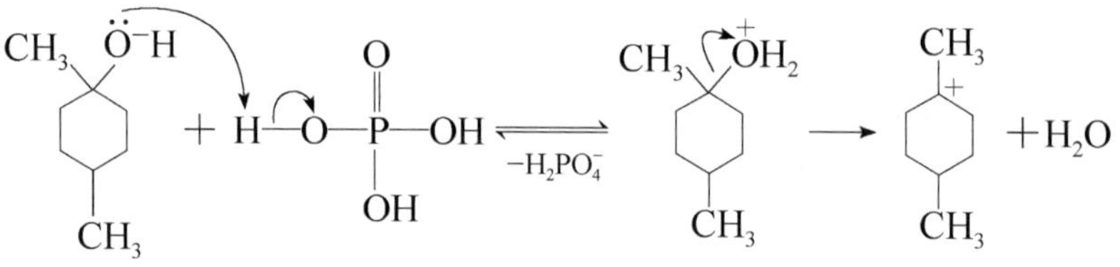

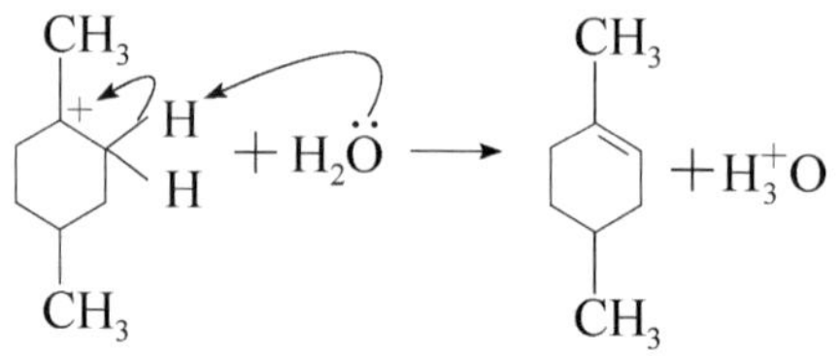

取代程度较高的烯烃较稳定

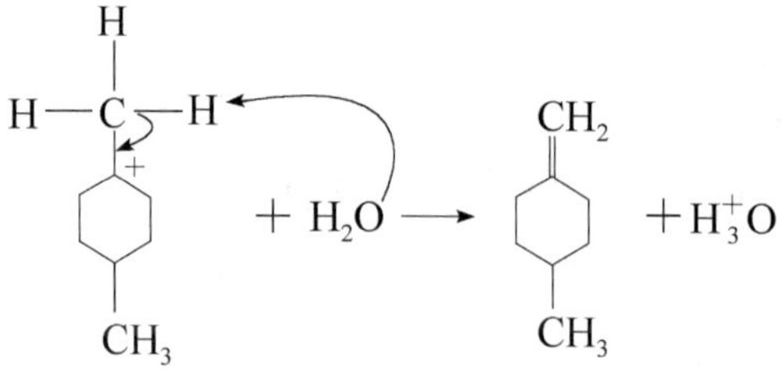

取代程度较低的烯烃较不稳定

（3）

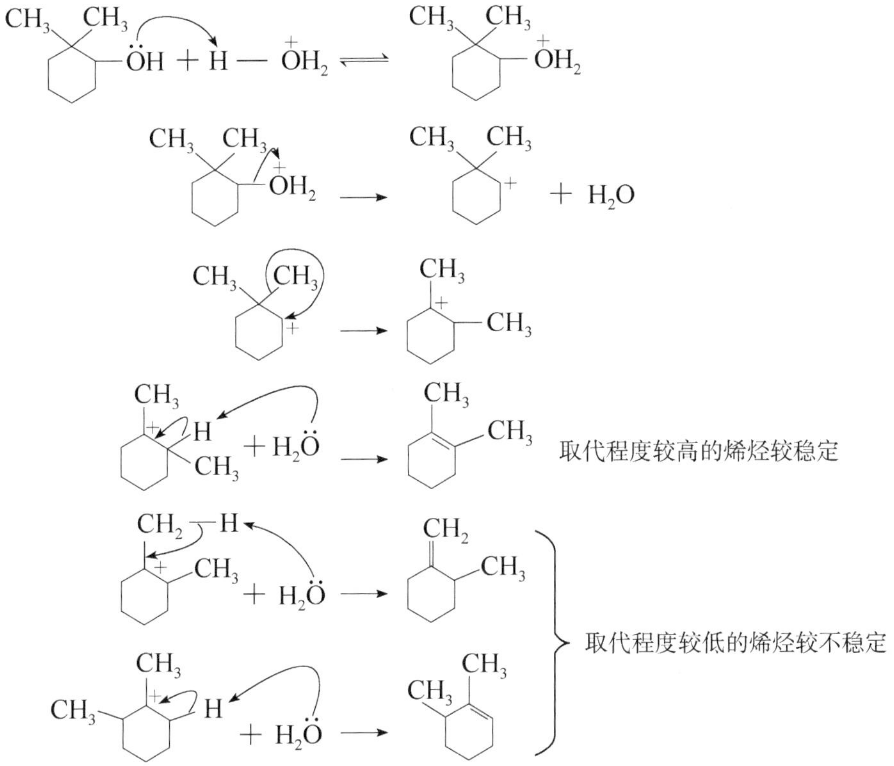

【例 4-6】 如何由异己烷合成 2-甲基戊醇？

解 解合成题最好的办法是产物用逆向合成法进行反推。2-甲基戊醇的构造式为

$$CH_3CH_2CH_2\underset{\displaystyle CH_3}{\underset{|}{C}}HCH_2OH$$

这是一种伯醇，由于目的分子与起始原料碳数相同，碳架也相同，因此只需在末端碳上引入一个羟基，故可以反推如下：

$$CH_3CH_2CH_2\underset{\displaystyle CH_3}{\underset{|}{C}}HCH_2OH \xLeftarrow[2)\,H_2O_2,\,HO^-]{1)\,BH_3} CH_3CH_2CH_2\underset{\displaystyle CH_3}{\underset{|}{C}}{=}CH_2$$

$$\xLeftarrow{B:^-} CH_3CH_2CH_2\overset{\displaystyle Br}{\overset{|}{\underset{\displaystyle CH_3}{\underset{|}{C}}}}{-}CH_3 \xLeftarrow[h\nu,\text{室温}]{Br_2} CH_3CH_2CH_2\overset{\displaystyle H}{\overset{|}{\underset{\displaystyle CH_3}{\underset{|}{C}}}}{-}CH_3$$

每一步的分析都有依据，因而是合理的。合成步骤如下：

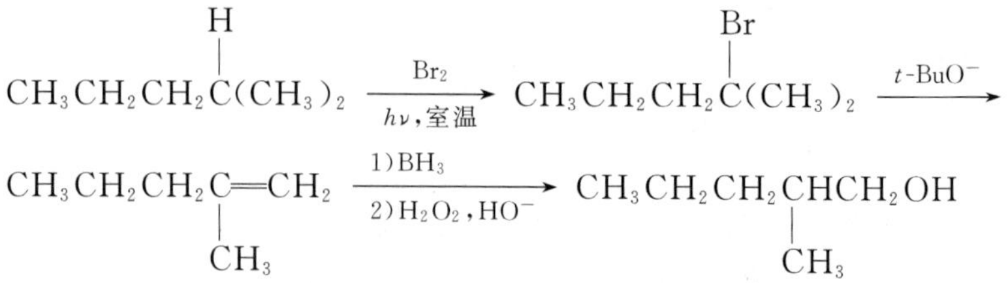

用体积大的碱 t-BuO$^-$ 脱溴化氢有利于形成末端烯烃。

【例 4-7】 用溴处理(Z)-3-己烯,然后在乙醇中与 KOH 反应可得(Z)-3-溴-3-己烯。但用相同的试剂和顺序处理环己烯,却得不到 1-溴环己烯。用反应式表示这两种烯烃在反应中的行为(注意中间体和产物的立体结构)。

解

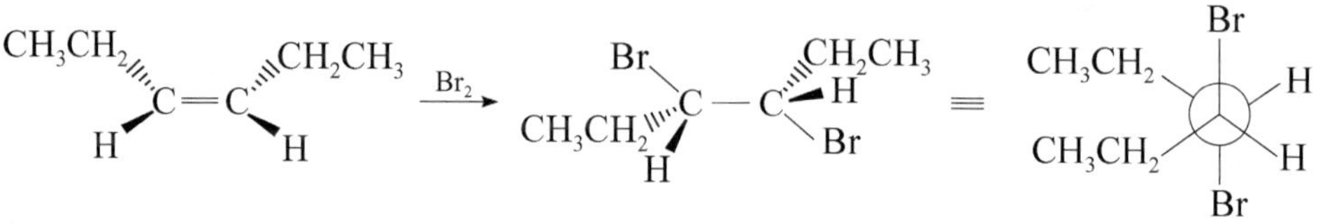

将 C_3 沿 $C_3—C_4$ 旋转 120°得

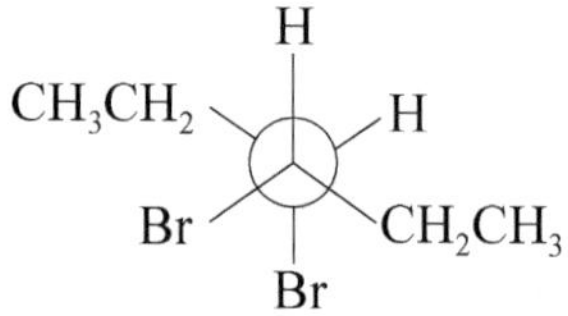

这时 C_3 上的 Br 和 C_4 上的 H 均处于反位,在 KOH/EtOH 作用下发生消除,都生成

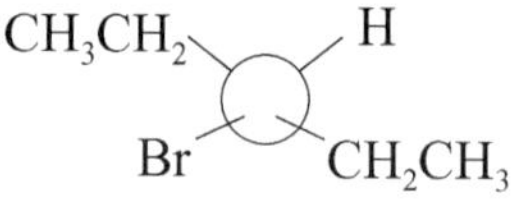

即

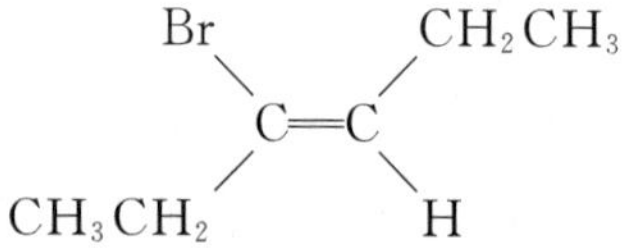

(Z)-3-溴-3-己烯

而

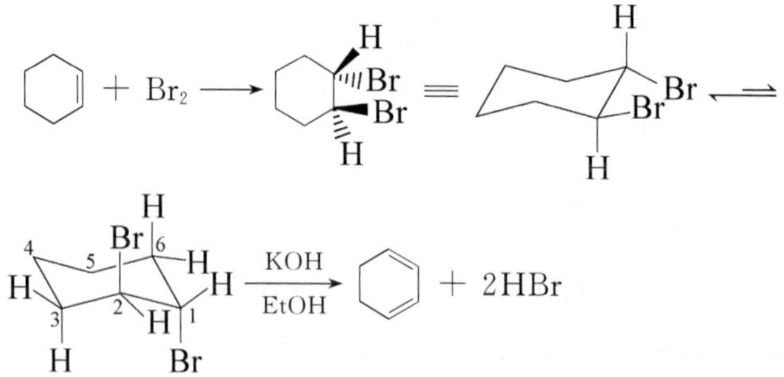

由于 C_3、C_6 分别有一个 H 与邻近的 C_2、C_1 上的 Br 正好处于反向 a 键，因而容易发生消除，生成 1,3-环己二烯。

【例 4-8】 某溴代烷(A)，分子式为 $C_7H_{15}Br$，(A)经强碱处理后可得到分子式同为 C_7H_{14} 的三种烯烃(B)、(C)和(D)。将(B)～(D)分离后分别催化氢化，都生成 2-甲基己烷。若将(B)依次用 $B_2H_6/(CH_3CH_2)_2O$ 和 $H_2O_2/NaOH$ 处理，几乎仅得到一种结构的醇(E)。当用同样方法处理(C)和(D)时，几乎得到相同的结果，其产物为醇(E)及其异构体(F)。推测(A)～(F)的可能结构。如果仅仅根据以上信息，还有什么结构上的不确定因素？

解　(B)～(D)都是由溴代烷(A)消除 HBr 得到的烯烃，且经催化氢化后都生成 2-甲基己烷，所以(A)～(D)都具有相同的碳架，即

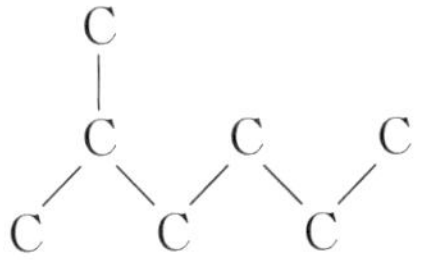

这种碳架中，只有两种结构的一溴代烷在消除 HBr 时能产生属于同分异构体的三种烯烃，分别为

前者消除 HBr 时能得到下列三种同分异构体的烯烃：

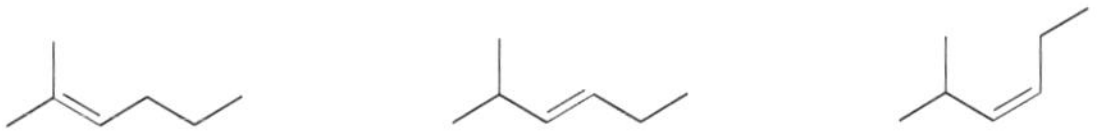

E 构型　　*Z* 构型

后者消除 HBr 时得到另外三种同分异构体的烯烃：

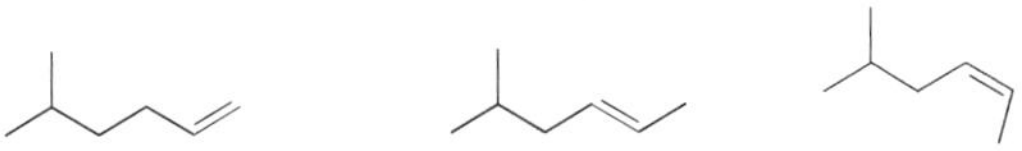

E 构型　　*Z* 构型

但只有前者的三种烯烃经 $B_2H_6/(CH_3CH_2)_2O$ 和 $H_2O_2/NaOH$ 处理后主要得到两种醇：

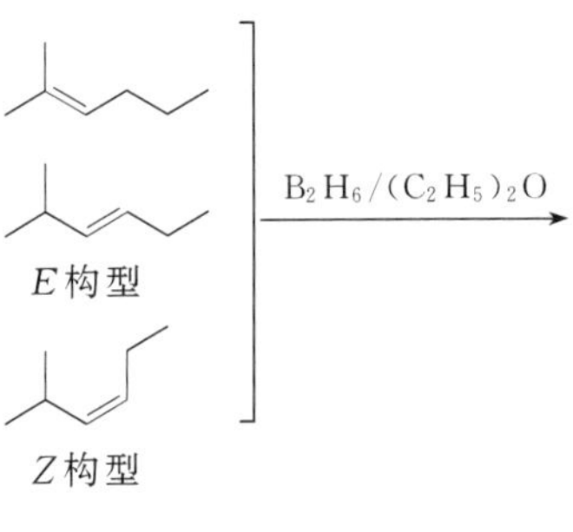

$\xrightarrow{H_2O_2/NaOH}$

$(CH_3)_2CHCHCH_2CH_2CH_3$（主要产物）
　　　OH
　　（E）

$(CH_3)_2CHCHCH_2CH_2CH_3 + (CH_3)_2CHCH_2CHCH_2CH_3$
　　　OH　　　　　　　　　　OH
　　（E）　　　　　　　　　（F）

$(CH_3)_2CHCHCH_2CH_2CH_3 + (CH_3)_2CHCH_2CHCH_2CH_3$
　　　OH　　　　　　　　　　OH
　　（E）　　　　　　　　　（F）

而后者的三种烯烃经 $B_2H_6/(CH_3CH_2)_2O$ 和 $H_2O_2/NaOH$ 处理后却主要得到三种不同的醇，所以不符合题意。

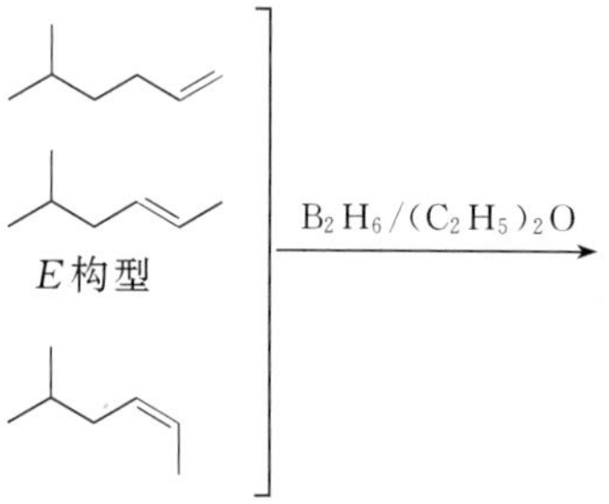

Z构型

$\xrightarrow{H_2O_2/NaOH}$

$(CH_3)_2CHCH_2CH_2CH_2CH_2OH$（主要产物）

$(CH_3)_2CHCH_2CHCH_2CH_3 + (CH_3)_2CHCHCH_2CHCH_3$
　　　OH　　　　　　　　　　OH

$(CH_3)_2CHCH_2CHCH_2CH_3 + (CH_3)_2CHCHCH_2CHCH_3$
　　　OH　　　　　　　　　　OH

综合以上分析，得(A)～(F)的结构分别为

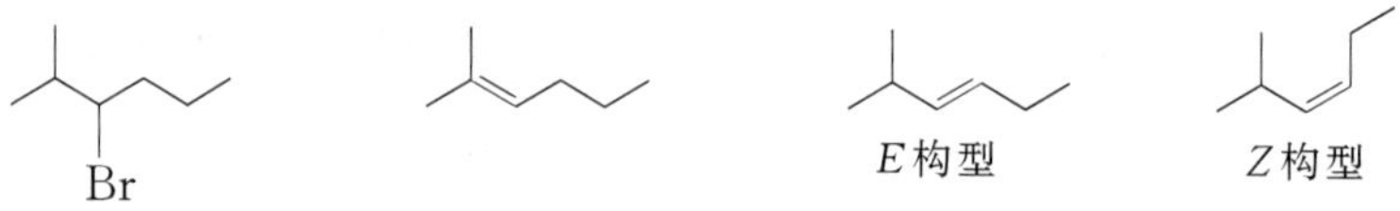

（A）　　（B）　　（C+D）

$(CH_3)_2CHCHCH_2CH_2CH_3$　　$(CH_3)_2CHCH_2CHCH_2CH_3$
　　　OH　　　　　　　　　　OH
　　（E）　　　　　　　　　（F）

根据以上信息，还无法确定化合物(C)和(D)中哪一个是 *E* 构型，哪一个是 *Z* 构型。

三、习题与参考解答

【习题 4-1】 用系统命名法命名下列化合物。

(1) $(CH_3)_2C{=}C(CH_3)CH(CH_3)_2$

(2) $H_2C{=}CHCH[CH(CH_3)CH_2CH_3]CHClCH{=}CHCH(CH_3)_2$

(3) $(CH_2{=}CH)_2CHCH_2CH{=}CHCH_3$

(4) 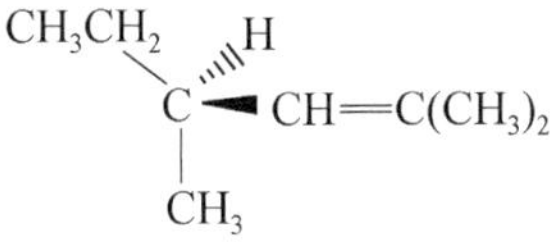

(5) 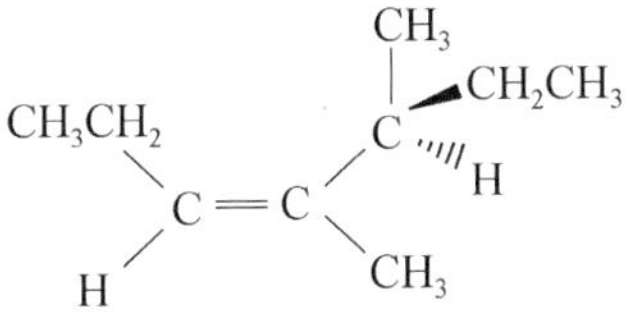

(6) 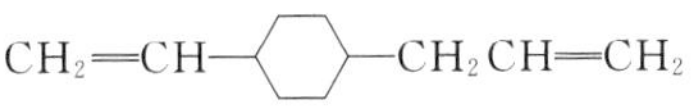

(7) 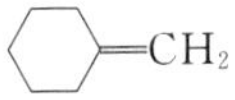

(8) 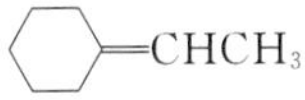

(9) 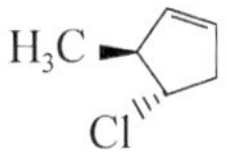

(10) 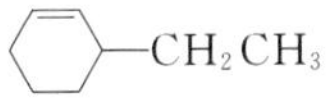

解 (1) 2,3,4-三甲基-2-戊烯
(2) 7-甲基-3-(1-甲基丙基)-4-氯-1,5-辛二烯
(3) 3-乙烯基-1,5-庚二烯
(4) (*S*)-2,4-二甲基-2-己烯
(5) (5*S*,3*Z*)-4,5-二甲-3-庚烯
(6) 1-烯丙基-4-乙烯基环己烷
(7) 亚甲基环己烷
(8) 亚乙基环己烷
(9) (3*S*,4*S*)-3-甲基-4-氯环戊烯
(10) 3-乙基环己烯

【习题 4-2】 写出下列化合物的结构式。

(1) 3-亚甲基环戊烯
(2) 4-烯丙基-3-丙烯基环己烯
(3) 7,7-二甲基二环[2.2.1]-2,5-庚二烯
(4) (3*S*,5*S*)-3,5-二甲基环己烯
(5) (4*S*,2*E*)-4-氯-2-戊烯
(6) (*Z*,*Z*)-2-溴-2,4-庚二烯
(7) (7*S*,4*E*)-2,7-二甲-5-溴-4-壬烯
(8) (*E*)-环十二烯

解 (1) 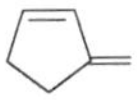

(2) 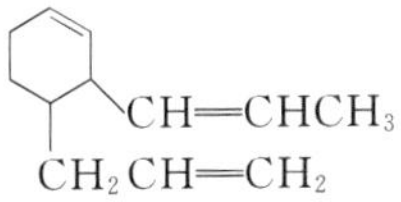

(3) 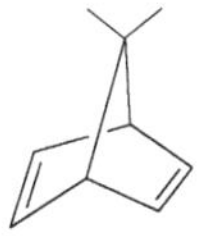

(4) 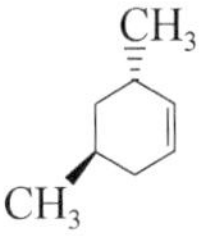

(5) 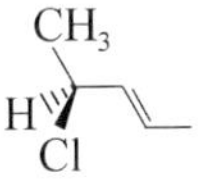

(6) 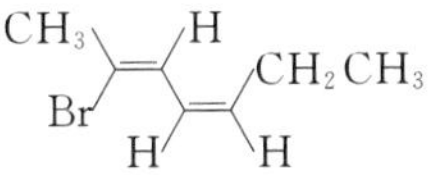

(7) 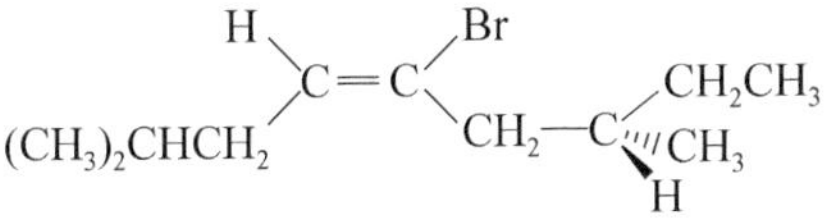

(8) 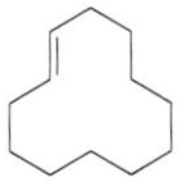

【习题 4-3】 下面的名称每一个都是错误的,请根据系统命名法予以纠正。

(1) 2-甲基环己烯　(2) 1-氯异丁烯　(3) 1,1,2,2-四甲基乙烯

(4) 3-甲基-2-丁烯　(5) (*E*)-3-乙基-3-戊烯

解 先按原有名称写出结构,然后根据系统命名法就能看出错误。

(1) 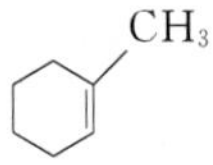 应为 1-甲基环己烯

(2) 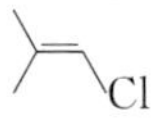 应为 2-甲基-1-氯丙烯

(3) 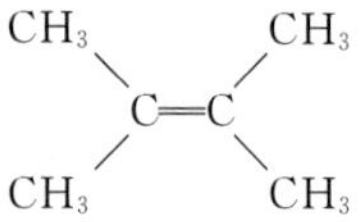 应为 2,3-二甲基-2-丁烯

(4) 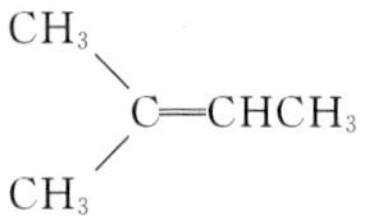 应为 2-甲基-2-丁烯

(5) 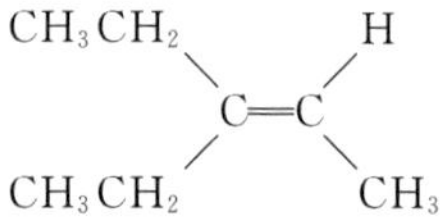 应为 3-乙基-2-戊烯

【习题 4-4】 将下列各组基团按顺序规则排列优先性顺序。

(1) —CN,—COOH,—$COOCH_3$,—$COCH_3$

(2) —OCH_2CH_2Br,—OCH_3,—OH,—CH═CH_2

(3) —$N(CH_3)_2$,—$CONH_2$,—NO_2,—CN

解 (1) —$COOCH_3$>—COOH>—$COCH_3$>—CN

(2) —OCH_2CH_2Br>—OCH_3>—OH>—CH═CH_2

(3) —NO_2>—$N(CH_3)_2$>—$CONH_2$>—CN

【习题 4-5】 比较下列各组化合物的相对稳定性。

(1) 1-戊烯,顺-2-戊烯,反-2-戊烯,2-甲基-2-丁烯

(2) 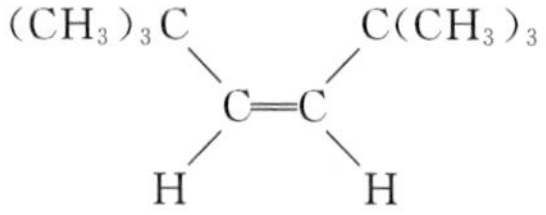 , 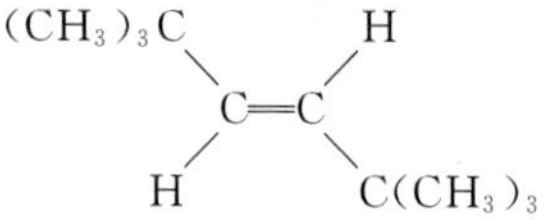

(3) 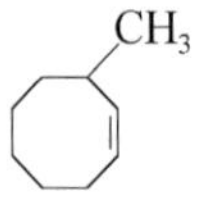 , 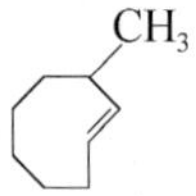

(4) 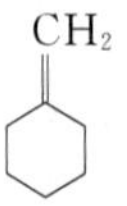 , 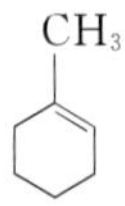

解 (1) 同碳数烯烃中,一般而言,取代程度较高的烯烃稳定性较高;顺反异构体中,开链反式异构体稳定性较高,因此

(2) 两个大的烷基在双键同侧时，彼此间非键斥力大，稳定性较差，因此

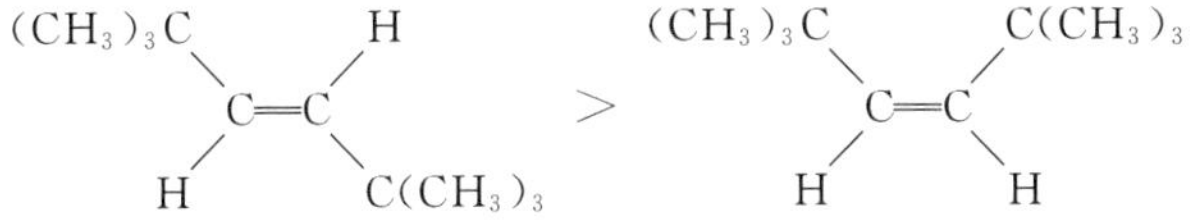

(3) 环状烯烃中，当环不足够大时，其反式烯烃张力太大，稳定性降低，因此

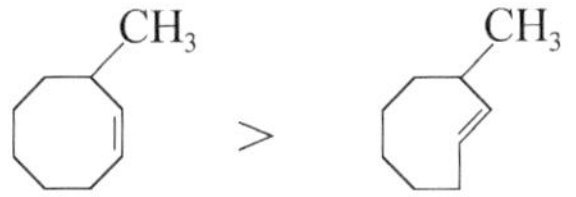

(4) 环外双键导致环张力增大，因此

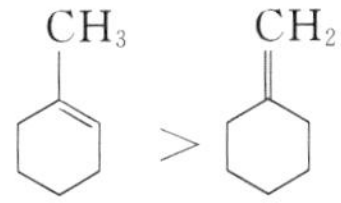

【习题 4-6】 推测下列化合物在酸作用下脱水的主要产物，并说明理由。

(1) 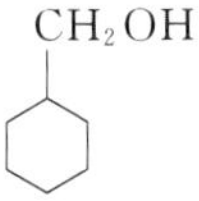　　(2) 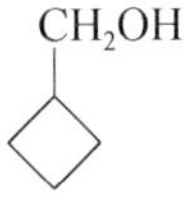

解　(1) 环己基甲醇在酸作用下首先生成不稳定的伯碳正离子，随后发生 H^- 迁移，重排为较稳定的叔碳正离子，从而形成取代程度较高的烯烃。

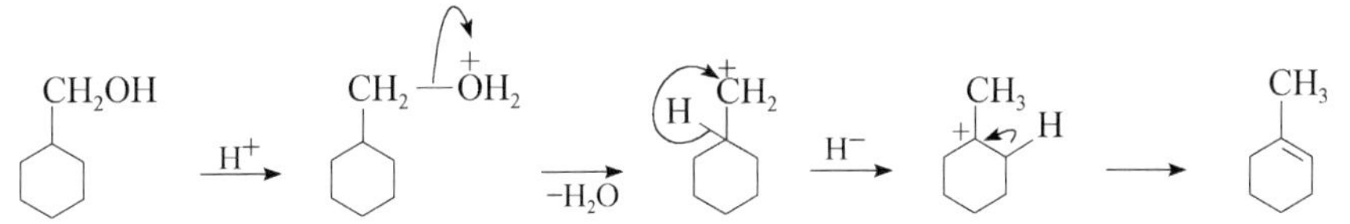

(2) 环丁基甲醇在酸作用下首先生成不稳定的伯碳正离子，但由于四元环张力大，不稳定，然后不是 H^- 迁移，而是环上的 CH_2 迁移，重排为较稳定的五元环仲碳正离子，从而形成环戊烯。

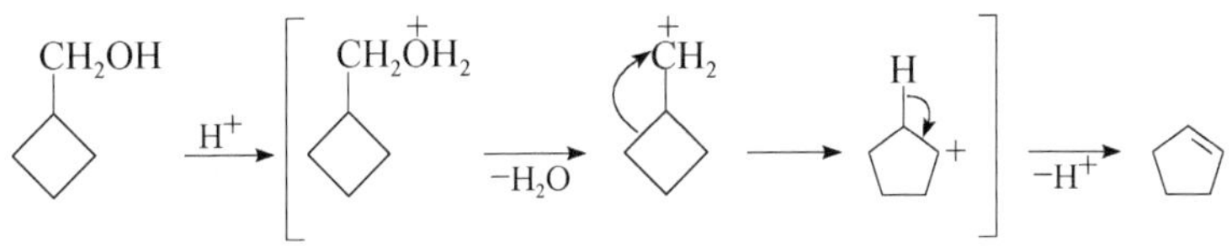

【习题 4-7】 完成下列反应，写出主要有机产物。

(1) 

(2) 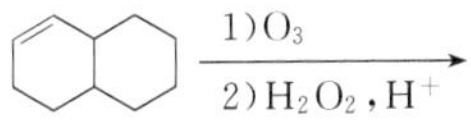

(3) 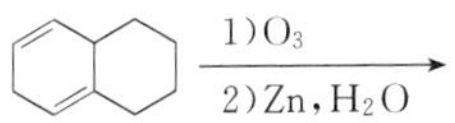

(4) 

(5) 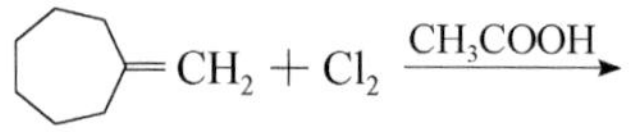

(6) $CH_3(CH_2)_3C(CH_3){=}CH_2 + Hg(OCOCH_3)_2 \xrightarrow[2)\ NaBH_4]{1)\ H_2O}$

(7) 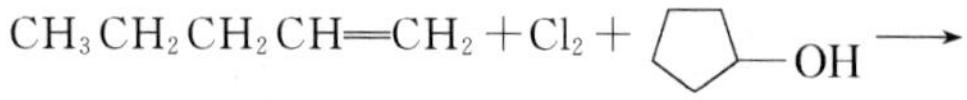

(8) 

(9) $HOCH_2CH_2CH_2CH{=}CH_2 \xrightarrow{H^+}$ 一种环醚

(10) 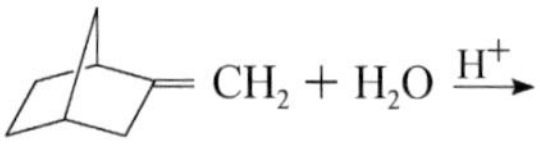

(11) $CF_3CH{=}CHCl + HCl \longrightarrow$

(12) 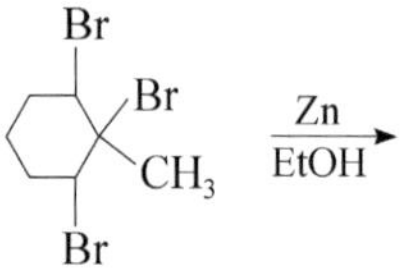

(13) 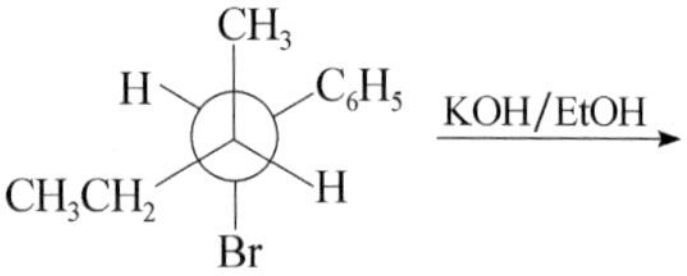

(14) $CH_3CH_2CHClCD_2CH_3 \xrightarrow[\triangle]{KOH/EtOH}$

解 (1) 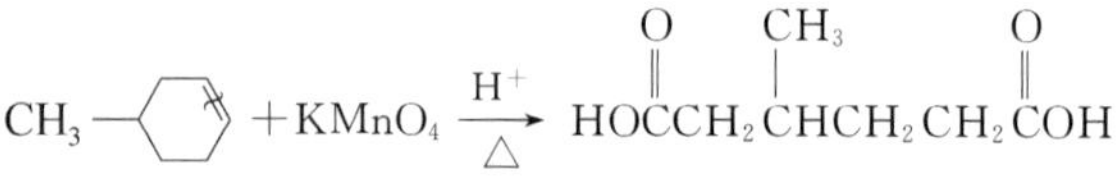

(2) 

(3) 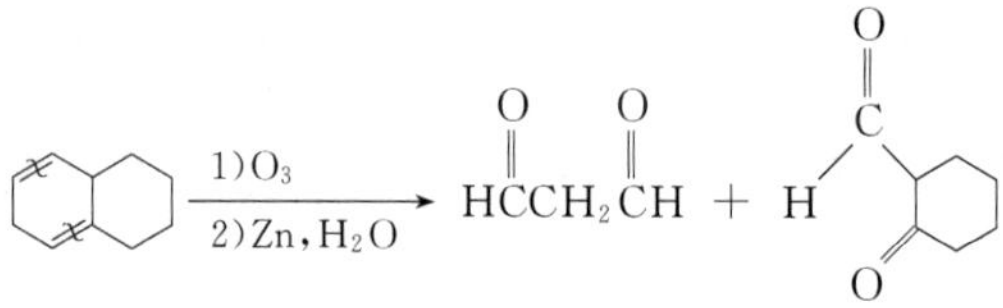

(4) 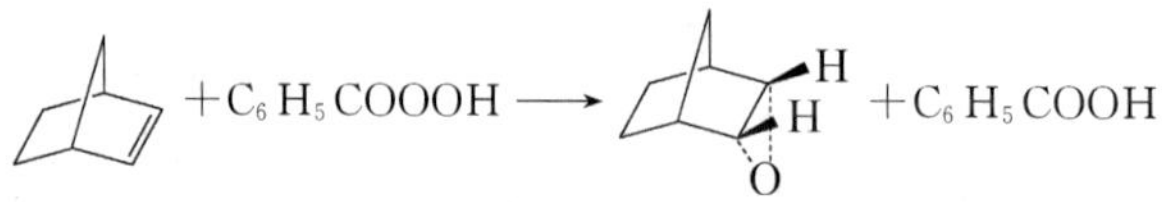

(5) 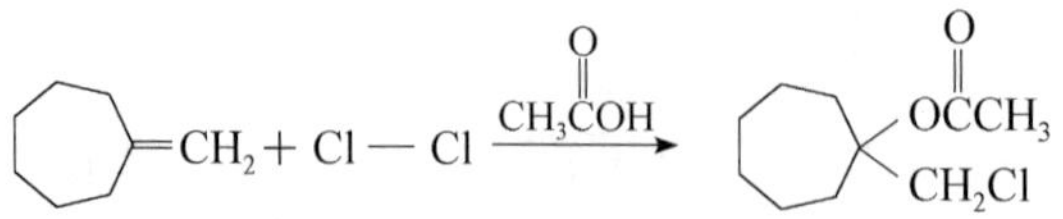

(6) 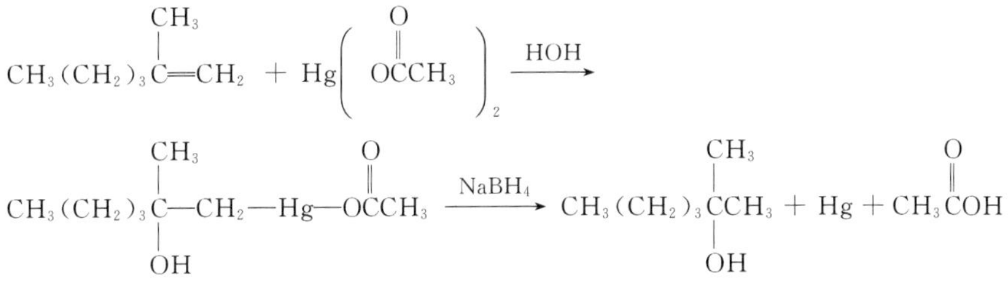

(7) 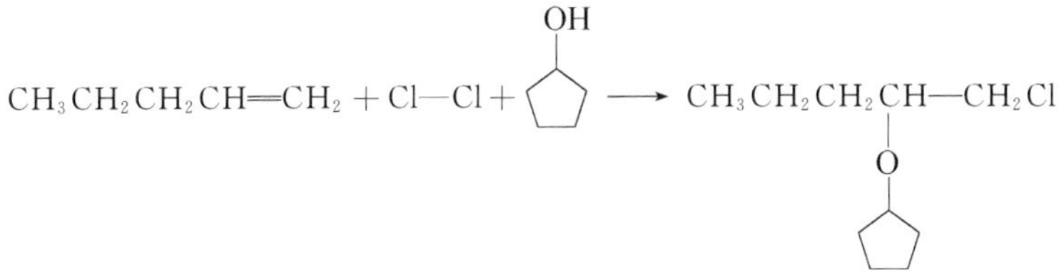

(8) 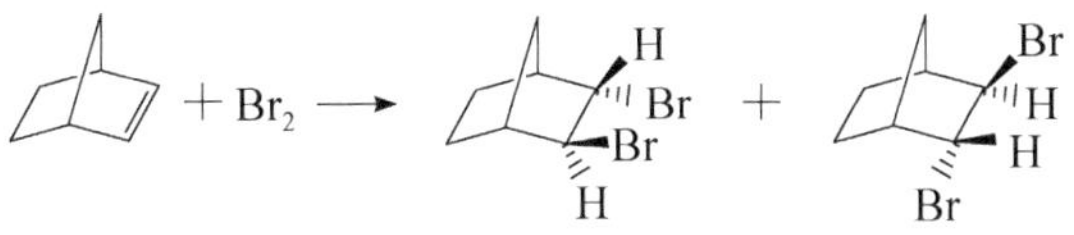

(9) 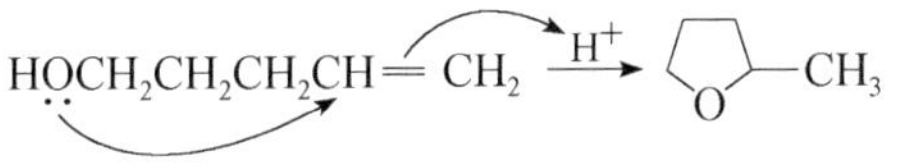

(10) 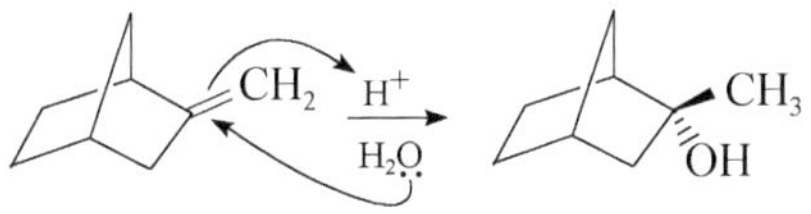

(11) 三氟甲基的－I效应比氯的－I效应要强得多。

$$CF_3CH{=}CHCl + H{-}Cl \longrightarrow CF_3CH_2{-}CHCl_2$$

(12) 虽然有三个溴原子彼此都处相邻位置，但锌的脱溴反应为反式消除。

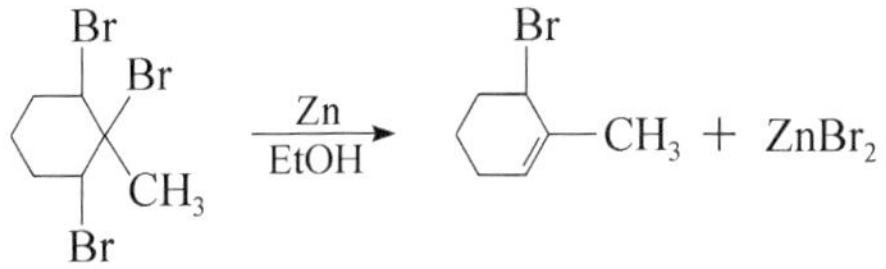

(13) 脱 HBr 为反式消除，因此要将 C_α—C_β 键旋转到 β-H，与 α-碳上的溴处于反式，故

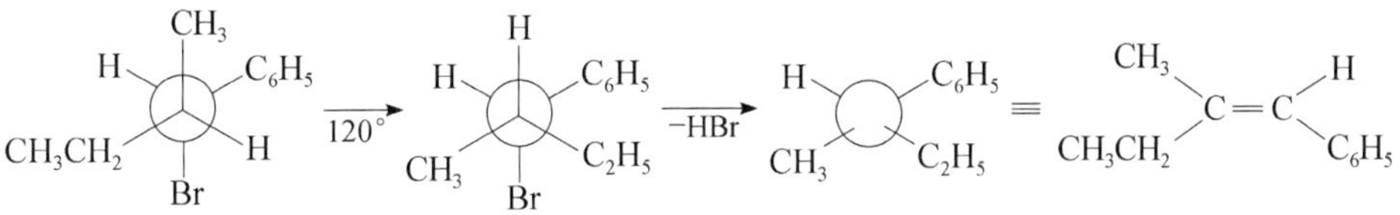

(14) 与 Cl 处于 β-位的一边是 C—H 键，另一边是 C—D 键，但 C—D 键比 C—H 键牢固，故

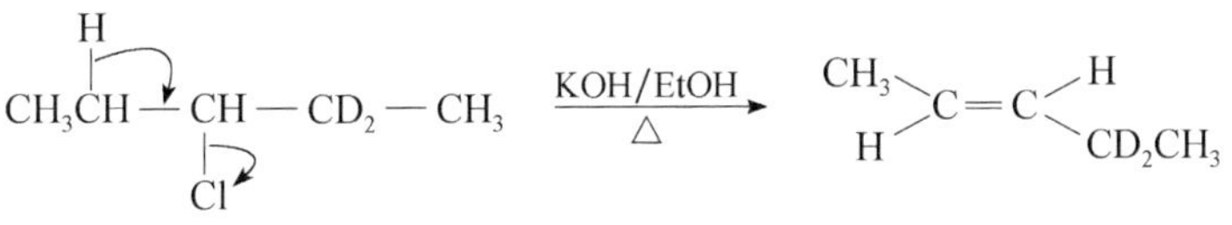

【例 4-8】 根据下列事实推测相应烯烃的结构。

(1) 经臭氧化还原性水解得到含一个碳的醛和含三个碳的酮。

(2) 经臭氧化还原性水解得到含两个碳的醛和含四个碳的支链醛。

(3) 分子式为 C_6H_{10},氢化时可吸收 1mol H_2,经热的酸性 $KMnO_4$ 处理后生成含六个碳的直链二元酸。

(4) 氢化可得到正己烷,且经臭氧化还原性水解只生成一种醛。

解 (1) 含一个碳的醛必然是甲醛,含三个碳的酮必然是丙酮,因此

$$CH_2{=}O + O{=}C(CH_3)_2 \xrightarrow[2)Zn/H_2O]{1)O_3} H_2C{=}C(CH_3)_2$$

(2) 含两个碳的醛必然是乙醛,含四个碳的支链醛必然是异丁醛,因此

$$CH_3CH{=}O + O{=}CHCH(CH_3)_2 \xrightarrow[2)Zn/H_2O]{1)O_3} CH_3CH{=}CHCH(CH_3)_2$$

(3) 该化合物经热的酸性 $KMnO_4$ 处理后碳数不变且不带支链,表明该化合物为环己烯,因此

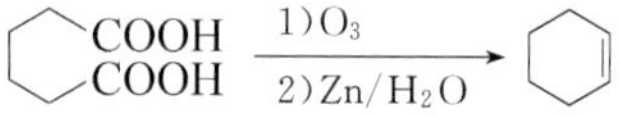

(4) 氢化时得到正己烷表明该化合物不带支链,臭氧化还原性水解只生成一种醛,表明该烯的双键处于碳链中间,因此

$$CH_3CH_2CH{=}O + O{=}CHCH_2CH_3 \xrightarrow[2)Zn/H_2O]{1)O_3} CH_3CH_2CH{=}CHCH_2CH_3$$

【习题 4-9】 如何实现下列转变?

(1) 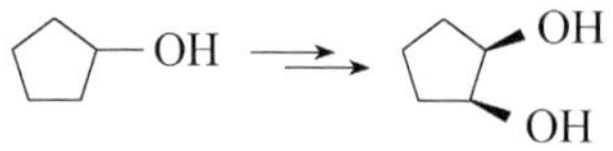

(2) 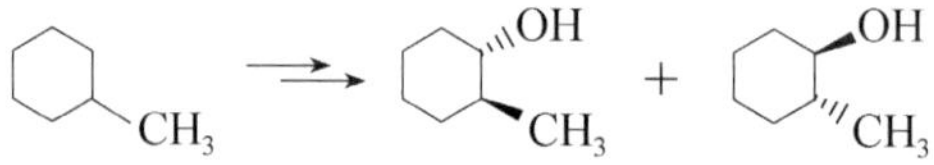

(3) $CH_3CH(Br)CH_3 \longrightarrow CH_3CH_2CH_2Br$

(4) 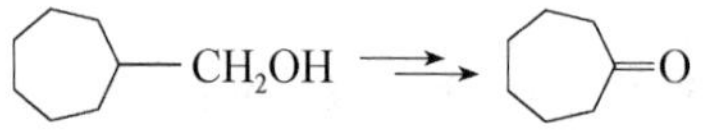

(5) 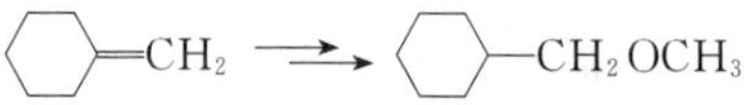

(6) $CH_3CH_2CHOHCH_3 \longrightarrow CH_3CH_2CH_2CH_2OH$

(7) 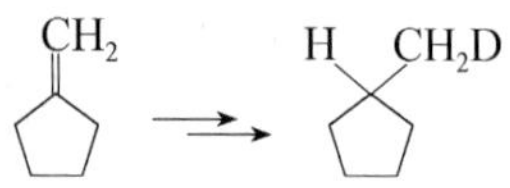

(8) 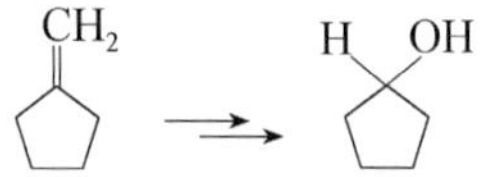

(9) 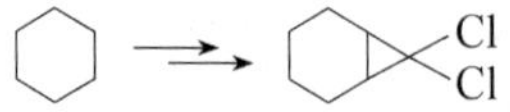

(10) 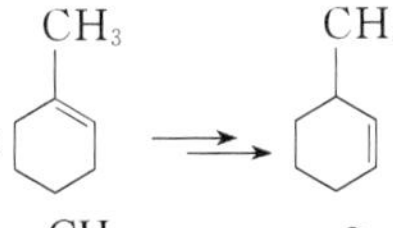

(11) 

(12) $CH_3CHOHCH_3 \longrightarrow CH_3CH(OH)CH_2Br$

解　(1) 顺式邻二醇的最好合成方法是由相应烯烃经冷稀碱性 $KMnO_4$ 或 OsO_4/H_2O_2 处理。

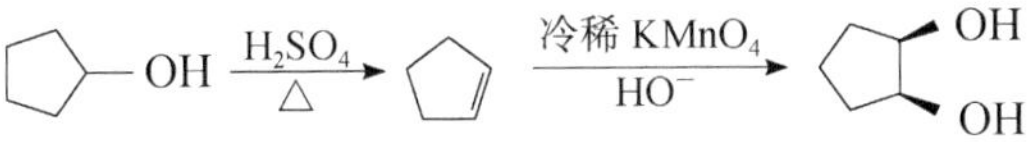

(2) 两个目的分子都应看作是相应烯烃反马氏规则按顺式加水而得，H 与 HO 处于环的同侧，显然要利用硼氢化-氧化。

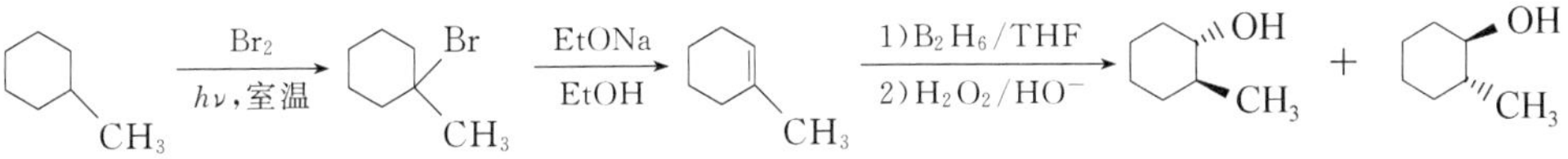

(3) 由 2-溴丙烷合成 1-溴丙烷，应当想到在过氧化物存在下利用丙烯与 HBr 的自由基加成。

$$CH_3CH(Br)CH_3 \xrightarrow[EtOH]{KOH} CH_3CH{=}CH_2 \xrightarrow[ROOR]{HBr} CH_3CH_2CH_2Br$$

(4) 碳链缩短转化为酮，应当想到相应烯烃的高锰酸钾氧化。

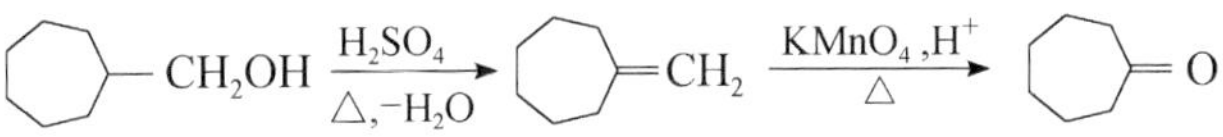

(5) 混合醚的合成首先应当考虑威廉姆孙(Williamson)合成反应，再考虑卤代烷和醇钠部分。

(6) 由相同骨架的仲醇转化为伯醇应当由相应末端烯烃的硼氢化-氧化来实现。

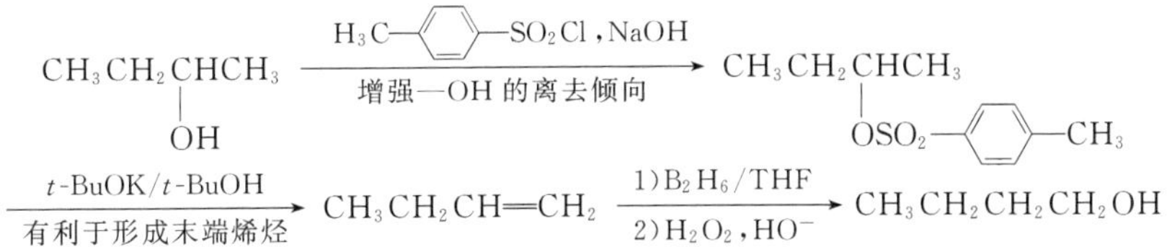

(7) 制取氘代化合物通常采用相应格氏试剂与氘代试剂反应。

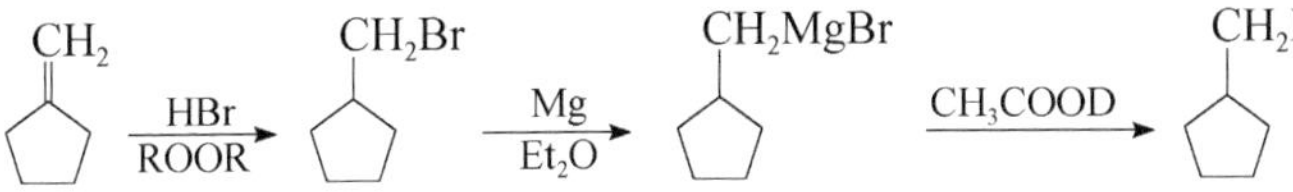

(8) 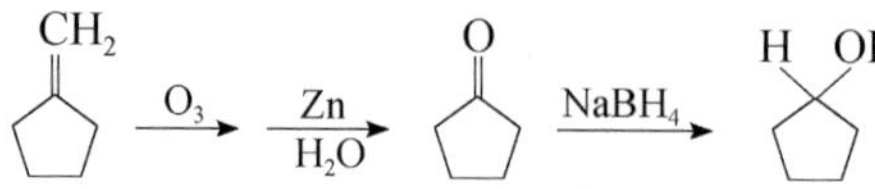

(9) 目的分子的合成应当由相应烯烃与二氯卡宾的加成实现。

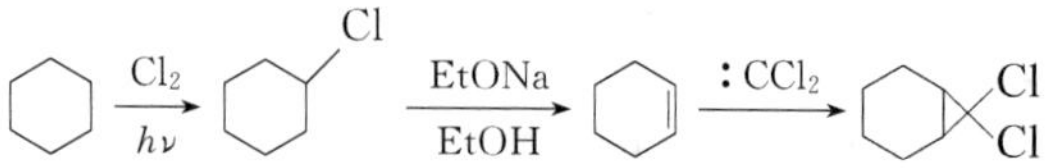

而 $:CCl_2$ 来源于

$$EtO^- + HCCl_3 \longrightarrow EtOH + :CCl_2 + Cl^-$$

(10) 合成取代程度较低的烯烃应当用体积大的强碱与相应的对甲苯磺酸酯反应。

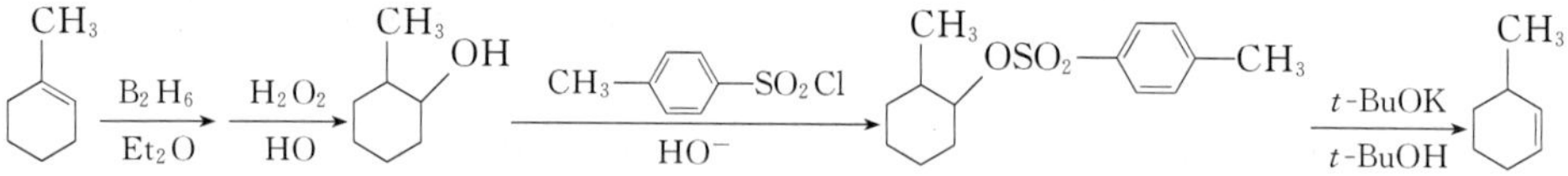

(11) 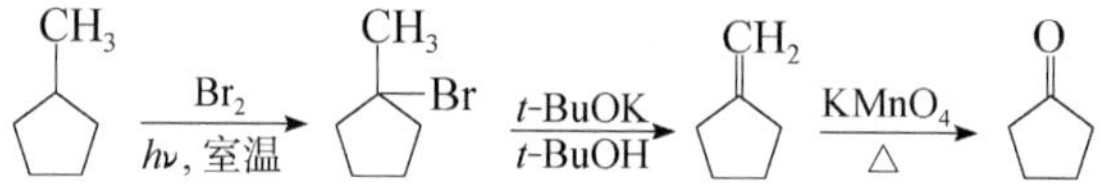

(12) $CH_3\underset{\mid \atop OH}{C}HCH_3 \xrightarrow[\triangle]{H_2SO_4} CH_3CH{=}CH_2 \xrightarrow{Br_2/H_2O} CH_3\underset{\mid \atop OH}{C}HCH_2Br$

【习题 4-10】 给下列转变提出合理的机理。

(1) 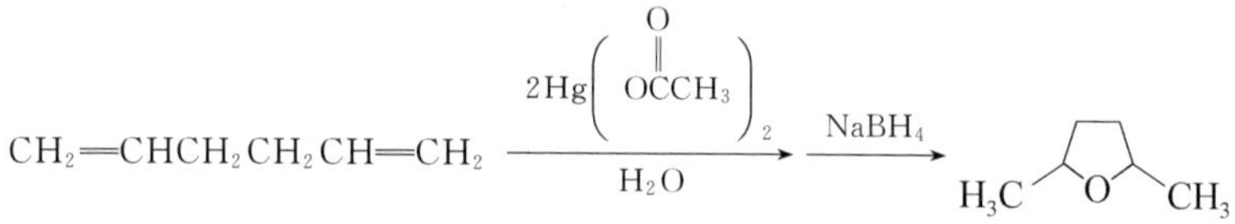

(2) $(CH_3)_3CCH{=}CH_2 + HCl \longrightarrow (CH_3)_2\overset{Cl \atop \mid}{C}{-}CH(CH_3)_2$

(3) $C_6H_5CH{=}CH_2 + HBr \xrightarrow{ROOR} C_6H_5CH_2CH_2Br$

(4) 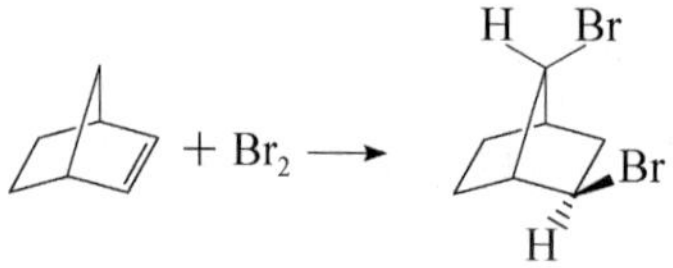

(5) 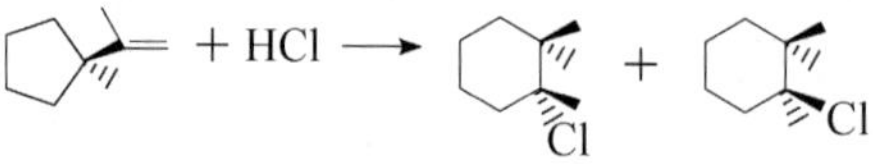

解 (1) 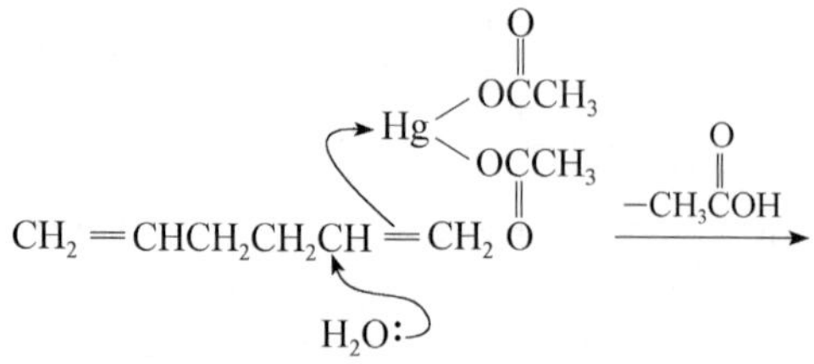

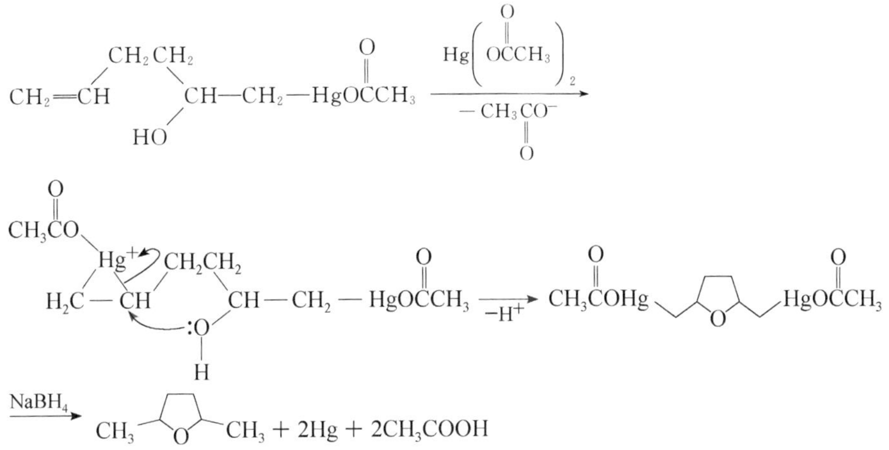

(2) 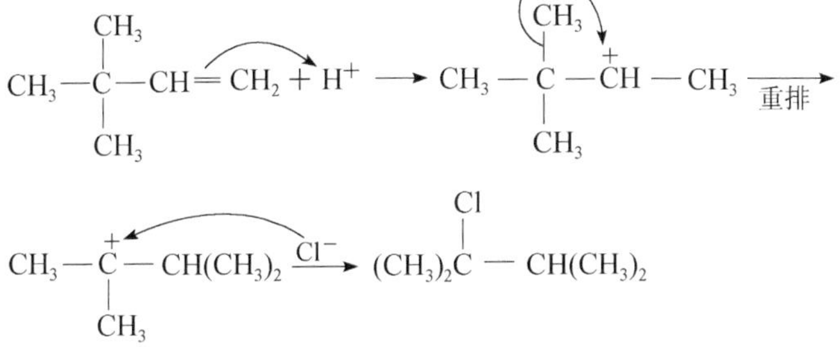

(3)

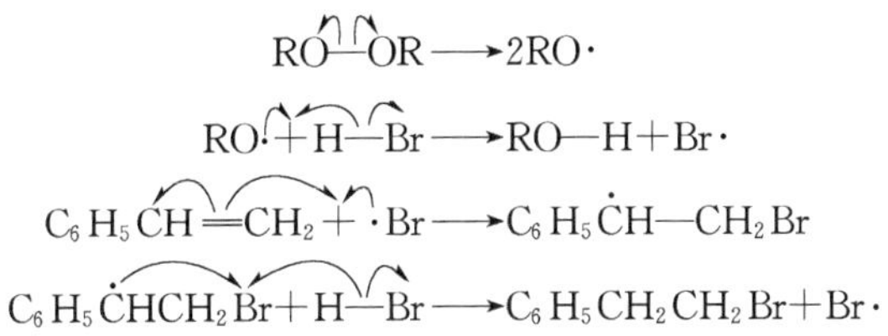

(4)

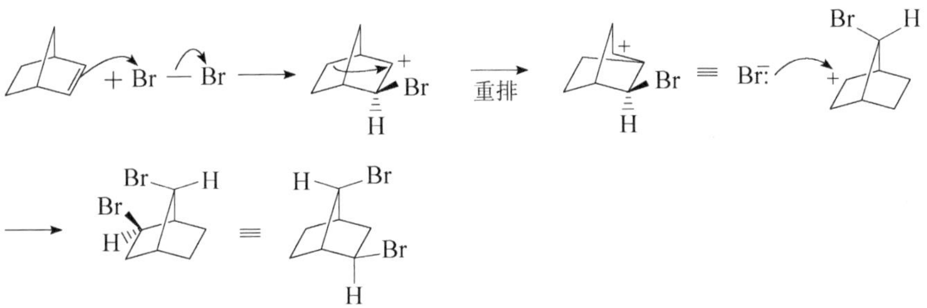

(5) 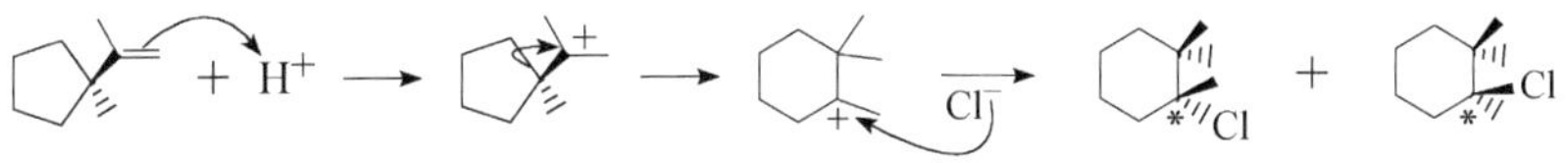

【习题 4-11】 氯代新薄荷烷(A)用 EtONa/EtOH 处理迅速生成混合物：30%的 2-薄荷烯(B)和 70%的 3-薄荷烯(C)，而其差向异构体氯代薄荷烷(D)在同样条件下却只能缓慢地反应，得到唯一产物 2-薄荷烯(B)。试就此提出合理的解释。

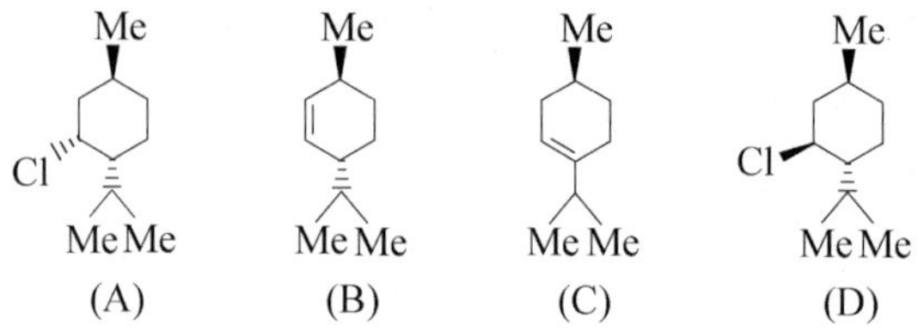

解

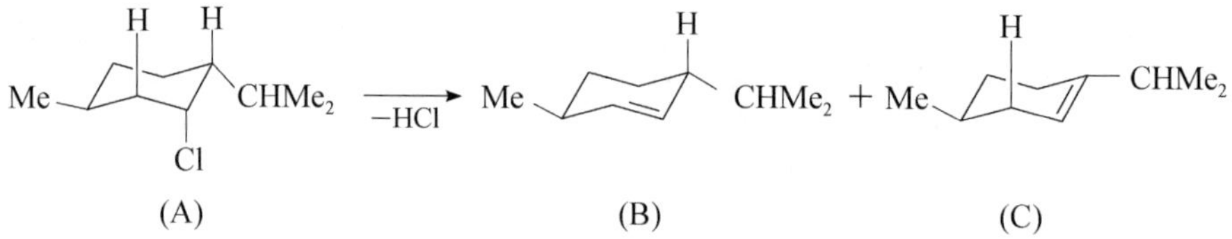

氯代新薄荷烷有两个 β-H 与 Cl 处于反位,消除时可以得到两种烯烃的混合物,其中 3-薄荷烯(C)是取代程度较高的烯烃,故为主要产物,而 2-薄荷烯取代程度较低,为次要产物。(D)之所以反应较慢是由于为了发生反式消除,必须由稳定构象转化为能量较高的反式构象,这时所有取代基都取 a 键,从而形成唯一的烯烃(B)。

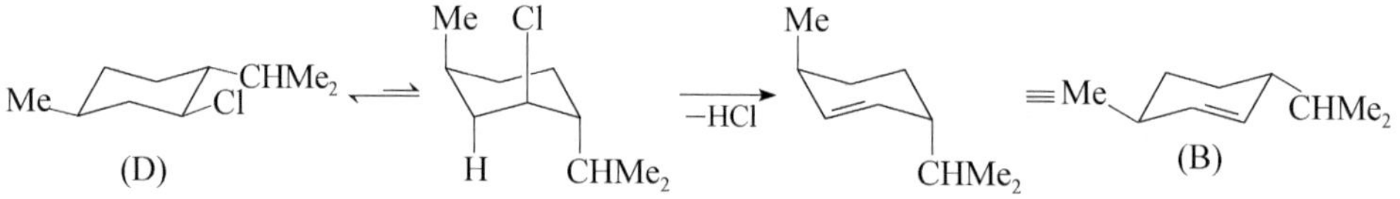

【习题 4-12】 (*Z*)-2-丁烯与(*E*)-2-丁烯分别用间氯过苯甲酸(*m*-CDBA)处理后再酸性水解,两者产物都无旋光性,但前者的产物可拆分,后者却不可拆分,为什么?

解 烯烃用过氧酸环氧化,然后水解是 S_N2 反应,相当于两个羟基反式加入到双键上,(*Z*)-2-丁烯所得产物为(±)-2,3-丁二醇,(*E*)-2-丁烯所得产物为 *meso*-2,3-丁二醇。

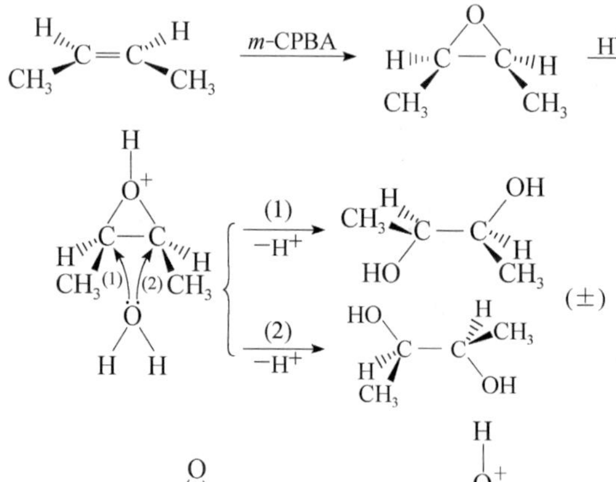

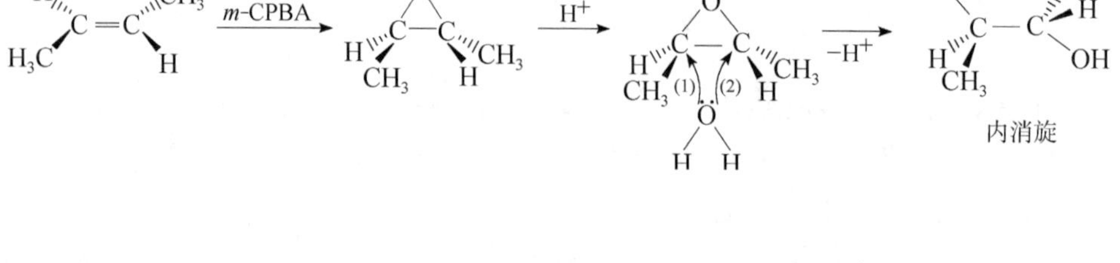

【习题 4-13】 某烃(A),分子式 $C_{10}H_{16}$,经臭氧化再 Zn/H_2O 水解生成 2mol 相同化合物(B),分子式为 C_5H_8O,(A)可以在 120℃钯催化下与 3mol 氢气反应,(A)和(B)都不能被拆分。试推测(A)和(B)的可能结构。

解 先求(A)和(B)的不饱和度 Ω:(A)的 $\Omega=3$,(B)的 $\Omega=2$。

(A)被臭氧化再 Zn/H_2O 水解生成两相同分子,说明(A)是个对称分子,而(B)是简单的羰基化合物,同时(A)应当只有一个 C═C 双键,另外还有两个环。由于(A)在 120℃ Pd 催化下吸收 3mol H_2,表明含两个三元环。(B)的不饱和度 2 应当归于一个三元环和一个酮羰基。(A)和(B)都不能被拆分,表明它们有对称面或对称中心,故(A)属于 RR′C ═CRR′型。(A)、(B)的结构为

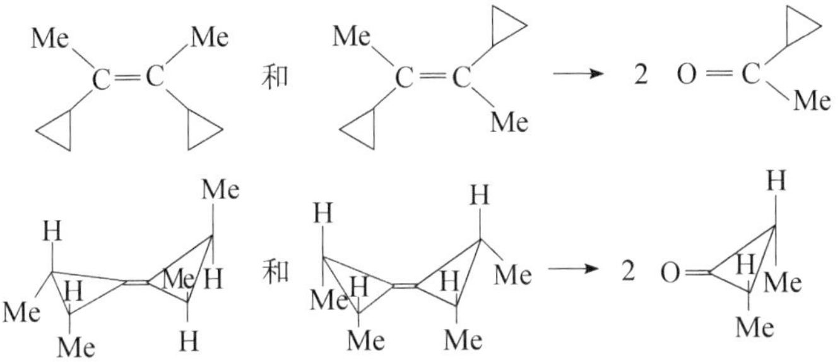

可能的(A) 相应的(B)

【习题 4-14】 某烃(C)的分子式、氢化和臭氧化再 Zn/H_2O 水解的情况与习题 4-13 的(A)相同,唯有(C)及其臭氧化再 Zn/H_2O 水解产物(D)都可以被拆分。推测(C)和(D)的结构。

解 与(A)类似,(C)也属于 RR′C═CRR′型,(D)也应当是酮。由于(C)、(D)都可被拆分,说明左右两个环丙烷环都是被取代的,分子中不会有对称面和对称中心,其 C═C 双键必定是环外双键,因此其可能结构为

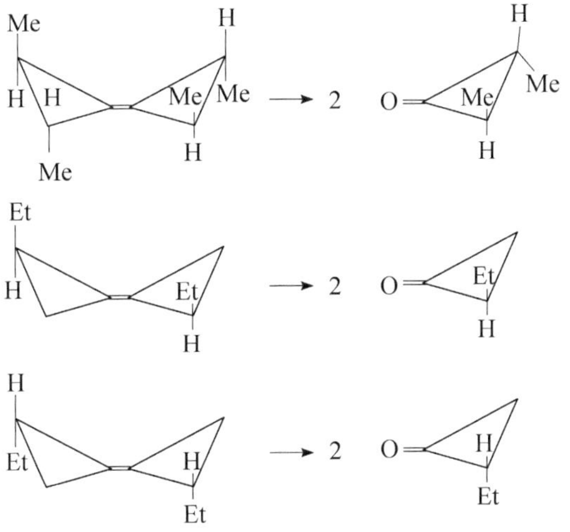

(C) (D)

【习题 4-15】 给下列反应提出合理的机理。

(1) 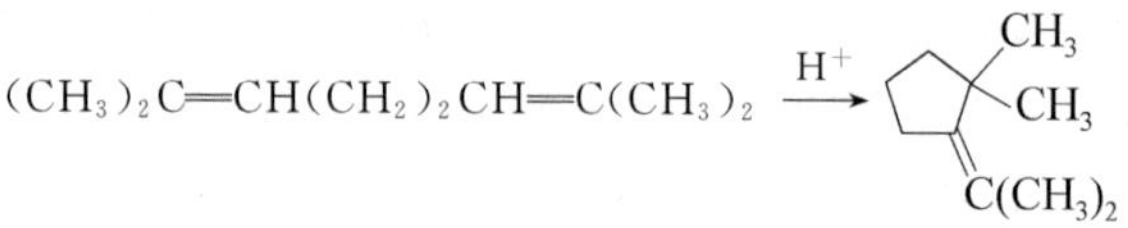

(2) 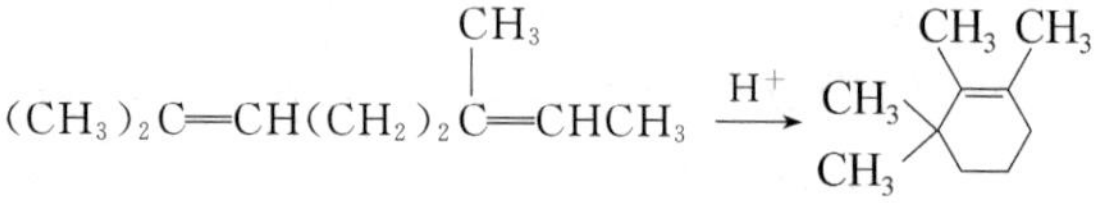

(3) 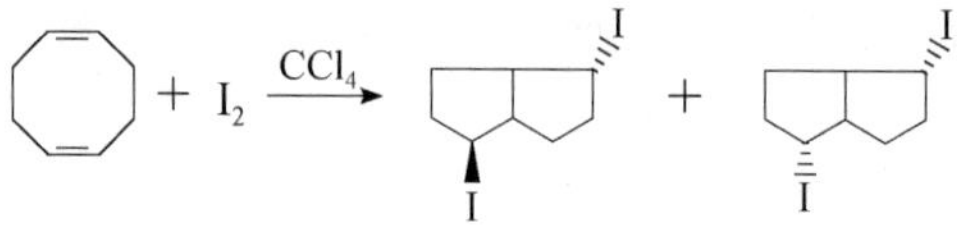

解　(1) 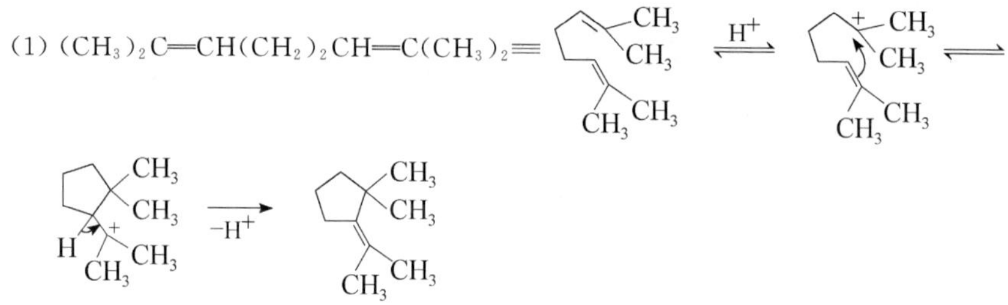

(2) 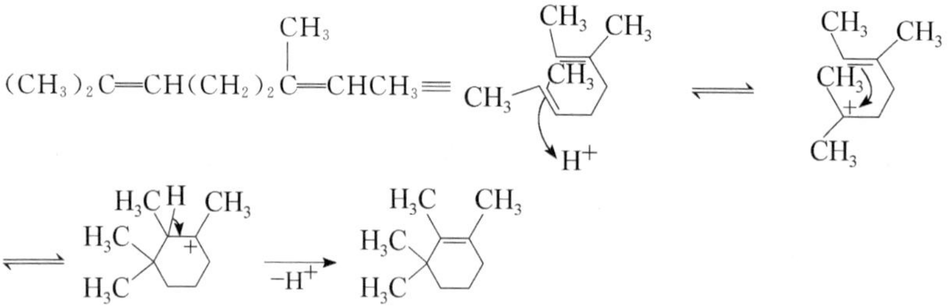

(3) 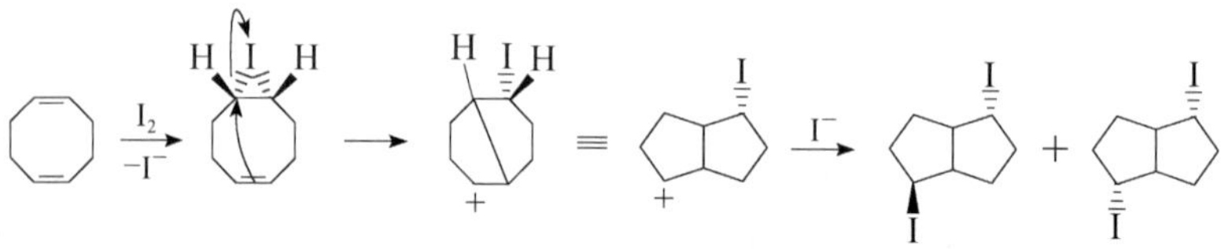

【习题 4-16】　3,3,5-三甲基-1-亚甲基环己烷与 3-氯过苯甲酸作用时主要生成下列环氧化物。然而,当同一烯烃先用 Br_2/H_2O 再用碱的醇溶液处理时,则主要生成另一非对映异构的环氧化物。

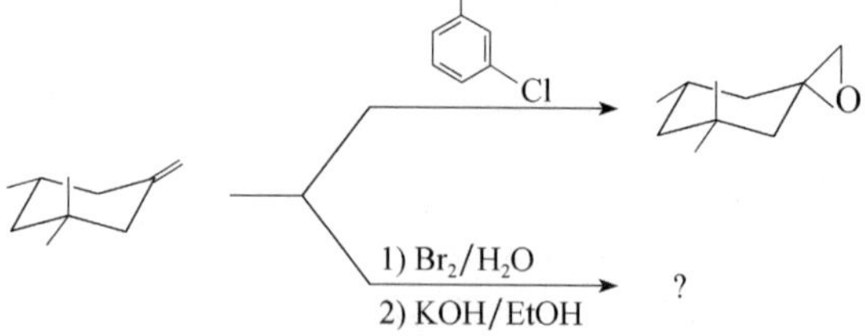

画出第二个非对映异构的环氧化物的结构,并解释结果。

解　结构如下所示：

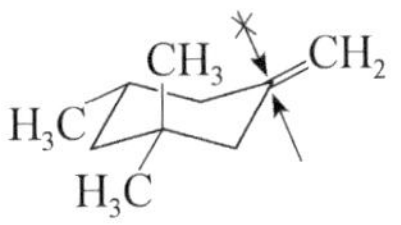

若过氧酸从上部向下进攻，将会碰到 C_3 上甲基较大的空间位阻，若从底部轴上进攻，所碰到的位阻较小，因此反应为

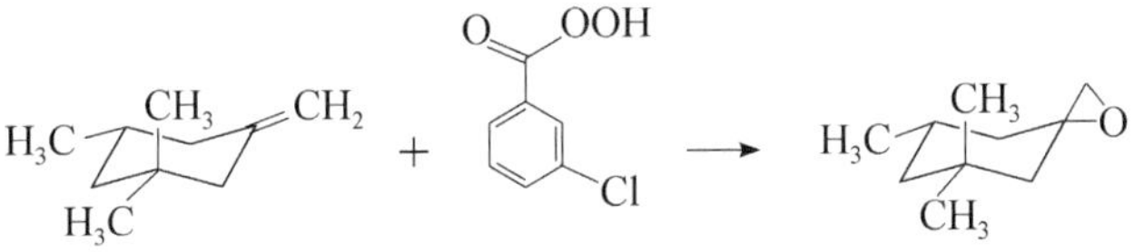

若反应物首先被 Br_2/H_2O 处理再用碱处理，其反应过程为

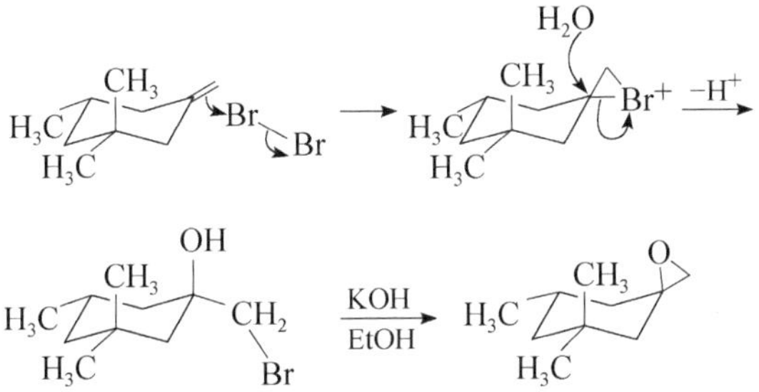

【习题 4-17】　光学活性为右旋的化合物(A)，分子式为 $C_7H_{11}Br$。在无过氧化物存在下，(A)与 HBr 反应生成互为异构体的(B)和(C)，分子式为 $C_7H_{12}Br_2$。(B)有光学活性，而(C)没有光学活性，用 1mol 叔丁醇钾处理(B)只生成(+)-(A)，用 1mol 和叔丁醇钾处理(C)则生成(±)-(A)。(A)用叔丁醇钾处理生成(D)，分子式为 C_7H_{10}。将 1mol (D)经臭氧化，然后 Zn/H_2O 处理，得到 2mol HCHO 和 1mol 1,3-环戊二酮。试推测(A)～(D)的结构，并写出相应的反应式。

解　(A)的分子式为 $C_7H_{11}Br$，则 $\Omega=2$，可与 HBr 加成得(B)和(C)，分子式都是 $C_7H_{12}Br_2$ ($\Omega=1$)，表明(A)有一个 C═C 和一个环。叔丁醇钾体积大，容易从溴代烷分子中消除 HBr，形成取代程度较低的烯烃。(A)经叔丁醇钾处理后再臭氧化、Zn/H_2O 水解得 2mol HCHO 和 1,3-环戊二酮，表明(A)是环戊烷的 1,3-二取代衍生物。具体反应如下：

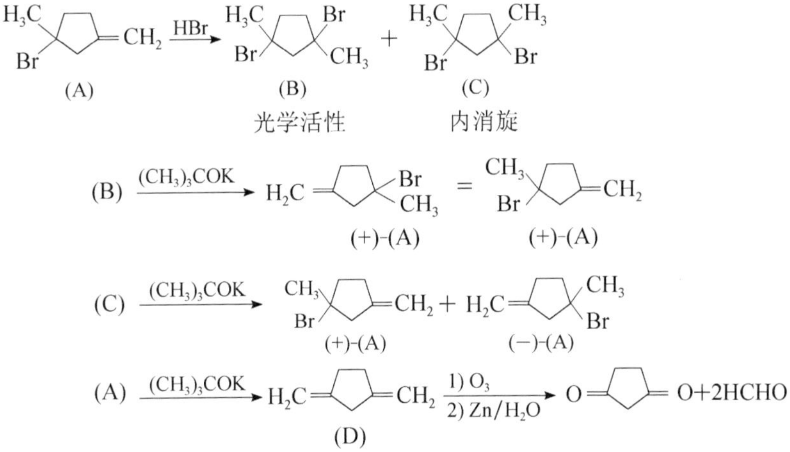

【习题 4-18】 某烯烃的分子式为 $C_{10}H_{14}$,可吸收 2mol 氢气,臭氧化/锌粉水解给出一个产物

$$\mathrm{O{=}CHCH_2CH_2CH_2\overset{\overset{\displaystyle O}{\|}}{C}\overset{\overset{\displaystyle O}{\|}}{C}CH_2CH_2CH_2CH{=}O}$$

试推测该烯烃的构造。

解　该烯烃 $\Omega=4$,由于臭氧化/锌粉水解后碳数不变,表明是一个仅具有环内双键而无环外双键的化合物。又由于产物中有四个羰基,表明原来烯烃应当具有两个碳-碳双键,因此该化合物应当具有两个环。这两个环或者都是五元环,或者都是六元环,故可能构造为

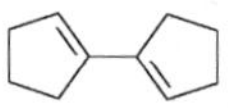 或 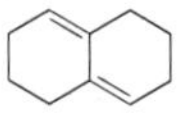

第五章　炔烃与二烯烃

一、内 容 提 要

炔烃与二烯烃是构造异构体，其通式都是 C_nH_{2n-2}，炔烃的官能团是碳-碳叁键（—C≡C—），二烯烃则是含有两个碳-碳双键的化合物。

1. 炔烃的结构、分类和命名

最简单的炔烃是乙炔（HC≡CH），它的两个碳各以一个 sp 杂化轨道彼此交盖形成 C—C σ 键，另一个 sp 杂化轨道与氢的 s 轨道交盖形成 C—H σ 键，H—C—C 夹角为 180°，两个碳再以两个未杂化的 p 轨道彼此从侧面重叠形成两个 π 键，分布于两个碳原子周围，形成一个圆柱形电子云。乙炔是直线形分子。

根据 C≡C 在碳链中位置不同，炔烃可分为末端炔烃（RC≡CH）和链内炔烃（RC≡CR′）两类。

炔烃的系统命名是选择含有碳-碳叁键的最长碳链作为主链，编号从靠近叁键的一端开始，其余与烯烃的命名相似。例如：

$$\begin{array}{l}CH_3CH_2\underset{\displaystyle |\atop \displaystyle CH_3}{C}HCH_2C\equiv CH\end{array}$$

4-甲基-1-乙炔

若既含碳-碳叁键，又含碳-碳双键，则应选择既含 C≡C 又含 C═C 的最长碳链作为主键；若 C≡C 位次与 C═C 位次相同，则从 C═C 一端编号。例如：

$$\overset{1}{C}H_2{=}\overset{2}{C}H{-}\underset{\displaystyle |\atop \displaystyle CH_3}{\overset{3}{C}H}{-}\overset{4}{C}{\equiv}\overset{5}{C}H$$

3-甲基-1-戊烯-4-炔

若 C≡C 位次较小而 C═C 位次较大，则从 C≡C 一端编号。例如：

$$\overset{1}{C}H{\equiv}\overset{2}{C}{-}\overset{3}{C}H_2{-}\overset{4}{C}H{=}\underset{\displaystyle |\atop \displaystyle CH_3}{\overset{5}{C}}{-}\overset{6}{C}H_3$$

5-甲基-4-己烯-1-炔

有时也可用衍生物命名法命名，视乙炔为母体。例如：

$CH_2=CH-C\equiv CH$　　　$CH_3C\equiv CCH_3$

乙烯基乙炔　　　二甲基乙炔

2. 二烯烃的结构和分类

与烯烃类似，二烯烃的碳-碳双键上的碳一般为 sp^2 杂化，与双键碳直接相连的原子同处一平面内。根据两个 C═C 相对位置的不同，又可把二烯烃分为三类：

(1) 孤立二烯烃：$CH_2=CH\text{-}(CH_2)_n\text{-}CH=CH_2$ ($n=1,2,3,\cdots$)。

(2) 共轭二烯烃：$CH_2=CH-CH=CH_2$。

(3) 累积二烯烃：$CH_2=C=CH_2$。这类二烯烃中间的碳为 sp 杂化，三个碳处于一条直线上，两端的四个氢分别处于彼此垂直的两平面内。

二烯烃中以共轭二烯烃最为重要，孤立二烯烃的性质类似于单烯烃，而累积二烯烃不稳定。

3. 炔烃的化学反应

对于末端炔烃来说，其化学反应主要表现在炔氢和 C≡C 上。链内炔烃的化学反应则表现在 C≡C 上。

1) 炔氢的反应

炔氢的酸性比烯氢强得多，一般末端炔烃的 pK_a 值约为 25，而烯氢的 pK_a 值约为 44。乙炔及其一取代物(RC≡CH)与强碱反应可形成金属炔化物：

$$RC\equiv CH \xrightarrow[NH_3(l)]{NaNH_2} RC\equiv C^- Na^+ + NH_3$$

炔化物在鉴定乙炔或末端炔烃中很重要。例如：

$$HC\equiv CH + 2[Ag(NH_3)_2]^+NO_3^- \longrightarrow \underset{\text{乙炔银(无色)}}{AgC\equiv CAg\downarrow} + 2NH_4NO_3 + 2NH_3$$

$$HC\equiv CH + 2[Cu(NH_3)_2]^+Cl^- \longrightarrow \underset{\text{乙炔亚铜(红棕色)}}{CuC\equiv CCu\downarrow} + 2NH_4Cl + 2NH_3$$

$$RC\equiv CH + [Ag(NH_3)_2]^+NO_3^- \longrightarrow RC\equiv CAg\downarrow + NH_4NO_3 + NH_3$$

2) 炔烃的加成反应

与烯烃类似，炔烃也可以发生各种加成反应。

(1) 加氢和还原。炔烃既可以在 Pt、Pd、Ni 催化下完全氢化为烷烃，也可以在林德拉(Lindlar)钯(钯附着在 $BaSO_4$ 上，然后用喹啉处理)催化下部分氢化为顺式烯烃，还可以用 Na、K 或 Li/液氨部分还原为反式烯烃。

完全氢化：$RC\equiv CR' \xrightarrow[\text{Pt、Pd 或 Ni}]{H_2} RCH_2CH_2R'$

部分氢化：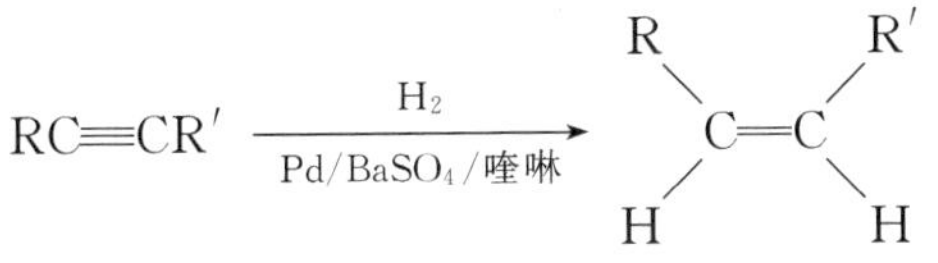

顺式烯烃

部分还原：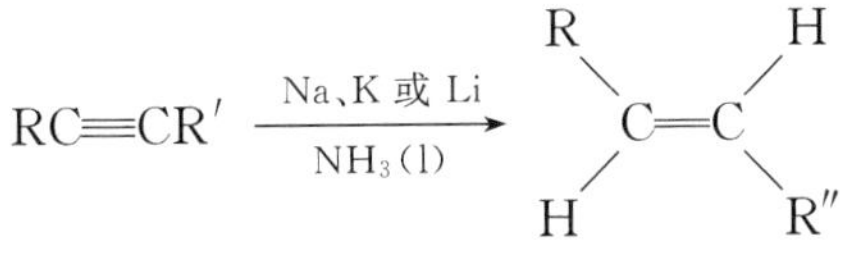

反式烯烃

林德拉钯可以使链内炔烃和末端炔烃部分氢化，而 Li、Na 或 K/液氨仅能使链内炔烃部分还原。

(2) 亲电加成。炔烃可与 1mol 卤素加成生成反式二卤代烯，又可以进一步加卤素生成四卤代烷：

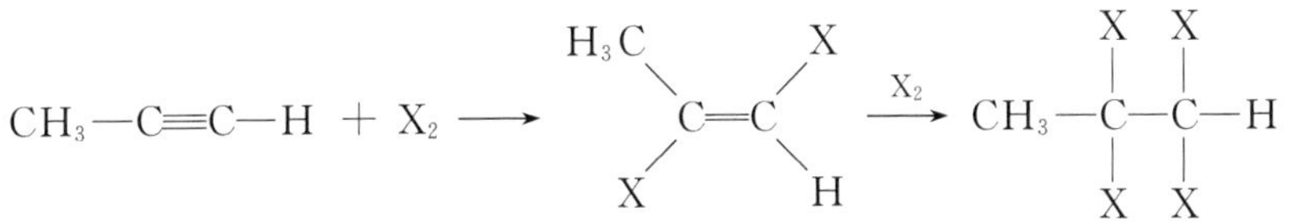

炔烃还可与卤化氢加成，产物遵循马氏规则：

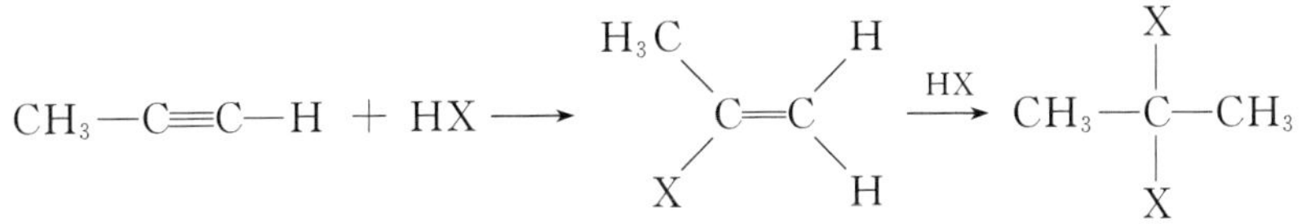

在硫酸汞催化下，炔烃可以与水加成，称为库切洛夫(Kuchenov)水化：

$$HC\equiv CH \xrightarrow[HgSO_4]{\text{稀 } H_2SO_4} [CH_2=CHOH] \rightleftharpoons CH_3-CH=O$$

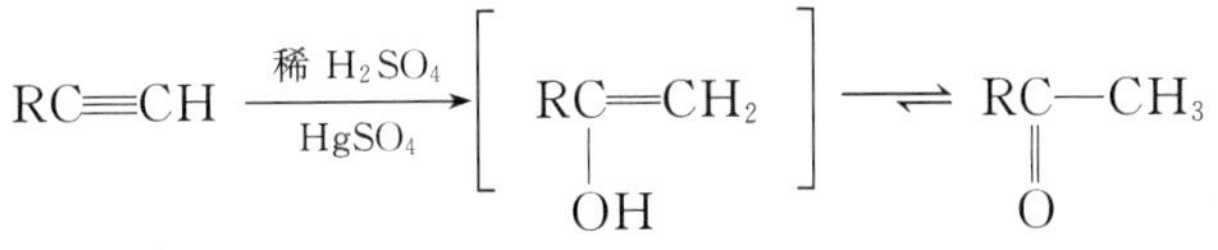

炔烃还可进行硼氢化-氧化或硼氢化-还原。例如：

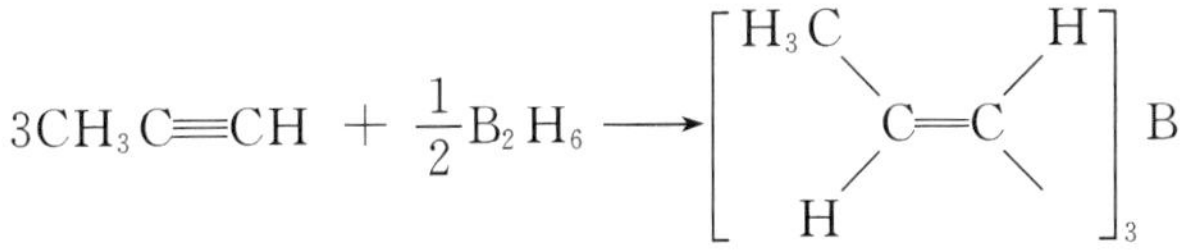

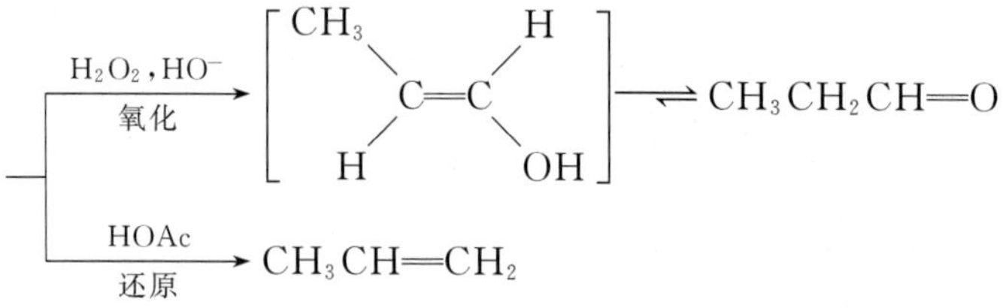

(3) 亲核加成。与烯烃不同,炔烃还可以与含活泼氢的有机化合物(如 ROH、RSH、RCOOH、HCN 等)发生亲核加成。例如:

$$HC\equiv CH + HOC_2H_5 \xrightarrow[\triangle,\text{加压}]{KOH} CH_2=CHOC_2H_5$$

$$HC\equiv CH + HSC_2H_5 \xrightarrow[\triangle,\text{加压}]{\text{碱}} CH_2=CHSC_2H_5$$

$$HC\equiv CH + HOCCH_3 \xrightarrow[120\sim230^\circ C]{Zn(OAc)_2/C} CH_2=CHOCCH_3$$
（式中 $HOCCH_3$、$CH_2=CHOCCH_3$ 的羰基碳上连有 =O）

$$HC\equiv CH + HCN \xrightarrow[\triangle]{CuCl_2} H_2C=CH-CN$$

(4) 氧化。炔烃既可被臭氧氧化,也可以被高锰酸钾氧化。例如:

$$CH_3CH_2CH_2C\equiv CCH_3 \xrightarrow[CCl_4]{O_3} \xrightarrow{H_2O} CH_3CH_2CH_2COOH + CH_3COOH$$

$$CH_3CH_2CH_2C\equiv CCH_3 \xrightarrow[HO^-]{KMnO_4} \xrightarrow{H^+} CH_3CH_2CH_2COOH + CH_3COOH$$

炔烃的臭氧化比烯烃慢得多。

4. 炔烃的制法

制备炔烃的一种方法是通过官能团的转化,在碳链上形成一个碳-碳叁键,即邻二卤代烷或累积二卤代烷脱卤化氢:

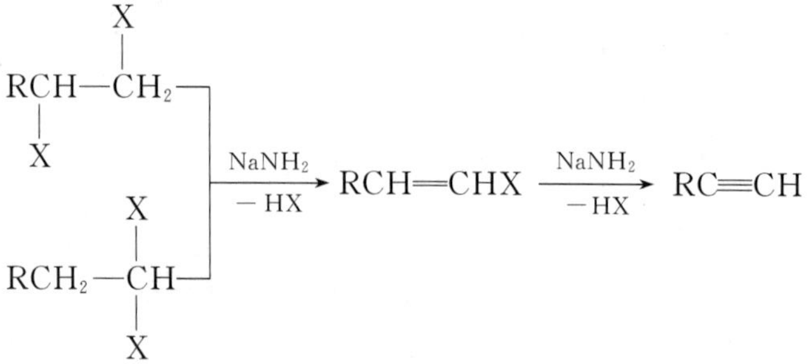

另一种方法则是通过炔化物的烷基化使碳链延长:

$$HC \equiv CH \xrightarrow{NaNH_2} HC \equiv C^- \ Na^+ \xrightarrow{RX} HC \equiv CR \xrightarrow{NaNH_2} Na^+ \ C^- \equiv CR \xrightarrow{R'X} R'C \equiv CR$$

此时，RX 或 R′X 都不能用叔卤代烷。

5. 共轭、共振作用

共轭是电子的一种离域共享作用，而共振是用来表示共轭的一种形式。电子或电荷的分散导致体系能量降低、稳定性增加。

1）共轭体系

（1）π-π 共轭体系：

$$CH_2{=}CH{-}CH{=}CH_2 \qquad CH_2{=}CH{-}C{\equiv}CH$$

$$CH_2{=}CH{-}CH{=}O \qquad CH_2{=}CH{-}C{\equiv}N$$

（2）p-π 共轭体系：

$$CH_2{=}CH{-}\ddot{\underset{..}{Cl}}{:} \qquad CH_2{=}CH{-}\ddot{\underset{..}{O}}{-}H \qquad RCH{=}CH{-}\ddot{N}HR'$$

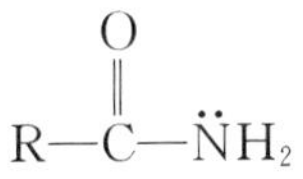
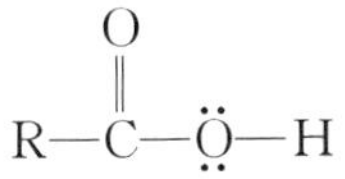

（3）σ-π 超共轭体系：

$$CH_2{=}CH{-}CH_3$$

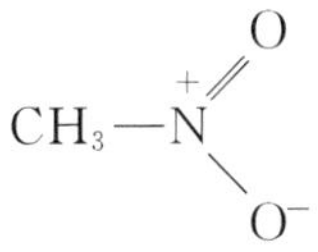

（4）p-p 共轭体系：

$$-\overset{+}{C}H{-}\ddot{\underset{..}{O}}{-}R \qquad -\overset{+}{C}H{-}\ddot{N}H_2$$

（5）σ-p 超共轭体系：

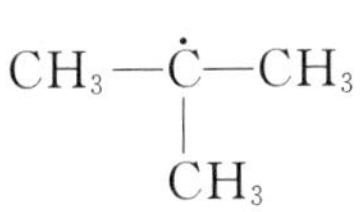
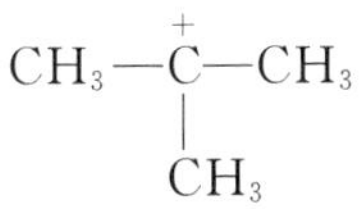

2）共振结构

经典结构式难以表示具有共轭作用分子的真实状态，而用它们的共振结构式却能较好地表示共轭作用和分子的状态。共振论强调，当一个具有共轭作用的分子（或离子、自由基）不能用一个经典结构式表示其结构时，可以用几个经典结构式表示，这种分子（或离子、自由基）的真实结构共振于这几个共振结构之间。例如，1,3-丁二烯的真实结构共振于以下几个共振结构之间：

$$[CH_2{=}CH{-}CH{=}CH_2 \longleftrightarrow \overset{+}{C}H_2{-}CH{=}CH{-}\overset{-}{\ddot{C}}H_2 \longleftrightarrow \overset{-}{\ddot{C}}H_2{-}CH{=}CH{-}\overset{+}{C}H_2$$

$$\longleftrightarrow CH_2{=}CH{-}\overset{+}{C}H{-}\overset{-}{\ddot{C}}H_2 \longleftrightarrow \overset{-}{\ddot{C}}H_2{-}\overset{+}{C}H{-}CH{=}CH_2 \longleftrightarrow \cdots]$$

又如，氯乙烯的真实结构共振于以下共振结构之间：

$$[\mathrm{CH{=}CH{-}\ddot{C}l\!:} \longleftrightarrow \overset{-}{\mathrm{C}}\mathrm{H_2{-}}\overset{+}{\mathrm{C}}\mathrm{H{-}\ddot{C}l\!:} \longleftrightarrow \overset{-}{\mathrm{C}}\mathrm{H_2{-}CH{=}}\overset{+}{\mathrm{Cl}}\mathrm{:}]$$

6. 共轭二烯烃的反应

1) 1,2-加成与 1,4-加成

例如,1,3-丁二烯与 HBr 既可以发生 1,2-加成,也可以发生 1,4-加成:

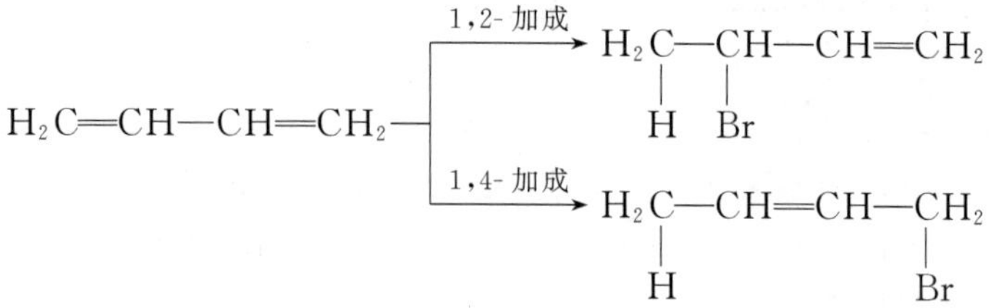

2) 第尔斯-阿尔德反应

一个亲双烯体与一个共轭二烯烃通过 1,4-加成反应,生成环状化合物的反应称为第尔斯(Diels)-阿尔德(Alder)反应。例如:

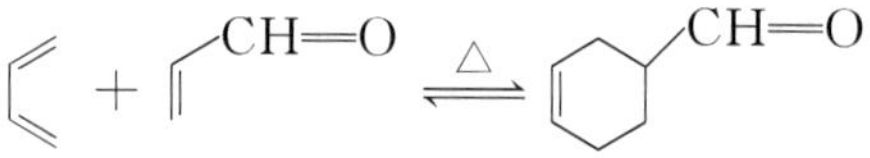

反应通过环状过渡态进行,具有高度的立体专一性,若反应物的构型确定,则产物的构型也确定。第尔斯-阿尔德反应属于可逆反应,正反应与逆反应经过的途径相同。

二、解题示例

【例 5-1】 完成下列反应,写出主要有机产物。

(1) 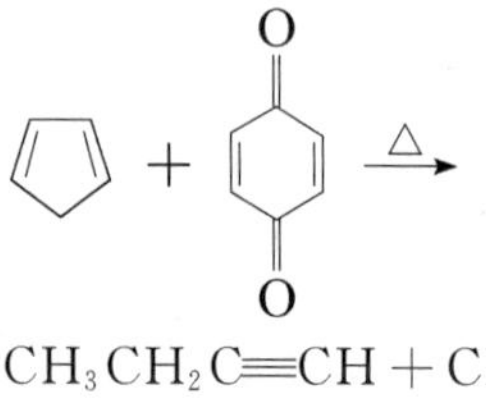

(2) $CH_3CH_2C{\equiv}CH + CH_3CH_2MgBr \longrightarrow$

(3) 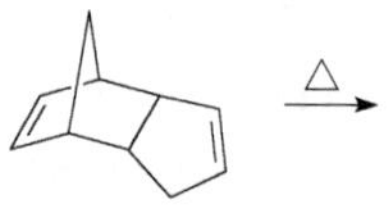

(4) 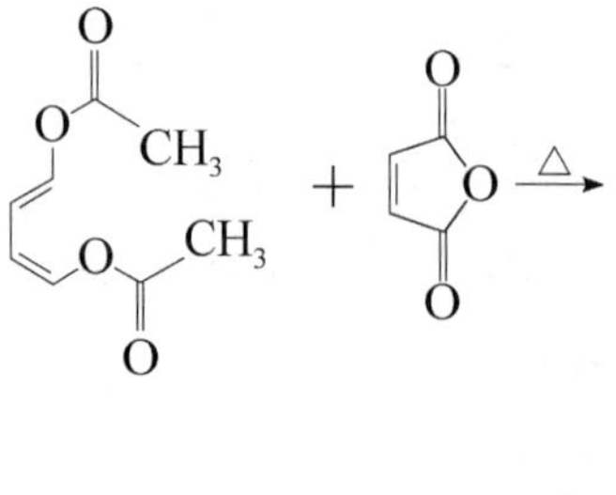

(5) $CH_2=CH-CH_2-I + HC\equiv C:^{\ominus} \longrightarrow$

解　(1) 对苯二醌由于存在两个强烈吸电子的羰基，是一个很好的亲双烯体，很容易与双烯体环戊二烯发生第尔斯-阿尔德反应。产物为

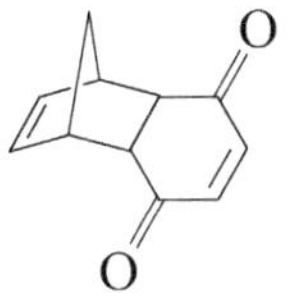

(2) 1-丁炔的炔氢具有酸性，在此反应中格氏试剂是碱；这是制取炔基格氏试剂的方法。产物为

$$CH_3CH_2C\equiv C-MgBr + CH_3CH_3$$

(3) 环戊二烯在室温下即很容易发生二聚(第尔斯-阿尔德反应)成为环戊二烯二聚体，后者经加热也容易发生逆向第尔斯-阿尔德反应，生成环戊二烯。产物为

(4) 确定了取代 1,3-丁二烯的立体化学结构，则可以确定第尔斯-阿尔德反应产物的立体化学结构。产物为

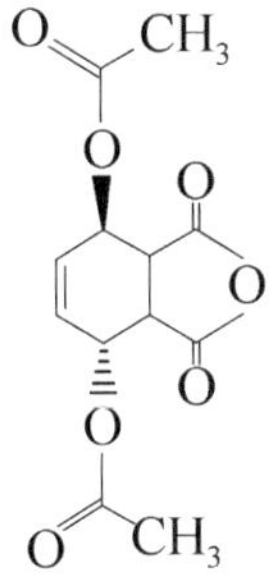

(5) 炔负离子既是强碱，又是很好的亲核试剂，在此反应中作为亲核试剂发生亲核取代反应。产物为

$$CH_2=CH-CH_2-C\equiv CH$$

【例 5-2】　由不超过 4 个碳的有机化合物合成

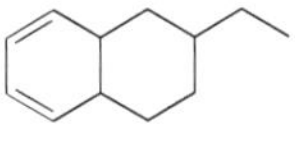

解

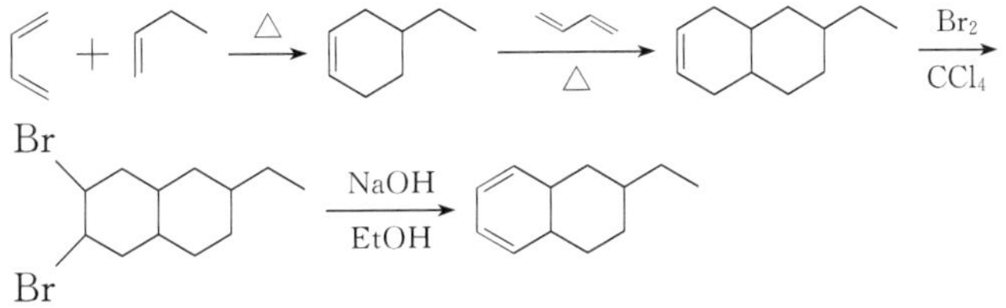

【例 5-3】 以乙炔和其他 2 个碳以下的有机化合物为原料合成

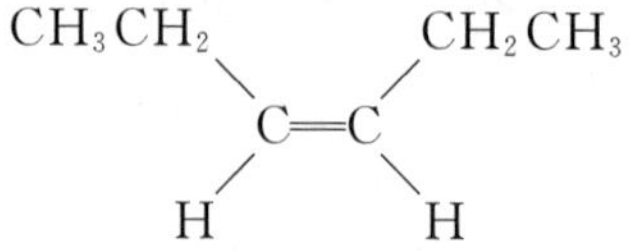

解　$CH\equiv CH \xrightarrow{NaNH_2} CH\equiv CNa \xrightarrow{C_2H_5Br} CH\equiv CC_2H_5 \xrightarrow{NaNH_2} H_5C_2-C\equiv CNa$

$\xrightarrow{C_2H_5Br} H_5C_2-C\equiv C-C_2H_5 \xrightarrow[\text{林德拉 Pd}]{H_2}$ 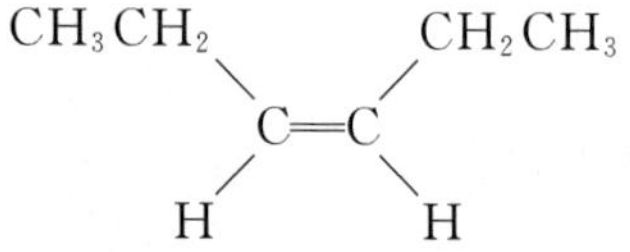

【例 5-4】 霉菌素是一种自然界存在的具有光学活性的物质,构造式为

$$HC\equiv C-C\equiv C-CH=C=CH-(CH=CH)_2CH_2COOH$$

请说明霉菌素为什么具有光学活性,并画出其对映异构体的立体结构。

解　霉菌素是具有丙二烯型结构的分子,虽不含手性碳,但具有手性轴,实物与镜像不能重合。

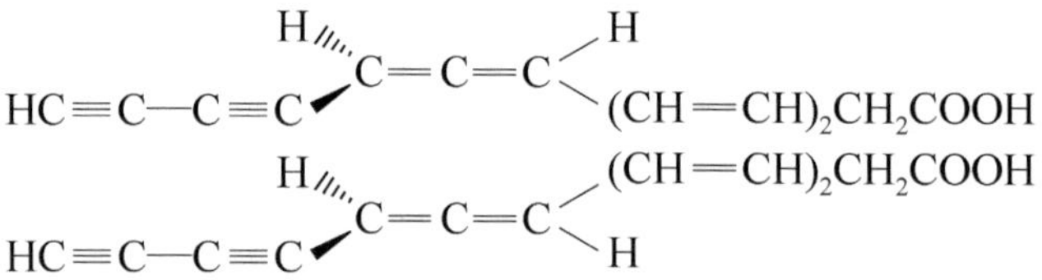

【例 5-5】 解释下列实验事实。

(1) 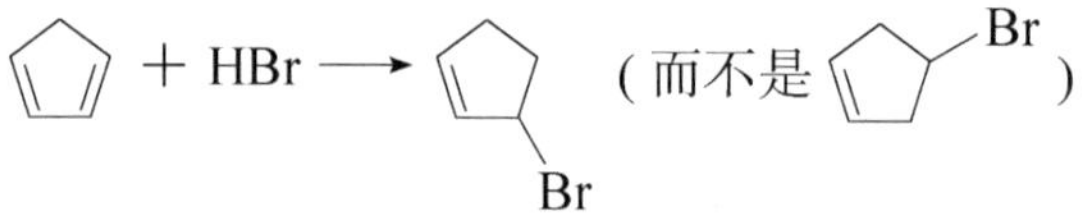

(2) 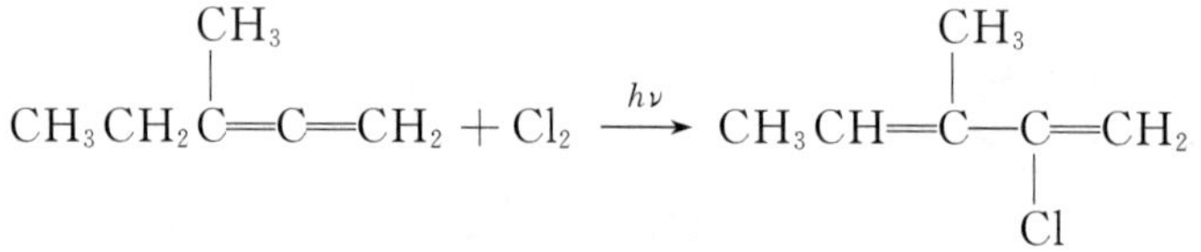

解　(1) 环戊二烯与质子加成,倾向于形成一个较稳定的烯丙基型碳正离子,故

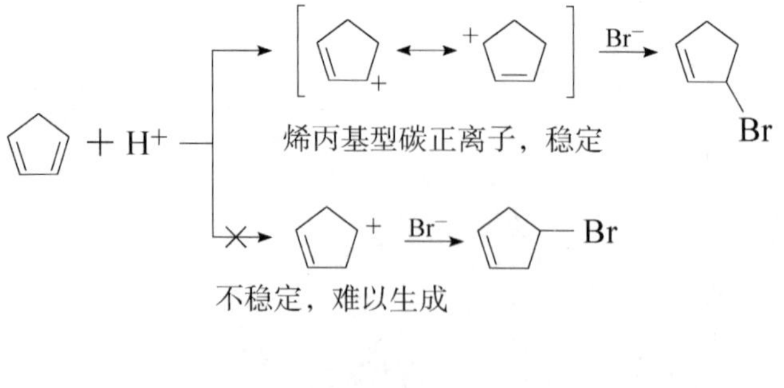

(2) 这是一个自由基链反应，首先氯气光照均裂生成 Cl·，然后与取代丙二烯反应：

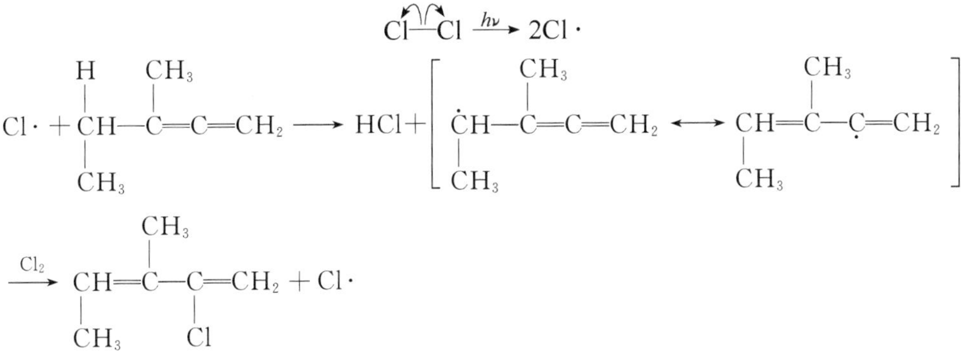

【例 5-6】 推测下列反应的产物。

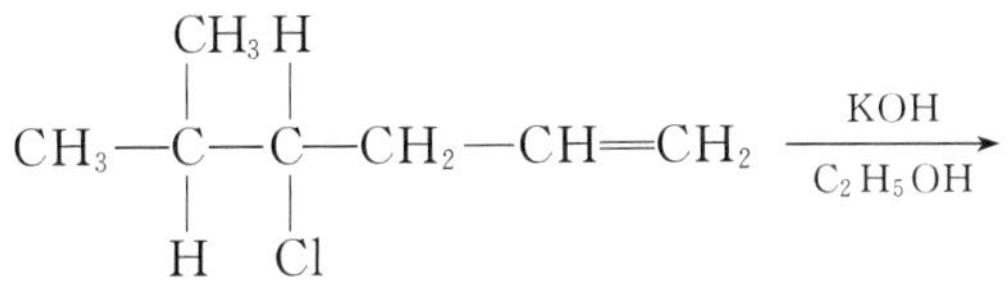

解　产物是下列较稳定的共轭二烯烃：

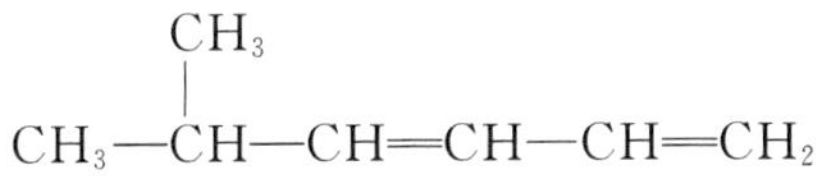

而不是

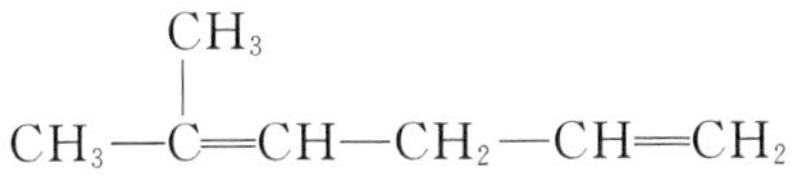

后者虽然是取代程度较高的烯烃，但仅存在较弱的 σ-π 超共轭效应，其稳定性远比 π-π 共轭差。

三、习题与参考解答

【习题 5-1】 命名下列基团。

(1) $CH_3C\equiv C-$　　(2) $HC\equiv C-CH_2-$

(3) $CH_3C\equiv CCH_2-$　　(4) $CH_3CH_2C\equiv C-$

(5) $HC\equiv CCH=CHCH_2-$

解　(1) 丙炔基　　(2) 炔丙基

(3) 2-丁炔基　　(4) 1-丁炔基

(5) 2-戊烯-4-炔基

【习题 5-2】 用系统命名法命名下列化合物。

(1) $(CH_3)_3CC\equiv CCH_2CH_2CH_3$

(2) $CH_2=CH-CH_2-C\equiv CH$

(3) 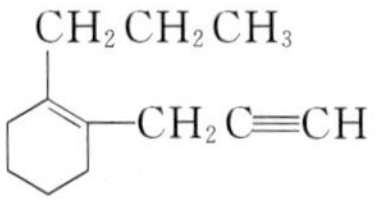

(4) $CH_3CH_2CH_2CH_2CHCH_2CH_2CH=CH_2$（C5 上连 $CH=CH_2$）

(5) $CH_2=CHCHCH_2CH=CHCH=CH_2$（C3 上连 $C\equiv CH$）

(6) 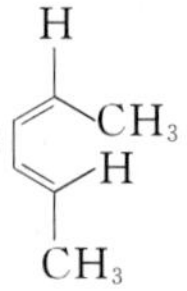

(7) 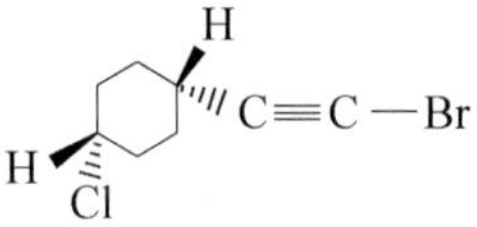

(8) 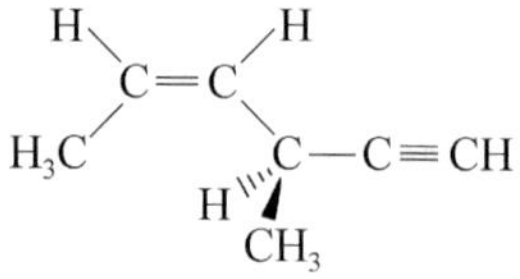

(9) $C_6H_5C\equiv CCH_2CH_2C(CH_3)_3$

(10) 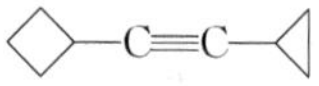

解 (1) 2,2-二甲基-3-庚炔。

(2) 无论从左到右还是从右到左编号,官能团的位次都相同,应从碳-碳双键一端开始编号,故应命名为 1-戊烯-4-炔。

(3) 以环己烯为母体,再考虑顺序规则,应命名为 1-丙基-2-炔丙基环己烯。

(4) 应选择含有两个碳-碳双键的最长碳链作为主链,应命名为 3-丁基-1,6-庚二烯。

(5) 应选择含三个碳-碳双键的碳链为主链,而不是含碳-碳双键和叁键的链为主链,故应命名为 6-乙炔基-1,3,7-辛三烯。

(6) 这里有构型问题,应命名为(Z,E)-2,4-己二烯。

(7) 以环己烷为母体,其余作为取代基,又有顺反异构问题,应命名为顺-1-(2-溴乙炔基)-4-氯环己烷。环上的顺反构型异构不能用 Z/E 表示。

(8) 既有对映异构又有顺反异构,应当先标出 R/S,再标出 Z/E,应命名为(3S,4Z)-3-甲基-4-己烯-1-炔。

(9) 把苯基作为取代基,应命名为 5,5-二甲基-1-苯基-1-己炔。

(10) 把乙炔视为母体,再按顺序规则,应命名为环丙基环丁基乙炔。

【习题 5-3】 写出下列化合物的结构式。

(1) (S)-3-氯-1-己炔

(2) 顺-1-甲基-2-(丙炔基)环己烷

(3) 2,3-戊二烯

(4) 1-甲基-1-丙炔基环戊烷

(5) 2,3-二氯二环[2.2.2]-2,5-辛二烯

(6) 2,2,5-三甲基-3-己炔

(7) 异戊二烯

(8) 5-甲基-1-乙基-1,3-环己二烯

(9) 5-甲基-1-氯-1,3-环戊二烯

(10) 8-甲基二环[3.2.1]-6-辛烯

解 (1) 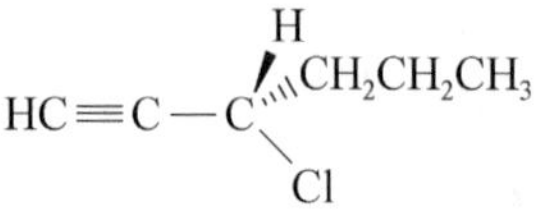

(2) 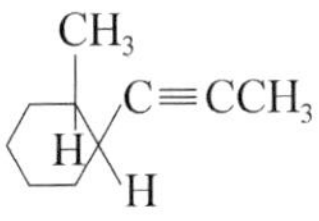 或 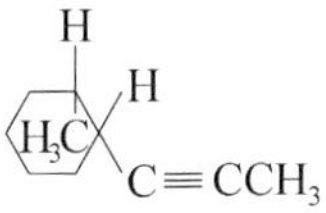

(*R*,*S*) (*S*,*R*)

(3) 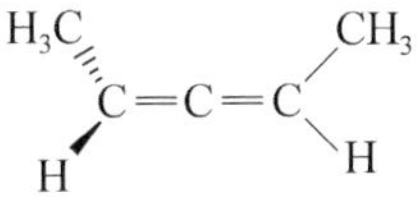 或 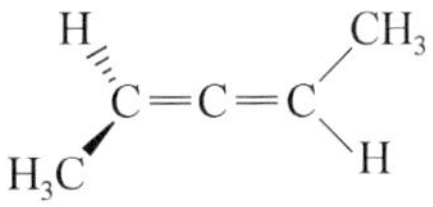

(4) 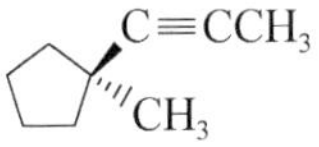

(5) 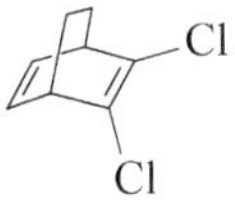

(6) $(CH_3)_2CHC\equiv CC(CH_3)_3$

(7) $CH_2{=}C(CH_3){-}CH{=}CH_2$

(8) 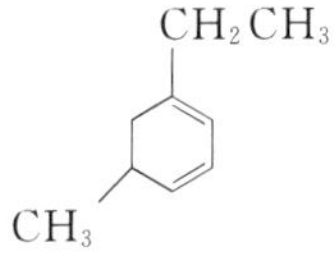

(9) 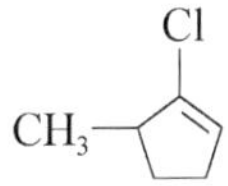

(10) 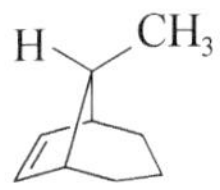

【习题 5-4】 下列分子中存在哪些类型的共轭体系？

(1) $CH_2{=}CH{-}CH{=}CH{-}CH_3$

(2) $CH{\equiv}C{-}CH{=}CH{-}CH_2Cl$

(3) $CH_3{-}CH{=}CH{-}\overset{+}{C}(N){-}CH_3$

(4) $CH_3{-}CH{=}CH{-}\dot{C}H{-}CH_3$

(5) $Br{-}CH{=}CH{-}\overset{-}{\ddot{C}}(CH_3){-}CH_3$

解 (1) π-π 共轭体系、σ-π 超共轭体系。

(2) π-π 共轭体系、σ-π 超共轭体系。

(3) p-π 共轭体系、σ-π 超共轭体系和 σ-p 超共轭体系。

(4) p-π 共轭体系、σ-π 超共轭体系和 σ-p 超共轭体系。

(5) p-π 共轭体系、σ-p 超共轭体系和 σ-π 超共轭体系。

【习题 5-5】 判断下列各对化合物哪一个更稳定，并简述理由。

(1) 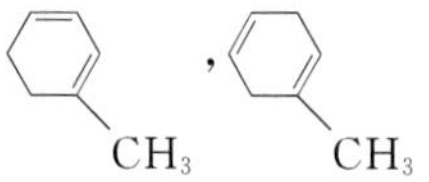

(2) 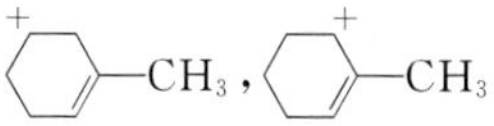

(3) $CH_3—CH═C═CH_2$，$CH_2═CH—CH═CH_2$

(4) $CH_3CH_2CH_2C≡CH$，$CH_3CH_2C≡CCH_3$

(5) $CH_3CH_2CH_2C≡CH$，$CH_3CH═CHCH═CH_2$

解 (1) 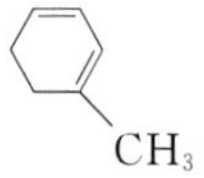 更稳定，既存在 π-π 共轭体系，又存在 σ-π 超共轭体系。而另一化合物仅存在 σ-π 超共轭体系，不存在两个 π 键彼此的共轭体系。

(2) 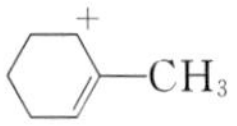 更稳定，既存在 p-π 共轭体系，又存在 σ-π 和 σ-p 两种超共轭体系。而另一化合物仅存在 σ-π 和 σ-p 两种超共轭体系，不存在 p-π 共轭体系。

(3) $CH_2═CH—CH═CH_2$ 更稳定，存在 π-π 共轭体系。而另一化合物虽存在 σ-π 超共轭体系，但同一碳上连有两个双键，不稳定。

(4) $CH_3CH_2C≡CCH_3$ 更稳定，有较强的 σ-π 超共轭体系。

(5) $CH_3CH═CHCH═CH_2$ 更稳定，既有 π-π 共轭体系，又有 σ-π 超共轭体系。

【习题 5-6】 画出 1,3-丁二烯绕 C—C 单键旋转的两种构象，比较其稳定性。

解

S-顺式　　　　S-反式

S-反式的两个亚甲基彼此相距较远，非键斥力较小，较稳定。

【习题 5-7】 将下列化合物按与 HBr 加成反应的相对活性大小排列成序。

(1) $CH_3CH═CHCH═CH_2$　　(2) $H_2C═CHCH_2CH_3$

(3) $CH_3CH═CHCH_3$　　(4) $H_2C═CHCH═CH_2$

(5) $H_2C═C(CH_3)—C(CH_3)═CH_2$

解 烯烃与 HBr 的加成是亲电加成，H^+ 先加上去，形成相应的碳正离子，碳正离子越稳定、越容易形成，则越容易发生亲电加成，因此相对活性大小为

$$(5)>(1)>(4)>(3)>(2)$$

【习题 5-8】 为什么环己炔不能存在？最小的环状炔烃是什么？

解 因为 —C—C≡C—C— 是直线形结构，不可能仅靠另外两个碳原子与它连成环炔。最小的环炔是环壬炔，比环壬炔小的环炔，因张力太大，不能稳定存在。

【习题 5-9】 完成下列反应，写出主要有机产物。

(1) $CH_3CH_2C\equiv CH + NaNH_2(2mol) \longrightarrow$

(2) 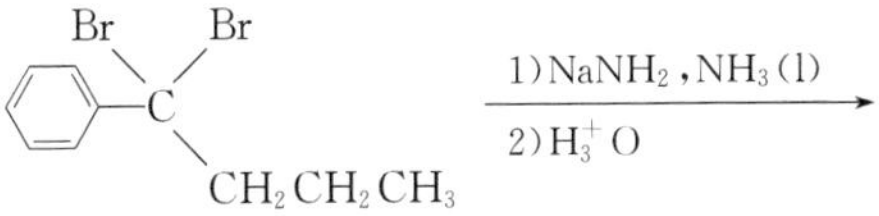

(3) 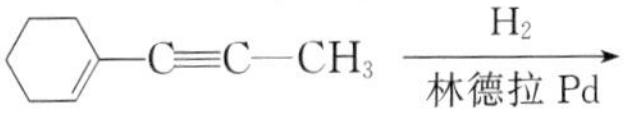

(4) 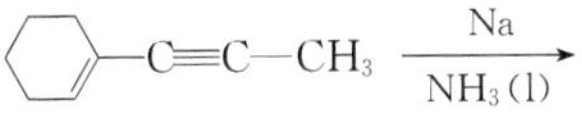

(5) $CH_3CH_2C\equiv CH \xrightarrow{B_2H_6,THF} (A) \xrightarrow{H_2O_2/HO^-} (B)$

(6) 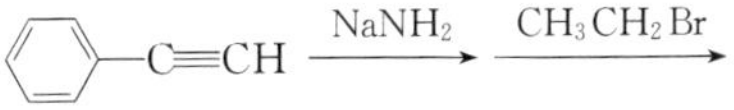

(7) 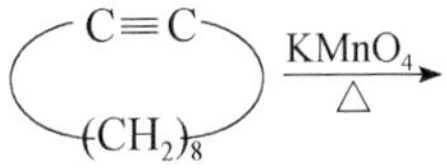

(8) $CH_3CH(CH_3)CH(OH)CH_2CH{=}CH_2 \xrightarrow{KHSO_4}$

(9) $CH_2{=}C(CH_3){-}CH{=}CH_2 + HBr(1mol) \xrightarrow{无过氧化物}$

(10) $CH_3CH_2C\equiv CCH_3 \xrightarrow[2)CH_3COOD]{1)BD_3}$

(11) $CF_3C\equiv CCF_3 + CH_3CH_2O^- \ Na^+ \xrightarrow{CH_3CH_2OH}$

(12) $CH_3CH_2C\equiv CH \xrightarrow{NBS}$

(13) $CH\equiv CH \xrightarrow[NH_4Cl]{CuCl}$

解　(1) $NaNH_2$ 是极强的碱，当过量时，不仅可以夺取炔氢，还可以夺取 α-H，形成双负离子。产物为

$$CH_3\bar{C}HC\equiv C^- \cdot 2Na^+$$

(2) β-H 酸性不很强，只有在极强的碱作用下才能脱去二分子 HBr，形成炔烃。产物为

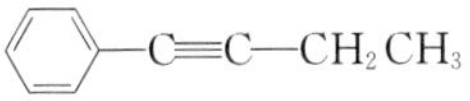

(3) H_2/林德拉 Pd 使分子内炔键部分氢化为顺式烯烃。产物为

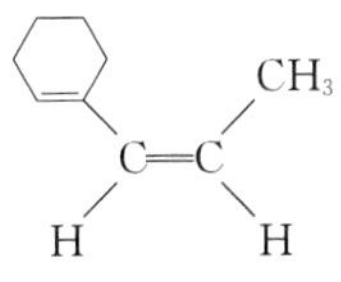

(4) $Na/NH_3(l)$使分子内炔键部分还原为反式烯烃。产物为

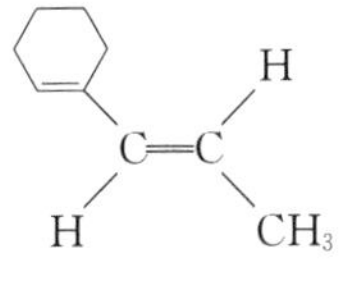

(5) 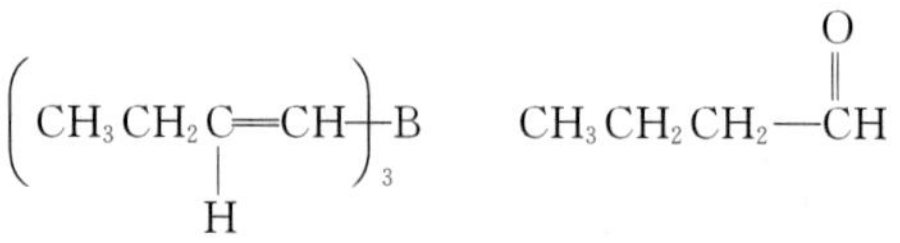

(A)　　　　(B)

(6) 这是利用末端炔负离子经亲核取代反应增长碳链的方法。产物为

(7) 与烯烃被热 $KMnO_4$ 氧化一样,在重键处发生断裂。产物为

$$HOOC\leftarrow CH_2\rightarrow_8 COOH$$

(8) $KHSO_4$ 使醇脱水,若从左边脱水,虽然形成取代程度较高的烯烃,但其稳定性不如从右边脱水形成具有 π-π 共轭体系的烯烃稳定,故其主要产物为

$$(CH_3)_2CHCH=CH-CH=CH_2$$

(9) H^+ 首先加在 C_1 上可形成较稳定的叔碳正离子中间体,因此主要产物为

$$(CH_3)_2C=CHCH_2Br$$

(10) 这是硼氢化还原反应,主要产物为

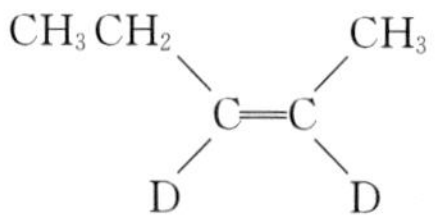

(11) 炔烃的一个重要特点是可以发生亲核加成。产物为

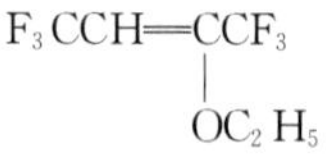

(12) 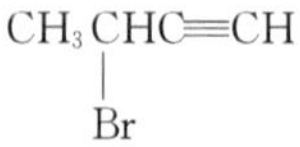

(13) 两分子乙炔聚合生成乙烯基乙炔。产物为

$$CH_2=CH-C\equiv CH$$

【习题 5-10】 用化学方法区别下列各组化合物。

(1) $CH_3CH_2C\equiv CCH_3$, $CH_3(CH_2)_2C\equiv CH$, $CH_3CH=CHCH=CH_2$

(2) 

(3) $CH_3(CH_2)_4CH_3$, $CH_3(CH_2)_3C\equiv CH$, $CH_3(CH_2)_3CH=CH_2$

(4) $CH_3CH_2C\equiv CH$, $CH_3CH_2CH=CH_2$, $CH_2=CH-CH=CH_2$, 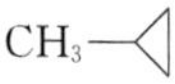

解 (1) 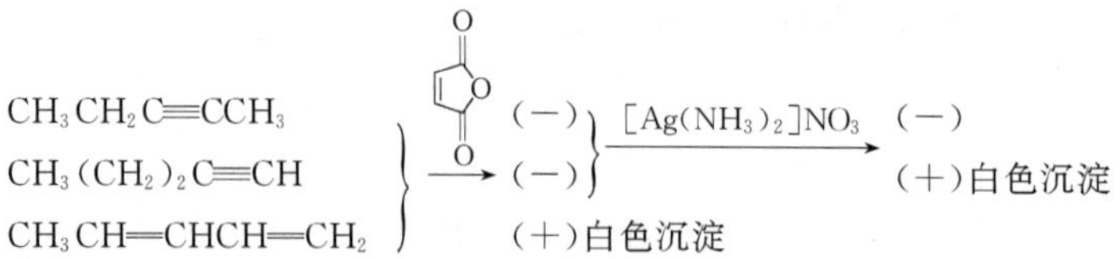

(2) 只有 S-顺式共轭二烯型化合物可以发生第尔斯-阿尔德反应：

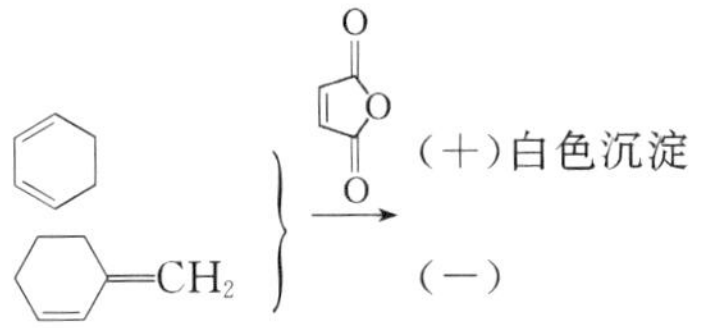

(3)

(4)

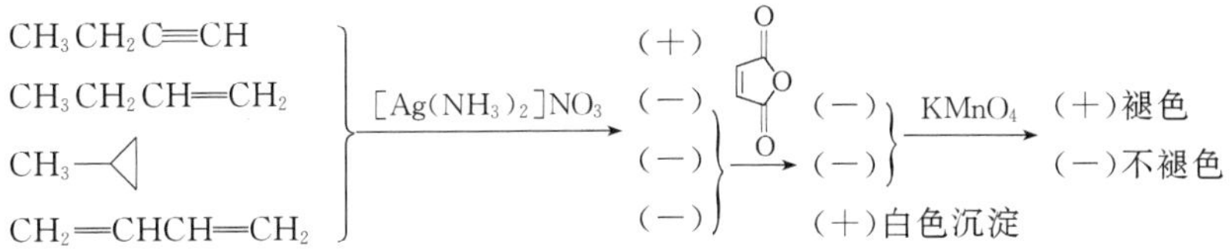

【习题 5-11】 下列两个化合物，哪一个具有较低的氢化热？

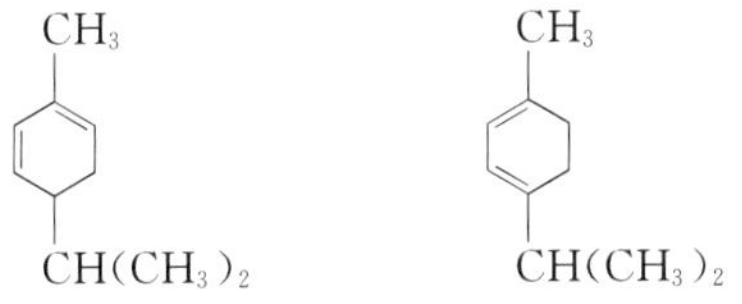

(A)　　　　(B)

解　(B)中的 CH_3—和$(CH_3)_2CH$—都处在二烯共轭体系中，而(A)中只有 CH_3—处在二烯共轭体系中，所以(B)中的 σ-π 超共轭效应比(A)大，相对而言(B)比(A)稳定，所以(B)的氢化热较低。

【习题 5-12】 已知下列化合物的 pK_a 值分别为 H_2(>35)、CH_4(~49)、CH_3OH(17)、$CH\equiv CH$(25)、HCN(9)、CH_3COOH(5)。写出下列反应产物，若不发生反应，请标以"NR"。

(1) $HC\equiv CNa + CH_3OH \longrightarrow$

(2) $HC\equiv CH + CH_3Li \longrightarrow$

(3) $HC\equiv CH + NaH \longrightarrow$

(4) $HC\equiv CH + NaCN \longrightarrow$

(5) $HC\equiv CNa + CH_3COOH \longrightarrow$

解　酸碱反应总是由较强的酸与较强的碱反应生成较弱的酸与较弱的碱，因此乙炔只能与比它更弱的酸所成的碱反应，而乙炔负离子也只能与比乙炔更强的酸反应。上述反应的结果如下：

(1) $HC\equiv CH + CH_3ONa$　　(2) $HC\equiv CLi + CH_4$

(3) $HC\equiv CNa + H_2$　　(4) NR

(5) $HC\equiv CH + CH_3COONa$

【习题 5-13】 解释下列实验事实。

(1) $(CH_3)_2C=CHCH_2Cl$ 在 EtOH 中溶剂解的一级反应速率常数比 $CH_2=CHCH_2Cl$ 溶剂解的一级反应速率常数大 6000 倍(25℃)。

(2) 将含水、硫酸的 3-丁烯-2-醇溶液放置一周后，发现既含有 3-丁烯-2-醇又含有 2-丁烯-1-醇。

解　(1) $(CH_3)_2C{=}CHCH_2Cl$ 在乙醇中的溶剂解遵循 S_N1 机理，中间经过碳正离子阶段：

$$(CH_3)_2C{=}CHCH_2Cl \xrightarrow{-Cl^-} [(CH_3)_2C{=}CH\overset{+}{C}H_2 \longleftrightarrow (CH_3)_2\overset{+}{C}CH{=}CH_2]$$

这种碳正离子具有叔碳正离子的性质，比 $CH_2{=}CH\overset{+}{C}H_2$ 稳定且易形成，因此前者的一级反应速率常数比后者大得多。

(2) 在酸性催化剂存在下，3-丁烯-2-醇形成具有共振结构的烯丙基型碳正离子，由此生成两种异构体的混合物：

$$CH_2{=}CHCH(OH)CH_3 \xrightarrow[H_2O]{H_2SO_4} CH_2{=}CHCH(\overset{+}{O}H_2)CH_3 \xrightarrow{-H_2O}$$

$$[CH_2{=}CH\overset{+}{C}HCH_3 \longleftrightarrow \overset{+}{C}H_2CH{=}CHCH_3] \xrightarrow[-H^+]{H_2O} CH_2{=}CHCH(OH)CH_3 + CH_2(OH)CH{=}CHCH_3$$

【习题 5-14】 写出下列反应的主要有机产物，并说明理由。

(1) $CH_3C{\equiv}C^-\ Na^+ + (CH_3)_3CBr \longrightarrow$

(2) $CH_3C{\equiv}C^-\ Na^+ + CH_3CH_2CHICH_3 \longrightarrow$

(3) $CH_3C{\equiv}C^-\ Na^+ + (CH_3)_2CHCH_2Br \longrightarrow$

(4) $CH_3C{\equiv}C^-\ Na^+ + CH_3CH_2CH_2Br \longrightarrow$

解　炔负离子既是亲核试剂又是强碱，当与位阻小的伯卤代烷反应时，主要发生取代反应；当与 β-碳上位阻较大的伯卤代烷或仲卤代烷、叔卤代烷反应时，则主要消除 HX，生成烯烃，故有

(1) $CH_3C{\equiv}CH + (CH_3)_2C{=}CH_2$

(2) $CH_3C{\equiv}CH +$ 反-$CH_3CH{=}CHCH_3$

(3) $CH_3C{\equiv}CH + (CH_3)_2C{=}CH_2$

(4) $CH_3C{\equiv}CCH_2CH_2CH_3$

【习题 5-15】 由丙炔为唯一有机原料合成下列化合物。

(1) $CH_3CH_2CH{=}O$　　(2) 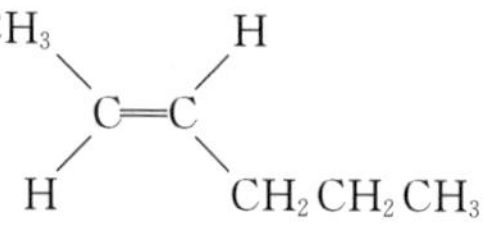

(3) $CH_3(CH_2)_4CH_3$　　(4) $CH_3CBr_2CBr_2D$

解　(1) $CH_3C{\equiv}CH \xrightarrow[2)H_2O_2,HO^-]{1)B_2H_6,Et_2O} CH_3CH_2CH{=}O$

(2) $CH_3C{\equiv}CH + H_2 \xrightarrow{\text{林德拉 Pd}} CH_3CH{=}CH_2 \xrightarrow[ROOR]{HBr} CH_3CH_2CH_2Br$

$$CH_3C{\equiv}CH \xrightarrow{NaNH_2} CH_3C{\equiv}C^-\ Na^+ \xrightarrow{BrCH_2CH_2CH_3}$$

$CH_3C{\equiv}CCH_2CH_2CH_3 \xrightarrow[NH_3(l)]{Na}$ 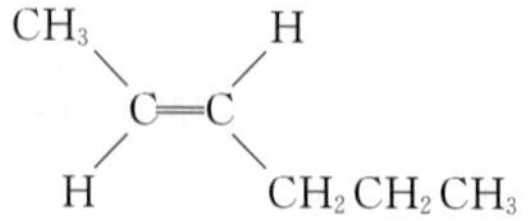

(3) $CH_3C\equiv CCH_2CH_2CH_3 \xrightarrow{H_2/Pt} CH_3(CH_2)_4CH_3$

[合成路线参见(2)]

(4) $CH_3C\equiv CH \xrightarrow[Et_2O]{n\text{-}C_4H_9Li} CH_3C\equiv CLi \xrightarrow{D_2O} CH_3C\equiv CD \xrightarrow[0℃]{Br_2/CCl_4} CH_3CBr_2CBr_2D$

【习题 5-16】 写出环戊二烯和 1-甲基-1,3-环戊二烯分别与等物质的量的下列试剂反应的产物。

(1) Br_2　(2) HBr　(3) HBr/ROOR　(4) H_2S/ROOR

解　环戊二烯和 1-甲基-1,3-环戊二烯都是共轭二烯烃,它们与上述试剂的反应均以 1,4-共轭加成为主。

(1)
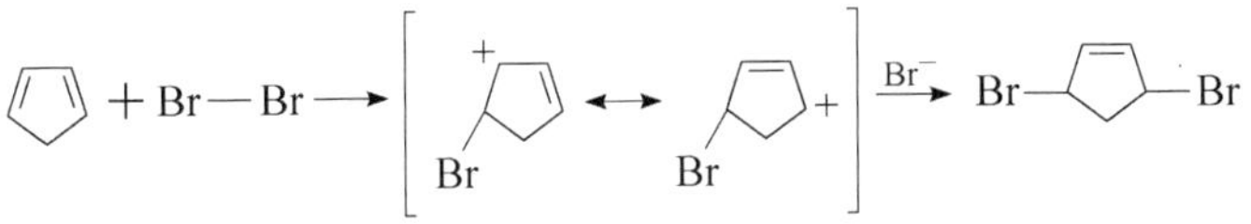

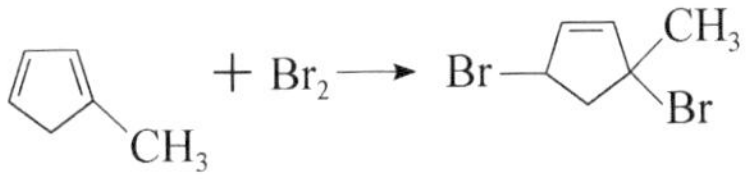

(2)
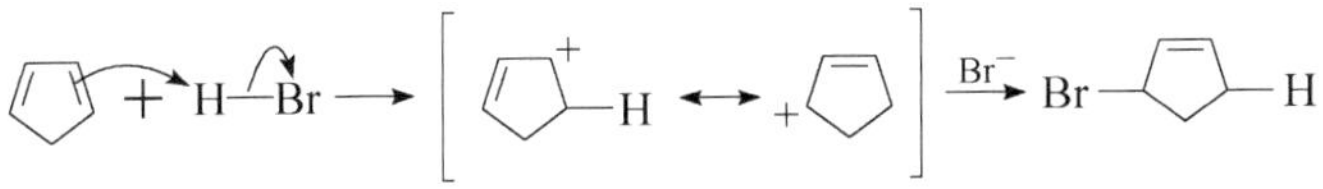

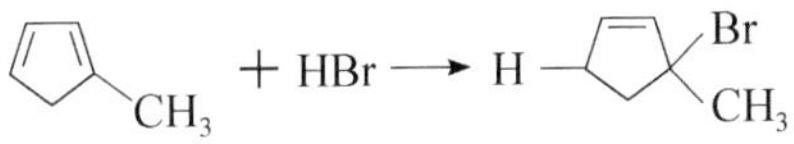

(3) $ROOR \longrightarrow 2RO\cdot$

$H—Br + RO\cdot \longrightarrow ROH + Br\cdot$

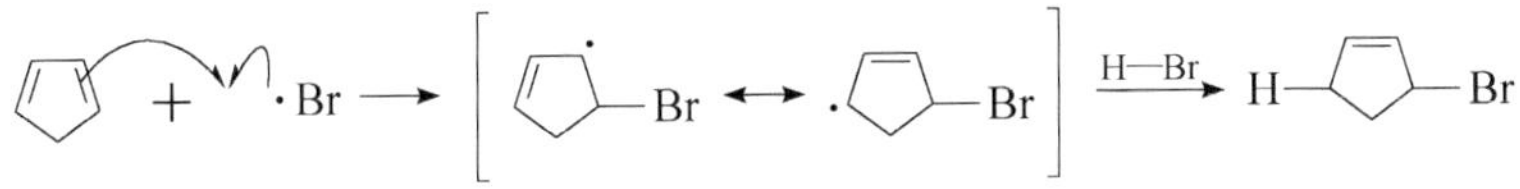

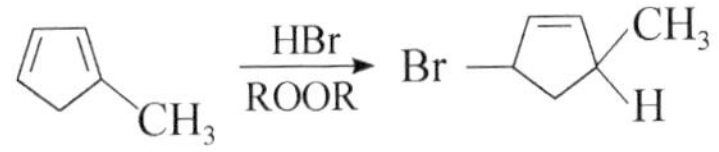

(4)
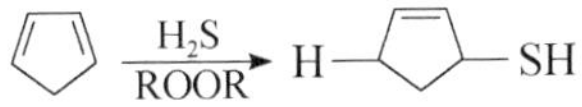

【习题 5-17】 1-甲基-1-丁炔基环戊烷

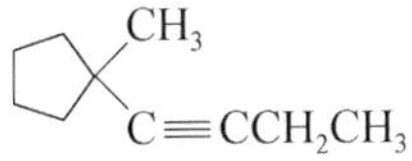

可以通过下列途径合成,哪种途径较为合理?

(1)
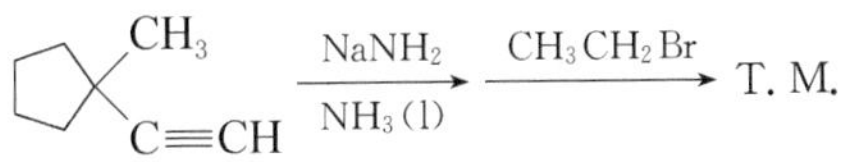

(2) 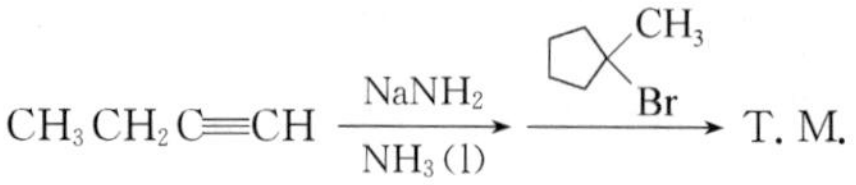

(3) 

(4) 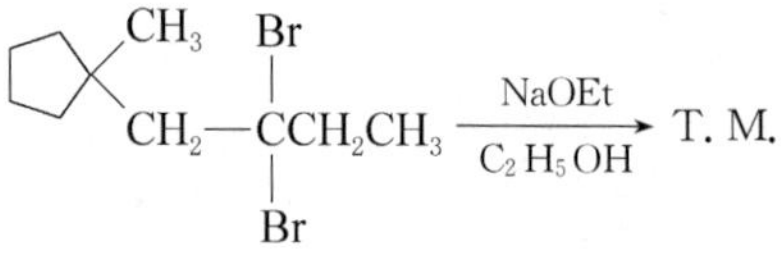

解　在途径(2)中,1-丁炔可以被强碱 $NaNH_2$ 顺利转化为丁炔负离子,后者虽然是好的亲核试剂,但又是很强的碱,可以使叔卤代烷(1-甲基-1-溴环戊烷)发生消除反应而生成烯烃。

在途径(3)中,该烯烃不易得到。

在途径(4)中,会生成炔烃的异构体,产物不纯。

在途径(1)中,开始生成的炔负离子再与伯卤代烷发生 S_N2 反应,较为合理。

【习题 5-18】　如何实现下列转变?

(1) $CH_3CH_2CH(Br)CH_2CH_3 \longrightarrow CH_3(CH_2)_3CHO$

(2) 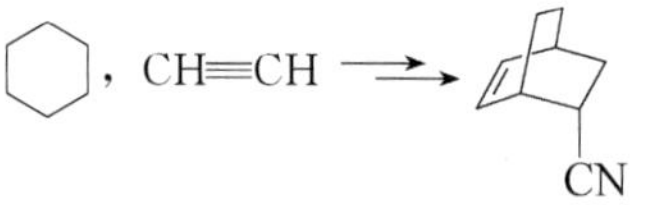

(3) $CH_3(CH_2)_3CH{=}CH_2 \longrightarrow CH_3(CH_2)_3C{\equiv}CH$

(4) $CH_3CH_2CH_2CH_2Br \longrightarrow CH_3CH_2CH_2CH_2C{\equiv}CCH_2CH_3$

(5) $HC{\equiv}CH \longrightarrow CH_3CH_2CH(OCH_3)CH_2CH_2CH_3$

(6) 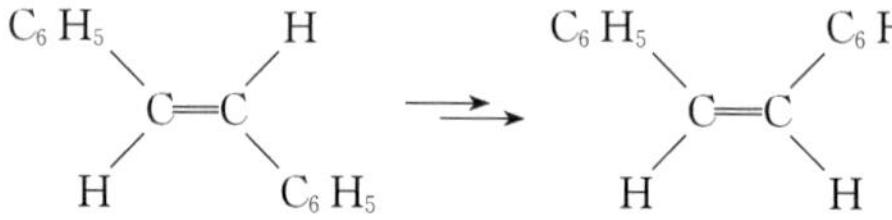

(7) 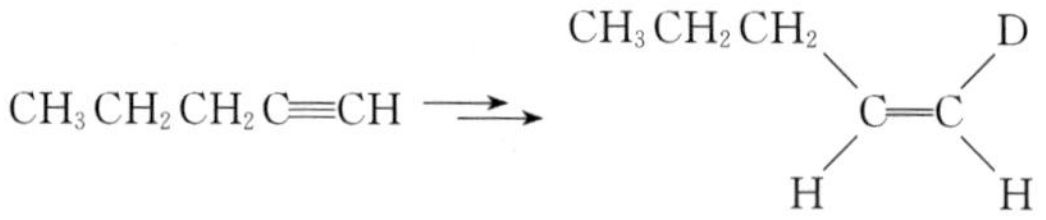

(8) $CH_3CH_2CH_2CH_2OH \longrightarrow CH_2BrCH{=}CHCH_2Br$

解　(1) $CH_3CH_2CH(Br)CH_2CH_3 \xrightarrow[C_2H_5OH,\triangle]{KOH} CH_3CH_2CH{=}CHCH_3 \xrightarrow{Br_2}$

$CH_3CH_2CH(Br)CH(Br)CH_3 \xrightarrow[NH_3(l)]{NaNH_2} CH_3CH_2C{\equiv}CCH_3 \xrightarrow[NH_3(l)]{NaNH_2} CH_3CH_2CH_2C{\equiv}CNa \xrightarrow{H^+}$

$CH_3CH_2CH_2C{\equiv}CH \xrightarrow[Et_2O]{B_2H_6} \xrightarrow[HO^-]{H_2O_2} CH_3CH_2CH_2CH_2CHO$

(2) 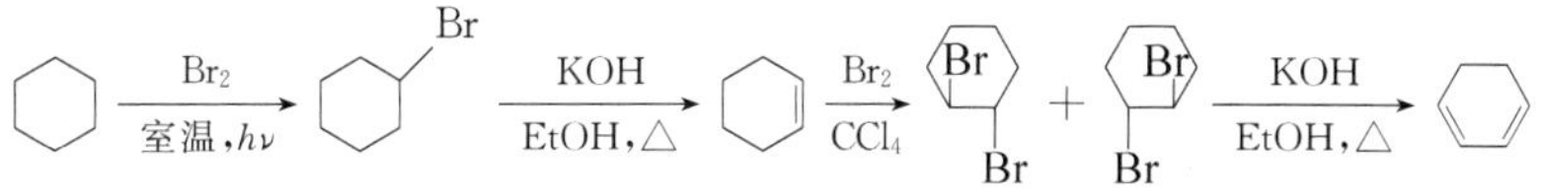

$$CH\equiv CH + HCN \xrightarrow{NH_4Cl, CuCl} CH_2{=}CHCN$$

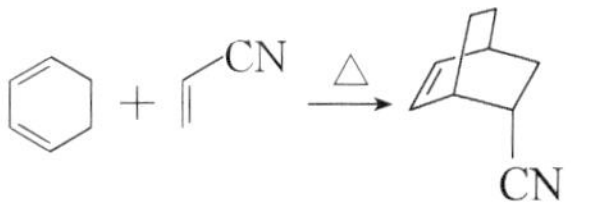

(3) $CH_3(CH_2)_3CH{=}CH_2 \xrightarrow{Cl_2} CH_3(CH_2)_3CH(Cl)CH_2Cl \xrightarrow[NH_3(l)]{NaNH_2} \xrightarrow{H_3^+O} CH_3(CH_2)_3C\equiv CH$

(4) $CH_3CH_2CH_2CH_2Br \xrightarrow[t\text{-}BuOH]{t\text{-}BuO^-} CH_3CH_2CH{=}CH_2 \xrightarrow{Br_2} CH_3CH_2CH(Br)CH_2Br$

$\xrightarrow[\triangle]{KOH/C_2H_5OH} CH_3CH_2C\equiv CH \xrightarrow[NH_3(l)]{NaNH_2} CH_3CH_2C\equiv C{:}^- \xrightarrow{BrCH_2CH_2CH_2CH_3}$

$CH_3CH_2C\equiv CCH_2CH_2CH_2CH_3$

(5) $HC\equiv CH \xrightarrow[\text{林德拉 Pd}]{H_2} H_2C{=}CH_2 \xrightarrow{HBr} CH_3CH_2Br \xrightarrow{NaC\equiv CH} CH_3CH_2C\equiv CH$

$\xrightarrow[2)C_2H_5Br]{1)NaNH_2} CH_3CH_2C\equiv CCH_2CH_3 \xrightarrow[\text{林德拉 Pd}]{H_2}$ 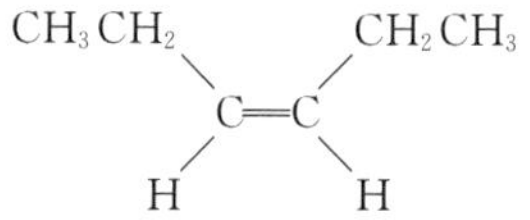

$\xrightarrow[CH_3OH]{Hg(OAc)_2} \xrightarrow{NaBH_4, HO^-} CH_3CH_2CH_2CH(OCH_3)CH_2CH_3$

(6) 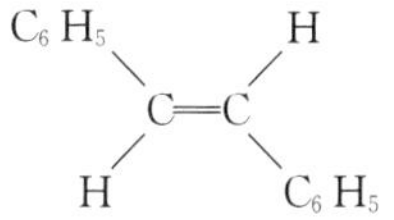 $\xrightarrow{Br_2} \xrightarrow{2NaNH_2} C_6H_5C\equiv CC_6H_5 \xrightarrow[\text{林德拉 Pd}]{H_2}$ 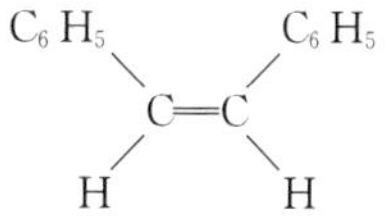

(7) $CH_3CH_2CH_2C\equiv CH \xrightarrow{n\text{-}C_4H_9Li} CH_3CH_2CH_2C\equiv CLi \xrightarrow{D_2O} CH_3CH_2CH_2C\equiv CD$

$\xrightarrow[2)CH_3COOH]{1)B_2H_6, Et_2O}$ 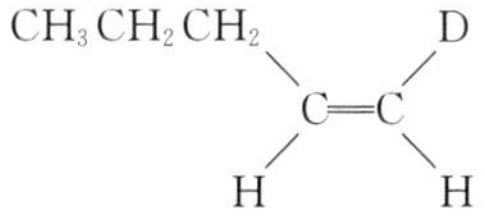

(8) $CH_3CH_2CH_2CH_2OH \xrightarrow[\triangle]{H_2SO_4} CH_3CH_2CH{=}CH_2 \xrightarrow{HBr} CH_3CH_2CH(Br){-}CH_3 \xrightarrow[EtOH]{KOH}$

$CH_3CH{=}CHCH_3 \xrightarrow{Br_2} CH_3CH(Br)CH(Br)CH_3 \xrightarrow[EtOH]{KOH} CH_2{=}CH{-}CH{=}CH_2 \xrightarrow{Br_2}$

$BrCH_2CH{=}CHCH_2Br$

【习题 5-19】 下列反应哪些能发生？写出产物并简要解释。

(1) 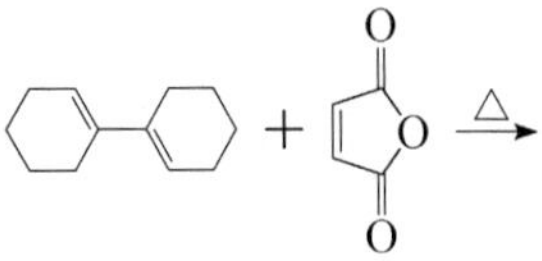

(2) 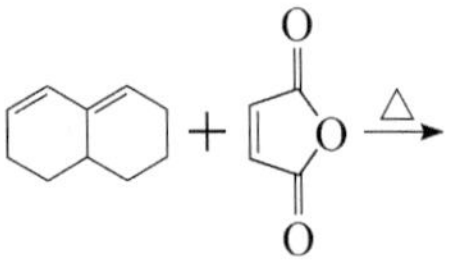

(3) 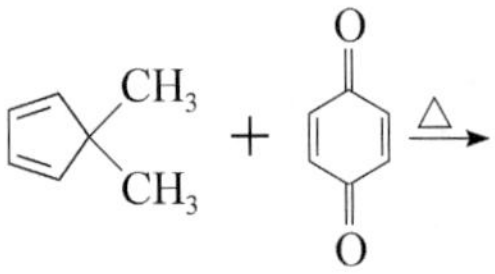

(4) 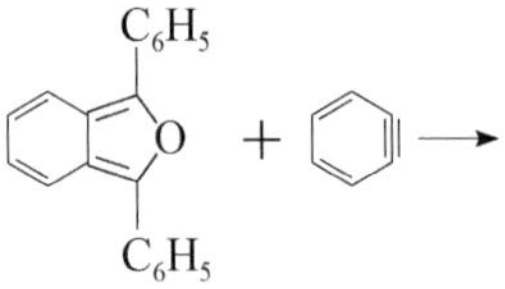

(5) 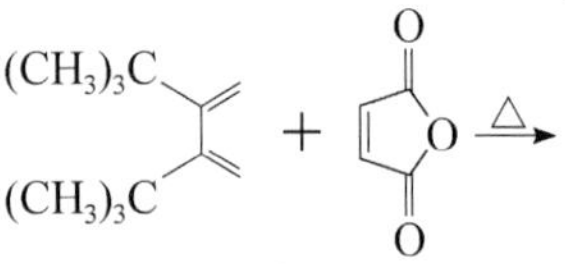

解　只有S-顺式的共轭二烯型化合物才有可能发生第尔斯-阿尔德反应。反应(1)中虽然原料为S-反式,但在室温下可通过单键的旋转而转化为S-顺式;反应(2)中原料为S-反式,不能旋转为稳定的S-顺式,故不能发生第尔斯-阿尔德反应;反应(5)中两个体积大的叔丁基阻碍了第尔斯-阿尔德反应的进行,因此也不能发生。产物分别为

(1) 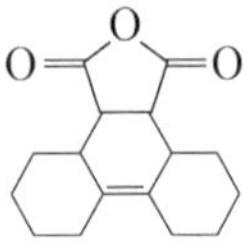　(3) 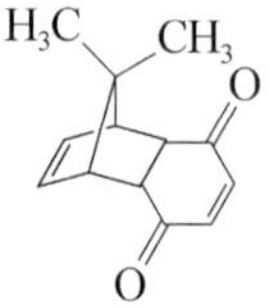　(4) 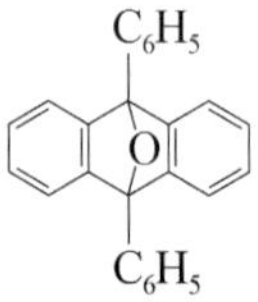

【习题 5-20】 已知丙二烯能转化成分子式为 C_9H_{12} 的三聚体(A),后者可与丁炔二酸二甲酯反应生成(B),试推测(A)的构造。

解　丙二烯是很活泼的化合物,三聚后形成具有S-顺式的共轭二烯烃(A):

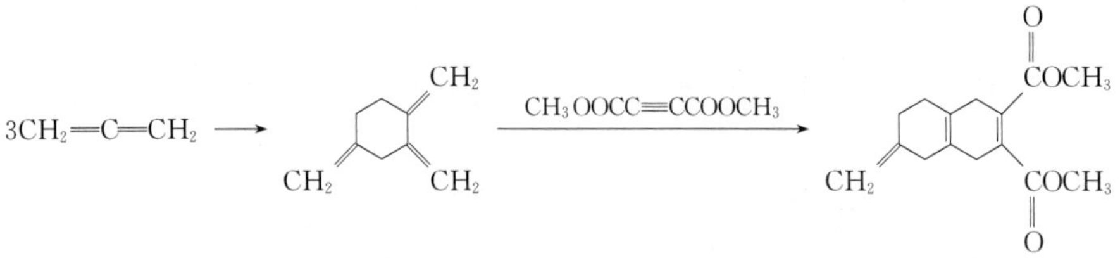

(A)　(B)

【习题 5-21】 试由环己烷和其他开链化合物合成下列化合物。

(1) 3-亚乙基环己烯　　(2) 二环己基乙炔

解　(1)

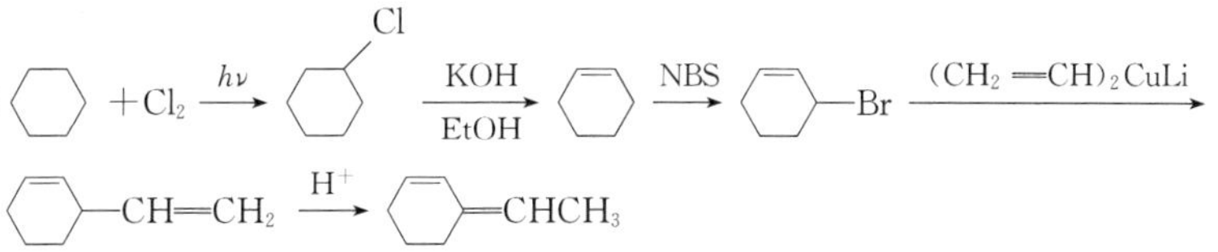

(2)

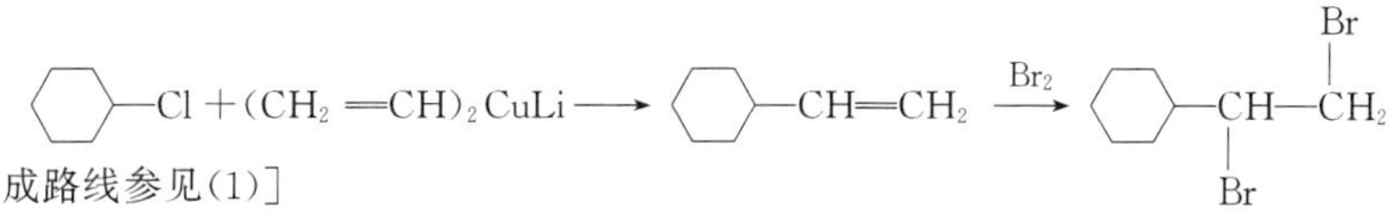

［合成路线参见(1)］

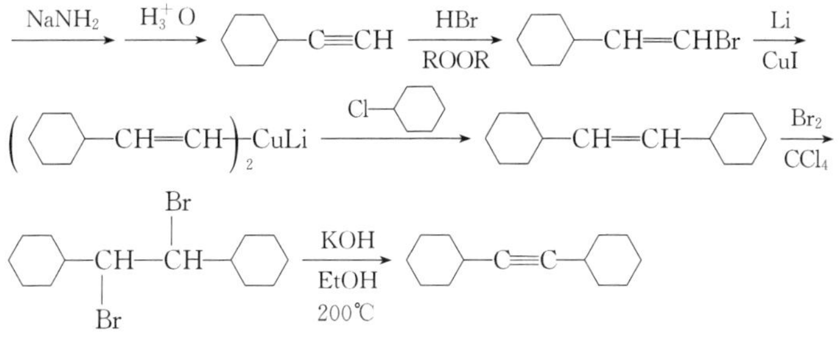

【习题 5-22】　由合适原料合成

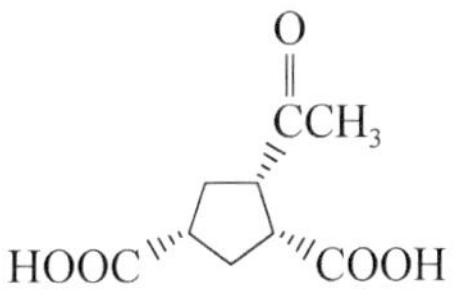

解　两个—COOH 处于环的同侧，可以设想其前体为含有碳-碳双键的化合物。合成路线如下：

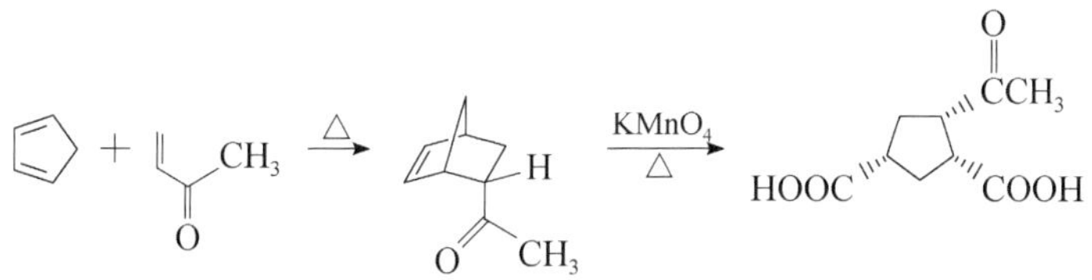

【习题 5-23】　下列化合物都可以通过第尔斯-阿尔德反应合成，试指出它们的前体。

(1)

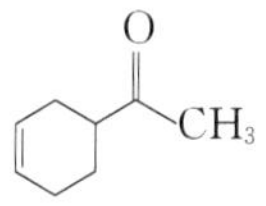

(2)

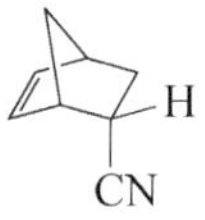

(3)

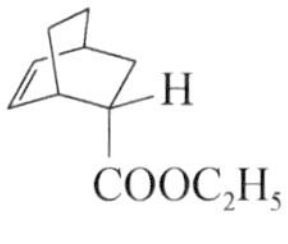

(4)

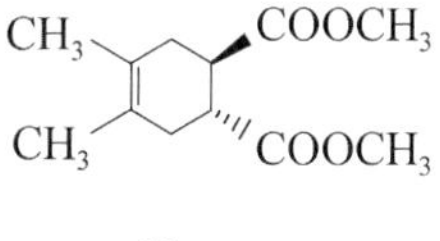

(5)

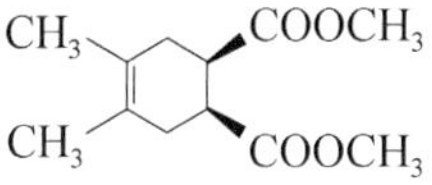

(6)

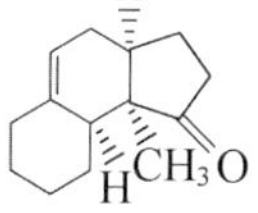

解　目标分子中的双键部分都应该是第尔斯-阿尔德反应后形成的,因此碳-碳双键的两端就是前体共轭二烯的双键所在位置。然后剩余部分即为二烯亲合物,二烯亲合物的构型由目标分子中的相关部分的构型决定。

(1) 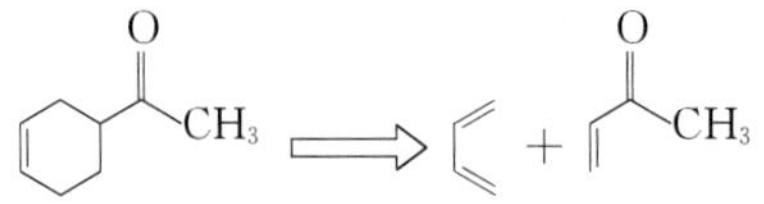

(2) 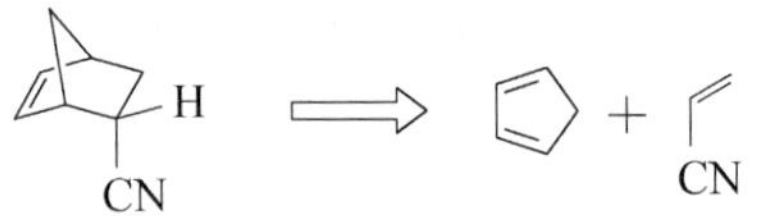

(3) 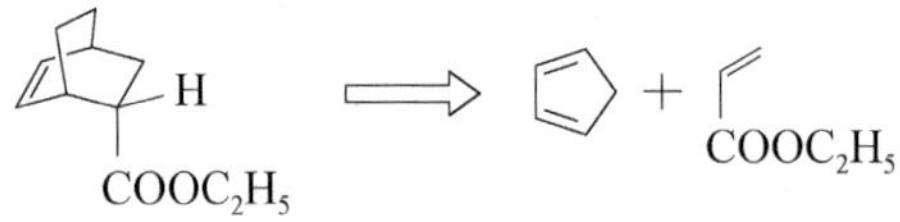

(4) 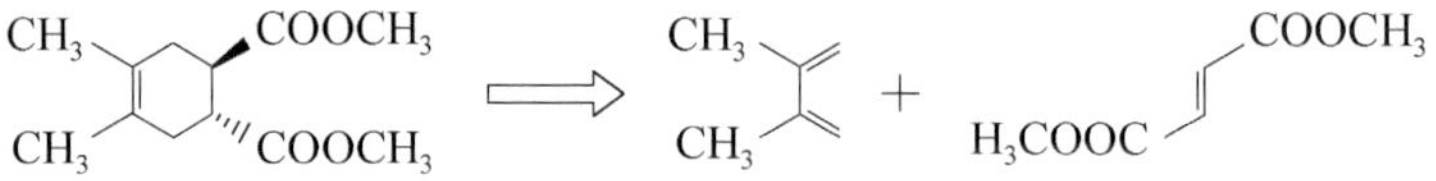

(5) 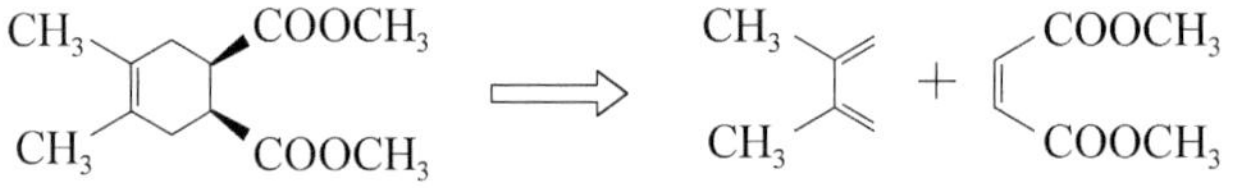

(6) 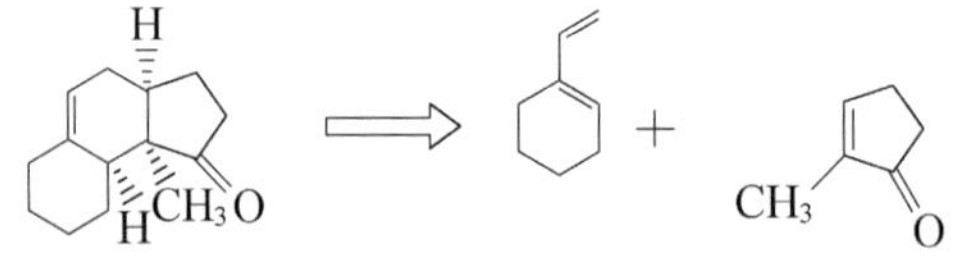

【习题 5-24】　下面两种含氯的杀虫剂(A)和(B)可以由六氯环戊二烯、环戊二烯和其他适当试剂为原料合成,试分别提出相应的合成路线。

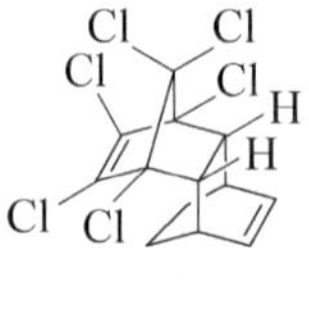

(A)

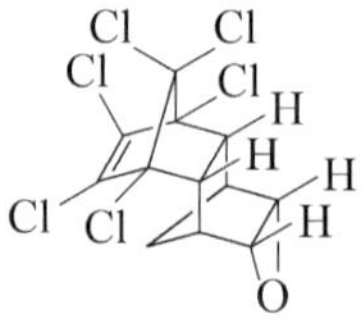

(B)

解

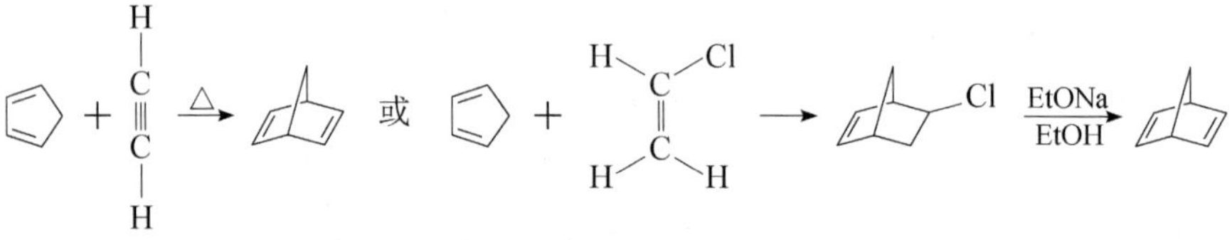

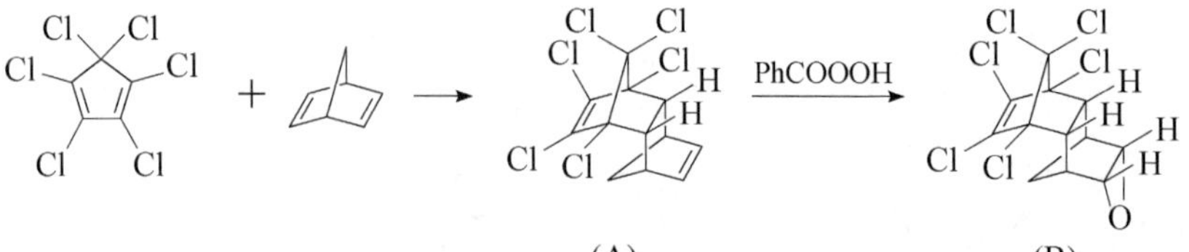

(A)　　(B)

【习题 5-25】 某化合物(A)，分子式 C_8H_{12}，有光学活性，(A)经催化加氢得(B)，其分子式为 C_8H_{18}，(B)无光学活性。(A)经林德拉 Pd 催化加氢得到(C)，分子式为 C_8H_{14}，(C)有光学活性。(A)与 Na/NH_3(l)反应得(D)，分子式也为 C_8H_{14}，但没有光学活性。试推测(A)～(D)的结构，并写出相应的反应式。

解　(A)的不饱和度为 3。(A)经林德拉 Pd 催化加氢生成不饱和度为 2 的(C)，表明(A)有一炔键。(A)有光学活性，(C)也有光学活性，说明(C)分子中有两个碳-碳双键，且构型相反，因此(C)不是末端烯烃而只能是链内烯烃，(C)分子中有一个手性碳原子，该手性碳应当与两个构型相反的丙烯基相连，另外应当与一个 CH_3 和一个 H 相连。(A)与 Na/NH_3(l)反应后生成的(D)没有光学活性，说明(D)的两个丙烯基构型相同，没有手性碳。由此可推测化合物结构如下：

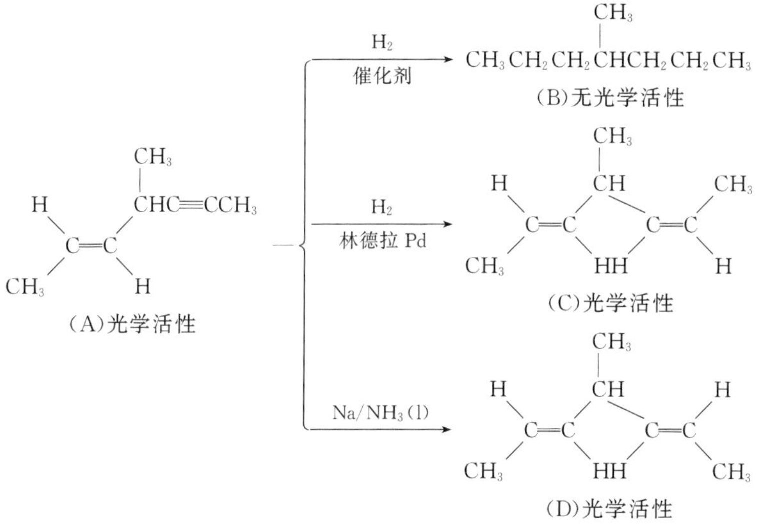

第六章　芳　　烃

一、内 容 提 要

1. 苯的结构和芳香性

(1) 苯的分子式为 C_6H_6，是有六个碳原子组成的高度不饱和的环状共轭体系，呈正六边形的平面结构。苯环中的每个碳原子都以 sp^2 杂化轨道与其他原子成 σ 键，共组成键长和键能都分别相等的六个碳-碳 σ 键和六个碳-氢 σ 键，所有的碳原子和氢原子都在同一平面内，每个碳原子都有一个垂直于环平面的 p 轨道，它们互相从侧面重叠成完全离域的大 π 键。

(2) 苯环具有 $150kJ\cdot mol^{-1}$的共振能，是具有较低势能和较高热力学稳定性的体系。表现为易发生取代反应，不易发生加成反应，有特殊的^1H NMR 性质，具有典型的芳香性。

(3) 休克尔(Hückel)规则。休克尔规则要求环状多烯烃是完全共轭的平面单环体系，从而总结出环状共轭多烯烃分子的结构与芳香性之间的规律：当参与共轭体系的 π 电子数等于 $4n+2(n=0,1,2,3,\cdots)$时，该环状共轭多烯烃具有芳香性。具有芳香性的碳氢化合物称为芳香烃。但[10]轮烯($n=2$)由于环中氢原子的空间障碍，环上碳原子不能共平面，所以无芳香性。当 $n\geqslant 7$ 时，休克尔规则一般不适用。凡具有芳香性但不含苯环的烃类化合物称为非苯芳烃。

2. 苯环上的亲电取代反应

苯环上的亲电取代反应主要有卤化、硝化、磺化和傅瑞德尔(Friedel)-克拉夫茨(Crafts)反应(简称傅-克反应)。其反应可用通式表示如下：

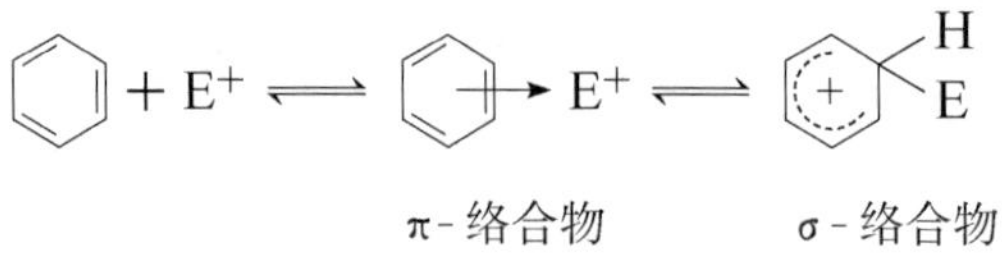

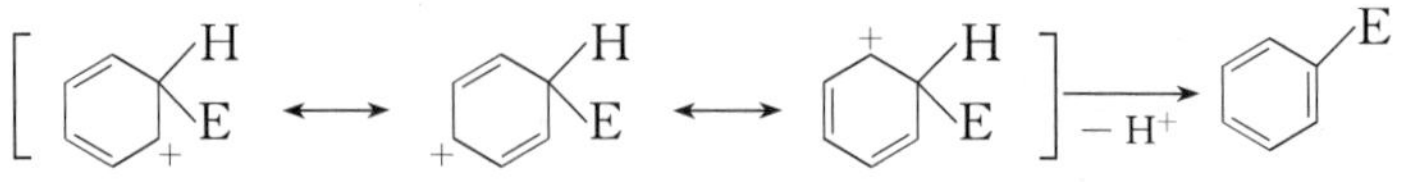

通常形成σ络合物这一步是反应的速率决定步骤。σ络合物失去质子一般比失去亲电试剂(逆反应)要快,从而得到取代产物。

1) 卤化反应

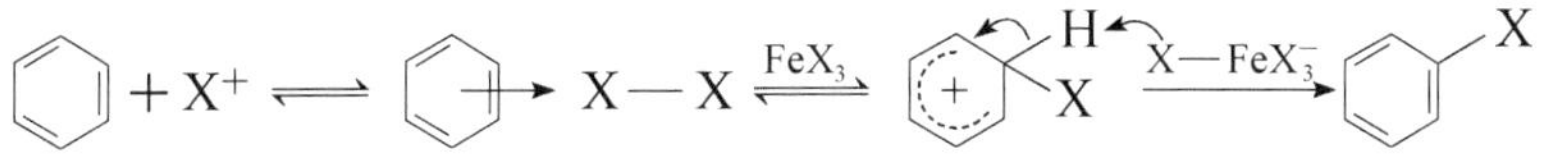

反应在路易斯(Lewis)酸三卤化铁(或三卤化铝等)催化下进行,三卤化铁的存在有利于π络合物中卤素分子键的异裂,进而生成σ络合物。卤化反应不可逆。

2) 硝化反应

$$HONO_2 + 2H_2SO_4 \rightleftharpoons H_3^+O + 2HSO_4^- + \overset{+}{N}O_2$$

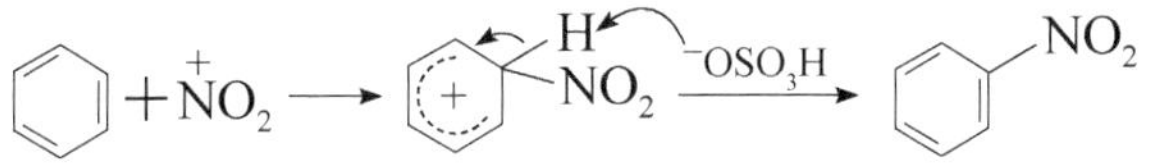

硫酸的存在有利于硝酰正离子的形成。硝化反应不可逆。

3) 磺化反应

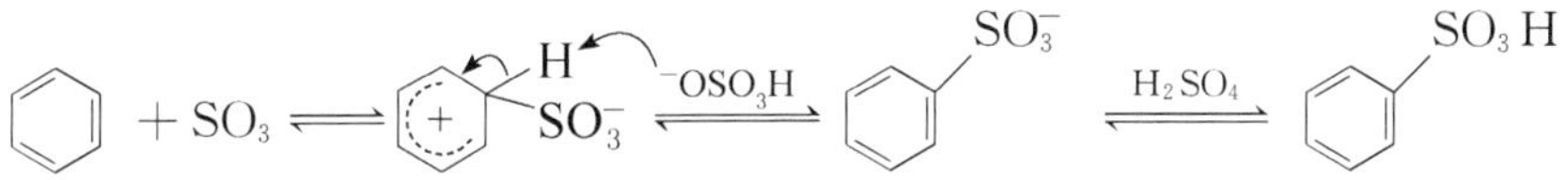

当用含水硫酸磺化时,亲电试剂可能为 $H_3SO_4^+$($H_3^+O + SO_3$)。磺化反应为可逆反应,当产物芳基磺酸在稀硫酸中加热时可以脱去磺酸基,因此在合成中可以用磺酸基来占位,以便达到保护芳环上某一位置的目的。

4) 傅-克反应(用于芳环上的烷基化和酰基化)

(1) 芳烃的烷基化反应。

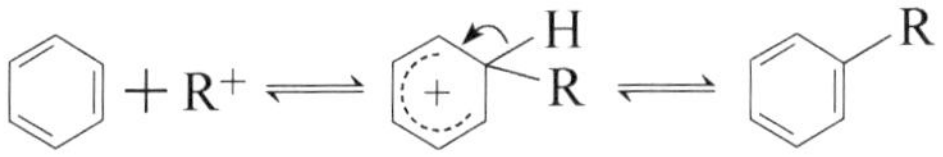

卤代烃、醇和烯烃都可以在相应的路易斯酸(如三氯化铝等)或质子酸作用下生成相应的烷基碳正离子 R^+。由于叔碳正离子的稳定性大于仲碳正离子和伯碳正离子,反应中生成的碳正离子可通过重排生成相对更稳定的碳正离子,因此不能直接用傅-克反应在芳环上导入3碳及以上的直链烷基(用环丙烷作烃化剂时可以导入正丙基)。

芳环上的烷基是活化基团,所以在傅-克烷基化反应中,导入烷基后的产物比反应前的原料更活泼,因此傅-克烷基化反应往往会生成多烷基化产物。

芳环上有钝化基团存在时,通常难以或不能发生烷基化反应。

在无水氯化锌存在下,甲醛和氯化氢与芳烃或芳环上有给电子取代基的化合物反应生成氯甲基化的芳烃化合物。例如:

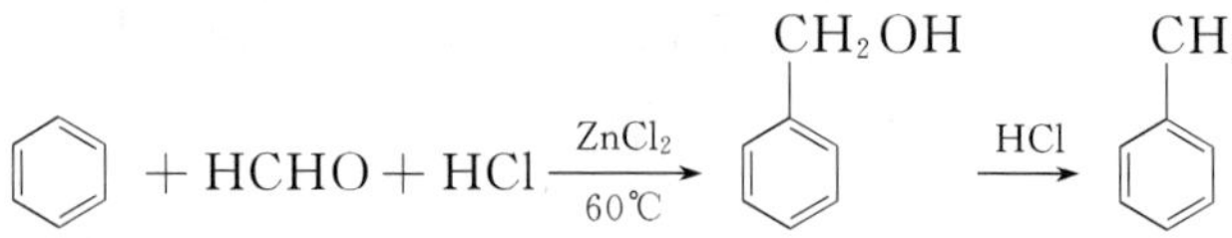

在氯甲基反应中,首先是甲醛与氯化氢作用形成亲电试剂:

$$HCHO + HCl \longrightarrow [H_2C{=}\overset{+}{O}H]Cl^- \longleftrightarrow [H_2\overset{+}{C}-OH]Cl^-$$

然后与芳环发生亲电取代,生成芳基甲醇,后者与氯化氢进一步作用生成氯甲基化的芳烃类化合物。

傅-克烷基化反应为可逆反应。

(2) 芳烃的酰基化反应。

酰卤和酸酐在路易斯酸(常用无水三氯化铝)作用下生成相应的酰基正离子 $R\overset{+}{C}{=}O$,然后与芳环发生亲电取代反应,生成芳香酮。由于酰基正离子不发生碳架重排,因此可以在芳环上直接导入长链的酰基,还原后得到长链烷基。

芳环上有钝化基团存在时,不发生酰基化反应,所以芳环不会发生多酰基化反应。

傅-克酰基化反应为不可逆反应。

在路易斯酸(通常用 $AlCl_3$ + CuCl)催化下,芳香族化合物与等物质的量的一氧化碳和氯化氢混合气体作用,直接在芳环上导入甲酰基,生成芳香醛,称为加特曼(Gattermann)-科赫(Koch)反应,常用于苯、甲苯、苯甲醚等的甲酰化。例如:

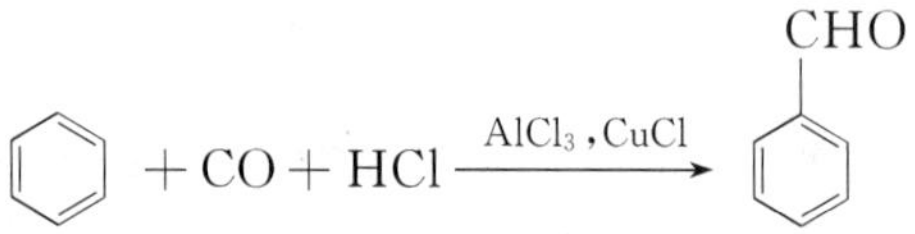

3. 苯环上亲电取代反应的活性和定位规则

1) 反应活性

芳环上亲电取代反应的活性与芳环上的电子云密度有关,电子云密度比苯环大的芳烃,其亲电取代反应的活性比苯大,反之则比苯小。

凡芳环上连有—O^-、—OH、—OR、—NH_2、—NHCOR、—OCOR、—R、—Ar 等基团时,环上的电子云密度增加,使芳环活化,这些取代基称为活化基团。当芳环上连有—NO_2、—N^+R_3、—SO_3H、—CHO、—COR、—CCl_3、—Cl 等基团时,环上的电子云密度减少,使芳环钝化,这些取代基称为钝化基团。

2）定位规则

一元取代苯发生亲电取代反应时，新导入的取代基在苯环上的位置由原有取代基的性质决定。活化基团及卤素原子有利于新取代基进入它的邻位或对位，称为邻、对位定位基。而钝化基团（除卤素原子外）则有利于亲电取代基进入它的间位，称为间位定位基。当苯环上同时有邻、对位定位基和间位定位基存在，再导入亲电取代基团时，其取代的位置主要由邻、对位定位基决定。

4. 卤代芳烃的亲核取代反应

按反应机理，卤代芳烃的亲核取代反应可分为消除-加成、加成-消除和单分子取代三种不同类型。

1）消除-加成

芳香族卤代烃中，由于卤素直接与芳环相连，卤原子外层的未共用电子对与芳环形成 p-π 共轭，使碳-卤键得到加强，因此对于在芳环上没有强吸电子基团起活化作用的卤代芳烃，通常在氢氧化钠水溶液或醇钠溶液中加热很难发生相应的亲核取代反应。但在强烈的反应条件下，或在 $NaNH_2/NH_3$(l)等极强的碱作用下，可按消除-加成机理，经苯炔中间体发生芳环上卤素被取代的亲核取代反应。例如：

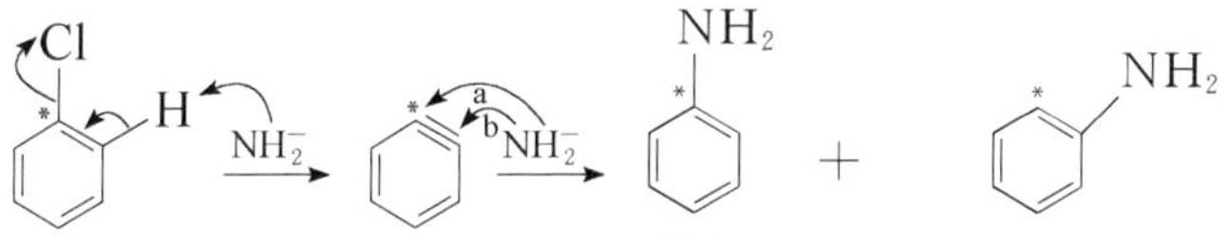

(A) (B)

消除-加成机理是分步进行的，在强碱作用下，先消除卤素邻位上酸性较强的氢，生成相应的苯炔，然后与亲核试剂发生加成反应。一元取代的卤代苯所形成的苯炔只有两种形式，即

(C) (D)

亲核试剂与一元取代的苯炔加成时，苯炔环上原有取代基主要通过诱导效应对加成的区域选择性产生影响。这是因为在苯炔与亲核试剂加成时，形成的负离子中间体中的负电荷占在碳原子的 sp^2 杂化轨道上，它不可能与苯环上的 p 轨道交盖，所以 Z 不可能通过共轭效应，而只能通过诱导效应来影响负离子中间体的稳定性。

因此，在形式(C)中，当 Z 具有吸电子诱导效应时，因为中间体(E)比(F)稳定，所以亲核试剂进攻 C_3 的产物是主要的。

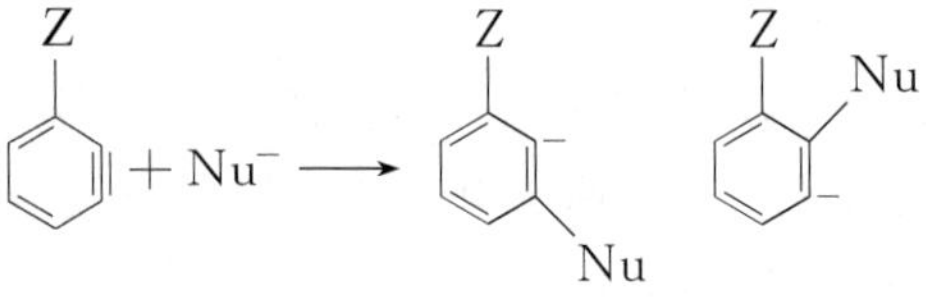

(E)　　(F)

当 Z 具有给电子诱导效应时，则中间体(F)比(E)稳定，所以亲核试剂进攻 C_2 的产物是主要的。

而在形式(D)中，当 Z 具有吸电子诱导效应时，因为中间体(H)比(G)稳定，所以亲核试剂进攻 C_4 的产物是主要的。

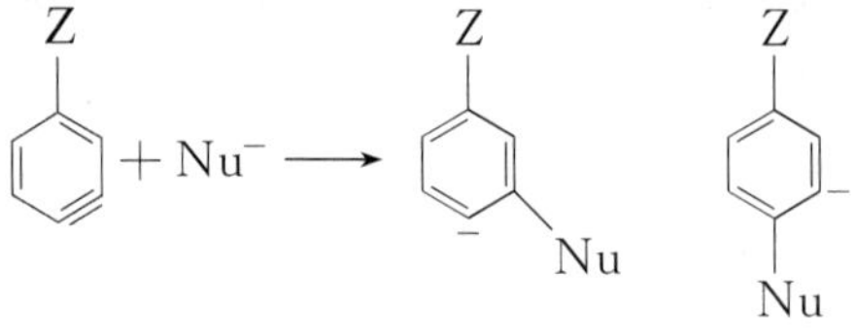

(G)　　(H)

当 Z 具有给电子诱导效应时，则中间体(G)比(H)稳定，所以亲核试剂进攻 C_3 的产物是主要的。

2) 加成-消除

当芳环上有硝基等强吸电子取代基的芳香族卤代烃与碱共热时，可以很顺利地得到卤素被取代的产物。例如：

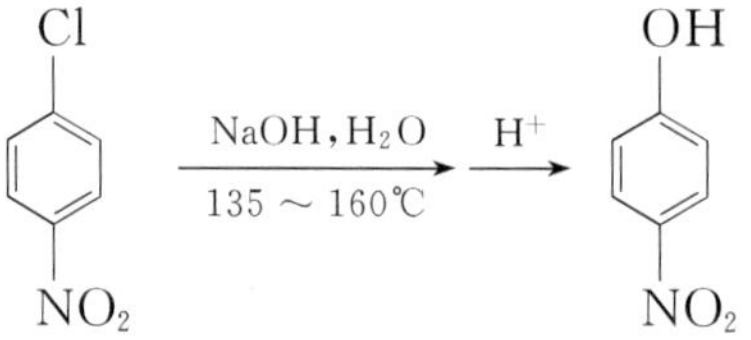

反应分两步进行，首先是亲核试剂进攻直接与卤素相连的芳环碳原子，形成负离子中间体[又称迈森哈梅尔(Meisenheimer)络合物]，然后是离去基团离去，生成取代产物。

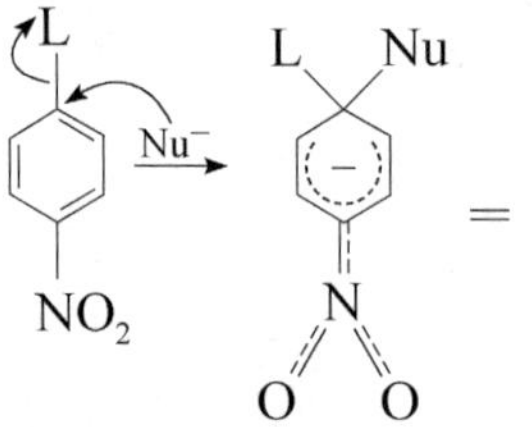

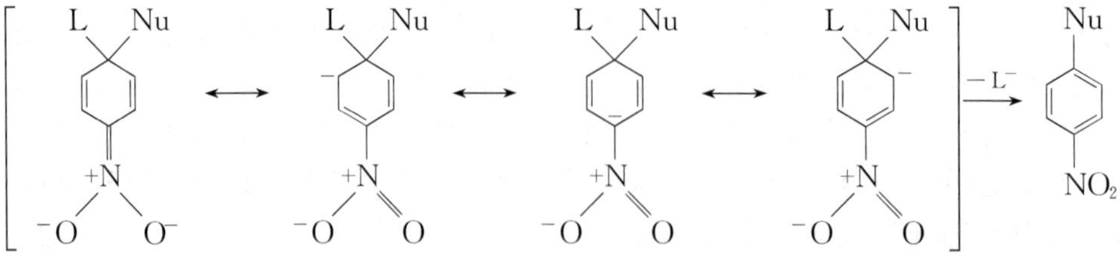

在多数情况下，亲核试剂对卤代芳烃的加成一步是反应的速率决定步骤。反应在形式上与 S_N2 反应相似。反应动力学上表现为二级反应，对反应底物和亲核试剂各为一级。

$$反应速率 = k[ArX][Nu:^-]$$

由负离子中间体的共振极限式可以看出，位于卤素（离去基团）邻、对位上的硝基能通过共轭作用很好地分散负离子中间体的负电荷，有利于负离子中间体的稳定，从而使芳环上的亲核取代反应容易进行。反应速率随离去基团的邻、对位上硝基的增加而加快。

除硝基外，其他吸电子基团如 $—\overset{+}{N}_2$、$—\overset{+}{N}R_3$、$—CF_3$、—COR、—CN、—COOH 等也可以作为芳环上亲核取代反应的活化基团。

除卤素外，其他如 $—NO_2$、—OR、—OAr、—SR、—SAr、$—SO_2R$ 等，只要在它们的邻、对位有吸电子的活化基团存在，也可以作为离去基团而被取代。

3）单分子取代

在芳香族重氮离子 $Ar\overset{+}{N}_2$ 中，由于 $—\overset{+}{N}\equiv N$ 是一个离去倾向极强的基团，离去基团以 N_2 的形式离去后，形成非常活泼的苯基正离子中间体，苯基正离子与亲核试剂结合，生成相应的重氮基被取代的产物。

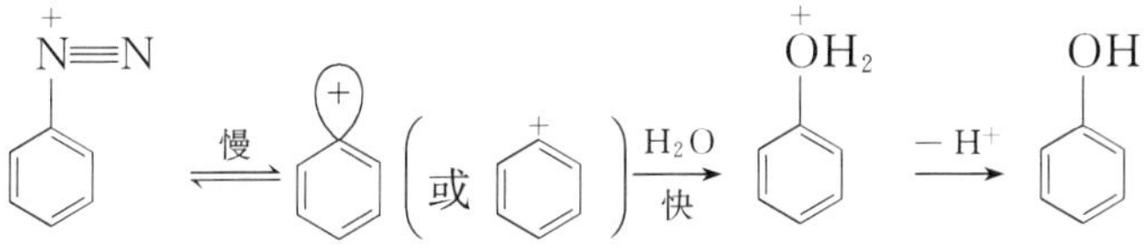

第一步重氮离子分解失去 N_2 生成苯基正离子是反应速率慢的一步，反应速率只与底物重氮盐的浓度有正比关系，而与亲核试剂的浓度无关，所以是芳环上的单分子亲核取代反应。芳环上的单分子亲核取代反应与饱和碳原子上的 S_N1 反应不完全相似，溶剂的极性对芳环上的单分子亲核取代反应的反应速率影响很小，这可能是速率决定步骤中，$—\overset{+}{N}\equiv N$ 极强的离去能力和 N_2 的高度稳定性，使得溶剂没有参与反应的过渡态。

席曼（Schiemann）反应及经奥拉（G. A. Olah）拓展的席曼反应也是芳环上的重氮盐经分解生成相应卤代芳烃的单分子亲核取代反应。

二、解 题 示 例

【例 6-1】 判断下列结构哪些有芳香性。

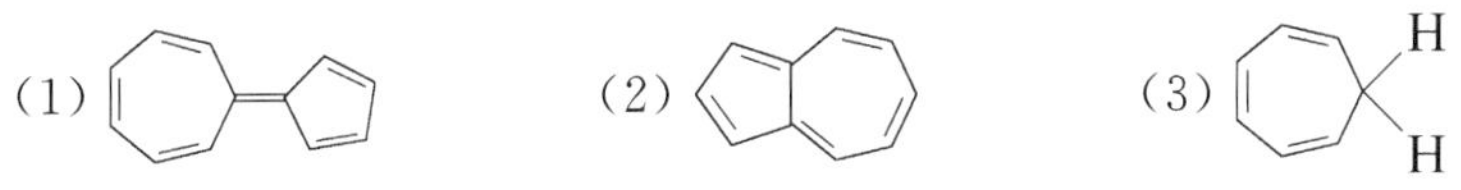

(4)  (5) 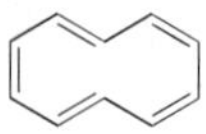 (6) 

(7) 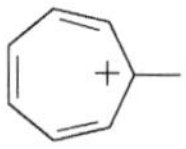 (8) 

解 (1) 具有芳香性。两环之间的双键可通过电子对的转移写成由环庚三烯正离子和环戊二烯负离子及其相应的共振极限式组成,两环都符合休克尔规则。

(2) 具有芳香性。这是具有桥环特征的[10]轮烯。

(3) 无芳香性。环中有一个碳原子为 sp^3 杂化,它阻碍了首尾 p 轨道从侧面交盖,不能形成单环共轭体系。

(4) 具有芳香性。这是由 8 个 p 轨道共 6 个 π 电子组成的单环共轭体系,符合休克尔规则。

(5) 无芳香性。由于 1、6-位两碳原子上的氢原子重叠,环上碳原子难以共平面,所以无芳香性。

(6) 无芳香性。

(7) 具有芳香性。

(8) 具有芳香性。由于炔键中的两个 π 键互相垂直,因此炔键中只有一个 π 键上的两个 p 电子参加了环的共轭体系,环符合休克尔规则。

【例 6-2】 写出 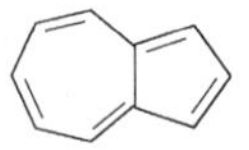 与 CH_3COCl 在 $AlCl_3$ 存在下发生傅-克酰基化反应的主要产物。

解 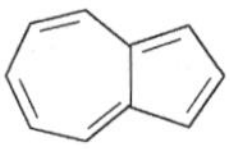 是具有偶极矩的芳香性化合物,可表示为

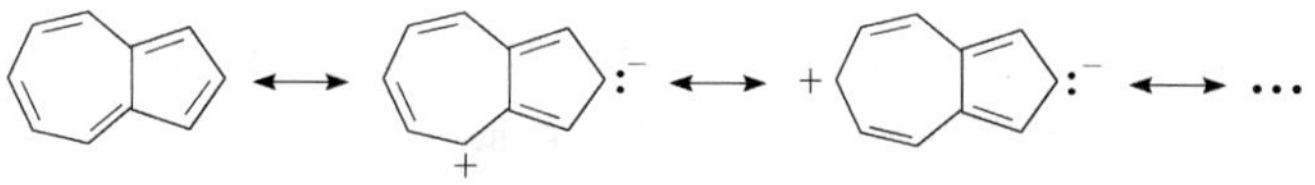

或表示为 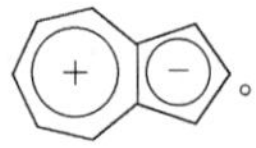。因此,傅-克酰基化反应的亲电试剂 $CH_3C{\equiv}\overset{+}{O}:\longleftrightarrow CH_3\overset{+}{C}{=}\ddot{O}$ 将进攻电子云密度较大的五元环,比较中间体络合物的稳定性可知主要产物为

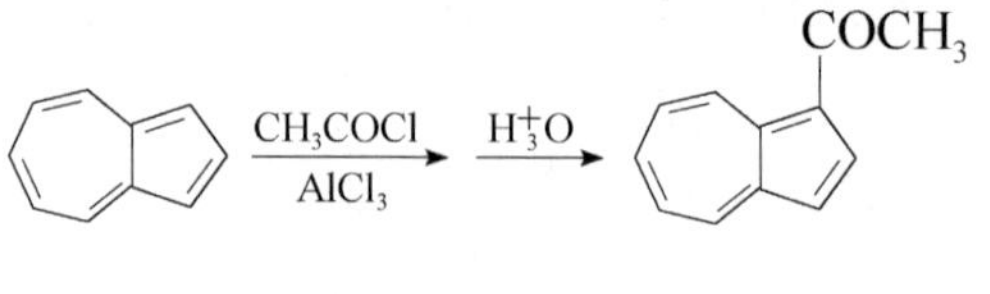

【例 6-3】 讨论 3-苯基丙腈和 3-苯基丙烯腈在芳环上发生亲电取代反应时的定位效应。

解

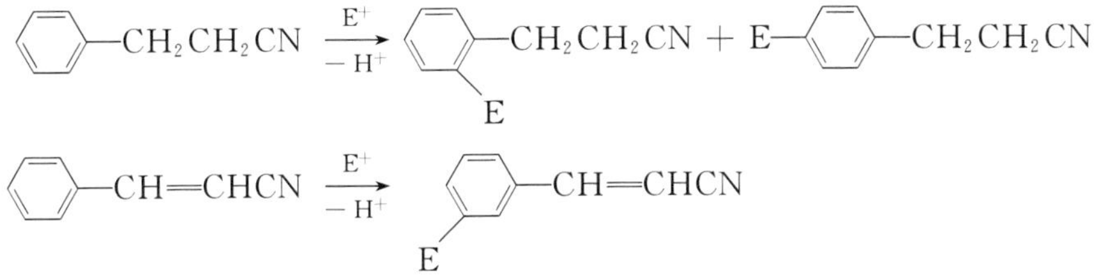

在 3-苯基丙腈中,氰基与苯基之间相隔两个亚甲基,氰基的吸电子效应只能通过诱导效应经亚甲基传递对苯环产生影响。由于诱导效应传递随碳链增加迅速减弱,这里氰基的吸电子效应经过两个亚甲基传递后对苯环的影响已相当小,可以把—CH_2CH_2CN当作烷基看待,表现为邻、对位定位基,亲电取代反应主要在其邻、对位上发生。而在 3-苯基丙烯腈中,氰基与苯基之间相当于插入了一个乙烯基,氰基的吸电子效应可以通过插烯基以共轭方式传递到苯环上,其吸电子效应并不减弱,与氰基直接连在苯环上一样,表现为间位定位基,亲电取代反应主要在其间位上发生。

【例 6-4】 羟基和卤素都是具有吸电子诱导效应的取代基,但它们都是邻、对位定位基,如何从亲电取代反应的 σ 络合物的稳定性来说明?

解　以苯酚和氯苯的亲电取代反应为例说明:

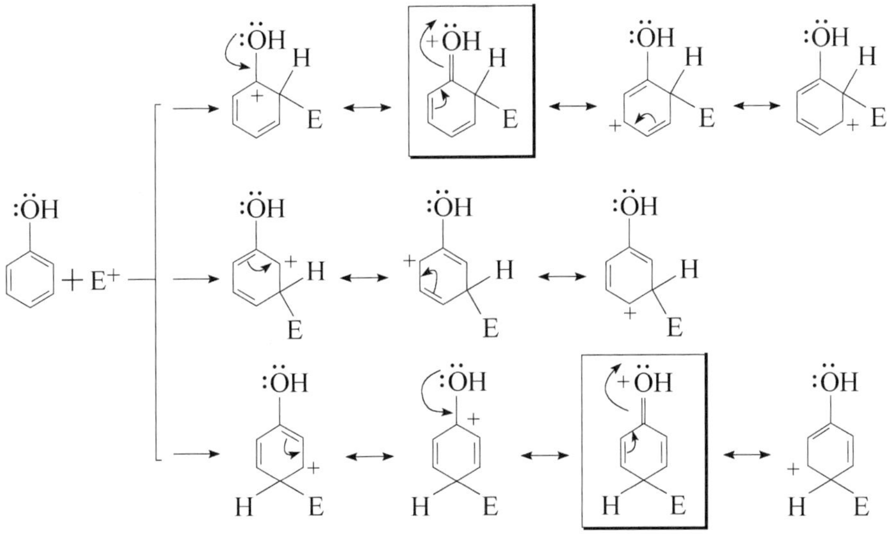

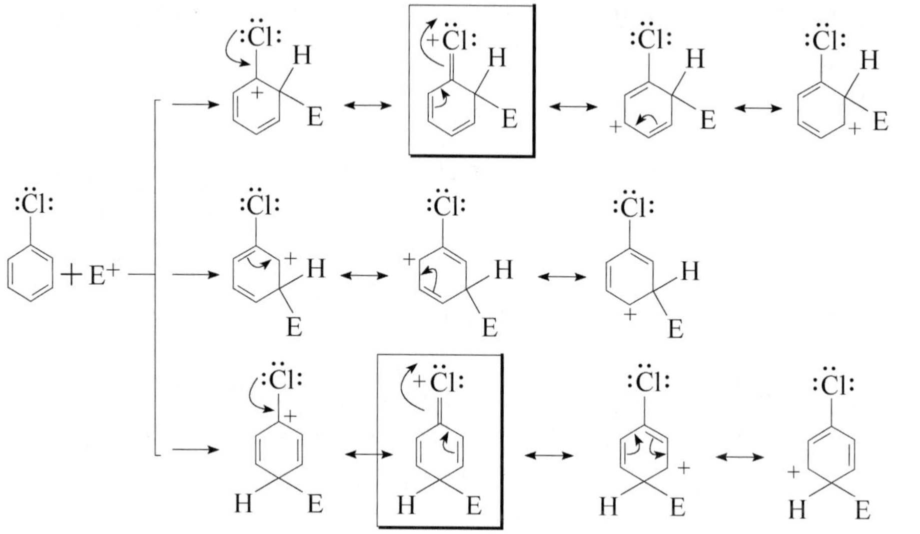

从以上反应式可以看出，苯酚发生亲电取代反应，当亲电试剂进攻羟基的邻位或对位时，在生成的 σ 络合物中间体中，都有一个共振极限式是正电荷被分散在羟基氧原子上(表示在方框内)，这种共振极限式是各极限式中最稳定的。而当亲电试剂进攻羟基的间位时，各共振极限式中却没有正电荷被分散在羟基氧原子上的可能，所以亲核试剂进攻羟基的邻位或对位比进攻间位生成的 σ 络合物稳定，从而羟基表现为邻、对位定位基。事实上，苯酚硝化时，产物中的邻硝基苯酚和对硝基苯酚几乎各占 50%，而间硝基苯酚为 0%。

氯苯发生亲电取代反应的结果与苯酚相似。在亲核试剂进攻氯原子的邻位或对位比进攻间位生成的 σ 络合物稳定，前者都有一个最稳定的共振极限式是正电荷被分散在氯原子上(表示在方框内)，所以氯原子表现为邻、对位定位基。事实上，氯苯硝化时，产物中的邻硝基氯苯占 35%，对硝基氯苯占 64%，而间硝基氯苯只占 1%。

【例 6-5】 写出用苯及其他适当试剂合成 $C_6H_5CH_2CH_2CH_3$ 的三种方法。

解 (1) 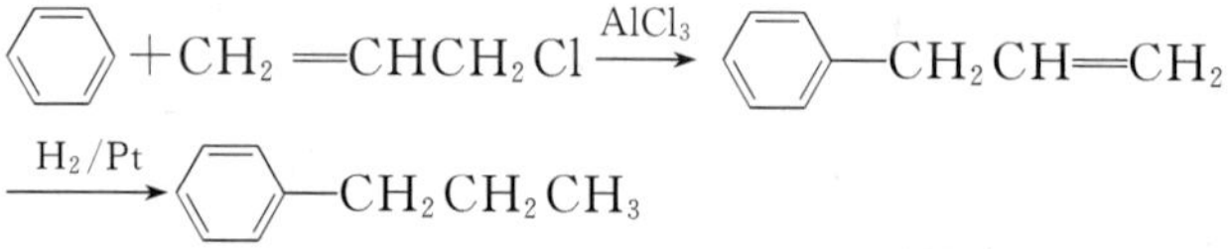

如果用 1-氯丙烷或 2-氯丙烷与苯反应都只能主要得到异丙苯。

(2) 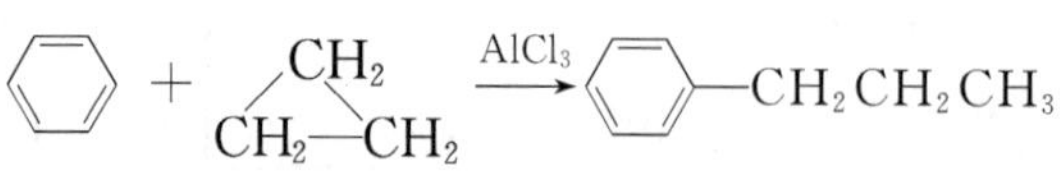

(3) 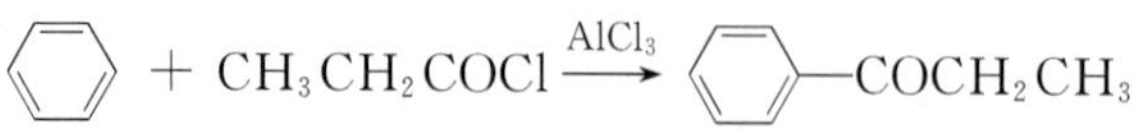

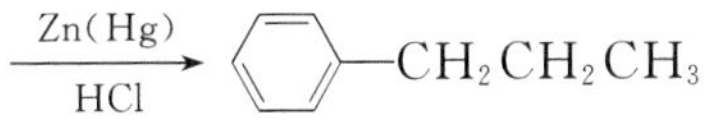

【例 6-6】 写出下列反应的产物。

（1） 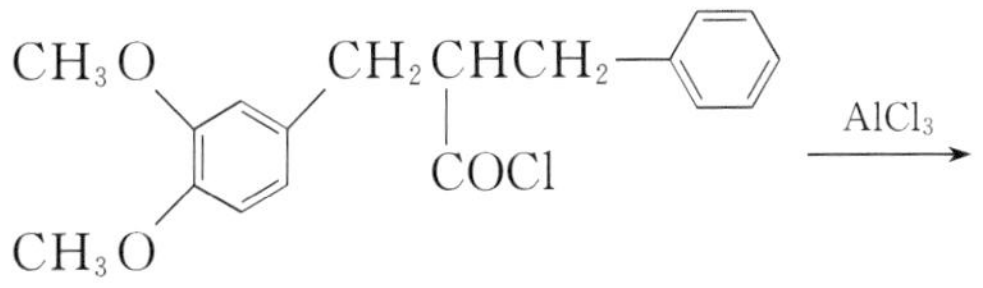

（2） 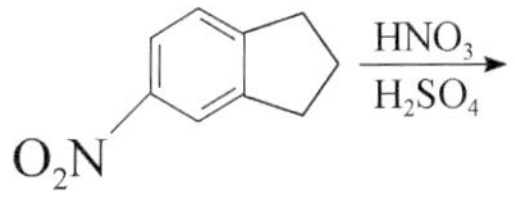

（3） 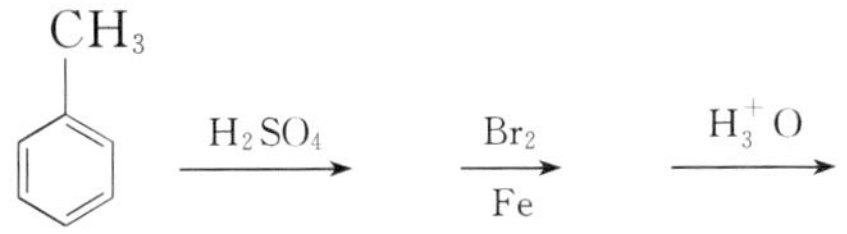

（4） 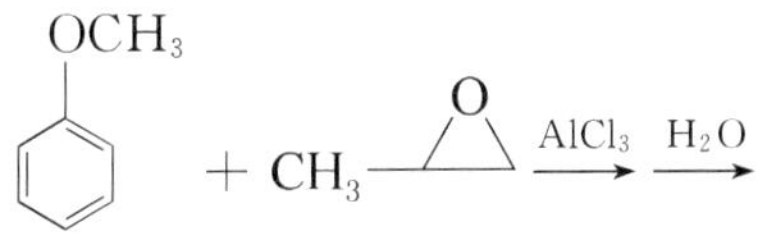

（5） 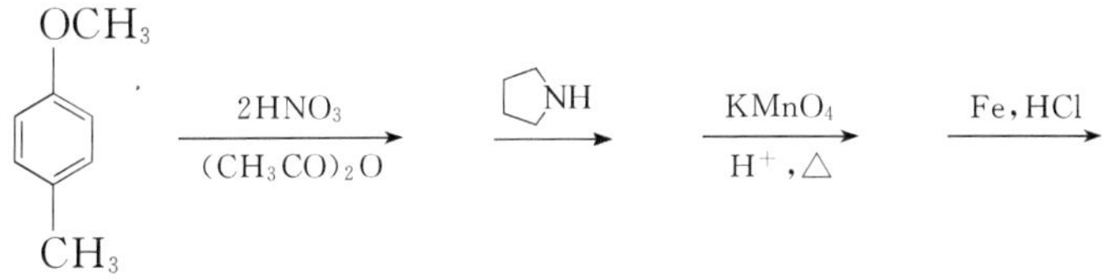

（6） 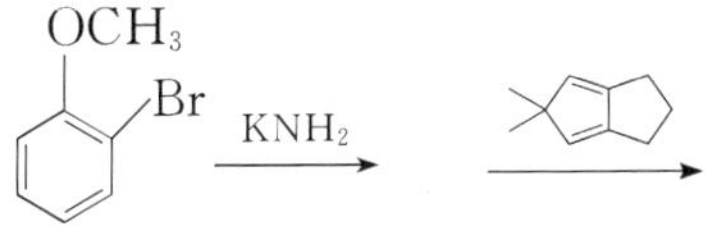

（7） 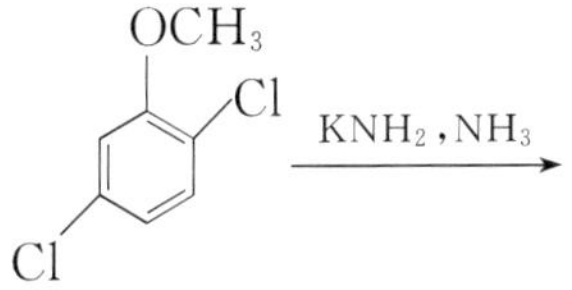

（8） 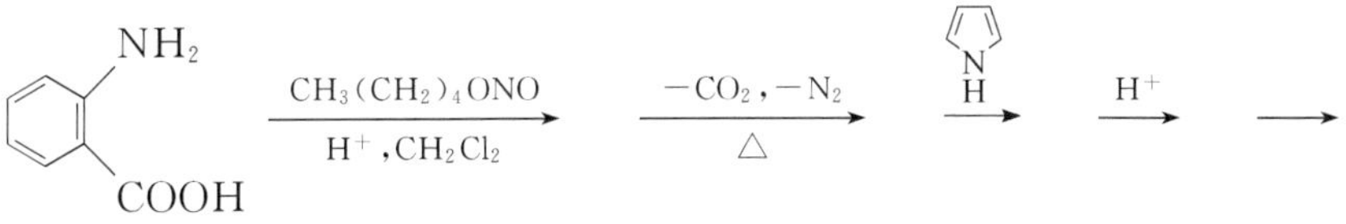

解 （1） 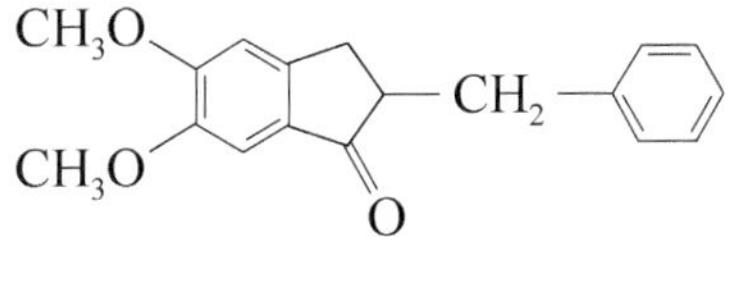

(2)
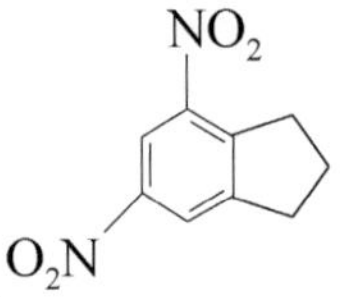

比较

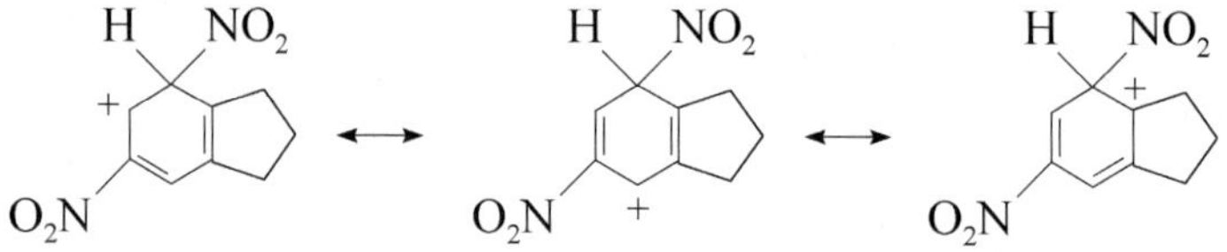

和

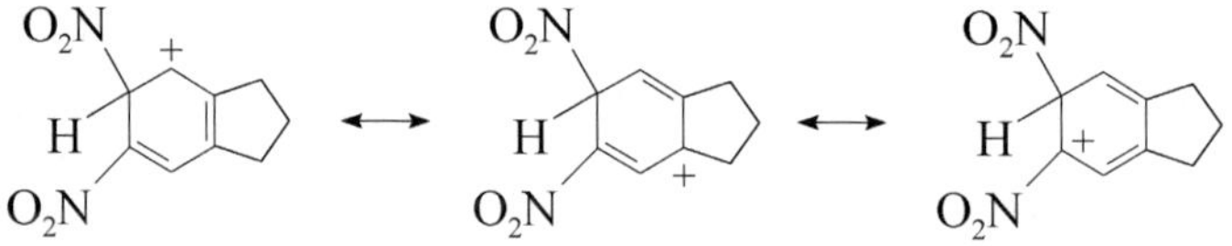

的稳定性，在中间体的共振极限式中，后者有一个极限式的正电荷落在直接与硝基相连的碳原子上，所以后者不如前者稳定。

(3)
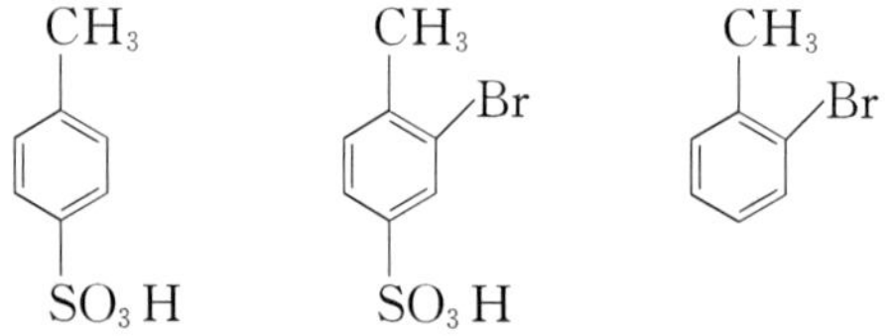

(4)
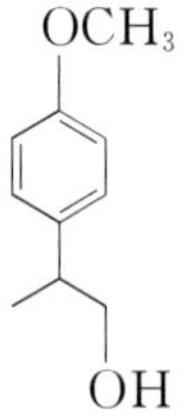

环氧丙烷为不对称的环氧乙烷衍生物，与酸性催化剂三氯化铝形成分子络合物，有利于与甲基相连的碳原子成为苯环上亲电取代反应的中心，从而得到上述产物。

(5)
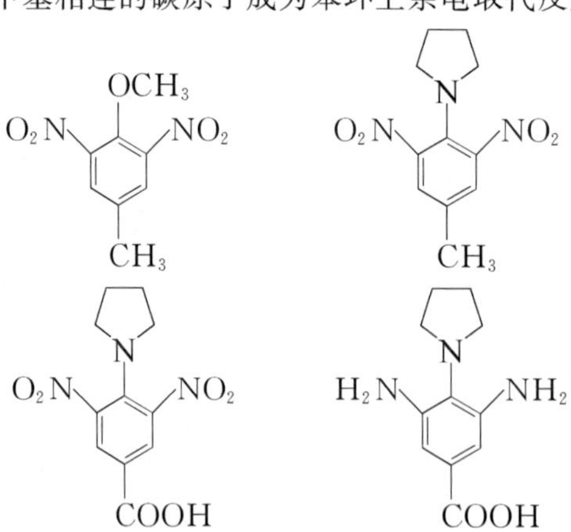

这是芳环上的亲电取代、亲核取代和官能团转换相结合的综合题。

(6) 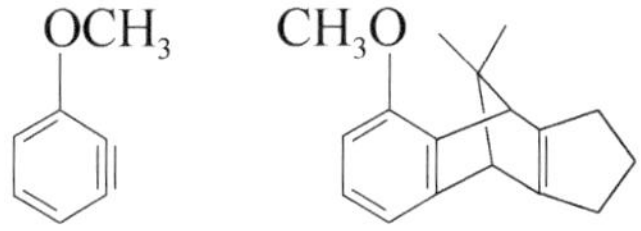

(7) 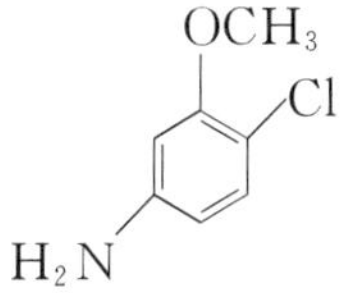

这是芳环上经苯炔机理进行的亲核取代反应，对于 2,5-二氯苯甲醚而言，尽管 C_3、C_4 和 C_6 上的氢都可以离去后形成相应的苯炔，但相对来说，受邻位甲氧基诱导效应的影响，C_6 上的氢酸性较大，所以主要的苯炔中间体是在 C_5 和 C_6 之间形成炔键的苯炔。然后是亲核试剂对苯炔叁键的亲核加成，生成相对较稳定的在 C_6 上带负电荷的苯基负离子，最终得到上述产物。

(8) 

在非质子溶剂中，邻氨基苯甲酸在亚硝酸酯作用下可以制得相应的重氮盐，后者受热分解成二氧化碳、氮气和苯炔。这也是制备苯炔的既简便又经济的方法。

【例 6-7】 给下列反应提出合理的反应机理。

(1) 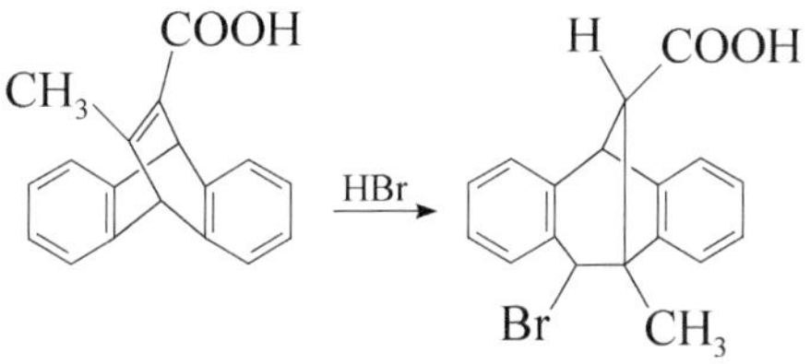

(2) 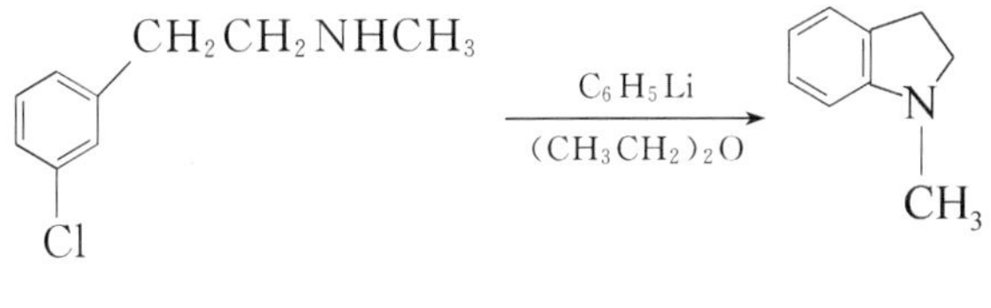

(3) 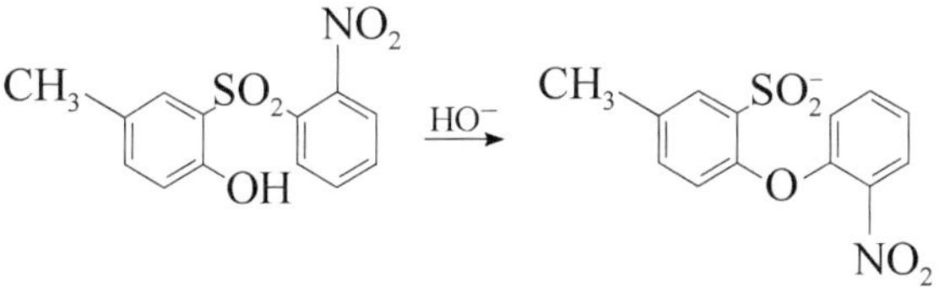

解　(1)

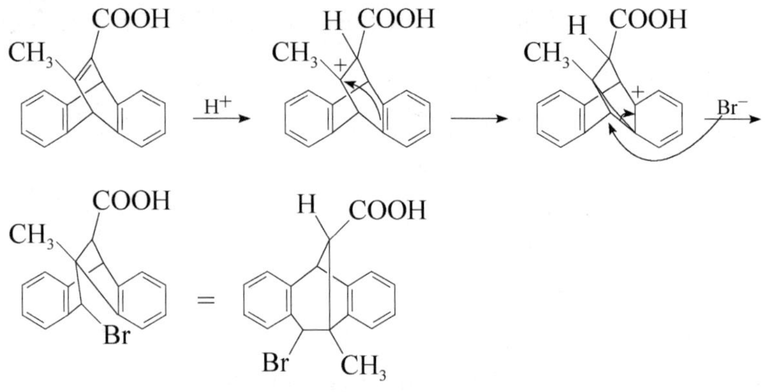

(2)

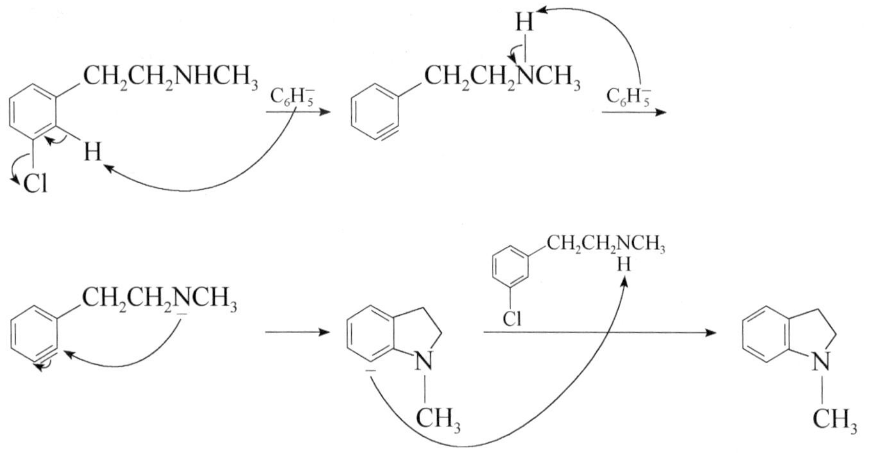

(3)

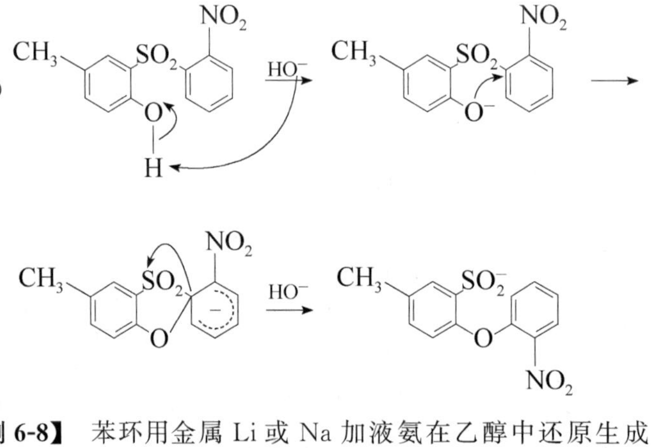

【**例 6-8**】 苯环用金属 Li 或 Na 加液氨在乙醇中还原生成 1,4-环己二烯,称为伯奇(Birch)反应。试用反应机理说明甲苯在此条件下还原主要生成 1-甲基-1,4-环己二烯,而苯甲酸还原则主要生成 2,5-环己二烯基甲酸。

解　伯奇反应经自由基机理将苯环还原成 1,4-环己二烯,经过负离子自由基中间体。

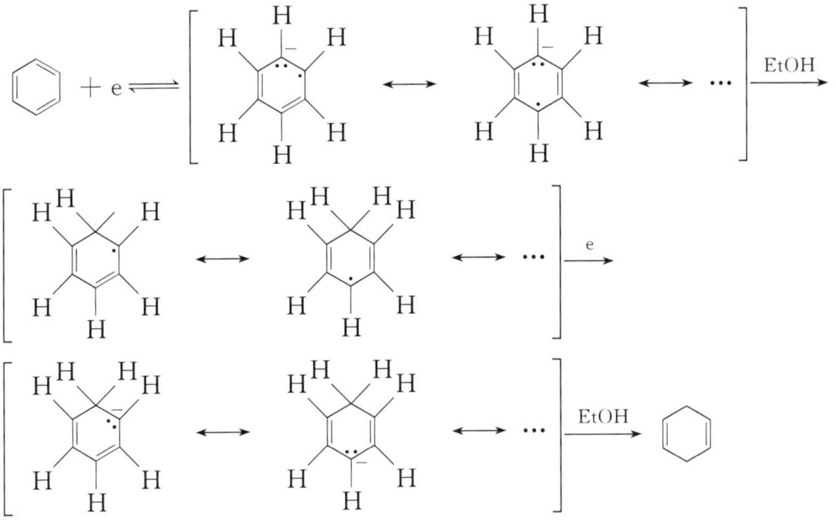

当甲苯被还原时，由于 CH_3 是给电子基团，负离子中间体中的负电荷落在与甲基相连的碳原子上相对不稳定，因此主要得到 1-甲基-1，4-环己二烯：

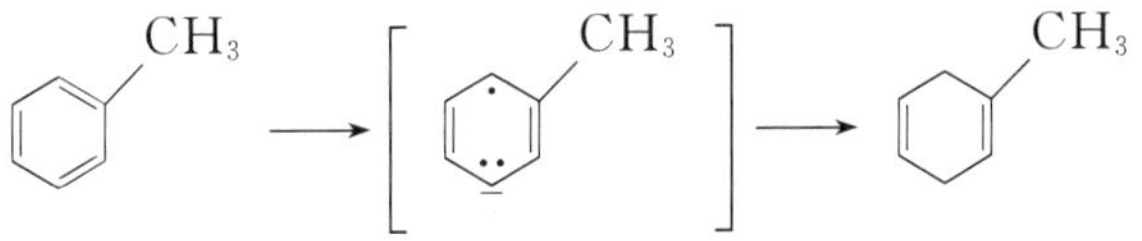

而当苯甲酸被还原时，由于 COOH 是吸电子基团，负离子中间体中的负电荷落在与 COOH 相连的碳原子上相对比较稳定，因此主要得到 2，5-环己二烯基甲酸：

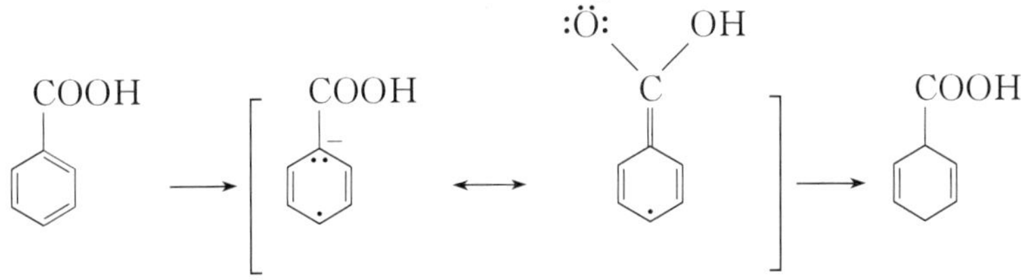

【例 6-9】 由指定有机原料及适当试剂合成下列化合物。

（1）由甲苯及不超过 4 个碳的有机原料和适当的无机试剂合成

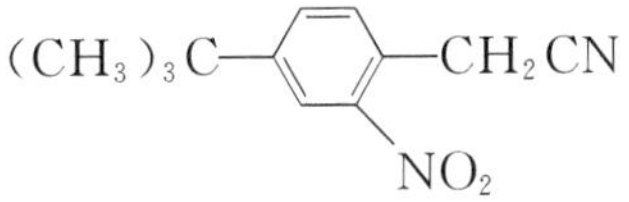

（2）由苯、甲苯及适当试剂合成

(3) 由甲苯合成

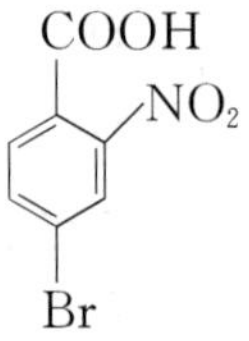

和

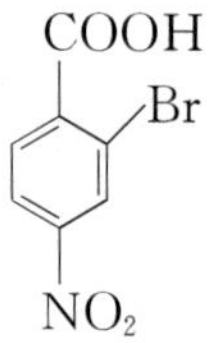

(4) 由苯及适当试剂合成

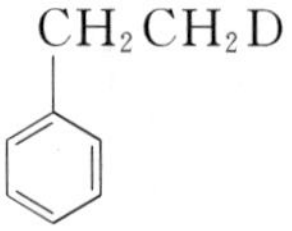

和

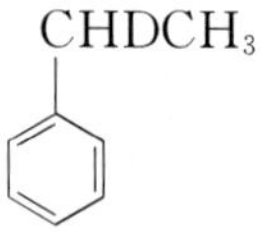

解 (1) 逆合成分析:

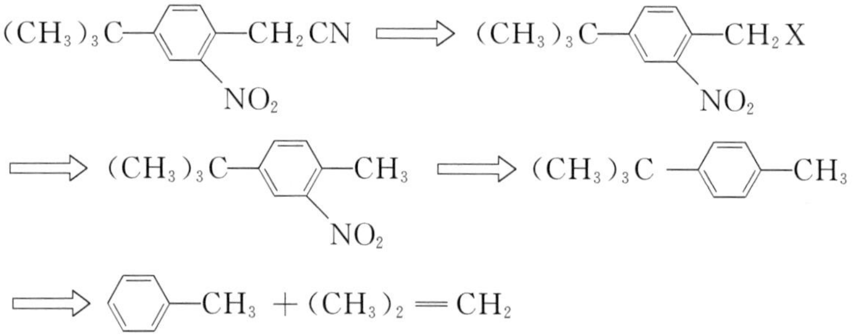

合成:

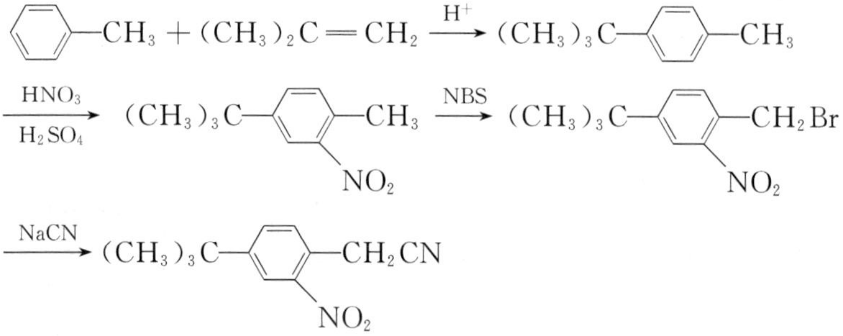

(2) 逆合成分析:

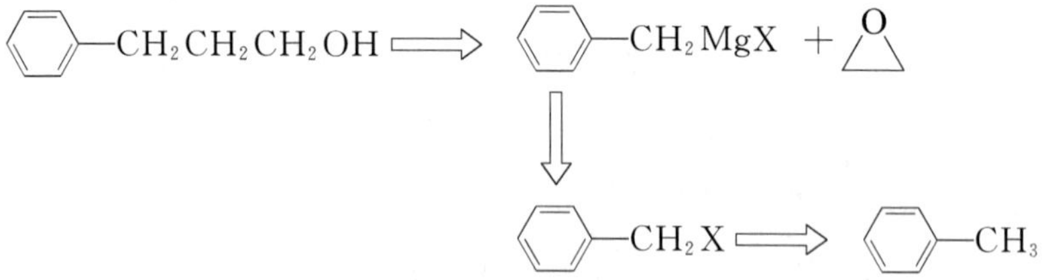

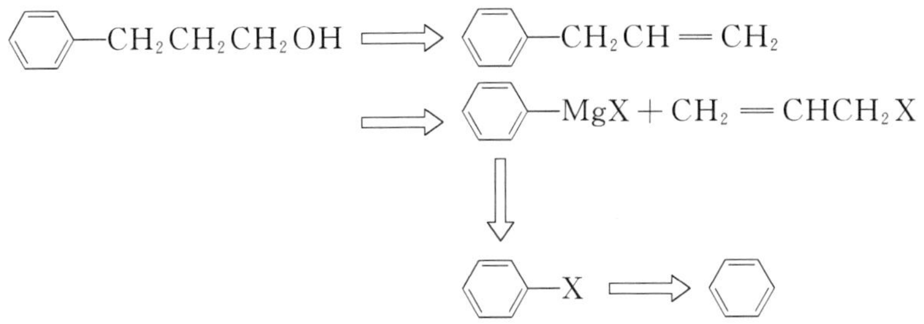

合成：

①
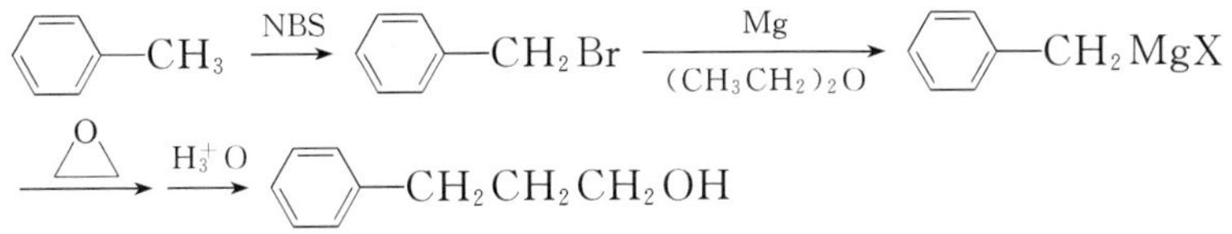

②
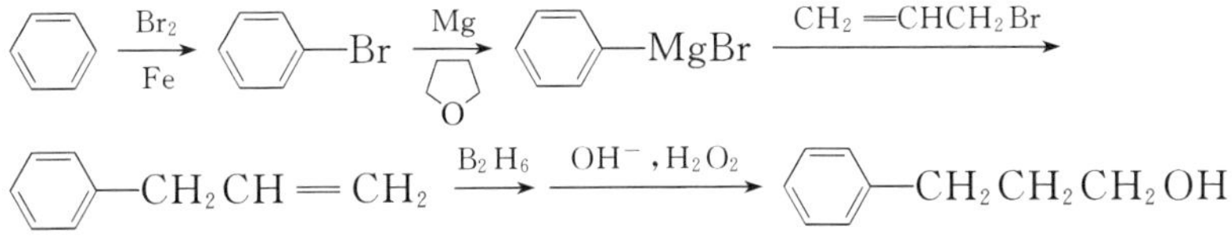

(3) ① 逆合成分析：

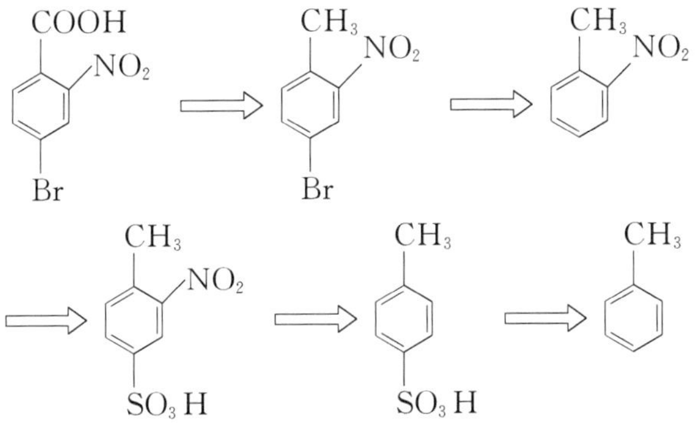

合成：

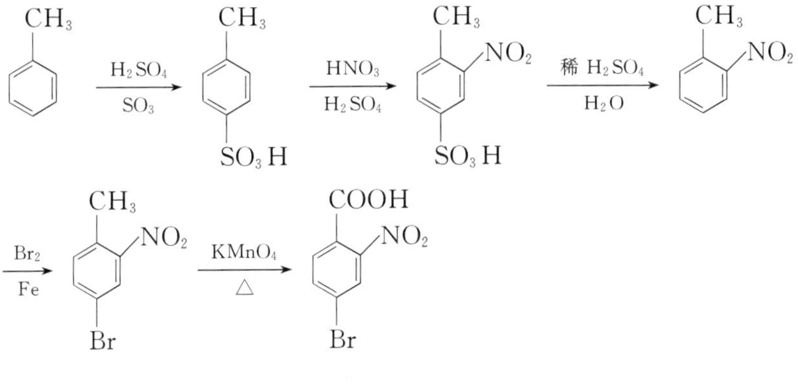

② 逆合成分析：

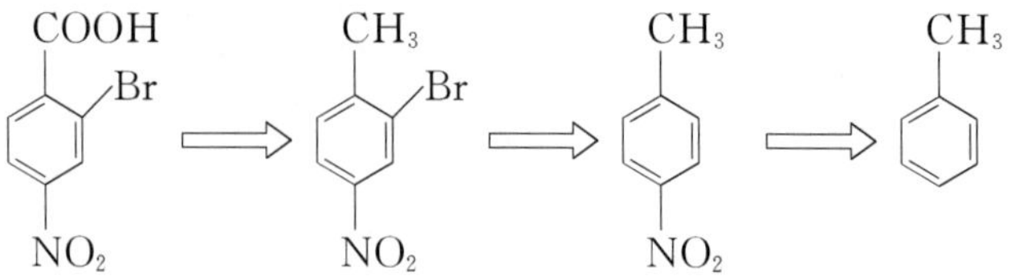

合成：

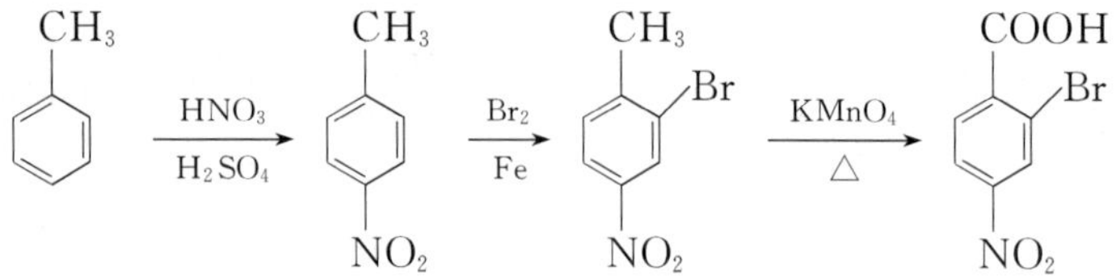

(4) ① 逆合成分析：

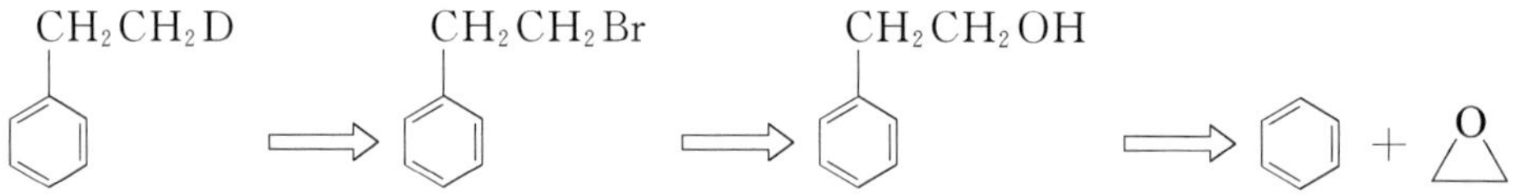

合成：

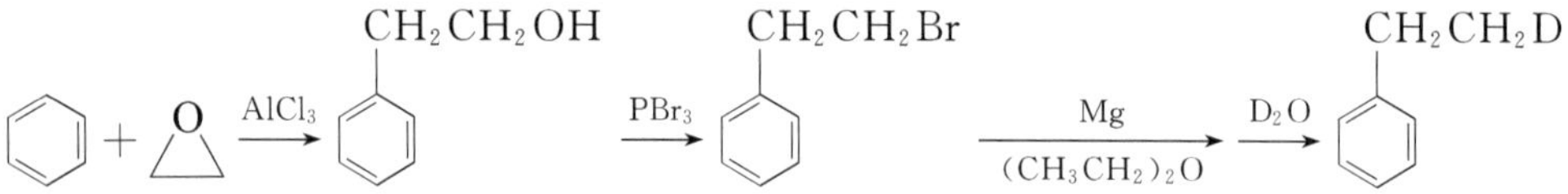

② 逆合成分析：

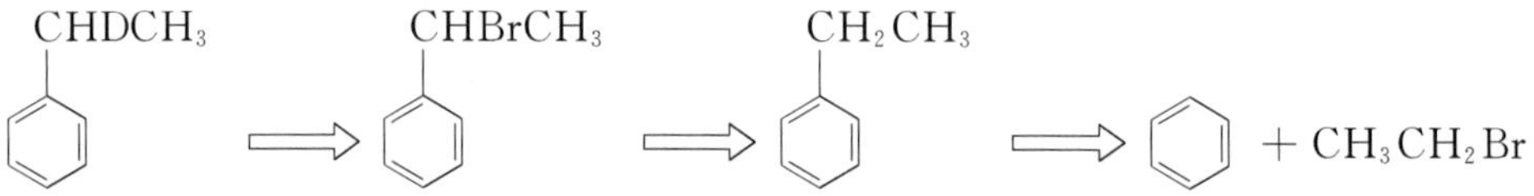

合成：

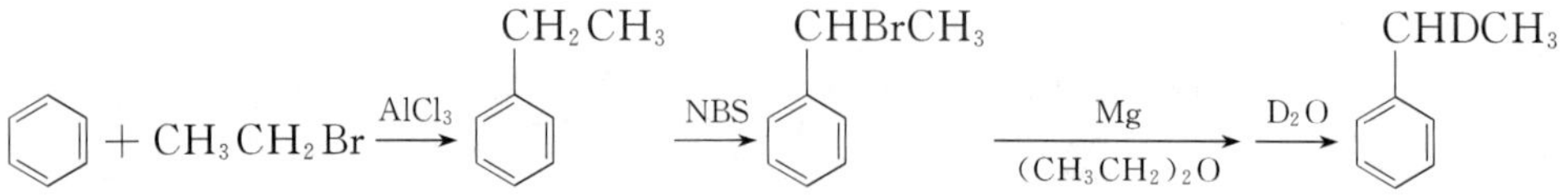

【例 6-10】 某芳香族化合物(A)，分子式为 $C_{10}H_{14}$，有五种可能的一溴取代物，分子式为 $C_{10}H_{13}Br$。(A)经氧化得酸性化合物(B)，分子式为 $C_8H_6O_4$。(B)经一硝化只得到一种硝化产物(C)，分子式为 $C_8H_5NO_6$。试推测化合物(A)～(C)的结构。

解　化合物(A)的不饱和度为

$$\Omega = \frac{2 \times 10 + 2 - 14}{2} = 4$$

当 $\Omega \geqslant 4$ 时，应考虑含有苯环。

(B)经一硝化只得到一种硝化产物，说明为对位具有相同取代的二取代苯。综合(B)的分子式和性质，其结构可能为 。所以(A)可能为 、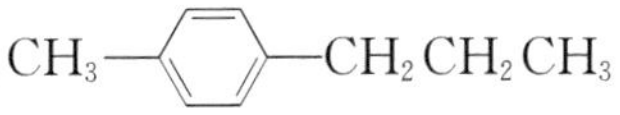 和 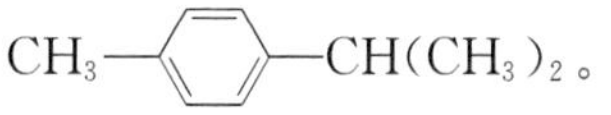。其中只有 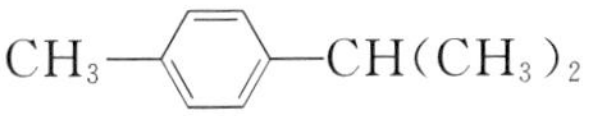 符合题意。所以(A)、(B)和(C)的结构分别为

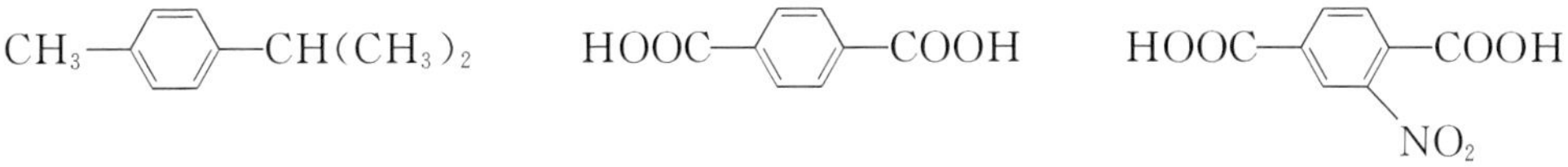

(A)　　　　　　(B)　　　　　　(C)

三、习题与参考解答

【习题 6-1】 简述苯的结构。

解　苯的分子式为 C_6H_6，不饱和度为 4，为高度不饱和化合物。苯分子由六个碳原子组成的平面结构，呈正六边形。其凯库勒(Kekulé)共振结构式可表示为 ，共振杂化体可表示为 。苯的凯库勒共振结构式与理想的环己三烯表示法相同，但意义不同，在苯分子中，碳-碳键的键长和键能都相等，而理想中的环己三烯其碳-碳键分别具有碳-碳单键和双键的键长和键能。

从分子轨道的角度看，苯分子中每个碳原子以 sp^2 杂化轨道与两相邻碳原子组成碳-碳 σ 键，与一个氢原子组成碳-氢 σ 键，每个碳原子剩一个垂直于环平面的 p 轨道，相互在侧面重叠构成完全离域的大 π 键。用共振杂化体表示式  中的圆圈来表示离域的大 π 键更为形象。

【习题 6-2】 环己烯、1,3-环己二烯和苯在铂催化下加氢生成环己烷，其氢化热分别为 $-119.5\text{kJ} \cdot \text{mol}^{-1}$、$-231.8\text{kJ} \cdot \text{mol}^{-1}$ 和 $-208.5\text{kJ} \cdot \text{mol}^{-1}$。试计算当 1,3 环己二烯和苯分别加 1mol 氢时的氢化热，并估计等物质的量的苯和氢在铂催化下发生加成反应的产物。

解　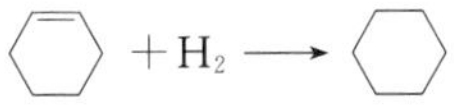　$\Delta H_h = -119.5\text{kJ} \cdot \text{mol}^{-1}$

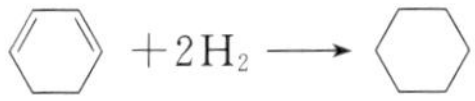　$\Delta H_h = -231.8\text{kJ} \cdot \text{mol}^{-1}$

所以

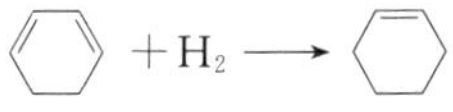　$\Delta H_h = -231.8 - (-119.5) = -112.3(\text{kJ} \cdot \text{mol}^{-1})$

而

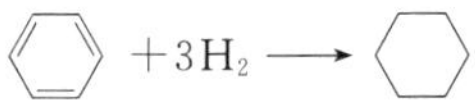　$\Delta H_h = -208.5\text{kJ} \cdot \text{mol}^{-1}$

所以

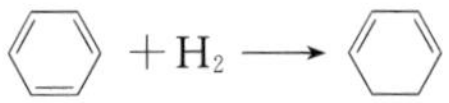

$\Delta H_h = -208.5 - (-231.8) = +23.3(kJ \cdot mol^{-1})$

由以上计算结果可以看出,如果环己烯、1,3-环己二烯和苯分别与1mol氢反应,其反应的活性顺序为环己烯>1,3-环己二烯≫苯。

正因为环己烯和1,3-环己二烯的氢化活性远远大于苯,所以当苯与1mol氢发生加成反应时难以停留在1,3-环己二烯及环己烯的阶段,而将进一步氢化生成环己烷。因此,当等物质的量的苯与氢在铂催化下发生加成反应的产物中,1/3为环己烷,2/3的苯未反应。

【习题 6-3】 写出分子式为 C_9H_{12} 单环芳烃的所有异构体并命名。

解 不饱和度为

$$\Omega = \frac{9 \times 2 + 2 - 12}{2} = 4$$

凡 $\Omega \geq 4$,通常必须考虑是否有苯环。因此异构体有

丙苯

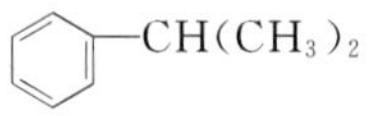

异丙苯

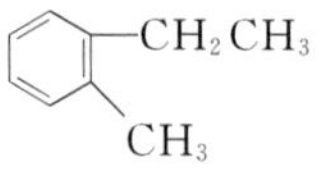

邻甲基乙苯

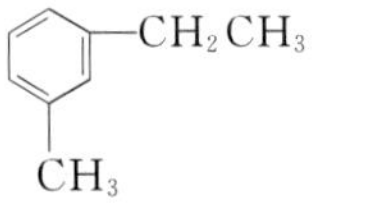

间甲基乙苯

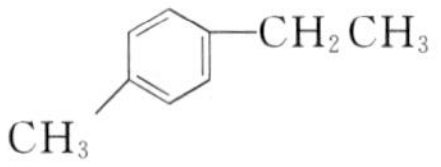

对甲基乙苯

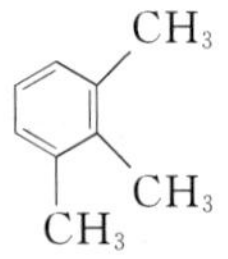

1,2,3-三甲苯

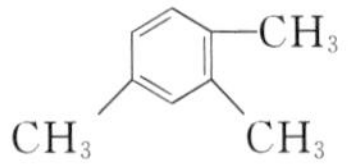

1,2,4-三甲苯

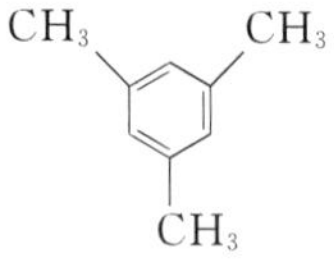

1,3,5-三甲苯

【习题 6-4】 命名下列基团。

(1) C_6H_5— (2) $C_6H_5CH_2$— (3) $(C_6H_5)_2CH$—

(4) $(C_6H_5)_3C$— (5) C_6H_5CH═ (6) $C_6H_5CH(CH_3)$—

(7) $C_6H_5CH_2CH_2$— (8) C_6H_5CH═CH— (9) C_6H_5CH═$CHCH_2$—

解 (1) 苯基 (2) 苄基(苯甲基) (3) 二苯甲基

(4) 三苯甲基 (5) 亚苄基(苯亚甲基) (6) α-苯乙基

(7) β-苯乙基 (8) 苯乙烯基 (9) 肉桂基(3-苯烯丙基)

【习题 6-5】 命名下列化合物。

(1) 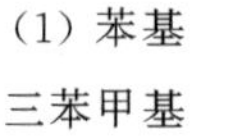

(2) 

(3) 

(4) 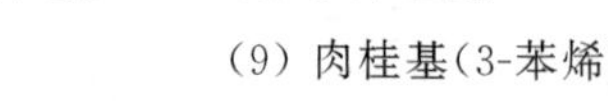

(5) 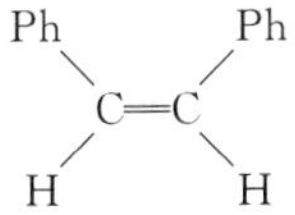

(6) 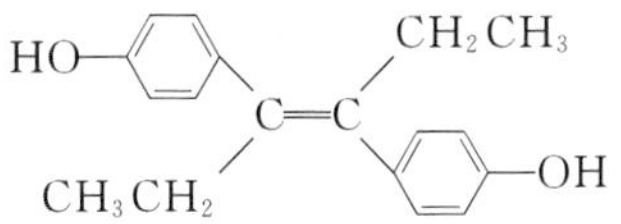

(7) 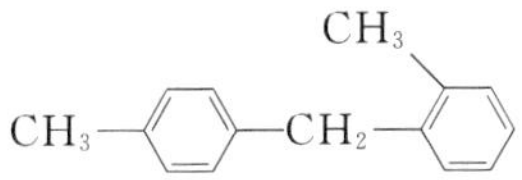

(8) 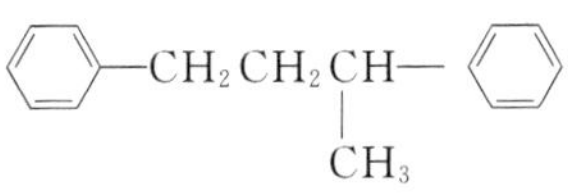

(9) 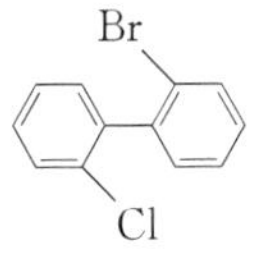

(10) 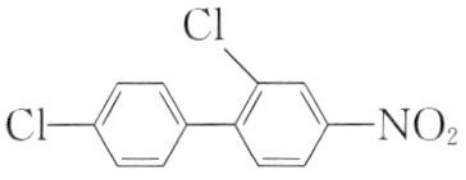

解　(1) 环己基苯　　(2) 联苯

(3) 二苯甲烷　　(4) 1,4-二苯基-2-丁炔

(5) (*Z*)-1,2-二苯基乙烯　　(6) (*E*)-3,4-二(4-羟基苯基)-3-己烯

(7) 2,4′-二甲基二苯甲烷　　(8) 1,3-二苯基丁烷

(9) 2-氯-2′-溴联苯　　(10) 4-硝基-2,4′-二氯联苯

【习题 6-6】　下列化合物都不具有芳香性,解释原因。

(1) 　(2) 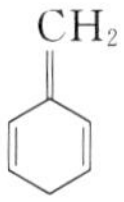　(3) 　(4) 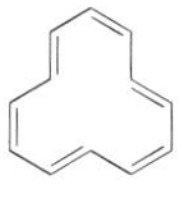　(5) 

解　(1) 其中一个 sp^3 杂化的碳原子阻碍了首尾 p 轨道从侧面交盖,不能形成单环共轭体系。

(2) 亚甲基不参加环内共轭,环上有一个 sp^3 杂化的碳原子。

(3) 仅有 4 个 π 电子。

(4) 环内电子数不符合 $4n+2$ 规则。

(5) 不是共轭体系。

【习题 6-7】　解释下列现象。

(1) 环庚三烯中 CH_2 上 H 的酸性比典型的烯丙基上 H 的酸性要小。

(2) 环戊二烯中 CH_2 上 H 的酸性比 1,3-环己二烯中 CH_2 上 H 的酸性大。

解　(1) 环庚三烯中 CH_2 上的氢以 H^+ 离去后形成环庚三烯负离子,该碳原子由 sp^3 杂化转变为 sp^2 杂化,未共用电子对将占在 p 轨道上,因此环庚三烯负离子将有 8 个 π 电子构成闭环共轭体系,这样就势必有两个 π 电子分别占在分子轨道的两个反键轨道上,所以环庚三烯负离子是一个比相应的开链类似物更不稳定的反芳香性的体系。而在环庚三烯中,CH_2 上的碳以 sp^3 杂化形式成键,从而避免了反芳香性。烯丙基 H 离去后形成烯丙基负离子,构成相对较稳定的 p-π 共轭体系。所以环庚三烯中 CH_2 上 H 的酸性比典型的烯丙基上 H 要小。

(2) 环戊二烯中 CH_2 上的氢以 H^+ 离去后形成环戊二烯负离子,碳原子由 sp^3 杂化转变为 sp^2 杂化,负离子中的一对未共用电子对占在 p 轨道上,与两个烯键构成 6 个 π 电子的单环共轭

体系，是具芳香性的稳定体系。而1,3-环己二烯中一个CH_2上的氢以H^+离去后，尽管能构成6个π电子的共轭体系，但还有一个CH_2上的碳原子是以sp^3杂化轨道成键，它阻止了闭环共轭体系的形成，所以1,3-环己二烯负离子是相对不稳定的非芳香性体系。因此环戊二烯中CH_2上H的酸性要比1,3-环己二烯中CH_2上H的酸性大。

【习题6-8】 写出在铁粉催化下，二甲苯与氯反应的主要产物和可能产物。

解 可能产物取决于芳环上有多少种不同化学环境的氢。主要产物由定位效应及位阻等因素决定。所以有

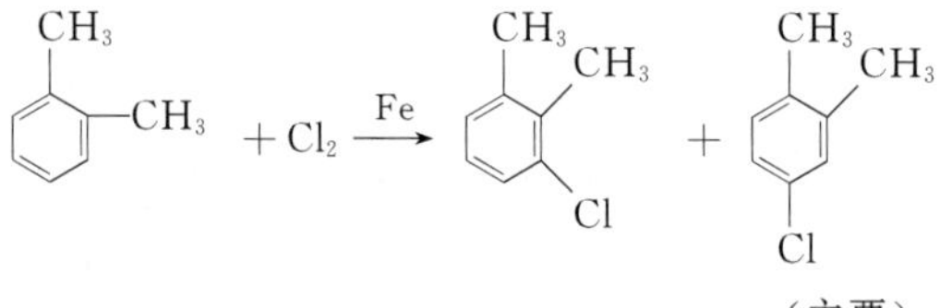

（主要）

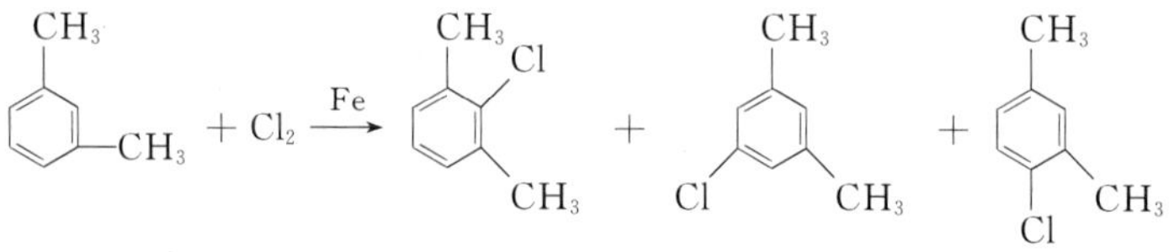

（主要）

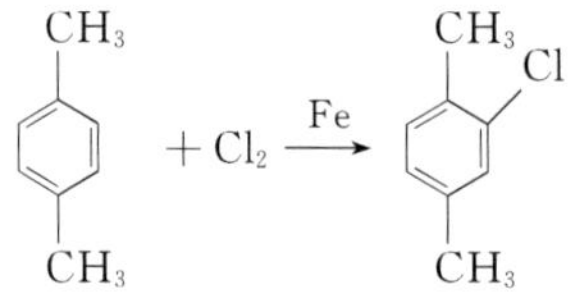

（唯一）

【习题6-9】 写出下列化合物在发生亲电取代反应时亲电试剂进入芳环的主要位置(用箭头表示)。

(1) 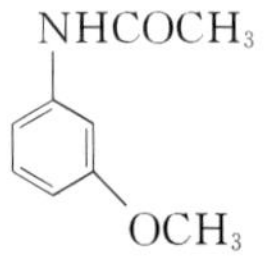

(2) 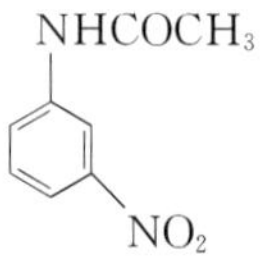

(3) 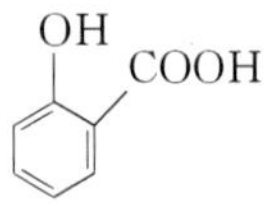

(4) 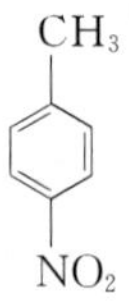

(5) 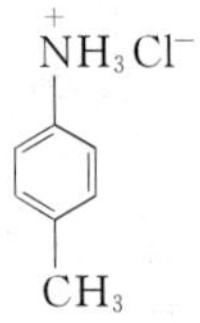

(6) 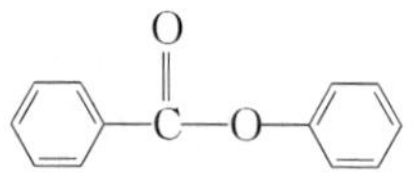

(7) 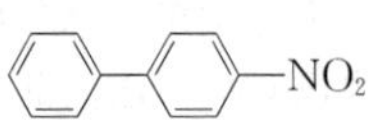

(8) 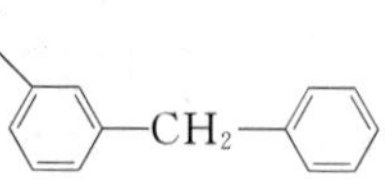

(9) 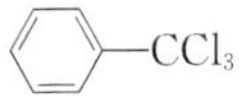　(10) 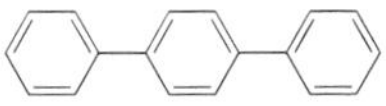

解 (1) 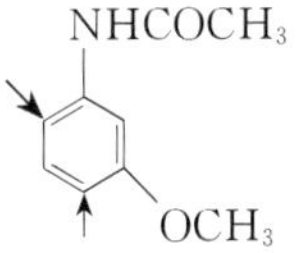　(2) 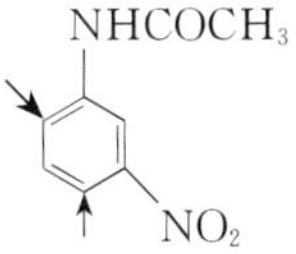

(3) 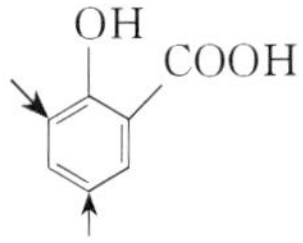　(4) 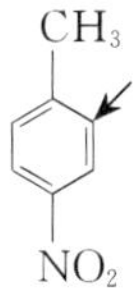

(5) 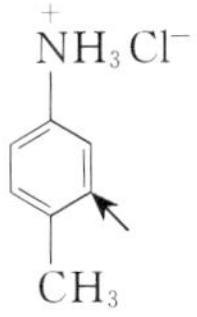　(6) 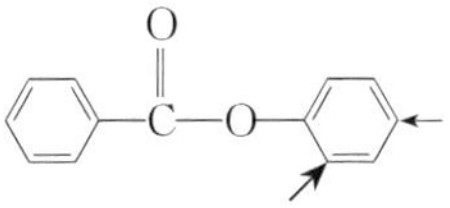

(7) 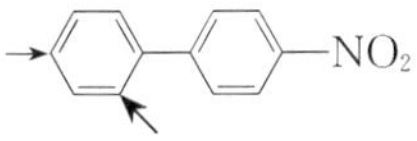　(8) 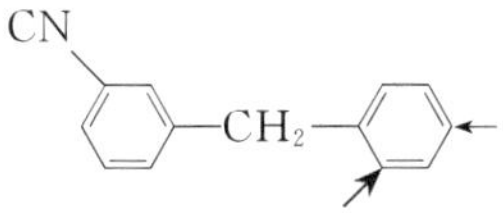

(9) 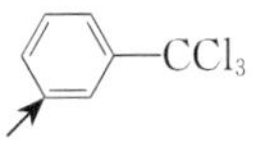　(10) 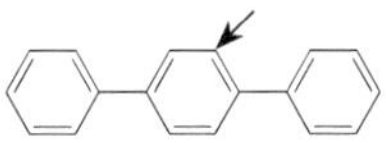

【习题 6-10】 预测下列化合物在傅-克单酰基化反应中优先发生取代反应的位置(用箭头表示)。

(1) 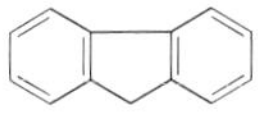　(2) 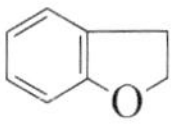　(3) 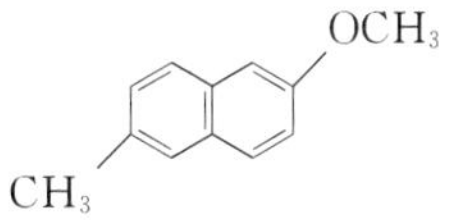

(4) 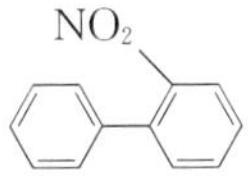　(5) 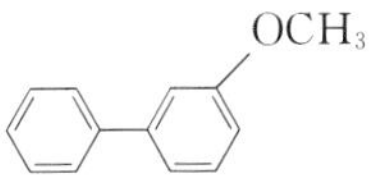　(6) 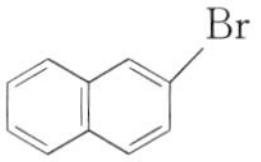

解 (1) 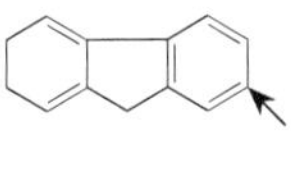　(2) 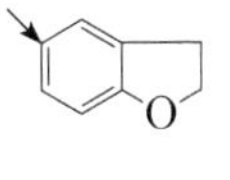　(3) 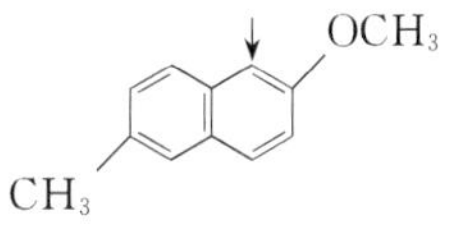

(4) 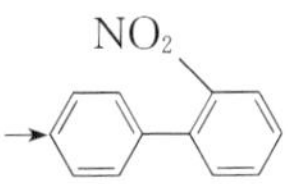　(5) 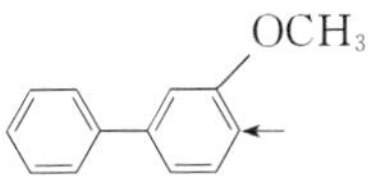　(6) 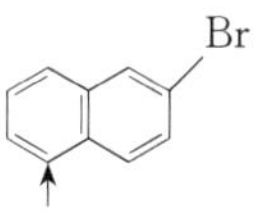

傅-克酰基化反应的位置由活化基团——邻、对位定位基决定。可写出中间体 σ 络合物的共振结构式,再比较其稳定性,最后确定正确位置。芳环上有强钝化基团时,被钝化的芳环不发生此反应。

【习题 6-11】 经傅-克烷基化反应可在 C_6H_5Br 的芳环上引入烷基,反应中可用 $C_6H_5NO_2$ 而不能用 C_6H_6 作溶剂,为什么?

解　溴是使芳环弱钝化的邻、对位定位基，尽管可以发生傅-克烷基化反应，但不如苯活泼，因此当用 C_6H_6 作溶剂时，C_6H_6 比 C_6H_5Br 优先烷基化，很难有 C_6H_5Br 烷基化的产物。$C_6H_5NO_2$ 中的—NO_2 是强钝化基团，在 $C_6H_5NO_2$ 的芳环上不会发生烷基化，同时 $C_6H_5NO_2$ 对 $AlCl_3$ 的溶解度很好，所以 $C_6H_5NO_2$ 是傅-克反应中常用的溶剂。

【习题 6-12】　写出下列反应的主要产物。

(1) 

(2) 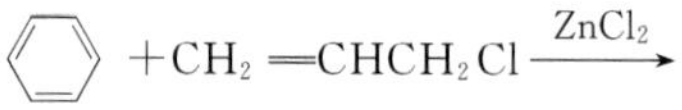

(3) 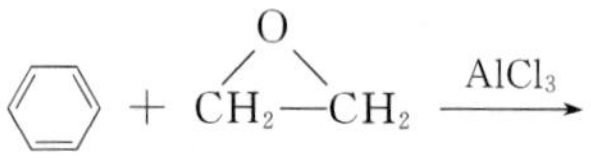

(4) 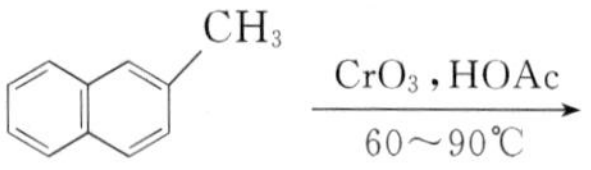

(5) 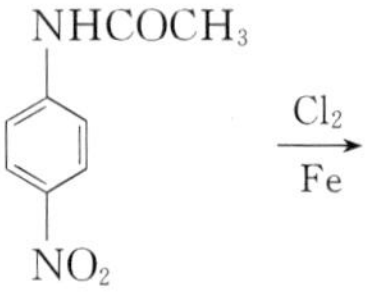

(6) 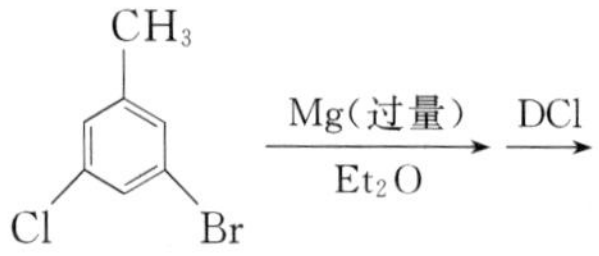

(7) 

(8) 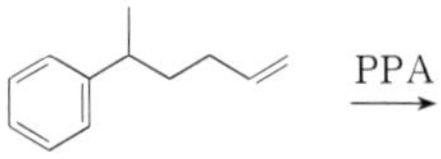

(9) 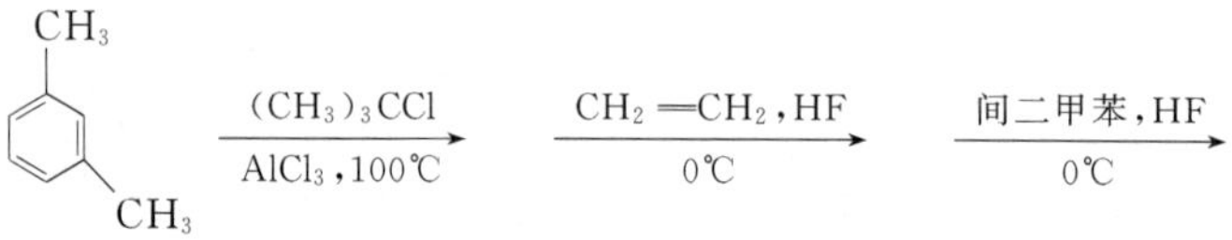

(10) 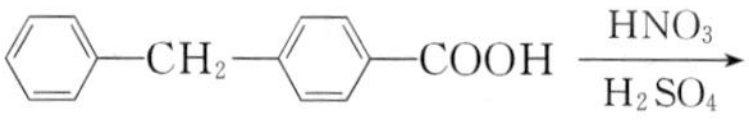

(11) 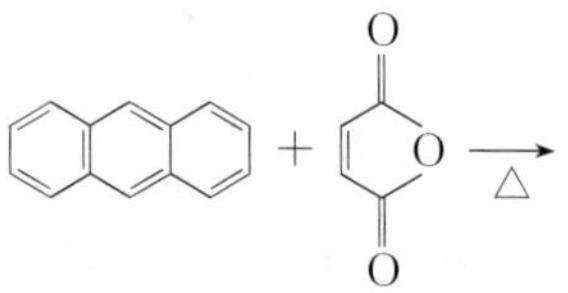

解　(1) 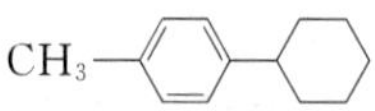

(2) 

(3) 

(4) 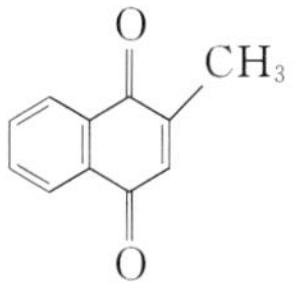

(5) 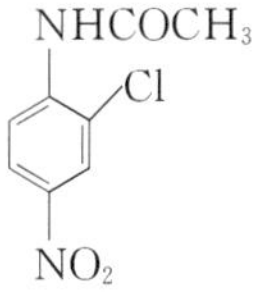

(6) 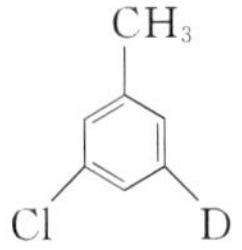

(7) 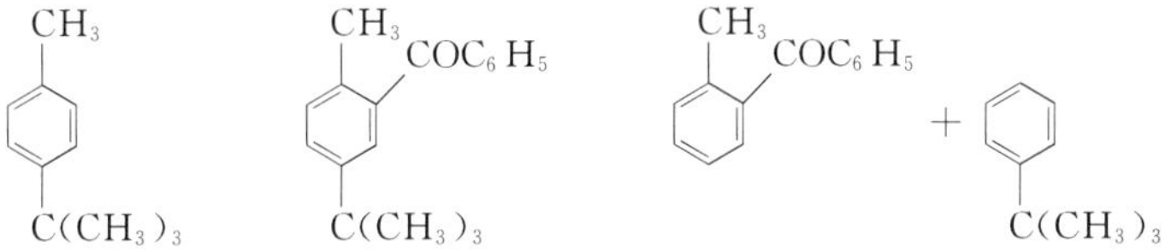

(8) 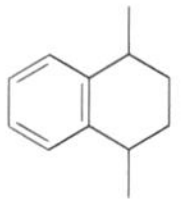

(9) 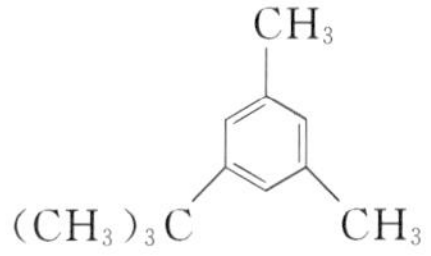

此步傅-克反应在较高反应温度下进行，得到热力学控制产物，$(CH_3)_3C$—占在空间位阻较小的间位。

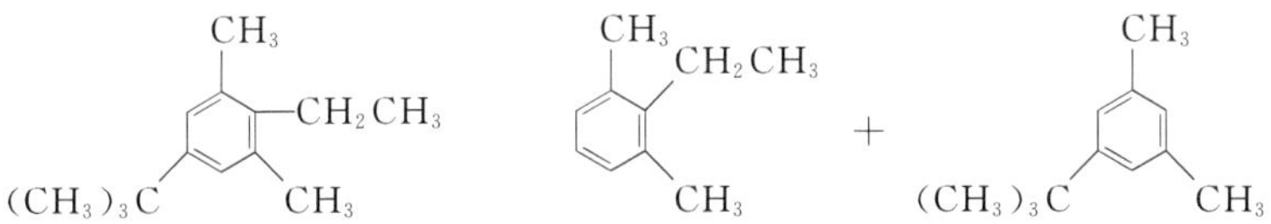

(10) 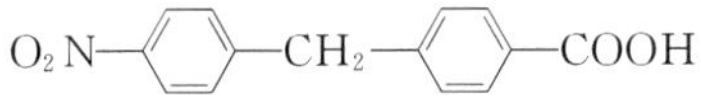

(11) 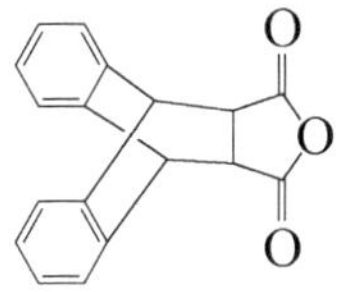

【习题 6-13】 下列反应是第尔斯-阿尔德反应的逆反应，试比较反应的难易程度，并简要说明理由。

(1) 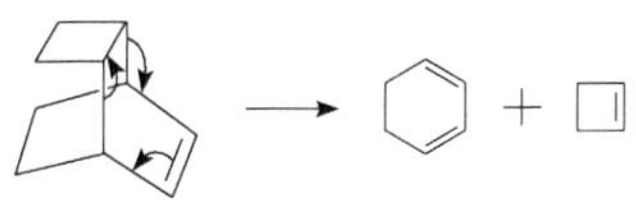

(2) 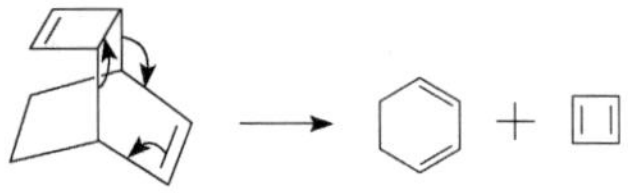

(3) 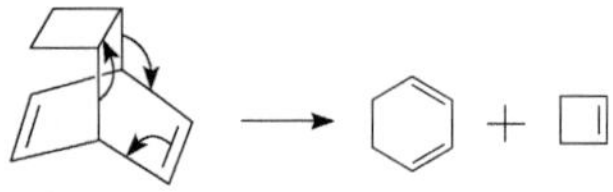

解　根据傅-克逆反应所得产物的稳定性可以判断其反应的难易。反应(3)最容易进行,因为生成相当稳定的苯,而反应(2)最不容易进行,因为产物之一环丁二烯很不稳定,是反芳香性的,很难生成。

【习题 6-14】　写出下列化合物经分子内的傅-克酰基化反应的产物。

(1) 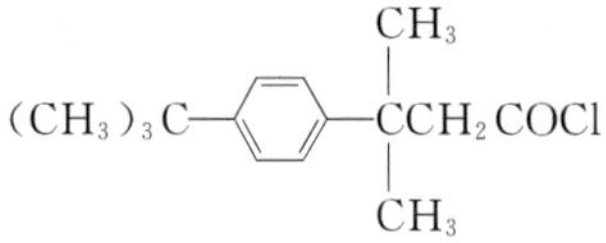

(2) 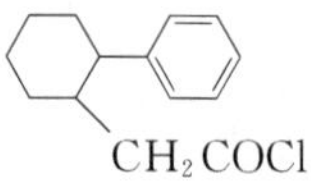

解　(1) 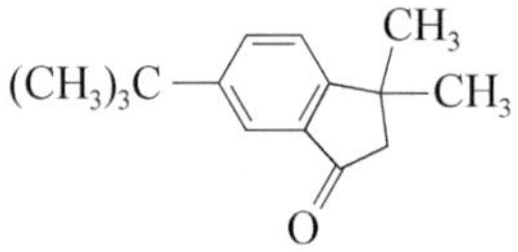

(2) 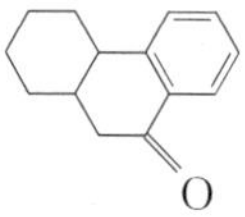

【习题 6-15】　在酸催化条件下,某些活泼芳环可以用次氯酸(HOCl)作氯化剂,在芳环上导入氯原子,试提出其可能的反应机理。

解　芳环上的氯化为 Cl^+ 对芳环的亲电取代反应,所以有

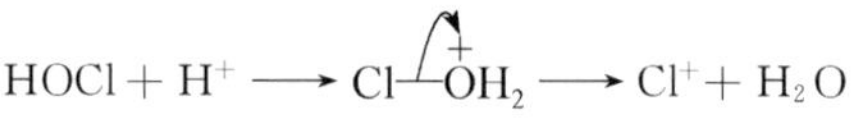

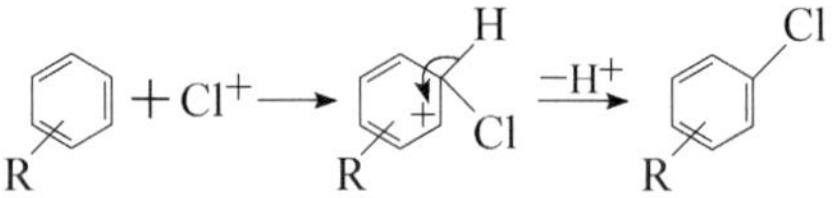

【习题 6-16】　完成下列反应,写出主要产物。

(1) 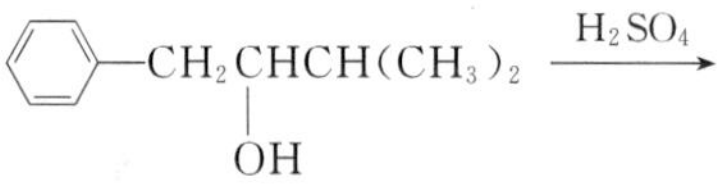

(2) 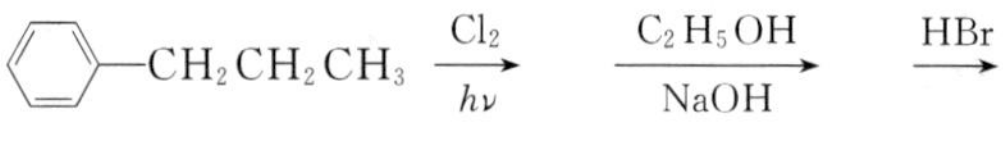

(3) 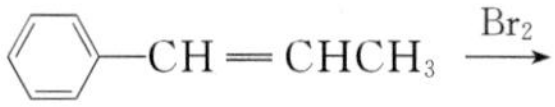

(4) 

(等物质的量)

(5) 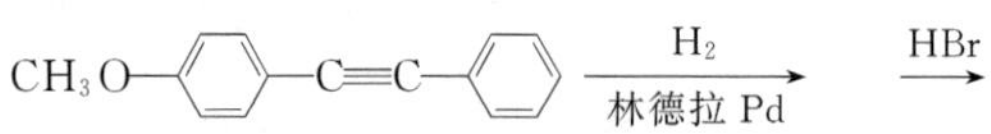

解　(1) 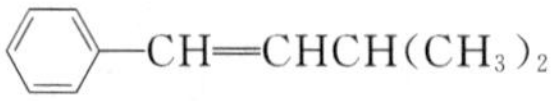

生成更稳定的与苯环共轭的碳-碳双键。

(2) 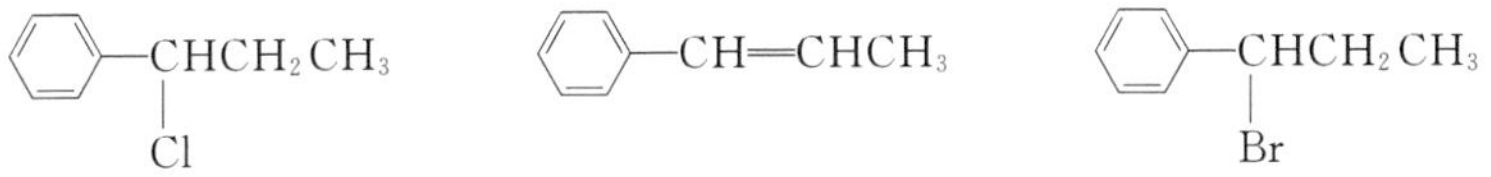

最后一步反应经过更稳定的  中间体。

(3) 反应物有顺反异构体，加溴时形成不同构型的溴鎓离子中间体，所以分别得到不同构型的加成产物。

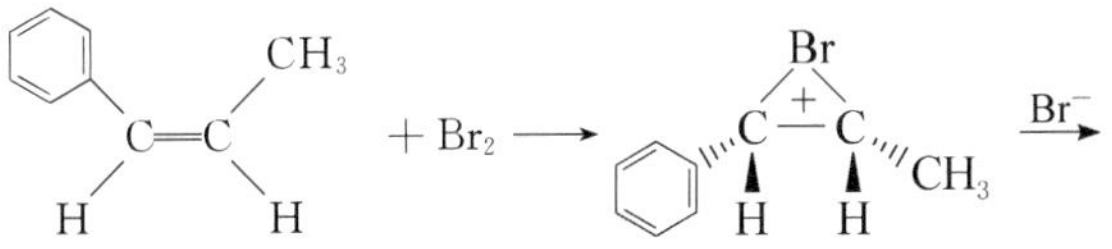

顺式

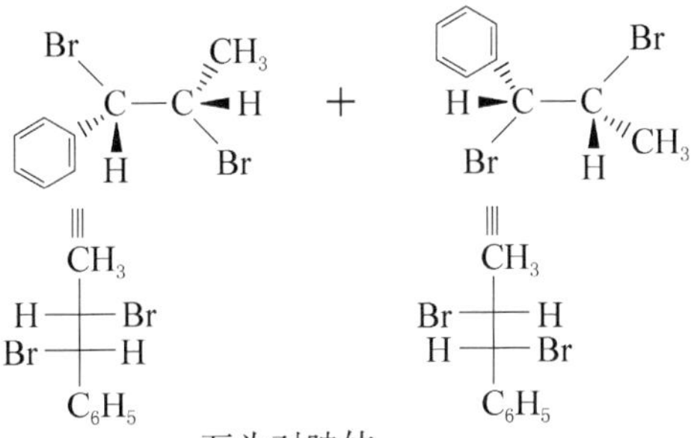

互为对映体

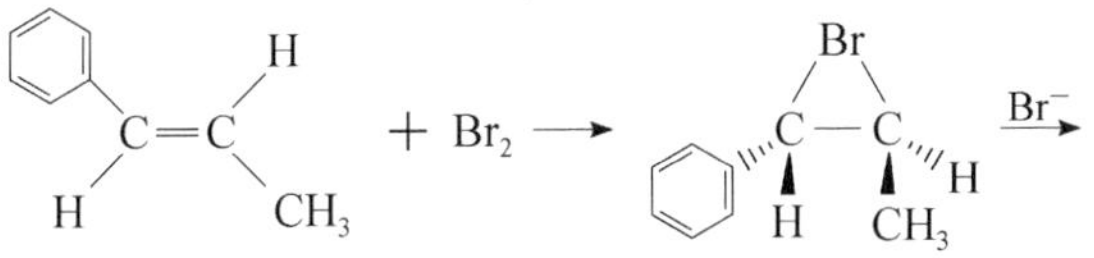

反式

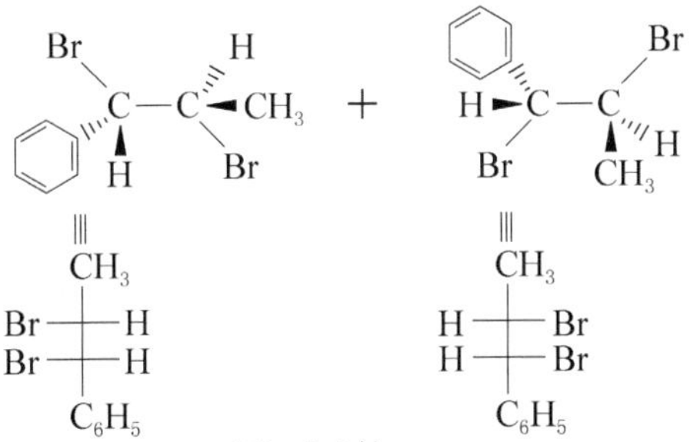

互为对映体

(4) 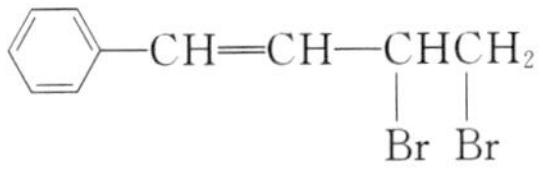

主要产物是苯环与碳-碳双键共轭的烯烃。

(5) 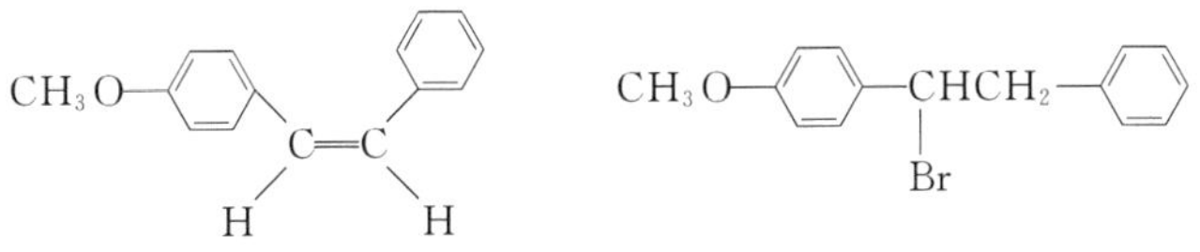

反应经过相对更稳定的 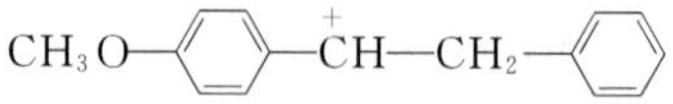 中间体。

【习题 6-17】 给下列反应提出合理的反应机理。

(1)

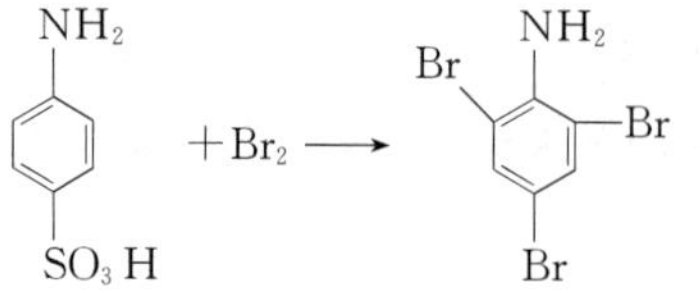

(2)

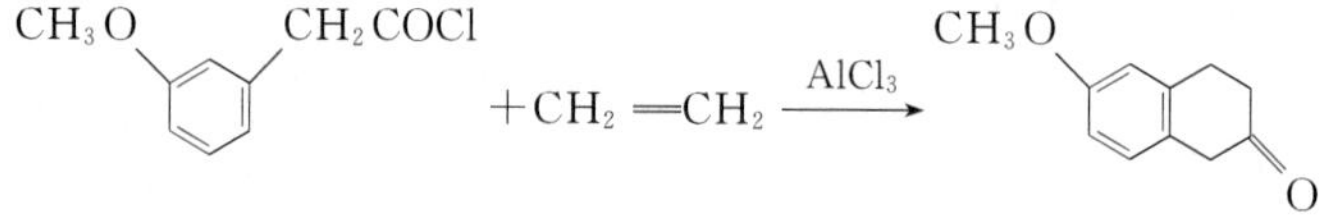

(3)

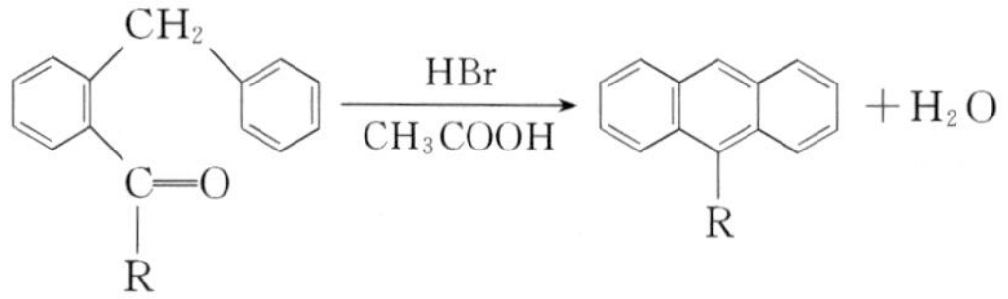

(4)

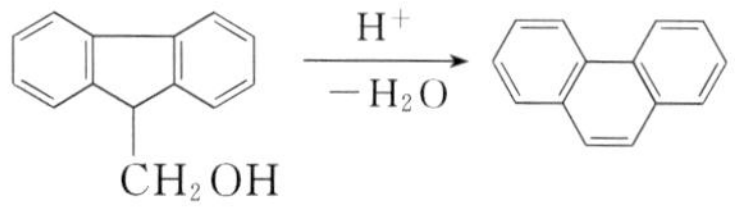

解 (1)

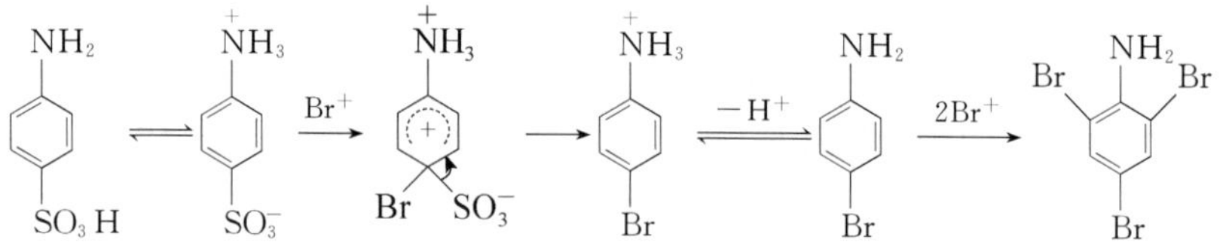

由于 SO_3 是很好的离去基团,因此首先是 Br^+ 通过亲电取代反应在—SO_3^- 的原位取代—SO_3^-,然后是两个 Br^+ 取代芳环上的两个 H。

(2)

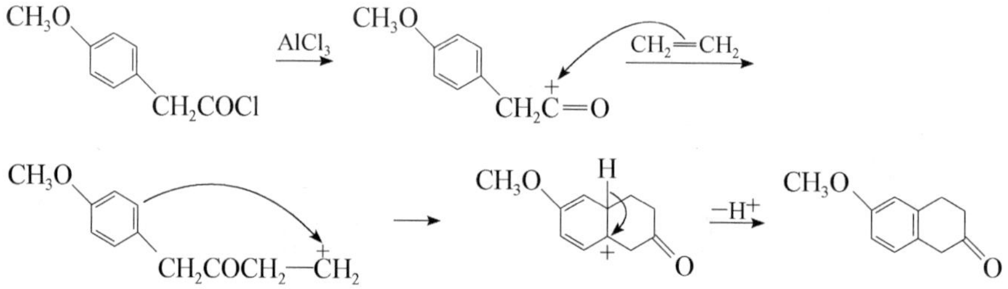

(3)

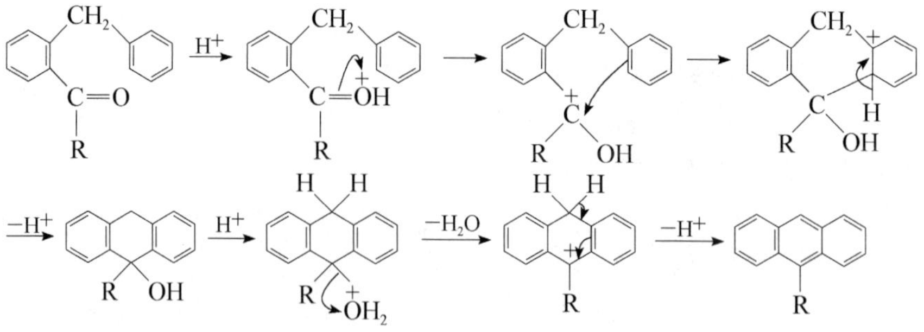

(4) 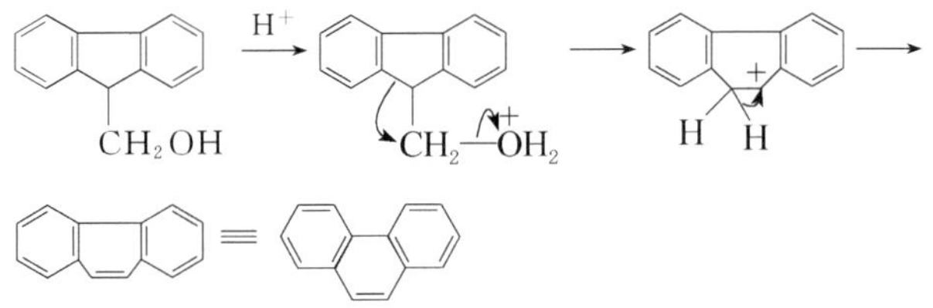

【习题 6-18】 写出 $C_6H_5CH_2CH_2CH_3$ 与溴分别在 Fe 粉催化和光照(或加热)条件下的反应产物和反应过程。

解 (1) 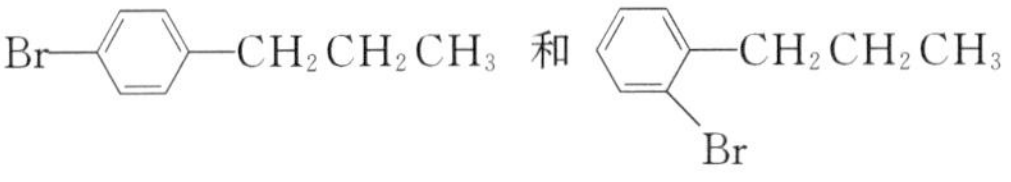

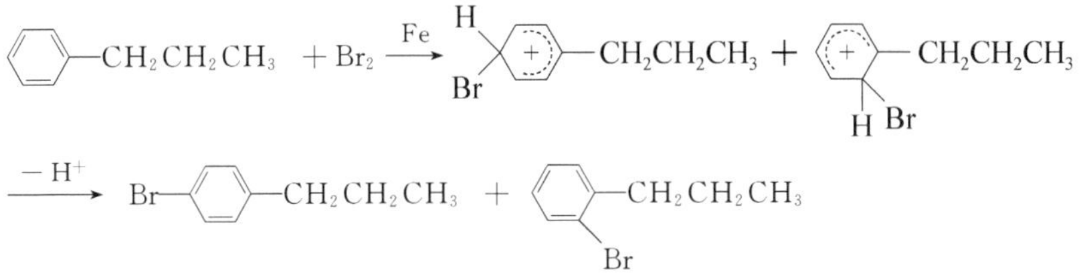

(2) 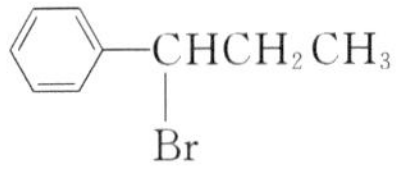

$$Br_2 \xrightarrow[\text{或}\triangle]{h\nu} 2Br\cdot$$

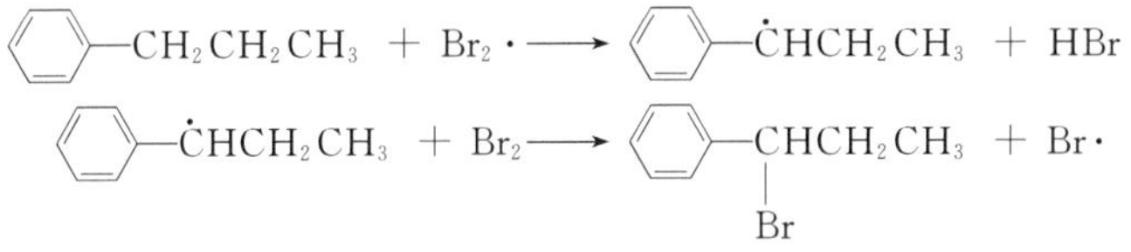

【习题 6-19】 比较下列反应的反应速率。

(1) $C_6H_5CH{=}CH_2$, p-$CH_3C_6H_4CH{=}CH_2$, p-$O_2NC_6H_4CH{=}CH_2$ 与 HBr 的加成。

(2) $C_6H_5C(CH_3)(OH)CH_2CH_3$, $C_6H_5CH(CH_3)CH_2OH$, $C_6H_5CH(OH)CH_2CH_3$ 在 H_2SO_4 存在下的脱水反应。

解 (1) 反应为烯烃的亲电加成反应，通过比较中间体碳正离子的稳定性，可得其反应活性顺序为

$$p\text{-}CH_3C_6H_4CH{=}CH_2 > C_6H_5CH{=}CH_2 > p\text{-}O_2NC_6H_4CH{=}CH_2$$

(2) 反应经过 E1 机理脱水，比较中间体碳正离子稳定性，可得其反应速率为

$$C_6H_5C(CH_3)(OH)CH_2CH_3 > C_6H_5CH(OH)CH_2CH_3 > C_6H_5CH(CH_3)CH_2OH$$

【习题 6-20】 给下列反应提出合理的机理。

(1) 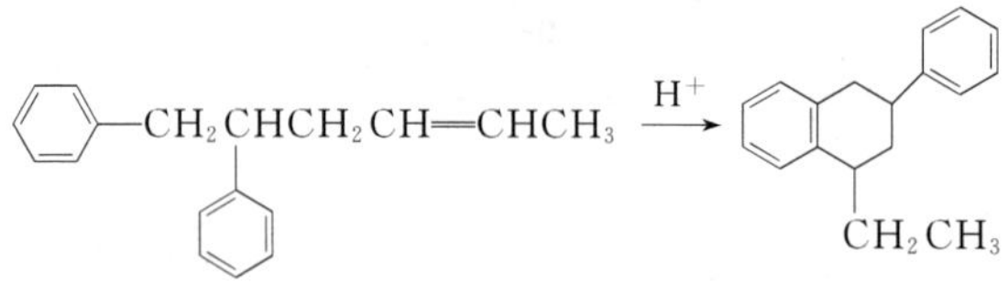

(2) 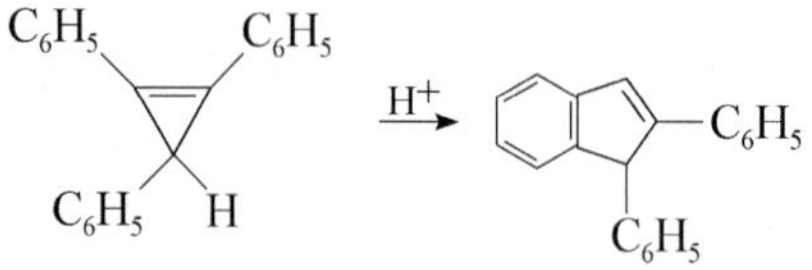

(3) 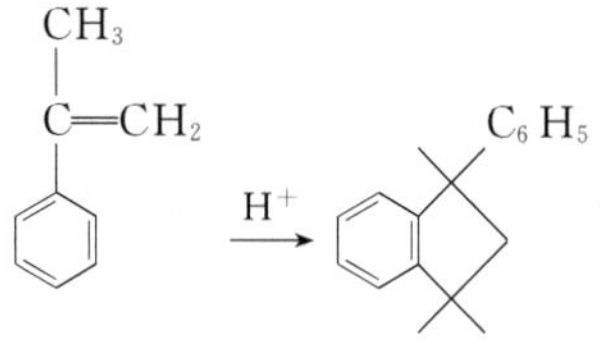

(4) 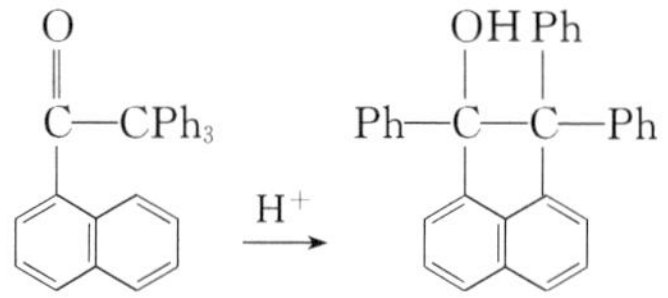

(5) 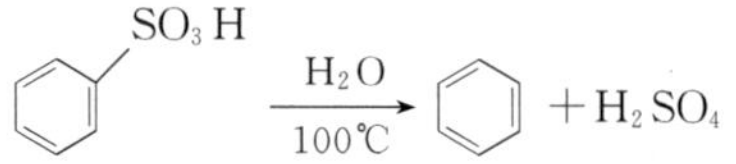

解 (1) 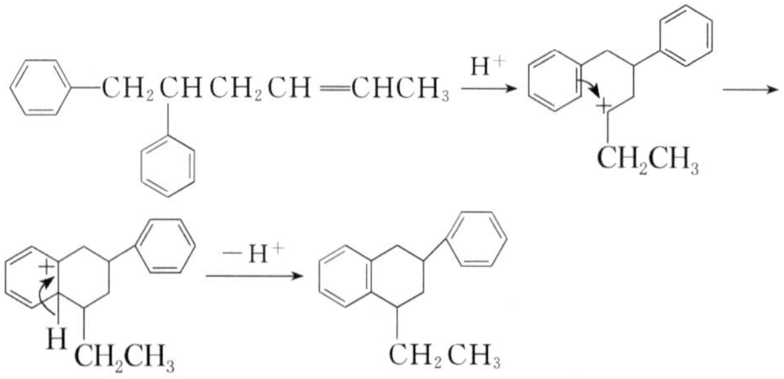

(2) 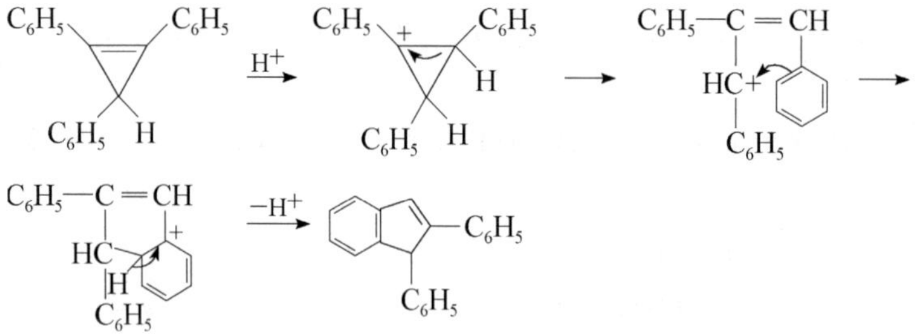

(3) 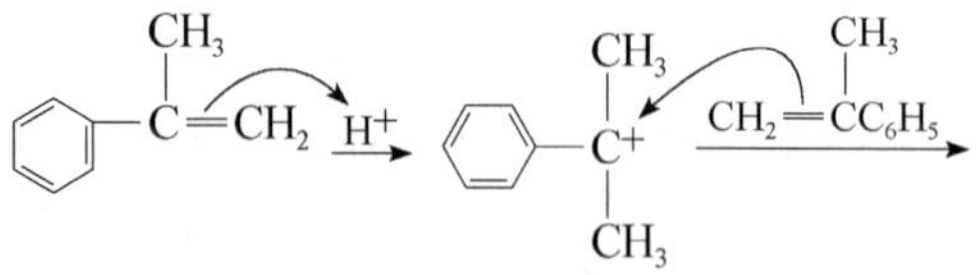

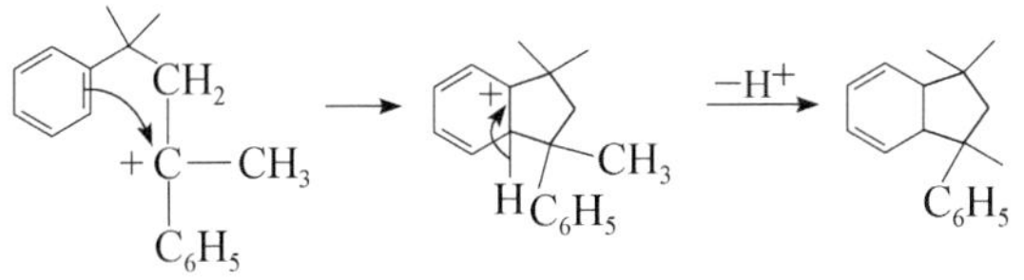

(4) 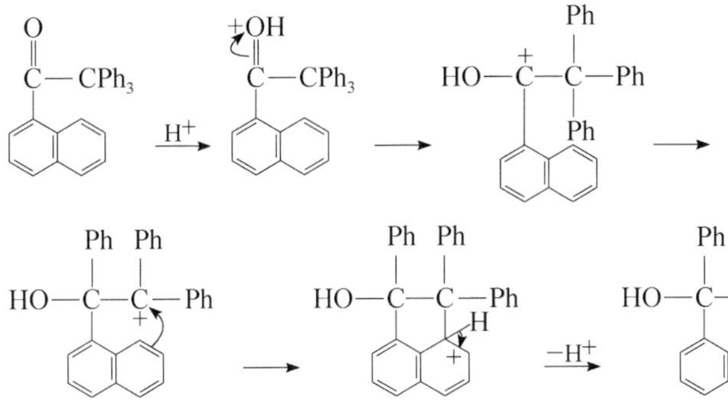

(5) 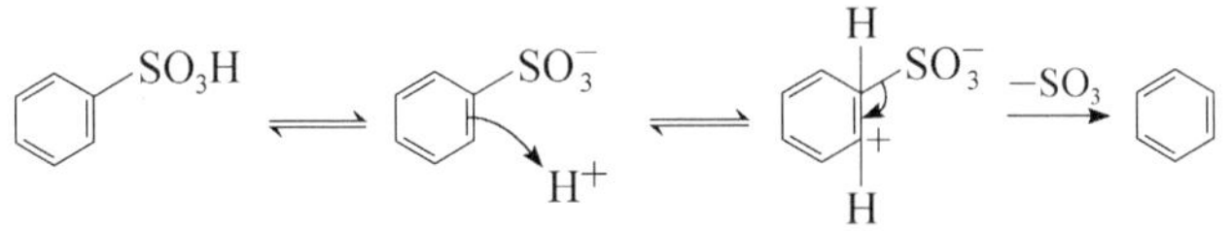

$SO_3 + H_2O \rightleftharpoons H_2SO_4$

【习题 6-21】 完成下列反应。

(1) 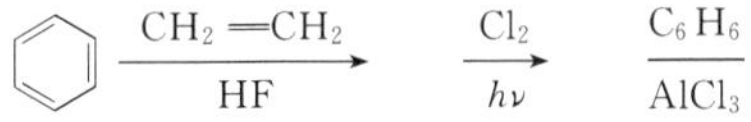

(2) 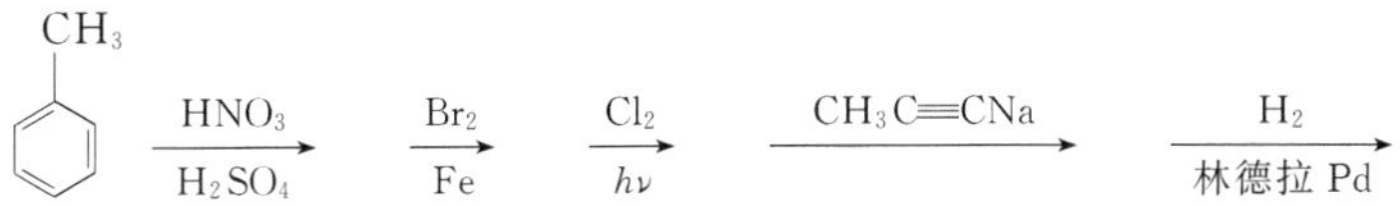

(3) 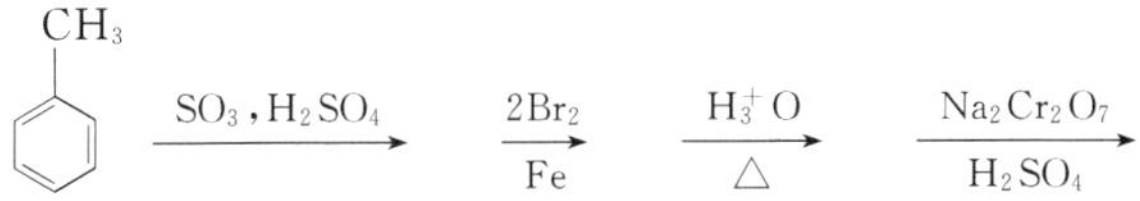

(4) $C_6H_5C\equiv CH \xrightarrow{CH_3MgX} \quad \xrightarrow{C_6H_5CH_2Cl} \quad \xrightarrow{Na+NH_3(l)}$

解 (1) 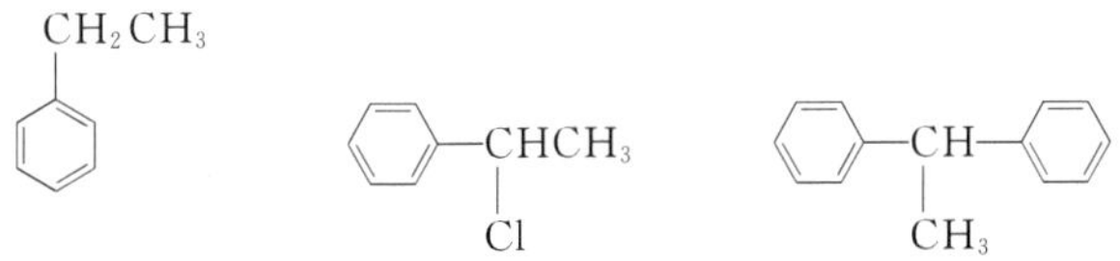

(2) 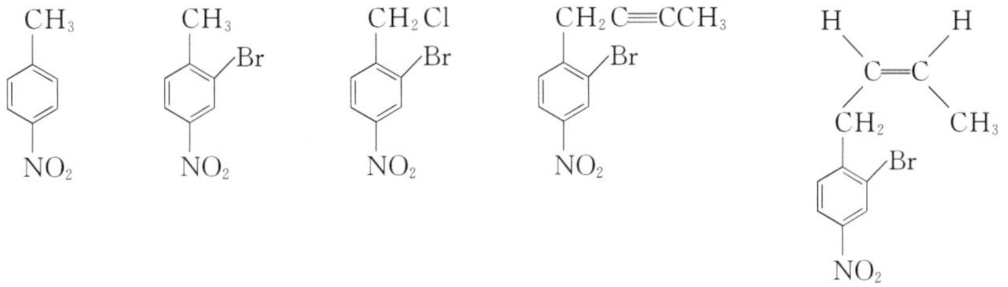

(3) 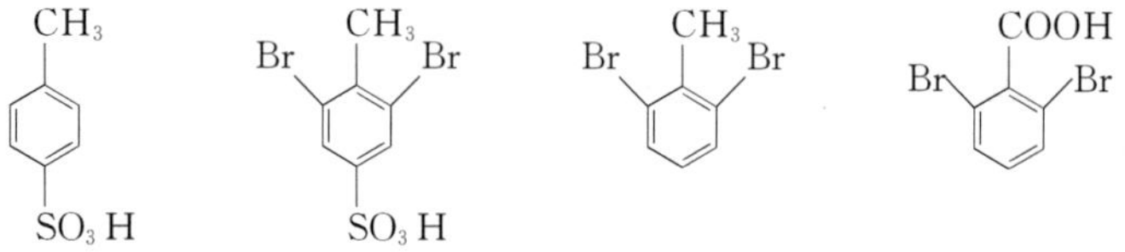

(4) $C_6H_5C \equiv CMgX$　　$C_6H_5C \equiv CCH_2C_6H_5$　　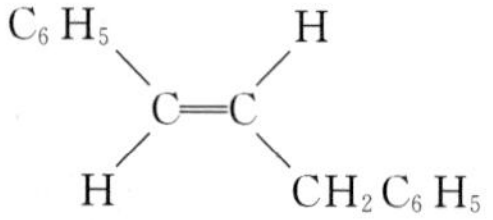

【习题 6-22】 分别写出蒽和菲与溴在低温条件下反应的产物和过程,并说明它们反应的不同点。

解 对于蒽:

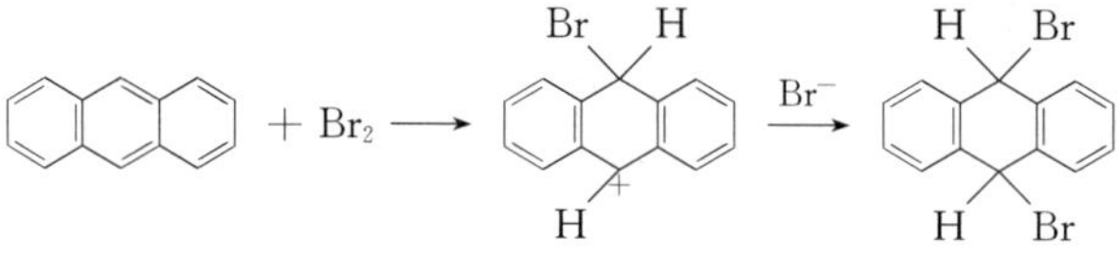

(*cis*/*trans*)

反应为通过碳正离子的1,4-共轭加成,所以产物9,10-二溴-9,10-二氢蒽为顺反异构体的混合物。蒽的共振能为$352kJ \cdot mol^{-1}$,当9,10-位加溴后,产物中仍保留两个苯环结构,具有$2 \times 150kJ \cdot mol^{-1}$的共振能,所以加溴反应中只损失$52kJ \cdot mol^{-1}$的共振能,加溴反应极易进行。

蒽与丁烯二酸酐反应,可以发生相应的第尔斯-阿尔德加成反应:

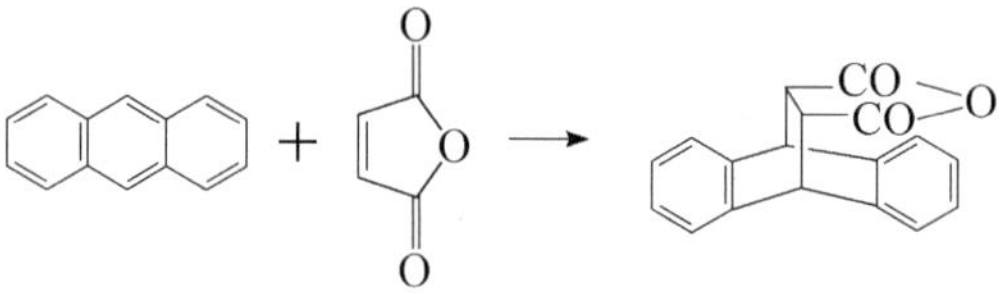

对于菲:

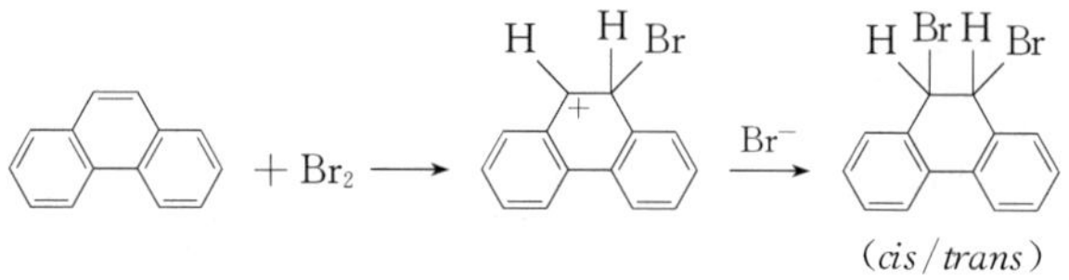

(*cis*/*trans*)

在菲的五个共振结构式中

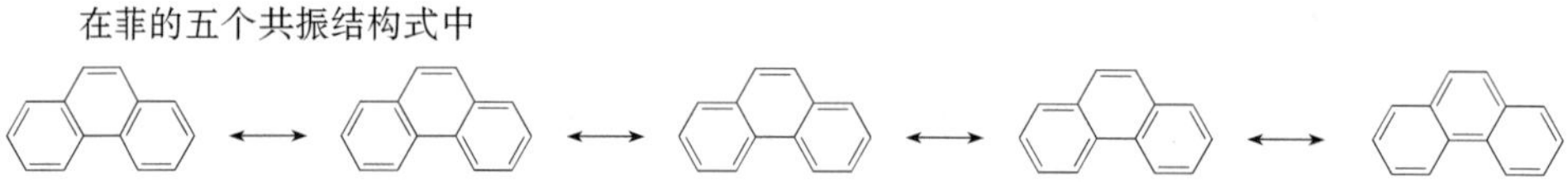

有四个共振式在9,10-位为碳-碳双键,所以9,10-位具有一定的双键性质,可以与溴发生1,2-亲电加成反应。菲的共振能为$381kJ \cdot mol^{-1}$,反应后仍保留两个苯环结构,具有$2 \times 150kJ \cdot mol^{-1}$的共振能。由于反应中生成的苄基碳正离子的正电荷能更有效地被苯环分散,中间体主要以苄基碳正离子的形式存在,而不是环状的溴鎓离子,因此加成产物为顺、反二溴加成物的混合物。

由蒽和菲加溴后损失的共振能可能看出,蒽比菲更容易加溴。

【习题 6-23】 当用$KMnO_4$分别氧化甲苯和2-甲基萘时,结果有何不同?

解 由于苯环是具有$150kJ \cdot mol^{-1}$共振能而相当稳定的体系,不易被氧化剂氧化而破坏苯环结构，对 $KMnO_4$ 稳定，而烷基则被氧化为—COOH。

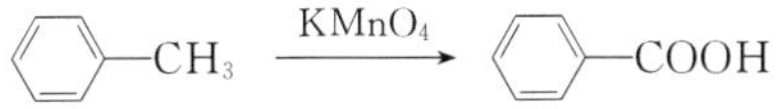

而萘环具有 251kJ · mol^{-1} 共振能，比两个苯环的共振能之和要低，当氧化萘环中的一个苯环时，只损失 251－150＝101(kJ · mol^{-1})的共振能，所以萘环中的一个环比烷基更容易氧化，氧化产物为相应的醌。

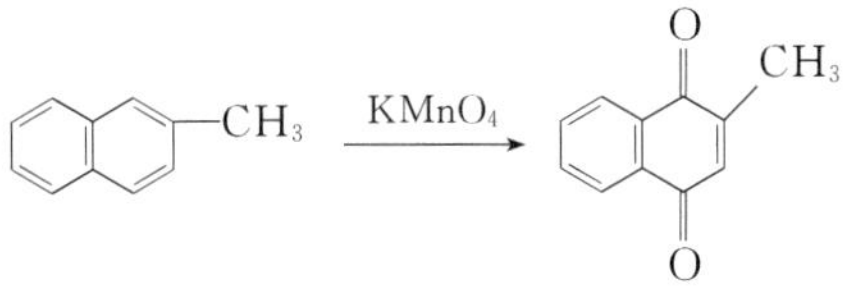

【习题 6-24】 分别写出 1-硝基萘和 2-硝基萘在 0℃时再发生硝化反应得到二硝基萘的主要产物。

解　由于硝基是强钝化基团，再硝化时，第二个硝基进入萘环中另一个相对活性较高的环的 α-位，具体硝化在哪一个 α-位，主要由硝化时中间体的稳定性决定。

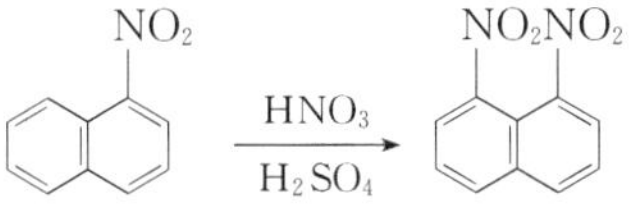

（因为中间体 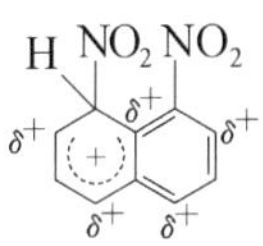 比 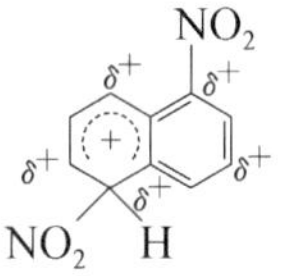 稳定）

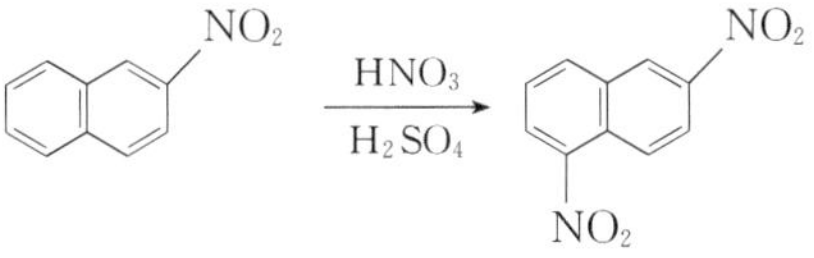

（因为中间体 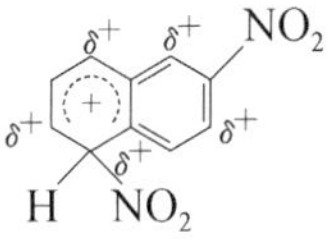 比 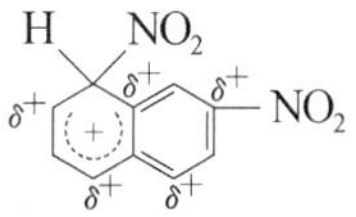 稳定）

【习题 6-25】 完成下列反应。

(1) 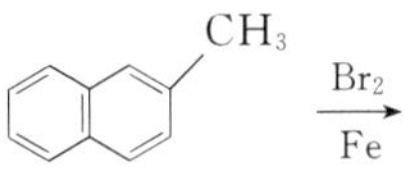

(2) 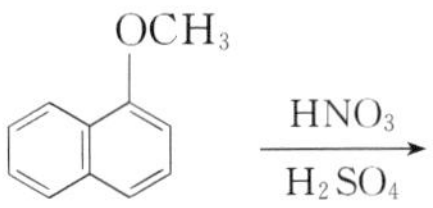

(3) 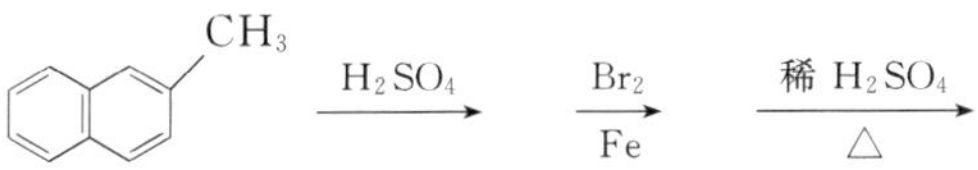

(4) 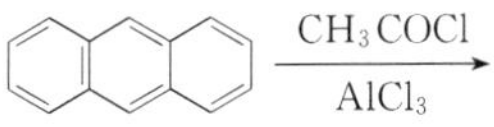

(5) 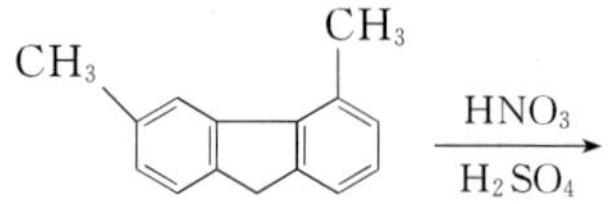

解 (1) 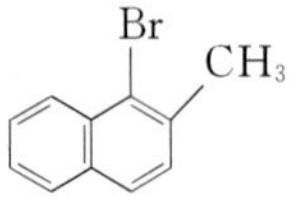

(2) 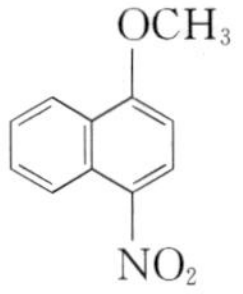

(3) 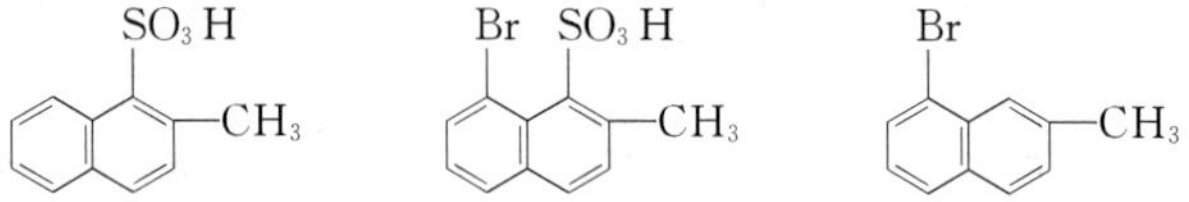

(4) 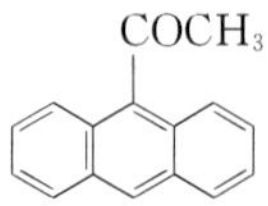

(5) 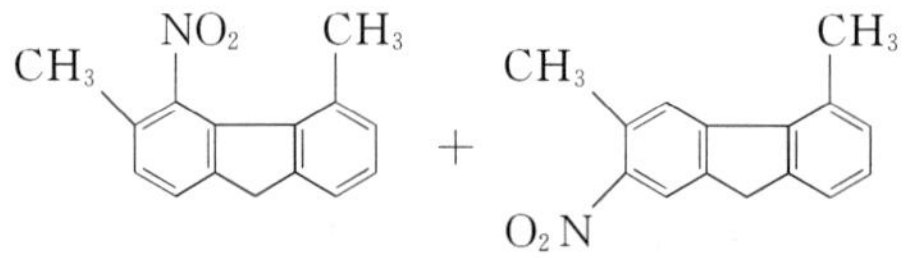

【习题 6-26】 下列化合物能否被拆分为光学异构体?

(1) 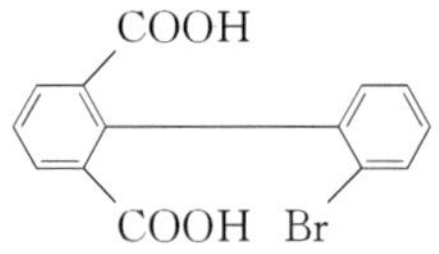

(2) 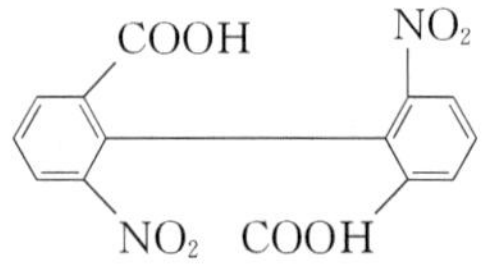

(3) 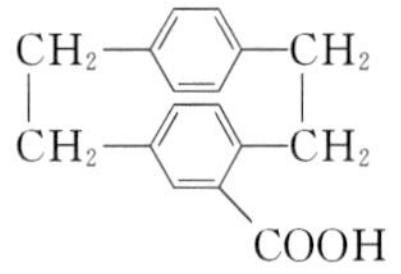

(4) 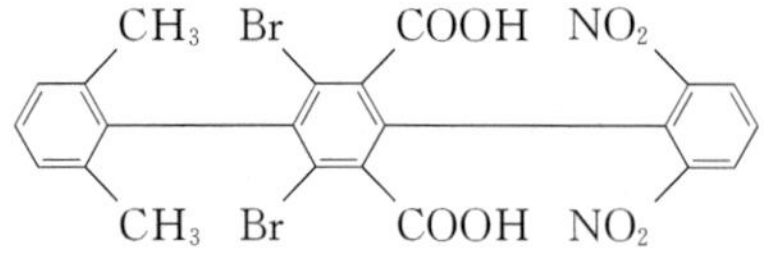

(5) 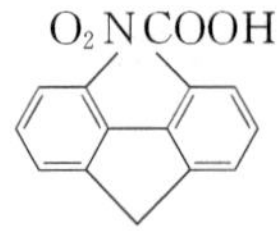

(6) 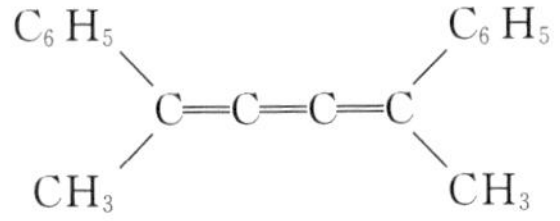

(7) 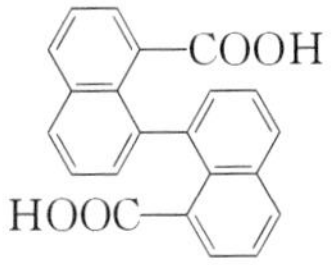

(8) 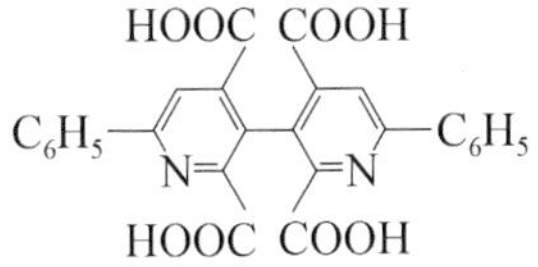

解　(2)、(3)、(5)、(7)、(8)可拆分。(1)、(4)、(6)因分子内有对称面，不可拆分。

【习题 6-27】　以苯、甲苯及其他适当试剂为原料合成下列化合物。

(1) 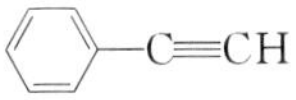　(2) 

(3) 　(4) 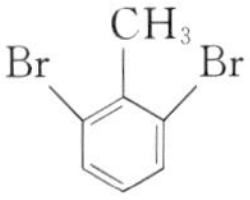

(5) 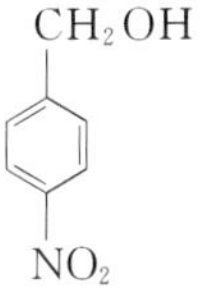　(6) 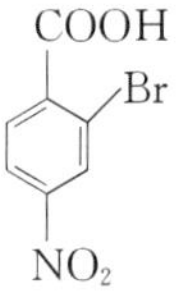

(7) 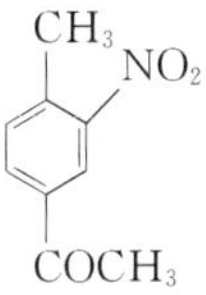　(8) 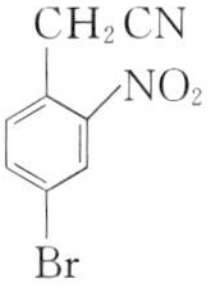

(9) 　(10) 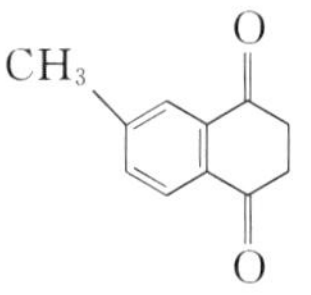

解　(1) 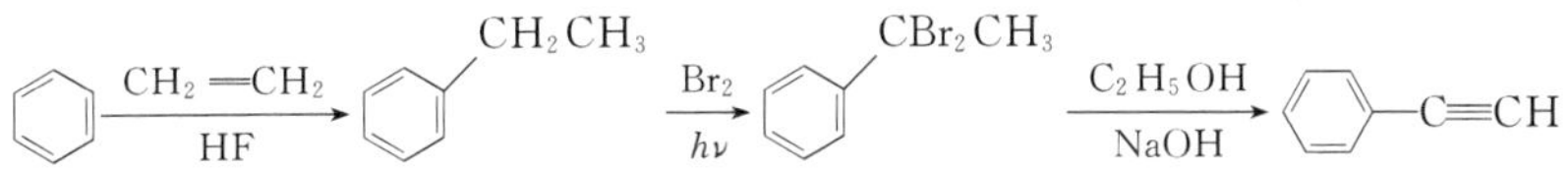

(2) 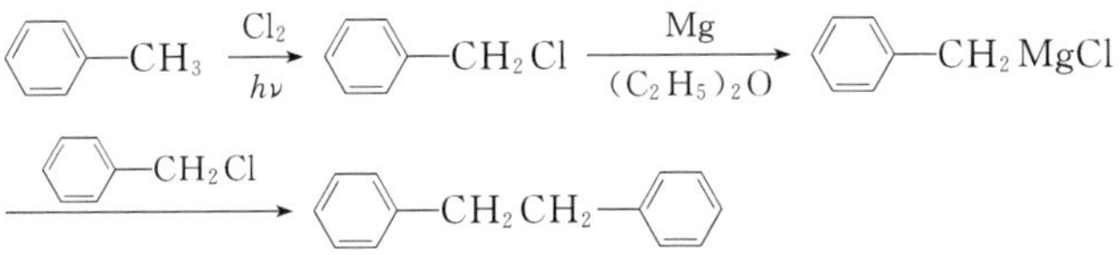

(3) 

(4) 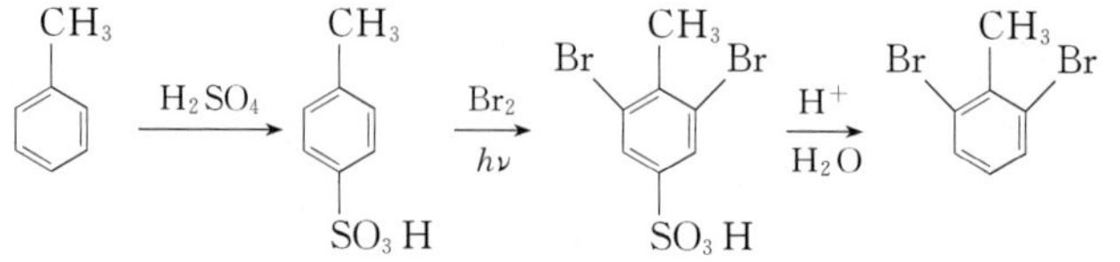

(5) 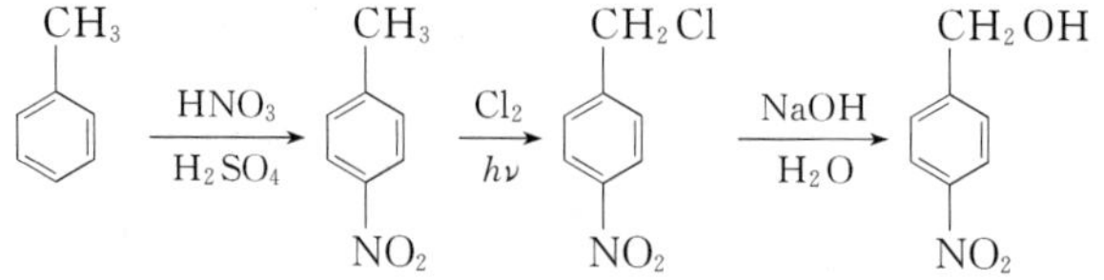

(6) 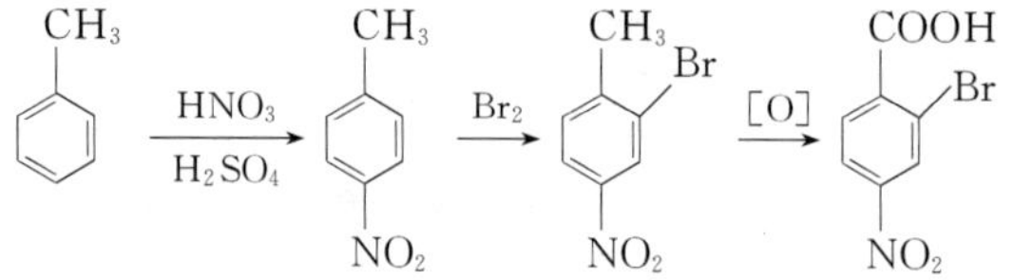

(7) 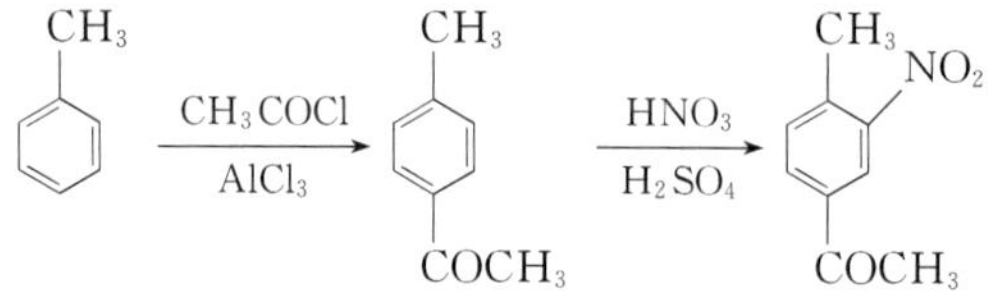

(8) 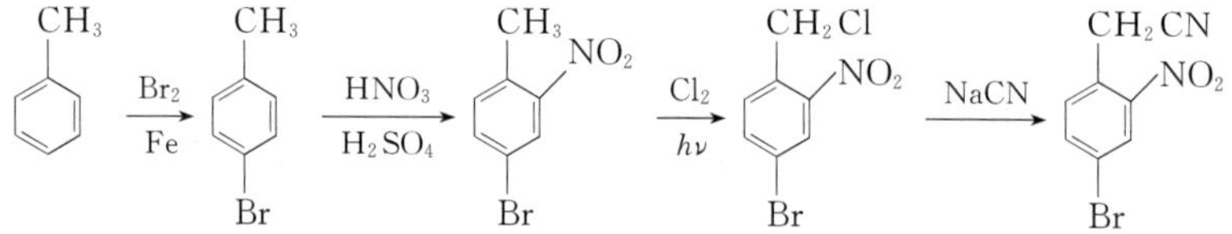

(9) 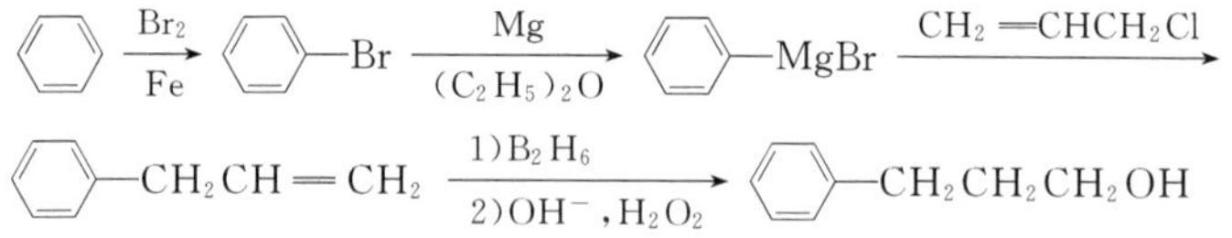

或

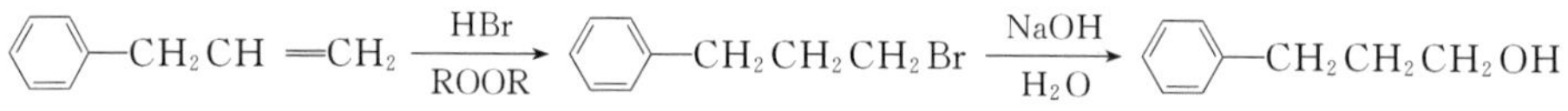

(10) 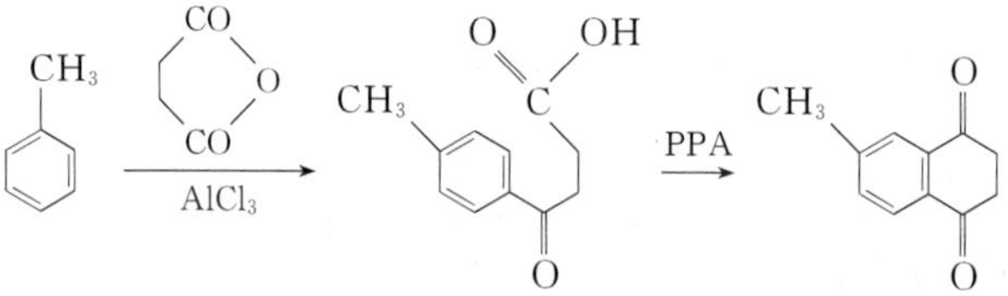

【习题 6-28】 2-苯基-2-氯丙烷在丙酮水溶液中的溶剂解反应按 S_N1 反应机理进行，生成 2-苯基-2-丙醇。试写出其反应机理，并比较苯基对位上的 H 被 CH_3O、CH_3、NO_2 取代后对反应速率的影响。

解 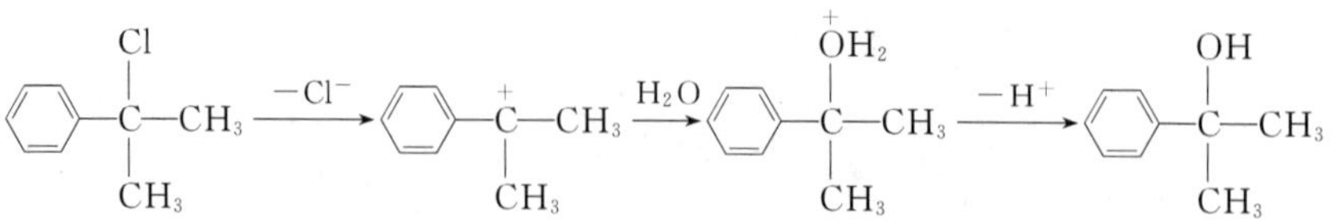

反应按 S_N1 机理进行，速率决定步骤是生成碳正离子的一步，有利于碳正离子稳定的因素将有利于加快反应速率，因此苯基对位被取代后的反应速率为 $CH_3O > CH_3 > H > NO_2$。

【习题 6-29】 给下列反应提出合理的反应机理。

(1) 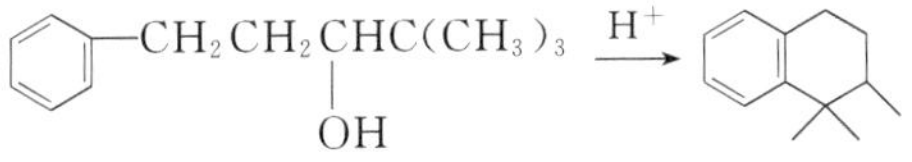

(2) 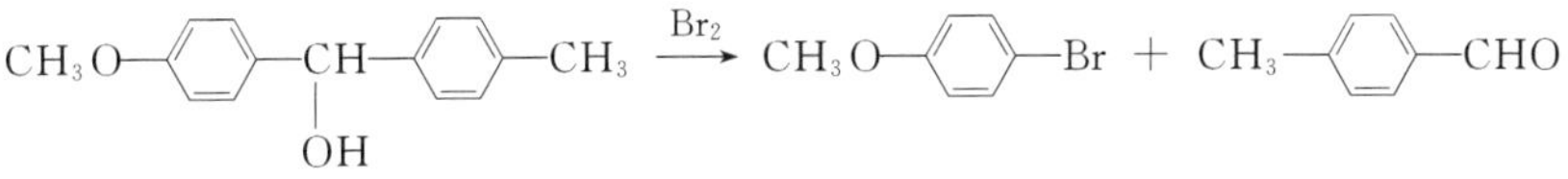

解 (1) 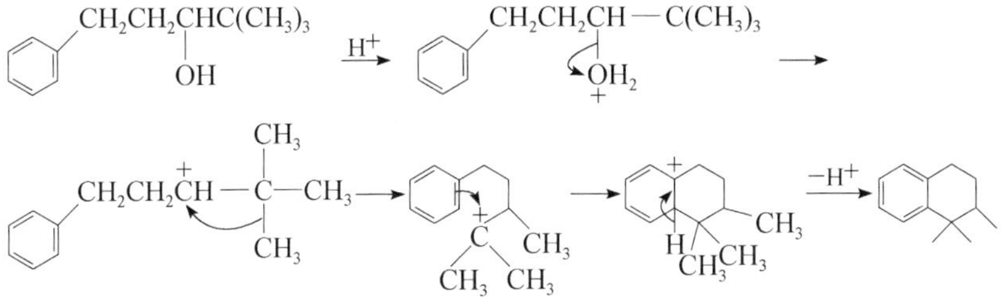

(2) 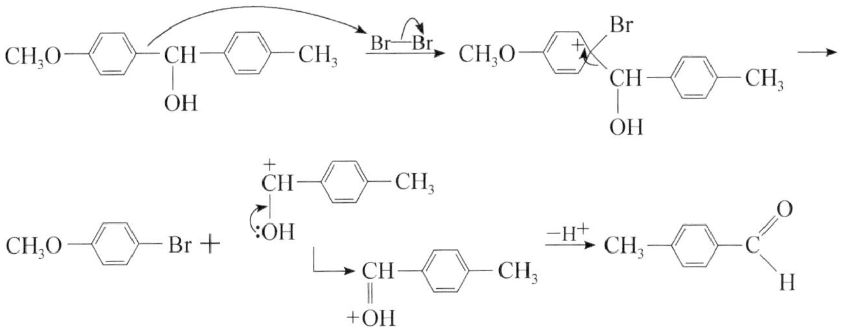

【习题 6-30】 某芳烃(A)，分子式为 C_9H_8，与 $Cu(NH_3)_2Cl$ 水溶液反应生成红色沉淀，在温和条件下，(A)用 Pd/C 催化加氢得(B)，分子式为 C_9H_{12}。(B)经 $KMnO_4$ 氧化生成酸性物质(C)，分子式为 $C_8H_6O_4$，(C)经加热失水得(D)，分子式为 $C_8H_4O_3$。(A)与丁二烯反应得化合物(E)，分子式为 $C_{13}H_{14}$，(E)在 Pd/C 催化下脱氢得 2-甲基联苯。试推测(A)～(E)的结构，并写出有关反应式。

解 (A)的不饱和度为 $\frac{2\times9+2-8}{2}=6$，分子内可能含苯环，除去苯环 4 个不饱和度，还有 2 个不饱和度，可以含炔键、两个烯键或相应的碳环。与 $Cu(NH_3)_2Cl$ 水溶液反应有红色沉淀，说明(A)分子内有—C≡CH 基团。从(B)和(C)的反应可知(A)为邻二取代苯，因此(A)为

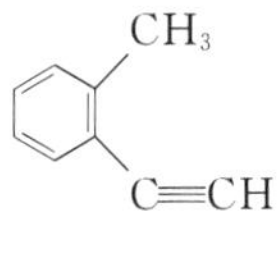

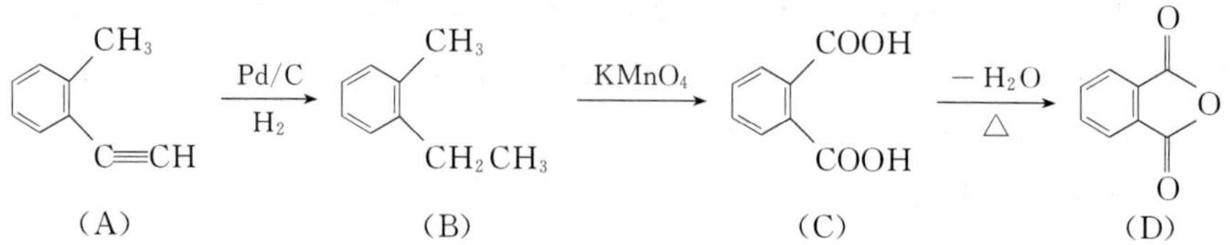

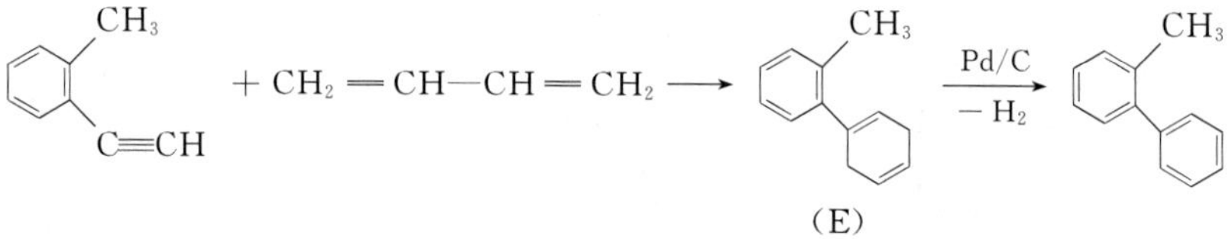

【习题 6-31】 完成下列反应,写出主要产物。

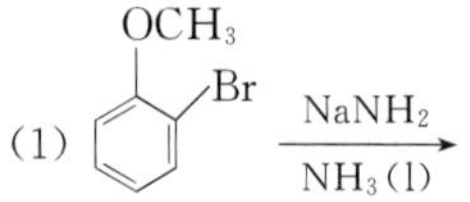

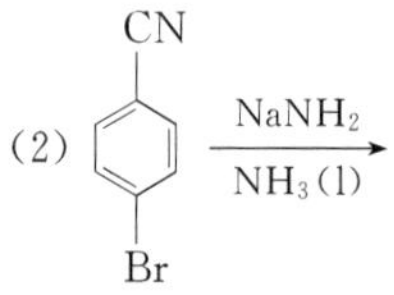

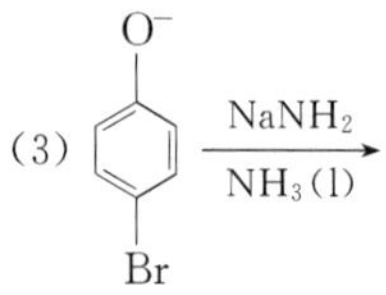

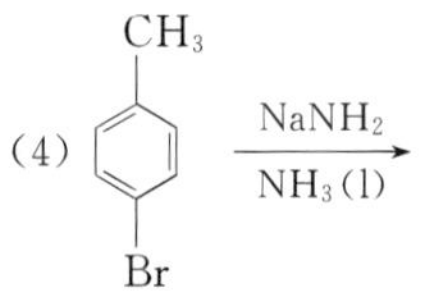

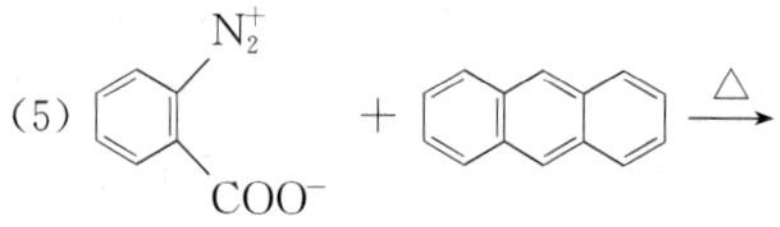

解

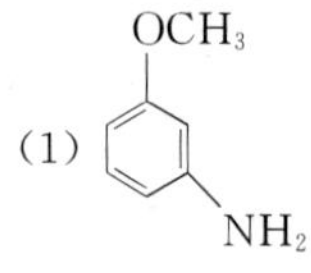

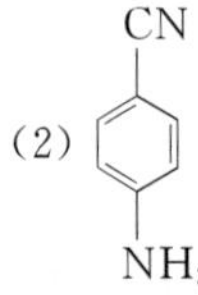

(3) 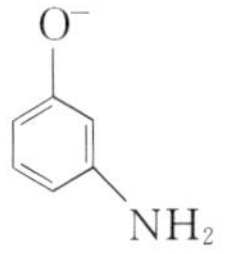

(4) 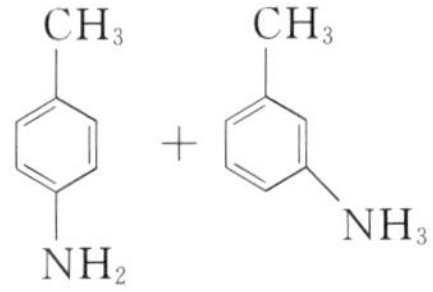

40%　　　60%

(5) 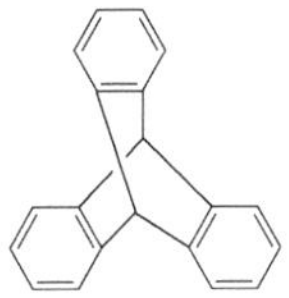

邻氨基苯甲酸的重氮盐受热也可以得到苯炔，而被蒽截获，在 9,10-位发生第尔斯-阿尔德反应，生成相应的三喋烯。

【习题 6-32】 给下列反应提出合理的反应机理。

(1) 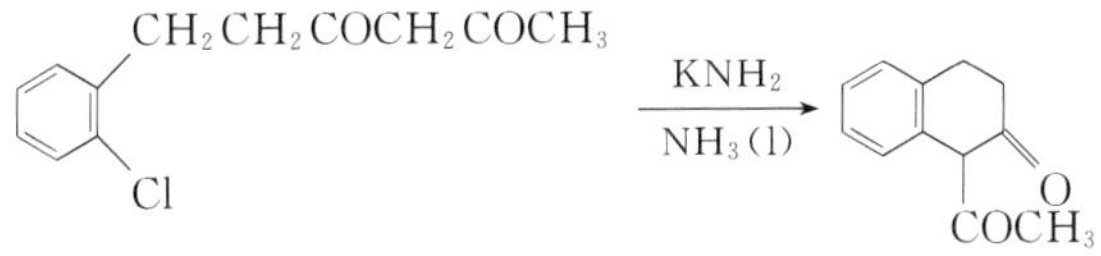

(2) 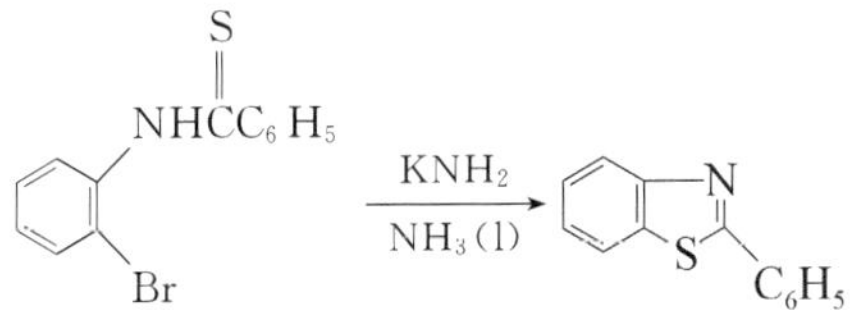

(3) 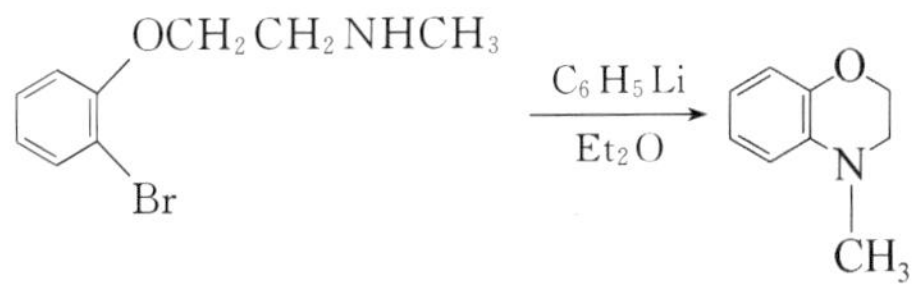

解 (1) 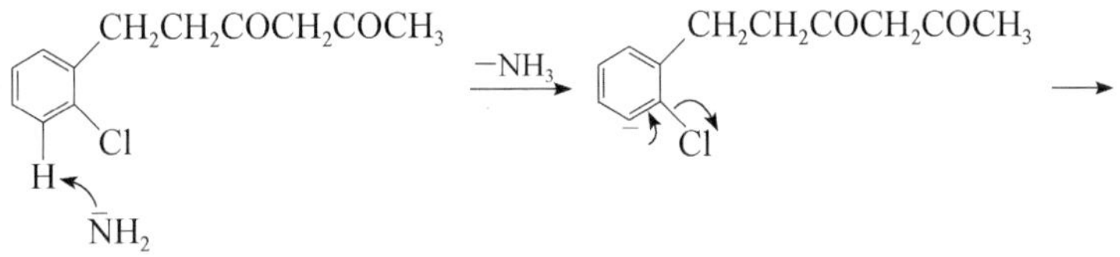

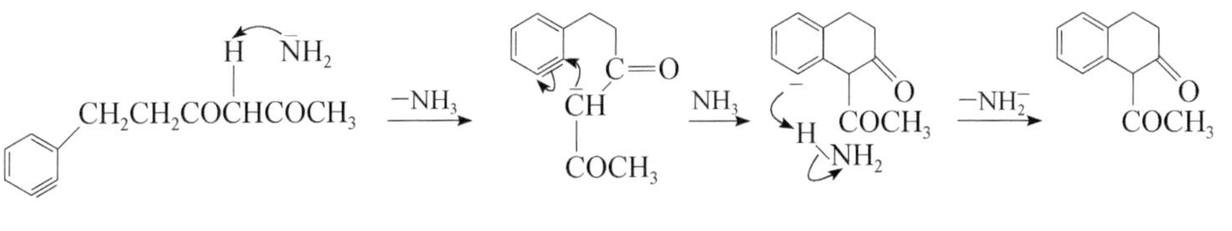

(2)

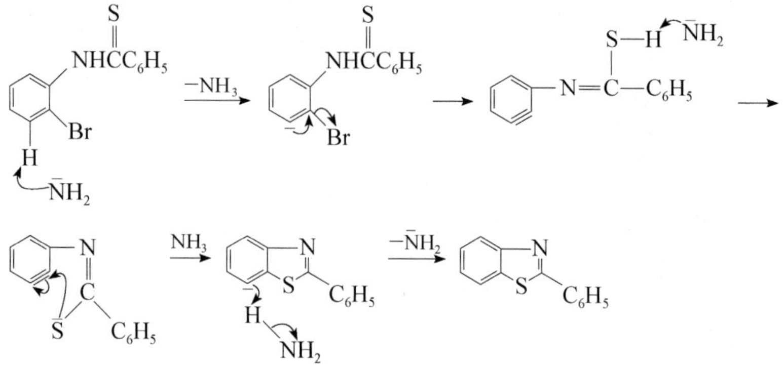

(3)

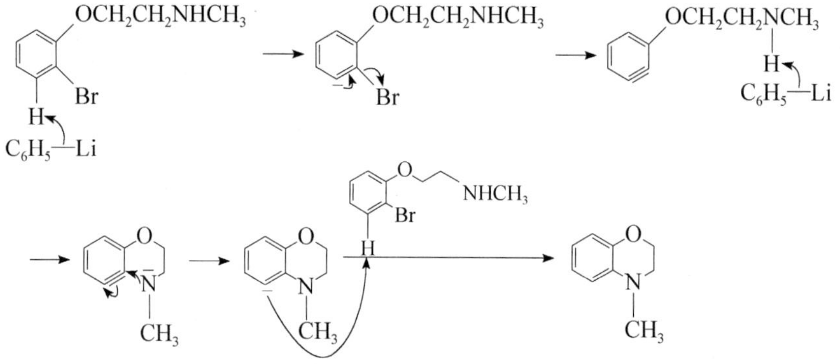

第七章　波谱学和有机结构

一、内 容 提 要

波谱分析是有机化合物结构测定的重要手段。在基础有机化学中简单地介绍了核磁共振、红外光谱、质谱和紫外光谱的基本原理及其在有机结构测定中的应用，其中核磁共振和红外光谱在基础有机化学中尤为重要。

1. 核磁共振

主要讨论核磁共振谱中的氢谱：

(1) 核磁共振信号产生的原理：原子核在外加磁场中，核自旋运动发生能级分裂，此时如果外加辐射能量与核自旋的能级差相匹配，则会产生共振吸收，称为核磁共振。氢核磁共振谱中的化学位移、偶合常数和积分曲线是极其重要的信息，可以根据这些信息来推测氢质子在分子碳架上的大概位置。

(2) 化学位移的含义、表示方法及影响化学位移的主要因素，常见官能团中氢原子化学位移值的大致范围：氢原子在不同化合物或同一化合物的不同位置，由于化学环境不同，其所受屏蔽作用不同，因此实际感受到的磁场强度不同，由此产生的核磁共振信号位置的变化称为化学位移。化学位移的表示采用相对标准，选用的标准参照物通常为四甲基硅烷(TMS)，表示方法为

$$\delta=\frac{\nu_{样品}-\nu_{标准}}{\nu_{仪器}}\times 10^6$$

单位为 ppm。影响化学位移的主要因素有：①氢核周边基团的电性效应；②氢核周边基团电子云产生的感应磁场的各向异性。特征质子的化学位移如下：

质子类型	δ/ppm	质子类型	δ/ppm
RCH_3	0.9	RCH_2X(X=F,Cl,Br,I)	3.2～4.5
R_2CH_2	1.3	ROH	0.5～5.5
R_3CH	1.5	Ar—OH	4.5～7.7
环丙烷	0.22	$R_2C{=}CR—OH$	15～19
$R_2C{=}CH_2$	4.5～5.9	$ROCH_3$	3.5～4
$R_2C{=}CRH$	5.3	RCHO	9～10
$R_2C{=}CR—CH_3$	1.7	$RCOCR_2—H$	2～2.7
$RC{\equiv}CH$	7～3.5	HCR_2COOH	2～2.6
$ArCR_2—H$	2.2～3	$R_2CHCOOH$	10～12
Ar—H	6～8.5	HCR_2COOR	2～2.2

续表

质子类型	δ/ppm	质子类型	δ/ppm
$RCOOC\mathbf{H}_3$	3.7～4	$R(Ar)CONR\mathbf{H}$	5～9.4
$RN\mathbf{H}_2$, $R_2N\mathbf{H}$	0.5～5		

(3) 自旋偶合裂分产生的原因及自旋偶合裂分在一级谱和近似一级谱中的应用：由于氢原子核磁矩的空间取向差异，相邻氢原子感受到的外加磁场强度发生微小变化，导致原有的吸收峰发生分裂，称为自旋偶合裂分。在一级谱($J/\Delta\nu \geqslant 20$)和近似一级谱($6 \leqslant J/\Delta\nu < 20$)中，峰的裂分数与相邻氢原子的关系符合($n+1$)规律。自旋偶合的程度可以用自旋偶合的偶合常数 J 来衡量。

(4) 积分曲线的含义及其应用：由于吸收峰的面积与产生这种吸收的氢原子数成正比，将各吸收峰的面积进行积分即得积分曲线，根据各吸收峰积分曲线的相对高度比可计算分子中不同种类质子的数目比。

2. 红外光谱

(1) 红外光谱的基本原理：分子运动包括振动-转动方式，其能级也是量子化的，若外加能量等于分子振动-转动的能级差，即可产生吸收。由于该吸收波长位于红外区，故称为红外光谱。只有瞬间偶极矩发生改变的分子振动-转动才会产生红外吸收。红外光谱吸收峰的位置常用波数来表示，单位为 cm^{-1}。常见有机化合物的红外吸收位于中红外区，通常为 $4000 \sim 400cm^{-1}$。

(2) 影响红外吸收峰位置的主要因素：①由谐振子模型

$$\nu = \sqrt{\frac{K}{m}}$$

可知影响红外光谱吸收峰位置的主要因素有力常数(键能)和折合质量(与两原子或原子团的质量有关)，含有氢原子的化学键(如 C—H、O—H、N—H 等)的振动和键能较高的化学键(如双键、叁键)的振动，其吸收峰位于较高的波数范围；②分子内的振动偶合：由于振动偶合，图谱中低波数区域出现许多偶合振动峰，给图谱解析带来很大困难。通常根据吸收峰的特征分为官能团区($4000 \sim 1400cm^{-1}$，其中吸收峰位置相对较为固定，容易解析)和指纹区($1400 \sim 400cm^{-1}$，图谱较复杂，除少数几种吸收峰外，其他几乎无法给出归属，但不同化合物，除对映异构体外，在此区域内的图谱如人体指纹互不相同，故可作为定性分析的依据)。

(3) 常见官能团在红外光谱中吸收峰的大致位置及峰形：通常 $3600 \sim 3400cm^{-1}$ 强峰为 O—H 或 N—H，$3300cm^{-1}$ 中强峰为炔键氢，$3100 \sim 3000cm^{-1}$ 中强峰为烯键氢，$2900 \sim 2950cm^{-1}$ 强峰为饱和氢，$2200 \sim 2500cm^{-1}$ 中强或弱峰为叁键(C≡C、C≡N 及累积二烯烃等)，$1800 \sim 1500cm^{-1}$ 区域为双键区，其中 $1700cm^{-1}$ 附近强峰为羰基峰，$1600 \sim 1450cm^{-1}$ 的多峰、中强吸收可能含芳环，此外还应掌握 $600 \sim 1000cm^{-1}$ 烯键或芳环有不同取代时产生的特征吸收峰。

3. 质谱

（1）质谱分析的基本原理：在高真空条件下，有机分子受高能电子束轰击，激发成分子离子，分子离子还可以继续裂解成一系列碎片离子，这些正离子在外加电磁场中做定向运动，由于质荷比不同，从而偏转半径也不同，最终按质荷比大小顺序被检测器一一记录下来。根据各离子峰的信号强弱和相应的质荷比可推测分子的结构。

（2）简单判别分子离子峰的方法：通常在质谱图中质荷比最大的信号峰为分子离子峰。但有时由于分子离子不稳定而大量裂解，使得分子离子峰信号未出现或很微弱。下列两个规则可帮助判别质荷比最大的信号峰是否为分子离子峰：①氮规则：在有机分子中，若含奇数氮原子，相对分子质量为奇数，若含偶数氮原子，相对分子质量为偶数；②碎片规则：由于有机分子中最小碎片质荷比为 15（甲基），故质谱图中在（M^+-3）～（M^+-12）不可能出现任何碎片峰，否则质荷比最大的质谱峰一定不是分子离子峰。

（3）根据各碎片峰的质量差和丰度推测简单分子结构：质谱峰的质量差代表裂解失去的基团大小，丰度代表该碎片离子的稳定程度。例如，（M^+-15）、（M^+-29）分别表明失去甲基、乙基，（M^+-28）、（M^+-42）等说明可能发生麦氏重排，$m/z=77$、91 等说明分子含有苯环、苄基等。另外，应熟悉并掌握各种化合物的特征断裂方式，并根据重同位素信号峰的质量差和丰度比判别分子中所含重同位素原子的种类和数目。例如，（M^++2）∶$M^+=1∶3$ 说明可能含一个氯原子，（M^++2）∶$M^+=1∶1$ 说明可能含一个溴原子。

4. 紫外光谱

由分子的价电子发生跃迁（如 $n\rightarrow\pi^*$、$\pi\rightarrow\pi^*$、$n\rightarrow\sigma^*$ 等）产生的吸收光谱通常位于紫外区，称为紫外光谱。如果共轭体系增大，吸收波长可进入可见区。有机化学中通常研究的紫外光谱位于近紫外-可见区，即波长范围为 200～800nm。只有体系中含有 π-π 大共轭体系或杂原子（如 I、Br、S 等）参与共轭体系，才会在紫外-可见区产生吸收。根据吸收峰的强弱（摩尔消光系数 ε）可判别跃迁类型（$n\rightarrow\pi^*$ 跃迁 ε 值较小，$\pi\rightarrow\pi^*$ 跃迁 ε 值很大），故根据化合物的紫外光谱可判断分子是否含有共轭体系。

分子中含有的各种不饱和键（如 C═C、C═O、C═N 等）统称为发色团，不含不饱和键但有孤电子对的基团（如—OH、—OR、—NR_2、—X 等）称为助色团。助色团和发色团直接相连时，p-π 作用使分子共轭体系增大，最大吸收波长 λ_{max} 增大（红移），摩尔消光系数 ε 值增大。

当共轭体系上连有烷基时，也可观察到红移现象，可根据伍德沃德（Woodward）-费塞尔（Fieser）规则计算化合物大概的 λ_{max}，其中无环共轭二烯的基数 $\lambda_{max}=217$nm；同环共轭二烯的基数 $\lambda_{max}=253$nm；α,β-不饱和酮的基数 $\lambda_{max}=$

215nm,在丁二烯型的体系中,每增加一个烷基,λ_{max}增加 5nm。

二、解题示例

【例 7-1】 图 7-1 是化合物己烷、1-己烯和 1-己炔的红外光谱图。根据化合物和图谱特征的比较,确证图谱和化合物的对应关系,并简单说明理由。

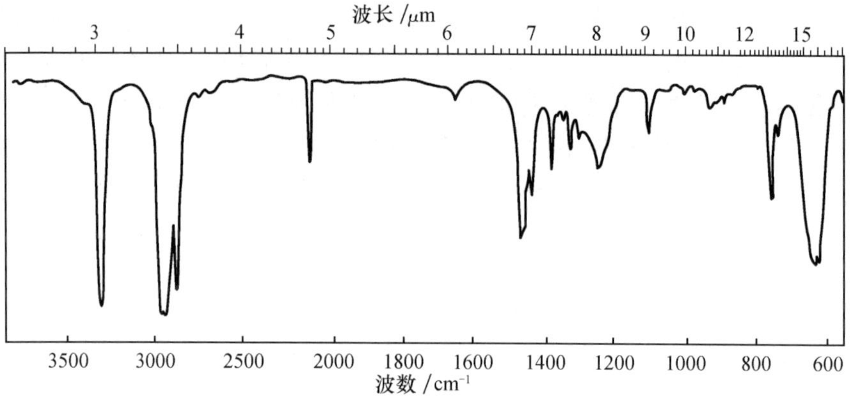

(a)

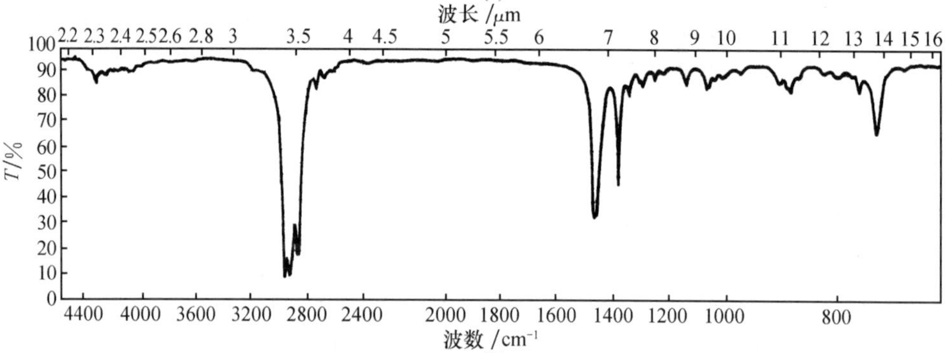

(b)

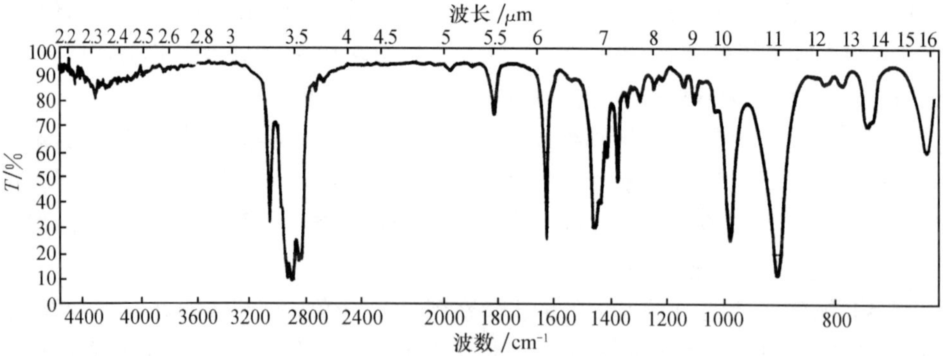

(c)

图 7-1　化合物的红外光谱图(一)

解　图 7-1(a)为 1-己炔。因为 1-己炔为链端炔烃，$3300cm^{-1}$处的尖锐强吸收峰为 C_{sp}—H 的伸缩振动，$2120cm^{-1}$处的弱吸收峰为碳-碳叁键的特征吸收。

图 7-1(c)为 1-己烯。$1640cm^{-1}$为碳-碳双键的特征吸收，$3095cm^{-1}$处的强吸收峰为 C_{sp^2}—H 的伸缩振动。另外，$990cm^{-1}$和 $910cm^{-1}$为碳-碳双键上 C—H 的面外弯曲振动。

图 7-1(b)为己烷。因为烷烃中所有的 C—H 吸收都在 $3000cm^{-1}$以下。

【例 7-2】　图 7-2 是化合物 CH_3COCH_3、CH_3CH_2CHO 和 CH_3CH_2COOH 的红外光谱图。根据化合物和图谱特征的比较，确证图谱和化合物的对应关系，并简单说明理由。

解　这三个化合物都有羰基，羰基在 $1750\sim1680cm^{-1}$有强吸收，不同羰基的吸收尽管有所不同，但仅靠这点不同来区分它们是不够充分的。图 7-2(a)中的 $2715cm^{-1}$和 $2820cm^{-1}$是醛基中 C—H 的特征吸收，它是丙醛。图 7-2(b)中有

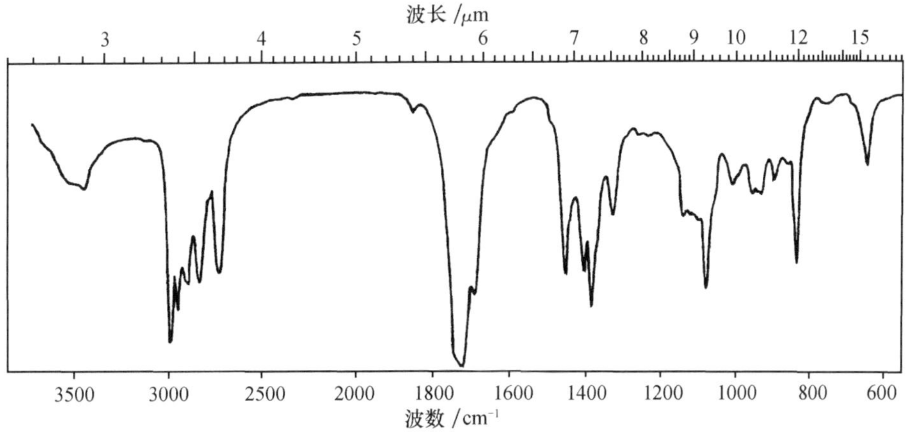

(a)

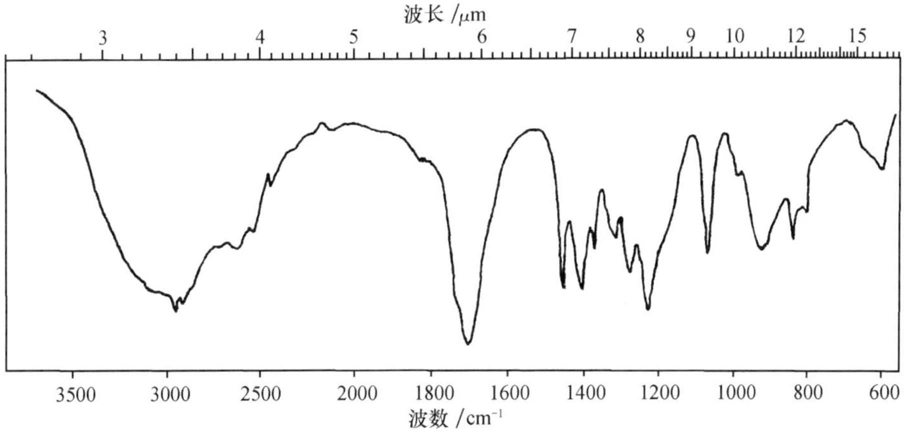

(b)

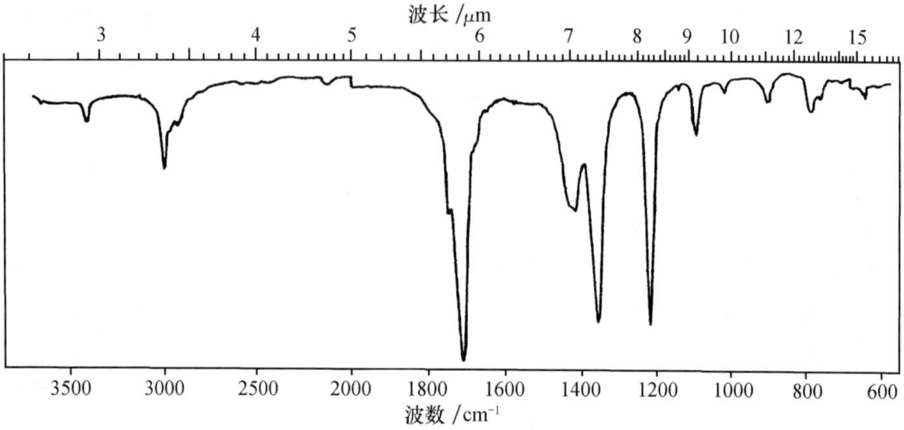

(c)

图 7-2　化合物的红外光谱图(二)

3500～$2500cm^{-1}$的宽峰是羧酸的特征峰形,它是丙酸。显然剩下的图 7-2(c)是丙酮。

【例 7-3】 图 7-3 是化合物甲苯、邻二甲苯、间二甲苯和对二甲苯的红外光谱图。根据化合物和图谱特征的比较,确证图谱和化合物的对应关系,并简单说明理由。

解　这四个化合物都有芳氢 C_{sp^2}—H,芳氢在 $3030cm^{-1}$左右有强吸收,芳环上有 C═C,在 1500～$1600cm^{-1}$有吸收。芳环上的单取代、邻位二取代、间位二取代和对位二取代主要看指纹区的相关吸收峰。图 7-3(a)中的 $770cm^{-1}$和 $690cm^{-1}$是间位二取代的特征吸收,它是间二甲苯。图 7-3(b)中的 $720cm^{-1}$和 $680cm^{-1}$是比图 7-3(a)略向低频移动的二吸收峰,这是甲苯的特征。图 7-3(c)中在 740 cm^{-1}有单峰,这是邻位二取代的特征吸收,它是邻二甲苯。图 7-3(d)中在 $790cm^{-1}$有一吸收峰,这是对位二取代的特征吸收,它是对二甲苯。

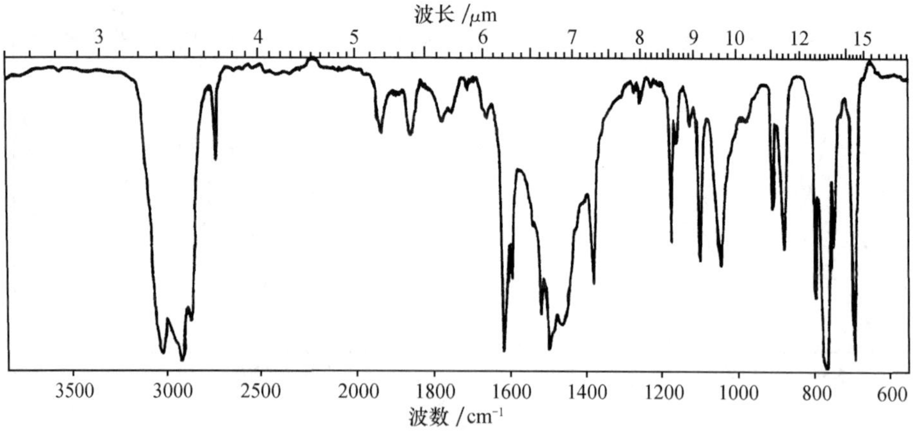

(a)

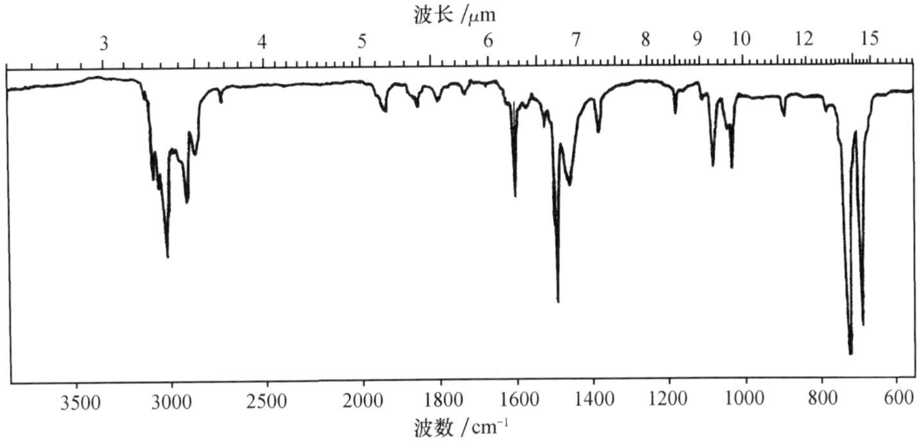

(b)

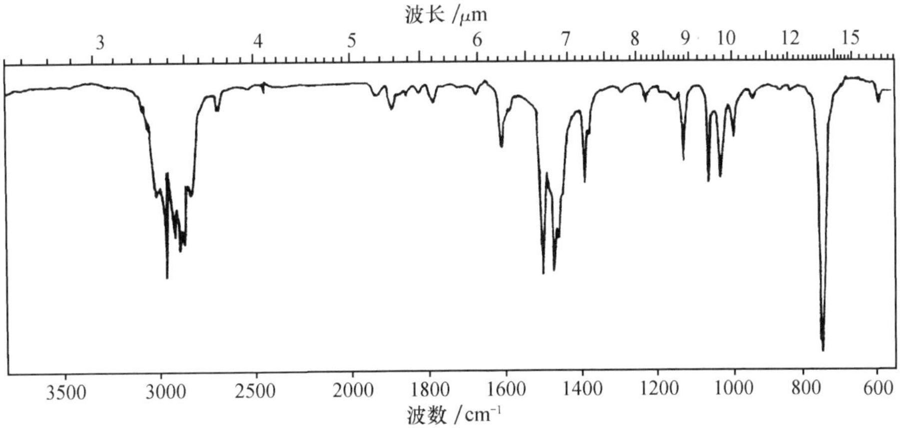

(c)

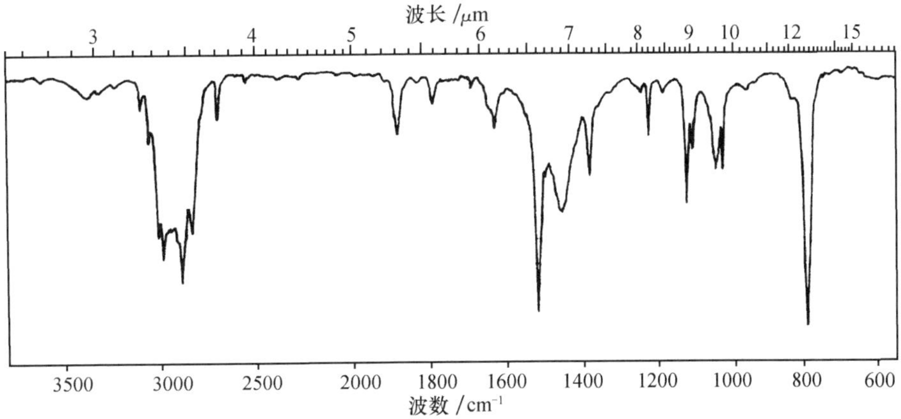

(d)

图 7-3　化合物的红外光谱图(三)

【例 7-4】 化合物(A),分子式为 $C_7H_{12}O_3$,其红外光谱及氢核磁共振谱如下:
IR:1730cm^{-1}附近有特征吸收,峰形不尖锐而稍宽。

^{1}H NMR:δ/ppm:1.2(t,3H),2.1(s,3H),2.5(m,4H),4.0(q,2H)。
试推测化合物(A)的结构。

解 (A)为含氧化合物,其不饱和度为 2,应考虑有 >C=O 存在。

^{1}H NMR 中 1.2(t,3H)和 4.0(q,2H)是典型的直接与电负性较大的原子相连的氢的化学位移,这里即指与氧原子相连的乙基,因此(A)具有—OCH_2CH_3 的结构单元。2.1(s,3H)是直接与羰基相连的甲基氢的化学位移,因此(A)具有—$COCH_3$ 的结构单元。根据化学位移 2.5(m,4H)及其特征,可考虑(A)具有—$COCH_2CH_2CO$—结构单元。而从分子式减去前面两个结构单元后,只剩余 3 个碳原子、4 个氢原子和 1 个氧原子,因此综合考虑后,化合物(A)的结构可能为酮酸酯,即 $CH_3COCH_2CH_2COOCH_2CH_3$(4-氧代戊酸乙酯)。这里酮羰基与酯羰基在 1730cm^{-1}附近重叠。

【例 7-5】 化合物(A)元素分析如下:C:68.13%;H:13.72%,相对分子质量为 88.15。(A)与金属钠反应有氢气放出,与 I_2/NaOH 溶液反应有黄色沉淀生成。(A)的^{1}H NMR 数据如下:δ/ppm:0.9(d,6H),1.1(d,3H),1.6(m,1H),2.6(s,1H),3.5(m,1H)。试推测(A)的结构,并给出氢化学位移的归属。

解 元素分析碳和氢的含量为(68.13+13.72)%=81.85%,因此氧含量为 1−81.85%=18.15%,则有

$$\left.\begin{aligned}68.13/12 &= 5.68\\ 13.72/1 &= 13.72\\ 18.15/16 &= 1.13\end{aligned}\right\}\div 1.13 = \begin{matrix}5\\12\\1\end{matrix}$$

所以(A)的实验式为 $C_5H_{12}O$,根据相对分子质量可知分子式即为 $C_5H_{12}O$。由此推测(A)的结构式为

$$\overset{1.1}{CH_3}\underset{\underset{2.6}{OH}}{\overset{3.5}{CH}}\underset{1.6}{CH}(\overset{0.9}{CH_3})_2$$

【例 7-6】 在 CH_3CH_2OH 和 $HOCH_2CH_2OH$ 浓溶液的红外光谱中,都可以观察到 3350cm^{-1}附近的 C—H 伸缩振动的宽峰。当用 CCl_4 稀释后,$HOCH_2CH_2OH$ 的稀释吸收峰位置基本没有变化,仍在 3350cm^{-1}附近有一吸收宽峰。但乙醇被稀释后,3350cm^{-1}附近的宽峰基本消失,而在 3600cm^{-1}附近出现一尖锐的峰。解释这一现象。

解 3350cm^{-1}附近的宽吸收峰是典型的醇羟基之间通过氢键缔合的峰,但乙

二醇是分子内二羟基形成的分子内氢键，用 CCl_4 稀释对分子内氢键并没有影响，所以稀释前后吸收峰的位置基本没有变化。而乙醇是分子间二羟基形成的分子间氢键，用 CCl_4 稀释后，分子间的氢键难以形成，醇羟基是没有缔合的羟基，其 O—H 伸缩振动在 3600cm^{-1}左右，所以在 3600cm^{-1}左右出现尖锐的吸收峰。

【例 7-7】 下列为相应化合物的质谱的主要碎片峰，简要说明其裂解过程。

(1) m/z：74，59，45，31($CH_3OCH_2CH_2CH_3$)

(2) m/z：84，55，41(反-$CH_3CH{=}CHCH_2CH_2CH_3$)

(3) m/z：162，147，91，43[$CH_3COCH(CH_3)CH_2C_6H_5$]

(4) m/z：87，72，58，44，30($CH_3CH_2NHCH_2CH_2CH_3$)

(5) m/z：88，59，57($CH_3CH_2COOCH_3$)

解　(1)

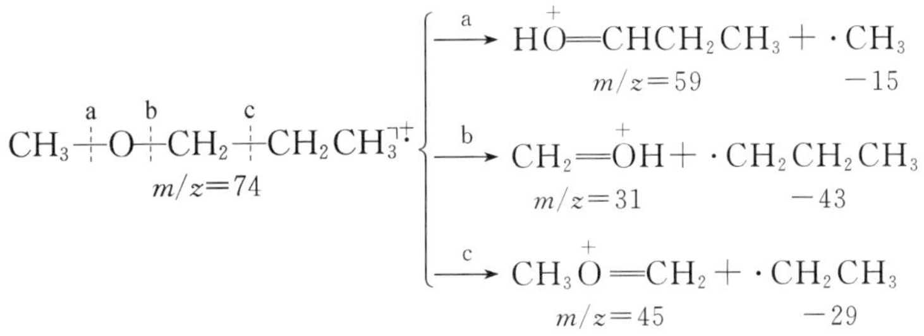

(2)

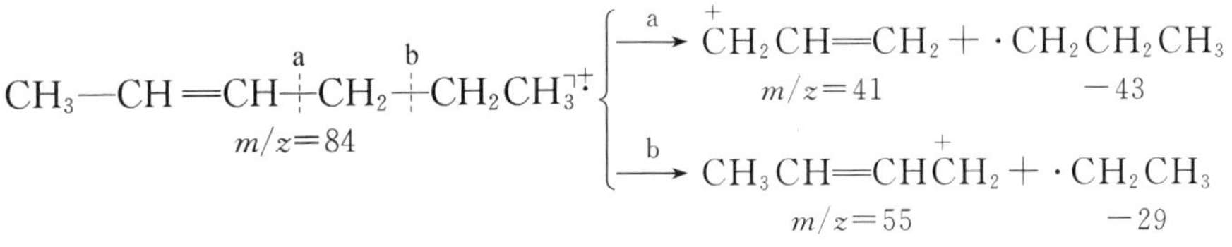

(3)

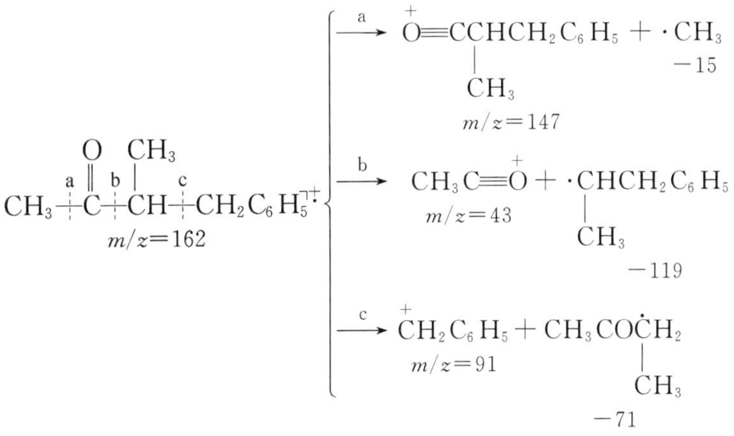

(4)

$$CH_3 \overset{a}{\vdots} CH_2 \overset{b}{\vdots} NH \overset{c}{\vdots} CH_2 \overset{d}{\vdots} CH_2CH_3^{+\cdot} \quad (m/z=87)$$

$\xrightarrow{a}$ $CH_2=\overset{+}{N}HCH_2CH_2CH_3 + \cdot CH_3$　$m/z=72$　-15

$\xrightarrow{b}$ $CH_3CH_2CH=\overset{+}{N}H_2 + \cdot CH_2CH_3$　$m/z=58$　-29

$\xrightarrow{c}$ $CH_3CH=\overset{+}{N}H + \cdot CH_2CH_2CH_3$　$m/z=44$　-43

$\xrightarrow{d}$ $CH_3CH_2\overset{+}{N}H=CH_2 + \cdot CH_2CH_3$　$m/z=58$　-29

$\downarrow$

$CH_2=\overset{+}{N}H_2 + CH_2=CH_2$　$m/z=30$

(5) $CH_3CH_2 \overset{a}{\vdots} \overset{O}{\overset{\|}{C}} \overset{b}{\vdots} OCH_3^{+\cdot}$　$m/z=88$

$\xrightarrow{a}$ $\overset{+}{O}\equiv C-OCH_3 + \cdot CH_2CH_3$　$m/z=59$　-29

$\xrightarrow{b}$ $CH_3CH_2C\equiv\overset{+}{O} + CH_3O\cdot$　$m/z=57$　-31

【例 7-8】 利用伍德沃德-费塞尔规则，预测下列结构的 λ_{max}。

(1)

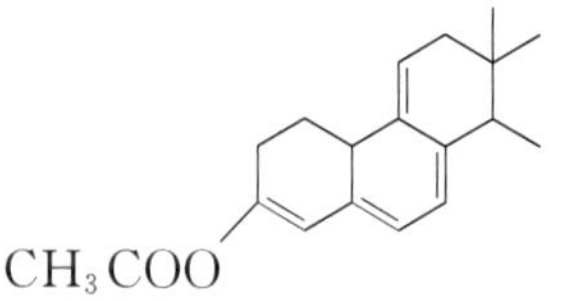

(2)

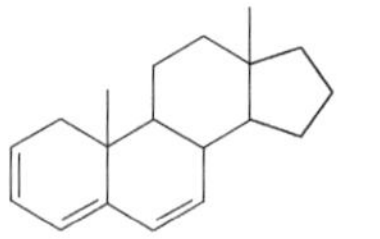

解 (1) 母体基数值：　　253nm

共轭双键延伸：2×30　60nm

环外双键：3×5　15nm

烷基取代基数：5×5　25nm

酰氧基取代基：1×0　0nm

　　353nm

(2) 母体基数值：　　253nm

共轭双键延伸：1×30　30nm

环外双键：1×5　5nm

烷基取代基数：3×5　15nm

　　303nm

【例 7-9】 化合物(A)，分子式为 C_9H_{10}，能使 Br_2/CCl_4 溶液褪色，其光谱数据如下：

^{1}H NMR：δ/ppm：3.1(d,2H)，4.8(m,1H)，5.1(m,1H)，5.8(m,1H)，7.5(m,5H)

IR：σ/cm^{-1}：3035(m)，3020(m)，2925(m)，2853(w)，1640(m)，990(s)，915(s)，740(s)，695(s)

UV：λ_{max}/nm：267.5

试推测化合物(A)的结构，并给出相应光谱的归属。

解　(A)的不饱和度为5，且能使 Br_2/CCl_4 溶液褪色，说明除具有苯环外还有碳-碳双键。紫外光谱说明苯环的共轭体系没有扩大，分子中苯环和碳-碳双键不共轭，因此(A)的结构为 $C_6H_5CH_2CH{=}CH_2$。

3035cm^{-1}(m)、3020cm^{-1}(m)为 C_{sp^2}—H 伸缩振动，2925cm^{-1}(m)、2853cm^{-1}(w)为亚甲基中 C_{sp^3}—H 伸缩振动，1640cm^{-1}(m)为 C═C 伸缩振动，990cm^{-1}(s)、915cm^{-1}(s)为—CH═CH_2 中的 C—H 弯曲振动，990cm^{-1}(s)、915cm^{-1}(s)为单取代苯的弯曲振动。

【例 7-10】　化合物(A)，分子式为 $C_8H_{10}O$，其光谱数据如下：

MS：m/z：122(M^+)

^{1}H NMR：δ/ppm：2.5(s,1H)，2.7(t,2H)，3.7(t,2H)，7.5(m,5H)

IR：3600～3200cm^{-1}有强吸收宽峰，3000cm^{-1}和750～700cm^{-1}有强吸收峰

试推测化合物(A)的结构，并给出相应光谱的归属。

解　(A)的结构为

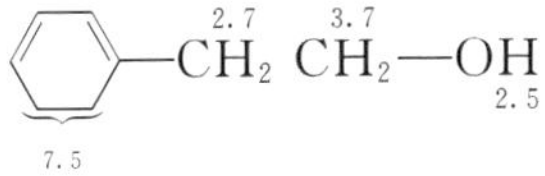

(A)的不饱和度为4，可考虑存在苯环。3600～3200cm^{-1}为羟基吸收峰，750～700cm^{-1}为单取代苯，3000cm^{-1}为—CH_2CH_2—的 C—H 伸缩振动。

三、习题与参考解答

【习题 7-1】　选择题。

(1) 下列官能团在红外光谱中吸收峰频率最高的是

(a) 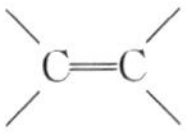

(b) —C≡C—
(c) 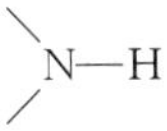

(d) —O—H

(2) 下列化合物各有几种化学不等价质子？

(i) $CH_3CH_2CH{=}CH_2$

(a) 3　(b) 4　(c) 5　(d) 6

(ii) 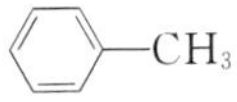

(a) 3　(b) 4　(c) 5　(d) 6

(iii) 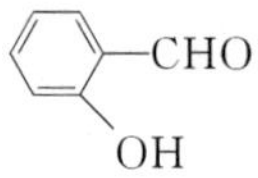

(a) 3　　(b) 4　　(c) 5　　(d) 6

(3) 在通常情况下，$CH_3\underset{\substack{|\\ OH}}{C}HCOOH$ 在核磁共振谱图中出现的吸收峰组数是

(a) 3　　(b) 4　　(c) 5　　(d) 6

(4) 下列化合物中,甲基质子化学位移最大的是

(a) CH_3CH_3　　(b) $CH_3CH{=}CH_2$　　(c) $CH_3C{\equiv}CH$　　(d) $CH_3C_6H_5$

(5) 在通常的质谱条件下,下列不可能出现的碎片峰是

(a) M+2　　(b) M−2　　(c) M−8　　(d) M−18

(6) 下列化合物在近紫外区(200～400nm)无吸收的是

(a) 　　(b) 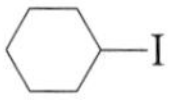　　(c) 　　(d) 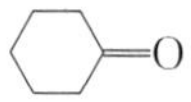

(7) 下列化合物紫外吸收 λ_{max} 值最大的是

(a) 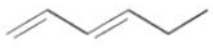　　(b) 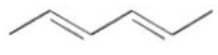　　(c) 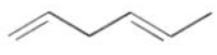　　(d) 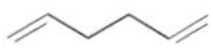

解　(1) (d)。

(2) (i) (c)。Z-氢和 *E*-氢化学环境不同。

(ii) (b)。苯环上邻、间、对位质子化学环境不同。

(iii) (d)。

(3) (a)。由于活泼质子快速交换,只能测得羟基质子和羧基质子的平均信号。

(4) (d)。化学位移值除受到电负性差异的影响外,还受到化学键各向异性的影响。

(5) (c)。通常质谱条件下,不可能出现质荷比之差为 3～12 的碎片离子。

(6) (a)。孤立双键 $\pi\rightarrow\pi^*$ 跃迁的吸收波长为 175nm,b 和 d 分子中有 $n\rightarrow\pi^*$ 或 $n\rightarrow\sigma^*$ 跃迁。

(7) (b)。根据伍德沃德-费塞尔规则,共轭体系上取代基越多,λ_{max} 值越大。

【习题 7-2】　下列气体化合物哪些可以用通常的红外光谱仪进行检测？为什么？

(1) H_2　　(2) CO　　(3) CO_2　　(4) HCl　　(5) Cl_2

解　通常情况下,只有分子的偶极矩发生改变的振动方式才能产生红外吸收。对单质双原子分子而言,由于伸缩振动不改变分子的偶极矩,不产生红外吸收,因此只有 CO、CO_2 和 HCl 可以用通常的红外光谱仪进行检测。

【习题 7-3】　在化合物 $CH_3CH_2CH(CH_3)_2$ 的核磁共振谱图中显示有四种不同的质子信号,而化合物$(CH_3CH_2)_2CHCH_3$ 的核磁共振谱图却显示有五种不同的质子信号,试给出合理的解释。

解　在化合物$(CH_3CH_2)_2CHCH_3$ 分子中,虽然无不对称碳原子,但对亚甲基而言,与它相连的是一个手性基团 $-\underset{\substack{|\\ CH_2CH_3}}{C}HCH_3$。由于手性基团的作用,亚甲基上的对映质子化学环境发生变化,即变成了化学不等价质子,因此在核磁共振谱图中总共出现五种不同的质子信号。

【习题 7-4】　在室温下,CF_2BrCBr_2CN 的 ^{19}F NMR 谱显示一个峰,当温度降低时,峰变宽,

在-98℃以下，它裂分为两个双重峰（等距离）和一个单峰，两个双重峰的总面积分别约为单峰面积的两倍。试对上述现象给出合理的解释。

解　CF_2BrCBr_2CN分子的三个主要的较为稳定的交叉纽曼投影式如下：

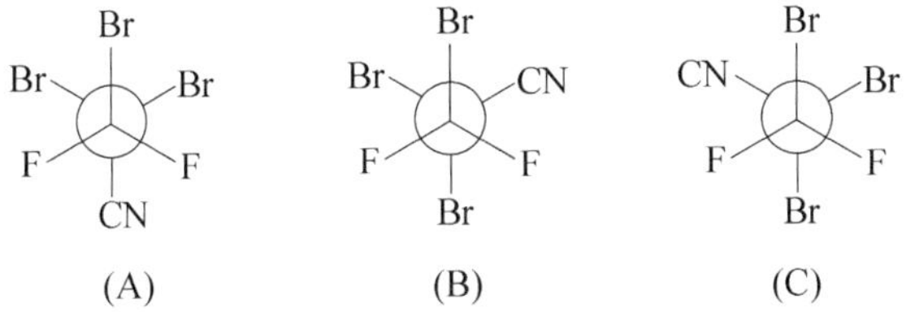

在室温下，由于碳-碳单键的快速自由旋转，信号平均化，故^{19}F只显示一个尖峰。当温度降低时，分子热力学能降低，单键的旋转不再完全自由，所以相应较稳定的几种构象出现的概率增加。由于这些构象中F的化学环境不完全相同，因此吸收峰发生裂分。在构象（A）中，两个氟原子化学环境相同，所以呈现单峰。在构象（B）和（C）中，两个氟原子化学环境不同，故发生自旋偶合裂分，各裂分为一个双重峰。又由于构象（A）中三个体积较大的溴原子挤在一起，张力较大，不如构象（B）和（C）稳定，所以在总的分子数中所占比例小于相应的构象（B）和（C）分子所占比例，因此表现为两个双重峰的总面积分别约为单峰面积的两倍。

【习题 7-5】　化合物（A），分子结构如下：

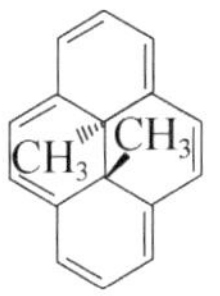

（A）的^1H NMR谱图中甲基质子信号出现在很高的高场（$\delta=-4.2$ppm）。试对此给出合理的解释。

解　化合物（A）为[14]轮烯的衍生物，由于分子中形成环状共轭大π体系，且符合休克尔规则，是芳香性分子。当它处于外磁场作用下，环电流产生的感应磁场的方向在环内与外磁场方向相反，抵消了部分外加磁场，即两个甲基都处在屏蔽区，此时必须再增大外加磁场的强度，才能使处于环内的甲基质子产生核磁共振吸收。由于[14]轮烯环电流较强，产生的感应磁场强度相对也较强，故甲基质子信号出现在很高的高场。

【习题 7-6】　在核磁共振谱图中，化学位移相同的质子即为化学等价质子。这种说法是否正确？试说明之。

解　这种说法不正确，除了化学等价质子的化学位移相同外，还有可能有恰好化学位移相等的非化学等价质子。例如，$CH_3C\equiv CH$在核磁共振谱图中只有一个单峰（$\delta=1.8$ppm），但甲基质子与炔基质子并非化学等价质子。此外，还可能由于活泼质子快速交换，导致两种不同质子的化学位移相同。例如，HO——COOH分子中羟基信号与羧基信号平均后只出一个吸收峰。所以化学位移相同的质子不一定是化学等价质子。

【习题 7-7】　指出下列化合物在核磁共振谱图中会出现几组吸收峰信号，以及各组吸收峰大致的化学位移范围和峰的裂分数。

(1) Cl_2CHCH_2Cl　　(2) $CH_2=C(CH_3)_2$

(3) CH_3CH_2OH　　(4) CH_3CH_2CHO

(5) 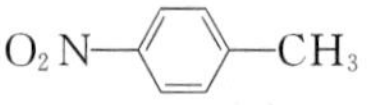　　(6) $CH_3COOCH_2CH_3$

解　(1) 两组信号,大致的化学位移值和峰的裂分数为 δ/ppm:3.5(d)、5.5(t)。

(2) 两组信号,大致的化学位移值和峰的裂分数为 δ/ppm:2.2(s)、5.5(s)。

(3) 三组信号,大致的化学位移值和峰的裂分数在通常条件下为 δ/ppm:—CH_3 1.0(t),—CH_2— 3.5(q),—OH 1.0～5.0(s)。若仔细除去酸碱的干扰并使用纯乙醇,则结果为 δ/ppm:—CH_3 1.0(t),—CH_2— 3.5(m),—OH 1.0～5.0(t)。

(4) 三组信号,大致的化学位移值和峰的裂分数为 δ/ppm:—CH_3 1.1(t),—CH_2— 2.5(m),—CHO 9.0(t)。

(5) 三组信号,大致的化学位移值和峰的裂分数为 δ/ppm:—CH_3 2.5(s),

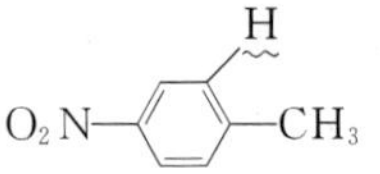 7.0(d), 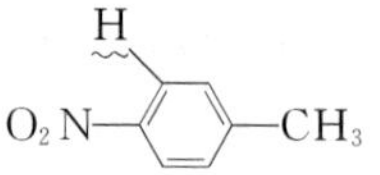 8.0(d)。

(6) 三组信号,大致的化学位移值和峰的裂分数为 δ/ppm:CH_3CO—2.5(s),—CH_2—4.0(q),—CH_3 1.2(t)。

【习题 7-8】 指出下列化合物在红外光谱中官能团区的特征吸收峰的大致波数范围。

(1) $CH_3CH_2CH_3$　　(2) $CH_3CH{=}CH_2$

(3) $CH_3C{\equiv}CH$　　(4) CH_3CH_2OH

(5) CH_3CONH_2　　(6) $C_6H_5CH_2COOH$

解　(1) C—H:2800～3000cm^{-1}。

(2) —C=C—H:3100cm^{-1}; —C—H:2800～3000cm^{-1}; —C=C—:1500～1600cm^{-1}。

(3) C≡C—H:3300cm^{-1}; —C≡C—:2200cm^{-1}; —C—H:2800～3000cm^{-1}。

(4) —O—H:3600cm^{-1}; —C—H:2800～3000cm^{-1}。

(5) —C(=O)—N—H:3400～3500cm^{-1}; —C—H:2800～3000cm^{-1}; —C(=O)—N—:1650cm^{-1}。

(6) —C(=O)—O—H:3600～2500cm^{-1};

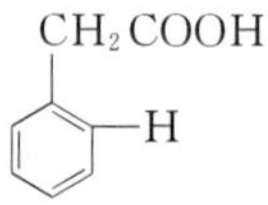

:3100cm^{-1}; —C—H:2800～300cm^{-1};

—C(=O)—OH:1650cm^{-1};

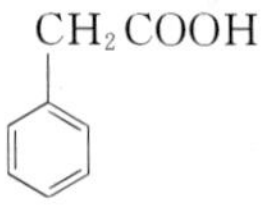

:1500～1600cm^{-1}。

【习题 7-9】 根据下列核磁共振谱数据,推测化合物的合理结构。

(1) 化合物(A),分子式为 $C_{10}H_{14}$,^1H NMR 谱数据如下:δ/ppm:1.3(s,9H),7.2(b,5H)。

(2) 化合物(B),分子式为 $C_3H_6O_2$,^1H NMR 谱数据如下:δ/ppm:1.2(t,3H),2.4(q,2H),

11.3(s,1H)。

(3) 化合物(C),分子式为 C_4H_8O,^1H NMR 谱数据如下:δ/ppm:1.1(d,6H),2.4(m,1H),9.6(s,1H)。

(4) 化合物(D),分子式为 $C_8H_{11}N$,^1H NMR 谱数据如下:δ/ppm:1.2(d,3H),1.5(s,2H),4.0(q,1H),7.3(b,5H)。

解　(1) 由分子式得不饱和度为 4,化合物可能含苯环,由 δ 7.2(b,5H)证实分子为一取代苯。由 δ 1.3(s,9H)判断应为三个等同的甲基,且邻位碳上无氢原子,故为—$C(CH_3)_3$。所以化合物(A)的合理结构应为 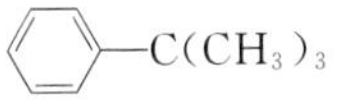 。

(2) 由分子式得不饱和度为 1,δ 11.3(s,1H)表示为羧基质子,δ 1.2(t,3H)表示为甲基,其邻位为亚甲基,δ 2.4(q,2H)表示为亚甲基,其邻位有一甲基,另一端与一吸电子基相连。所以化合物(B)的合理结构应为 CH_3CH_2COOH。

(3) 由分子式得不饱和度为 1,δ 9.6(s,1H)表示为醛基质子,δ 1.1(d,6H)表示为两个等同的甲基,且甲基邻位碳上有一个质子,δ 2.4(m,1H)表示为次甲基信号,其邻位碳上有多个氢原子,故应为$(CH_3)_2CH$—。所以化合物(C)的合理结构为$(CH_3)_2CHCHO$。

(4) 由分子式得不饱和度为 4,分子中可能有苯环,由 δ 7.3(b,5H)证实分子中存在一取代苯环,由 δ 1.2(d,3H)知其为甲基,邻位为次甲基,由 δ 4.0(q,1H)知其为次甲基,邻位有吸电子基团,同时邻位还存在甲基,即 CH_3—CH—(CH 上方连一竖键),δ 1.5(s,2H)应为氨基,单峰是因为质子快速交换使得信号平均化。所以化合物(D)的合理结构应为 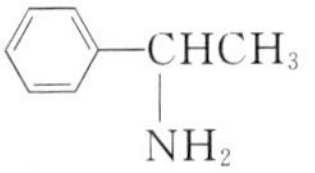 。

【**习题 7-10**】　化合物(A)和(B),分子式均为 $C_4H_8O_2$,两者的红外光谱在 1735cm^{-1}附近都有强吸收,它们的^1H NMR 谱数据如下:

化合物(A):δ/ppm:1.3(t,3H),2.0(s,3H),4.1(q,2H)。

化合物(B):δ/ppm:1.2(t,3H),2.3(q,2H),3.7(s,3H)。

试推测(A)和(B)的合理结构。

解　由分子式得不饱和度为 1,红外光谱 1735cm^{-1}有强吸收说明含羰基。

由(A)的核磁共振数据可知,δ 1.3(t,3H)和 δ 4.1(q,2H)为乙基信号,并且与强吸电子基相连,可能为氧原子。δ 2.0(s,3H)为孤立甲基信号,且邻位有吸电子基团,可能是羰基。所以化合物(A)的合理结构应为 $CH_3COOCH_2CH_3$。

由(B)的核磁共振数据可知,δ 1.2(t,3H)和 δ 2.3(q,2H)为乙基信号,该乙基与吸电子基团相连,可能为羰基,δ 3.7(s,3H)为孤立甲基信号,由化学位移值知应与强吸电子基团相连,可能为氧原子。所以化合物(B)的合理结构应为 $CH_3CH_2COOCH_3$。

【**习题 7-11**】　化合物(A)和(B),分子式均为 $C_5H_{10}O$,两者的红外光谱在 1720cm^{-1}附近都有强吸收,它们的^1H NMR 谱数据如下:

化合物 A:δ/ppm:0.9(t,3H),1.6(m,2H),2.1(s,3H),2.4(t,2H)。

化合物 B:δ/ppm:1.1(t,6H),2.5(q,4H)。

试推测化合物(A)和(B)的合理结构。

解　由分子式可知(A)和(B)的不饱和度为 1,红外光谱在 1720cm^{-1}处有强吸收,说明分子中含羰基。

由化合物(A)的核磁共振谱数据可知，δ 0.9(t,3H)表示为甲基信号，其邻位含有一个亚甲基单元，δ 1.6(t,2H)表示为亚甲基信号，其邻位也有一个亚甲基单元，并且，由 δ 2.4 推知该亚甲基应与吸电子基团相连，应为羰基，由 δ 2.1(s,3H)知其为孤立甲基信号，并且与一吸电子基团相连，应为羰基。综上所述，则化合物(A)的合理结构应为 $CH_3CH_2CH_2COCH_3$。

由化合物(B)的核磁共振谱数据可知，δ 1.1(t,6H)应为两个等同的甲基信号，该甲基应与亚甲基相连。δ 2.5(q,4H)应为两个等同的亚甲基信号，该亚甲基一端应与甲基相连，另一端应连有吸电子基团，应为羰基。所以化合物(B)的合理结构应为 $CH_3CH_2COCH_2CH_3$。

【习题 7-12】 根据谱图区别化合物。

(1) 化合物(A)和(B)的红外光谱图分别如图 7-4(a)、(b)所示，试指出(A)、(B)分别是 $CH_3CH_2CH_2CH_2Cl$、$(CH_3)_3CCl$ 中的哪一个。

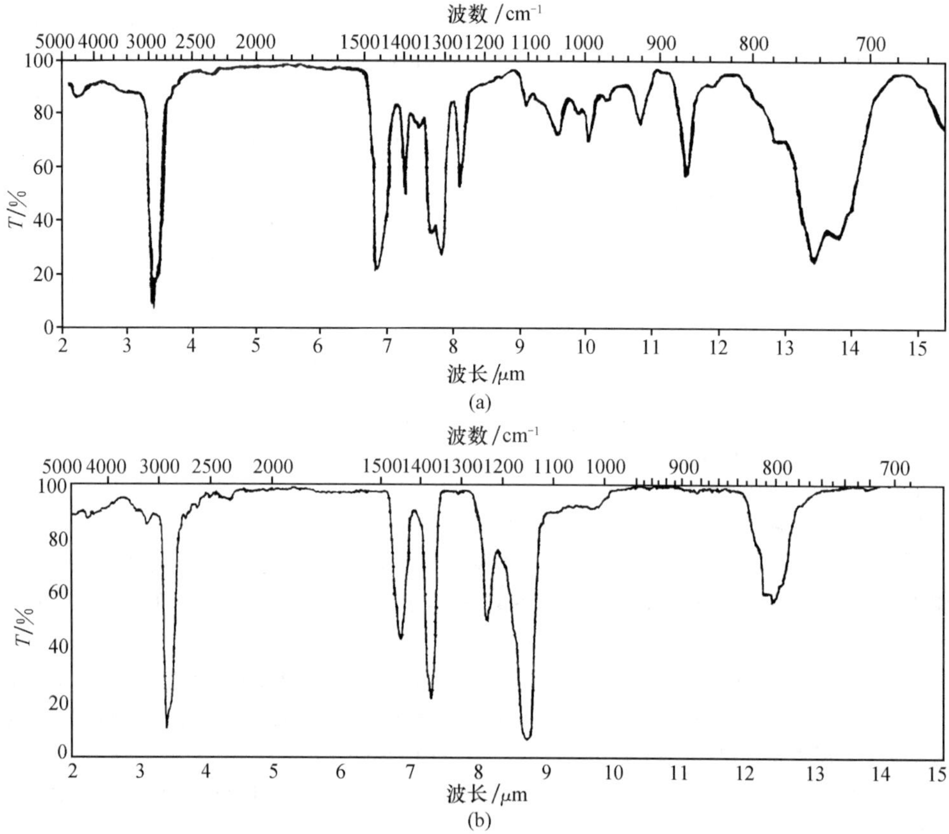

(a)　(b)

图 7-4　化合物的红外光谱图(四)

(2) 化合物(A)、(B)和(C)的红外光谱图分别如图 7-5(a)、(b)和(c)所示，试指出(A)、(B)、(C)分别是乙苯、苯乙烯、苯乙炔中的哪一个。

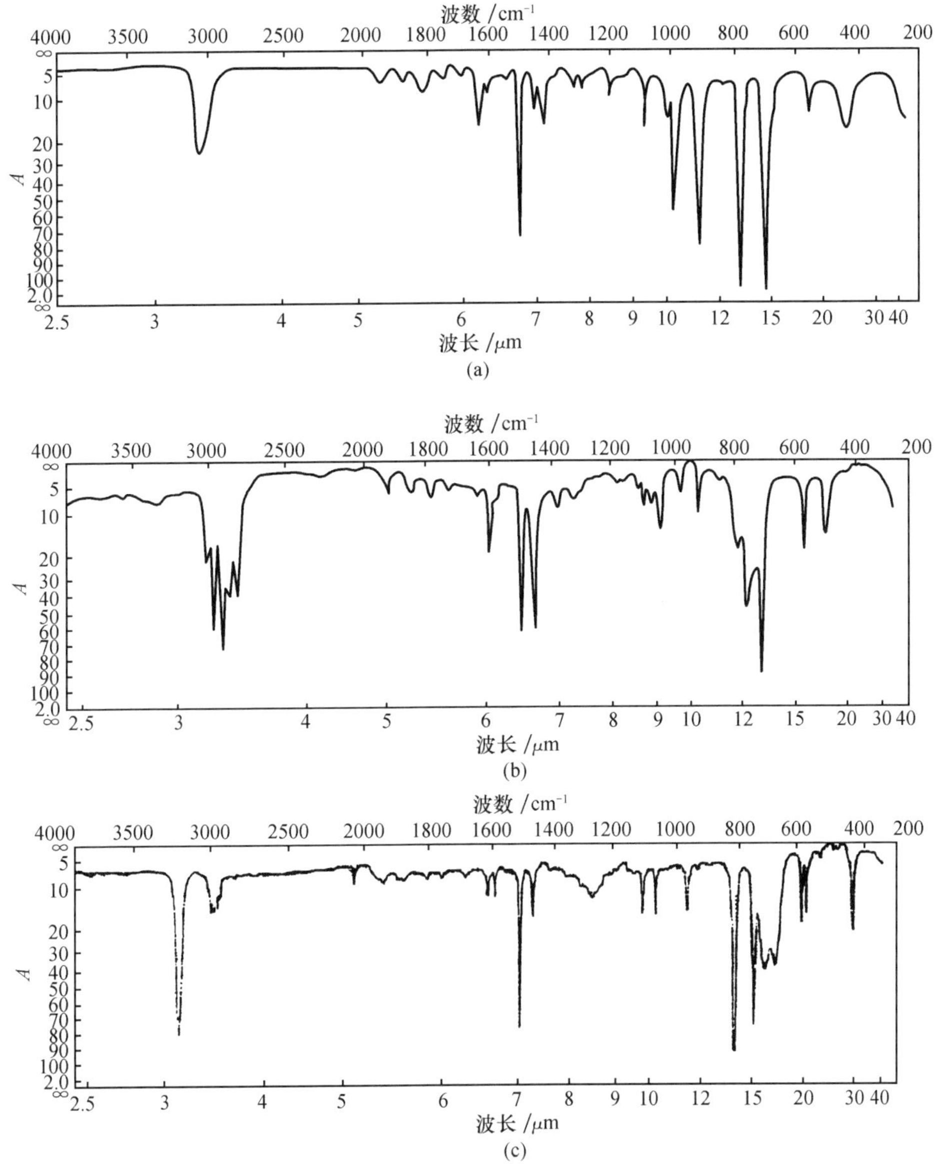

图 7-5　化合物的红外光谱图(五)

(3) 化合物(A)、(B)和(C)的红外光谱图分别如图 7-6(a)、(b)和(c)所示，试指出(A)、(B)、(C)分别是 $CH_3CH_2CH{=}CH_2$、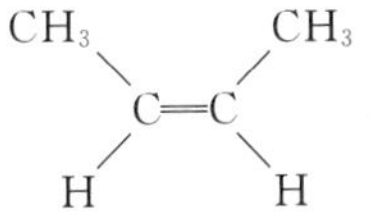、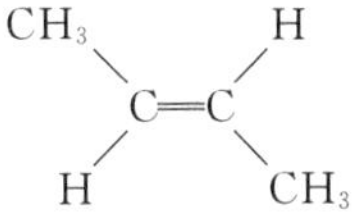中的哪一个。

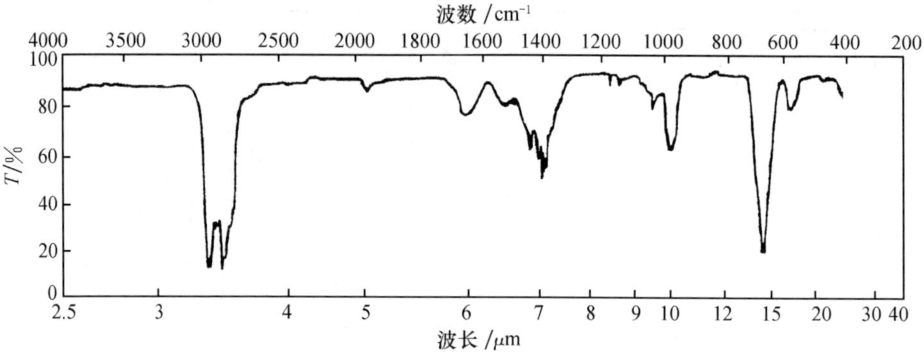

(a)

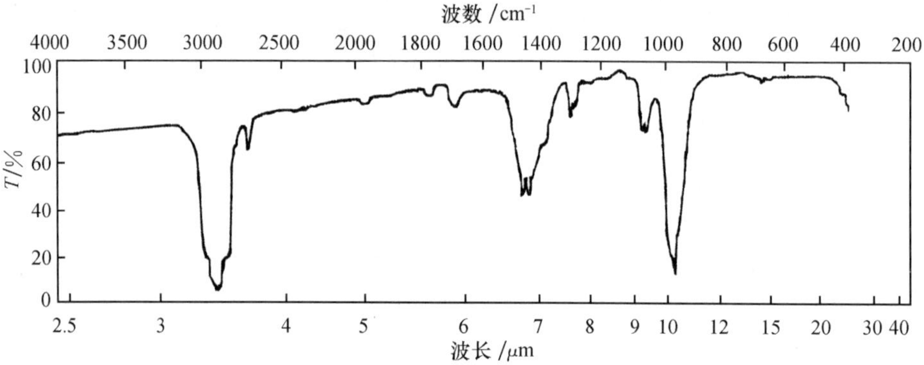

(b)

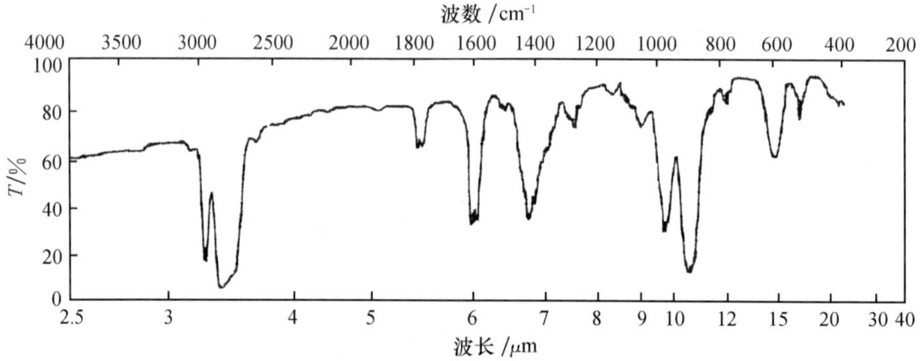

(c)

图 7-6　化合物的红外光谱图(六)

(4) 化合物(A)、(B)、(C)的红外光谱图分别如图 7-7(a)、(b)、(c)所示,试指出(A)、(B)、(C)分别是 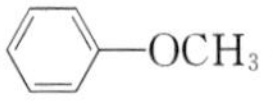 、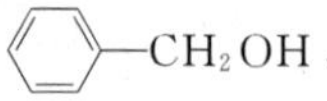 、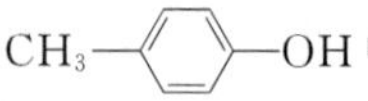 中的哪一个。

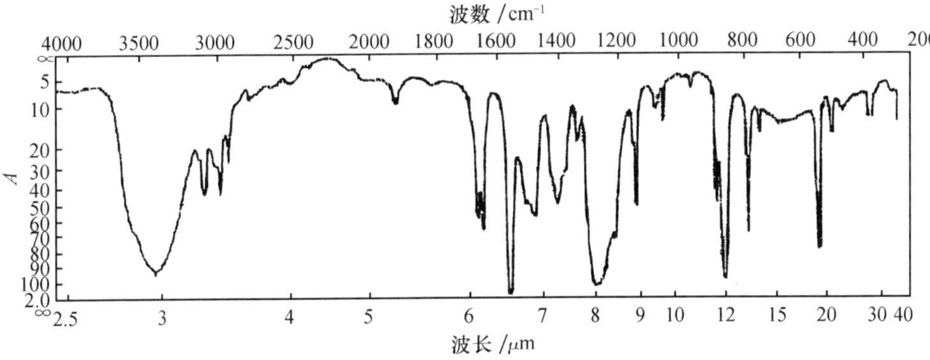

(a)

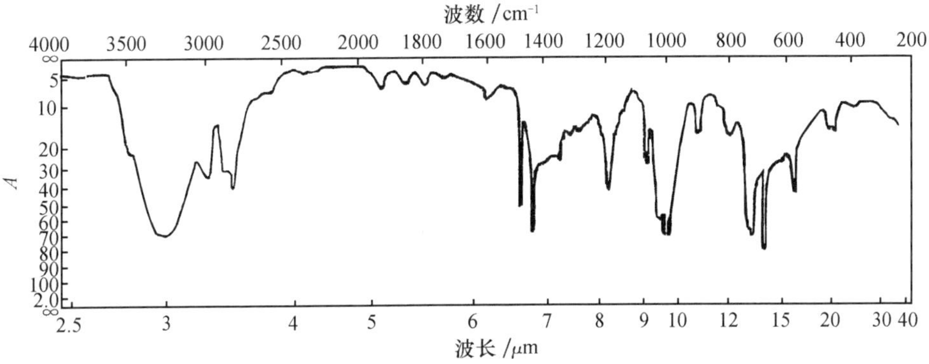

(b)

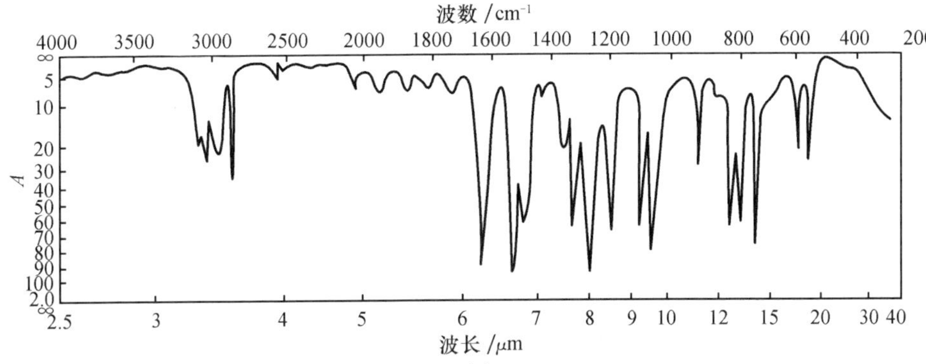

(c)

图 7-7　化合物的红外光谱图(七)

(5) 化合物(A)、(B)的红外光谱图分别如图 7-8(a)、(b)所示，试指出(A)、(B)分别是 $CH_3CH_2CH_2CHO$、$CH_3CH_2\overset{\overset{O}{\diagup\;\diagdown}}{CH-CH_2}$ 中的哪一个。

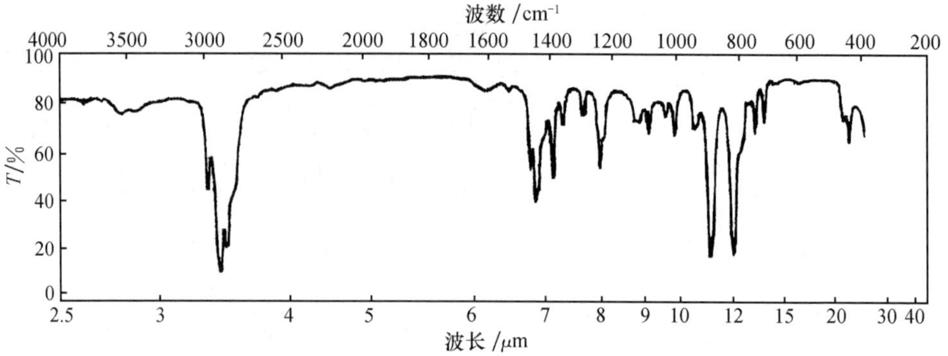

(a)

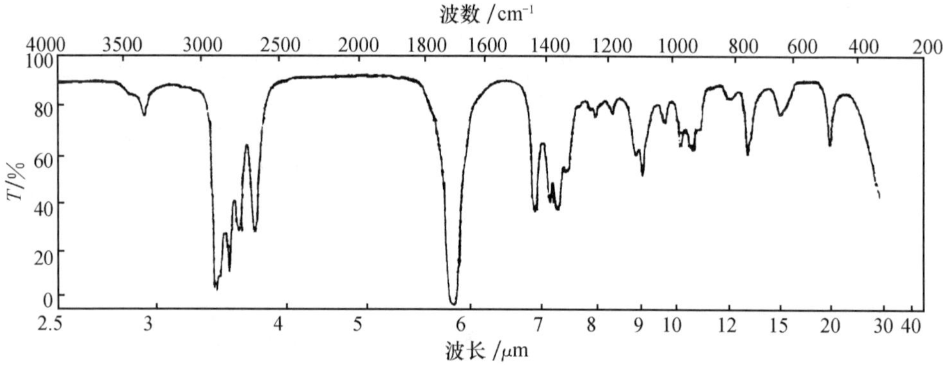

(b)

图 7-8　化合物的红外光谱图(八)

(6) 化合物(A)、(B)、(C)的红外光谱图分别如图 7-9(a)、(b)、(c)所示,试指出(A)、(B)、(C)分别是 $CH_3CH_2CH_2COOH$、$CH_3COOCH_2CH_3$、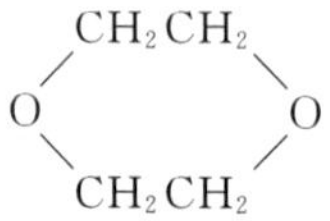 中的哪一个。

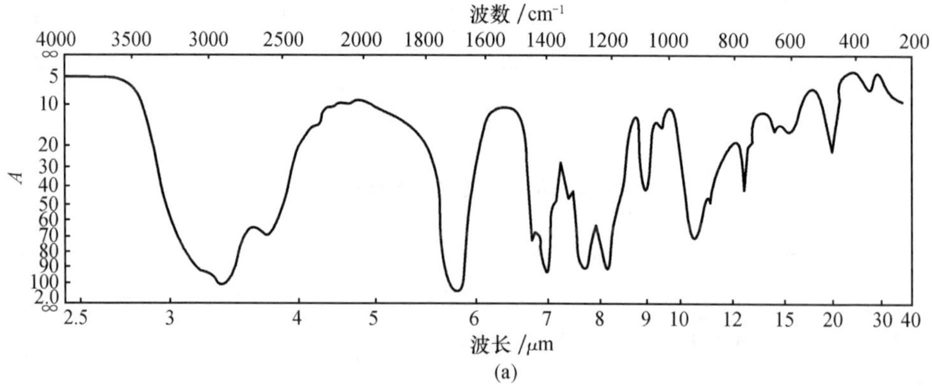

(a)

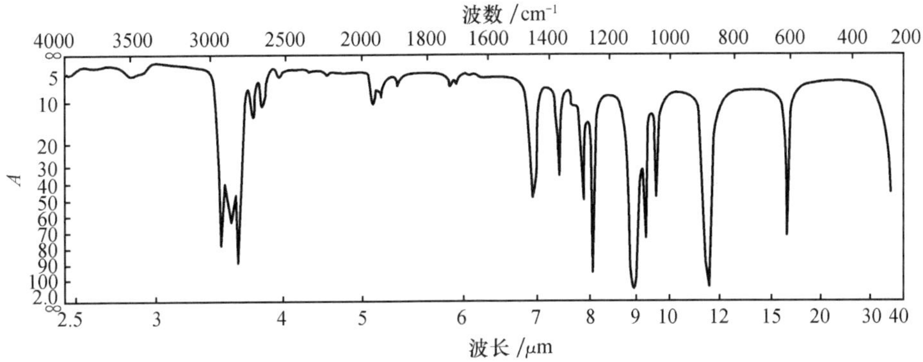

(b)

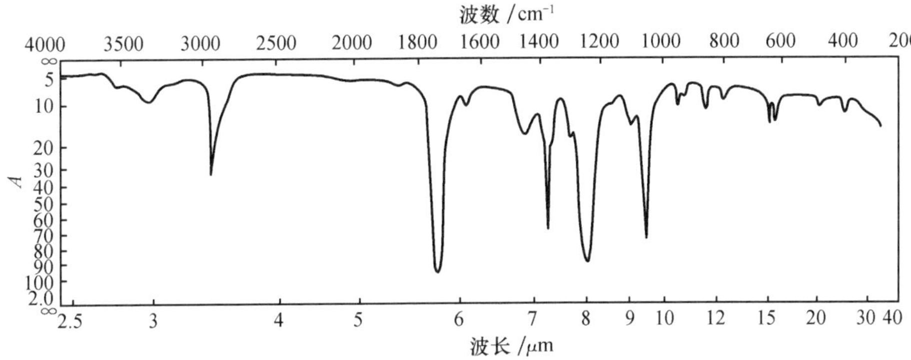

(c)

图 7-9　化合物的红外光谱图(九)

解　(1) 图 7-4(b)中 $1380cm^{-1}$附近有强吸收,说明化合物(B)分子中可能含—$C(CH_3)_3$基团,而图 7-4(a)中该吸收峰很弱,所以化合物(A)为 $CH_3CH_2CH_2CH_2Cl$,化合物(B)为$(CH_3)_3CCl$。

(2) 图 7-5(c)中 $3300cm^{-1}$处有吸收峰,说明化合物(C)为末端炔烃。图 7-5(a)中 $2900cm^{-1}$处无明显吸收信号,说明化合物(A)分子中无饱和碳-氢键。图 7-5(b)中 $2900cm^{-1}$处有强吸收,说明化合物(B)有饱和碳-氢键。所以化合物(A)为 $C_6H_5CH{=}CH_2$,化合物(B)为 $C_6H_5C_2H_5$,化合物(C)为 $C_6H_5C{\equiv}CH$。

(3) 由图 7-6(a)中 $675cm^{-1}$处强吸收判断化合物(A)为 Z 式烯烃,由图 7-6(b)中 $975cm^{-1}$处强吸收判断化合物(B)为 E 式烯烃,由图 7-6(c)中 $910cm^{-1}$和 $1000cm^{-1}$处两个强吸收峰判断化合物(C)为一取代烯烃。所以化合物(A)为 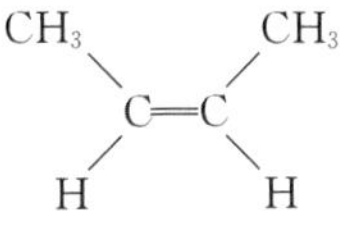,化合物(B)为 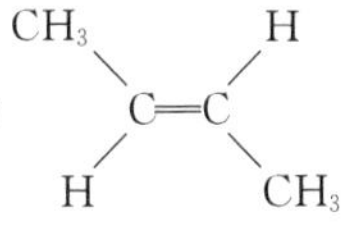,化合物(C)为 $CH_3CH_2CH{=}CH_2$。

(4) 由图 7-7(a)中 3600～$3000cm^{-1}$强吸收判断化合物(A)含羟基,由 $810cm^{-1}$处强吸收判断为对二取代苯环。由图 7-7(b)3600～$3000cm^{-1}$强吸收判断化合物(B)含羟基,由 $700cm^{-1}$和 $740cm^{-1}$吸收峰判断为一取代苯环。由图 7-7(c)中 $3100cm^{-1}$以上无明显吸收判断化合物(C)分子中无羟基，由 700cm^{-1} 和 750cm^{-1} 两个吸收峰判断为一取代苯环。所以化合物(A)为 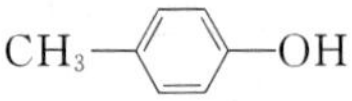，化合物(B)为 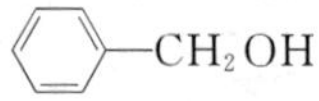，化合物(C)为 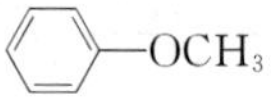。

(5) 由图 7-8(b)中 1720cm^{-1} 处强吸收峰判断化合物(B)分子中含羰基。而图 7-8(a)中 1600～1800cm^{-1} 无明显吸收，说明化合物(A)分子中无羰基结构。所以化合物(A)为 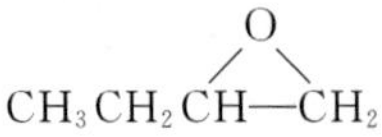，化合物(B)为 $CH_3CH_2CH_2CHO$。

(6) 由图 7-9(a)中 3500～2000cm^{-1}强峰判断化合物(A)分子中含羟基，1700cm^{-1}左右强峰为羰基吸收。由图 7-9(c)中 1730cm^{-1} 处强峰判断化合物(C)分子中含羰基。由图 7-9(b)中 3500～3000cm^{-1}无明显吸收判断化合物(B)分子中无羟基，1800～1500cm^{-1}无明显吸收说明分子中无羰基。所以化合物(A)为 $CH_3CH_2CH_2COOH$，化合物(B)为 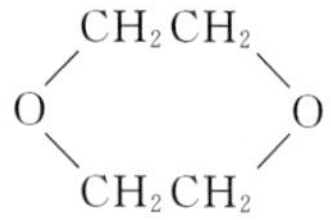，化合物(C)为 。

【习题 7-13】 根据所给红外光谱图推测结构。

(1) 化合物(A)，分子式为 C_2H_5BrO，红外光谱图如图 7-10 所示，试推测(A)的合理结构。

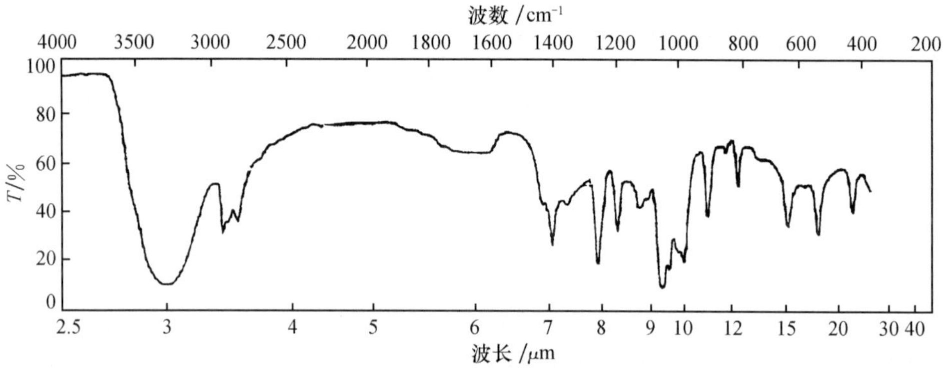

图 7-10　化合物的红外光谱图(十)

(2) 化合物(B)，分子式为 $C_2H_5NO_2$，红外光谱图如图 7-11 所示，试推测(B)的合理结构。

(3) 化合物(C)，分子式为 C_3H_3N，红外光谱图如图 7-12 所示，试推测(C)的合理结构。

(4) 化合物(D)，分子式为 C_4H_6BrN，(D)在稀硫酸中长时间加热得 γ-丁内酯。(D)的红外光谱图如图 7-13 所示，试推测(D)的合理结构。

解　(1) 由分子式得不饱和度为 0，由 3500～3000cm^{-1} 宽峰可知分子中含羟基，则化合物(A)的可能结构为 $BrCH_2CH_2OH$。

(2) 由图 7-11 中 3600～3000cm^{-1} 无明显吸收，说明分子中无 O—H 或 N—H 键。1570cm^{-1}有强吸收说明分子中有不饱和键，2350cm^{-1}有弱吸收说明分子中可能含叁键或累积双键。由于分子中无烯键氢(3000cm^{-1}以上无吸收)，只有饱和的碳-氢键，故(B)的可能结构为 $CH_3CH_2NO_2$。

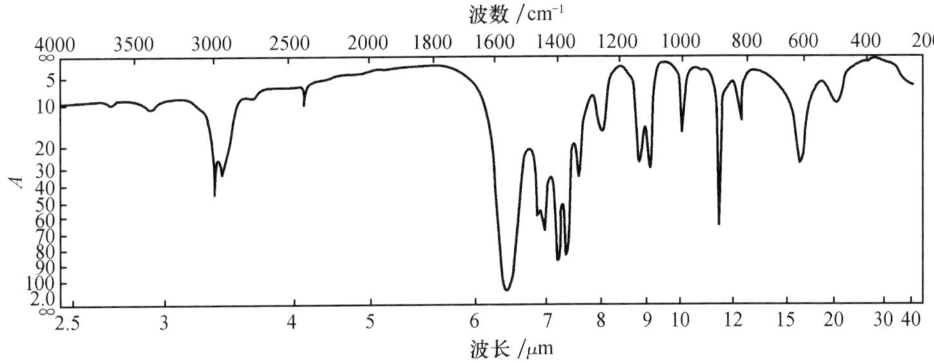

图 7-11 化合物的红外光谱图(十一)

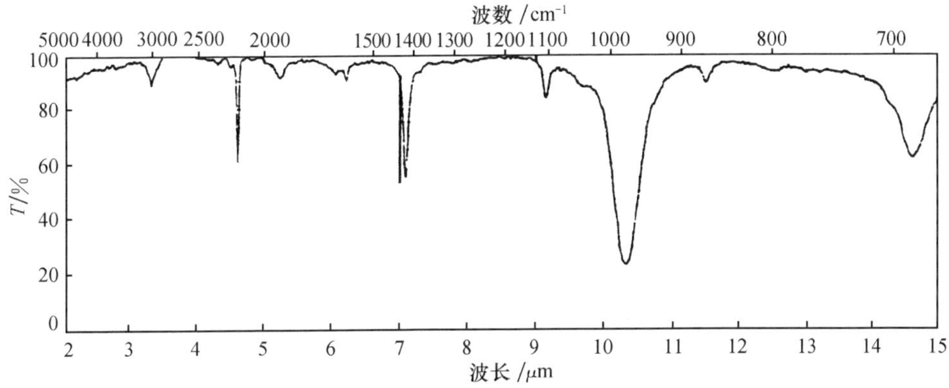

图 7-12 化合物的红外光谱图(十二)

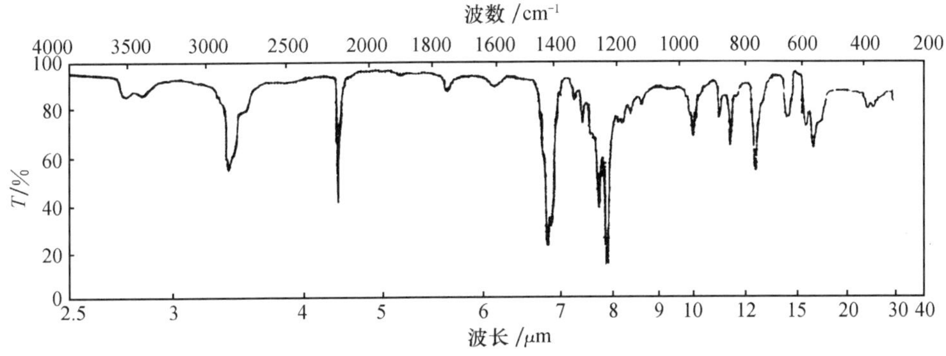

图 7-13 化合物的红外光谱图(十三)

(3) 由分子式得化合物(C)的不饱和度为 3,可能含双键或叁键。图 7-12 中 $2200cm^{-1}$ 有吸收说明分子中有叁键,$3300cm^{-1}$ 无吸收说明无炔氢,$3100cm^{-1}$ 附近有吸收说明分子中含烯键氢,故化合物叁键部分为氰基。所以化合物(C)的可能结构为 $CH_2{=}CHCN$。

(4) 由分子式得不饱和度为 2,图 7-13 中 $2300cm^{-1}$ 吸收峰说明分子中有叁键,$3300cm^{-1}$ 无吸收说明非末端炔烃,$3500\sim3000cm^{-1}$ 无强吸收说明分子中无 N—H 键。(D)在稀硫酸中处理

得 γ-丁内酯，说明碳链结构为直链，故叁键必为氰基，且(D)能生成 γ-丁内酯，说明卤素必位于碳链的末端。所以化合物(D)的可能结构为 $BrCH_2CH_2CH_2CN$。

【习题 7-14】 根据所给核磁共振氢谱图推测结构。

(1) 化合物(A)，分子式为 C_3H_7Br，图 7-14 中各组吸收峰积分曲线高度按照化学位移值由小到大顺序依次为 14、9、9。试推测(A)的合理结构。

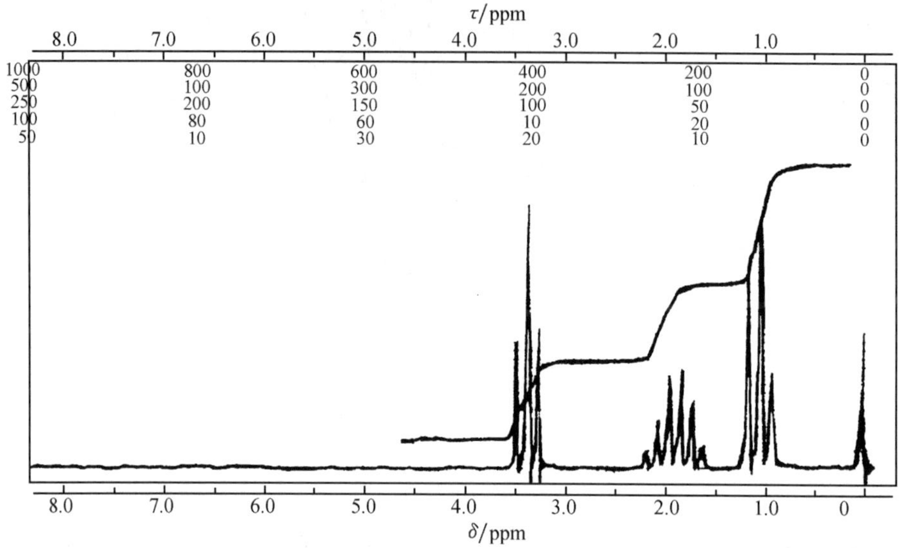

图 7-14　化合物的 ^1H NMR 谱图(一)

(2) 化合物(B)，分子式为 $C_3H_6Br_2$，图 7-15 中各组吸收峰积分曲线高度按照化学位移值由

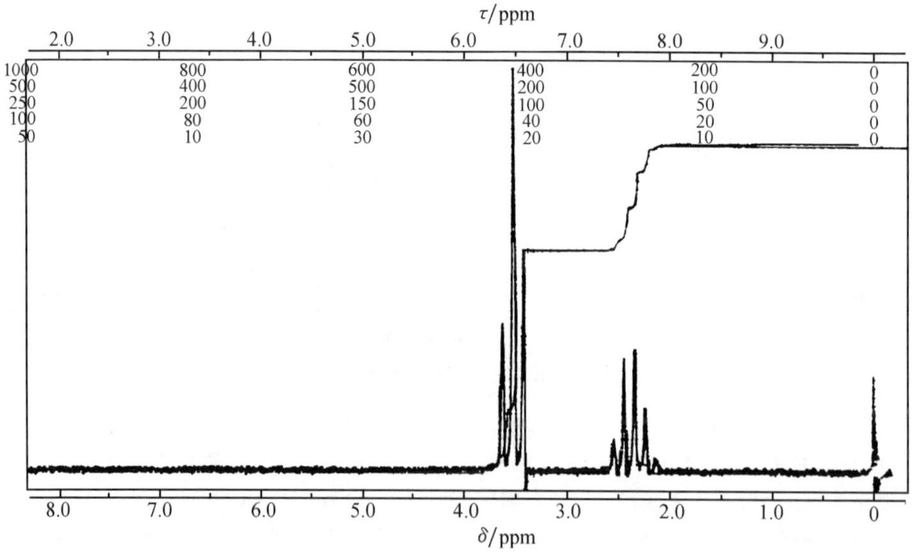

图 7-15　化合物的 ^1H NMR 谱图(二)

小到大顺序依次为12、24。试推测(B)的合理结构。

(3) 化合物(C)，分子式为 C_8H_9Br，图7-16中各组吸收峰积分曲线高度按照化学位移值由小到大顺序依次为12、4、20。试推测(C)的合理结构。

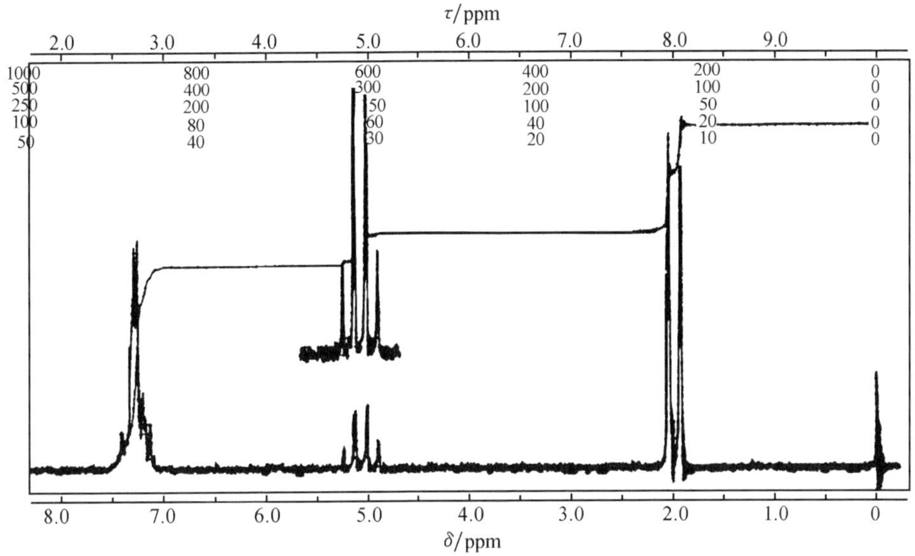

图7-16　化合物的 ¹H NMR 谱图(三)

(4) 化合物(D)，分子式为 C_3H_4ClN，图7-17中各组吸收峰积分曲线高度按照化学位移值由小到大顺序依次为17、17。试推测(D)的合理结构。

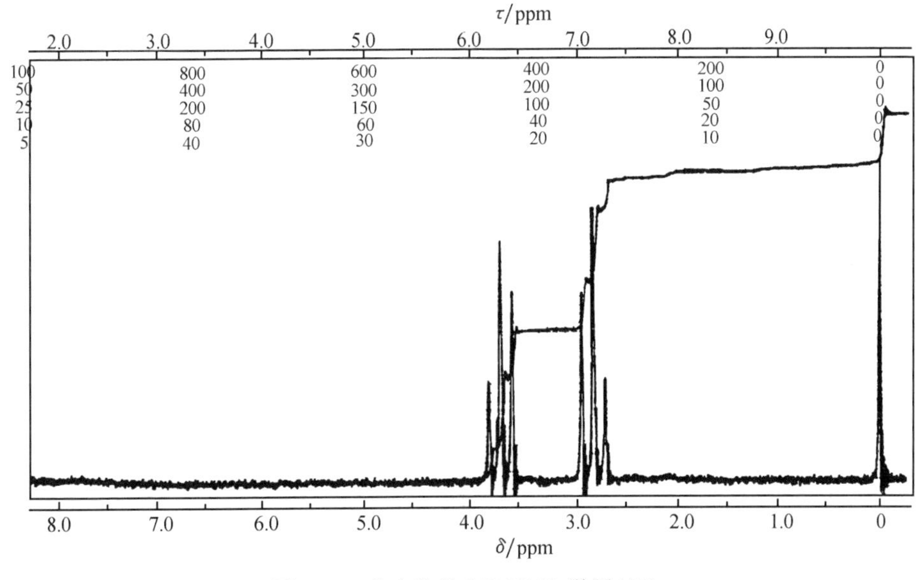

图7-17　化合物的 ¹H NMR 谱图(四)

(5) 化合物(E),分子式为 $C_8H_{10}O$,图 7-18 中各组吸收峰积分曲线高度按照化学位移值由小到大顺序依次为 4、9、9、23。试推测(E)的合理结构。

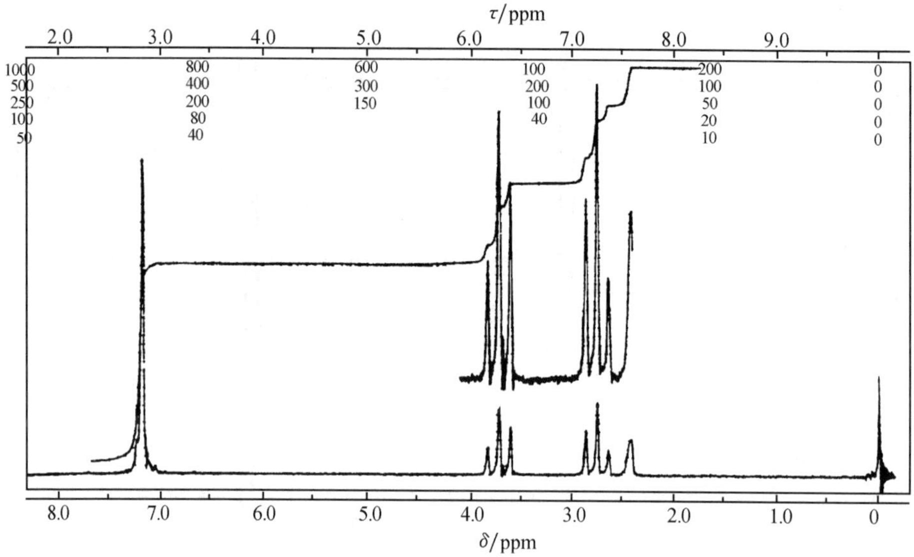

图 7-18　化合物的 ^{1}H NMR 谱图(五)

(6) 化合物(F),分子式为 $C_6H_{15}N$,图 7-19 中各组吸收峰积分曲线高度按照化学位移值由小到大顺序依次为 26、18。试推测(F)的合理结构。

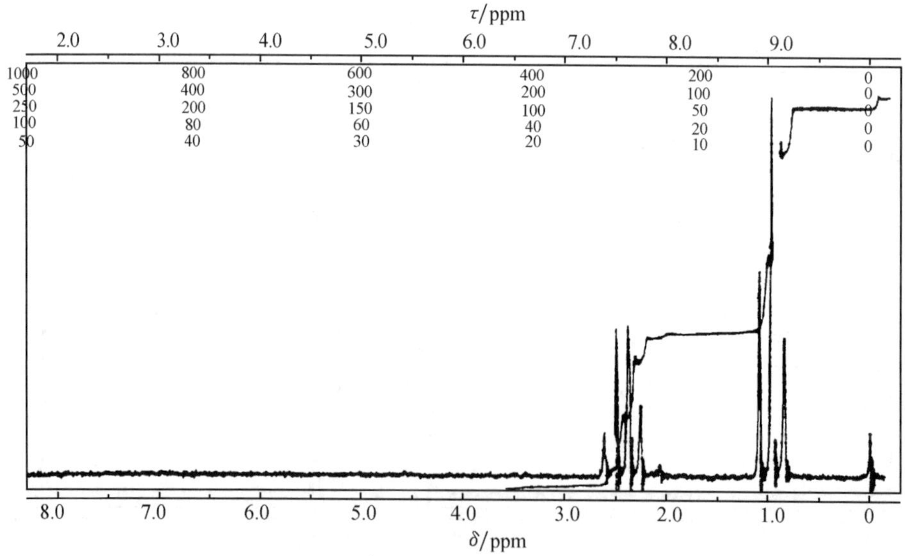

图 7-19　化合物的 ^{1}H NMR 谱图(六)

(7) 化合物(G),分子式为 $C_5H_{12}O_2$,图 7-20 中各组吸收峰积分曲线高度按照化学位移值由小到大顺序依次为 19、12、6.5。试推测(G)的合理结构。

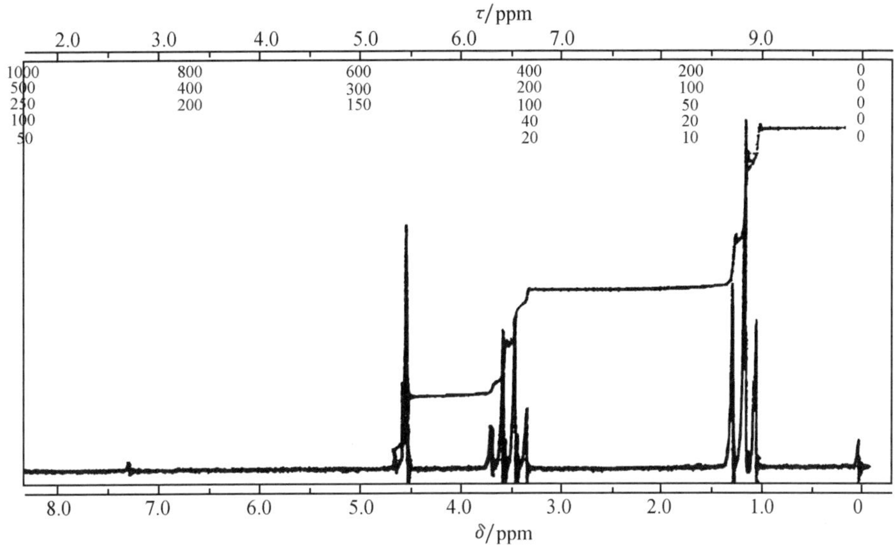

图 7-20　化合物的 ^{1}H NMR 谱图(七)

(8) 化合物(H),分子式为 $C_9H_{12}S$,图 7-21 中各组吸收峰积分曲线高度按化学位移值由小到大顺序依次为 10、6、6、16。试推测(H)的合理结构。

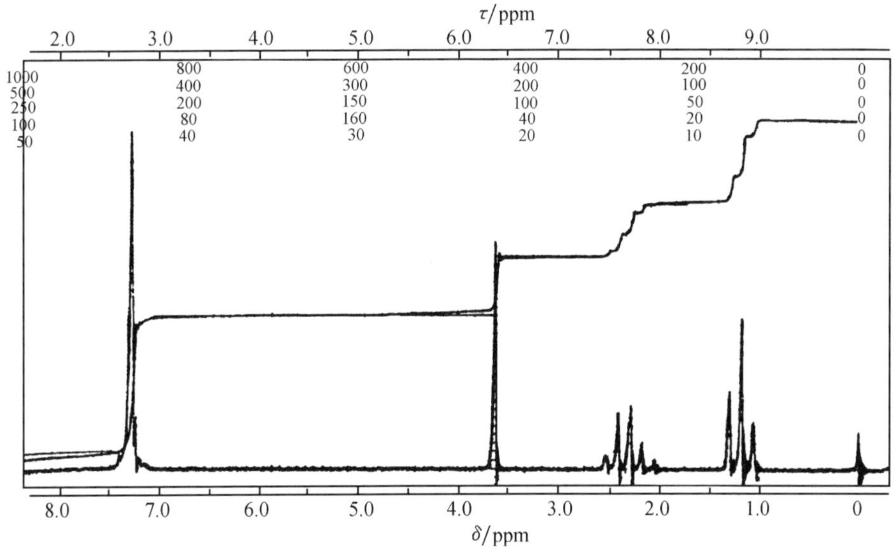

图 7-21　化合物的 ^{1}H NMR 谱图(八)

解　(1) 化合物(A)的不饱和度为 0,根据积分曲线高度推出不同氢原子数目比为 3∶2∶2,δ 3.4(t,2H)为亚甲基信号,且与吸电子基团溴原子连接,另一端与亚甲基相连。δ 1.0(t,3H)为甲基信号,且与亚甲基相连。δ 1.9(m,2H)为分别与 CH_3 及 CH_2Br 相连的亚甲基信号。所以化合物(A)的可能结构为 $CH_3CH_2CH_2Br$。

(2) 由积分曲线推得分子中不同氢原子数之比为 2∶4,δ 3.4(t,4H)为两个相同的亚甲基信号,并与 δ 2.4(m,2H)的另一亚甲基相连,由化学位移值判断这两个亚甲基上应连有吸电子基团。所以化合物(B)的可能结构为 $BrCH_2CH_2CH_2Br$。

(3) 化合物(C)的不饱和度为 4,可能含苯环。由积分曲线得分子中不同氢原子数之比为 3∶1∶5。由 δ 7.2(m,5H)证实分子中含一取代苯环。δ 2.0(d,3H)为甲基信号,并与次甲基相连。δ 5.0(q,1H)为次甲基信号,旁边连有甲基,并与吸电子基团相连。所以化合物(C)的可能结构为 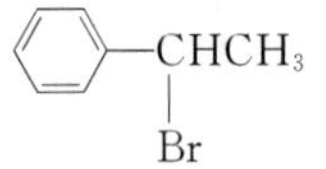 。

(4) 化合物(D)的不饱和度为 2。积分曲线表明分子中不同氢原子数之比为 2∶2。δ 2.8(t,2H)和 δ 3.7(t,2H)为相连的不同的两个亚甲基信号,则分子中剩余部分应为氰基。所以化合物(D)的可能结构为 $ClCH_2CH_2CN$。

(5) 化合物(E)的不饱和度为 4,分子中可能含苯环。积分曲线表明不同氢原子数之比为 1∶2∶2∶5。δ 7.2(b,5H)显示分子中含一取代苯环,δ 3.7(t,2H)和 δ 2.8(t,2H)为两个相连的不同化学环境的亚甲基信号。化学位移显示一个亚甲基与强吸电子基团相连,应为氧,另一个亚甲基与苯环相连。δ 2.4(s,1H)为羟基信号。所以化合物(E)的可能结构为  。

(6) 由积分曲线推得不同氢原子数之比为 9∶6。δ 0.9(t,9H)为三个等同的甲基信号,且甲基应与亚甲基相连。δ 2.4(q,6H)为三个等同的亚甲基信号,并都与甲基相连。所以化合物(F)的可能结构为 $N(CH_2CH_3)_3$。

(7) 由积分曲线推得分子中不同氢原子数之比为 6∶4∶2。δ 1.1(t,6H)为两个等同的甲基信号,且分别连有亚甲基。δ 3.5(q,4H)为两个等同的且与甲基相连的亚甲基信号,从化学位移可知亚甲基应与氧相连。而 δ 4.5(s,2H)为一孤立甲基信号,其两端均为氧原子。所以(G)的可能结构为 $CH_3CH_2OCH_2OCH_2CH_3$。

(8) 化合物(H)的不饱和度为 4,分子中可能含苯环。积分曲线表明分子中不同氢原子数之比为 3∶2∶2∶5。δ 7.3(b,5H)显示分子中含一取代苯环,δ 1.2(t,3H)为一甲基信号,且与亚甲基相连。δ 2.4(q,2H)为与甲基相连的亚甲基信号,δ 3.3(s,2H)为孤立亚甲基信号,并与吸电子基团硫原子相连。所以化合物(H)的可能结构为 $CH_3CH_2SCH_2C_6H_5$。

【习题 7-15】　化合物(A)、(B)的质谱图分别如图 7-22(a)、(b)所示,试指出(A)、(B)分别是 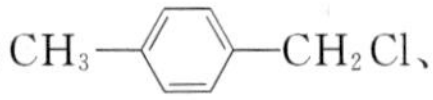、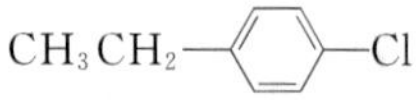 中的哪一个。

解　图 7-22(a)中 $m/z=105$ 无元素氯的同位素峰,推测此时碳-卤键已断裂,分子无(M－15)的 α-断裂方式,而图 7-22(b)中 $m/z=125$ 仍有同位素峰,此时发生的断裂方式应为芳环侧链的 α-断裂,生成(M^+－15)的苄基正离子。所以化合物(A)应为 ,化合物(B)应为 。

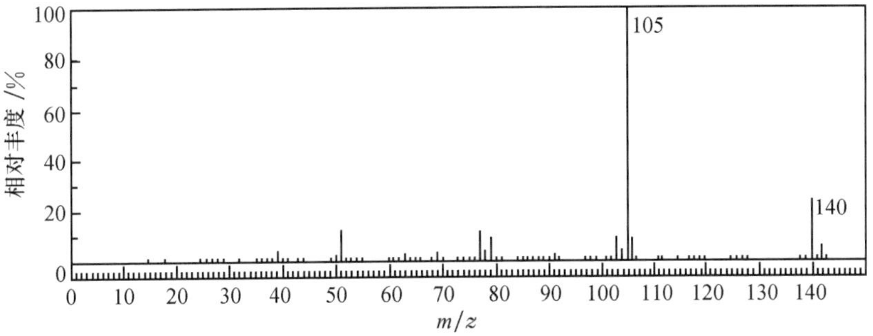

(a)

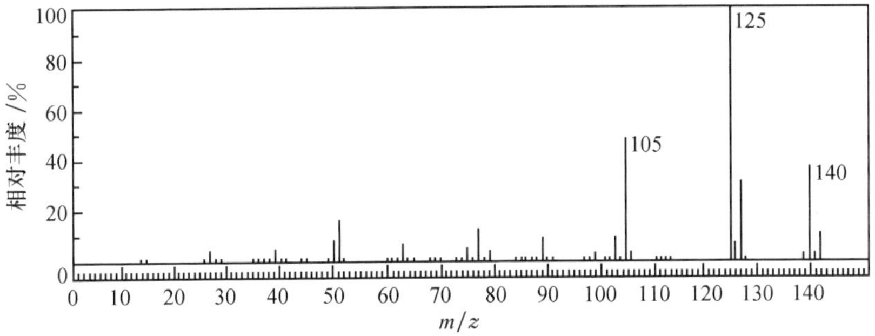

(b)

图 7-22 化合物的质谱图(一)

【习题 7-16】 化合物(A)、(B)的质谱图分别如图 7-23(a)、(b)所示,试指出(A)、B)分别是 $CH_3CH_2\underset{OCH_3}{\underset{|}{C}H}CH_3$、$CH_3CH_2CH_2CH_2OCH_3$中的哪一个。

解 醚分子容易发生 β-断裂,生成较稳定的 $RC=\overset{+}{O}R'$ 结构。在图 7-23(a)中,基峰为 $m/z=45$ ($CH_3CH_2CH_2-CH_2\overset{+}{O}CH_3 \longrightarrow CH_2=\overset{+}{O}CH_3$)。而(M−15)碎片峰丰度很弱,说明化合物(A)为 $CH_3CH_2CH_2CH_2OCH_3$。而图 7-23(b)中,基峰为 $m/z=59$ ($CH_3CH_2-\underset{OCH_3}{\underset{|}{C}H}CH_3 \longrightarrow CH_2CH=\overset{+}{O}CH_3$),(M−15)峰也有较强的丰度,说明这两种碎片相对而

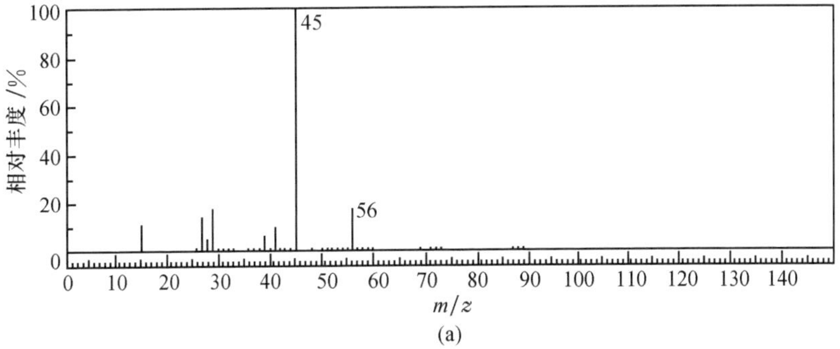

(a)

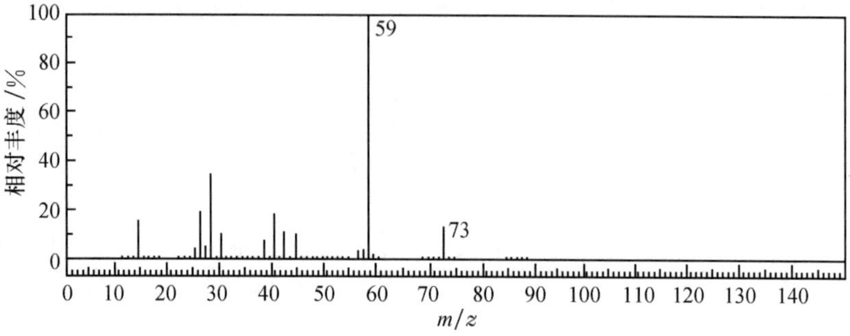

(b)

图 7-23　化合物的质谱图(二)

言稳定性较高,故化合物(B)为 $CH_3CH_2CHCH_3$ 。
$\quad\quad\quad\quad | $
$\quad\quad\quad OCH_3$

【习题 7-17】 对下列质谱图中的主要碎片离子峰作出解释,说明它们是如何产生的。

(1) $CH_3CHCH_2CH_2OH$ (图 7-24)
$\quad\quad |$
$\quad\quad CH_3$

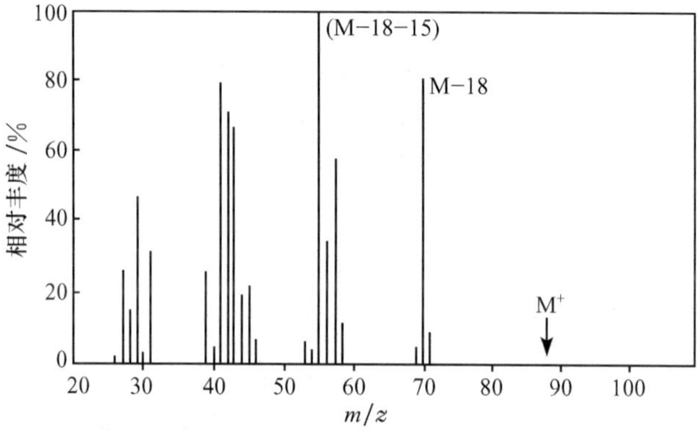

图 7-24　化合物的质谱图(三)

(2) $CH_3CH_2CH_2CHO$(图 7-25)

解　(1) 由于醇分子容易脱水,因此分子离子峰未出现,而(M−18)峰即为分子脱水后得到的碎片 $CH_3CHCH{=}CH_2{}^{\rceil +\cdot}$(CHCH 上连 CH_3),$m/z=55$ 碎片峰为烯烃发生 β-断裂产生的碎片 $CH_3\overset{+}{C}HCH{=}CH_2$,$m/z=41$ 碎片峰为碎片再次断裂产生的烯丙基正离子碎片 $CH_2{=}CH\overset{+}{C}H_2$,$m/z=43$ 碎片峰为异丙基正离子碎片 $CH_3\overset{+}{C}HCH_3$。分子裂解过程如下:

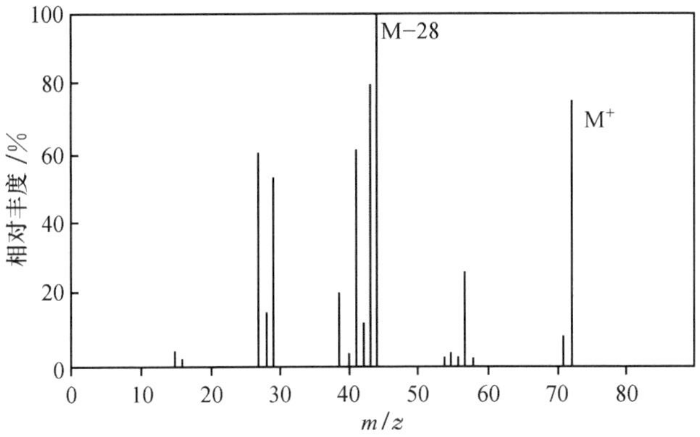

图 7-25　化合物的质谱图(四)

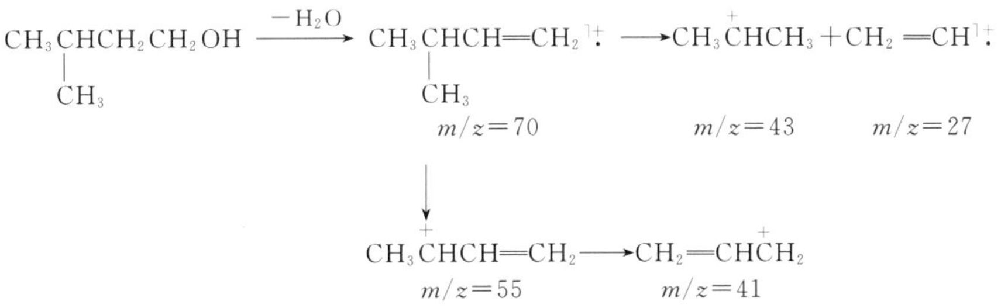

(2) $m/z=72$ 为分子离子峰，$m/z=57$ 为失去甲基的碎片峰，$m/z=44$ 为麦氏重排产生的碎片。主要裂解过程如下：

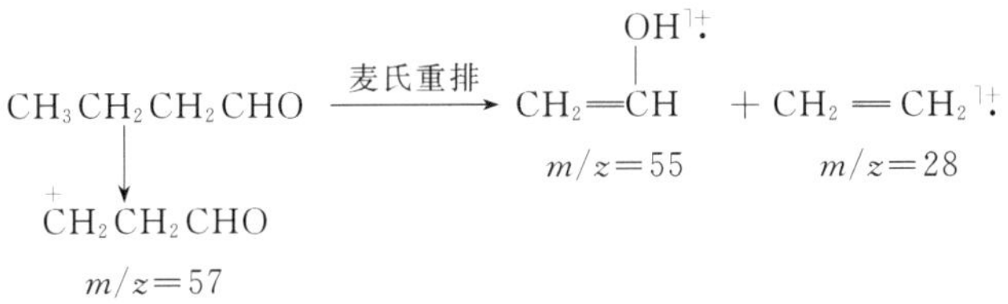

【习题 7-18】 根据所给质谱图推测化合物的合理结构。

(1) 化合物(A)为饱和烷烃，试根据图 7-26 推测(A)的合理结构。

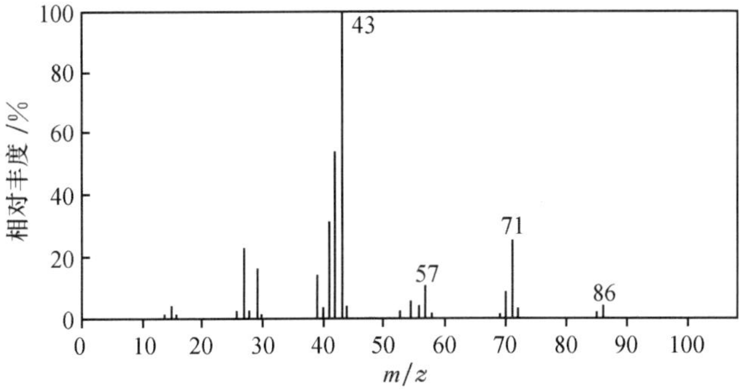

图 7-26　化合物的质谱图(五)

(2) 化合物(B),元素分析显示只含碳和氢,质谱图如图 7-27 所示,试推测(B)的合理结构。

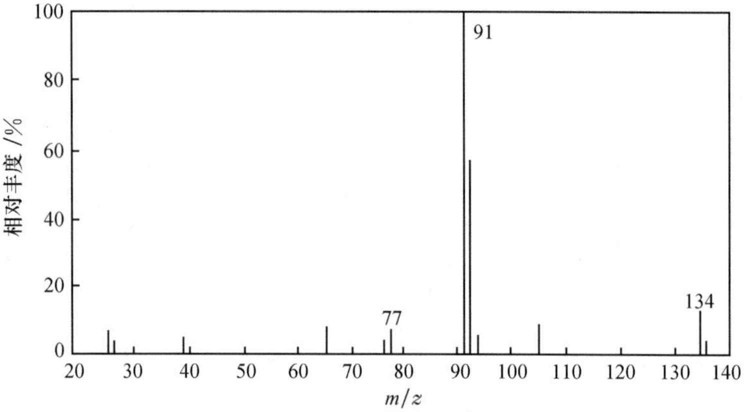

图 7-27 化合物的质谱图(六)

(3) 化合物(C),质谱图如图 7-28 所示,试推测(C)的合理结构。

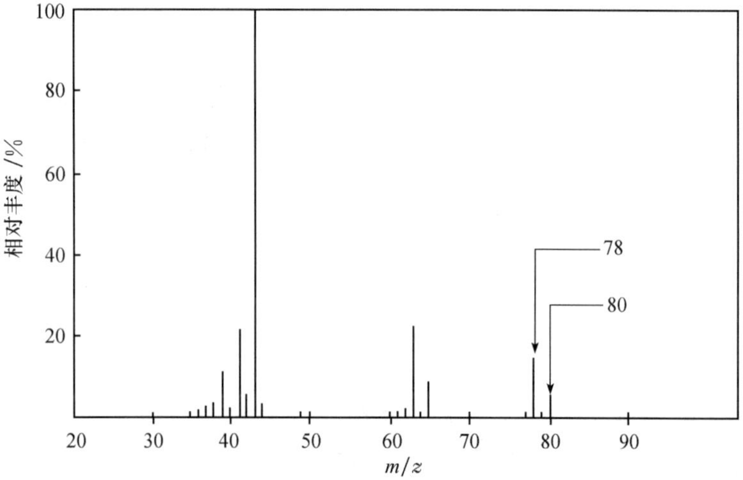

图 7-28 化合物的质谱图(七)

(4) 化合物(D),红外光谱在 $1710cm^{-1}$ 处有强吸收,质谱图如图 7-29 所示,试推测(D)的合理结构 。

解 (1) 从分子离子峰 $m/z=86$,推测分子式为 C_6H_{14},由 $m/z=43$ 为基峰,推测分子中含异丙基,由(M-15)、(M-29)碎片峰推测分子中含甲基和乙基结构单元。所以化合物(A)的可能结构为 $CH_3CH_2CH_2\underset{\displaystyle CH_3}{\underset{|}{C}}HCH_3$ 。

(2) 从分子离子峰 $m/z=134$,推测可能的分子式为 $C_{10}H_{14}$,不饱和度为 4,可能含苯环。而 $m/z=91$ 和 $m/z=77$ 分别是典型的苄基碎片($C_6H_5\overset{+}{C}H_2$)和苯基碎片($C_6H_5^+$),故化合物应为一

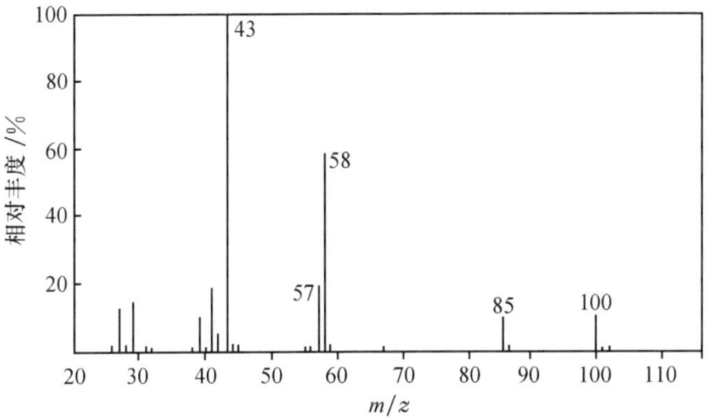

图 7-29　化合物的质谱图(八)

取代苯。由 $m/z=105$ 碎片峰推测为分子失去乙基的峰。所以化合物(B)的可能结构为 $C_6H_5CH_2CH_2CH_2CH_3$。

(3) 由最高质量数 $m/z=78$ 和 $m/z=80$ 两碎片峰推测分子中含有重同位素，由(M+2)/M 为 1/3 推测可能为氯原子，由 $m/z=43$ 为基峰推测分子中含异丙基。所以化合物(C)的可能结构为 $CH_3\underset{\displaystyle Cl}{\underset{|}{C}}HCH_3$。

(4) 红外光谱 $1710cm^{-1}$ 处强吸收说明化合物(D)含羰基。$m/z=100$ 应为分子离子峰，$m/z=85$ 为 $M-CH_3$，$m/z=43$ 基峰推测可能是 $CH_3C\equiv\overset{+}{O}$，$m/z=57$ 碎片峰为分子除 CH_3CO—之外的碎片，$m/z=58$ 应为麦氏重排产物碎片，即分子中含有 γ-氢结构，图 7-29 中未观察到(M－29)碎片峰，故分子中可能不含乙基结构。所以化合物(D)的可能结构为 $CH_3COCH_2CH(CH_3)_2$。

【习题 7-19】 化合物(A)，分子式为 $C_{10}H_{12}$，红外光谱和核磁共振氢谱分别如图 7-30 和图 7-31 所示(图 7-31 中各组吸收峰积分曲线高度按照化学位移值由小到大顺序依次为 12、12、11.5)，试推测(A)的结构。

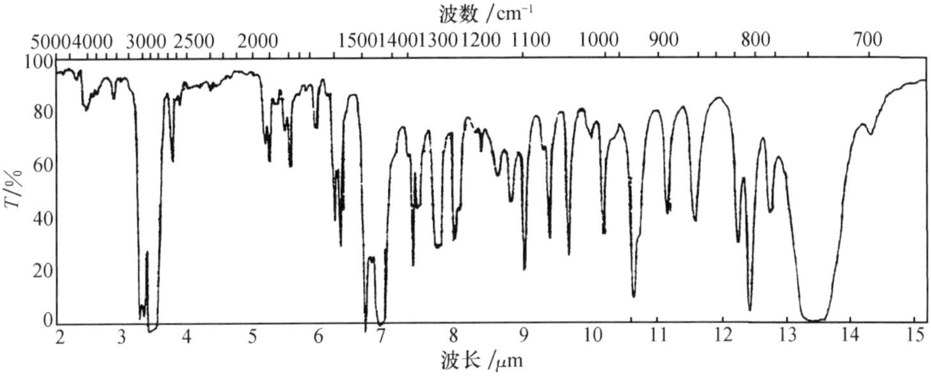

图 7-30　化合物的红外光谱图(十四)

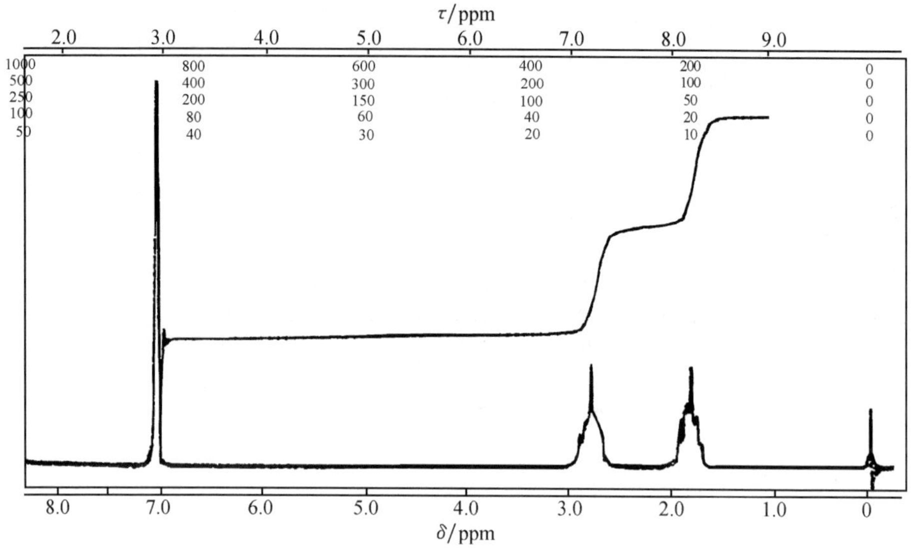

图 7-31　化合物的 ^{1}H NMR 谱图(九)

解　化合物(A)的不饱和度为 5,分子内可能含苯环。由图 7-31 中积分曲线得分子中不同氢原子数之比为 4∶4∶4。δ 7.1(s,4H)表明分子中含二取代苯环。图 7-30 中 1600cm^{-1} 附近吸收峰也证实含苯环,并且 750cm^{-1} 强吸收峰表示可能为邻二取代。图 7-31 中烯键质子范围内无吸收,说明分子剩下的一个不饱和度为环,由 δ 1.8(m,4H)和 δ 2.8(m,4H)判断应为两组分别等同的亚甲基信号。由于图 7-31 中无甲基信号,故化合物(A)的可能结构应为 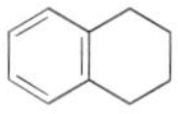。

【习题 7-20】　化合物(A),分子式为 $C_8H_{11}N$,红外光谱和核磁共振氢谱分别如图 7-32 和图 7-33 所示(核磁共振谱中各组吸收峰积分曲线高度按照化学位移值由小到大的顺序依次为 12、8、8、15),试推测(A)的结构。

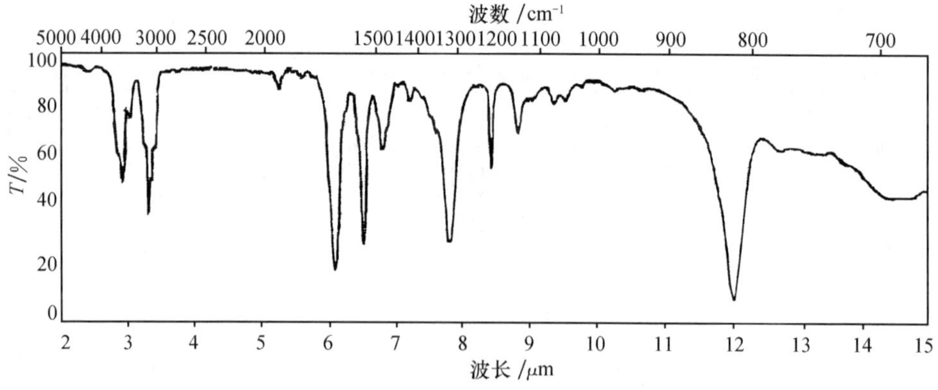

图 7-32　化合物的红外光谱图(十五)

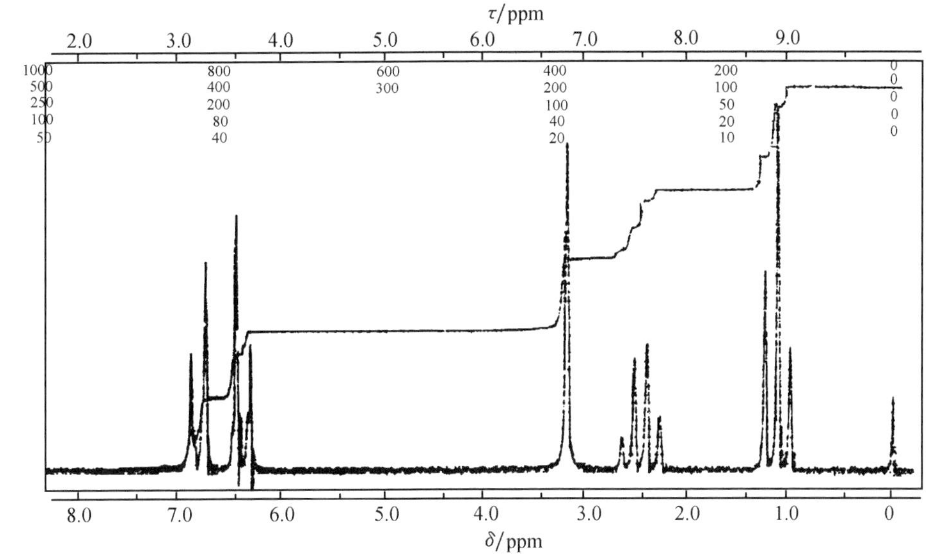

图 7-33　化合物的 ^{1}H NMR 谱图(九)

解　化合物(A)的不饱和度为 4,分子中可能含苯环,可从图 7-32 中 1610～1500cm^{-1} 吸收峰得到证实。3400cm^{-1} 吸收峰说明分子中含 N—H 键,815cm^{-1} 强吸收说明为对二取代苯。在图 7-33 中,从积分曲线高度推得不同氢原子数之比为 3∶2∶2∶4。δ 6.8(q,4H)说明为对二取代苯环,化学位移值偏小说明苯环上可能连有强给电子基团。δ 1.1(t,3H)和 δ 2.4(q,2H)是一组乙基质子信号,δ 3.2(s,2H)为—NH_2 信号。所以化合物(A)的可能结构为

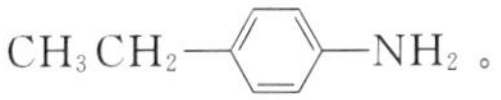

。

【习题 7-21】　化合物(A),分子式为 $C_8H_{11}N$,红外光谱和核磁共振氢谱分别如图 7-34 和图 7-35 所示(图 7-35 中各组吸收峰积分曲线高度按照化学位移值由小到大的顺序依次为 8、11.5、8、15.5),试推测(A)的结构。

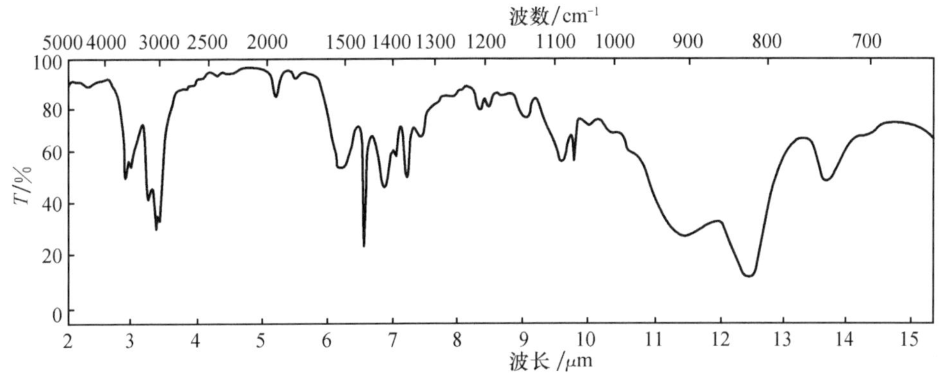

图 7-34　化合物的红外光谱图(十六)

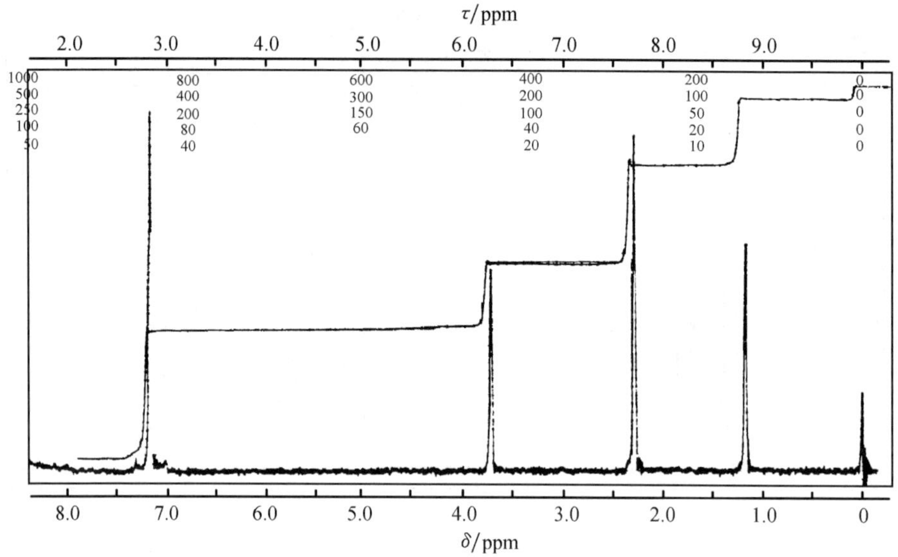

图 7-35 化合物的 ¹H NMR 谱图(十)

解 化合物(A)的不饱和度为 4,分子中可能含苯环,可从图 7-34 中 1610～1500cm^{-1}吸收峰和图 7-35 中 δ 7.1 吸收峰得到证实。图 7-35 中积分曲线表明分子中不同氢原子数之比为 2∶3∶2∶4。图 7-34 中 3400cm^{-1}处吸收峰说明分子中含 N—H 键,800cm^{-1}强吸收说明为对二取代苯环。由图 7-35 中 δ 7.1(s,4H)证实分子中含二取代苯环。δ 2.3(s,3H)为孤立甲基信号,δ 3.8(s ,2H)为亚甲基信号,δ 1.2(s,2H)为—NH_2 信号。所以化合物(A)的可能结构为

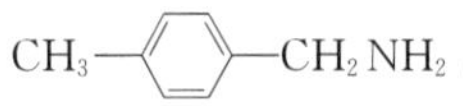

。

【习题 7-22】 化合物(A),分子式为 $C_9H_{12}O$,红外光谱和核磁共振氢谱分别如图 7-36 和图 7-37 所示(图 7-37 中各组吸收峰积分曲线高度按照化学位移值由小到大的顺序依次为 9.5、9.5、6、12.5),试推测(A)的结构。

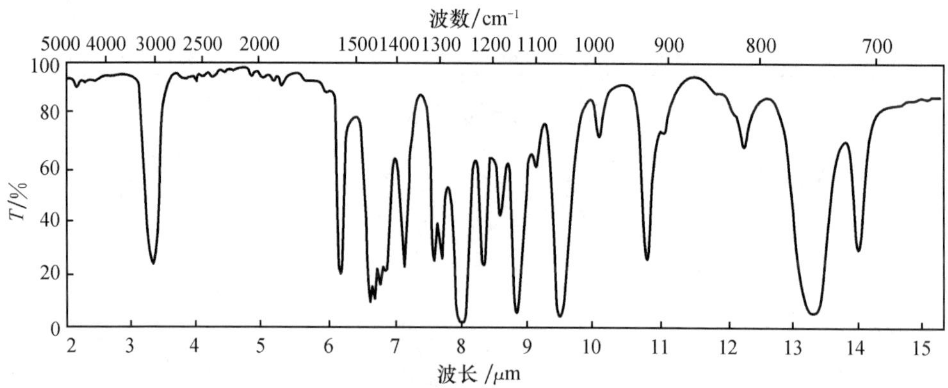

图 7-36 化合物的红外光谱图(十七)

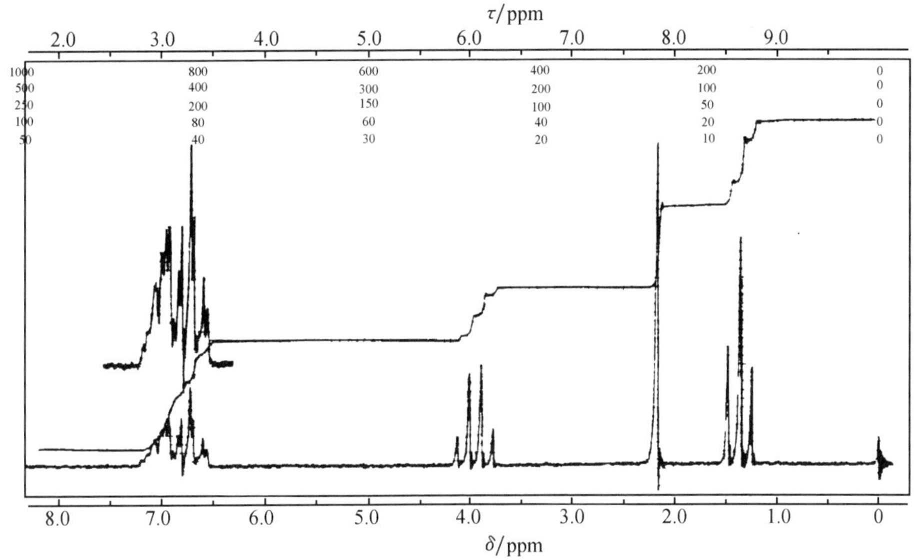

图 7-37　化合物的[1]H NMR 谱图(十一)

解　化合物(A)的不饱和度为 4，分子中可能含苯环，图 7-36 中 1600～1500cm^{-1}吸收峰和图 7-37 中 δ 6.8 吸收峰证实分子中含苯环。由图 7-37 中积分曲线推得分子中不同氢原子数之比为 3∶3∶2∶4。δ 6.8(m,4H)说明分子中含二取代苯环，δ 1.3(t,3H)和 δ 3.9(q,2H)说明分子中含有乙基单元，δ 3.9 说明乙基与强吸电子基团氧原子相连。δ 2.3(s,3H)为孤立甲基信号。图 7-36 中 3000cm^{-1}以上无吸收说明分子中无羟基，750cm^{-1}强吸收说明分子中含邻二取代苯环。所以化合物(A)的可能结构为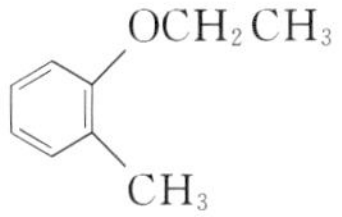

。

【习题 7-23】　化合物(A)，分子式为 $C_{10}H_{14}O$，红外光谱和核磁共振氢谱分别如图 7-38 和图 7-39 所示(图 7-39 中各组吸收峰积分曲线高度按照化学位移值由小到大的顺序依次为 24、

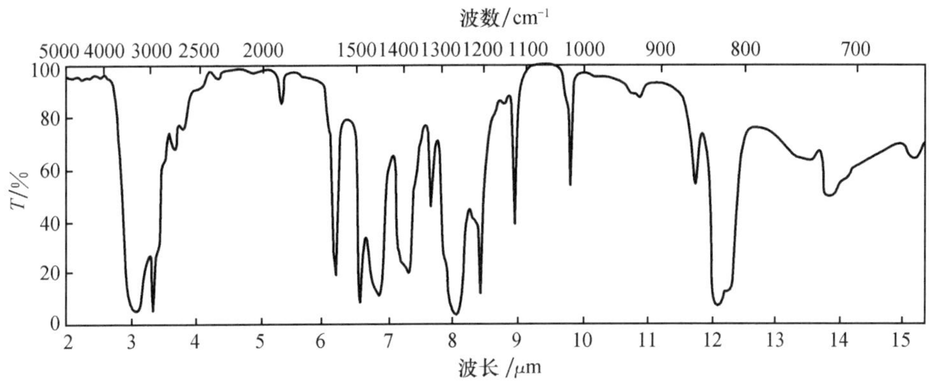

图 7-38　化合物的红外光谱图(十八)

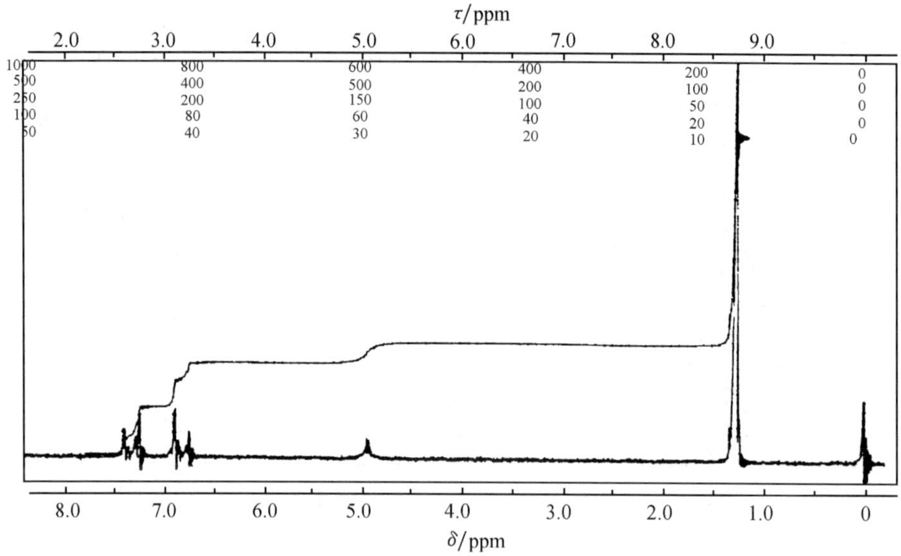

图 7-39　化合物的 ^{1}H NMR 谱图(十二)

2、5、5.5),试推测(A)的结构。

解　化合物(A)的不饱和度为 4,分子中可能含苯环,图 7-38 中 1600～1500cm^{-1}吸收峰和图 7-39 中 δ 7.0 附近吸收峰证实分子中含有苯环。由图 7-39 中积分曲线推得分子中不同的氢原子数之比为 9∶1∶2∶2。δ 1.3(s,9H)为三个等同的孤立甲基信号,应为叔丁基。δ 6.8(d,2H)和 δ 7.2(d,2H)表明分子中含二取代苯环,可能是对二取代。δ 4.9(s,1H)为羟基信号。图 7-38 中 3600～2500cm^{-1}强吸收证明分子中存在羟基,815cm^{-1}处强吸收证明分子为对二取代。所以化合物(A)的可能结构为 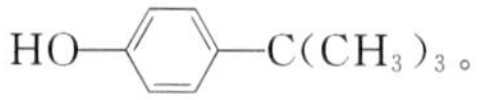。

【习题 7-24】　化合物(A),分子式为 C_4H_7NO,红外光谱和核磁共振氢谱分别如图 7-40 和图 7-41 所示(图 7-41 中各组吸收峰积分曲线高度按照化学位移值由小到大的顺序依次为 33、5.5),试推测(A)的结构。

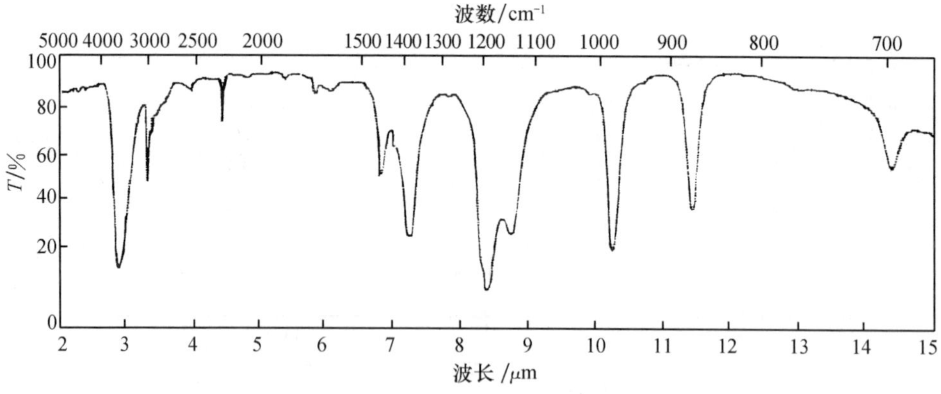

图 7-40　化合物的红外光谱图(十九)

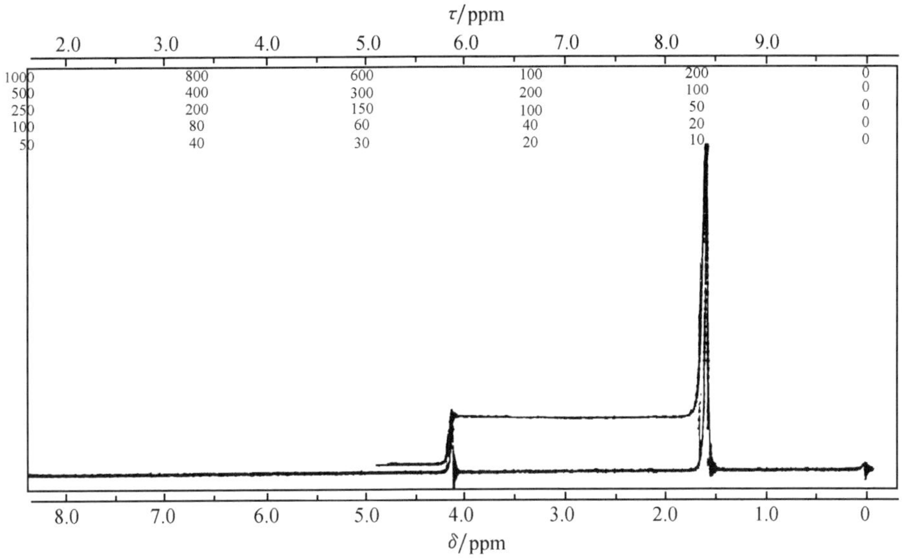

图 7-41　化合物的¹H NMR 谱图(十三)

解　化合物(A)的不饱和度为 2。由图 7-41 中积分曲线推得分子中不同氢原子数之比为 6∶1。图 7-40 中 3500cm^{-1}处强吸收说明分子中含 O—H 或 N—H，2300cm^{-1}附近有吸收说明分子中含叁键，3300cm^{-1}和 3100cm^{-1}附近无明显吸收峰说明分子中不含烯键质子和炔键质子，1500～1800cm^{-1}无明显吸收说明分子内无双键，故分子中应含有氰基。图 7-41 中 δ 1.5(s,6H)为两个等同的孤立甲基信号，δ 4.2(s,1H)为羟基信号。所以化合物(A)的可能结构为

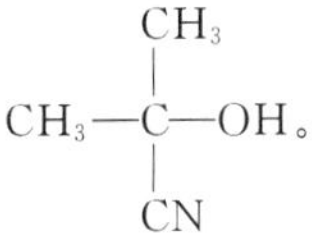

。

【习题 7-25】　化合物(A)，分子式为 $C_{10}H_{10}O_2$，红外光谱和核磁共振氢谱分别如图 7-42 和图 7-43 所示(图 7-43 中各组吸收峰积分曲线高度按照化学位移值由小到大的顺序依次为 12、

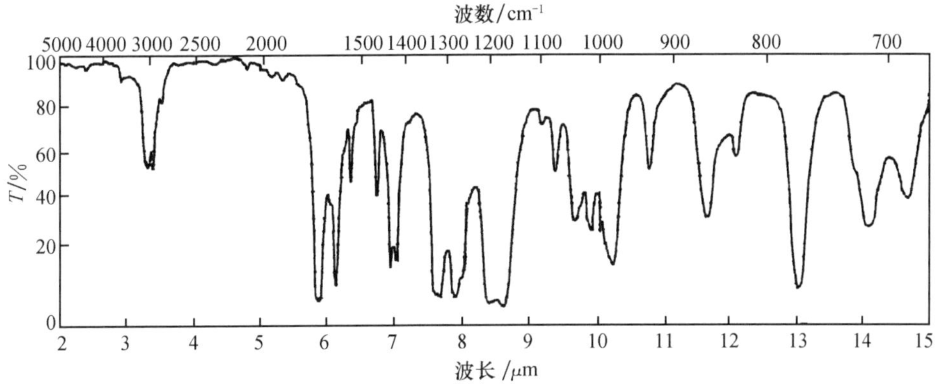

图 7-42　化合物的红外光谱图(二十)

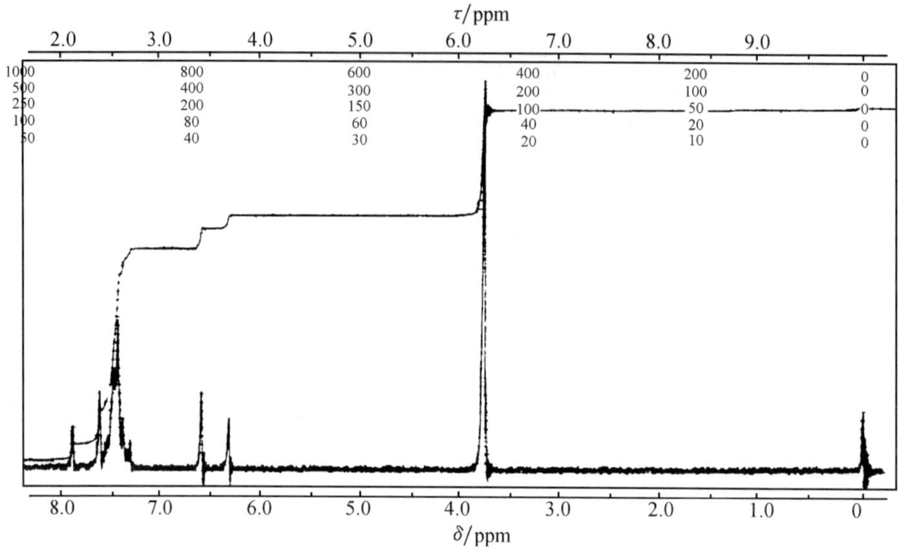

图 7-43 化合物的 ^{1}H NMR 谱图(十四)

4、19、4),试推测(A)的结构。

解 化合物(A)的不饱和度为 6,分子中可能含苯环。图 7-42 中 1600～1500cm^{-1}吸收峰和图 7-43 中 δ 7.3 吸收峰证实分子中含苯环。还剩余 2 个不饱和度,图 7-42 中 1700cm^{-1}强吸收说明含羰基。图 7-43 中 δ 6.4 和 δ 7.7 两组信号说明有双键。由图 7-43 中积分曲线推得分子中不同氢原子数之比为 3∶1∶5∶1。图 7-43 中 δ 3.8(s,3H)为孤立甲基信号,且化学位移值说明其应与氧原子相连。δ 7.3(m,5H)和图 7-42 中 710cm^{-1}、770cm^{-1}强吸收说明含一取代苯环。δ 6.4(d,1H)和 δ 7.7(d,1H)是一组相互偶合的烯键质子信号。图 7-42 中 3100cm^{-1}以上无明显吸收说明分子中无—OH,980cm^{-1}强吸收说明为 *E* 式烯键。所以化合物(A)的可能结构为

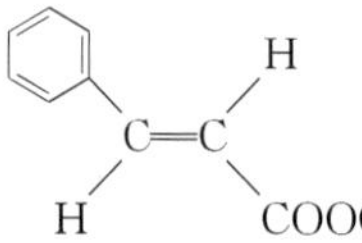

。

【习题 7-26】 化合物(A),元素分析结果如下:C:73.20%,H:7.32%;紫外光谱有两个吸收峰:λ_{max}=218nm(ε=10000),311nm(ε=26);核磁共振氢谱、红外光谱和质谱分别如图 7-44、图 7-45 和图 7-46 所示(图 7-44 中各组吸收峰积分曲线高度按照化学位移值由小到大顺序依次为 14、13、7、7),试推测(A)的结构。

解 从图 7-46 判断 m/z=82 为分子离子峰。图 7-45 中 1700cm^{-1}附近强吸收说明分子中有羰基。再根据元素分析,化合物(A)的分子式应为 C_5H_6O,不饱和度为 3。由图 7-44 中积分曲线推得分子中不同氢原子数之比为 2∶2∶1∶1,δ 2.2(m,2H)和 δ 2.7(m,2H)为两个不同的亚甲基信号,δ 6.1(m,1H)和 δ 7.8(m,1H)为两个不同的烯键质子信号。而图 7-44 中未出现端基信号,故根据不饱和度推断化合物应为环状结构。紫外光谱 λ_{max}=218nm(ε=10000)说明分子中含有共轭体系,即为 α,β-不饱和酮,λ_{max}=311nm(ε=26)为不饱和酮的 n→π* 跃迁。综上所述,化合物(A)的可能结构为 =O。

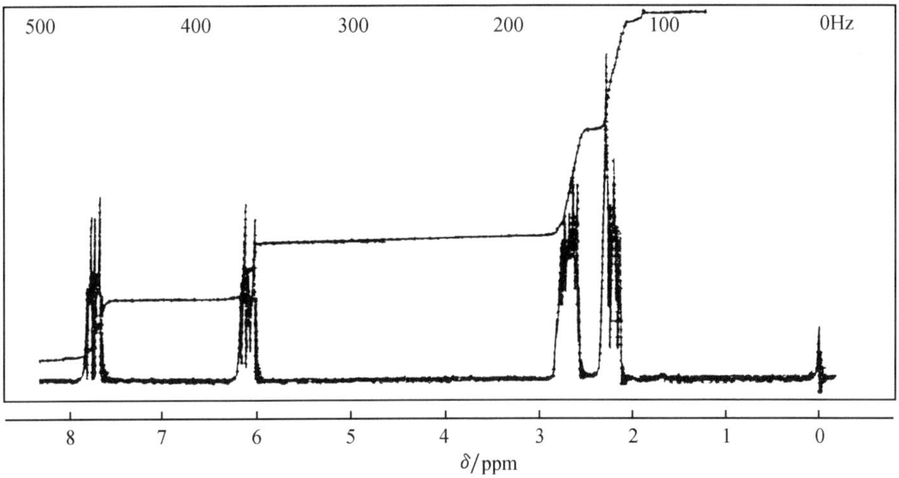

图 7-44　化合物的[1]H NMR 谱图(十五)

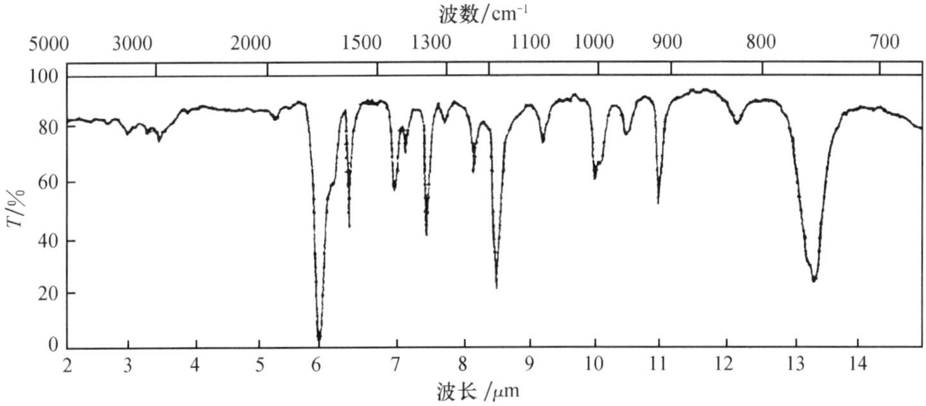

图 7-45　化合物的红外光谱图(二十一)

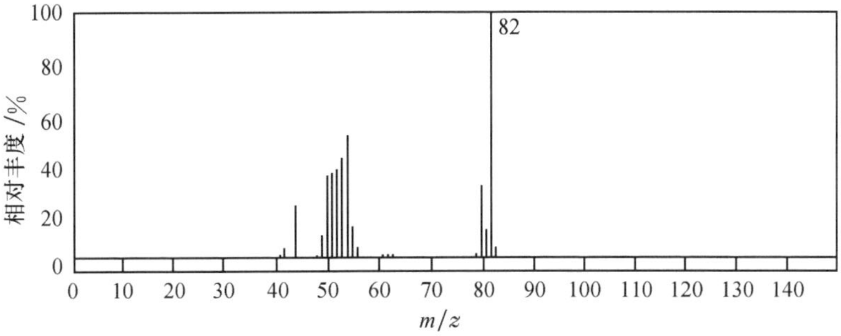

图 7-46　化合物的质谱图(九)

【习题 7-27】 化合物(A),其核磁共振氢谱红外光谱和质谱分别如图 7-47、图 7-48 和图 7-49 所示(图 7-47 中各组吸收峰积分曲线高度按照化学位移值从小到大顺序依次为 17、24),试推测(A)的结构。

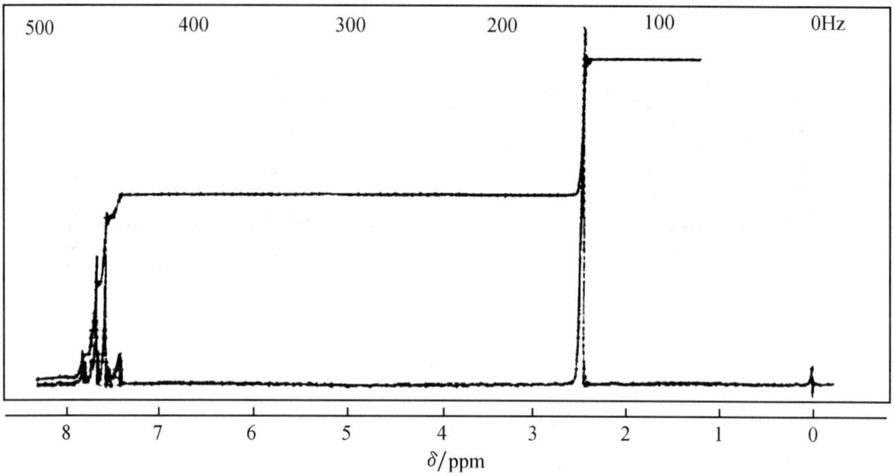

图 7-47　化合物的^{1}H NMR 谱图(十六)

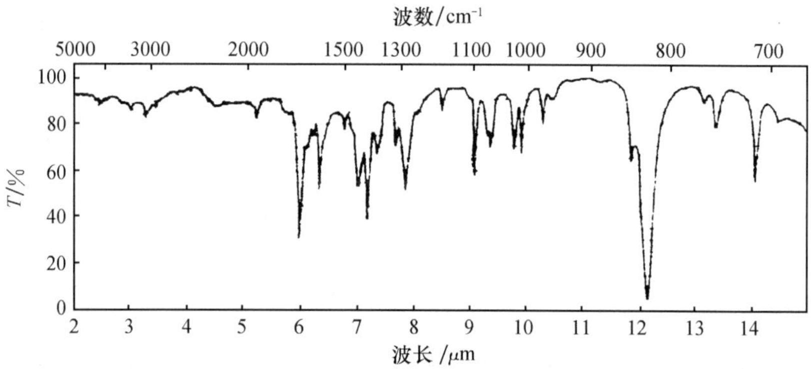

图 7-48　化合物的红外光谱图(二十二)

解　从图 7-49(b)判定 $m/z=198$ 为分子离子峰。由于$(M+2):M\approx1:1$,故化合物(A)中含有溴。由 $m/z=76$ 附近碎片峰推测分子中可能含苯环,并由图 7-47 中 δ 7.7 吸收峰得到证实。图 7-48 中 1700cm^{-1} 附近强吸收说明分子中含羰基。图 7-49(b)中 $m/z=183$ 为 M^+-CH_3 峰,$m/z=155$ 为失去甲基酮的结构单元。由图 7-47 推得不同氢原子数之比为 3∶4,分子式应为 C_8H_7OBr,图 7-47 中 δ 7.7(q,4H)和图 7-48 中 820cm^{-1} 判断分子为对二取代,δ 2.5(s,3H)证实分子中含—$COCH_3$ 单元。所以化合物(A)的可能结构为 Br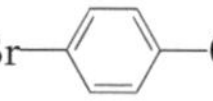$COCH_3$。

【习题 7-28】 化合物(A),微溶于水,沸点 140～145℃。(A)用浓 H_3PO_4 处理后得到只含

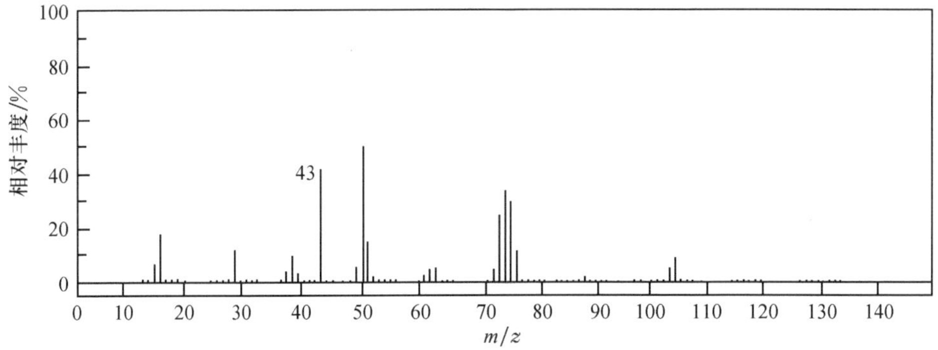

(a)

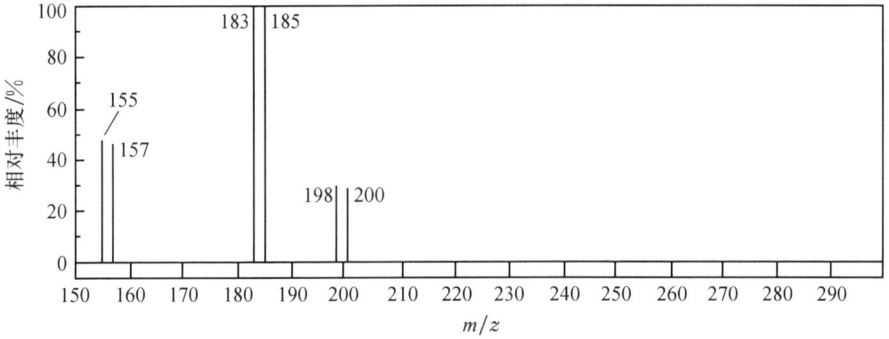

(b)

图 7-49　化合物的质谱图(十)

碳、氢两种元素的化合物(B),沸点 96℃。(B)不溶于水,能使 Br_2/CCl_4 溶液褪色。化合物(A)和(B)的有机波谱图分别如图 7-50～图 7-52 所示(图 7-50 中各组吸收峰积分曲线高度按照化学位移值由小到大的顺序依次为 20、15),试推测化合物(A)、(B)的结构。

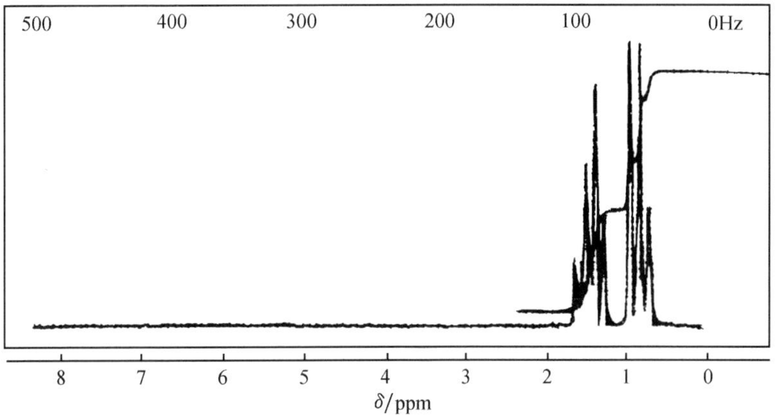

图 7-50　化合物的[1] H NMR 谱图(十七)

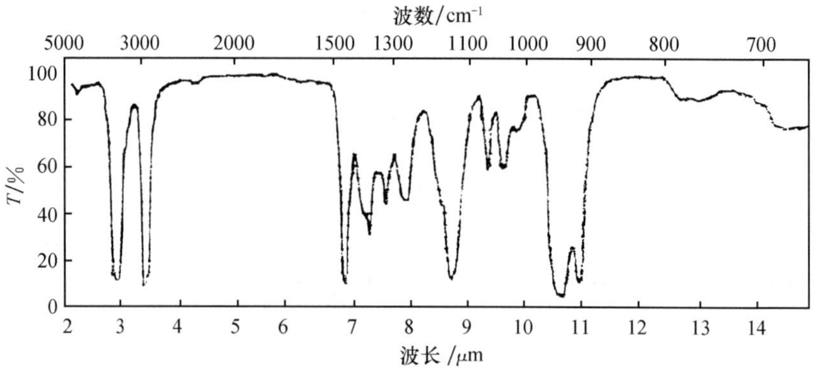

图 7-51　化合物的红外光谱图(二十三)

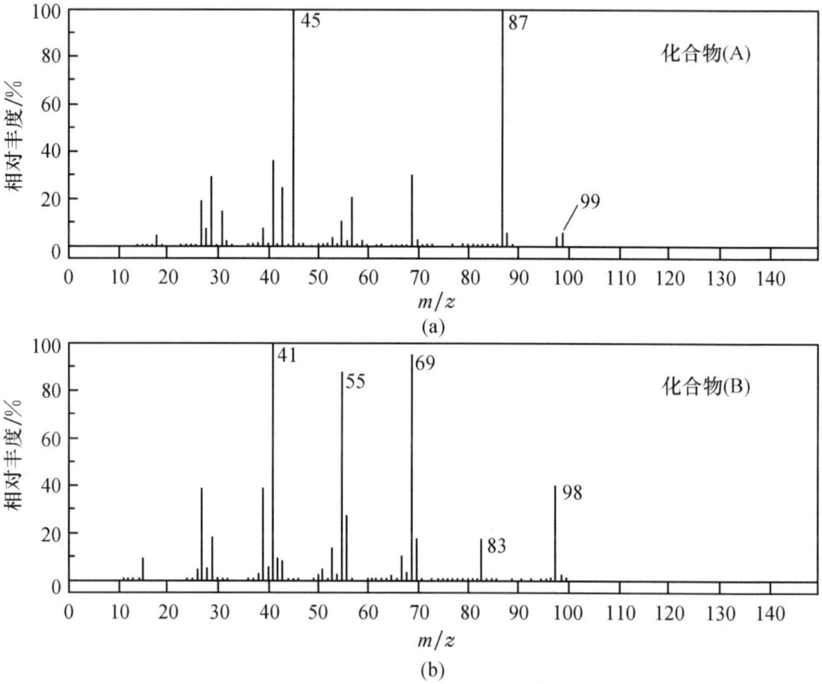

图 7-52　化合物的质谱图(十一)

解　在化合物(A)的质谱[图 7-52(a)]中 $m/z=99$ 和 $m/z=87$ 两碎片峰质量差仅为 12,故 $m/z=99$ 必然不是分子离子峰,真实的分子离子峰在谱图中未出现。图 7-51 中 3500cm^{-1} 附近强吸收峰,说明分子中可能含羟基。化合物(A)经浓 H_3PO_4 处理得(B),(B)能使 Br_2/CCl_4 褪色,说明含不饱和键,而图 7-51 中 3100cm^{-1} 附近和 1600cm^{-1} 附近以及图 7-50 中 δ 5～8 均无吸收峰,说明分子中不含烯键。由于图 7-51 中 2000～2500cm^{-1} 无明显吸收,故也可排除含叁键的可能性,即化合物(B)的不饱和键是由(A)的羟基脱水产生的烯键。在化合物(B)的质谱图

[图 7-52(b)]中，$m/z=83$ 与 $m/z=98$ 相差 15，说明分子中含甲基，$m/z=69$ 与 $m/z=98$ 相差 29，说明分子中含乙基。若判断图 7-52(b)中 $m/z=98$ 为分子离子峰，则化合物(A)的相对分子质量应为 116。而化合物(A)的核磁共振谱 δ 0.9(t)应为甲基信号，其邻位为 δ 1.4(q)的亚甲基。积分曲线表明两组峰的氢原子数之比约为3∶2，所以化合物(A)主要含有乙基取代基，羟基信号可能重叠在乙基信号之中。根据相对分子质量判断(A)的分子式为 $C_7H_{16}O$，所以化合物(A)的可能结构为$(CH_3CH_2)_3COH$，相应的化合物(B)的可能结构为$(CH_3CH_2)_2C{=}CHCH_3$。

【习题 7-29】 芴(fluorene)具有二苯并环戊烷的结构，其^1H NMR 数据如下：δ/ppm：3.8 和 7.2～7.7，面积比为 1∶4。当芴与 CH_3ONa/CH_3OD 共热回流 15min 后，δ 3.8 的峰消失，而 δ 7.2～7.7 的峰没有变化。解释其原因，并写出相应的反应机理。

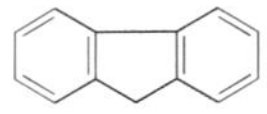

芴

解　芴分子^1H NMR 谱中的 δ 3.8 为亚甲基。芴分子中亚甲基碳原子相当于二苯环的苄基碳原子，该碳原子上的氢为活性氢，可以在碱作用下经碳负离子与 CH_3OD 中的 D 交换。当亚甲基上的两个氢原子都被 D 交换后，则^1H NMR 谱中 δ 3.8 的峰消失。反应机理如下：

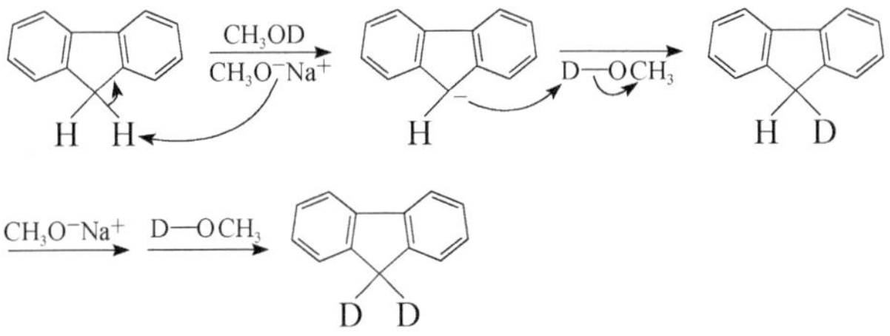

第八章　醇、酚、醚

一、内 容 提 要

1. 醇、酚、醚的结构特点

烃分子中饱和碳原子上的氢被羟基(—OH)取代后所生成的化合物称为醇。羟基是醇的官能团，羟基的氧原子是 sp^3 杂化，氧原子上的两对未共用电子对占据两个 sp^3 杂化轨道，氧原子的吸电子作用使醇羟基的氢有酸性。同时，α-碳上的氢也有活性，伯、仲醇可以发生氧化反应。烷基的给电子作用又使醇羟基的氧原子具有弱碱性和亲核性。

羟基直接与芳环相连的化合物称为酚。羟基是酚的官能团，酚羟基的氧原子是 sp^2 杂化，氧原子上的一对未共用电子对占据 sp^2 杂化轨道，另一对未共用电子对占据未杂化的 p 轨道，与苯环的大 π 键电子云发生侧面重叠，形成 p-π 共轭体系，导致氧的 p 电子云向苯环上转移，一方面增加了苯环上的电子云密度，另一方面降低了羟基氧的碱性和亲核性。苯酚的羟基离解出一个氢离子后所形成的苯氧负离子的电荷可以离域到环上，导致负电荷分散，因此苯酚的酸性比醇强得多。

水分子中的两个氢都被烃基取代后所生成的产物称为醚。根据烃基的不同，可分为脂肪族醚、芳香族醚及烷芳混合醚。在脂肪族醚中，氧原子为 sp^3 杂化，在烷芳混合醚中，氧原子为 sp^2 杂化，p 轨道上的一对未共用电子对与苯环形成 p-π 共轭体系，这一点与酚一样。

2. 醇、酚、醚的化学反应

1）醇

(1) 与卤化氢的反应。

$$R—OH + HX \longrightarrow RX + H_2O$$

这也是饱和碳原子上的亲核取代反应，由于羟基不是一个好的离去基团，因此要在酸性条件下，使羟基先质子化，离去基团变成离去能力大的水分子，然后发生亲核取代生成相应的卤代烃。

HX 的反应活性：HI＞HBr＞HCl。

醇的反应活性：烯丙基型醇、苄基型醇＞叔醇＞仲醇＞伯醇。

大多数仲醇和叔醇与氢卤酸的反应按 S_N1 机理进行；大多数伯醇与氢卤酸的反应则按 S_N2 机理进行。按 S_N1 进行的反应可引起碳的骨架重排。

卢卡斯(Lucas)试剂(无水氯化锌溶于浓盐酸中得到的溶液)可用于区别六个碳以下的伯、仲、叔三类醇。

(2) 与三卤化磷的反应。

$$3ROH + PX_3 \longrightarrow 3RX + H_3PO_3$$

此反应常用于伯醇和仲醇，三卤化磷主要指 PBr_3 和 PI_3，当用于某些仲醇时，温度应保持 0℃以下，以免引起重排。

(3) 与二氯亚砜的反应。

$$ROH + SOCl_2 \longrightarrow RCl + SO_2 + HCl$$

这是由醇制取氯代烷的主要方法，在弱碱吡啶存在下，光学活性的醇会发生构型的翻转。例如：

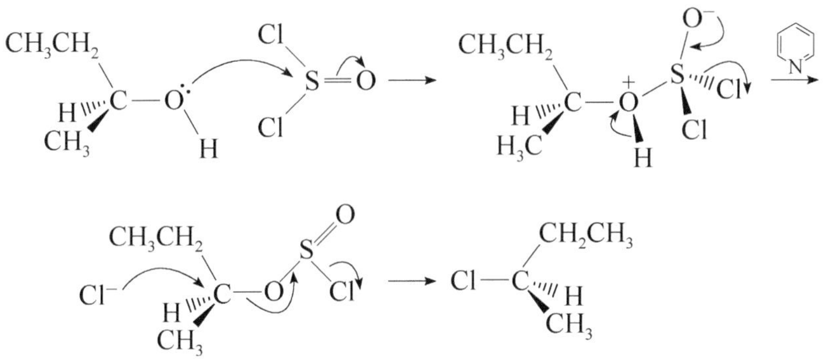

(4) 脱水反应。

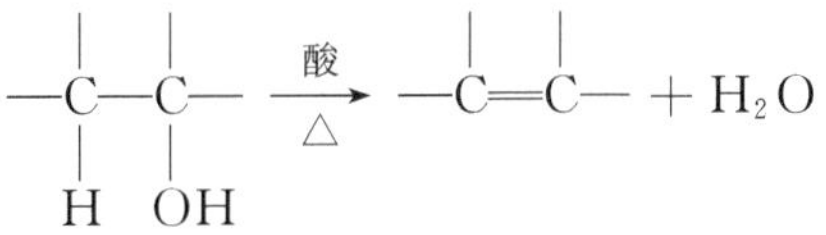

ROH 的反应活性：叔醇>仲醇>伯醇。例如：

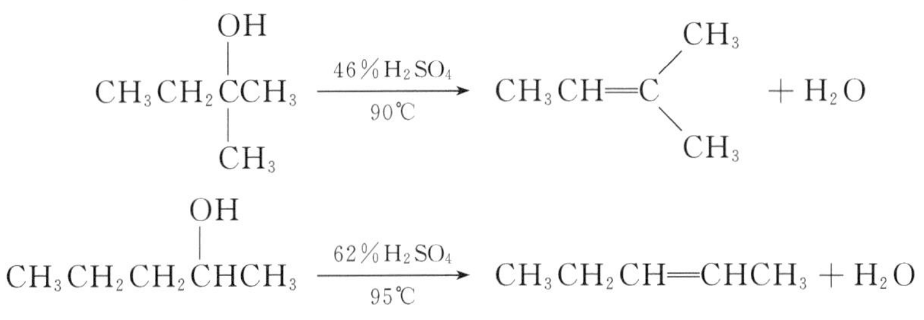

主要生成札依采夫烯烃。

反应按 E1 机理进行,有时会发生重排。例如:

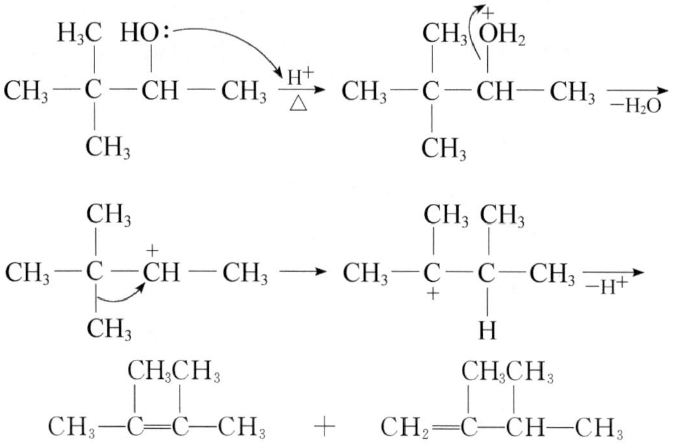

主要产物　　　　次要产物

(5) 作为酸与活泼金属反应。

$$RO{-}H + M \longrightarrow RO^-M^+ + \frac{1}{2}H_2 \qquad M = Na, K, Mg, Al$$

例如:

$$(CH_3)_2CHOH + Na \longrightarrow (CH_3)_2CHONa + \frac{1}{2}H_2$$

$$3(CH_3)_2CHOH + Al \longrightarrow [(CH_3)_2CHO]_3Al + \frac{3}{2}H_2$$

醇金属的碱性强弱顺序:$R_3CO^- > R_2CHO^- > RCH_2O^- > CH_3O^-$。

(6) 成酯(无机酸酯和有机酸酯)。例如:

$$CH_3OH + HONO_2 \xrightarrow{H^+} CH_3ONO_2 + H_2O$$

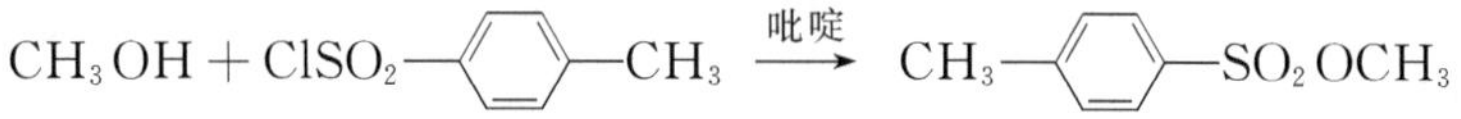

$$CH_3OH + CH_3\overset{O}{\overset{\|}{C}}OH \xrightarrow{H^+} CH_3\overset{O}{\overset{\|}{C}}OCH_3 + H_2O$$

(7) 氧化。

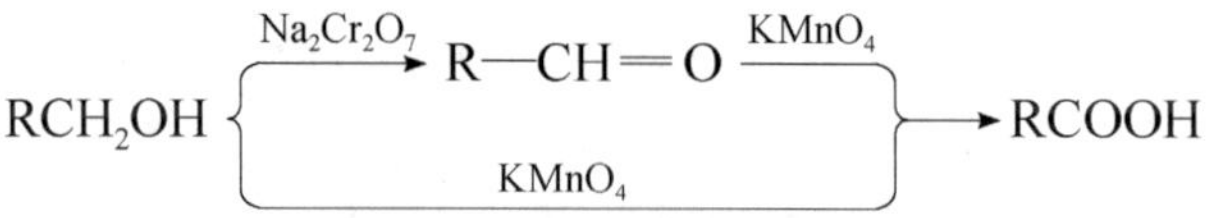

$$R{-}\overset{R}{\overset{|}{C}}HOH \xrightarrow{Na_2Cr_2O_7 \text{ 或 } CrO_3} R{-}\overset{R}{\overset{|}{C}}{=}O$$

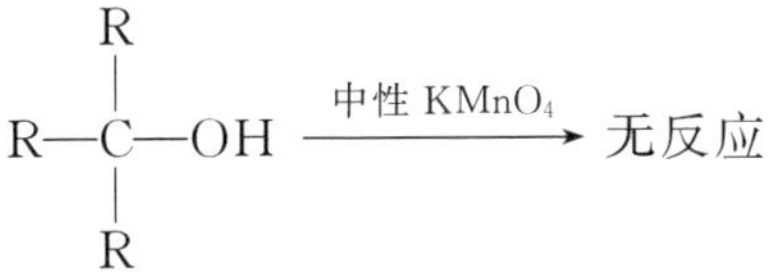

例如：

$$CH_3CH_2CH_2CH_2OH \xrightarrow[H_2SO_4]{Na_2Cr_2O_7} CH_3CH_2CH_2CH{=}O$$

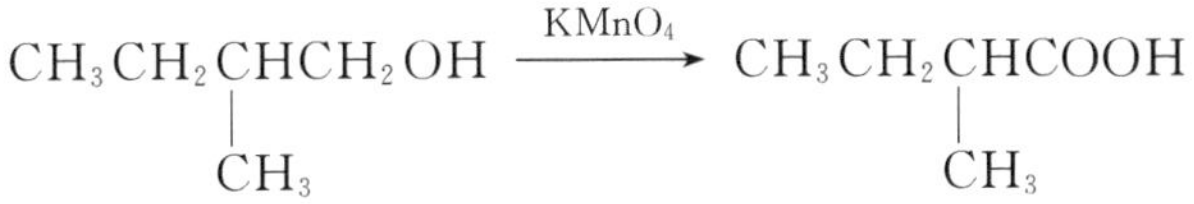

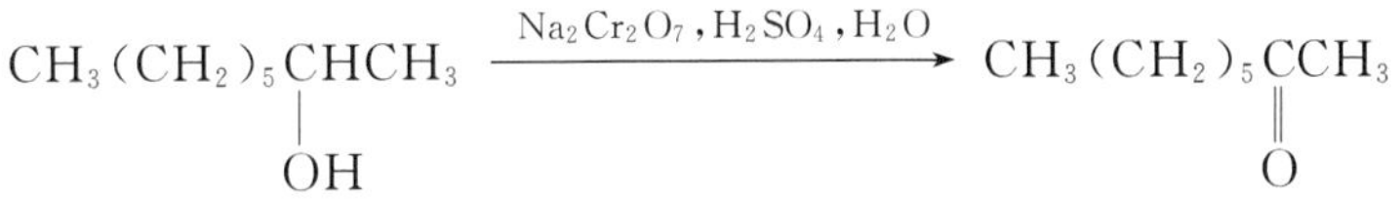

2）酚

（1）酸性。例如：

苯氧负离子中，因负电荷被苯环分散，稳定性增加，因此酚具有酸性，其酸性比醇强，但比碳酸、羧酸都弱。

（2）成醚。在碱性溶液中，酚与卤代烃反应可以生成烷芳混合醚。例如：

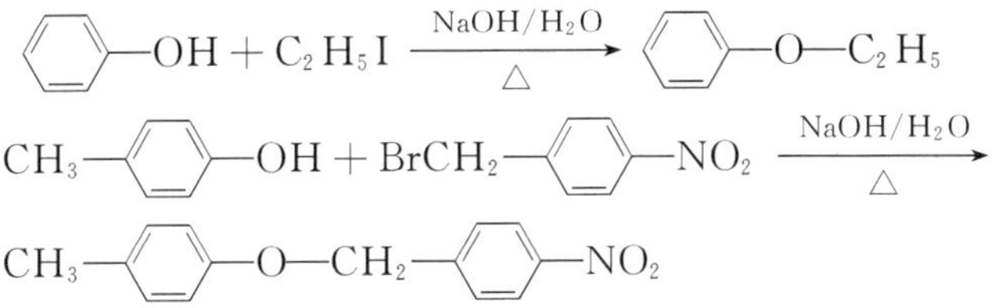

在碱性条件下，酚也可以与硫酸二甲酯反应生成相应的甲基醚。例如：

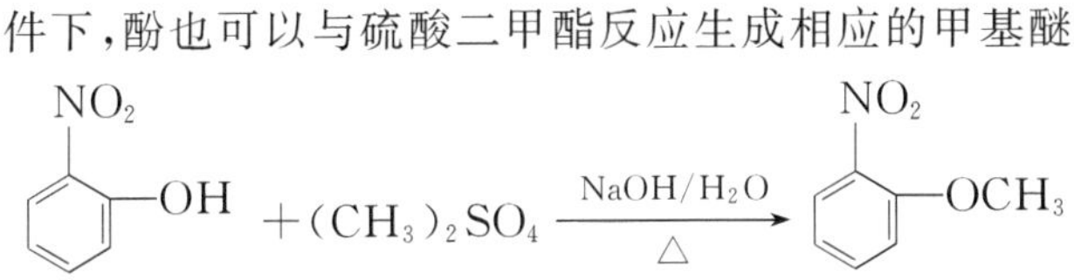

（3）成酯。在碱（NaOH、Na_2CO_3、吡啶等）或酸（H_2SO_4、H_3PO_4 等）的催化下，酚可以与酰卤、酸酐发生成酯反应。例如：

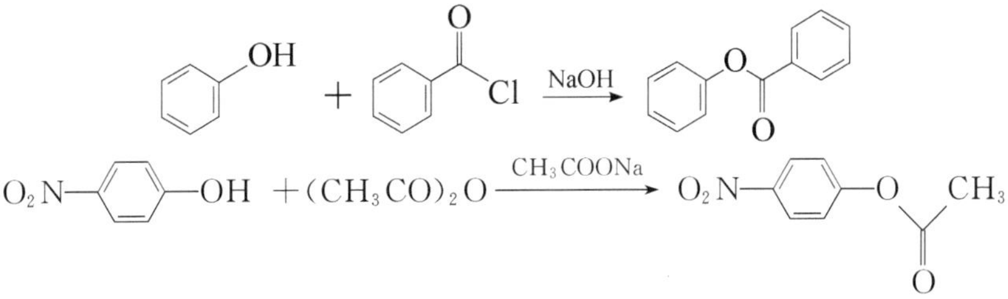

酚也可以与磺酰氯作用生成磺酸酯。例如：

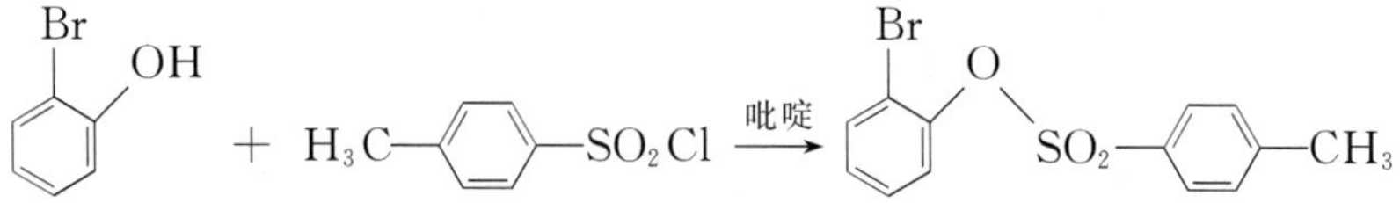

(4) 芳香亲电取代反应。酚羟基是强的邻、对位定位基，酚的硝化、卤化、磺化以及傅-克反应比苯容易得多。

(a) 硝化。例如：

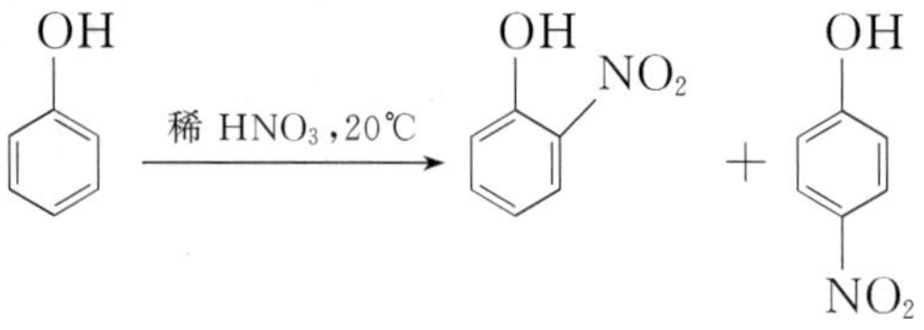

(b) 磺化。例如：

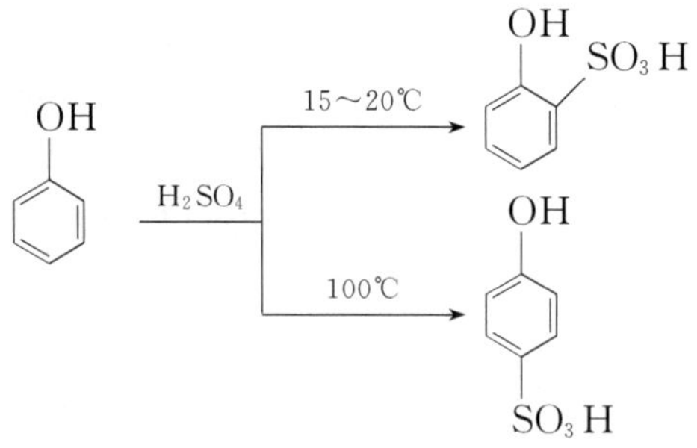

(c) 卤化。例如，苯酚在极性溶剂水中溴化，生成多溴化物，而在非极性溶剂二硫化碳中溴化，仅发生一溴化：

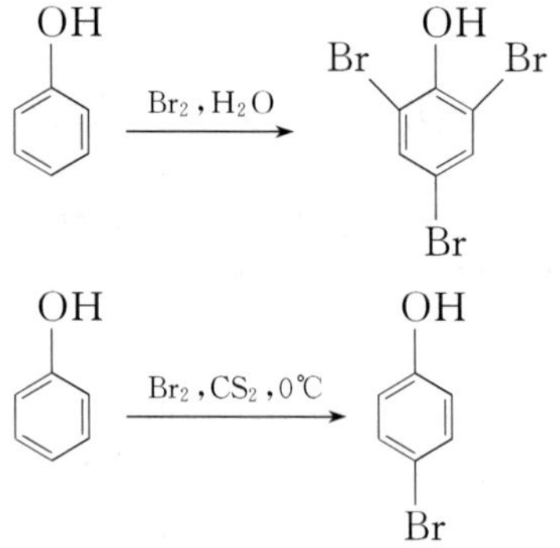

(d) 傅-克烷基化和酰基化。例如：

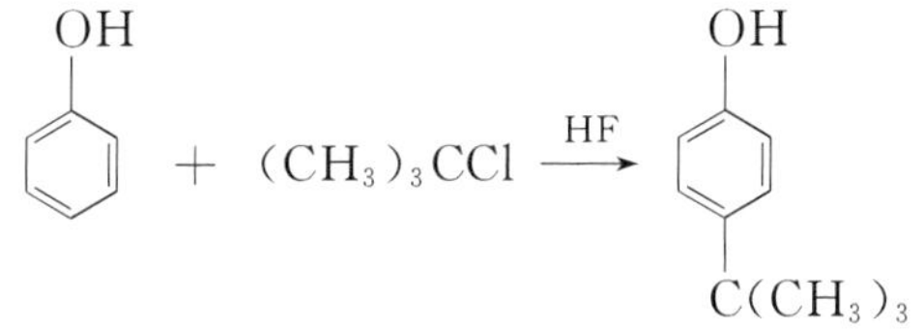

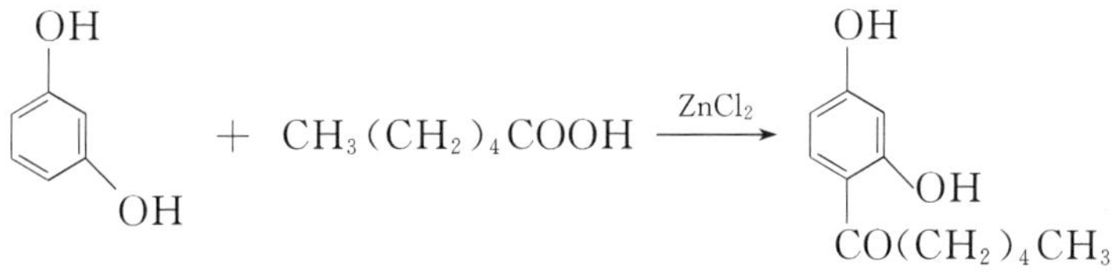

(e) 亚硝化。例如：

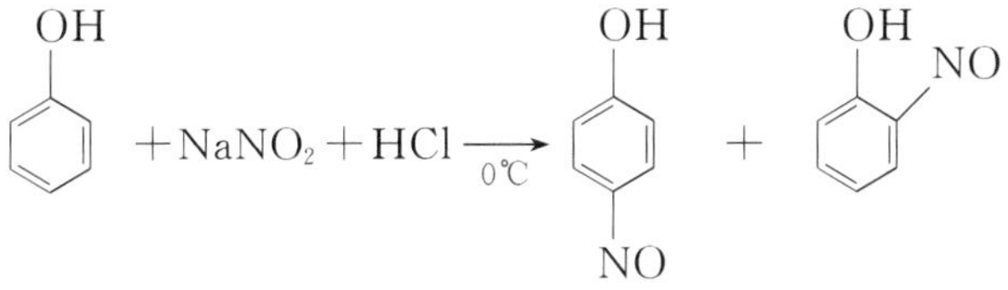

15 ∶ 1

HNO_2 是弱亲电试剂，只能使带有强活化基团（如羟基）的芳环发生亚硝化，—NO 主要进入羟基的对位。

3) 醚

醚可以看作是水分子中的两个氢原子被烃基取代后的化合物，根据两烃基相同或不相同，分别称为简单醚或混合醚。

(1) 碱性。醚的氧原子上有未共用电子对，当与酸反应时，醚可以作为路易斯碱与强酸中的质子结合生成鎓盐；与路易斯酸结合则生成络合物。例如：

$$CH_3CH_2\ddot{O}CH_2CH_3 + HCl \rightleftharpoons CH_3CH_2\overset{+}{O}(H)CH_2CH_3\,Cl^-$$

$$CH_3CH_2\ddot{O}CH_2CH_3 + BF_3 \rightleftharpoons CH_3CH_2\overset{+}{O}(CH_2CH_3)—\overset{-}{B}F_3$$

(2) 醚链的断裂。醚对大多数试剂都是惰性的。对碱、大多数还原剂和稀酸都是稳定的，但当醚与氢卤酸共热时，结果发生醚链的断裂，生成相应的卤代烃和醇，其过程是醚链中的氧原子与酸中的质子结合生成鎓盐，然后根据烷基的结构不同而发生 S_N1 或 S_N2 反应，除烷基在碳-氧键断裂后能形成稳定碳正离子的按 S_N1 机理反应外，一般都按 S_N2 反应机理进行。例如：

$$(CH_3)_3COCH_2CH_3 + HI \rightleftharpoons (CH_3)_3C—\overset{+}{O}(H)—CH_2CH_3 + I^-$$

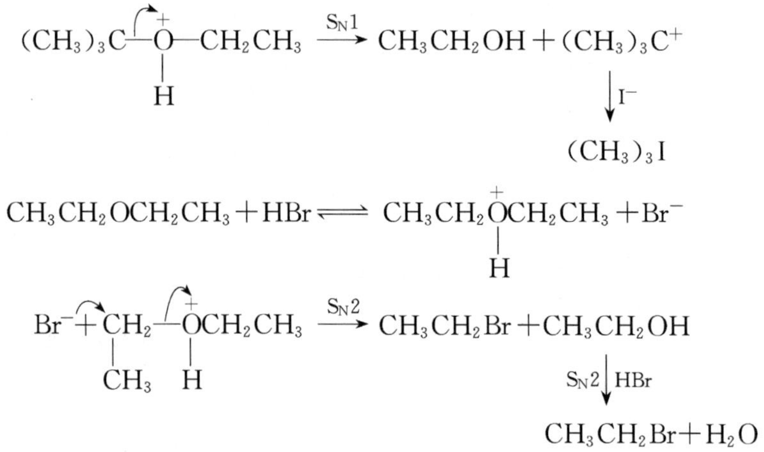

对于氢卤酸,其反应活性为 HI>HBr>HCl。

氢卤酸与烷芳混合醚共热则生成酚和卤代烷。例如:

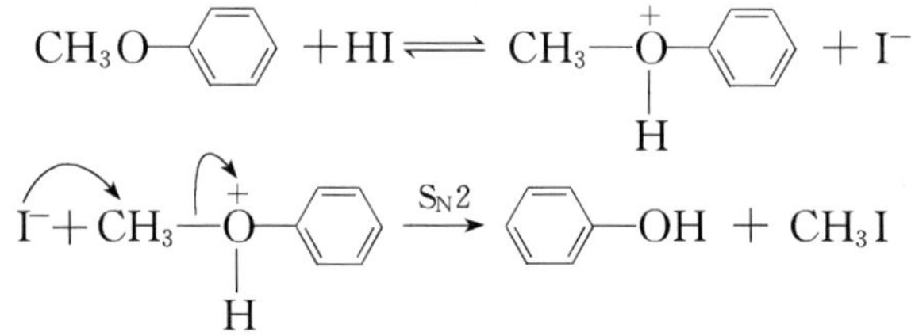

在烷芳混合醚中,当烷基为甲基或乙基时,可利用碘甲烷或碘乙烷的低沸点和高挥发性,与硝酸汞溶液或硝酸银的醇溶液反应来定性或定量测定甲氧基或乙氧基,这就是蔡塞尔(Zeisel)烷氧基测定法。

环氧乙烷是最简单的环醚,在酸性和碱性水溶液中都可以开环,生成邻位二醇:

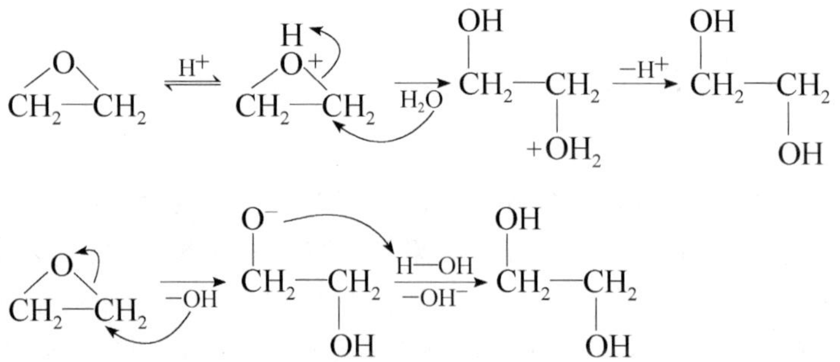

尽管本质都是亲核取代反应型的开环,但机理不完全相同。因此当不对称的环氧乙烷衍生物,如 1,2-环氧丙烷在酸性和碱性醇溶液中开环,产物就具有不同的区域选择性。

在酸催化下的开环反应:

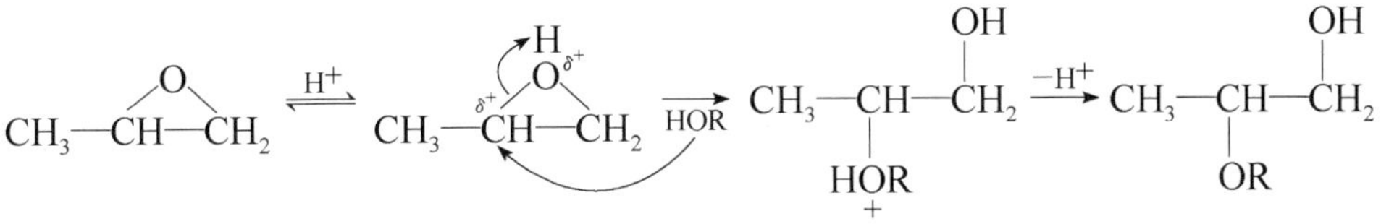

在碱催化下的开环反应：

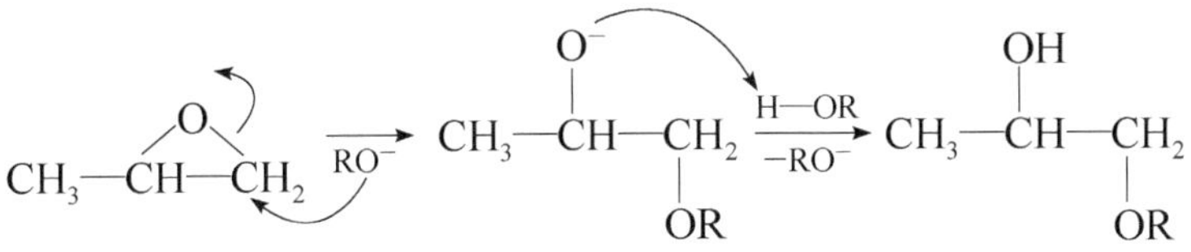

3. 醇、酚、醚的制法

1）醇

（1）由羰基化合物还原。

$$\mathrm{RCHO} \xrightarrow[\text{或 } LiAlH_4,Et_2O]{NaBH_4,CH_3OH} \mathrm{RCH_2OH}$$

$$\mathrm{RCOR'} \xrightarrow[\text{或 } LiAlH_4,Et_2O]{NaBH_4,EtOH} \mathrm{RCH(OH)R'}$$

$$\mathrm{RCOOH} \xrightarrow{LiAlH_4} \mathrm{RCH_2OH}$$

$$\mathrm{RCOOR'} \xrightarrow[\text{或 } Na/EtOH]{LiAlH_4} \mathrm{RCH_2OH}$$

例如：

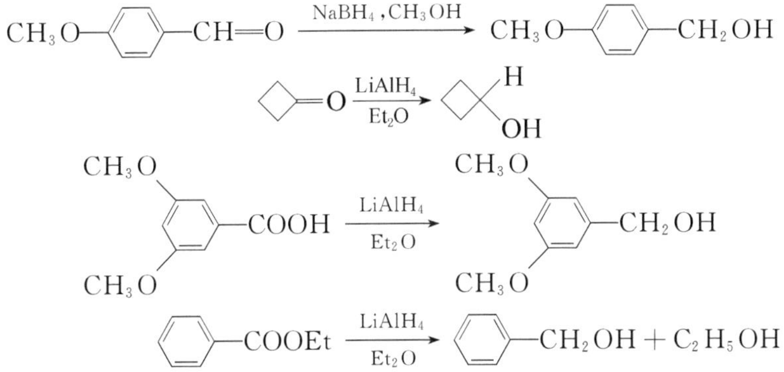

$$n\text{-}C_{11}H_{23}COOEt + Na \xrightarrow[\triangle]{EtOH} n\text{-}C_{11}H_{23}CH_2OH + C_2H_5OH$$

(2) 格利雅合成法。

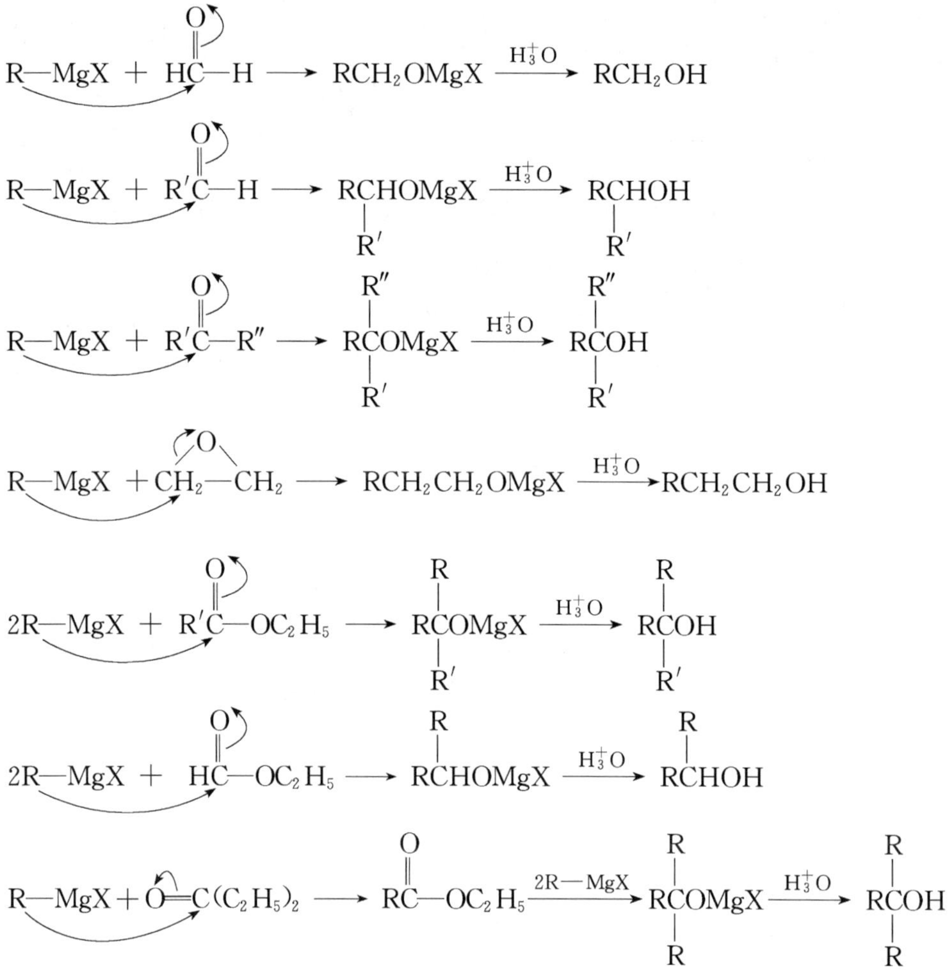

例如：

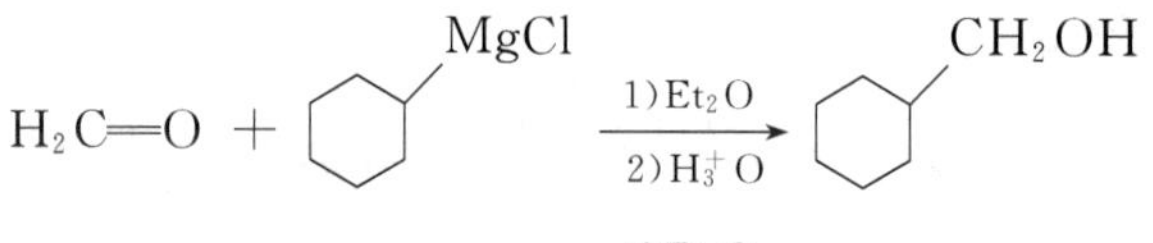

$$CH_3CH{=}O + CH_3(CH_2)_4CH_2MgBr \xrightarrow[2)H_3^+O]{1)Et_2O} CH_3(CH_2)_4CH_2\underset{\displaystyle OH}{\underset{|}{C}}HCH_3$$

$$CH_3CH_2\overset{\displaystyle O}{\overset{\|}{C}}CH_3 + CH_3CH_2CH_2MgBr \xrightarrow[2)H_3^+O]{1)Et_2O} CH_3CH_2\overset{\displaystyle OH}{\overset{|}{\underset{\displaystyle CH_3}{\underset{|}{C}}}}CH_2CH_2CH_3$$

$$\underset{H_2C—CH_2}{\overset{O}{\diagup\ \diagdown}} + CH_3CH_2CH_2CH_2MgBr \xrightarrow[2)H_3^+O]{1)Et_2O} CH_3(CH_2)_4CH_2OH$$

$$H\overset{O}{\overset{\|}{C}}OEt + 2CH_3(CH_2)_2CH_2MgBr \xrightarrow[2)H_3^+O]{1)Et_2O} (CH_3CH_2CH_2CH_2)_2CHOH$$

$$Ph\overset{O}{\overset{\|}{C}}OEt + PhMgBr \xrightarrow[2)H_3^+O]{1)Et_2O} Ph—\underset{Ph}{\underset{|}{\overset{OH}{\overset{|}{C}}}}—Ph$$

(3) 由烯烃制备。

(a) 烯烃直接水合。例如：

$$(CH_3)_2C{=\!=}CH_2 + H_2O \xrightarrow{H_2SO_4} (CH_3)_3COH$$

产物遵循马氏规则，直接水合可用于工业生产。

(b) 羟汞化-脱汞反应。例如：

$$n\text{-}C_4H_9CH{=\!=}CH_2 \xrightarrow[THF(aq)]{Hg(OAc)_2} \xrightarrow[NaOH]{NaBH_4} n\text{-}C_4H_9\underset{OH}{\underset{|}{C}H}CH_3 + Hg$$

产物遵循马氏规则，产率高，无重排产物，反应条件温和，是实验室合成醇的好方法。

(c) 硼氢化-氧化反应。例如：

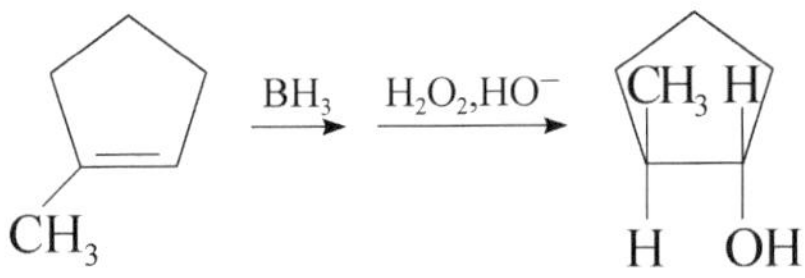

(顺式加成，反马氏规则)

(d) 烯烃被碱性稀冷高锰酸钾氧化。例如：

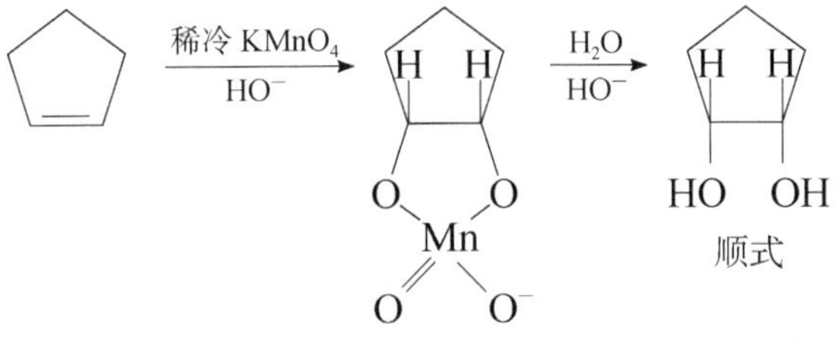

这是合成环状顺式邻二醇的重要方法，也可以用 OsO_4/H_2O_2 代替，但 OsO_4 昂贵且剧毒。

(e) 烯烃被过氧酸氧化。例如：

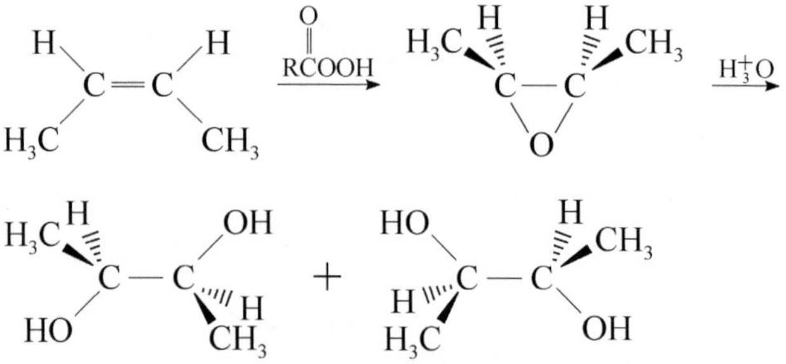

反式 2-丁烯经上述反应得到相应的内消旋体。

(4) 由卤代烃水解。一般情况下,醇比卤代烃易得到。本法主要适用于容易得到的卤代烃的水解,如烯丙基氯、苄基氯。例如:

$$CH_2{=}CHCH_2Cl + H_2O \xrightarrow{Na_2CO_3} CH_2{=}CHCH_2OH + HCl$$

$$PhCH_2Cl + H_2O \xrightarrow{Na_2CO_3} PhCH_2OH + HCl$$

2) 酚

(1) 芳香磺酸盐的碱熔融法。例如:

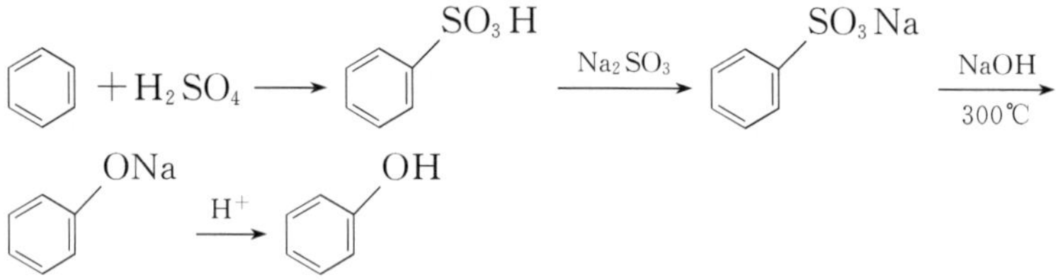

这是经典的制备酚的方法,但由于反应条件激烈,有些酚类化合物不能用此法合成。

(2) 异丙苯氧化法。例如:

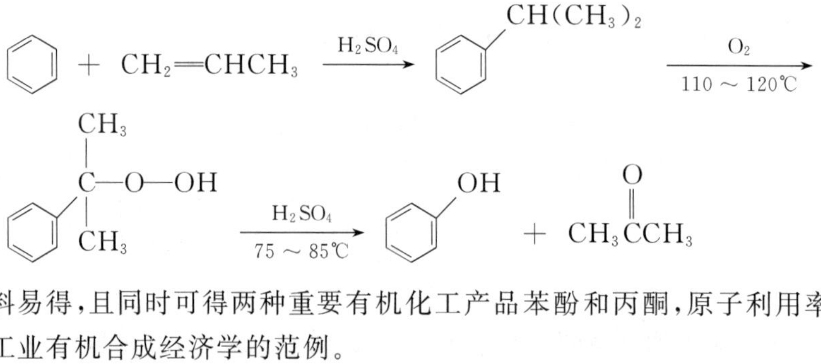

此法原料易得,且同时可得两种重要有机化工产品苯酚和丙酮,原子利用率高,因而成为工业有机合成经济学的范例。

(3) 卤代苯水解法。卤代苯在高温下碱性水解生成苯酚,这是工业上制备苯酚的方法。例如:

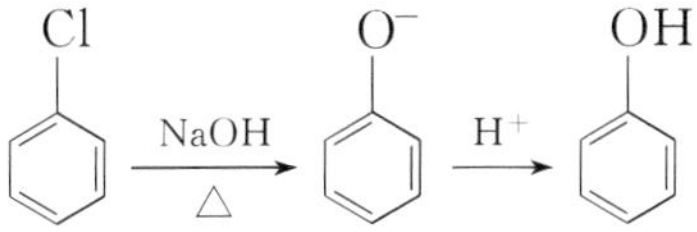

此法不适用于实验室制备。若在卤原子的邻、对位有强吸电子基团（如—NO_2），则可用于实验室制备。例如：

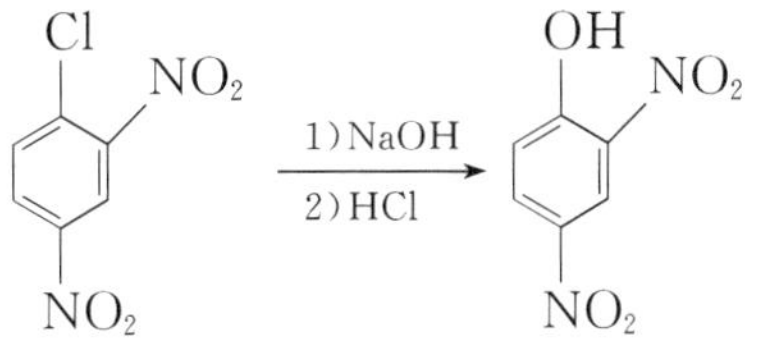

这是芳环上的亲核取代反应，反应分两步进行，首先是反应底物在亲核试剂作用下生成带负电荷的 σ 络合物，然后离去基团离去，生成取代产物。

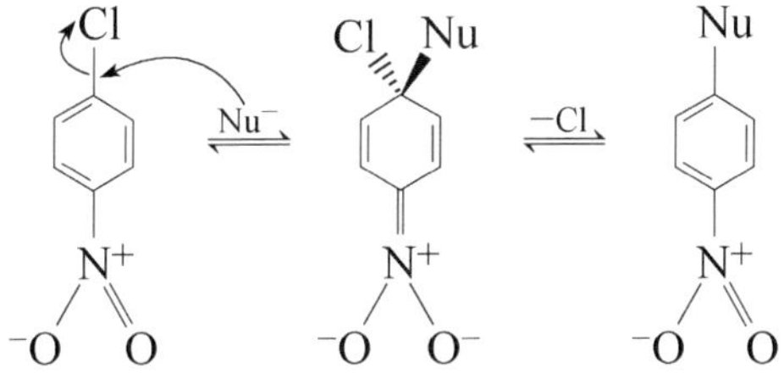

如在离去基团的邻、对位上增加吸电子基团，则亲核取代反应更容易进行。

3）醚

（1）威廉姆孙反应。醇钠与卤代烷等在无水条件下反应，可以合成各种简单醚或芳香醚：

$$RONa + R'X \longrightarrow ROR' + NaX$$

反应为 S_N2 机理，两个试剂中的烷基结构对反应很有影响。例如：

$$(CH_3)_3CO^-Na^+ + CH_3I \xrightarrow{S_N2} (CH_3)_3C—O—CH_3 + NaI$$

而

$$CH_3ONa + (CH_3)_3CBr \xrightarrow{E2} (CH_3)_2C=CH_2 + CH_3OH + NaBr$$

因此，卤代烷通常用伯卤代烷，以免发生消除反应。

（2）烷氧汞化-脱汞反应。此反应与前述的烯烃羟汞化-脱汞合成醇的反应类似，仅是溶剂为醇。例如：

$$(CH_3)_3CCH=CH_2 + Hg(O\overset{\overset{O}{\|}}{C}CH_3)_2 \xrightarrow{CH_3CH_2OH}$$

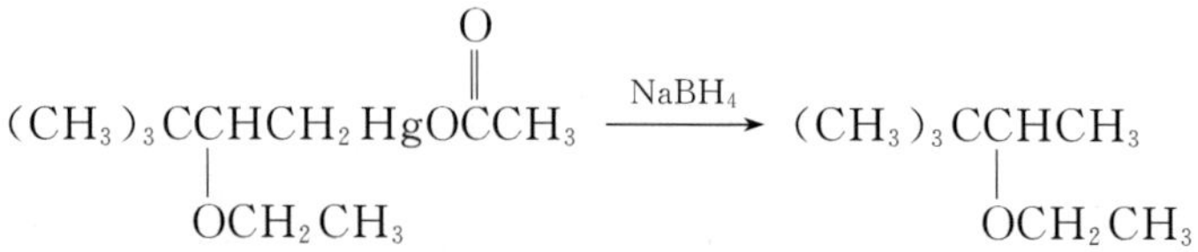

由于空间位阻,此法不能用于制备叔丁醚。

(3) 醇脱水。伯醇或仲醇在浓硫酸作用下分子间脱水是合成对称醚的方法。例如:

$$2n\text{-}C_4H_9OH \xrightarrow[110℃]{H_2SO_4} n\text{-}C_4H_9—O—C_4H_9\text{-}n + H_2O$$

$$2(CH_3)_2CHOH \xrightarrow[\triangle]{H_2SO_4} (CH_3)_2CH—O—CH(CH_3)_2 + H_2O$$

二元醇分子内脱水的反应可以用来合成环醚。例如:

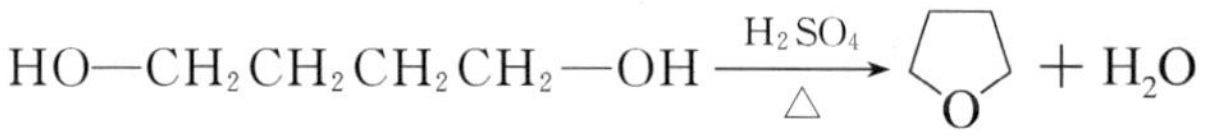

二、解 题 示 例

【例 8-1】 用系统命名法命名下列化合物。

(1) 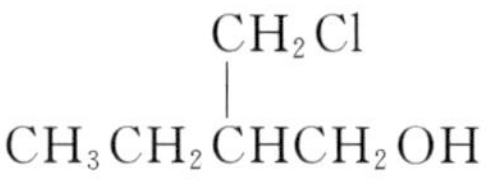　　(2) 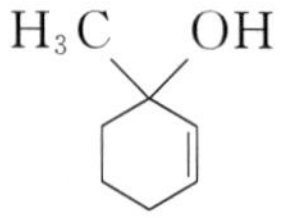

(3) $HC\equiv CCH_2CH_2CH_2OH$　　(4) 

(5) 　　(6) 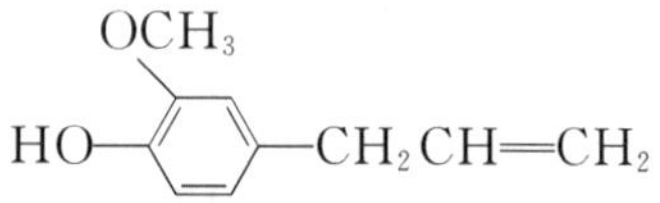

解 (1) 在此分子中,—OH 是主官能团,—CH_2Cl 是取代基,应命名为 2-氯甲基-1-丁醇。

(2) 这种不饱和环醇仍然是把—OH视为主官能团,应命名为 1-甲基-2-环己烯-1-醇。

(3) 应命名为 4-戊炔-1-醇。

(4) 这种结构较为复杂的醚可把苯视为母体,应命名为(3-环丙基丙氧基)苯。

(5) 可视为二取代的丙醇,应命名为 3-乙氧基-3-氯丙醇。

(6) 酚羟基是主官能团,应命名为 4-烯丙基-2-甲氧基苯酚。

【例 8-2】 邻硝基苯酚、邻羟基苯甲醛与其相应的间位、对位异构体相比有较低的沸点和较低的水溶性,为什么?

解 邻硝基苯酚和邻羟基苯甲醛都存在如下的分子内氢键:

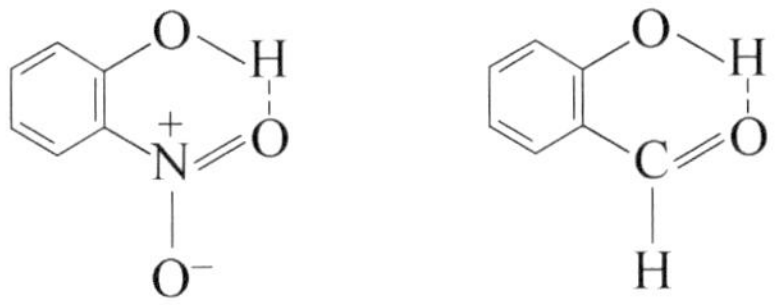

从而阻止了分子间的相互缔合和吸引，一方面导致沸点较低，另一方面减弱了与水分子间的氢键，水溶性降低。

【例 8-3】 完成下列反应，写出主要有机产物，并加以解释。

(1) $(CH_3CH_2)_3CCH_2OH \xrightarrow[H_2SO_4,\triangle]{HBr}$

(2) 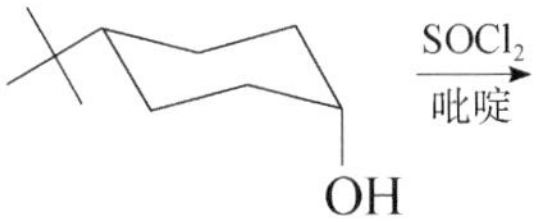

(3) $CH_3CH_2C(CH_3)_2-Br + CH_2=CH-CH_2ONa \longrightarrow$

(4) 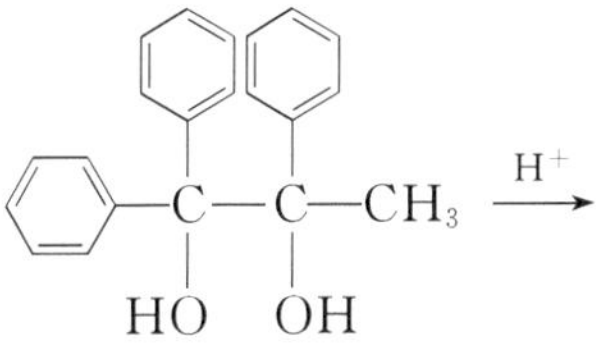

(5) 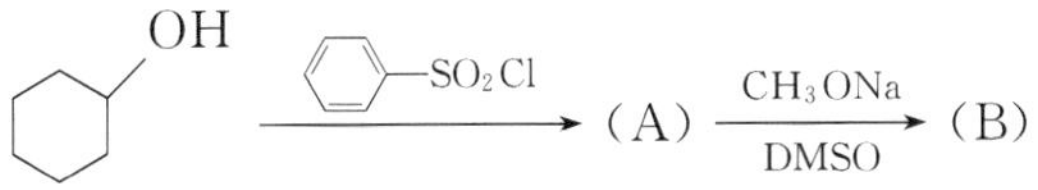

解 (1) 2,2-二乙基丁醇在强酸作用下羟基首先质子化，继而失水，形成不稳定的伯碳正离子，后者进一步重排为叔碳正离子，最后与 Br^- 结合：

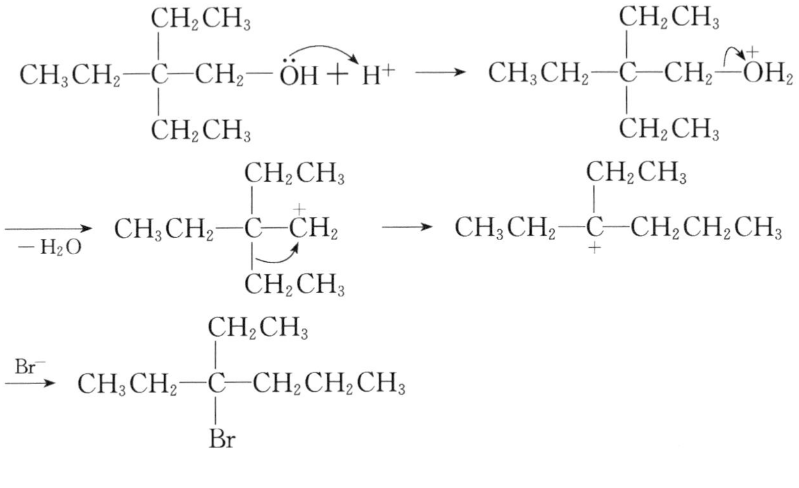

(2)

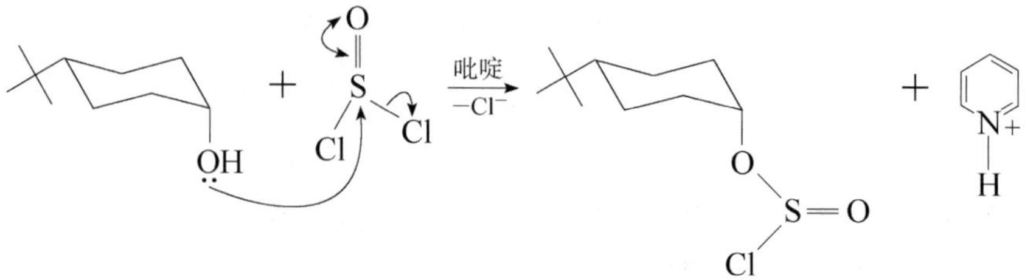

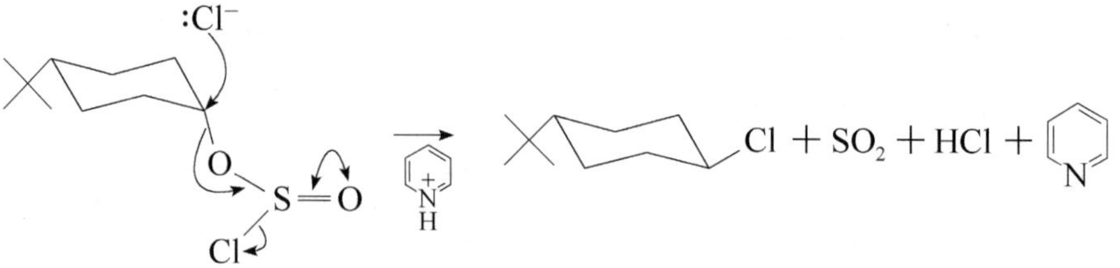

(3) 烯丙醇钠是强碱,它会使叔溴代烷发生消除反应:

$$CH_3CH_2-\underset{CH_3}{\overset{CH_3}{C}}-Br + CH_2{=}CH-CH_2ONa \longrightarrow$$

$$CH_3CH{=}C(CH_3)_2 + CH_2{=}CH-CH_2OH$$

(4) 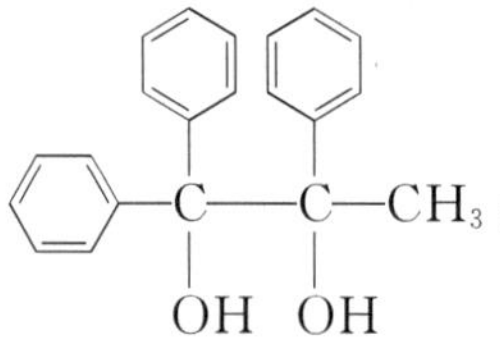 是四取代乙二醇,在酸作用下发生频哪醇(pinacol)-频哪酮(pinacolone)重排:

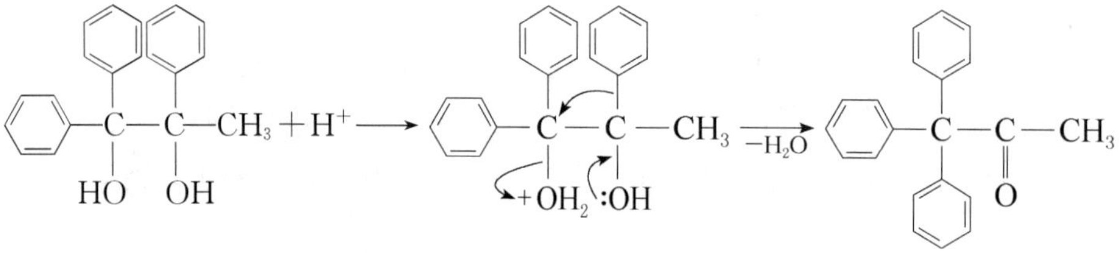

(5) 苯磺酰氯活泼,首先与环己醇发生醇解生成磺酸酯。后者在非质子极性溶剂二甲基甲酰胺(DMSO)中与甲醇钠作用,主要发生 β-消除,另有部分取代产物:

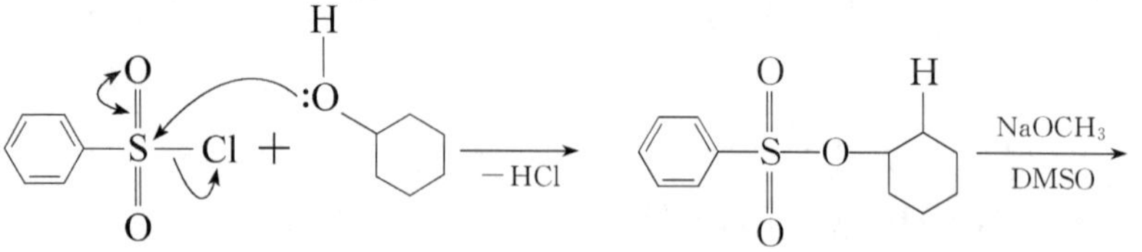

(A)

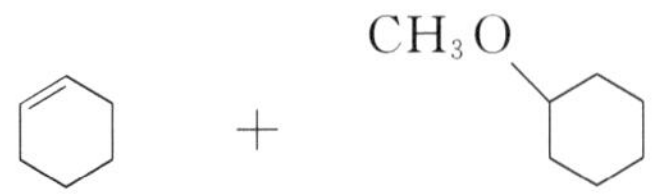

（B）

主要产物　　　次要产物

【例 8-4】 间甲氧基苯乙腈是合成雌性激素雌素酮(estrone)的中间体，试由合适的原料合成。

解　逆合成分析：

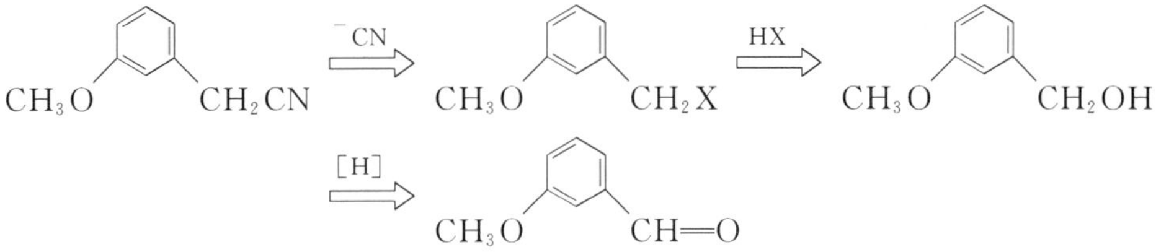

合成：

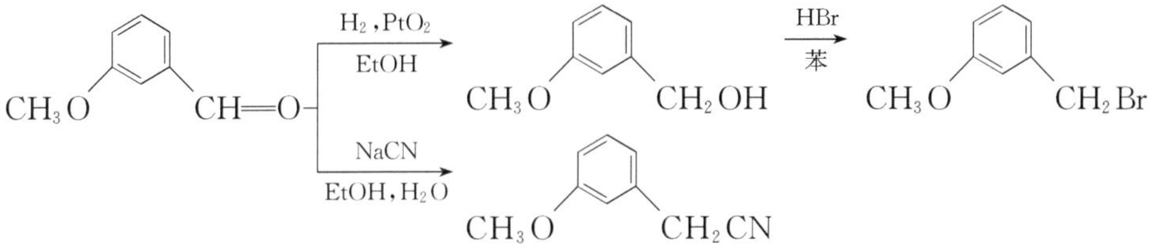

【例 8-5】 推测下列反应的可能机理。

(1) 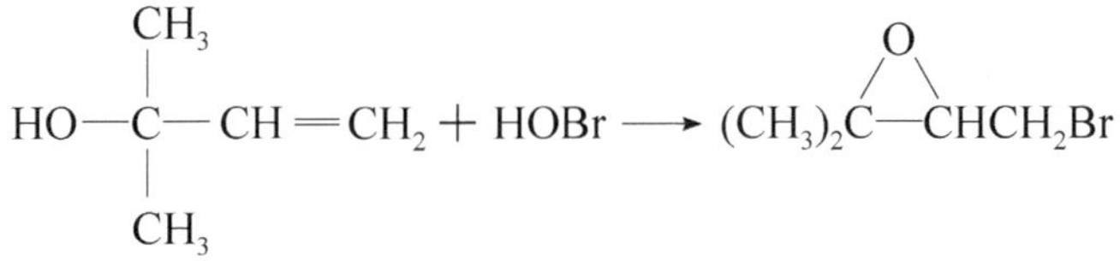

(2) 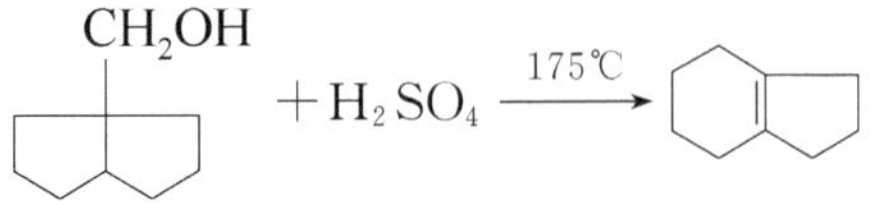

解　(1) HOBr 分子中，由于氧的吸电子能力比溴强，Br 带部分正电荷，氧带部分负电荷，因此碳-碳双键首先与 HOBr 发生如下加成：

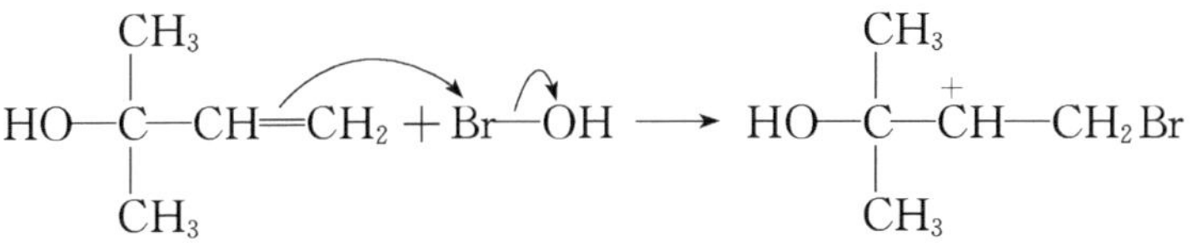

后者转化为溴鎓离子,进一步发生分子内亲核取代:

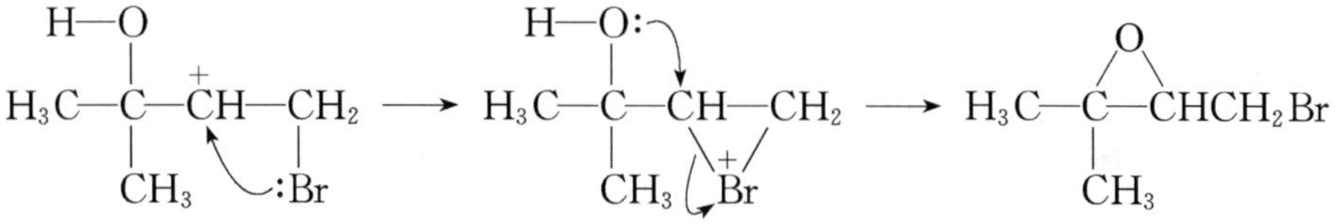

(2) 醇在酸性条件下的脱水反应通常按 E_1 机理进行,所以往往发生骨架重排,其重排的推动力是要形成一个较稳定的碳正离子:

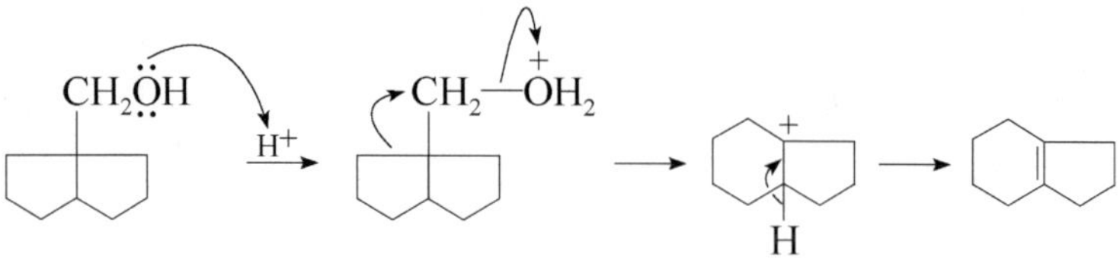

【例 8-6】 反-2-甲基环己醇与对甲苯磺酰氯反应后再经 CH_3CH_2ONa 处理,几乎得到唯一的产物 3-甲基环己烯,而顺-2-甲基环己醇经相同处理则得到主要产物 1-甲基环己烯,试解释其原因。

解 反-2-甲基环己醇与对甲苯磺酰氯反应生成相应的对甲苯磺酸酯,后者在乙醇钠作用下按 E2 消除,这需要有一个反式共平面的 β-H,只有 C_6 的 β-H 符合消除的立体要求,所以只得到 3-甲基环己烯:

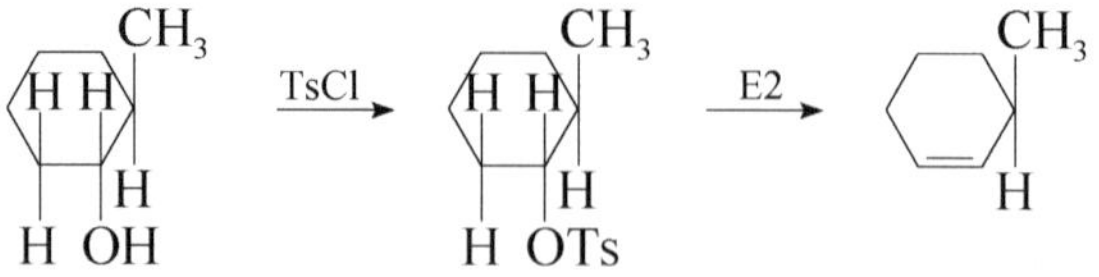

而顺-2-甲基环己醇生成的对甲苯磺酸酯在发生 E2 消除时,C_2 和 C_5 都有反式共平面的 β-H,然而消除 C_2 上的 β-H 能生成双键上取代程度高的较稳定的烯烃,所以主要产物为 1-甲基环己烯:

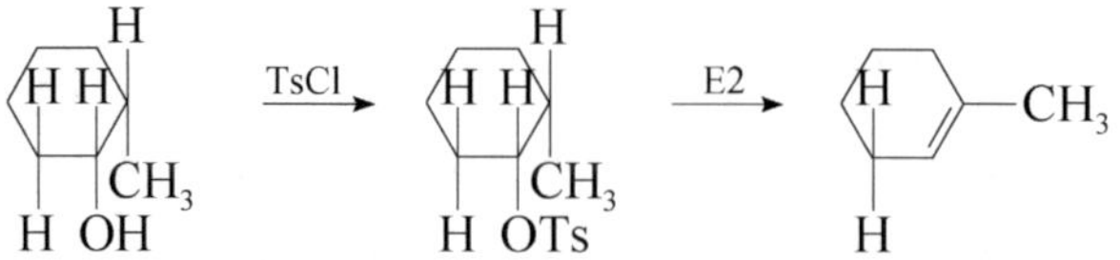

如果从取代环己烷的消除构象来分析也可以得到同样的结论。

【例 8-7】 用反应机理解释下列反应结果:

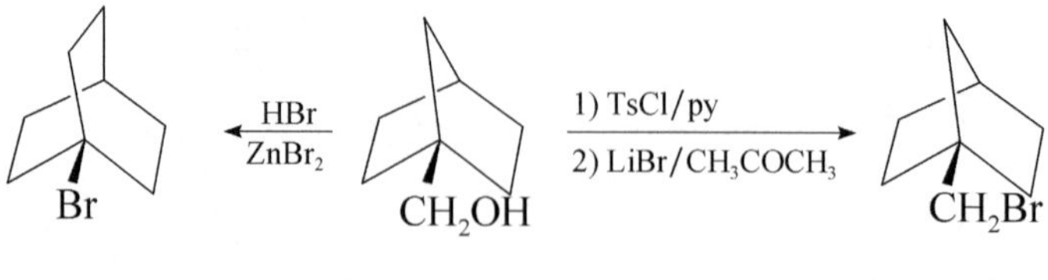

解　二者都发生了亲核取代反应。当 1-羟甲基二环[2.2.1]庚烷与 $HBr/ZnBr_2$ 反应时按 S_N1 机理进行，生成的伯碳正离子经重排后生成叔碳正离子，叔碳正离子与溴负离子结合生在 1-溴二环[2.2.2]辛烷：

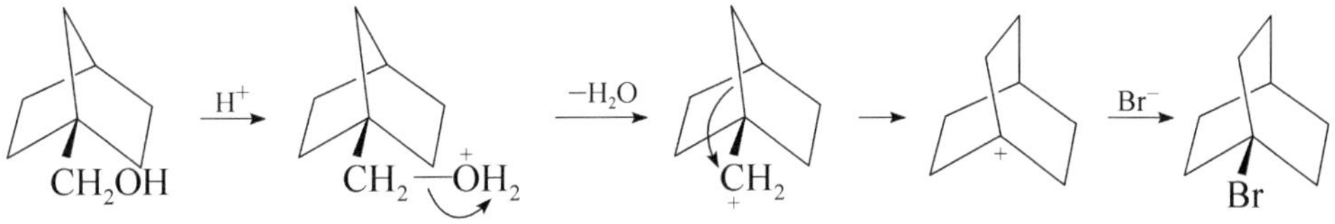

而当 1-羟甲基二环[2.2.1]庚烷先与 TsCl 反应后，再用 LiBr 处理时是按 S_N2 机理进行的，所以得到 1-溴甲基二环[2.2.1]庚烷：

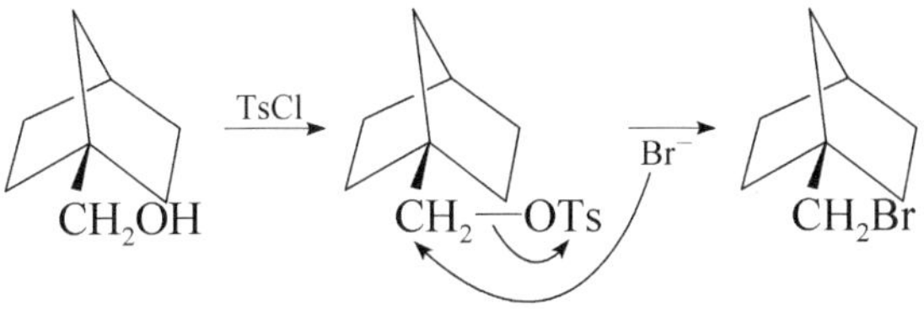

【例 8-8】　用反应机理解释下列反应：

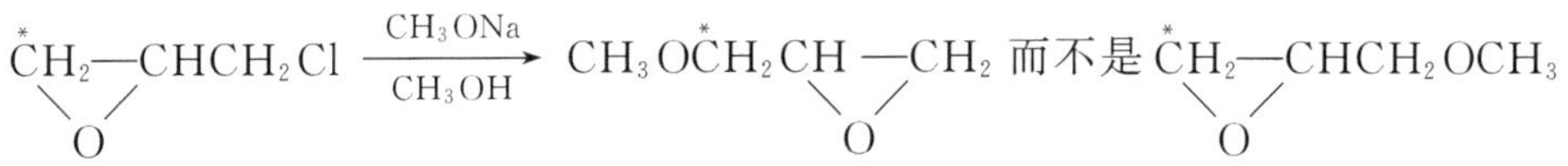

解　这不是一个简单、直接的威廉姆孙反应，而是 CH_3O^- 作为亲核试剂进攻环氧中阻小的 ^{14}C，开环后的烷氧基再进攻邻近的与氯相连的碳原子，发生分子内的 S_N2 反应，生成最终产物：

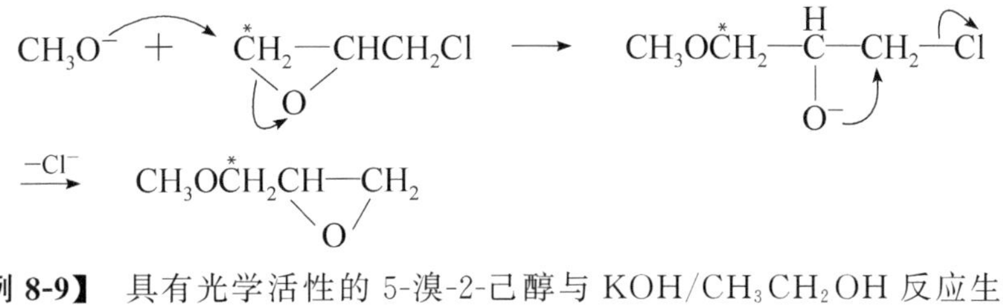

【例 8-9】　具有光学活性的 5-溴-2-己醇与 KOH/CH_3CH_2OH 反应生成非光学活性的(A)，而另一个具有光学活性的异构体与 KOH/CH_3CH_2OH 反应则生成光学活性的(B)，试讨论反应物与产物的立体化学问题。

解　5-溴-2-己醇是有两个不同手性碳原子的化合物，所以有四个立体异构体。其中(2*S*,5*S*)-5-溴-2-己醇和(2*R*,5*R*)-5-溴-2-己醇为一对对映体，它们在 KOH/CH_3CH_2OH 作用下发生分子内的亲核取代反应，生成顺式的 2,5-二甲基四氢呋喃，为内消旋体：

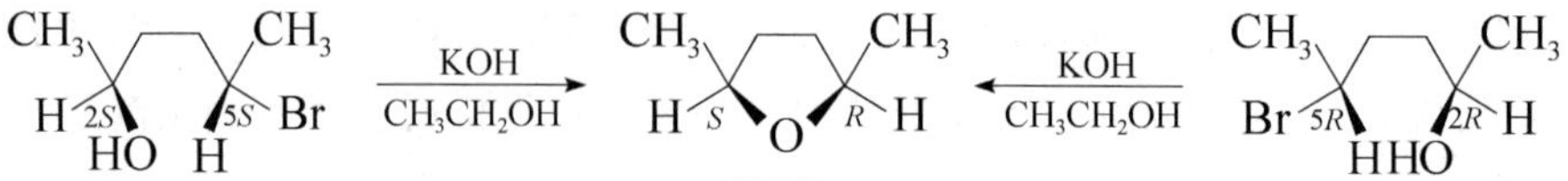

meso-
(A)

而(2S,5R)-5-溴-2-己醇和(2R,5S)-5-溴-2-己醇为另一对对映体,同样在 KOH/CH_3CH_2OH 作用下发生分子内的亲核取代反应,生成反式的 2,5-二甲基四氢呋喃,为一对外消旋体:

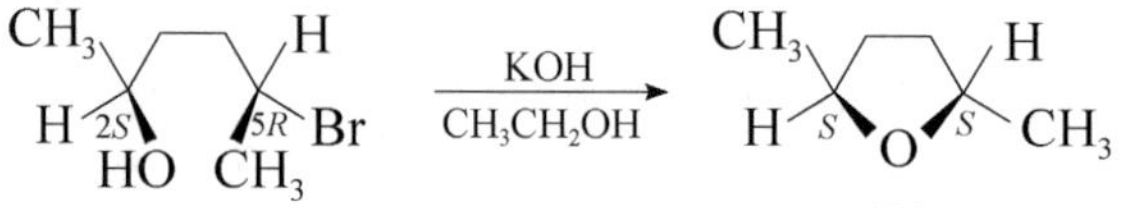

(B)

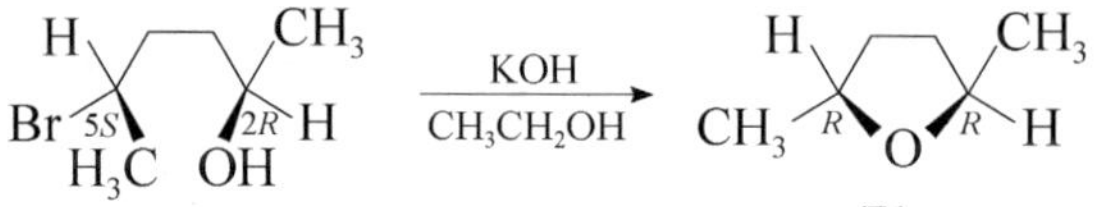

(B)

三、习题与参考解答

【习题 8-1】 用系统命名法命名下列化合物或给出结构。

(1) 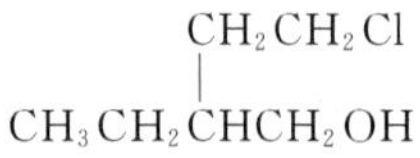

(2) 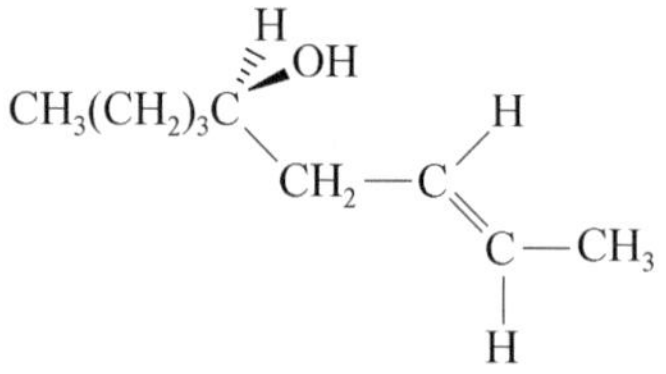

(3) 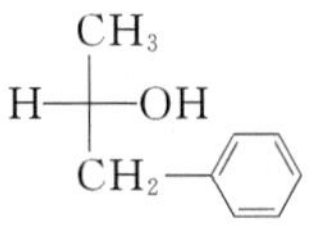

(4) 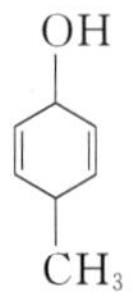

(5) 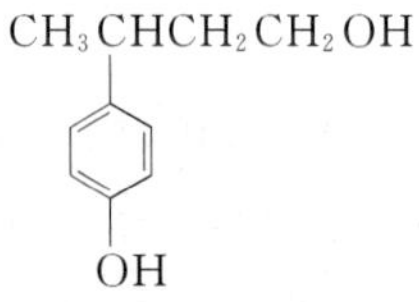

(6) 季戊四醇

(7) (Z)-3-己烯-2-醇

(8) 环己氧基苯

(9) 5,6-环氧-1-庚烯

解 (1) 2-乙基-4-氯-1-丁醇

(2) (5R,2E)-2-壬烯-5-醇

(3) (S)-1-苯基-2-丙醇

(4) 4-甲基-2,5-环己二烯-1-醇

(5) 3-(4-羟基苯基)-1-丁醇

(6) $C(CH_2OH)_4$

(7) 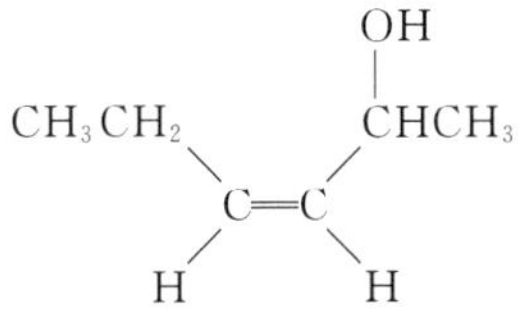　　(8) 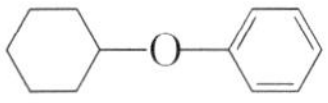

(9) 

【习题 8-2】 解释下列事实。

(1) C_3 以下的醇可与水混溶，C_5 以上的醇不溶于水，而丁醇的水溶性处于二者之间。

(2) 一定体积的乙醇与一定体积的水混合后，其总体积小于二者体积之和。

(3) 丙醇($M_w = 60g \cdot mol^{-1}$，b. p. ＝97. 4℃)与丁烷($M_w = 58g \cdot mol^{-1}$，b. p. ＝－0. 5℃)摩尔质量相近，而沸点相去甚远。

解 (1) 醇的水溶性主要取决于它与水之间的氢键强弱，随着醇相对分子质量的增加，烃基增大，亲水性降低，水溶性降低，脂溶性增加。

(2) 乙醇与水之间的氢键导致这两种不同分子结合得比乙醇-乙醇或水-水更紧密。

(3) 醇与醇之间是通过相当强的氢键和相对较弱的偶极-偶极相互作用彼此吸引，因而沸点较高，而烷烃分子间只有范德华引力。

【习题 8-3】 比较 1-戊醇、2-甲基-2-丁醇和 3-甲基-2-丁醇的沸点高低，并简述理由。

解 经查表可知，三种物质的沸点高低顺序为

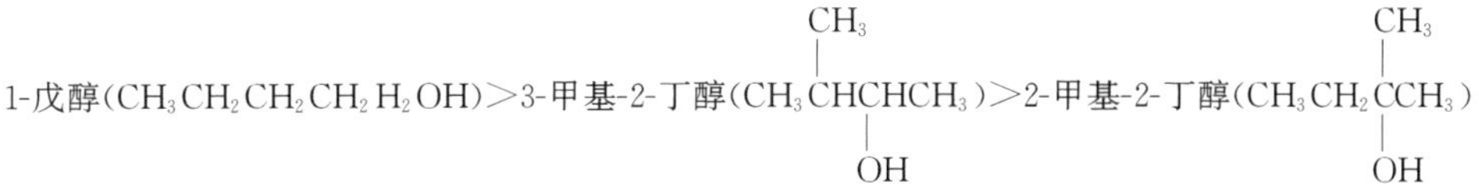

b. p. 137. 3℃　　b. p. 112℃　　b. p. 102℃

随着支链的增加，分子变得越来越紧密且趋于球形，随着表面积的减少，分子间吸引力也变小，沸点降低。

【习题 8-4】 浓的 HBr 水溶液与 C_2H_5OH 反应得到 C_2H_5Br，而浓的 NaBr 水溶液却不能与 C_2H_5OH 反应，为什么?

解 在浓的 HBr 水溶液中，C_2H_5OH 分子的羟基首先质子化，然后发生 S_N2 反应，离去基团为 H_2O，离去倾向大，反应易发生：

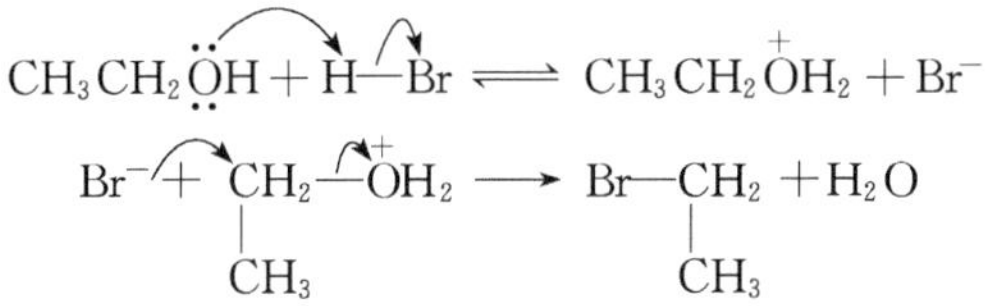

在浓的 NaBr 水溶液中，EtOH 中羟基没有被质子化，—OH 离去倾向极小，下列反应不能发生：

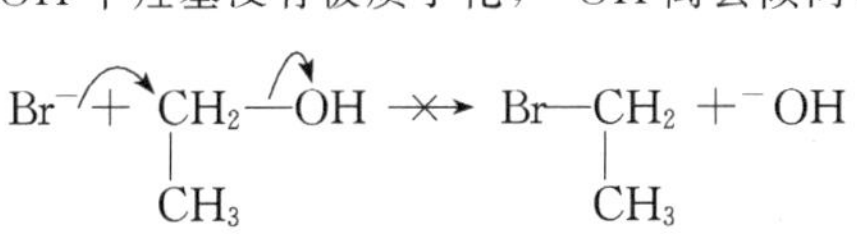

【习题 8-5】 解释下列实验事实。

(1) 由 2-戊醇与 HBr 作用所制得的 2-溴戊烷中总含有 3-溴戊烷杂质。

(2) 用氢溴酸处理新戊醇 $(CH_3)_3CCH_2OH$ 时，得到的不是预期的溴代新戊烷 $(CH_3)_3CCH_2Br$，而是溴代叔戊烷 $(CH_3)_2CBrCH_2CH_3$。

解　两种情况都是由于发生了碳正离子重排，由不太稳定的碳正离子重排成相对较稳定的碳正离子。

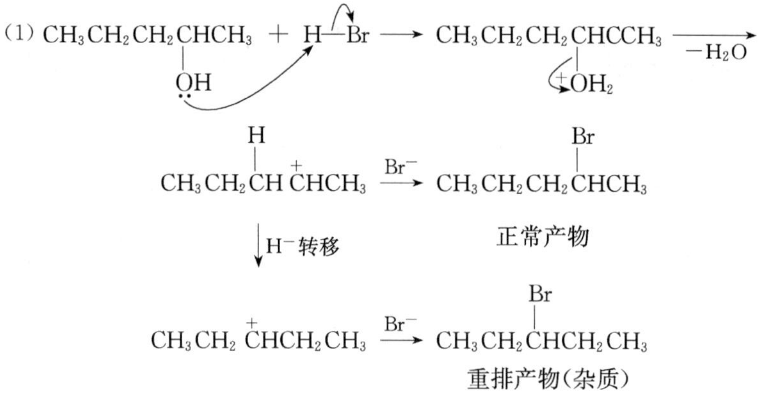

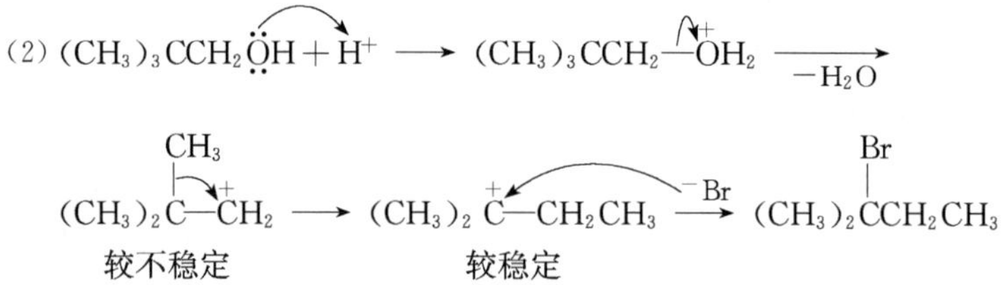

【习题 8-6】　反式和顺式 1,2-环戊二醇的红外光谱在 $3450\sim3570cm^{-1}$ 处有一宽带。当用 CCl_4 稀释后，顺式异构体的这个谱带保持不变，而反式异构体的谱带则移向较高波数并变得较尖锐，试解释这一现象。

解　在 $3450\sim3570cm^{-1}$ 处出现宽带是由于—OH 之间形成了氢键。顺式 1,2-环戊二醇可以形成分子内氢键，它不受溶剂稀释的影响。而在反式异构体中形成分子间氢键，稀释可使分子间氢键断裂，导致宽带消失，而在较高波数处出现一个游离羟基的尖峰。氢键形成如下：

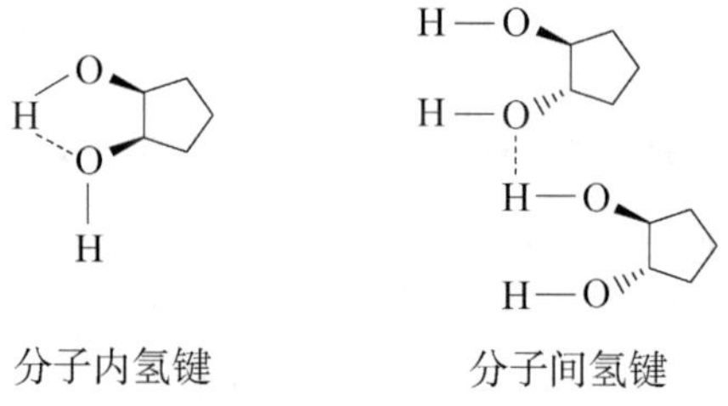

分子内氢键　　　　分子间氢键

【习题 8-7】　写出 $(CH_3)_3C—CH(OH)CH(OH)—C(CH_3)_3$ 的各种立体异构体，并讨论其氢键形成状态。

解　这是具有两个相同取代的手性碳原子的化合物，应当有三个立体异构体，其费歇尔投影式及其相应稳定构象的纽曼投影式为

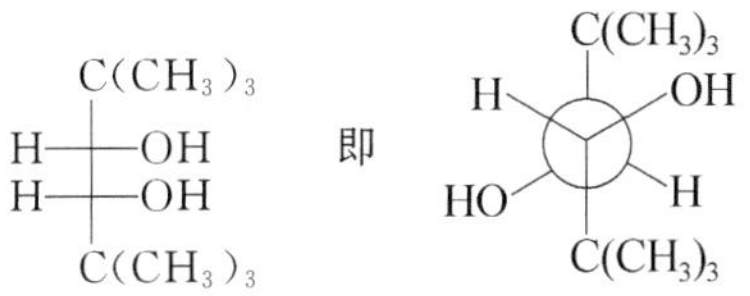

内消旋体

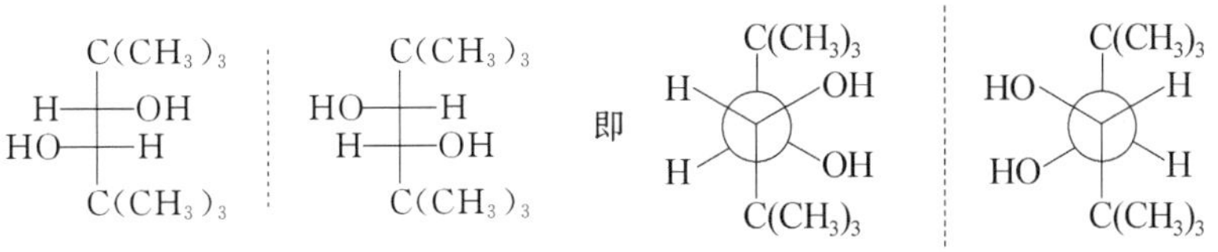

外消旋体　　　　外消旋体

由相应的纽曼投影式可以看出，内消旋体的稳定构象中两个羟基相距较远，主要存在分子间氢键，由于二羟基表现为化学等价，因此在IR谱中只观察到一种羟基的伸缩振动。而外消旋体的稳定构象中两个羟基相距较近，主要存在分子内氢键，因此在IR谱中，既观察到游离羟基的伸缩振动，又观察到分子内羟基经氢键缔合的伸缩振动。

【习题 8-8】　画出四氢吡喃的稳定构象。为什么环己醇的—OH主要取e键，而在3-羟基四氢吡喃分子中，—OH取e键或a键的概率各占50%？

解　四氢吡喃的稳定构象为

C—O—C键角为111°，接近于四面体的正常键角，O原子上还有两对未共用电子对，一对为a键取向，另一对为e键取向。

在a键取向的3-羟基四氢吡喃分子中，—OH可与环上O原子的a键取向的未共用电子对形成氢键，张力有所缓解：

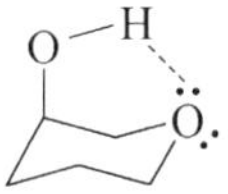

【习题 8-9】　回答下列问题。

(1) 为什么醚（如乙醚）可以作为BF_3、RMgBr的溶剂？

(2) 比较四氢呋喃、乙醚和二异丙醚的路易斯碱性强弱。

解　(1) 醚分子中的O原子上有未共用电子对，可以作为路易斯碱与路易斯酸BF_3、RMgBr结合，形成配位键：

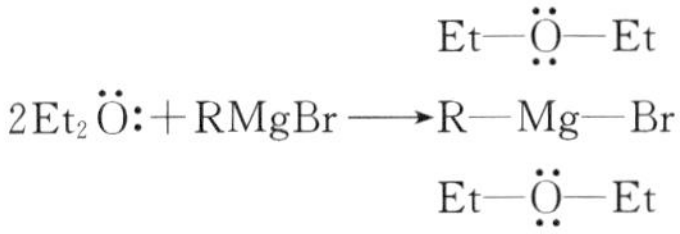

(2) 路易斯碱性强弱除了与亲核原子上的电子云密度高低有关外，还与空间位阻大小有关。位阻越大，路易斯碱性越弱，因此碱性强弱顺序为四氢呋喃＞乙醚＞二异丙基醚。

【习题 8-10】 格利雅反应是应用范围极其广泛的重要有机合成反应，但使用时存在四个限制条件，试简述这四个限制条件。

解 (1) 所用的卤化物中不能同时存在含活泼氢的官能团，如—COOH、—OH、—NH_2、—SH 和 —C≡C—H 等，因为格氏试剂可以被活性氢分解，所以含有以上活性氢官能团的卤化物不能制备相应的格氏试剂。例如：

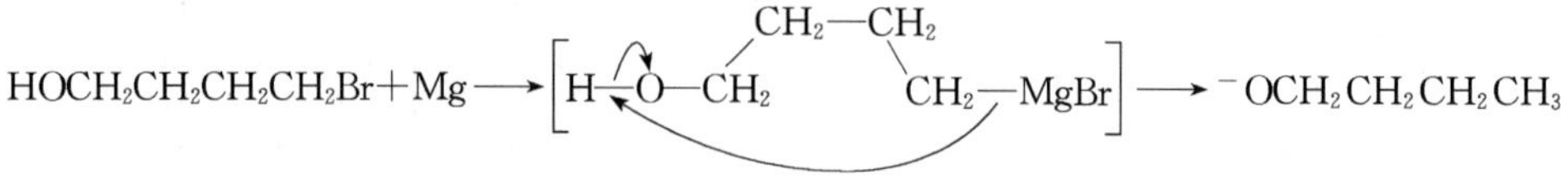

(2) 卤化物分子中不能同时存在不饱和极性共价键，如 C═O、C═N—、C≡N、N═O、S═O 等，否则即发生分子内或分子间格利雅反应。

(3) 反应物不能是邻二卤代物，否则将发生脱卤反应。例如：

$$Br—CH_2—CH_2—Br + Mg \longrightarrow H_2C═CH_2 + MgBr_2$$

(4) 两个体积大的烃基，如—$CH(CH_3)_2$ 所构成的酮不能与带有较大体积的格氏试剂发生正常反应，加成产物的产率降低或完全不发生加成反应。例如：

$$(CH_3)_2CH—\overset{O}{\overset{\|}{C}}—CH(CH_3)_2 + (CH_3)_2CHMgBr \longrightarrow (CH_3)_2CH\underset{OH}{\underset{|}{C}}HCH(CH_3)_2 + CH_2CH═CH_2$$

【习题 8-11】 指出哪六种类型的醚不能通过威廉姆孙反应合成。

解 (1) $R_2CH—O—CHR_2$　　(2) $R_2CH—O—CR_3$

(3) $R_3C—O—CR_3$　　(4) Ar—O—Ar

(5) RCH═CH—O—CH═CHR′　　(6) $R_3CCH_2—O—CH_2CR'_3$

以上各类化合物有的是烃基体积较大，有的是由于芳卤、烯基卤不易发生 S_N2 反应。

【习题 8-12】 提出两种最常用的保护醇羟基的方法，并说明保护后如何将—OH 复原。

解 第一种方法：形成四氢吡喃醚进行保护。例如：

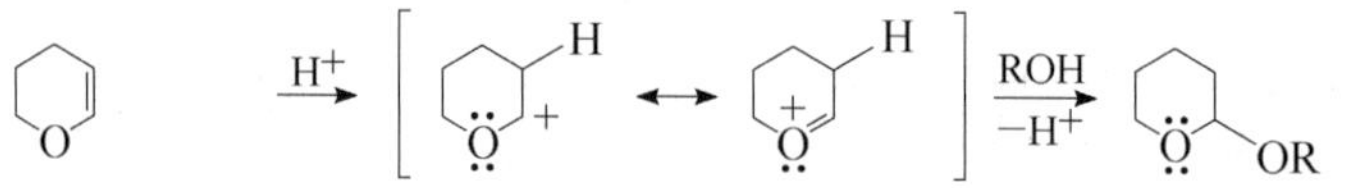

2,3-二氢-4H-吡喃 (DHP)　　　四氢吡喃醚 (ROTHP)

然后加酸水解，—OH 即复原：

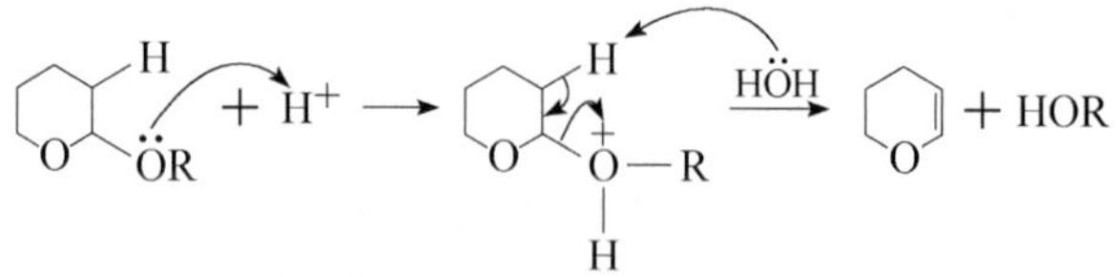

第二种方法：醇与卤苄反应生成醚，后者通过催化氢解，—OH 即复原：

$$ROH + C_6H_5CH_2Br \xrightarrow{Ag_2O} C_6H_5CH_2OR \xrightarrow{H_2/Pd} C_6H_5CH_3 + HOR$$

【习题 8-13】　如何利用基团保护实现下列合成？

(1) $HOCH_2C\equiv CH \longrightarrow HOCH_2C\equiv CCH_3$

(2) $CH_2=CHC(CH_3)_2OH \longrightarrow BrCH_2CH_2C(CH_3)_2OH$

解　(1) 由于分子中存在—OH，在末端炔烃发生烷基化时会受到影响，因此首先要把—OH 保护起来。但又不能用苄基化的保护方法，因为 C≡C 在随后的催化氢解去保护的过程中会被还原，所以只能用二氢吡喃(DHP)保护。合成过程如下：

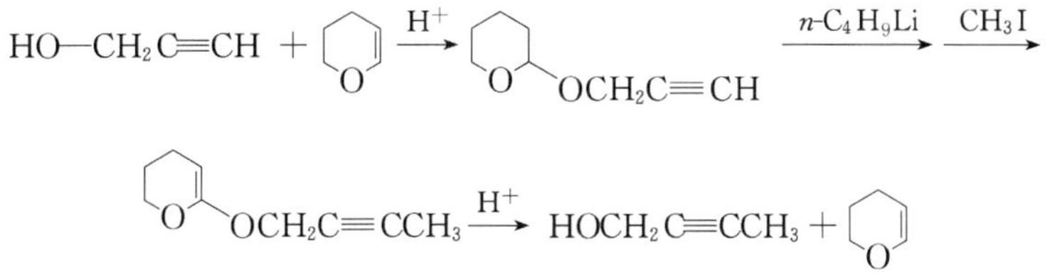

(2) 可以利用苄基化保护—OH。合成过程如下：

$$H_2C=CHC(CH_3)_2OH + C_6H_5CH_2Br \xrightarrow{Ag_2O} H_2C=CHC(CH_3)_2OCH_2C_6H_5 \xrightarrow[\text{过氧化物}]{HBr}$$

$$BrCH_2CH_2C(CH_3)_2OCH_2C_6H_5 \xrightarrow{H_2/Pd} BrCH_2CH_2C(CH_3)_2OH + C_6H_5CH_3$$

【习题 8-14】　乙醚在空气中长时间放置后容易产生爆炸性的过氧化物，其中之一可能具有如下结构：

$$\underset{\displaystyle CH_3CHOCH_2CH_3}{\overset{O—O—H}{|}}$$

(1) 写出由乙醚和 O_2 生成上述化合物的机理。

(2) 为什么醚在蒸馏前需要检验有无过氧化物？如何检验？如有过氧化物，如何除去？

解　(1) 机理如下：

$$CH_3\overset{H}{\overset{|}{C}}HOCH_2CH_3 + O_2 \longrightarrow CH_3\dot{C}HOCH_2CH_3 + H—\ddot{\underset{\cdot\cdot}{O}}—\ddot{\underset{\cdot\cdot}{O}}\cdot$$

$$CH_3\dot{C}HOCH_2CH_3 + O_2 \longrightarrow CH_3\overset{O—O\cdot}{\overset{|}{C}}HOCH_2CH_3$$

$$CH_3\overset{O—O\cdot}{\overset{|}{C}}HOCH_2CH_3 + CH_3\overset{H}{\overset{|}{C}}HOCH_2CH_3 \longrightarrow CH_3\overset{O—OH}{\overset{|}{C}}HOCH_2CH_3 + CH_3\dot{C}HOCH_2CH_3$$

(2) 含过氧化物的醚，当醚将要蒸完时，过氧化物却不会被蒸出而留在瓶内，随着过氧化物浓度的增加，在受热条件下可能发生爆炸，其反应为

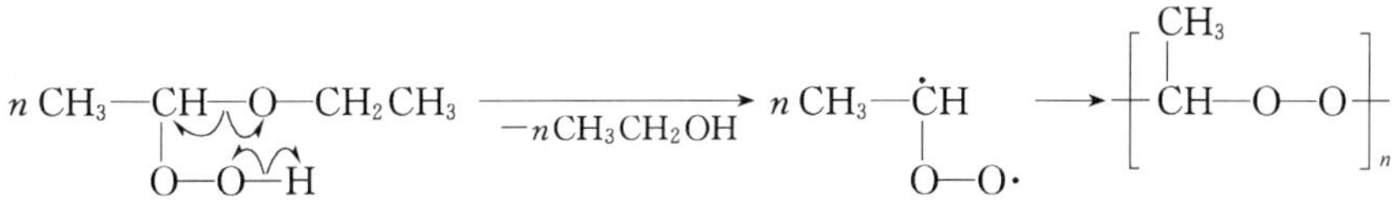

因此，在使用前必须加以检验。检验过氧化物的一种简便方法是用 KI-淀粉试纸，如有过氧化物，I^- 被氧化为 I_2，试纸呈蓝紫色。含过氧化物的醚可与浓 $FeSO_4$ 溶液一起振摇除去。

【习题 8-15】 $R_2CH—O—CHR_2$ 与 $RCH_2—O—CH_2R$ 相比，何者较易形成过氧化物？原因何在？

解 $R_2CH—O—CHR_2$ 较易形成过氧化物，因为其反应中间体仲自由基 $R_2\dot{C}—O—CHR_2$ 较稳定，容易形成。

【习题 8-16】 写出环己醇与下列试剂反应的主要有机产物，如不发生反应，请用"NR"表示。

(1) 冷的浓 H_2SO_4　　(2) 热的浓 H_2SO_4

(3) 稀冷 $KMnO_4$　　(4) $K_2Cr_2O_7+H_2SO_4$，△

(5) Br_2/CCl_4　　(6) 浓 HBr 水溶液

(7) $SOCl_2$　　(8) Na

(9) H_2/Ni　　(10) CH_3MgI/无水乙醚

(11) NaOH 水溶液　　(12) (2)的产物 $+Br_2/CCl_4$

解 (1) 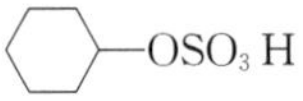　　(2) 

(3) NR　　(4) 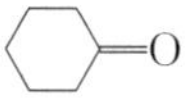

(5) NR　　(6) 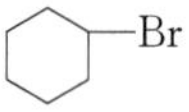

(7) 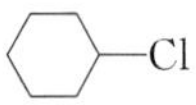　　(8) 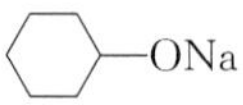

(9) NR　　(10) 

(11) NR　　(12) 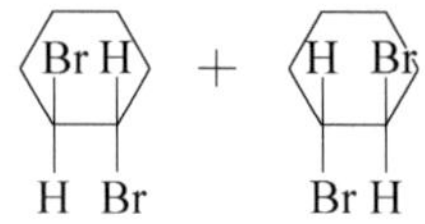

【习题 8-17】 完成下列反应，写出主要有机产物或试剂，并加以解释。如不发生反应，请用"NR"表示。

(1) 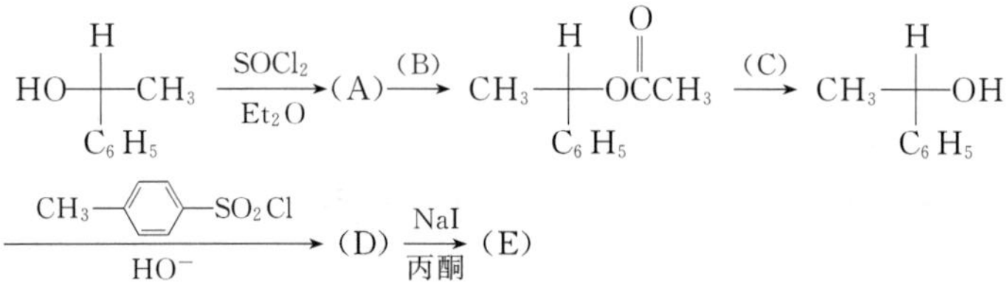

(2) 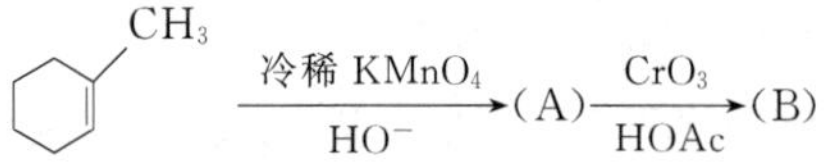

(3) 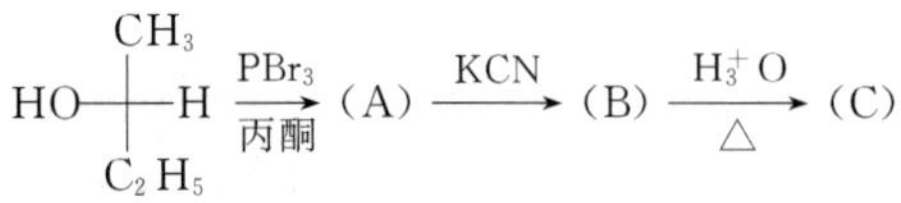

(4) 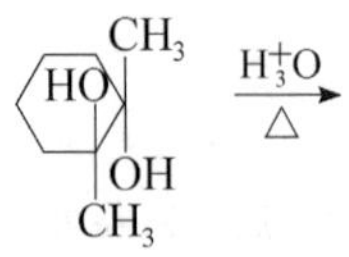

（5）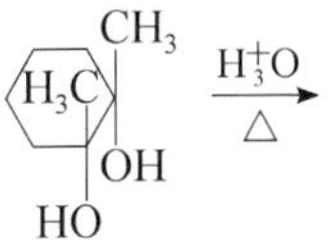

（6）

（7）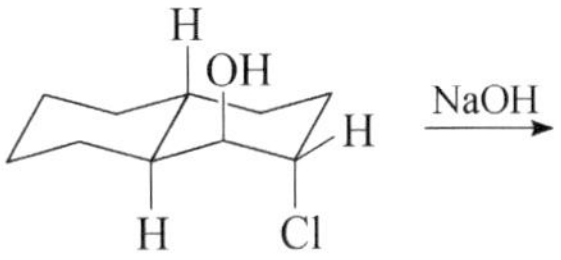

（8）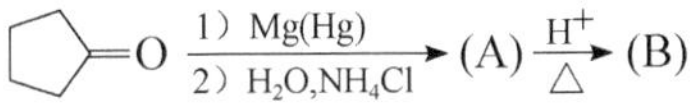

（9）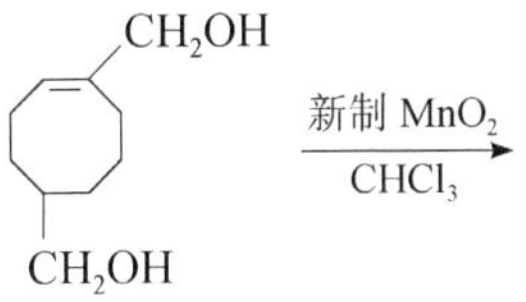

（10）$CH_3CH_2CH_2O^- \ Na^+ + CH_2{=}CHCH_2Br \xrightarrow[80℃]{NaOH}$（A）$\xrightarrow[2)H_2O_2, HO^-]{1)B_2H_6}$（B）

（11）

（12）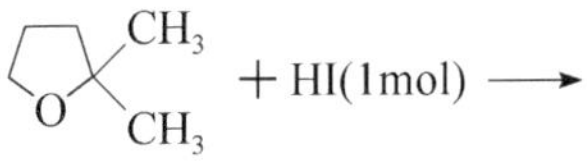

（13）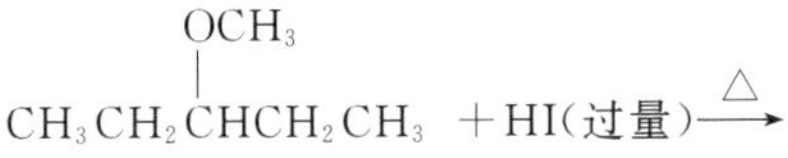

（14）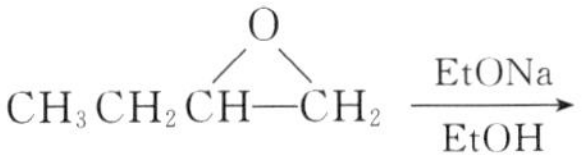

（15）$HOCH_2CH_2CH_2CH_2Cl \xrightarrow{NaOH}$

（16）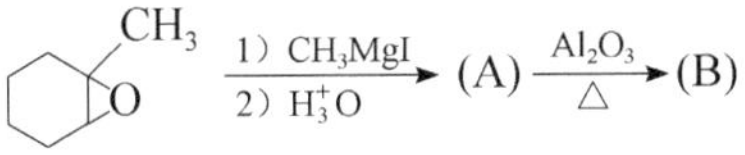

解　（1）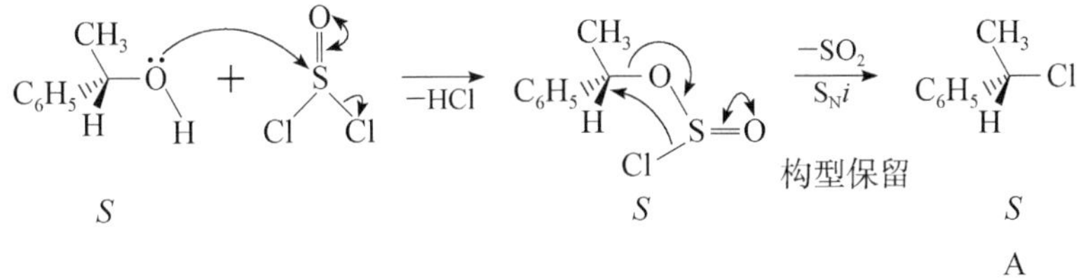

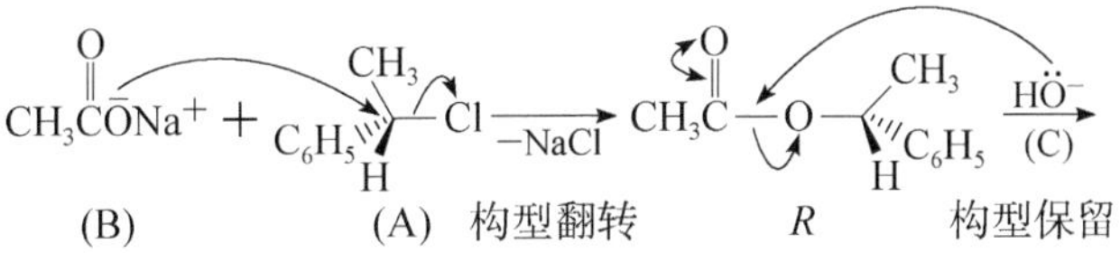

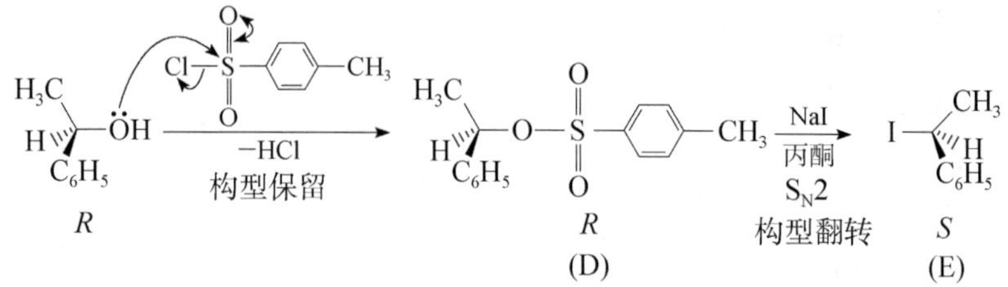

(2) 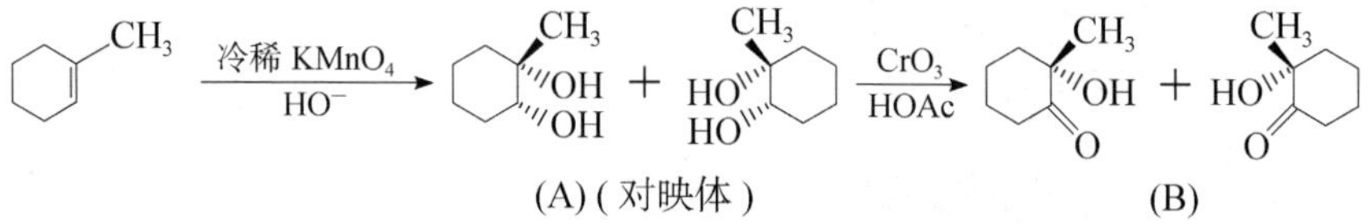

(3) 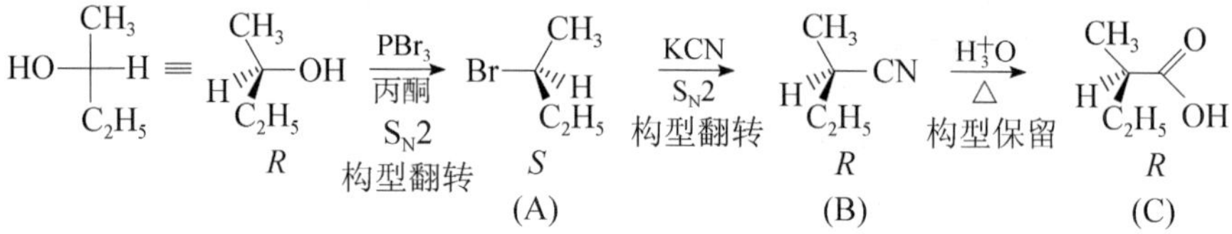

(4) 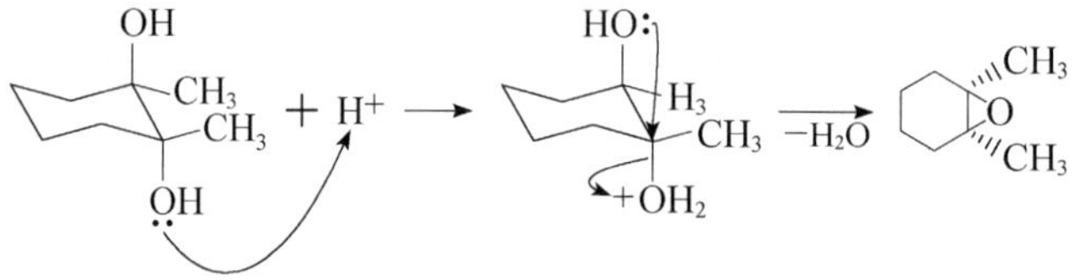

(5) 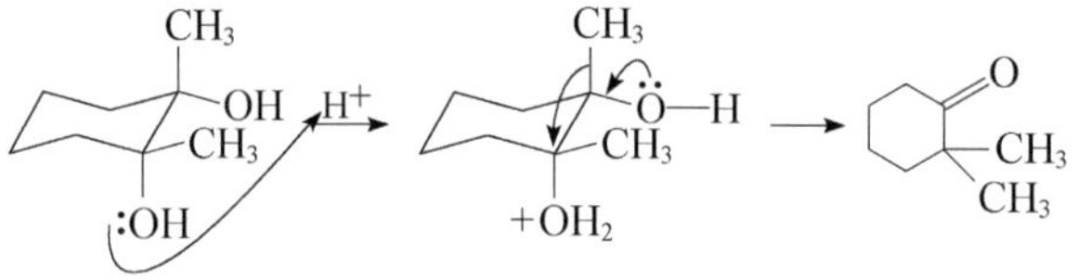

(6) 溴苯由于 p-π 共轭导致 C—Br 键较为牢固，不能发生威廉姆孙反应：NR。

(7) 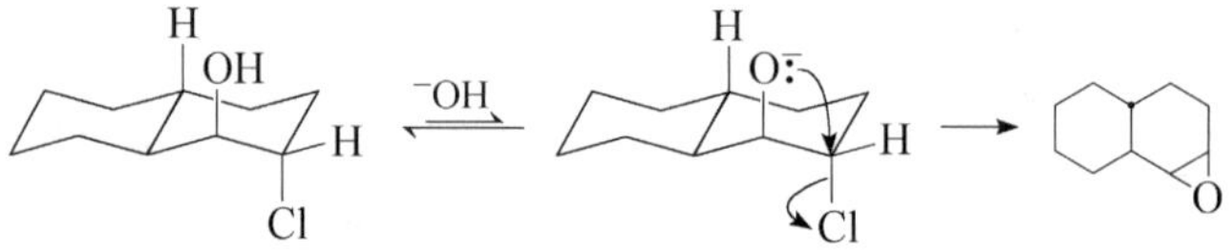

(8) 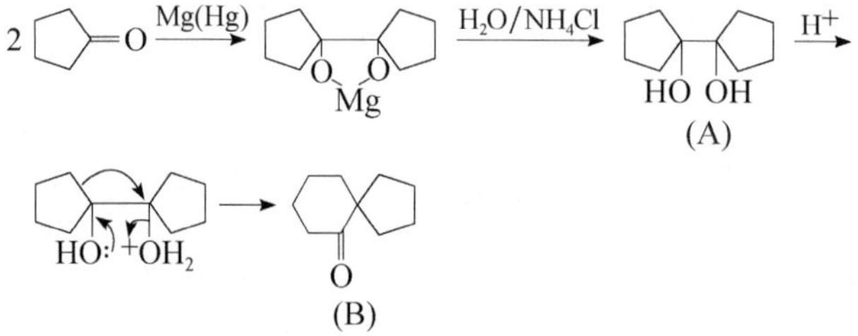

(9) 新制 MnO_2 可以氧化烯丙基醇为相应的醛、一般的伯醇却不被氧化：

(10) 烯丙基溴十分活泼，易于发生威廉姆孙反应而生成相应的醚，后者进一步发生硼氢化-氧化：

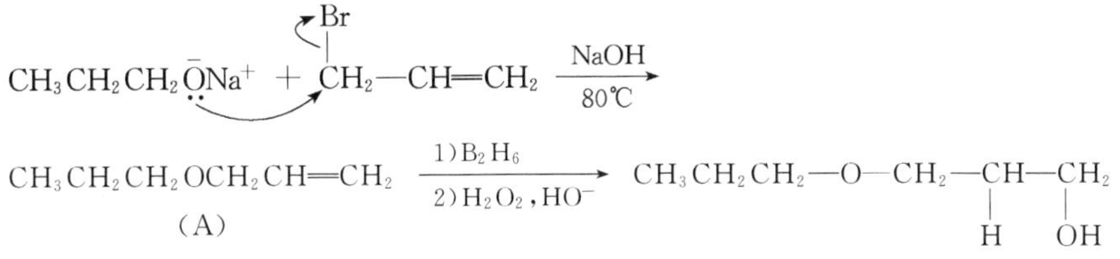

(11) 烷芳混合醚与氢碘酸作用时，仅生成碘代烷和酚，而不会生成芳基碘化物：

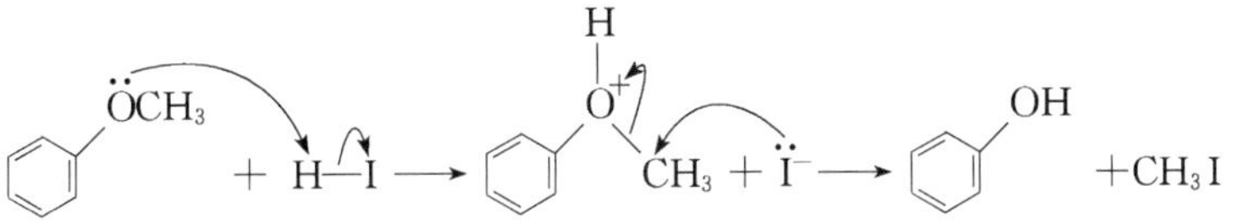

(12) 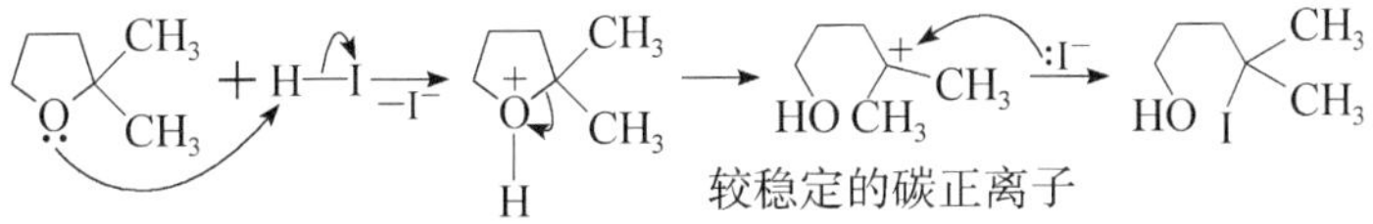

(13) 二烷基醚与过量氢碘酸反应时，其中生成的一分子醇会进一步与 HI 作用，最终生成两种碘代烷：

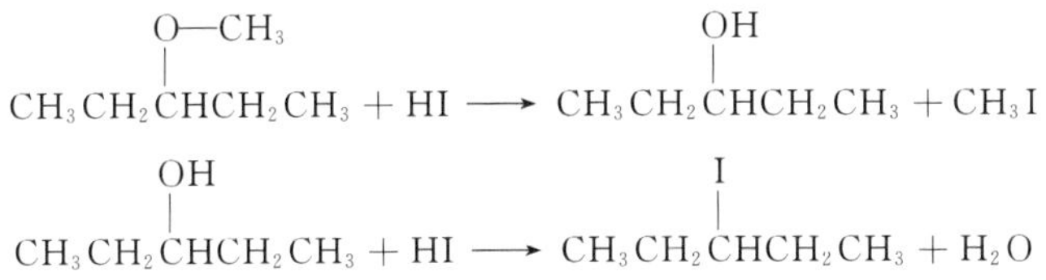

(14) 不对称取代的环氧乙烷与碱性亲核试剂 EtONa 反应时，亲核试剂优先进攻位阻较小的碳原子：

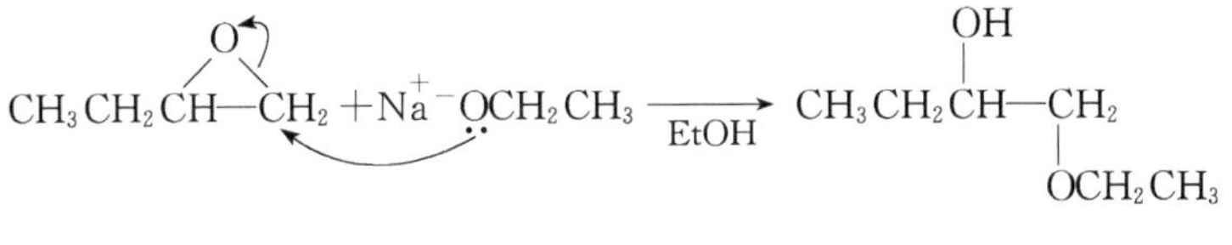

(15) δ-卤代醇酸性不强，与 NaOH 作用时形成烷氧基负离子，然后发生分子内 S_N2 反应：

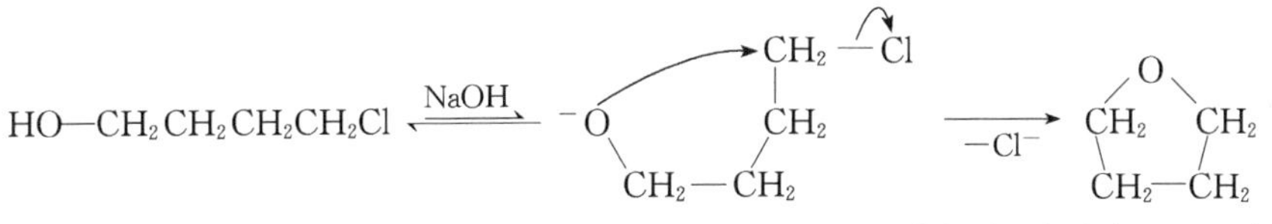

(16) 格氏试剂首先进攻取代环氧乙烷位阻较小的碳原子，形成叔醇，然后在 Al_2O_3 存在下脱水生成烯烃：

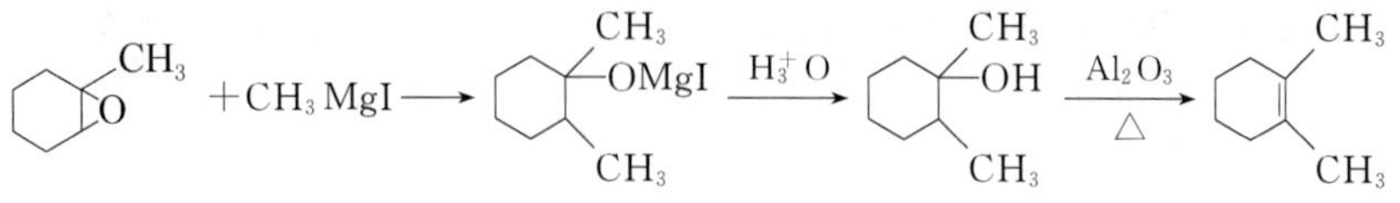

（A）　　　（B）

【习题 8-18】 写出邻甲苯酚与下列试剂反应的主要有机产物，必要时加以简要解释。

(1) $(CH_3O)_2SO_2/NaOH$　　(2) $Na_2Cr_2O_7/H_2SO_4$

(3) 98% H_2SO_4，25℃　　(4) 冷稀 HNO_3

(5) Br_2/H_2O　　(6) Br_2/CCl_4

(7) HONO　　(8) $LiAlH_4$

(9) HNO_3(2mol)/HOAc　　(10) CO_2，K_2CO_3，240℃

(11) $(CH_3CO)_2O$

解 (1) 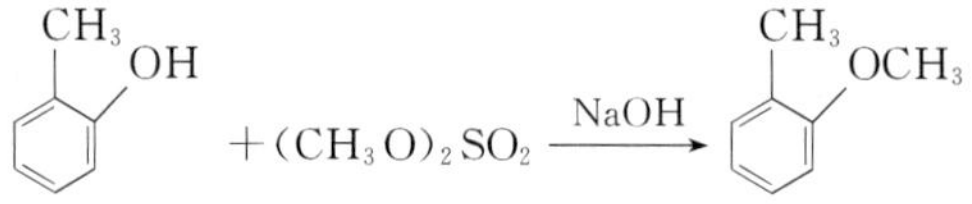

以 $(CH_3O)_2SO_2$ 合成芳基甲基醚特别方便。

(2) 酚易被强氧化剂氧化为醌：

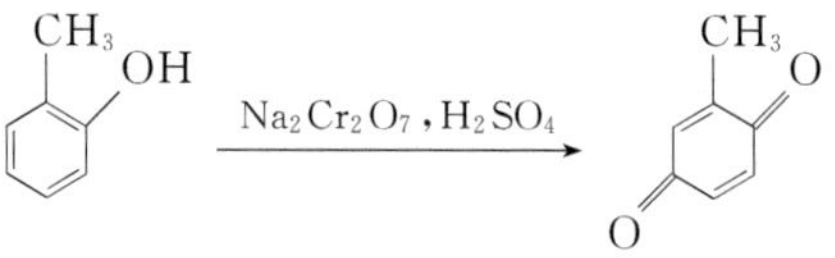

(3) 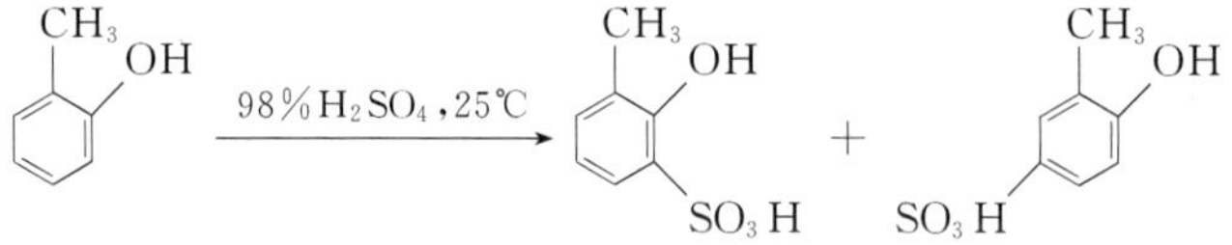

(4) 酚羟基是强的邻、对位定位基，在冷稀硝酸作用下易发生硝化：

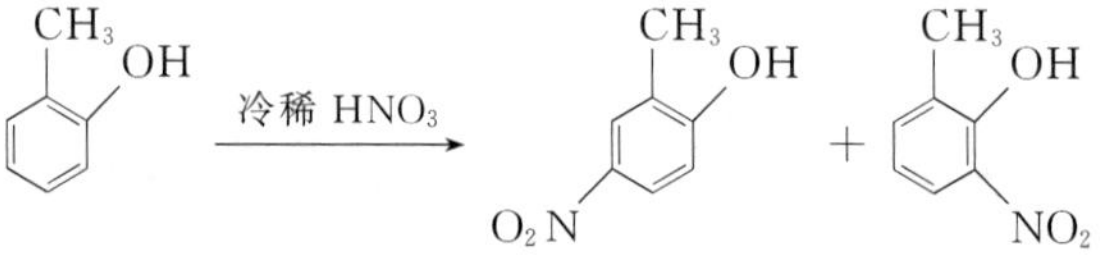

(5) 在极性较强的溶剂水中，酚易发生多溴代：

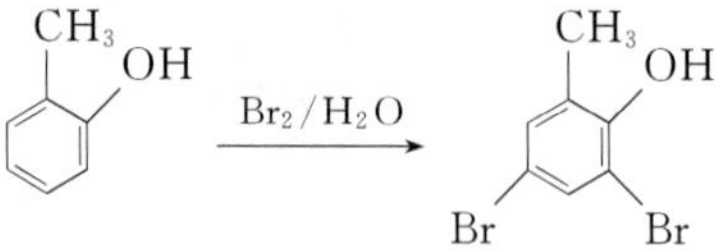

(6) 在非极性溶剂 CCl_4 中，酚倾向于发生一溴代反应：

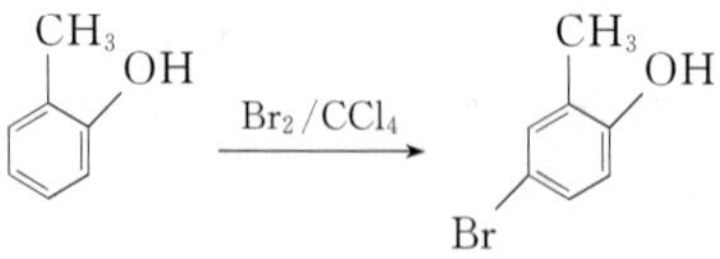

(7) 亚硝酸虽然不是一种强的芳香亲电取代反应的试剂，但酚羟基的强致活作用使酚可以发生一元亚硝化：

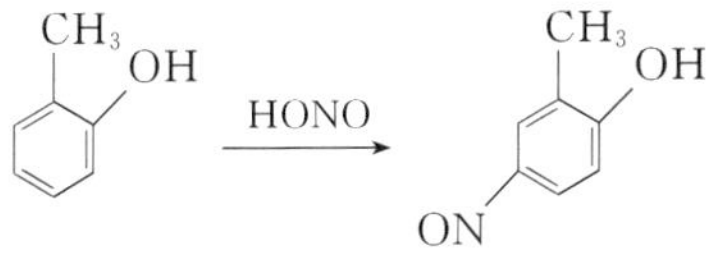

利伯曼(Liebermann)反应

(8) $LiAlH_4$ 既是强还原剂，又是强碱，在此表现为强碱：

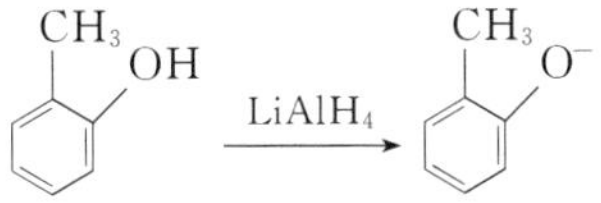

(9) 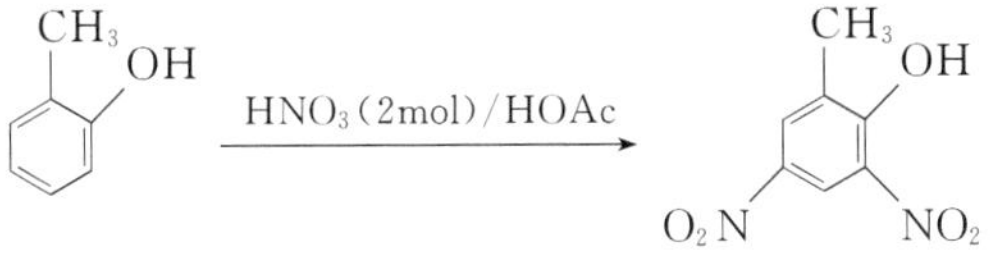

(10) 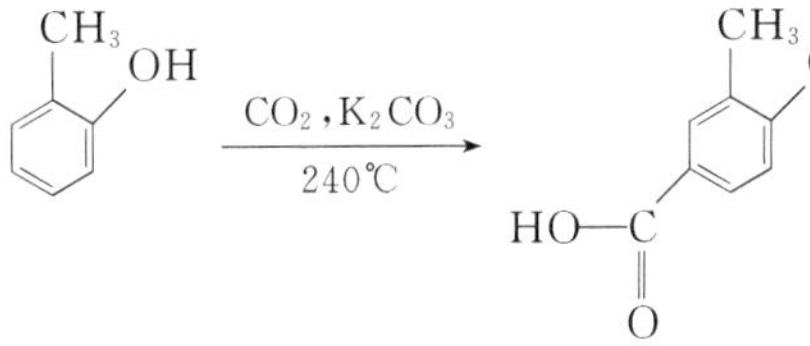

柯尔伯(Kolbe)-施密特(Schmidt)反应

(11) 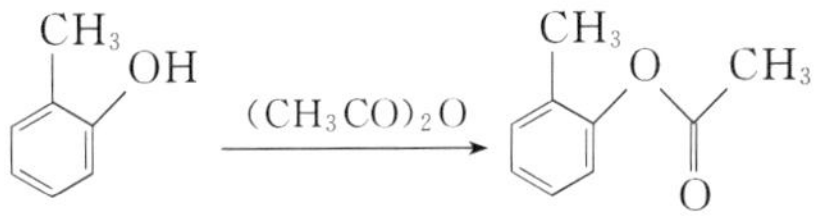

相当于酸酐的醇解。

【习题 8-19】 顺-3-己烯-1-醇具有绿叶和青草的特殊气味，试由乙炔和必要的有机、无机试剂合成。

解 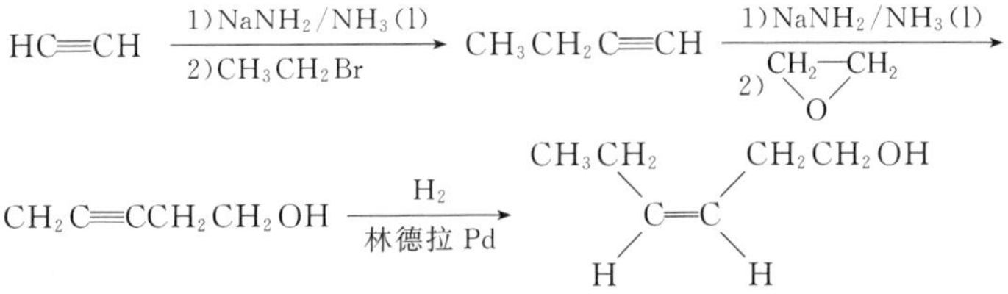

【习题 8-20】 如何实现下列转变？

(1) 由  合成 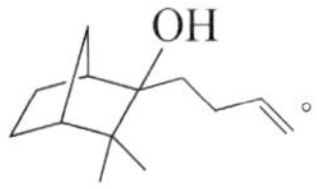

。

(2) 由甲苯及不超过 5 个碳的有机化合物合成 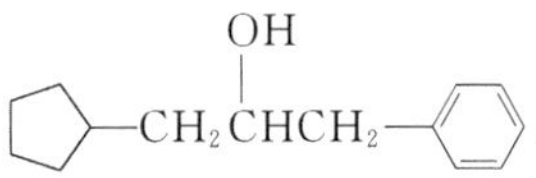

。

(3) 由  及 $CH_3CH_2CH(OH)CH_3$ 合成 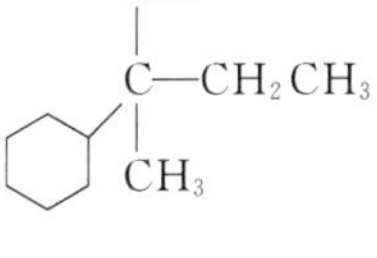

。

(4) 试由苯和不超过 4 个碳的有机化合物合成 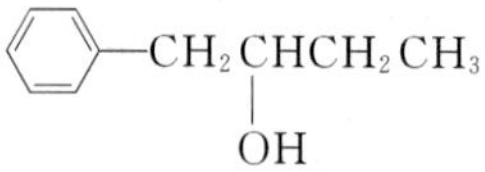 。

解　(1)

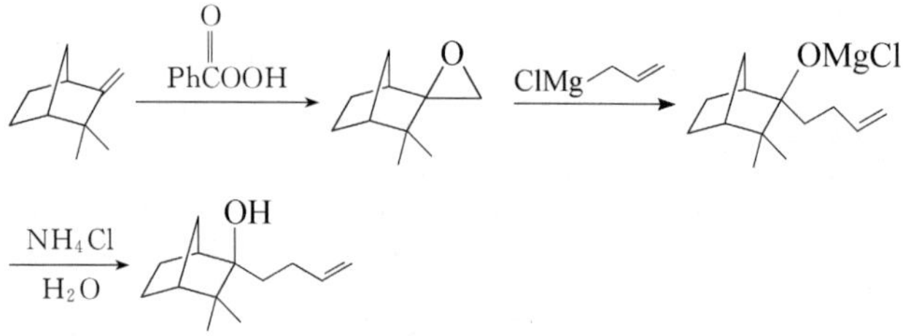

(2)

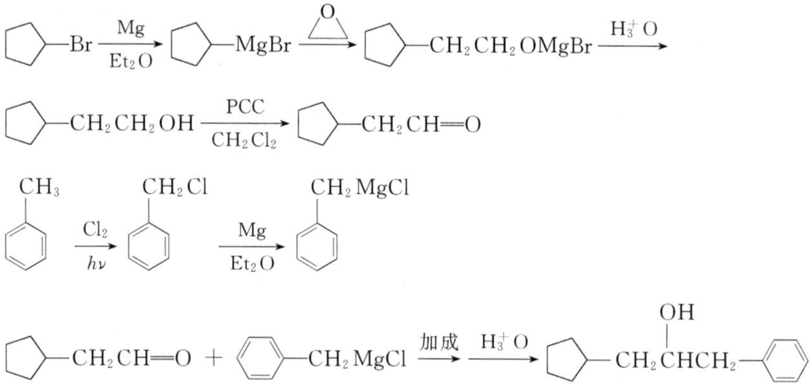

(3)

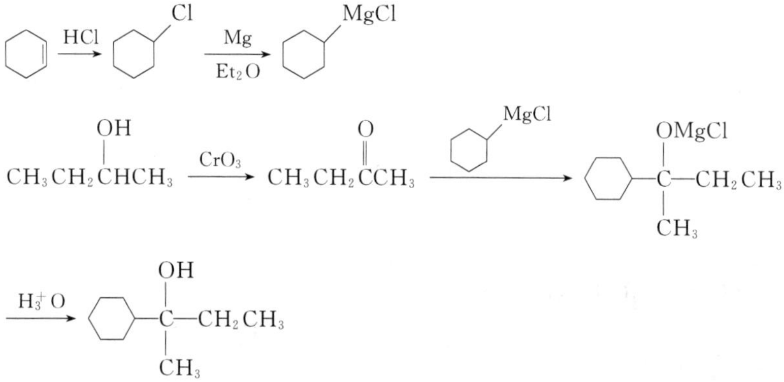

(4)

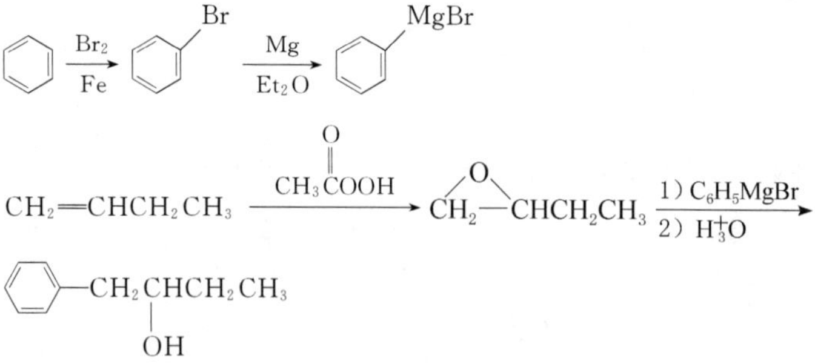

【习题 8-21】 完成下列转变。

(1) 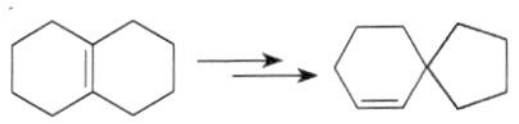

(2) 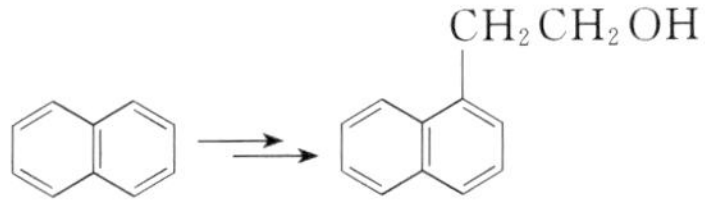

(3) 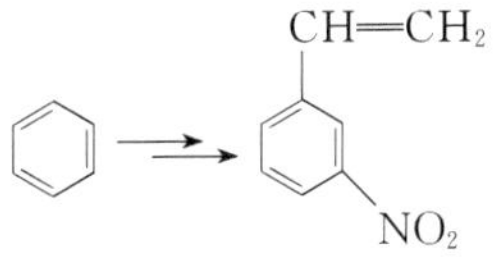

(4) 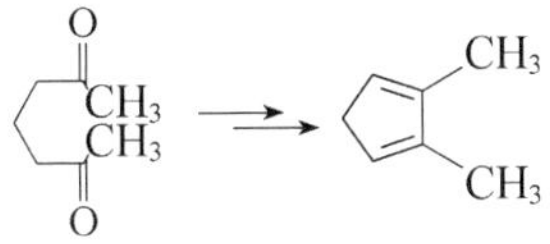

(5) 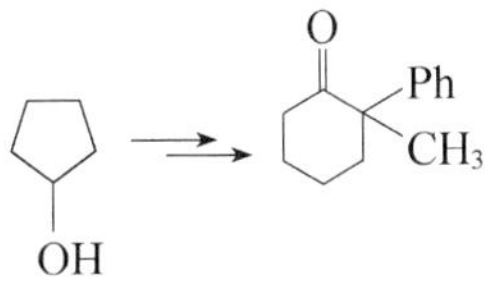

(6) 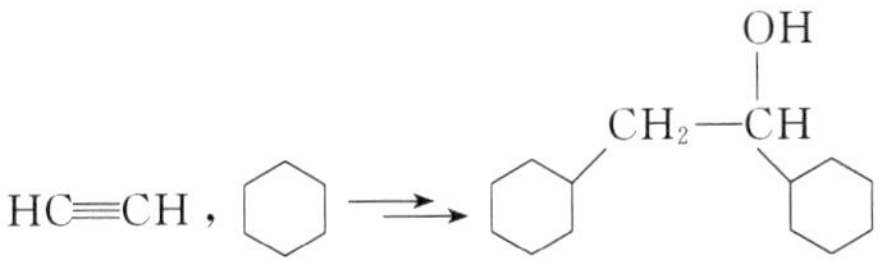

(7) 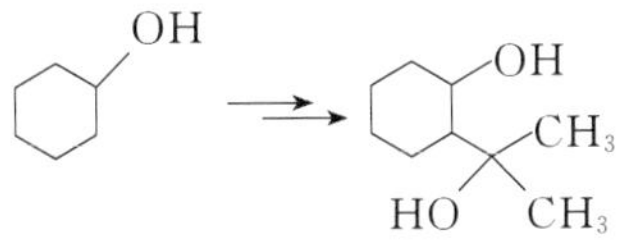

解 (1) 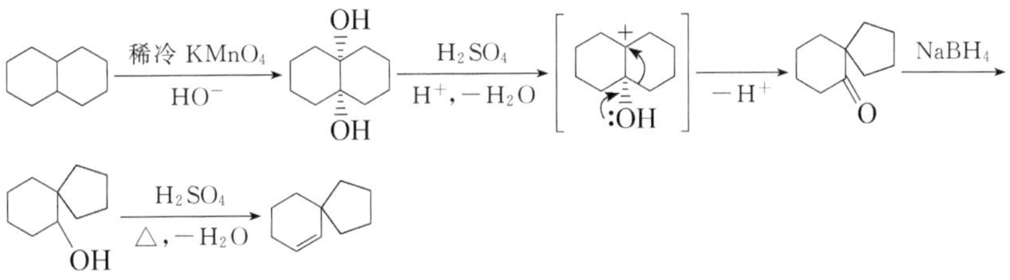

(2) 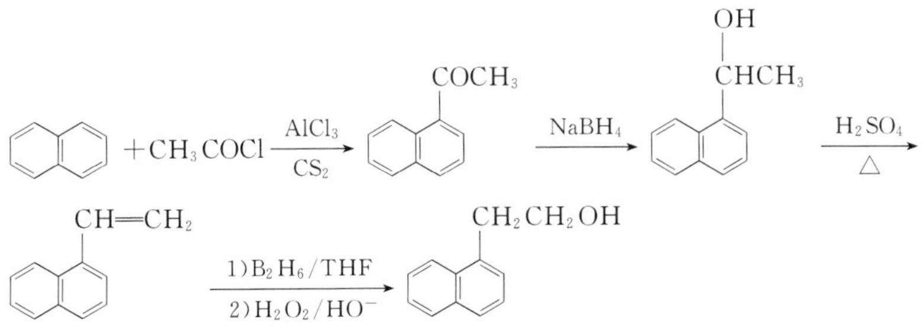

(3) 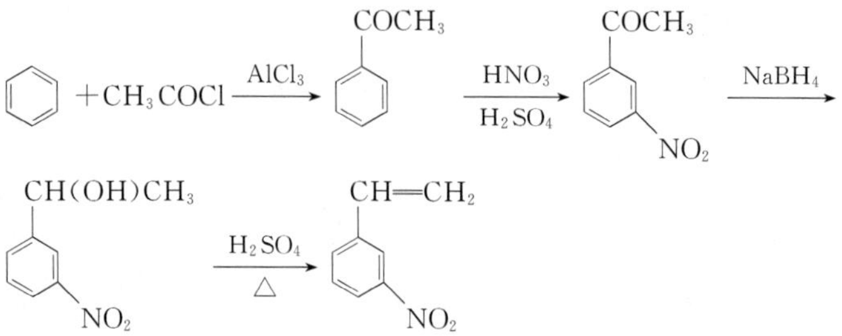

(4) 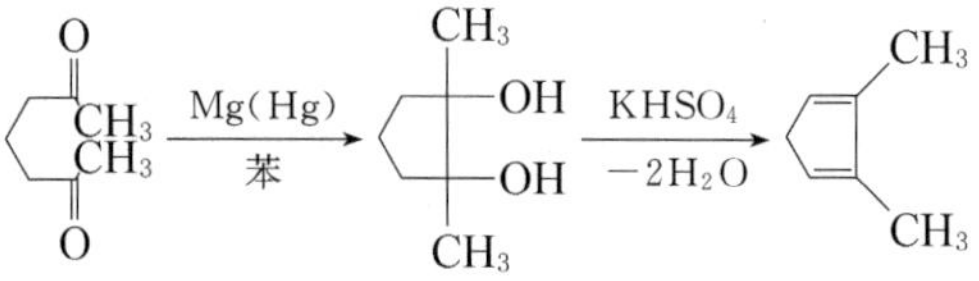

(5) 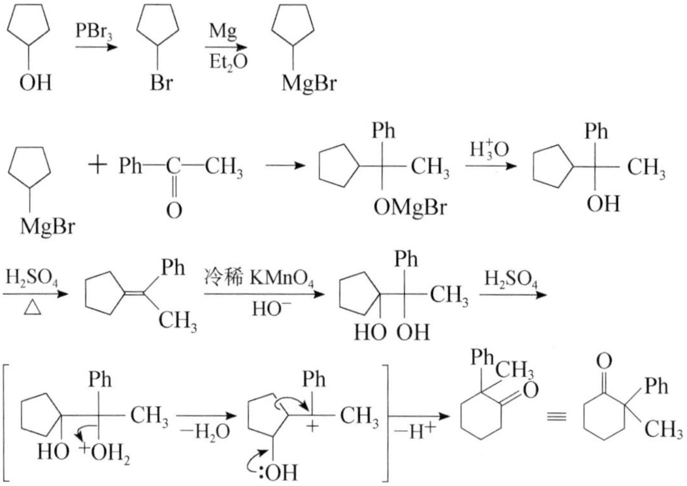

(6) 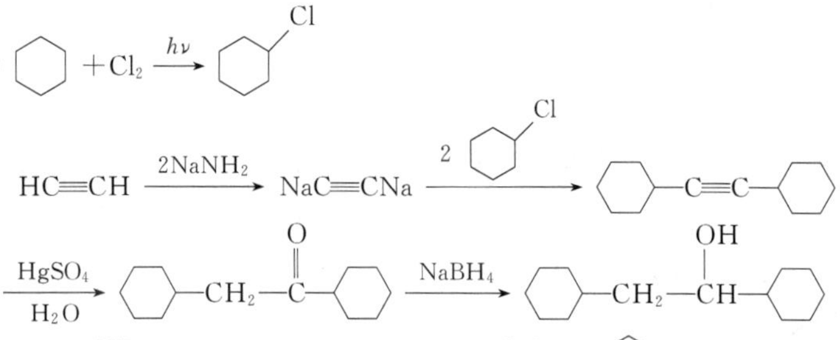

(7) 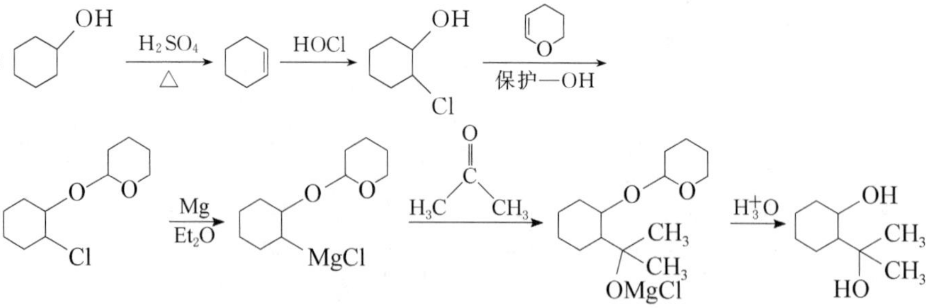

【习题 8-22】 写出下列化合物用高碘酸氧化生成的产物。

(1) 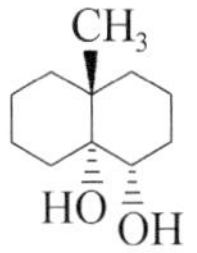　(2) 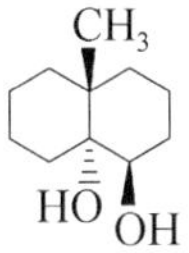　(3) 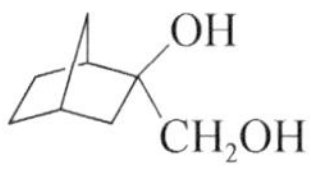

(4) 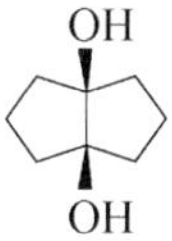　(5) 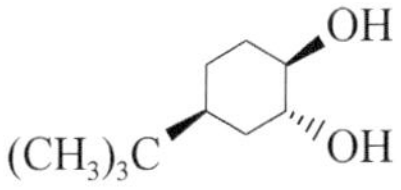　(6) 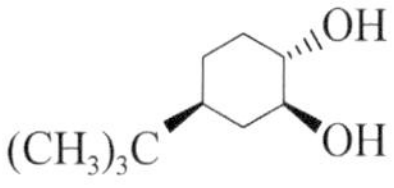

解　只有当顺式邻二醇或两个—OH 彼此能接近时才能与 HIO_4 反应，经环状高碘酸酯中间体而被氧化为相应的醛、酮。

(1) 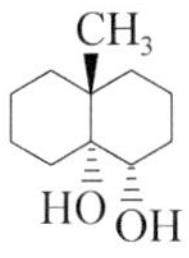

顺式邻二醇

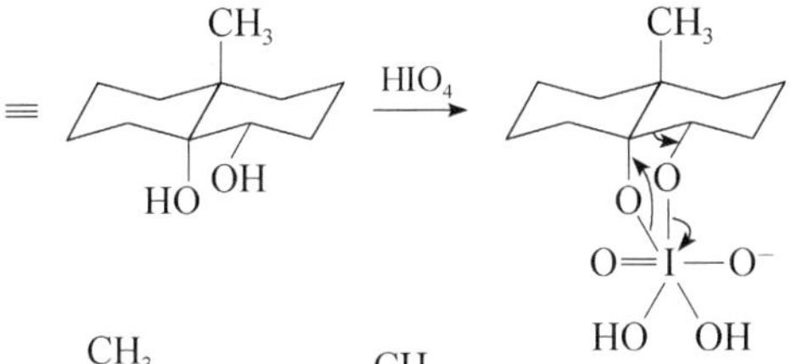

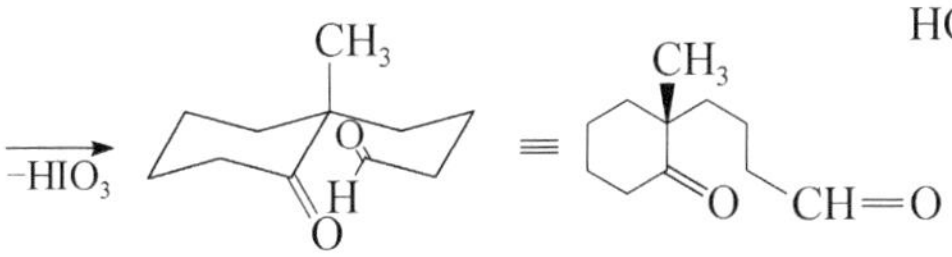

(2) 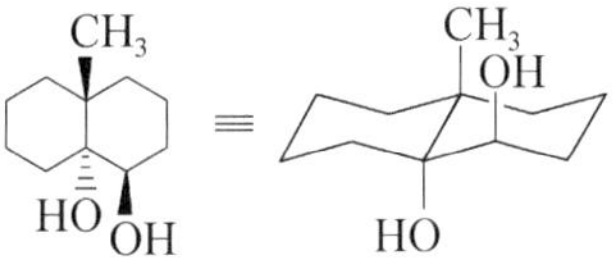

反式邻二醇

两个相邻的—OH 都取 a 键，互为反式，距离较远，不能与 HIO_4 形成环状高碘酸酯中间体，也就不能被 HIO_4 氧化。

(3) 

(4) 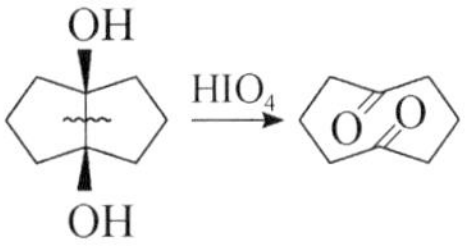

顺式邻二醇

(5) 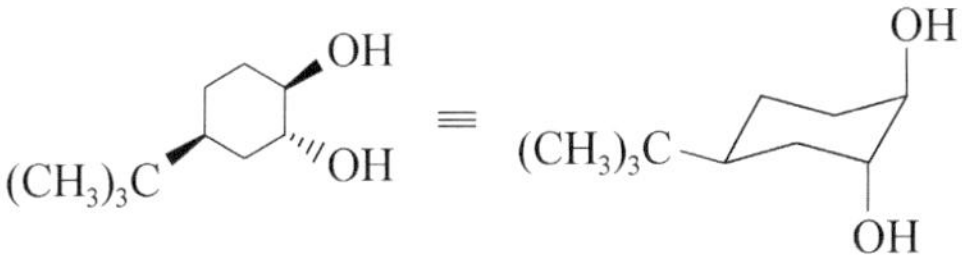

反式邻二醇　　稳定构象，两邻位—OH 相距远，不能被 HIO_4 氧化

(6) 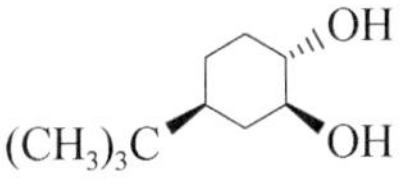

这个邻二醇虽然是反式的，但其稳定构象为 ，两个—OH 都取 e 键，较为靠近，能与 HIO_4 结合形成高碘酸酯中间体 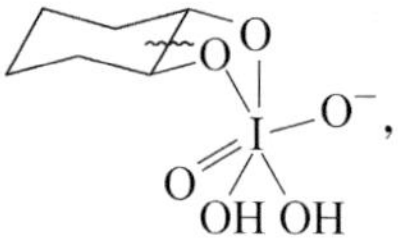，进而氧化为

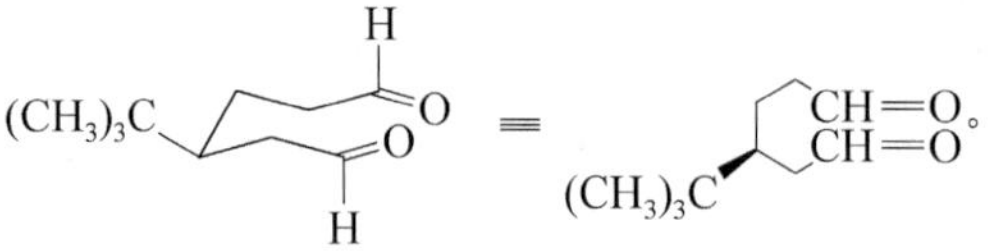

【习题 8-23】 有一学生想用铬酸氧化 2-丁炔-1-醇，但他错误地选用了乙醇为溶剂。反应后分离出化合物(A)，分子式为 $C_6H_8O_2$，催化氢化吸收 2mol H_2 后生成丁酸乙酯。用 Na 和液氨处理(A)，则得另一化合物(B)，分子式为 $C_6H_{10}O_2$。(B)在 CCl_4 中的 ^1H NMR 数据为 δ/ppm：1.2(t,3H)，1.8(dd,3H)，4.1(q,2H)，5.8(qq,1H，J=16Hz)，6.9(qq,1H)。

(1) 在用铬酸为氧化剂氧化醇的反应中，选用乙醇作溶剂有什么错误？

(2) 推测化合物(A)的结构。

(3) 推测化合物(B)的结构。

(4) 试用化学位移、积分和自旋偶合的裂分说明(B)的 ^1H NMR 谱中各种氢原子的吸收峰。

解 (1) 2-丁炔-1-醇和乙醇都是伯醇，它们都可以被铬酸氧化，氧化中间体醛可以进一步被氧化为羧酸。同时，生成的醛可以和醇生成半缩醛，进一步氧化为羧酸酯。因此不能用乙醇作溶剂，最好改用醚、二氯甲烷或苯为溶剂。

(2) (A)可能是 $CH_3C{\equiv}C\overset{O}{\overset{\|}{C}}OCH_2CH_3$，其可能的反应是

$$CH_3C{\equiv}CCH_2OH \xrightarrow{H_2CrO_4} CH_3C{\equiv}CCH{=}O \xrightarrow{HOCH_2CH_3}$$

$$CH_3C{\equiv}C\overset{OH}{\overset{|}{C}}HOCH_2CH_3 \xrightarrow{H_2CrO_4} CH_3C{\equiv}C\overset{O}{\overset{\|}{C}}OCH_2CH_3$$

(3) $CH_3C{\equiv}C\overset{O}{\overset{\|}{C}}OCH_2CH_3 \xrightarrow{Na/NH_3(l)}$ 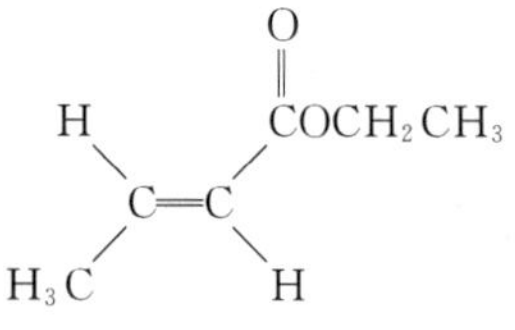

(B)

(4) 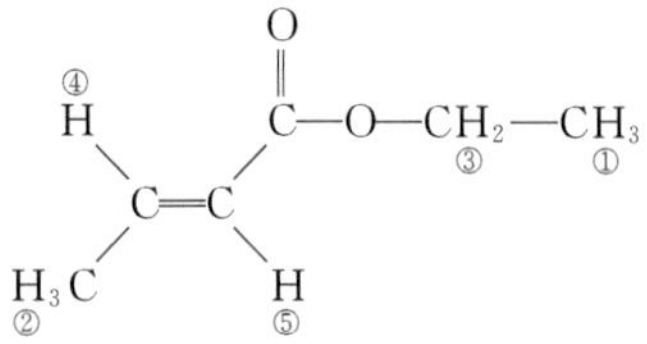

① δ 1.2(t,3H)；② δ 1.8(dd,3H)；③ δ 4.1(q,2H)；④ δ 5.8(qq,1H，J=16Hz)；⑤ δ 6.9(qq,1H)。

【习题 8-24】 2,4,6-三叔丁基苯酚在乙酸溶液中与溴反应，生成化合物(A)，分子式为

$C_{18}H_{29}BrO$,产率几乎是定量的。(A)的红外光谱中在 $1630cm^{-1}$ 和 $1650cm^{-1}$ 处有吸收峰,^{1}H NMR 谱有三个单峰,δ/ppm:1.19、1.26 和 6.90,其面积比为 9∶18∶2,试推测(A)的结构。

解　2,4,6-三叔丁基苯酚的环上电子云密度较高,很容易在酸性条件下与溴发生下列反应:

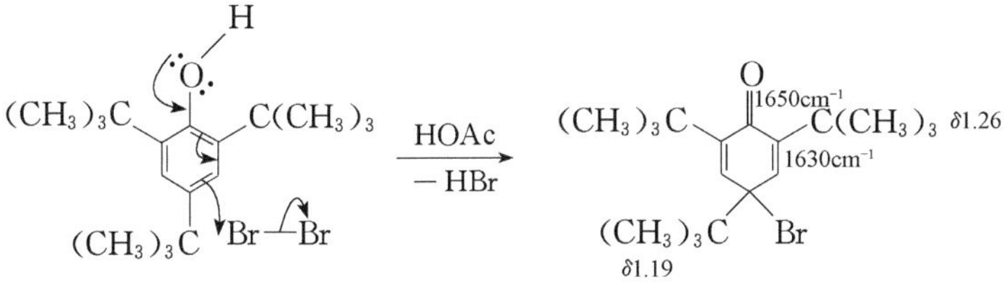

第九章　醛　和　酮

一、内 容 提 要

1. 醛、酮类羰基化合物的结构特点与反应性

醛、酮分子中，羰基(C═O)碳原子以 sp^2 杂化轨道分别与氧原子和其他两原子(碳原子或氢原子)组成 σ 键，呈平面结构，∠CCO 接近 120°，羰基碳原子和氧原子各以 p 轨道从侧面交盖组成 π 键，构成醛、酮的羰基官能团。但由于碳原子和氧原子电负性的差别，羰基上的 σ 键电子云和 π 键电子云都偏向氧原子一边，由此导致羰基中碳原子端带有显著的正电性。例如，比较甲醛和甲醇的偶极矩数值：CH_3OH μ=1.71D，HCHO μ=2.27D。同时，由于羰基碳原子为 sp^2 杂化，空间位阻较小，分子容易接受亲核试剂对羰基碳原子的进攻，生成一个碳原子为 sp^3 杂化的加成产物(或中间体)，这就是羰基化合物的第一类主要反应——亲核加成。

此外，当醛、酮羰基与不饱和键直接相连时，即构成 α,β-不饱和羰基化合物。当亲核试剂对 α,β-不饱和羰基化合物进行亲核加成时，可以生成羰基上的加成产物(1,2-加成)或通过共轭加成得到双键上的加成产物(1,4-加成)。

醛、酮中由于羰基的诱导作用，羰基 α-碳上的氢原子酸性显著增强，在酸或碱的催化作用下，易生成相应的烯醇或烯醇负离子，它们可以与羰基化合物进行亲核加成，这就是羰基化合物的第二类主要反应——缩合反应。

另外，由于醛、酮羰基处于含氧官能团的氧化还原中间价态，因此可发生第三类主要反应——氧化还原反应。

2. 醛、酮化合物的主要化学反应

1) 亲核加成反应

醛、酮化合物与亲核试剂容易发生亲核加成反应，亲核原子可以是碳原子(如 CN^-、格氏试剂等)，也可以是其他带有未共用电子对的杂原子基团(如含氧、氮、硫等原子)：

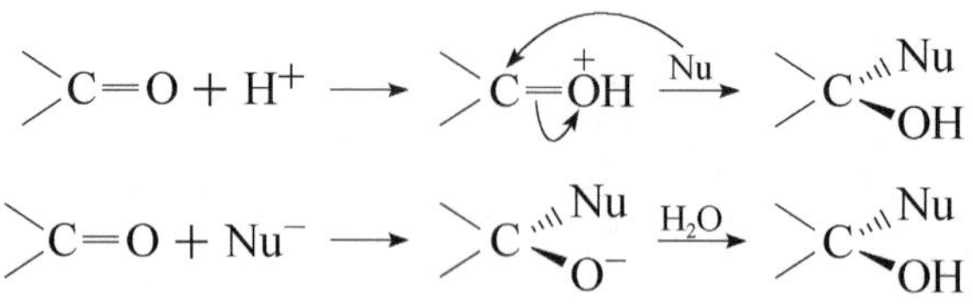

(1) 加成产物的稳定性：不同亲核试剂对羰基加成时生成的产物各不相同，其反应的平衡常数相差也很大。有些反应平衡常数非常大，以致反应实际上是不可逆的，如格氏试剂与羰基化合物的加成：

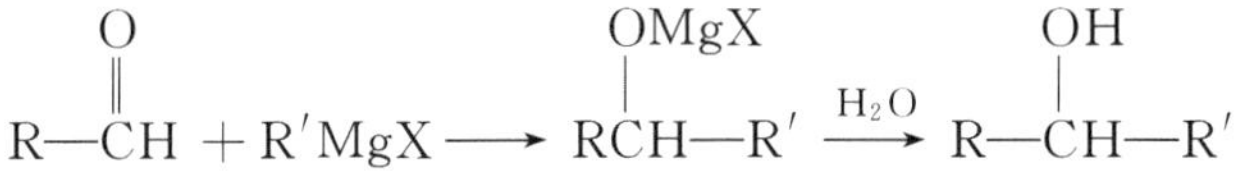

而另一些反应平衡常数非常之小，以致基本上可视为不反应，如芳酮的水合反应：

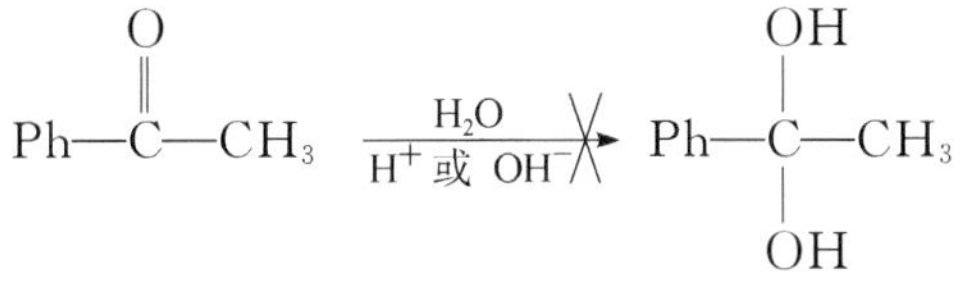

大多数加成产物不太稳定，容易通过逆反应分解或通过脱水等反应转变成其他化合物。例如，醛与氧亲核试剂(如水、醇等)加成时，主要生成水合醛或半缩醛：

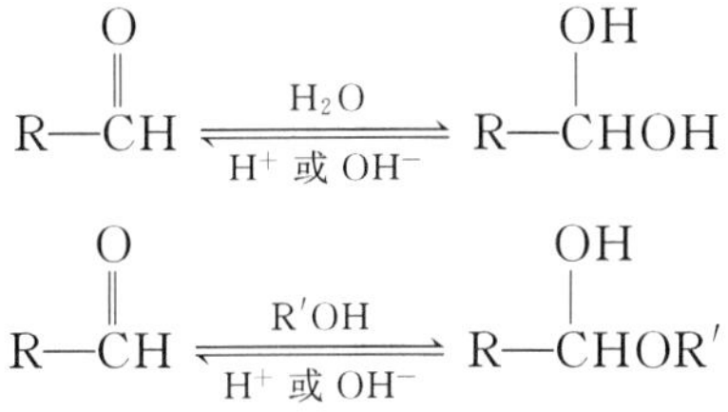

水合醛或半缩醛大多数都不太稳定，从体系中分离时，它们马上通过逆反应分解得到原来的醛。如果在酸催化条件下不断除去生成的水，半缩醛可以进一步反应生成缩醛：

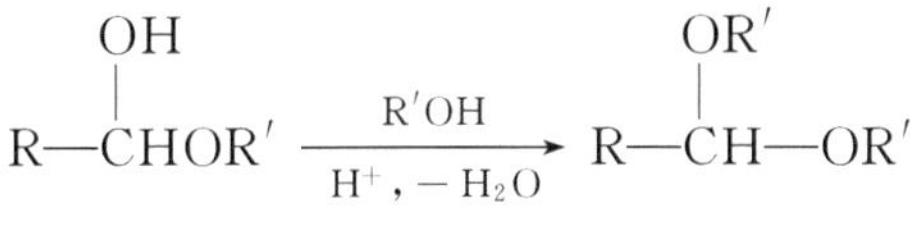

缩醛分子中有两个醚键的结构，在中性或碱性条件下可稳定存在，在酸性条件下易水解成半缩醛或原来的醛、酮。

又如，醛、酮与伯胺加成时，首先生成加成产物，但这种同一碳原子上既有羟基又有胺基的化合物一般极不稳定，立即脱水生成亚胺：

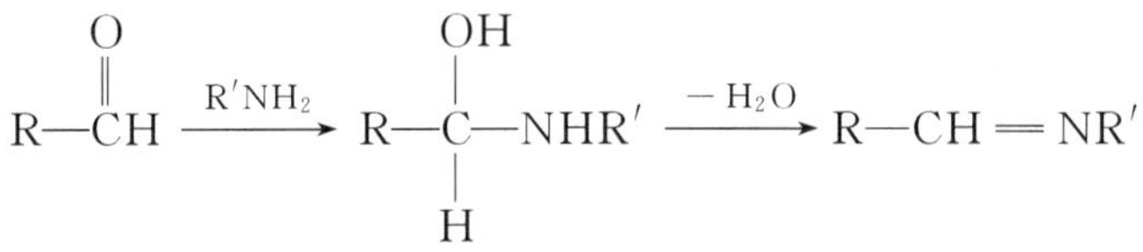

通常亚胺也不稳定，但当 R 或 R′为芳环时，由于形成大 π 共轭体系，分子稳定性大大增加，可以分离得到这类亚胺化合物，称为席夫(Schiff)碱。

有时虽然平衡常数大有利于形成加成产物,加成产物也具有一定的稳定性,但在分离产物时仍需控制溶液的酸碱性,以防止加成产物通过逆反应分解。例如,醛以及位阻较小的酮(脂肪族甲基酮、八个碳以内的环酮)与饱和亚硫酸氢钠形成的加成产物:

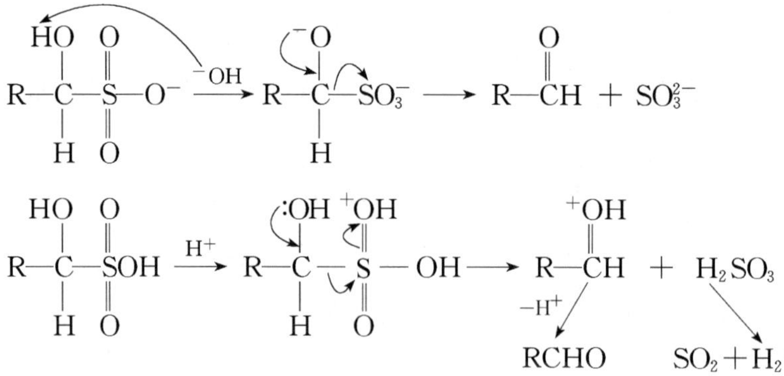

(2) 加成反应的立体化学:羰基为平面结构,当羰基碳原子上连有两个不同的非手性取代基时,羰基所在的平面即为分子的对称面,这时若在非手性条件下(此时反应底物、进攻试剂、溶剂等都是非手性化合物)发生亲核加成,尽管加成产物是具有四面体结构的手性分子,但由于亲核试剂对羰基平面两边进攻的概率相等,因此加成产物中 R 构型与 S 构型比例完全相等,产物为外消旋体。但如果羰基上已经连有一个手性基团,这时羰基平面就不是分子的对称面,羰基平面两边的空间位阻也不等,亲核试剂从羰基平面两边进攻的概率就不等,因此加成产物中新生成的手性碳 R 构型与 S 构型的数量自然也不相等,通常情况下,进攻试剂总是从位阻较小的一边进攻中心碳原子,这样生成的产物为主要产物,称为克拉姆规则。例如:

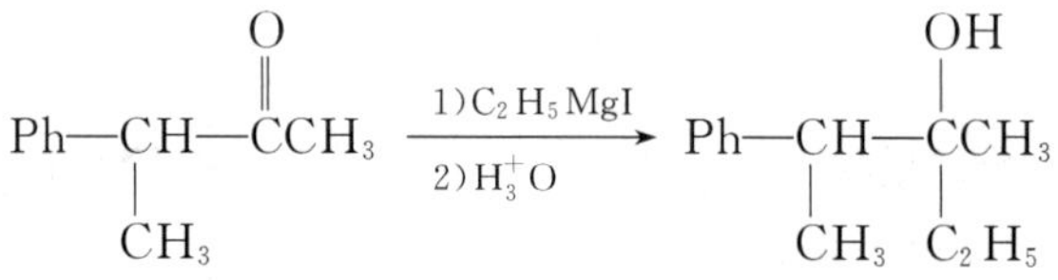

S　　(2S,3R) 25%

(2S,3S) 75%

从纽曼投影式上可以很清楚地看到这一影响。

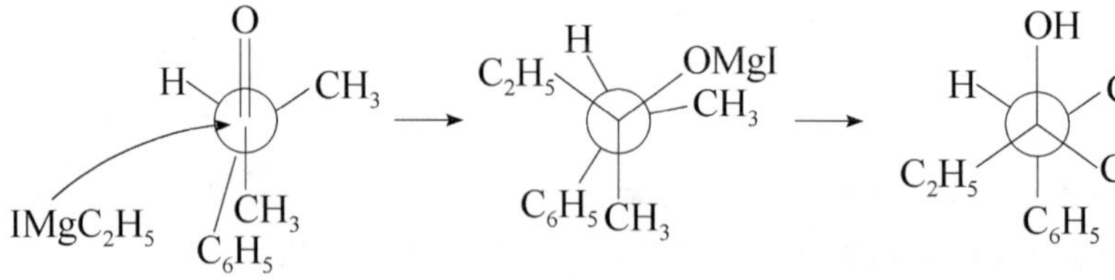

基团体积越大，影响越显著，上述反应中格氏试剂改用不同基团时的结果如下：

取代基	克拉姆产物	:	副产物
CH_3	2	:	1
C_2H_5	3	:	1
C_6H_5	5	:	1

(3) 影响加成反应的主要因素：对醛、酮类羰基化合物而言，发生亲核加成的难易程度与羰基碳的缺电子程度（正电性）和羰基碳所连取代基的体积大小密切相关。

(a) 取代基的电性效应对亲核加成的影响：在亲核试剂对羰基进行加成时，羰基碳的缺电子程度越大，对加成反应越有利。

羰基上所连取代基的电性效应对羰基碳的缺电子程度影响很大，通常情况下，羰基上连有吸电子基团(—I、—C)时，羰基的缺电子程度增加，有利于亲核加成反应的进行，反之则不利于亲核加成反应的进行。烷基一般有弱的给电子效应(+I)，而芳基由于π体系与羰基的共轭作用也表现出给电子效应(+C)，它们都使羰基化合物的亲核加成反应活性下降。通过下列数据的比较，我们不难得出上述结论。

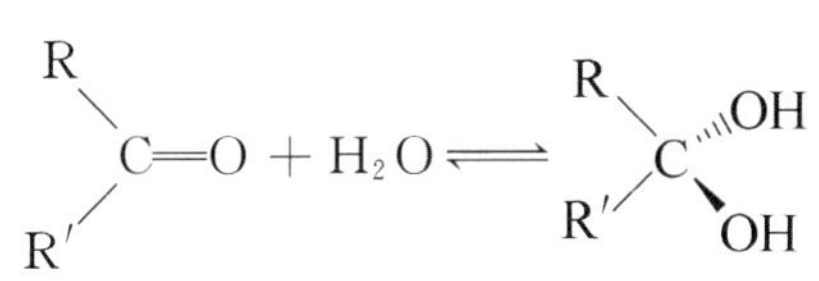

羰基化合物	水合常数 K(25℃)
CH_2O	2280
CH_3CHO	1.06
CH_3COCH_3	1.4×10^{-3}
$C_6H_5COCH_3$	6.6×10^{-6}
CF_3CHO	2.9×10^{4}
$ClCH_2COCH_3$	0.11
CF_3COCH_3	35
$CF_3COC_6H_5$	78
CF_3COCF_3	1.2×10^{6}

从上述讨论可知，羰基旁边的取代基吸电子作用越强，羰基碳的缺电子（正电

性)程度越大,越有利于亲核加成反应。另外,羰基旁取代基体积越小,对亲核加成反应也越有利。

(b) 取代基体积对亲核加成反应的影响:亲核加成时,羰基碳由 sp^2 杂化转变为 sp^3 杂化,中心碳原子上取代基的数目增加,取代基之间的拥挤程度增加,即分子内的张力增加。基团体积越大,这种张力因素的影响越大,反应的活化能越高,反应也越不容易进行。例如,羰基化合物的水合反应:

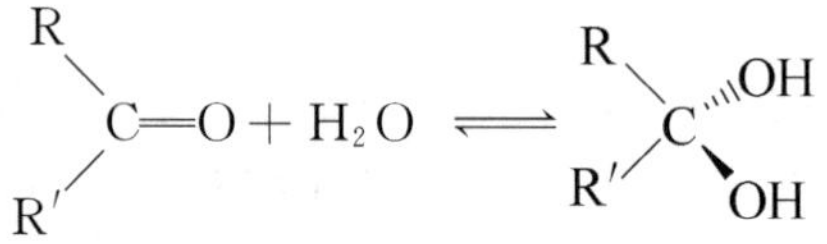

羰基化合物	水合常数 K(25℃)
CH_2O	2280
CH_3CHO	1.06
CH_3CH_2CHO	0.85
$(CH_3)_2CHCHO$	0.61
$(CH_3)_3CCHO$	0.23
CH_3COCH_3	1.4×10^{-3}

又如,羰基化合物与 $KHSO_3$ 的加成:

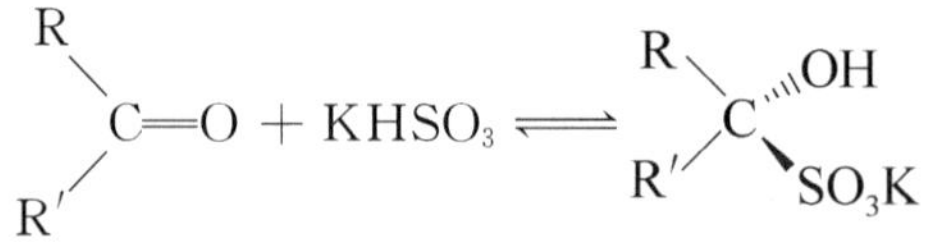

羰基化合物	1h后的反应产率
CH_3COCH_3	22
$CH_3COCH_2CH_2CH_3$	12
$CH_3COCH(CH_3)_2$	3
$CH_3CH_2COCH_2CH_3$	2

除了羰基化合物中基团大小对反应有影响外,亲核试剂的体积大小也对反应有同样的影响。通常情况下,进攻试剂的体积越大,反应越不易进行。

(c) 小环张力对亲核加成反应的影响:

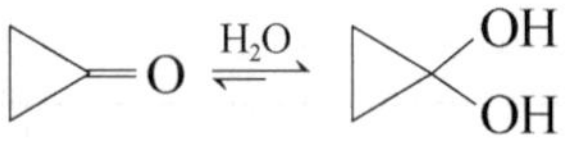

对于环丙酮这样的小环化合物,由于 sp^2 杂化轨道之间的正常夹角为 120°,而

在环丙酮分子中羰基碳上的化学键夹角∠CCC 只有 60°，二者之间相差 60°，使得环丙酮分子存在很大的角张力。当环丙酮生成加成产物时，中心碳原子由 sp^2 转变为 sp^3，相应的正常键角为 109°28′，二者之间差值由 60°降为 49°28′，分子内部的角张力得到部分缓解。因此，环丙酮比正常的酮活泼得多，很容易发生羰基上的亲核加成反应。

（4）共轭加成：当醛、酮羰基与不饱和键直接相连时，由于 π-π 共轭作用，羰基与不饱和键作为一个整体参与反应，此时亲核试剂可进攻两个位置发生反应，一个是直接加在羰基上，一般称为 1，2-加成，另一个是加在双键上，一般称为 1，4-加成，又称共轭加成[如迈克尔（Michael）加成]。反应机理如下：

1，2-加成：

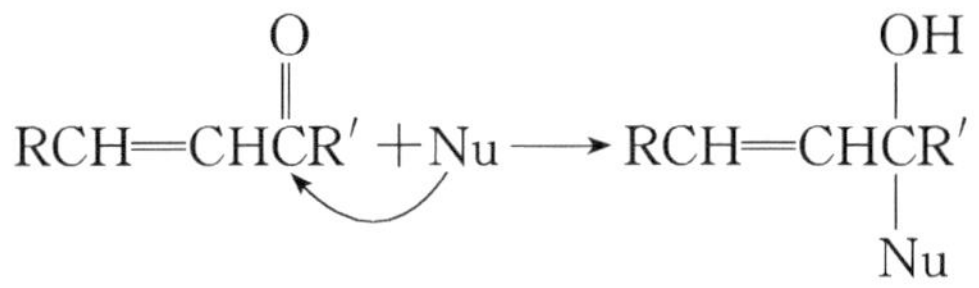

1，4-加成：

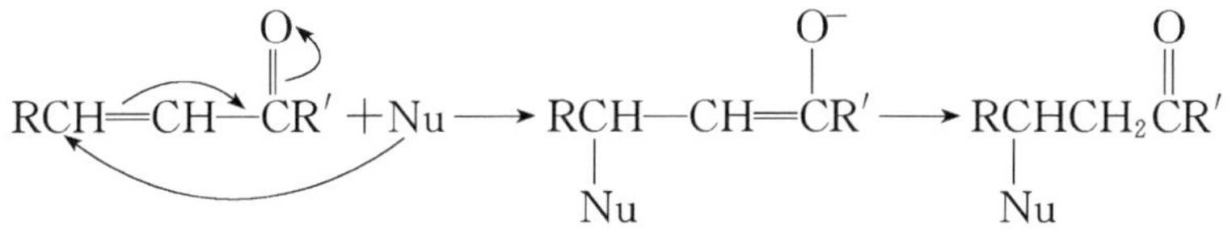

α，β-不饱和羰基化合物与亲核试剂加成时主要生成 1，2-加成还是 1，4-加成产物，主要取决于亲核试剂的反应活性和空间位阻作用大小两个主要因素。

（a）亲核试剂反应活性对加成产物的影响：通常情况下，亲核试剂越活泼，1，2-加成产物的比例越高。例如，RLi 的活性极高，发生亲核加成时，一般只得到 1，2-加成的产物；而 R_2CuLi 的亲核活性较低，只生成 1，4-加成产物。对于比有机锂活性稍弱一些的亲核试剂，如格氏试剂 RMgX，反应通常主要得 1，2-加成产物，若取代基位阻较大时，1，4-加成产物也能成为主要产物。例如：

1，4-加成：

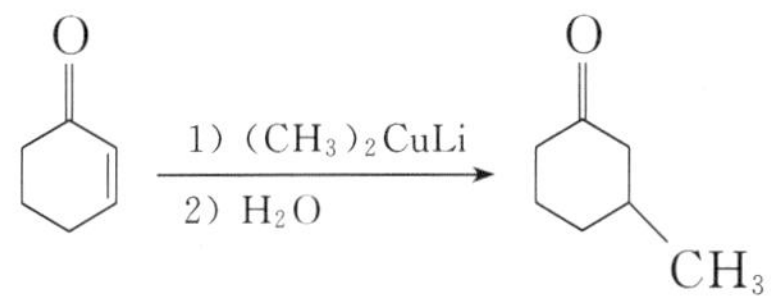

1，2-加成：

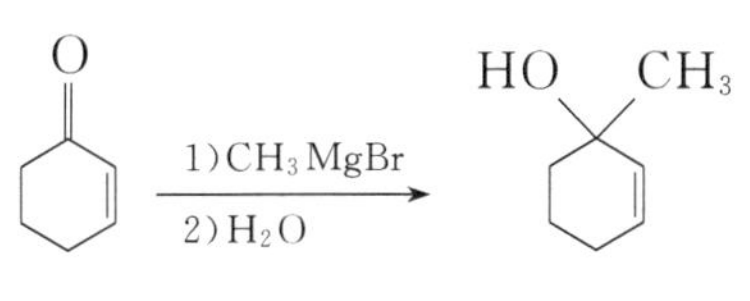

1,4-加成：

$$\mathrm{PhCH{=}CH\overset{\overset{\displaystyle O}{\|}}{C}Ph \xrightarrow[2)H_2O]{1)PhMgBr} Ph_2CHCH_2\overset{\overset{\displaystyle O}{\|}}{C}Ph}$$

92%

1,2-加成：

$$\mathrm{PhCH{=}CH\overset{\overset{\displaystyle O}{\|}}{C}Ph \xrightarrow[2)H_2O]{1)PhLi} PhCH{=}CH\overset{\overset{\displaystyle OH}{|}}{C}Ph_2}$$

75%

(b) 空间位阻对加成反应的影响：当亲核试剂与 α,β-不饱和羰基化合物发生亲核加成时，空间位阻小，对 1,2-加成反应有利；空间位阻大，对 1,4-加成反应有利。例如：

$$\mathrm{CH_3CH{=}CHCHO \xrightarrow[2)H_2O]{1)C_2H_5MgI} CH_3CH{=}CH\overset{\overset{\displaystyle OH}{|}}{C}HC_2H_5}$$

100%

$$\mathrm{CH_3CH{=}CH\overset{\overset{\displaystyle O}{\|}}{C}CH_3 \xrightarrow[2)H_2O]{1)C_2H_5MgI} CH_3\overset{\overset{\displaystyle C_2H_5}{|}}{C}HCH_2\overset{\overset{\displaystyle O}{\|}}{C}CH_3 + CH_3CH{=}CH\underset{\underset{\displaystyle CH_3}{|}}{\overset{\overset{\displaystyle OH}{|}}{C}}C_2H_5}$$

72%　　　25%

$$\mathrm{PhCH{=}CHCHO \xrightarrow[2)H_2O]{1)PhMgBr} Ph{-}CH{=}CH\overset{\overset{\displaystyle OH}{|}}{C}HPh}$$

100%

$$\mathrm{PhCH{=}CH\overset{\overset{\displaystyle O}{\|}}{C}C(CH_3)_3 \xrightarrow[2)H_2O]{1)PhMgBr} Ph_2CHCH_2COC(CH_3)_3}$$

100%

$$\mathrm{Ph_2C{=}CH\overset{\overset{\displaystyle O}{\|}}{C}Ph \xrightarrow[2)H_2O]{1)PhMgBr} Ph_2C{=}CH\overset{\overset{\displaystyle OH}{|}}{C}Ph_2}$$

100%

$$\mathrm{PhCH{=}\underset{\underset{\displaystyle Ph}{|}}{C}\overset{\overset{\displaystyle O}{\|}}{C}Ph \xrightarrow[2)H_2O]{1)PhMgBr} Ph_2CH\underset{\underset{\displaystyle Ph}{|}}{C}H\overset{\overset{\displaystyle O}{\|}}{C}Ph}$$

100%

通常情况下，羰基碳原子缺电子程度高，接受亲核试剂进攻的能力强，1,2-加成反应速率较快，是动力学控制产物，对在低温条件的反应以及强亲核试剂（如 RLi、RMgX 等）较为有利。但 1,4-加成产物的中间体为烯醇结构，负电荷可通过 p-π 共轭作用得到分散：

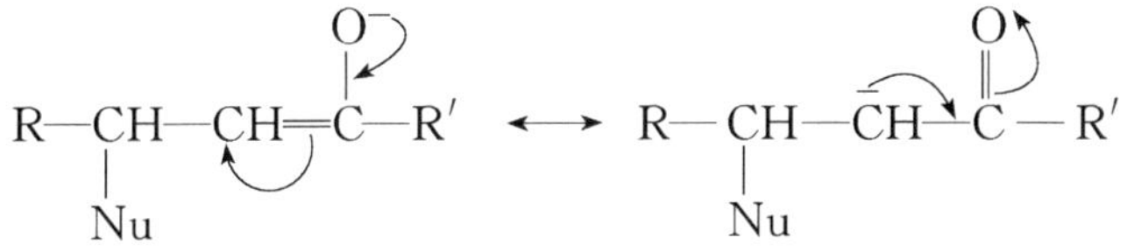

与 1,2-加成的中间体 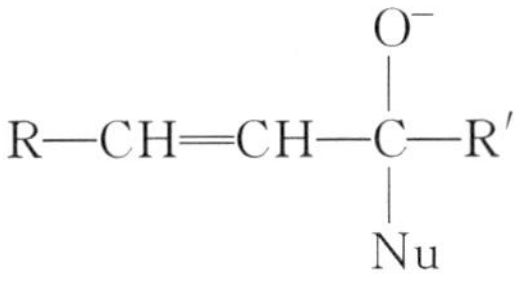 相比，它显然具有更高的热力学稳定性。

由于 1,4-加成能生成较为稳定的中间体，是热力学控制的产物，因而对在较高温度下的反应以及亲核性较弱的试剂（如 R_2CuLi、ROH 等）较为有利，若加成反应可逆，主要生成 1,4-加成产物。若温度较低，或亲核性较强，生成 1,2-加成产物的比例增加。例如：

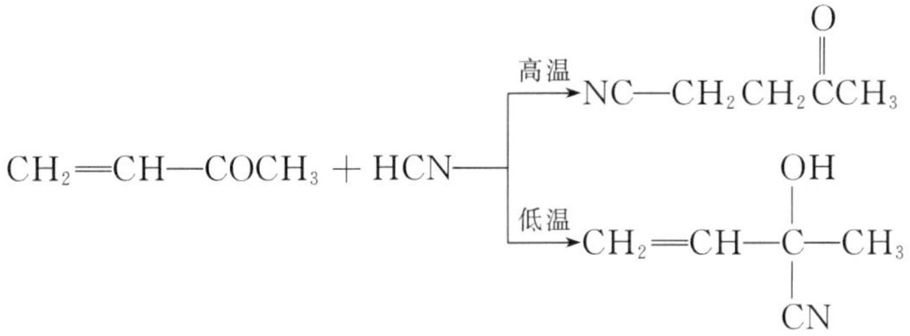

2）醛、酮的缩合反应

醛、酮化合物中，由于受羰基的影响，α-碳原子上的氢具有显著的酸性（pK_a 为 16～18），在酸或碱的作用下，容易转变成相应的烯醇或烯醇负离子。酮-烯醇在酸碱催化下迅速达到平衡。反应机理如下：

酸催化：

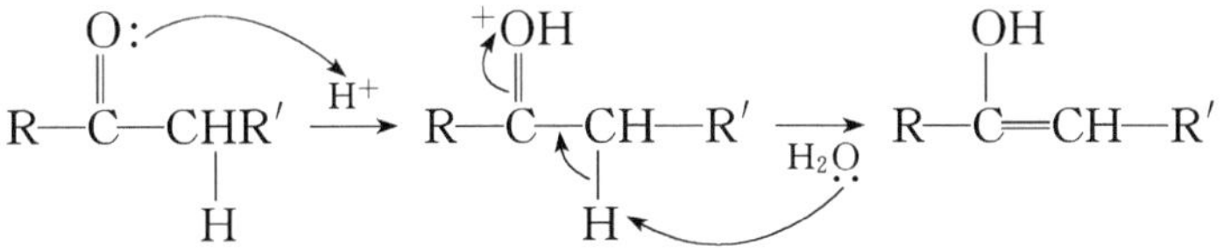

碱催化：

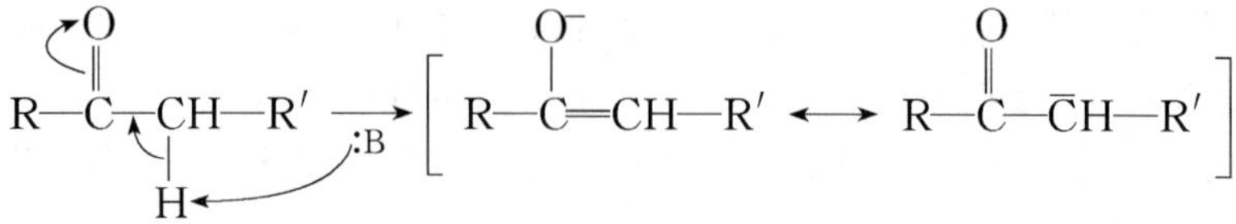

在烯醇或烯醇负离子中，由于 p-π 共轭作用，α-碳原子上的电子云密度较大，具有较高的亲核能力，可以与其他分子中的羰基发生亲核加成，从而生成双分子缩合产物，即醇醛(aldol)缩合。

酸催化：

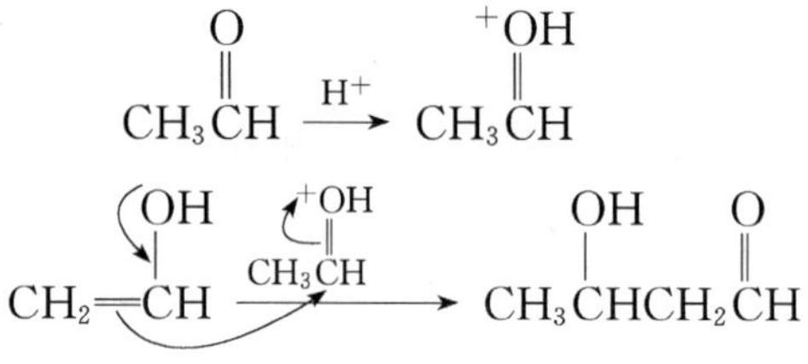

碱催化：

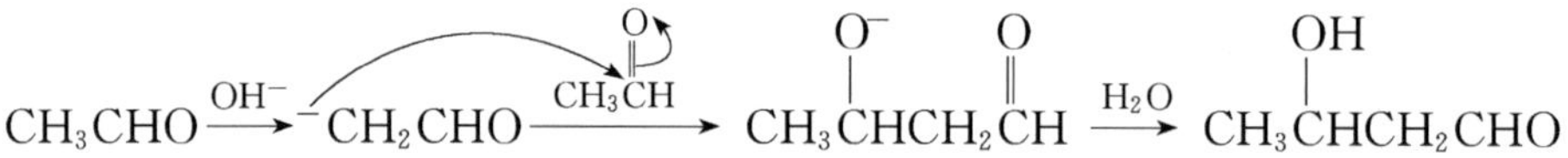

当进行缩合反应时，羰基旁的取代基体积越小，加成产物的张力越小，发生缩合反应的倾向越大；另一方面，羰基缺电子程度高，不仅有利于亲核加成，同样也对醛、酮形成烯醇或烯醇负离子有利，因而对缩合反应有利。

通常情况下，醛的缩合比酮容易，甲基酮或环酮的缩合比其他酮容易。

缩合反应生成的 β-羟基醛(酮)分子并不十分稳定，在酸碱催化剂的作用下，仍可通过逆反应途径分解回到原料。若在较高温度下(或酸催化条件下)反应，β-羟基醛(酮)可以进一步脱水得到 α,β-不饱和羰基化合物($RCH{=}CHCOR$)。由于 α,β-不饱和羰基化合物中存在共轭大 π 体系，热力学稳定性较高，因而许多需在加热条件下才能进行的醛(酮)缩合反应往往直接得到稳定的 α,β-不饱和羰基化合物。例如，庚醛以上的醛发生醇醛缩合时只得到 α,β-不饱和羰基化合物：

$$CH_3(CH_2)_6CHO \xrightarrow[C_2H_5OH]{C_2H_5ONa} CH_3(CH_2)_6CH{=}\underset{\displaystyle CH_2(CH_2)_4CH_3}{\underset{|}{C}}CHO$$

另外，如果 β-羟基醛(酮)旁连有芳环或其他大 π 体系时极易发生脱水反应，直接生成共轭体系更大、热力学更稳定的脱水产物。例如：

$$Cl_2C{=}CClCHO + CH_3COCH_3 \xrightarrow{H_2SO_4} \underset{65\%}{Cl_2C{=}CCl{-}CH{=}CHCOCH_3}$$

当反应原料为两种不同的醛(或酮)时,将发生相互之间的交叉缩合。例如:

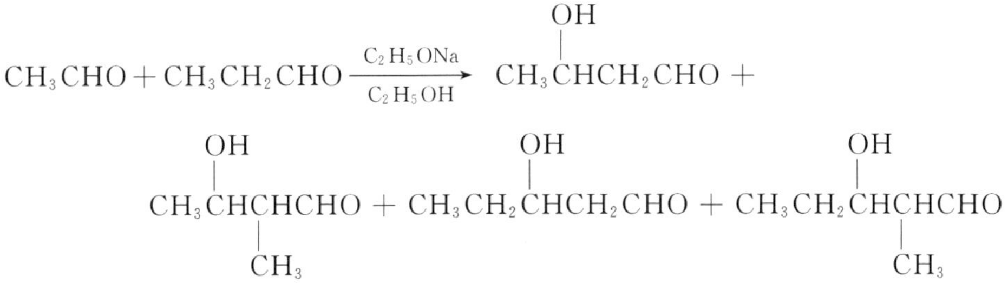

由于产物结构相似,难以分离,通常无制备价值。但若选用一种无 α-氢的醛,再控制适当的反应条件,仍可使某种产物成为主要产物。例如:

$$CH_2O + CH_3CHO \xrightarrow{CsOH} HOCH_2CH_2CHO \xrightarrow{-H_2O} \underset{60\%}{CH_2 = CHCHO}$$

由于甲醛的羰基活性比乙醛的羰基活性高,乙醛的烯醇负离子更容易与甲醛进行反应。

又如,克莱森(Claisen)-施密特缩合:

$$PhCHO + CH_3CHO \xrightarrow[50℃]{NaOH,H_2O} \underset{90\%}{PhCH = CHCHO}$$

在上述反应中,乙醛生成的烯醇负离子虽然可与另一分子乙醛生成加成产物:

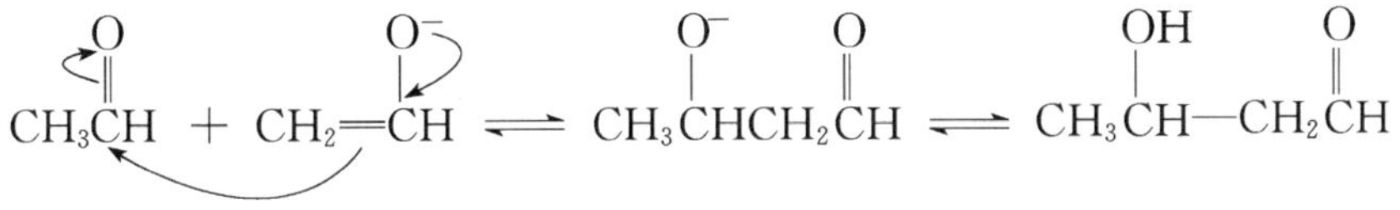

但产物 β-羟基醛并无特殊稳定性,可通过逆反应而分解。苯甲醛分子中的羰基活性虽然略低于乙醛,然而它与烯醇负离子加成的产物极易脱水,生成热力学很稳定的脱水产物:

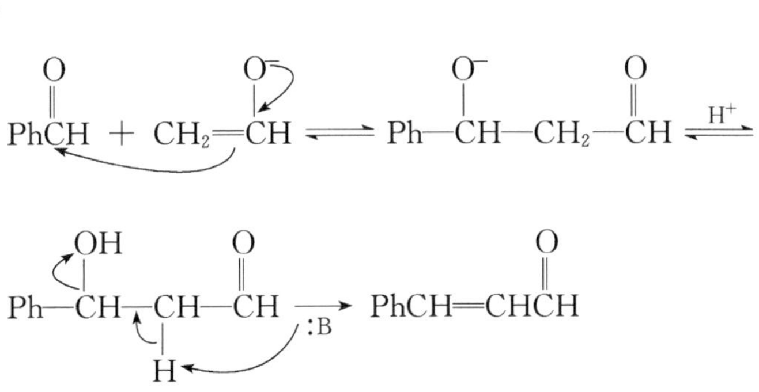

由于脱水反应是不可逆的,因而反应产物由动力学控制的 $CH_3CHOHCH_2CHO$

在反应体系中逐渐转变成热力学控制的 PhCH═CHCHO。

再如：

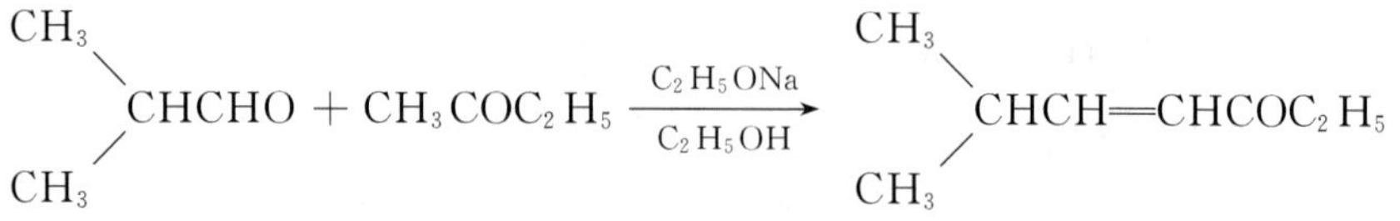

85%

虽然醛分子的 α-质子酸性强，容易生成相应的烯醇负离子，但该负离子与醛羰基进行加成时(酮羰基的活性小于醛羰基)，由于产物分子的内部张力较大，加成反应难以进行。相反，甲基酮部分生成的烯醇负离子与醛羰基进行加成时，张力作用要小得多，因而成为主要产物。

类似的实例还有：

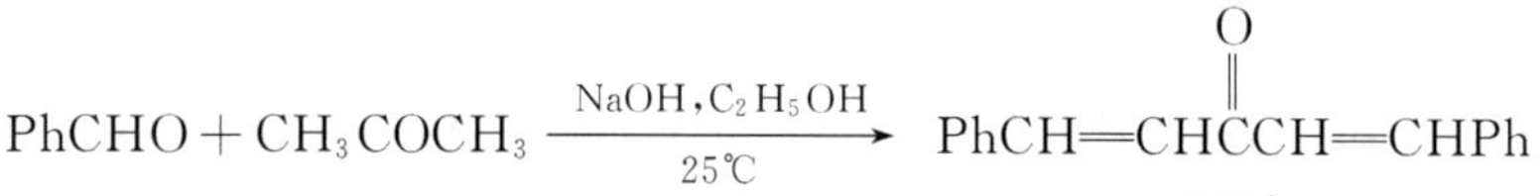

92%

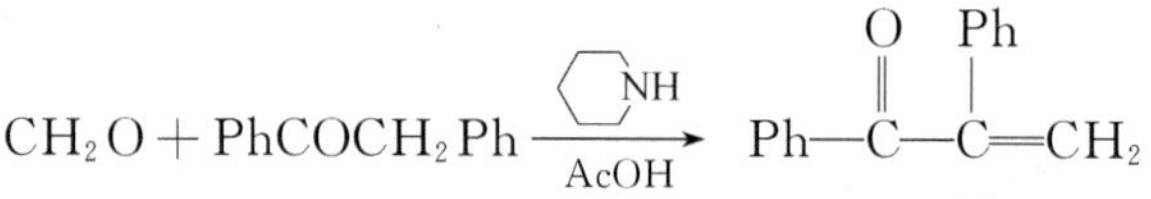

81%

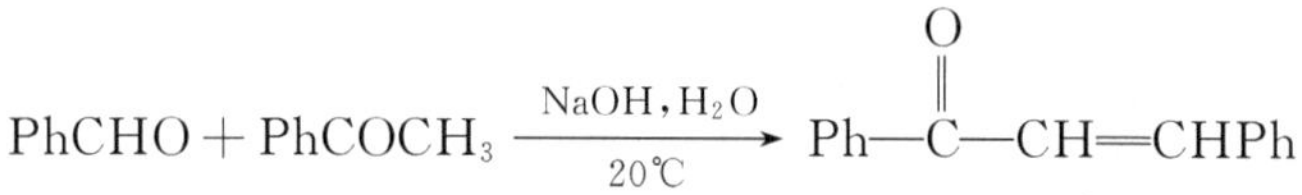

96%

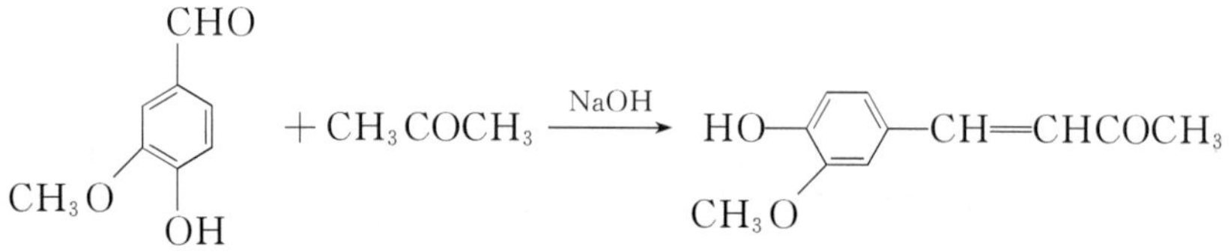

88%

由于醇醛缩合是由烯醇或烯醇负离子进攻另一分子中的羰基，当由酮生成烯醇或烯醇负离子时，如果分子中有两种不同的 α-氢，则生成烯醇或烯醇负离子的方向与体系的酸碱性有关。通常在碱性条件下，碱优先夺取酸性强、位阻小的氢，生成取代较少的烯醇负离子。而在酸性条件下，因为生成的是烯醇，往往生成相对较稳定的碳-碳双键上取代基较多的烯醇。例如：

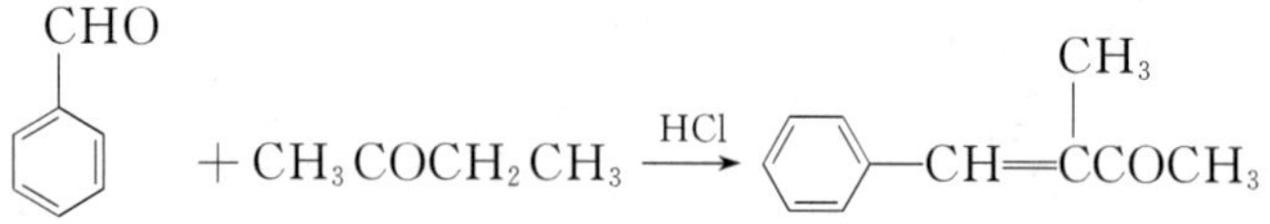

88%

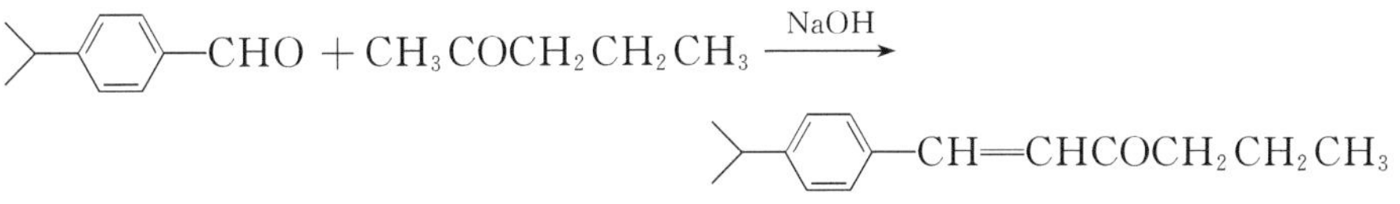

96%

若欲在指定方向、指定位置进行反应，可以先将一种原料完全转变成烯醇盐，再加入另一种羰基化合物使之发生缩合，得到通常条件下不易得到的产物。例如：

$$CH_3COCH_3 \xrightarrow{LDA} CH_3\overset{\overset{OLi}{|}}{C}{=}CH_2 \xrightarrow{CH_3CHO} CH_3COCH_2\overset{\overset{OH}{|}}{C}HCH_3$$

3）醛、酮的氧化和还原

由于醛、酮羰基处于含氧官能团的氧化还原中间价态，因此可以发生氧化还原反应，将羰基氧化成羧基，或还原成羟基及烃基。

（1）氧化反应：醛分子中羰基上的氢原子由于受羰基活化很容易被氧化，生成相应的羧酸。除了常见的氧化性较强的氧化剂（如 $KMnO_4$、$K_2Cr_2O_7$）以外，许多氧化性较弱的氧化剂，如土伦（Tollens）试剂、本尼迪克特（Benedict）试剂甚至空气中的氧气等，也能氧化醛基。例如：

$$CH_3CHO \xrightarrow{[Ag(NH_3)_2]^+} CH_3COOH + Ag\downarrow$$

$$CH_3CHO \xrightarrow{[Cu(NH_3)_4]^{2+}} CH_3COOH + Cu_2O\downarrow$$

$$C_6H_5CHO \xrightarrow{O_2} C_6H_5COOH$$

通常情况下酮不容易被氧化，但在强烈氧化条件下，α-位有氢原子的酮羰基在酸碱催化条件下发生酮-烯醇互变，强氧化剂将烯醇结构中的双键氧化，结果是羰基与 α-碳原子之间的碳-碳键断裂，生成相应的羧酸或混合物，结构对称的环酮可被氧化为单一的二元羧酸。例如：

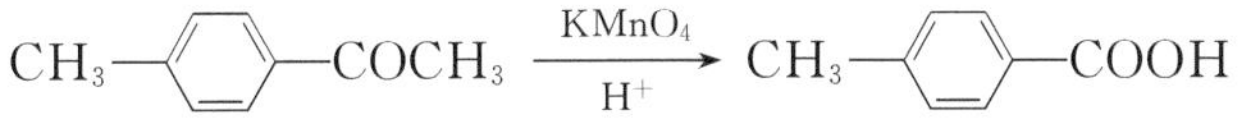

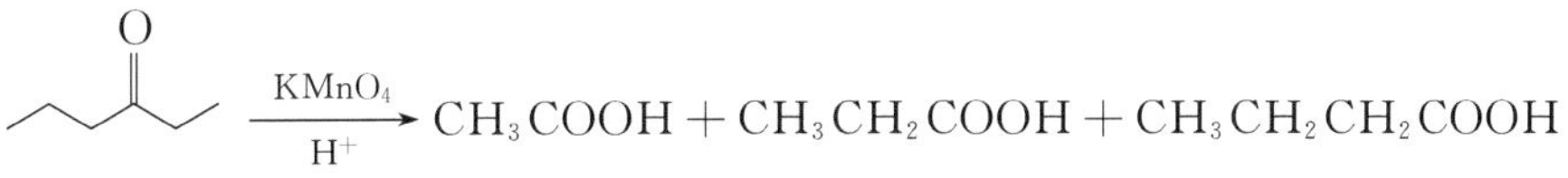

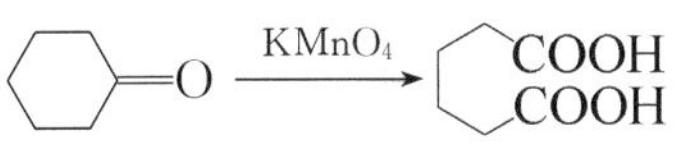

（2）还原反应：醛、酮羰基在适当的还原剂作用下可被还原。还原剂不同，生成的产物也不尽相同。

醛、酮在催化加氢（如 H_2/Ni、H_2/Pd、H_2/Pt 等）、负氢离子还原剂（如 $LiAlH_4$、

$NaBH_4$ 等)或活泼金属加供质子试剂(Na/EtOH、Zn/NaOH 等)作用下得到相应的醇。

醛、酮用 Zn(Hg)/HCl 或 $H_2NNH_2/NaOH/(CH_2CH_2OH)_2O$ 处理,可得到相应的烃,分别称为克莱门森(Clemmensen)还原和乌尔夫(Wolff)-凯惜纳(Kishner)-黄鸣龙还原。可以根据被还原醛、酮对酸碱介质的稳定性分别选用上述两种方法。

酮在活泼金属(如 Na、Mg、Al 等)作用下,经过负离子自由基机理,发生双分子还原反应,生成相应的频哪醇。

不具有 α-活性氢的醛在浓碱作用下发生歧化反应,生成相应的酸和醇,称为康尼查罗(Cannizzaro)反应。若体系中存在两种醛基,则活性较高的醛基被氧化,活性较低的醛基被还原。

例如:

$$CH_3(CH_2)_5CHO \xrightarrow{LiAlH_4} CH_3(CH_2)_5CH_2OH$$

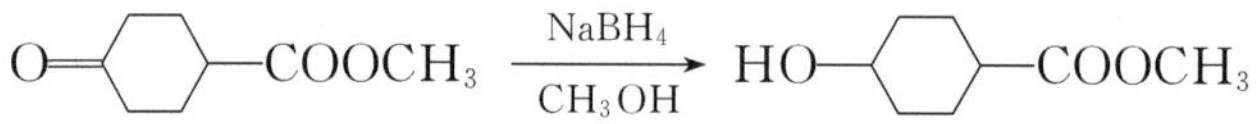

$$PhCOCH_2CH_3 \xrightarrow[HCl]{Zn(Hg)} PhCH_2CH_2CH_3$$

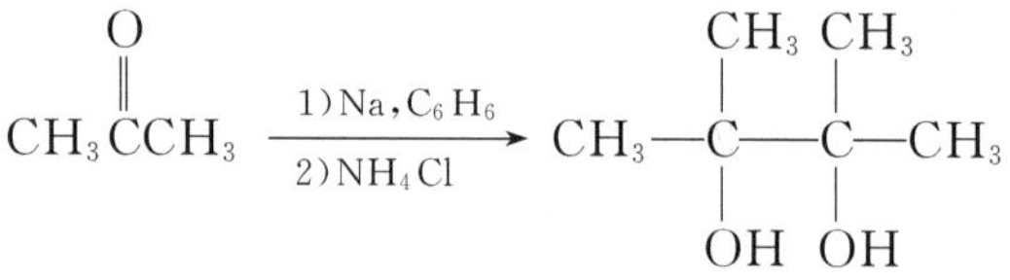

$$PhCHO \xrightarrow{浓\ NaOH} PhCH_2OH + PhCOOH$$

$$PhCHO + HCHO \xrightarrow{浓\ NaOH} PhCH_2OH + HCOOH$$

3. 醛、酮类羰基化合物的一些重要亲核反应与应用

醛、酮类羰基化合物可发生许多反应,其中一些反应具有重要的应用价值。例如,醛、酮与醇生成缩醛,缩醛对氧化剂以及中性或碱性条件稳定,酸性水解得到原来的醛、酮。该反应可用于保护醛、酮的羰基:

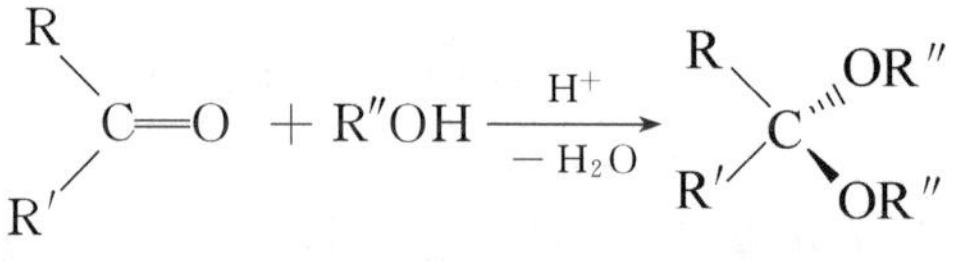

又如,醛、酮与氮亲核试剂生成不同的亚胺型化合物,这类反应可用于醛、酮的分离、鉴定或含氮化合物的合成:

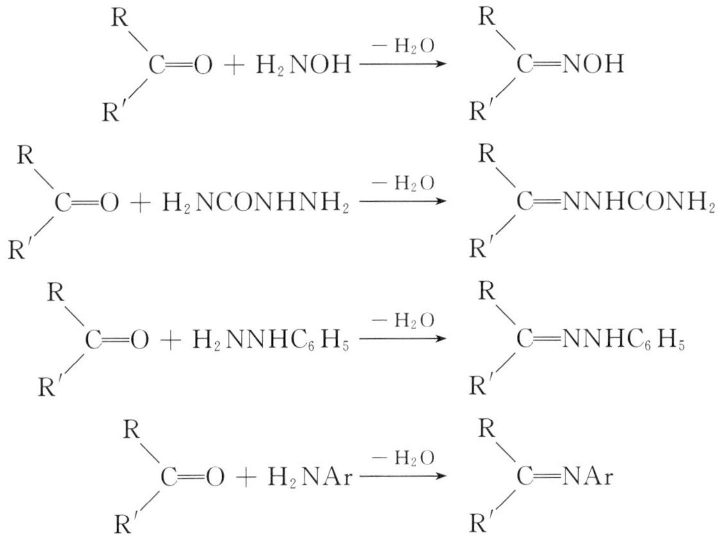

其中,醛、酮与 2,4-二硝基苯肼的反应是最常见的鉴别醛、酮的反应:

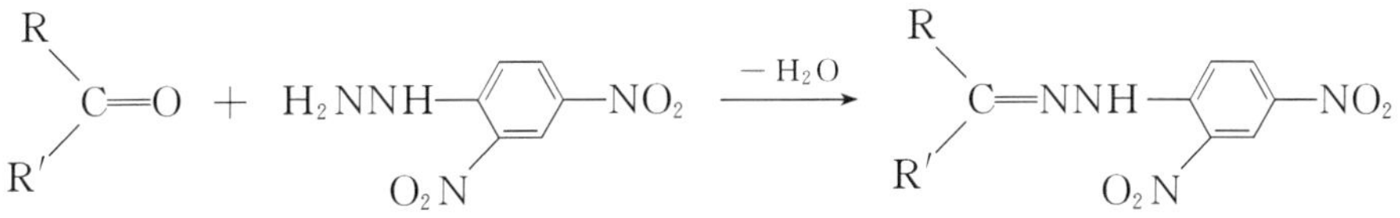

醛、酮与格氏试剂反应可制备伯醇、仲醇和叔醇等。例如:

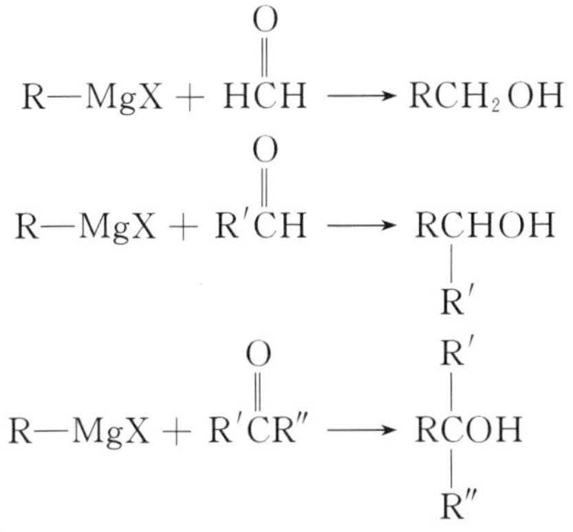

醛、酮与氰化物反应可得到氰醇,产物进一步水解可得到 α-羟基酸:

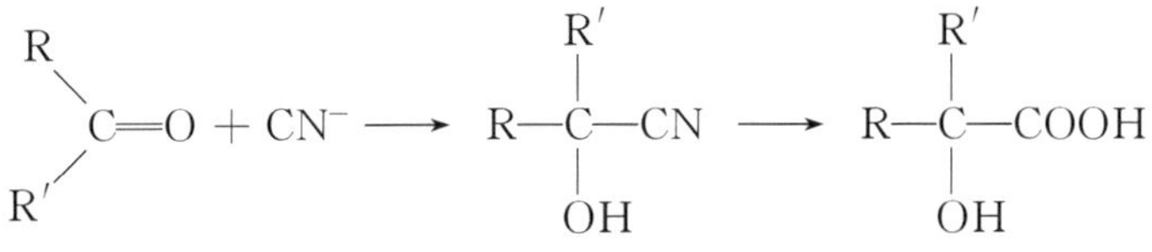

醛(酮)的醇醛缩合反应可制备各种 β-羟基醛(酮)、α,β-不饱和醛(酮)等;与其他反应结合使用,可合成一些结构较为复杂、用其他方法不易制备的化合物。例如:

$$CH_3CHO \xrightarrow[20\sim25^\circ C]{NaOH} CH_3\underset{\displaystyle OH}{\underset{|}{C}}HCH_2CHO \xrightarrow[\triangle]{HOAc} CH_3CH{=}CHCHO$$

$$CH_3CH_2CH_2CHO \xrightarrow[80\sim90^\circ C]{NaOH} CH_3CH_2CH_2CH{=}\underset{\displaystyle CHO}{\underset{|}{C}}CH_2CH_3$$

86%

60%

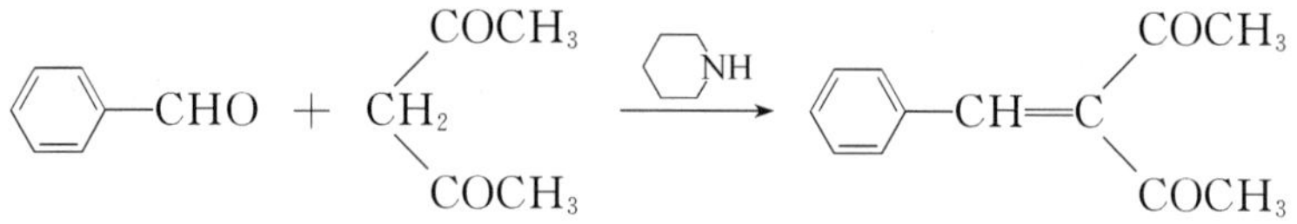

66%

$$CH_3CHO + HCHO \xrightarrow{NaOH} C(CH_2OH)_4$$

80%

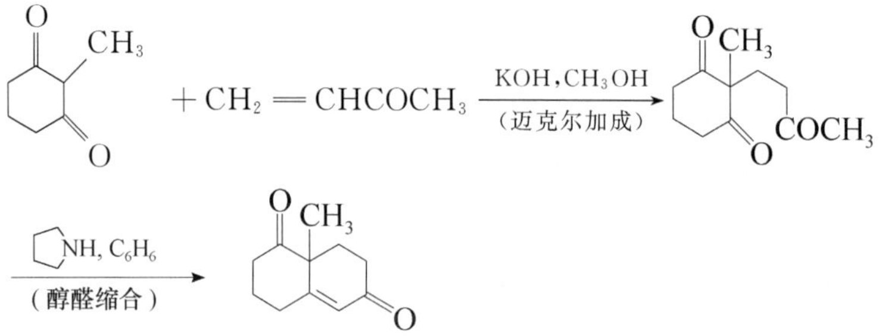

4. 醛、酮化合物的制备

醛、酮作为含氧官能团的氧化还原中间价态，可以通过氧化还原反应，将低氧化态的羟基或烃基氧化成羰基，也可将高氧化态的羧酸衍生物部分还原成羰基。还可通过其他官能团转换的方法(如二卤代烃水解)制备醛、酮。

1) 醇的氧化

通常情况下，为防止醛、酮过度氧化，需使用相对温和的氧化剂，如 CrO_3/HOAc、CrO_3/py/HCl、CH_3COCH_3/Al[$OCH(CH_3)_2$]$_3$ 等。例如：

$$CH_3(CH_2)_5CH_2OH \xrightarrow[py/HCl]{CrO_3} CH_3(CH_2)_5CHO$$

$$CH_3CH{=}CHCH_2OH \xrightarrow[Al[OCH(CH_3)_2]_3]{CH_3COCH_3} CH_3CH{=}CHCHO$$

2) 芳环侧链烃基氧化

芳环侧链 α-氢由于受芳环活化，在适当氧化剂作用下，可得到相应的醛、酮。

例如：

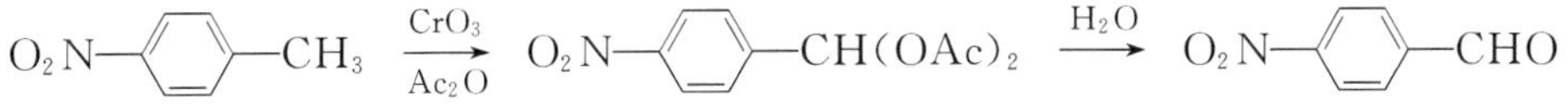

3）羧酸衍生物的酰基化反应

利用羧酸衍生物的酰基化反应，如酰氯与二烷基铜锂反应、芳环的傅-克酰基化、Vilsmeier 反应等，可以较方便地制备羰基化合物。例如：

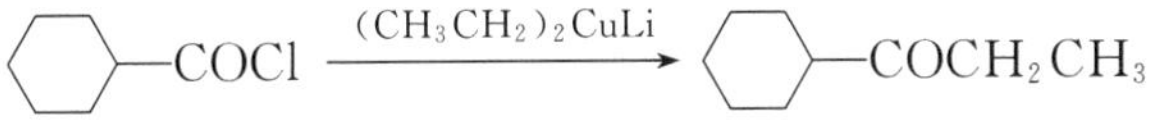

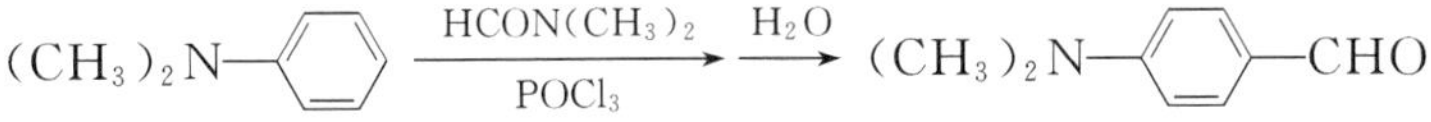

4）其他

活泼芳烃的加特曼（Gatterman）-科赫（Koch）甲酰化、赖默（Reimer）-蒂曼（Tiemann）反应、二卤代烃水解等也可用于制备羰基化合物。例如：

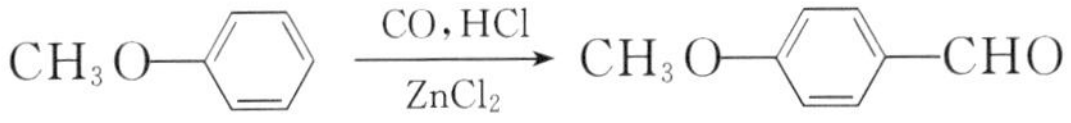

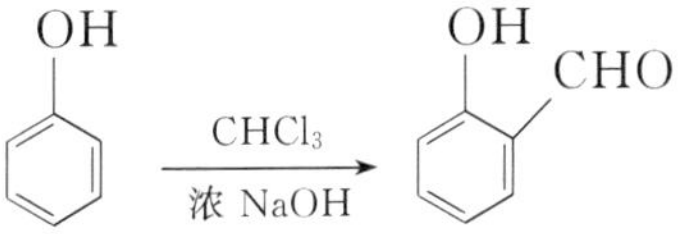

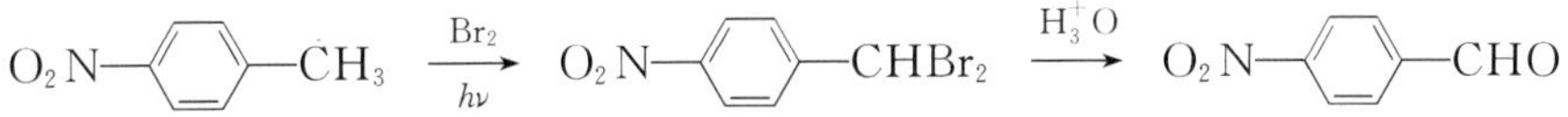

二、解 题 示 例

【例 9-1】 试说明下列反应平衡常数的差异：

$$CH_3CHO + H_2O \rightleftharpoons CH_3CH(OH)_2 \qquad K = 1.3$$

$$(CH_3)_3CCHO + H_2O \rightleftharpoons (CH_3)_3CCH(OH)_2 \qquad K = 0.2$$

$$Cl_3CCHO + H_2O \rightleftharpoons Cl_3CCH(OH)_2 \qquad K = 3 \times 10^4$$

解 在醛、酮的水合反应中，羰基的缺电子程度以及羰基周围取代基的体积大小与水合常数密切相关。对乙醛和新戊醛而言，虽然甲基和叔丁基的给电子能力相差不大，但在醛、酮水合反应过程中，羰基碳原子由 sp^2 杂化转变为 sp^3 杂化，取代基之间的空间距离缩小，斥力增大；当用叔丁基代替甲基后，由于叔丁基体积很大，分子内的张力作用大大增加，结果导致平衡向反应物方向移动，即新戊醛的水合常数明显小于乙醛。对三氯乙醛而言，虽然三氯甲基的体积远大于甲基，由此产生的张力作用导致水合作用减弱，但由于三氯甲基是一个强吸电子基团，羰基碳原子上的电子云密度大大降低，从而很容易接受弱亲核试剂水分子的进攻，其对正反应的促进作用远远超过其对逆反应的影响，故三氯乙醛的水合常数非常大，其水合物是一稳定化合物，熔点为 56℃。

【例 9-2】 比较羟胺与肟的酸性大小，并给出适当的解释。

解 肟的酸性比羟胺强。这可以从它们相应共轭碱的强弱或稳定性解释。羟胺 H_2NOH 的共轭碱为 H_2N-O^-，负电荷集中在氧原子上。而肟 $>C=N-OH$ 的共轭碱为 $>C=N-O^-$，负电荷可以通过 p-π 共轭分散到碳原子上：

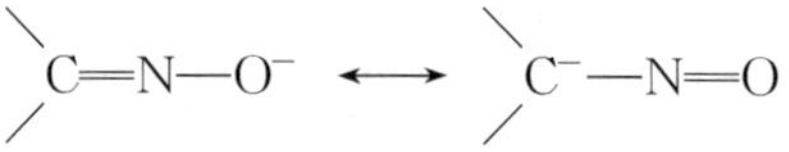

所以肟的共轭碱比羟胺的共轭碱的碱性弱，肟的共轭碱比羟胺的共轭碱稳定，肟的酸性比羟胺强。

【例 9-3】 醛、酮和氨的衍生物如羟胺、肼、苯肼和氨基脲等缩合时需在弱酸催化下进行，浓酸或浓碱都降低缩合反应的速率，试从反应机理解释。

解 醛、酮在酸催化下与氨衍生物的亲核加成机理如下：

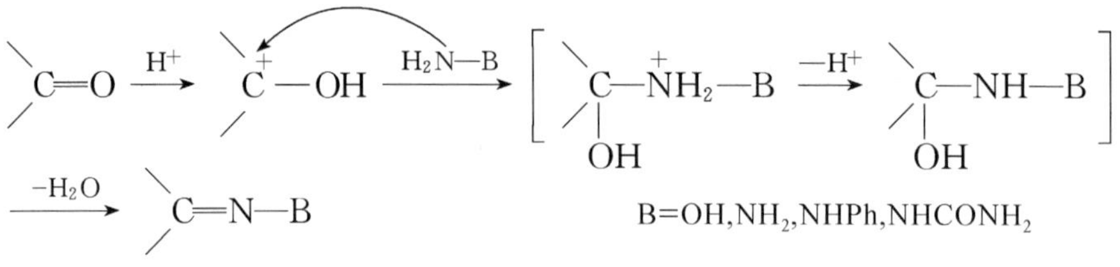

B=OH,NH$_2$,NHPh,NHCONH$_2$

酸催化有利于羰基的极化，对亲核加成有利，加成产物的中间体脱水得到缩合产物也需要在酸催化下进行。但亲核试剂都具有碱性，酸浓度太大会降低游离碱(这里指亲核试剂)的浓度，降低亲核加成的反应速率，而碱性条件也不利于中间体脱水得到缩合产物，使缩合反应的速率降低。所以此缩合反应往往在 pH 在 5 左右的弱酸性条件下进行。

【例 9-4】 比较 $CH_3CH_2CH_2Cl$ 和 $CH_3\overset{\overset{O}{\|}}{C}CH_2Cl$ 与 KI/CH_3COCH_3 反应的活性，并给出相应的解释。

解 它们与 KI/CH_3COCH_3 的反应都属于 S_N2 反应，反应活性是 $CH_3\overset{\overset{O}{\|}}{C}CH_2Cl \gg CH_3CH_2CH_2Cl$ (反应速率之比约为 35000∶1)。这可以从它们反应过渡态的稳定性解释。在过渡态中，中心碳原子都为 sp^2 杂化，但对于氯丙酮，在过渡态中，由于 p 轨道和羰基的 π 键交盖，过渡态相对比较稳定，反应活化能较

低，有利于反应的进行，这与烯丙基氯能促进 S_N2 反应的进行相似。

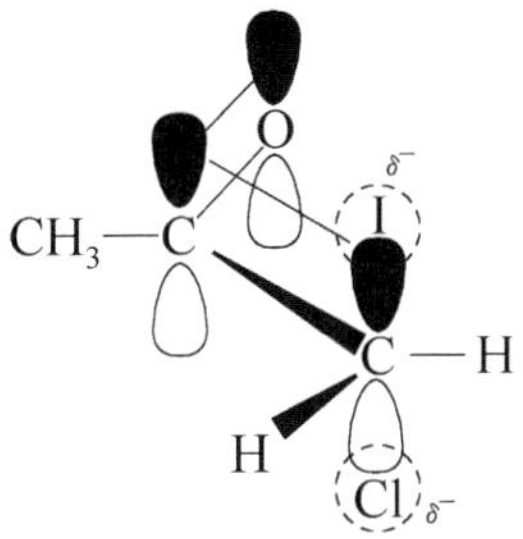

【例 9-5】 写出下列反应的产物，并提出合理的反应机理。

$$\mathrm{H\overset{\overset{\Large O}{\|}}{C}CH_2CH_2\overset{\overset{\Large O}{\|}}{C}H + CH_2O(过量) \xrightarrow{浓\ NaOH}}$$

解　反应如下：

$$\mathrm{H\overset{\overset{\Large O}{\|}}{C}CH_2CH_2\overset{\overset{\Large O}{\|}}{C}H + CH_2O(过量) \xrightarrow{浓\ NaOH} (HOCH_2)_3CC(CH_2OH)_3}$$

丁二醛首先与甲醛发生四次醇醛缩合，得到中间产物四羟甲基丁二醛，由于分子结构中已没有 α-活性氢，因此缩合产物再与甲醛发生交叉氧化还原反应，甲醛被氧化，四羟甲基丁二醛则被还原成四羟甲基-1,4-丁二醇。具体反应机理如下：

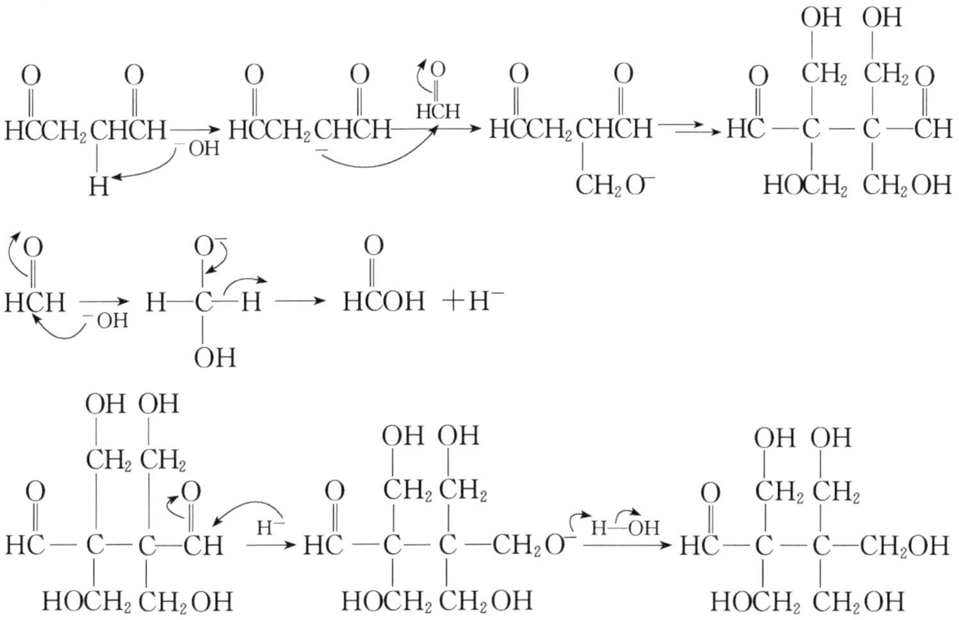

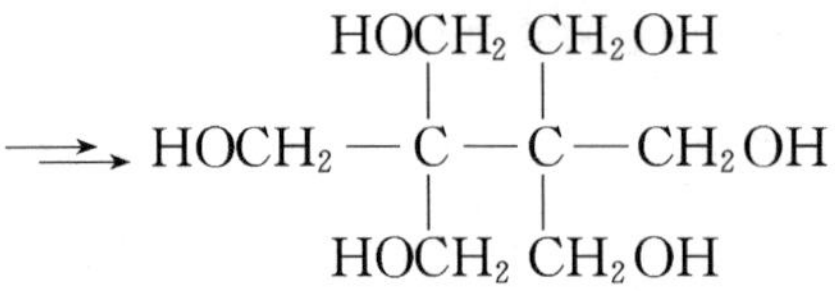

【例 9-6】 给下列反应提出合理的反应机理：

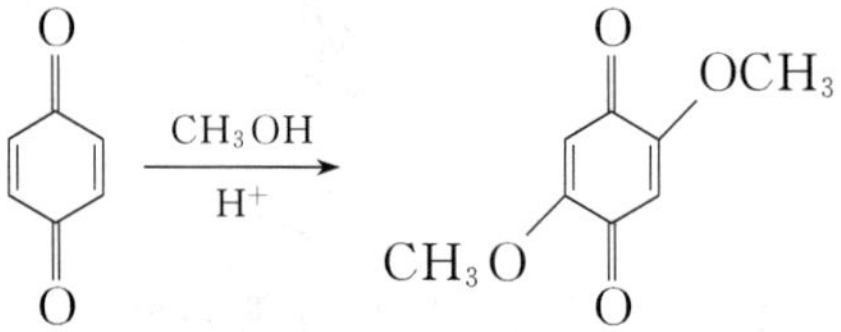

解　通常情况下，苯醌的化学性质与 α,β-不饱和羰基化合物类似，容易发生亲核加成反应，不能发生类似于芳环的亲电取代反应。在上述实验事实中，虽然反应产物是氢原子被甲氧基取代，但反应机理并不是亲电或亲核取代，而是正常的亲核加成反应与氧化还原反应的组合。

对苯二酚与苯醌构成一对氧化还原体系，当体系中出现甲氧基加成得到的对苯二酚时，由于甲氧基是给电子基团，取代的对苯二酚更容易被苯醌氧化，从而得到取代对苯二醌，即表面上的亲电取代产物。具体反应机理如下：

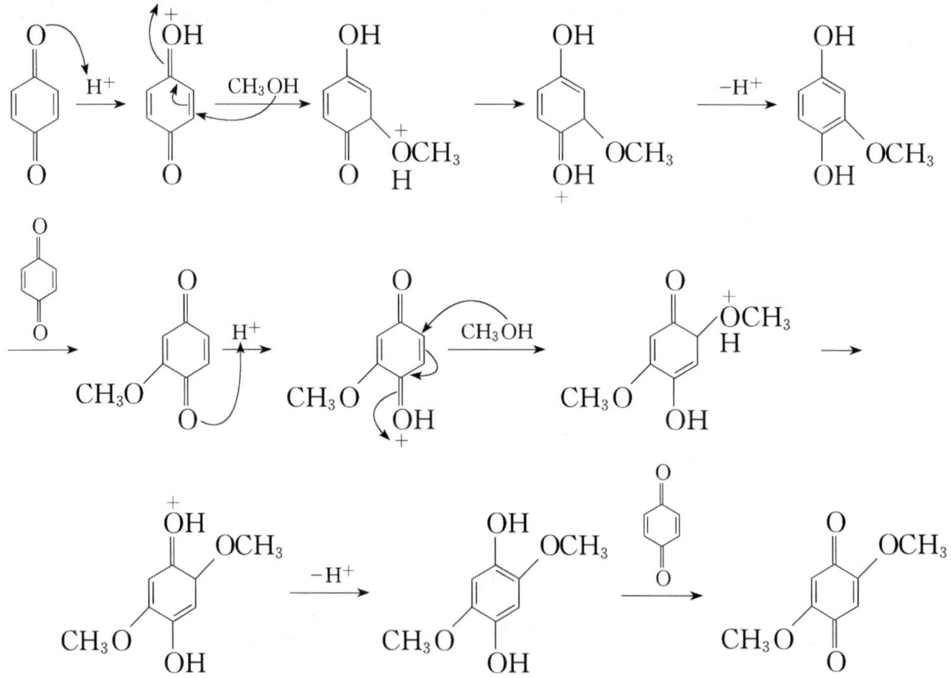

【例 9-7】 由苯和不超过 4 个碳的简单有机化合物合成

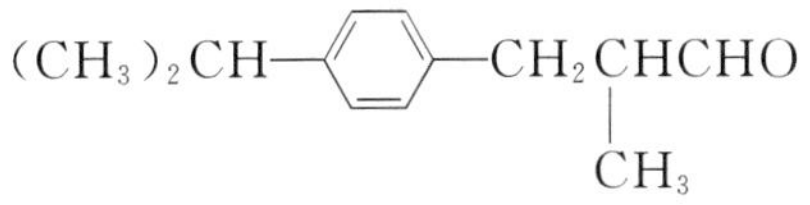

仙客来醛

解　由目标化合物结构可知，左边的异丙基可直接通过傅-克烷基化引入苯环，但分子右侧的—$CH_2CH(CH_3)CHO$不能直接引入苯环。因此，右侧的取代基一定是官能团转换和碳链增长的结果。增长碳链通常从碳链分叉处进行，则右侧的取代基又可分解为芳醛和丙醛单元。

逆合成分析：

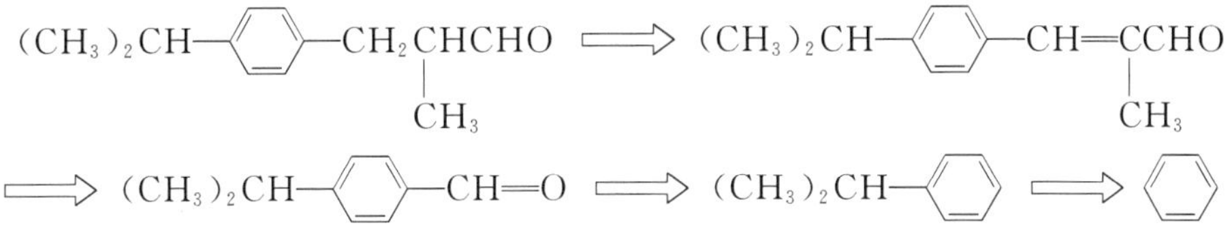

合成：

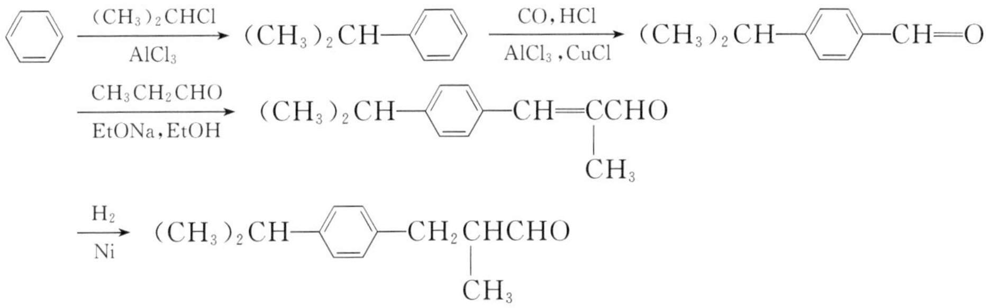

【例 9-8】　由不超过 4 个碳的简单有机化合物合成

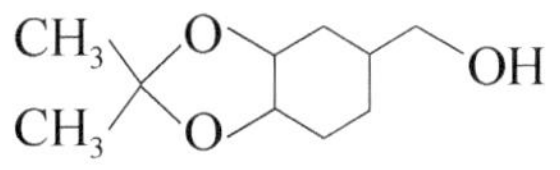

解　由目标化合物结构可知，左边的单元可视为丙酮与邻二醇形成的缩酮结构。除去丙酮后，目标分子简化为 1,2-环己二醇衍生物。而邻二醇的前体通常是双键，即前体为环己烯衍生物。又知 4-位或 4,5-位有取代基的环己烯衍生物通常可由第尔斯-阿尔德反应直接合成，再考虑第尔斯-阿尔德反应中对原料的电性要求，则目标分子右侧的羟甲基应为醛基或羧基单元。

逆合成分析：

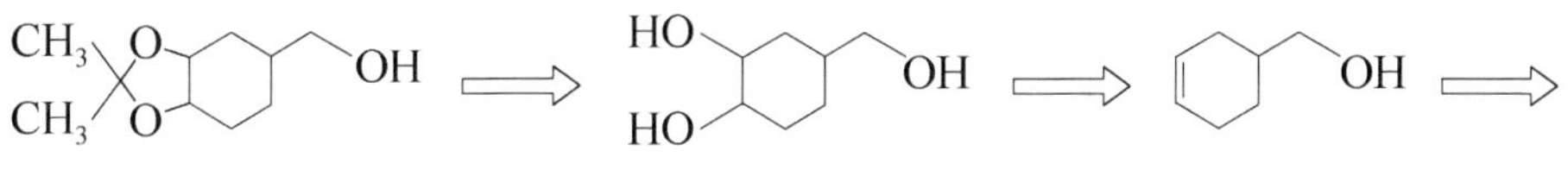

合成：

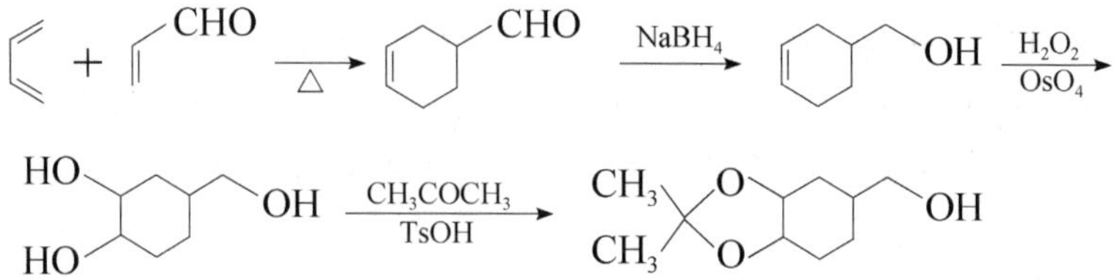

【**例 9-9**】 化合物(A)，分子式为 $C_{11}H_{14}O_2$，其红外谱图和核磁共振氢谱分别如图 9-1 和图 9-2 所示，试推测(A)的合理结构。

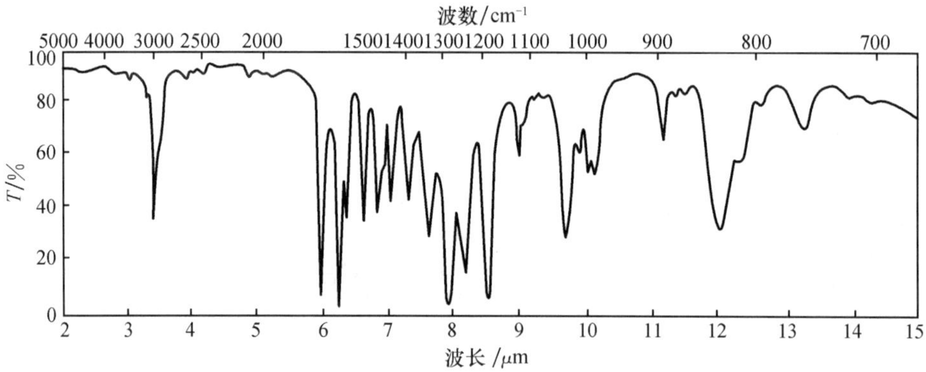

图 9-1　化合物的红外光谱图(一)

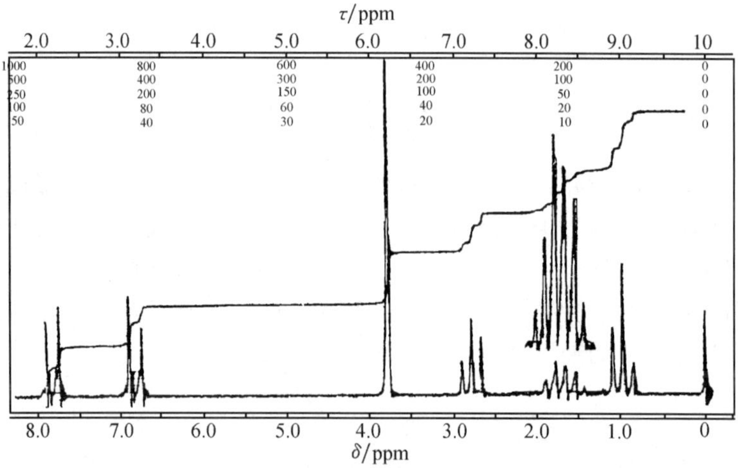

图 9-2　化合物的¹H NMR 谱图(一)

积分曲线高度按各组吸收峰化学位移由小到大顺序为 8、6、5.5、8、5.5、5.5

解 化合物(A)的不饱和度为5,分子中可能含苯环,由图9-2中δ6.81～7.80一组吸收峰和图9-1中$1600cm^{-1}$、$1500cm^{-1}$吸收峰可确定分子中含苯环。图9-2的积分曲线表明分子中不同氢原子数之比为3∶2∶2∶3∶2∶2。δ0.98(t,3H)为甲基信号,且与亚甲基相连。δ2.79(t,2H)为亚甲基信号,邻位也为亚甲基,且另一端与吸电子基团相连。δ3.8(s,3H)应为甲基信号,与一无质子的强吸电子基团相连。δ6.81～7.80(m,4H)看上去像是两组裂分为二重峰的芳环质子,通常情况下两个电性效应相差很大的基团为对位取代时容易产生这种信号。而δ1.72(m,2H)则是一个化学环境比较复杂的亚甲基信号。图9-1中3600～$3100cm^{-1}$无明显吸收说明分子中无羟基。$1700cm^{-1}$附近强吸收说明分子中有羰基。$830cm^{-1}$处强吸收也证实芳环为对二取代。综合以上信息,化合物(A)的可能结构应为

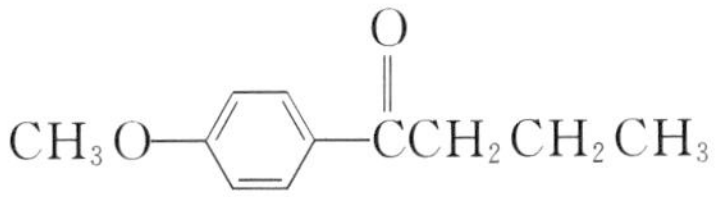
(Ⅰ)

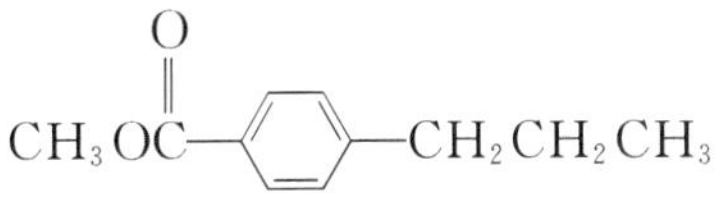
(Ⅱ)

再分析红外数据,若为酯基其吸收峰通常位于$1780cm^{-1}$附近,而醛、酮羰基其吸收峰通常位于$1720cm^{-1}$附近,故化合物(A)可能为式(Ⅰ)。核磁共振谱中,芳环质子信号为一典型对二取代,两组质子化学位移值之差达1ppm,说明对二取代的两基团电性效应相差较大,进一步证明化合物(A)为式(Ⅰ)。

三、习题与参考解答

【习题9-1】 用系统命名法命名下列化合物。

(1) 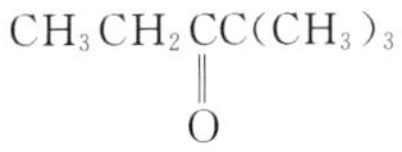

(2) 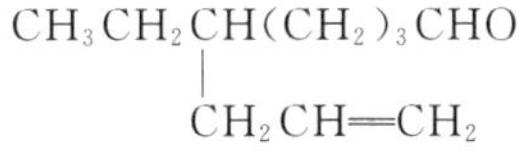

(3) 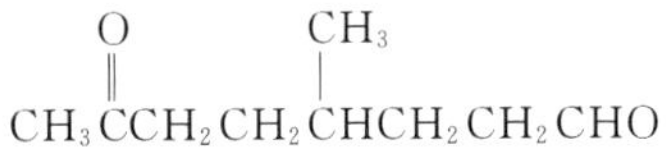

(4) 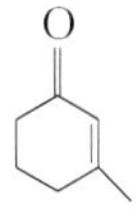

(5) 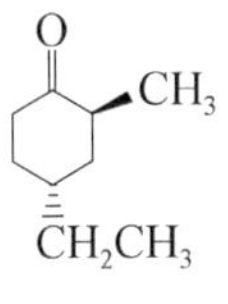

(6) 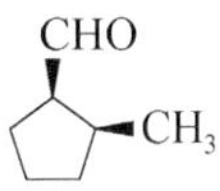

(7) 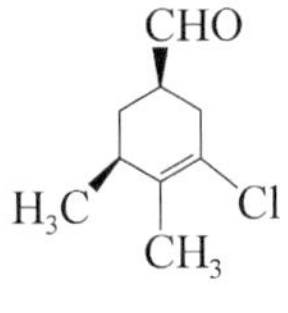

(8) 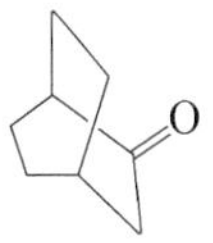

(9) 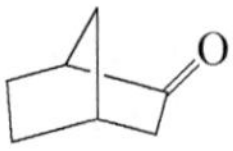

(10) 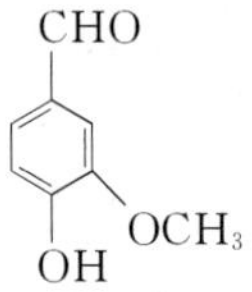

(11) 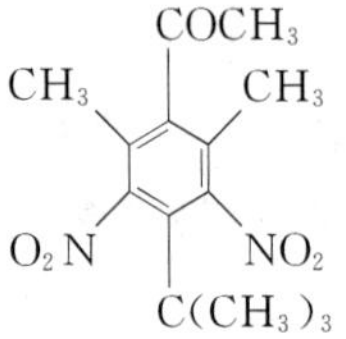

(12) 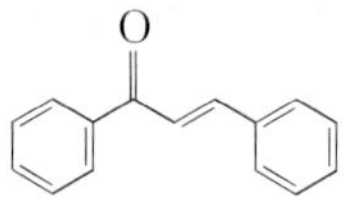

(13) 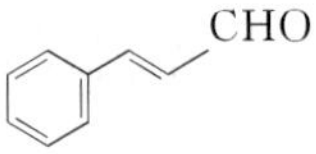

(14) 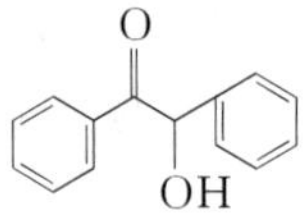

(15) 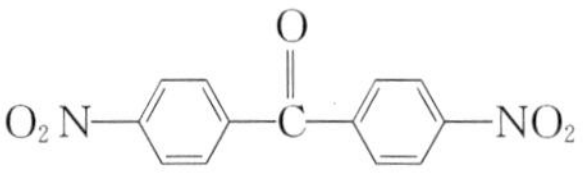

(16) 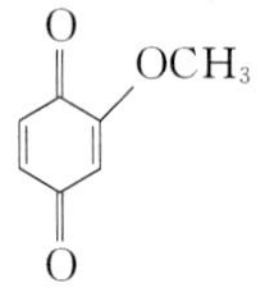

(17) 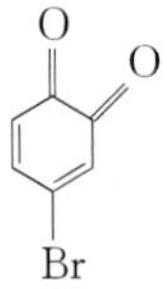

(18) 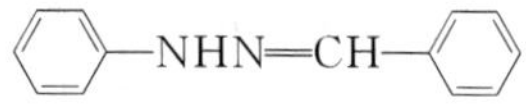

(19) 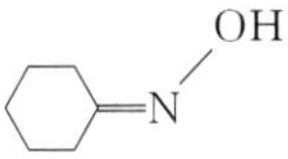

(20) 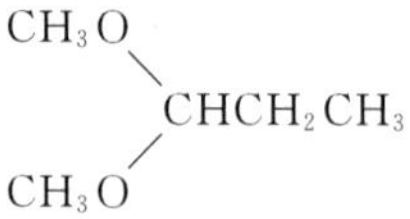

解 (1) 2,2-二甲基-3-戊酮。

(2) 5-乙基-7-辛烯醛。

(3) 4-甲基-7-氧代辛醛。分子中有不同羰基存在时,除选定作为主官能团的羰基外,其余羰基可用“氧代”来表示。

(4) 3-甲基-2-环己烯酮。

(5) (2*S*,4*R*)-2-甲基-4-乙基环己酮。顺反构型并不能区分对映异构体,必须用 *R*/*S* 标明碳原子的绝对构型。

(6) (1*R*,2*S*)-2-甲基环戊甲醛。

(7) (3*S*,5*R*)-2,3-二甲基-5-甲酰基-1-氯环己烯。若分子中取代较多较复杂时,也可将醛基作为取代基来命名。

(8) 二环[2.2.2]-2-辛酮。

(9) (1*S*,4*R*)-二环[2.2.1]-2-庚酮。由于分子中无对称元素,必须标出桥头碳原子的绝对构型,以便与其对映体区别。

(10) 4-羟基-3-甲氧基苯甲醛。

(11) 2,6-二甲基-4-叔丁基-3,5-二硝基苯乙酮。

（12）（E）-1，3-二苯基丙烯酮。需标明双键的构型和苯基取代的位置。

（13）（E）-3-苯基丙烯醛。

（14）1，2-二苯基-2-羟基乙酮。

（15）4，4′-二硝基二苯甲酮。

（16）2-甲氧基-1，4-苯醌。由于苯醌有异构体，因此需标出分子中羰基的位置。

（17）4-溴-1，2-苯醌。

（18）苯甲醛苯腙。当羰基化合物与肼类化合物生成腙时，根据醛或酮的名称称之为“某醛某腙”或“某酮某腙”。

（19）环己酮肟。当羰基化合物与羟胺生成肟时，根据所用醛或酮的名称称之为“某醛肟”或“某酮肟”。

（20）1，1-二甲氧基丙烷。缩醛或缩酮通常视为烷氧基取代化合物。

【习题 9-2】 按题意给出正确答案。

（1）将下列各组化合物按沸点由高到低排列成序。

（i）（a）　（b）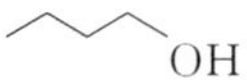

（c）　（d）

（ii）（a）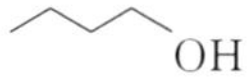　（b）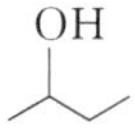

（c）　（d）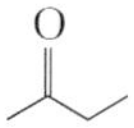

（iii）（a）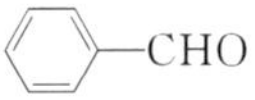　（b）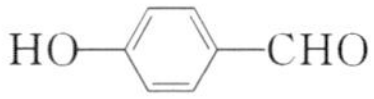

（c）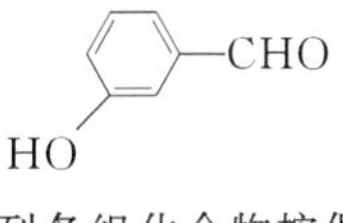　（d）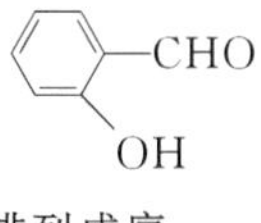

（2）将下列各组化合物按偶极矩由大到小排列成序。

（i）（a）　（b）

（c）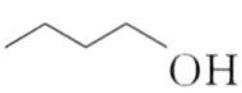　（d）

（ii）（a）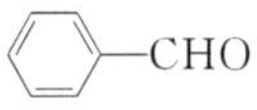　（b）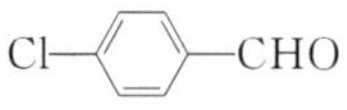

（c）　（d）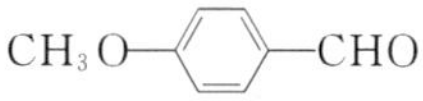

（3）将下列各组化合物按 pK_a 值由大到小排列成序。

（i）（a）CH_3CHO　（b）CH_3COCH_3

（c）$C_6H_5COCH_3$　（d）$C_6H_5COC_6H_5$

(ii) (a) CH_2CHO
　　　　|
　　　　CHO

(b) CH_2COCH_3
　　|
　　$COCH_3$

(c) $CH_2COC_6H_5$
　　|
　　$COCH_3$

(d) $CH_2COC_6H_5$
　　|
　　COC_6H_5

解　(1) (i) (b)＞(d)＞(c)＞(a)。醇分子之间有氢键作用,沸点最高,其余化合物极性越弱,沸点越低。

(ii) (a)＞(b)＞(c)＞(d)。除了氢键作用外,分子支链越多,相互之间作用力越小,沸点越低。

(iii) (b)＞(c)＞(d)＞(a)。分子中由于羟基能形成氢键,沸点较高。(d)由于能形成分子内氢键,沸点较低,(b)由于极性最强,沸点最高。

(2) (i) (d)＞(c)＞(b)＞(a)。(b)中双键碳原子为 sp^2 杂化,电负性比 sp^3 杂化碳原子要大,(d)中由于 σ 键和 π 键电子都偏向氧原子,偶极矩最大。

(ii) (d)＞(c)＞(a)＞(b)。分子偶极矩是分子中各取代基偶极的矢量和。

(3) (i) (d)＞(c)＞(b)＞(a)。羰基的缺电子程度不同,其对 α-质子的活化程度也不相同,在(d)中无 α-质子,故 pK_a 值最高。

(ii) (d)＞(c)＞(b)＞(a)。

【习题 9-3】　比较醛、酮异构体的燃烧热,可看到通常情况下酮比醛更稳定(二者燃烧热差值为 $20\sim40kJ\cdot mol^{-1}$),以丙醛和丙酮为例加以说明。

解　在醛、酮分子中,由于羰基的 σ 键电子云和 π 键电子云均偏向氧原子,羰基碳原子缺电子程度较高,分子稳定性下降。在丙酮分子中,一方面,由于甲基中碳原子为 sp^3 杂化,与羰基碳原子的 sp^2 杂化相比,其 s 成分较低,对电子的吸引力不如 sp^2 杂化的碳原子强;另一方面,甲基还有超共轭效应。这两种因素都表现为弱的给电子效应,甲基的给电子作用降低了羰基碳的缺电子程度,从而提高了分子的稳定性。而在丙醛中,由于只有一个烷基产生类似的给电子作用,故分子的稳定性比相应的酮低。

【习题 9-4】　甲醛、乙醛和丙酮的偶极矩分别为 2.27D、2.72D 和 2.85D,而相应的甲醇、乙醇、异丙醇的偶极矩却分别为 1.7D、1.7D、1.6D。为什么羰基碳原子上甲基取代越多,分子的偶极矩越大?

解　在醛、酮分子中,羰基碳原子以 sp^2 杂化轨道与其他原子形成 σ 键,再以 p 轨道与氧原子形成 π 键,由于乙醛、丙酮分子中甲基的超共轭效应,表现为弱的给电子效应。另外,甲基碳原子为 sp^3 杂化,与羰基碳原子 sp^2 杂化相比具有较弱的电负性。两种因素均使甲基带上部分正电荷,使甲基碳与羰基碳之间产生一个新的偶极,从而增大整个分子的偶极矩,故取代越多,偶极矩越大。而在相应的醇分子中,这两种因素均不存在,故取代基增加后,分子的偶极矩并不随之增大。

【习题 9-5】　虽然—CHO 和—Br 都表现为吸电子基团,但实验结果表明,丙烯醛的偶极矩大于丙醛,而溴乙烯的偶极矩却小于溴乙烷,试给出合理的解释。

解　在溴乙烷分子中,溴与乙基之间存在电负性差异,溴表现出吸电子的诱导效应。而在溴乙烯分子中,除了上述诱导效应外,溴与乙烯基之间还存在 p-π 共轭作用,即表现为给电子的共轭效应。由于诱导效应与共轭效应的方向相反，故溴乙烯的偶极矩比溴乙烷的偶极矩小。在丙烯醛分子中，除了醛基的诱导效应外，醛基与乙烯基存在 π-π 共轭作用，即

$$[CH_2{=}CH{-}CH{=}O \longrightarrow \overset{+}{C}H_2{-}CH{=}CH{-}O^-]$$

其共轭效应与诱导效应方向相同，所以丙烯醛的偶极矩大于丙醛的偶极矩。

【习题 9-6】 完成下列反应，写出各步产物(注意立体化学问题)。

(1) $CH_3COCH_3 + HOCH_2CH_2OH \xrightarrow{TsOH}$

(2) $HOCH_2CH_2CH_2CHO \xrightarrow[TsOH]{CH_3OH}$

(3) 

(4) 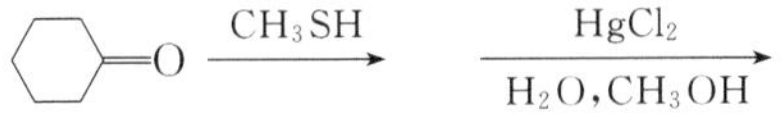

(5) 

(6) 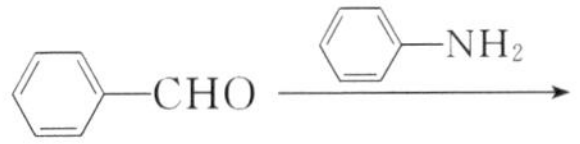

(7) $CH_3COCH_3 + CH{\equiv}CCH_3 \xrightarrow[2)H_2O]{1)NaNH_2} \quad \xrightarrow[Pd/BaSO_4]{H_2}$

(8) $CH_3COCH_3 \xrightarrow[2)H_2O]{1)NaCN} \quad \xrightarrow[\triangle]{Al_2O_3}$

(9) 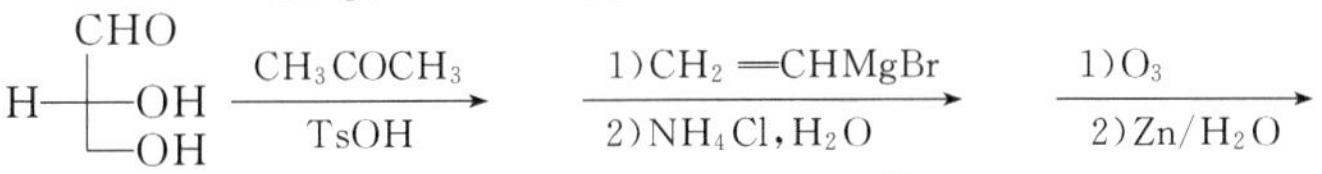

(10) 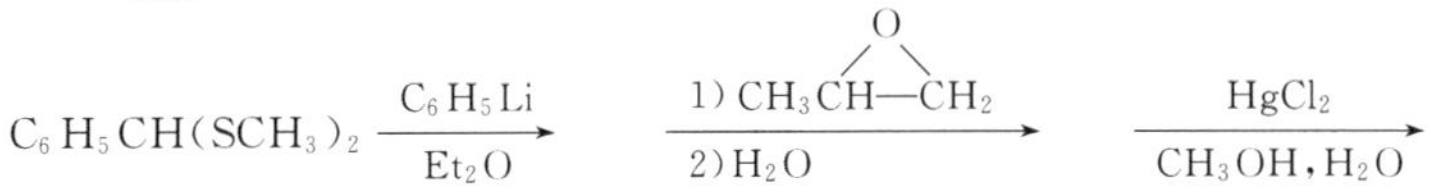

解 (1) 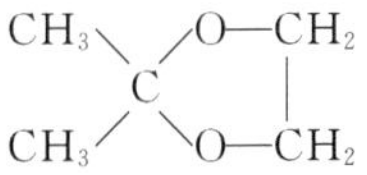

(2) 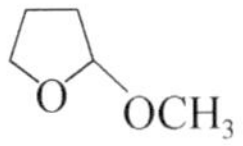

由于 γ-和 δ-羟基醛(酮)很容易形成分子内半缩醛结构，在生成缩醛时只需一分子甲醇。

(3) 

(4) 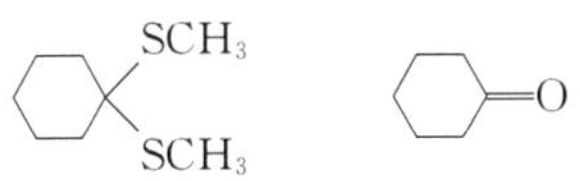

硫代缩酮或缩醛在汞盐作用下能形成溶解度极小的硫化物沉淀，而使羰基重新游离出来。

(5) 

(6) 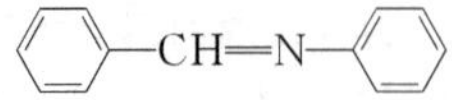

醛、酮与脂肪族伯胺生成的亚胺不稳定。只有芳香族醛、酮与芳香族伯胺才能生成稳定的亚胺化合物,称为席夫碱。

(7) 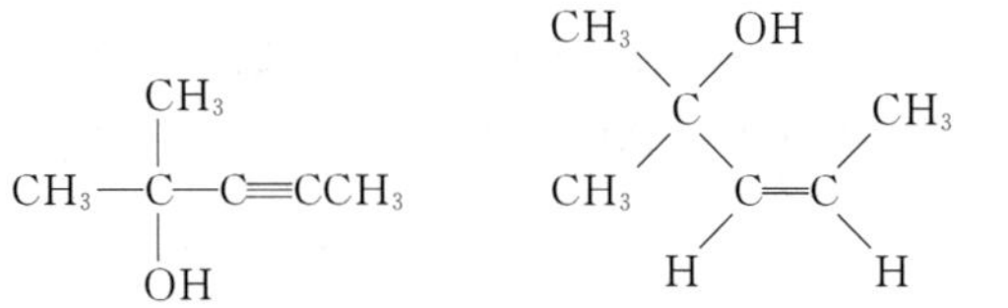

(8) 

(9) 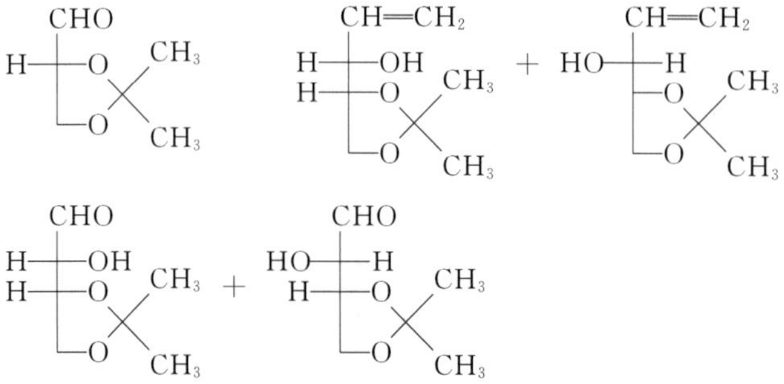

(10) 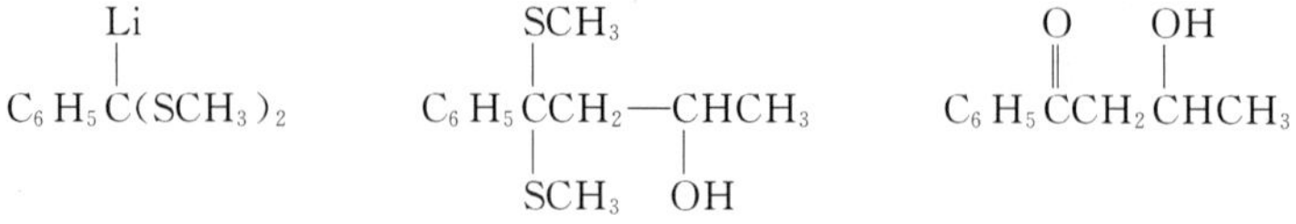

由于受两个硫原子的吸电子作用,α-质子的酸性较强,很容易被强碱如 C_6H_5Li 等夺走,生成相应的碳负离子。在有机合成中,将正电性的醛基碳原子通过形成硫代缩醛再转变成碳负离子是一种常见的极性转换的方法。

【习题 9-7】 完成下列反应。

(1) $CH_3COCH_2CH_3 \xrightarrow[HAc]{Br_2}$

(2) $CH_3COCH_2CH_3 \xrightarrow[NaOH]{Br_2}$

(3) $CH_3CH_2CH_2CHO \xrightarrow[EtOH]{EtONa}$

(4) $CH_3(CH_2)_6CHO \xrightarrow[HOCH_2CH_2OH,\triangle]{NaOH}$

(5) $CH_3COCH_2CH_2CH_2CHO \xrightarrow[EtOH,\triangle]{EtONa}$

(6) 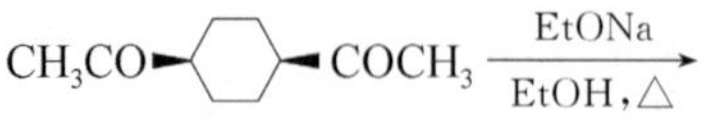

(7) $C_6H_5CH_2COCH_2C_6H_5 + C_6H_5COCOC_6H_5 \xrightarrow[EtOH,\triangle]{KOH}$

(8) 

(9) 

(10) 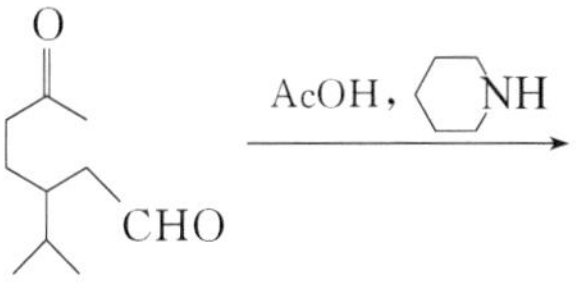

解　(1) $CH_3COCH(Br)CH_3$

在酸性条件下，优先生成双键上取代最多的烯醇。

(2) $CH_3CH_2COO^- + CHBr_3$

(3) $CH_3CH_2CH_2CH(OH)CH(CH_2CH_3)CHO$

(4) $CH_3(CH_2)_6CH{=}C(CH_2(CH_2)_4CH_3)CHO$

在醇醛缩合中，当醛中烃基增大时，反应温度需适当升高，温度升高有利于脱水反应。事实上，在醇醛缩合反应中庚醛以上只得到α,β-不饱和醛(酮)。

(5) 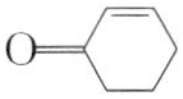

分子发生环化反应时，优先生成五、六、七元环。

(6) 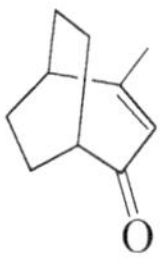

(7) 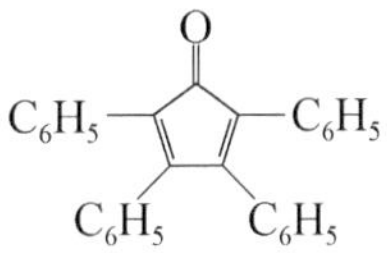

(8) 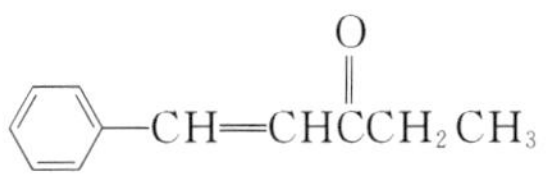

在碱性条件下，碱首先夺取酮分子中酸性较强、位阻较小的质子，生成相应的碳负离子，再与苯甲醛发生加成、脱水生成产物。

(9) 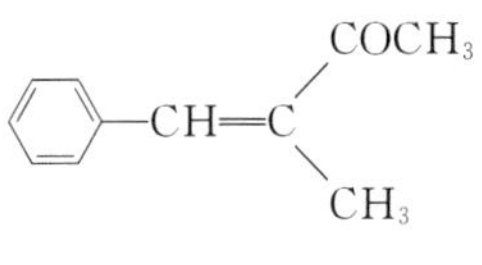

在酸性条件下，酮首先异构为相对较稳定的烯醇，再与醛发生加成反应。由于双键上取代基越多的烯醇越稳定，故反应方向与碱性条件下不同。

(10) 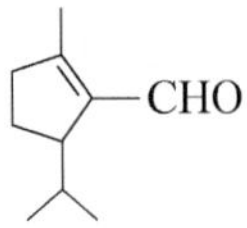

在此反应条件下，醛、酮首先生成烯醇或烯胺结构，醛比酮更容易生成烯醇或烯胺。

【习题 9-8】 完成下列反应。

(1) $PhCH{=}CHCOPh \xrightarrow{HCN}$

(2) $PhCH{=}CHCOPh \xrightarrow[2)H_2O]{1)Ph_2CuLi}$

(3) $PhCH{=}CHCOPh \xrightarrow[2)H_2O]{1)PhLi}$

(4) $CH_3CH{=}CHCHO \xrightarrow{Br_2}$

(5) $CH_3CH{=}CHCHO \xrightarrow[NaOH]{PhCHO}$

(6) 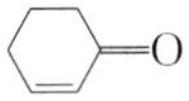 $\xrightarrow[Pt,C_2H_5OH]{H_2(0.1MPa)}$

(7) 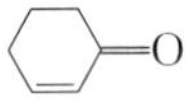 $\xrightarrow[Pt,C_2H_5OH,\triangle]{H_2(2MPa)}$

(8) 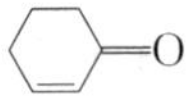 $\xrightarrow[2)H_2O]{1)LiAlH_4}$

(9) $CH_3C{\equiv}C\overset{O}{\overset{\|}{C}}CH{=}CH_2 \xrightarrow[2)H_2O]{1)LiAlH_4} \xrightarrow[\triangle]{H_3^+O}$

(10) $PhCH{=}CHCHO \xrightarrow{Ag_2O}$

(11) $PhCH{=}CHCHO \xrightarrow[H_2SO_4]{CrO_3}$

(12) $PhCH{=}CHCH_2OH \xrightarrow{MnO_2}$

(13) $CH_2{=}CHCOCH_3 \xrightarrow[NaOH]{Cl_2}$

(14) 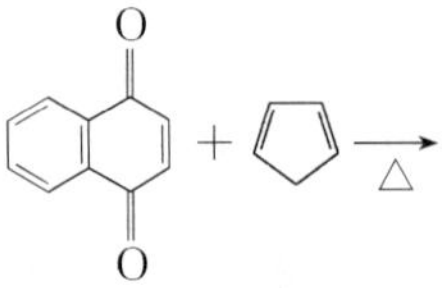

解 (1) $PhCH(CN)CH_2COPh$

$$\underset{\displaystyle CN}{\underset{|}{PhCH}}CH_2COPh$$

(2) $$\overset{\displaystyle Ph}{\overset{|}{PhCH}}CH_2COPh$$

(3) PhCH=CHC(OH)(Ph)Ph

　　　　　　OH
　　　　　　|
PhCH=CHCPh
　　　　　　|
　　　　　　Ph

通常情况下，α,β-不饱和醛(酮)与亲核试剂发生 1,4-加成反应，但若亲核试剂体积较小且亲核性极强时，也可以发生 1,2-加成反应。

(4) $CH_3CH(Br)—CH(Br)CHO$

双键上也能发生亲电加成反应。

(5) PhCH=CHCH=CHCHO

由于插烯作用，巴豆醛的 γ-氢具有较强的酸性。

(6) 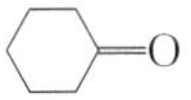

在温和条件下，由于 1,4-加成后的互变异构，结果是双键优先被还原。

(7) 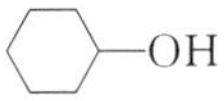

(8) 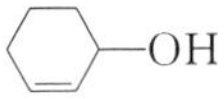

$LiAlH_4$ 通常只还原羰基，不还原碳-碳不饱和键。

(9) $CH_3C\equiv CCH(OH)CH=CH_2$　　　$CH_3C\equiv CCH=CHCH_2OH$

酸催化条件下发生烯丙醇的异构化，生成热力学更稳定的产物。

(10) PhCH=CHCOOH

Ag_2O 是一种温和的氧化剂，可将醛基氧化成羧基，碳-碳双键不受影响。

(11) PhCOOH

此时起作用的是 $Cr_2O_7^{2-}$，它氧化性很强，侧链完全被氧化断裂。

(12) PhCH=CHCHO

新制的 MnO_2 是一种温和的选择性氧化剂，可将烯丙基型醇中的羟基氧化成羰基，但分子中的孤立羟基不被氧化。

(13) CH_2=$CHCOO^-$ + $CHCl_3$

(14) 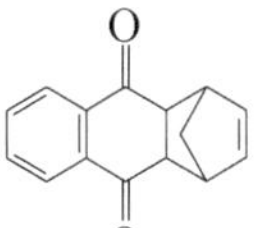

醌类化合物的化学性质与 α,β-不饱和羰基化合物类似，醌环本身无芳香性，具有较高的反应活性，容易发生各种加成反应。

【习题 9-9】 完成下列反应。

(1) $C_6H_5COCH_3 \xrightarrow{CH_3COOOH}$

(2) $C_6H_5COCH_3 \xrightarrow{SeO_2}$

(3) 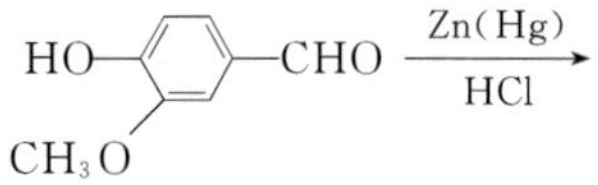

(4) 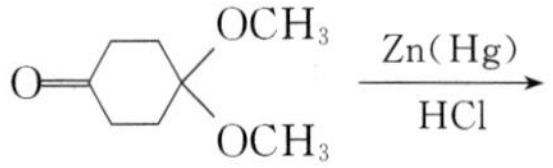

(5) 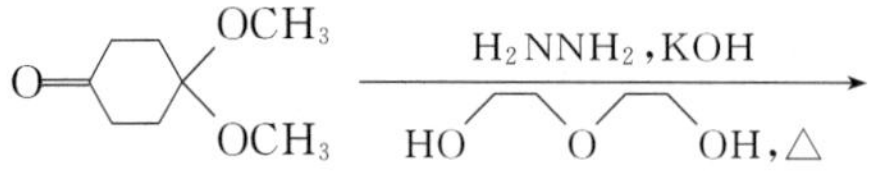

(6) $C_6H_5COCH_3 \xrightarrow[2)NH_4Cl, H_2O]{1)Mg, C_6H_6}$

(7) 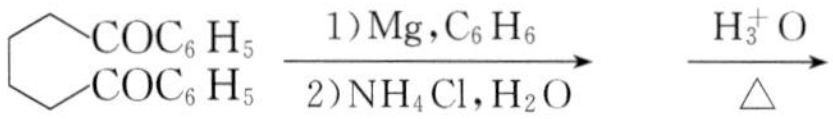

(8) 

(9) 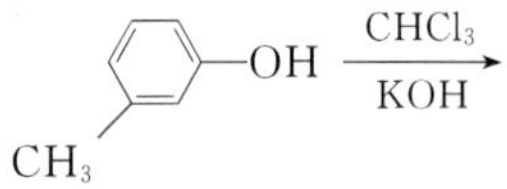

(10) 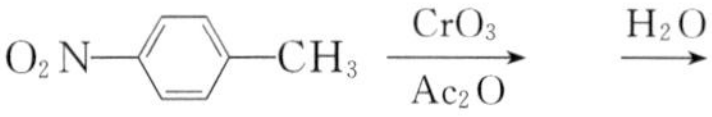

(11) $(CH_3)_2CHCH_2CN + C_6H_5MgBr \xrightarrow[2)H_3^+O]{1)Et_2O}$

(12) $(CH_3)_2NH + CH_2O + C_6H_5COCH_3 \xrightarrow{EtOH}$

解 (1) $CH_3COOC_6H_5$

过氧酸氧化酮羰基成酯时,通常情况是能稳定正电荷的基团优先迁移到氧原子上。

(2) C_6H_5COCHO

SeO_2 是一种选择性氧化剂,可将羰基邻位亚甲基或甲基氧化成羰基。

(3) 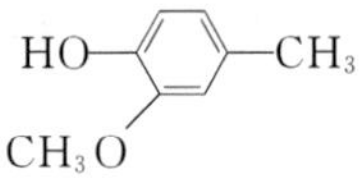

(4) 

缩酮在该条件下会水解生成羰基,因此一起被还原。

(5) 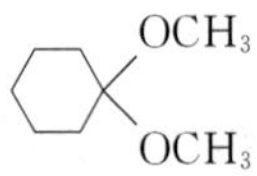

缩酮在碱性条件下是稳定结构。

(6) 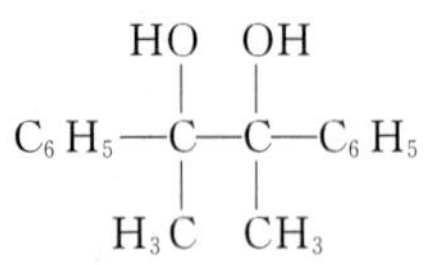

(7) 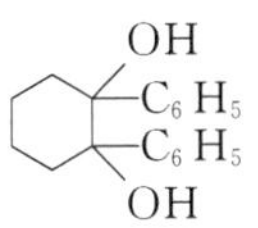 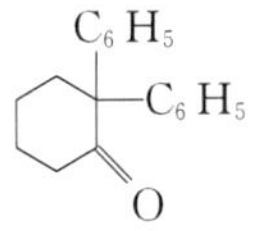

(8) 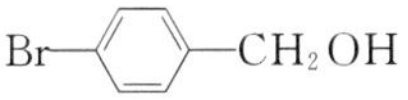

在交叉康尼查罗反应中，通常总是甲醛被氧化成甲酸。

(9) 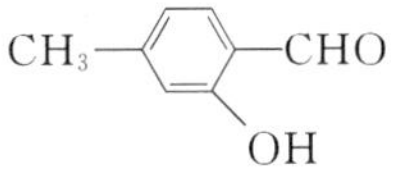

位阻较小的位置容易发生反应。

(10) 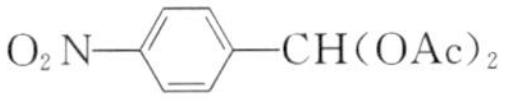 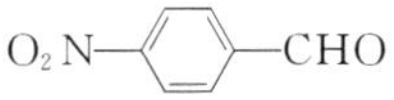

在乙酸酐溶剂中用 CrO_3 作氧化剂，可将甲基或活性亚甲基氧化成偕二醇的乙酸酯，水解后可得醛或酮，此方法可避免过度氧化成酸。

(11) $(CH_3)_2CHCH_2COC_6H_5$

反应中并不直接生成酮，否则会继续反应生成叔醇，而是首先生成亚胺盐 >C═NMgX ，再水解生成酮。此方法主要用于合成芳酮，因为中间体芳基亚胺盐比较稳定。

(12) $C_6H_5COCH_2CH_2N(CH_3)_2$

此反应称为曼尼希(Mannich)反应。

【习题 9-10】 写出下列化合物与等物质的量的 HCN 加成的产物。

(1) $CH_3COCH_2CH_2CHO$

(2) $C_6H_5COCH_2CH_2COCH_3$

(3) 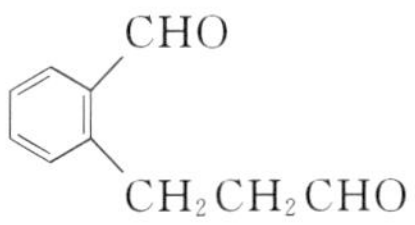

(4) 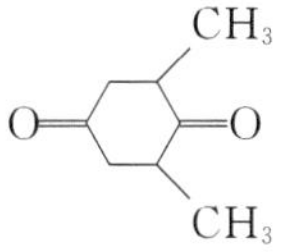

解 (1) 

氰基优先与反应活性高的醛羰基加成。

(2) 

芳酮活性较低，不易与氰基加成，而脂肪族甲基酮可发生加成反应。

(3) 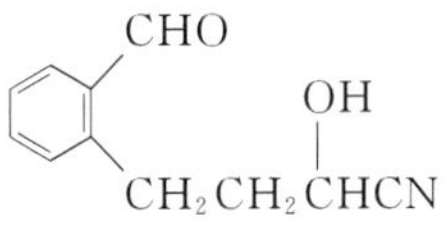

脂肪醛的活性高于芳香醛，优先与氰基加成。

(4) 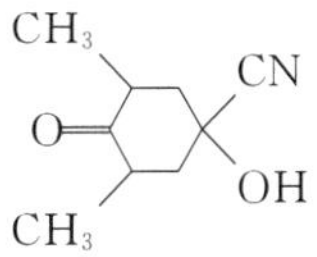

由于生成氰醇后羰基碳原子由 sp^2 杂化转变为 sp^3 杂化，基团之间张力增大，故氰基优先在位阻较小、张力较小的羰基上加成。

【习题 9-11】 指出下列反应式中与反应条件不符的化合物，并说明理由。

(1) 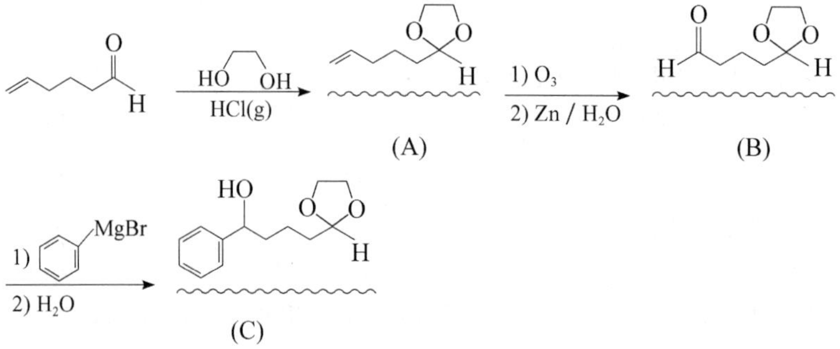

(2) 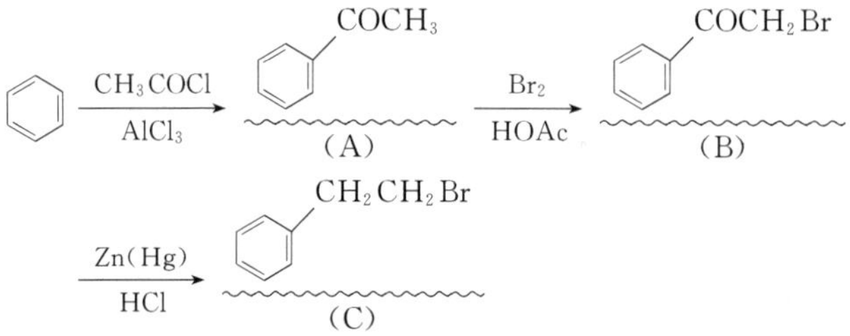

(3) 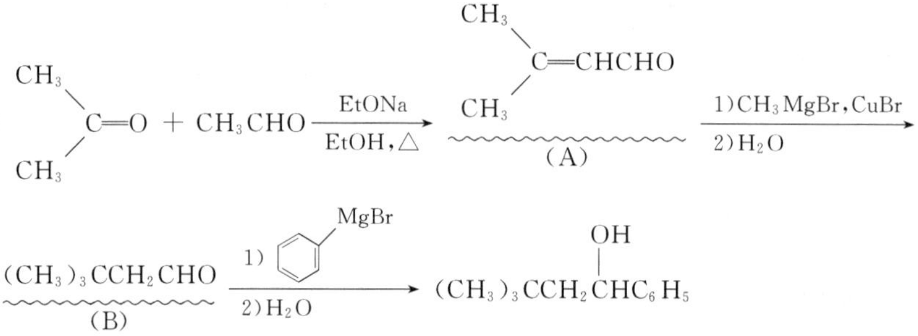

(4) 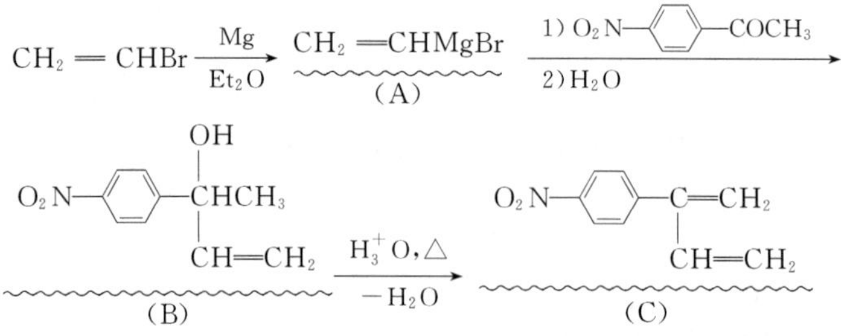

(5) 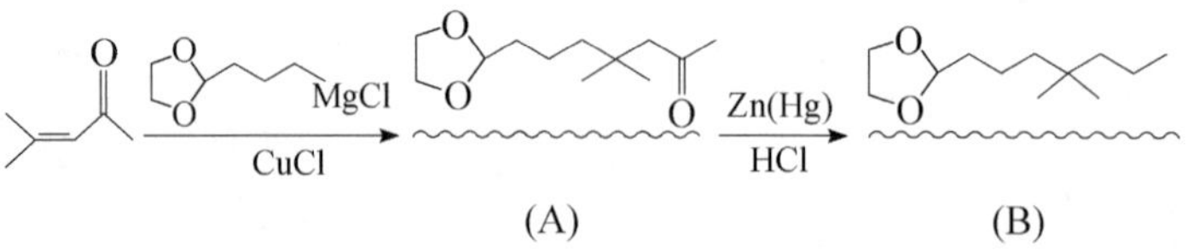

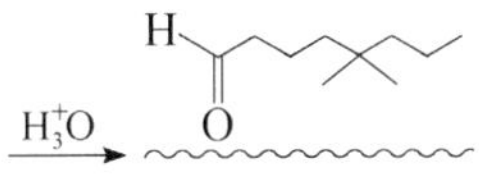

(C)

(6) $CH_2=CHCH_2OH \xrightarrow[H_2SO_4]{CrO_3} \underset{(A)}{CH_2=CHCHO} \xrightarrow[\triangle]{CH_2=CHCH=CH_2}$ 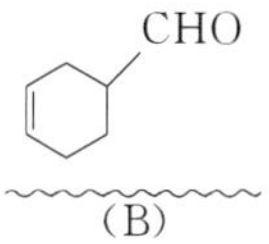 (B)

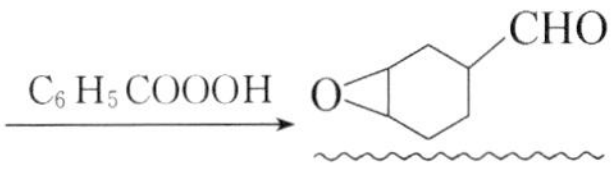

(C)

解 (1) (A)错。在生成缩醛的同时,双键也会发生与 HCl 的加成反应。

(2) (C)错。在克莱门森反应条件下,卤素能够被还原。

(3) (A)错。乙醛中羰基的反应活性比丙酮中羰基高。

(4) (B)错。因为格氏试剂是一种强亲核试剂,不仅能与羰基加成,同时也能与硝基反应。

(5) (B)错。在酸性条件下缩醛会水解生成羰基,因此会同时被还原。

(6) (A)错。在 H_2SO_4 介质中,CrO_3 水合生成 $H_2Cr_2O_7$,氧化性很强,$CH_2=CHCHO$ 被继续氧化。(C)错。用过氧酸氧化时,不仅双键被氧化成环氧键,同时醛基也会被氧化。

【习题 9-12】 脂肪族醛、酮与脂肪族伯胺反应时往往得不到相应的亚胺,但两种原料只要有一种为芳香族化合物即可得到相应的亚胺。为什么?

解 由于亚胺结构与羰基类似,碳原子上还能发生进一步加成生成其他化合物。但亚胺基上连有芳基时,由于 π-π 共轭作用形成大共轭体系,化合物稳定性大大提高,不容易与胺进一步加成,故可得到相应的亚胺(席夫碱)。

【习题 9-13】 在物质的量比为 2∶1 的乙醇与乙醛混合液中加入一定量的无水 $CaCl_2$,室温下放置数日,发现溶液分为两层。现假定反应基本完成,请指出上层和下层各是什么物质,并写出反应机理。

解 上层是缩醛,下层是 $CaCl_2$ 的水溶液。反应机理如下:

$$Ca^{2+} + 2H_2O \rightleftharpoons Ca(OH)_2 + 2H^+$$

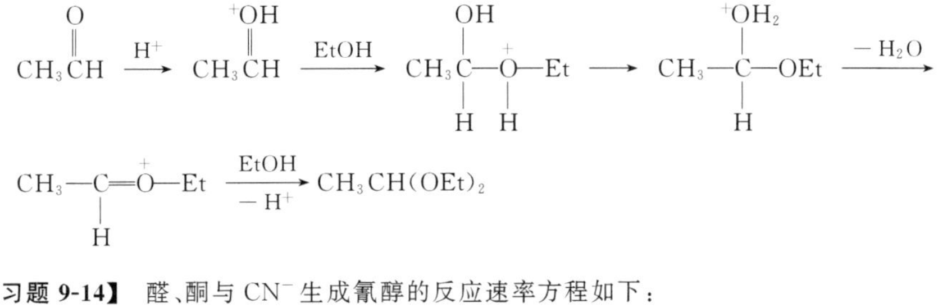

【习题 9-14】 醛、酮与 CN^- 生成氰醇的反应速率方程如下:

$$v=k[醛、酮][CN^-]$$

(1) 该反应是如何进行的?哪一步是速率决定步骤?

(2) 在该反应过程中,质子浓度的高低是否影响化学反应速率?如何影响?

解　(1) 反应机理如下：

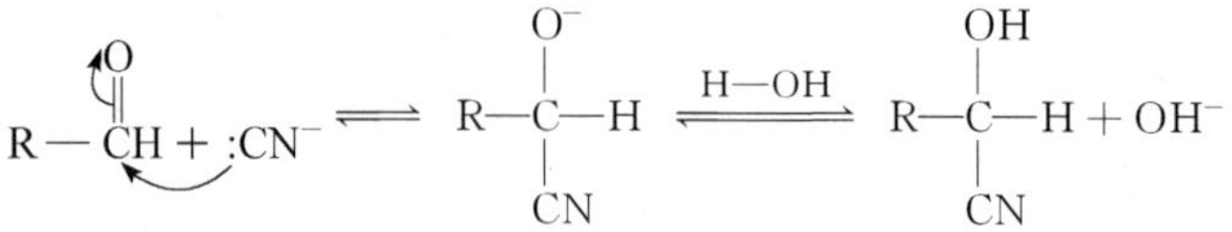

第一步亲核加成是反应速率决定步骤。

(2) 在反应速率方程中虽然没有$[H^+]$一项，但由 HCN 的电离平衡($HCN \rightleftharpoons H^+ + CN^-$)可知，质子浓度越高则 CN^- 的浓度越低，从而导致生成氰醇的速率下降；另一方面，质子浓度低虽有利于氰醇的生成，但碱性太强却易引起一系列副反应的发生(如醇醛缩合、康尼查罗反应、氰基水解等)，其结果也不利于氰醇的生成。所以在此反应中往往只用一两滴碱催化反应进行。

【习题 9-15】　给下列反应提出合理的反应机理。

(1) 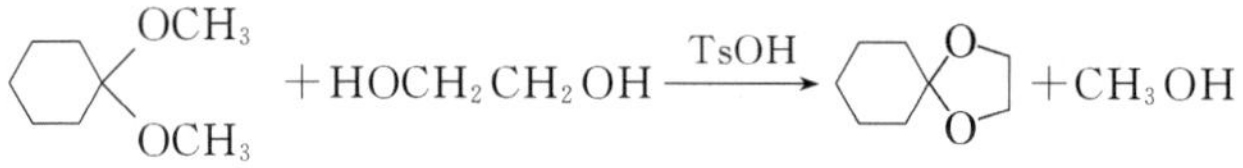

(2) 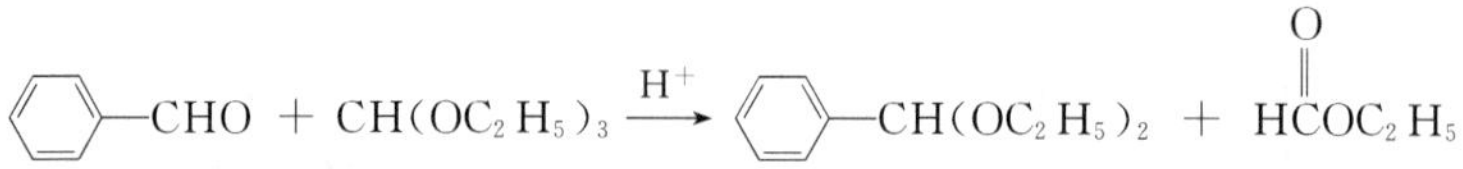

(3) 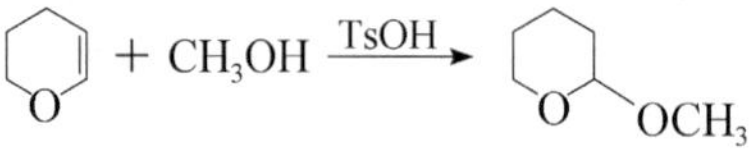

(4) $(CH_3)_3CCH(Cl)CHO \xrightarrow[CH_3OH]{CH_3ONa} (CH_3)_3CCH(OH)CH(OCH_3)_2$

解　(1) 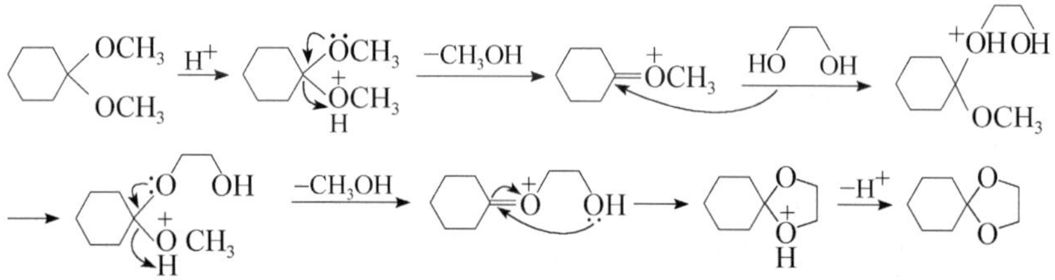

(2) 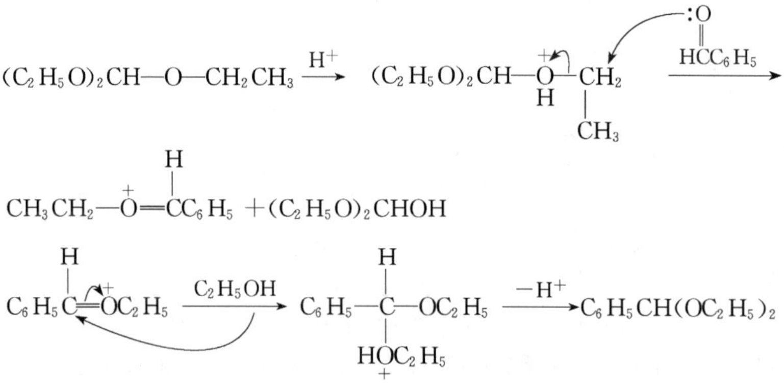

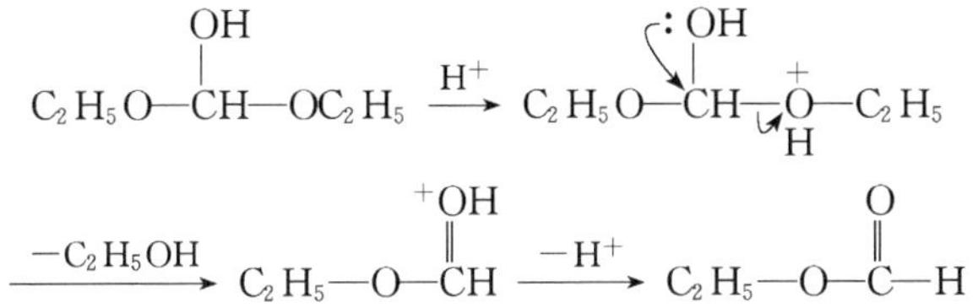

(3) 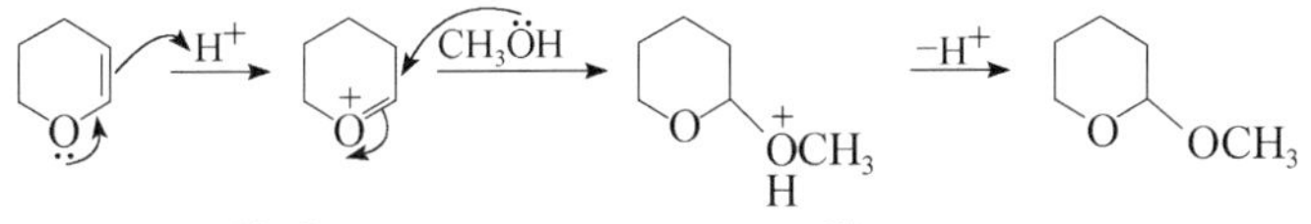

(4) 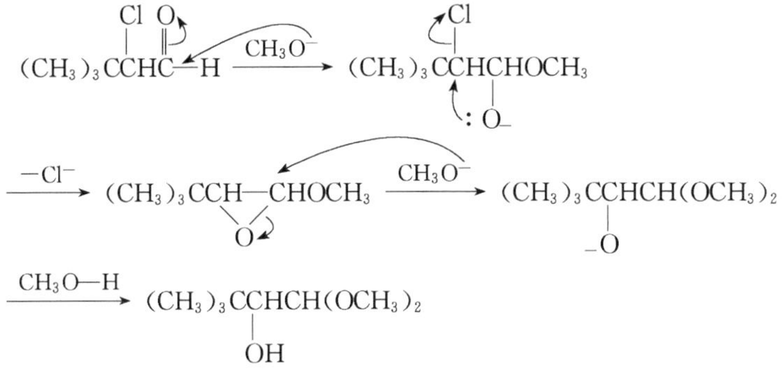

【习题 9-16】 给下列反应提出合理的反应机理。

(1) 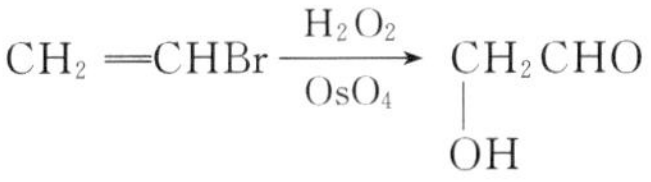

(2) 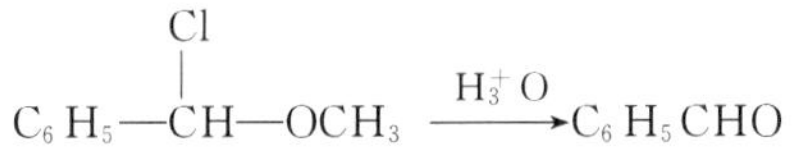

(3) 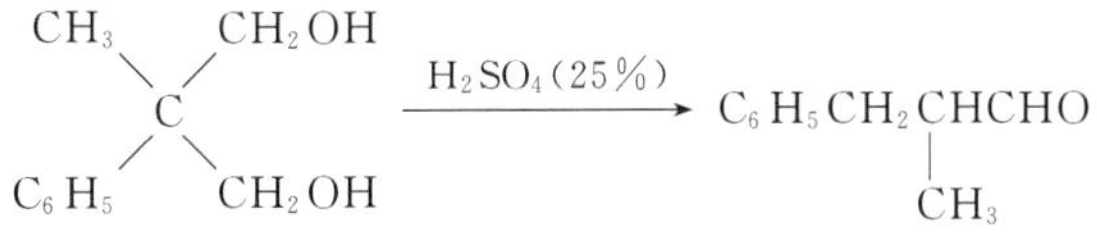

解 (1) 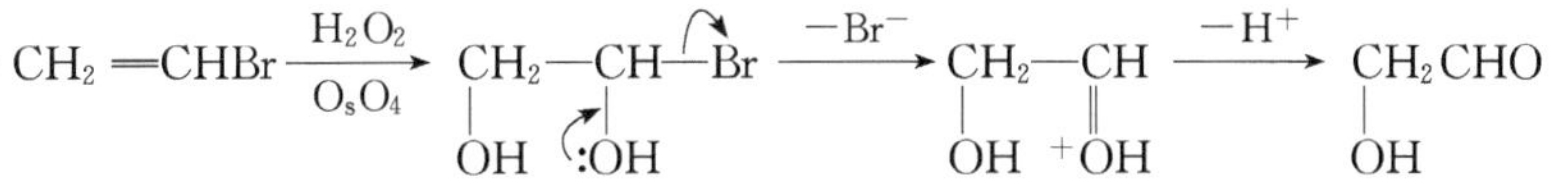

(2) 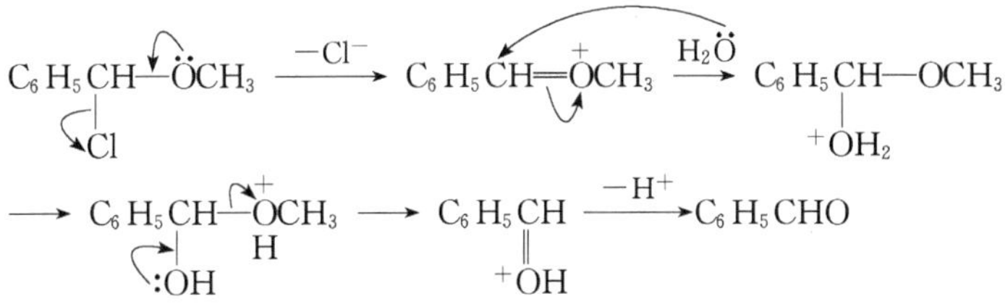

(3) 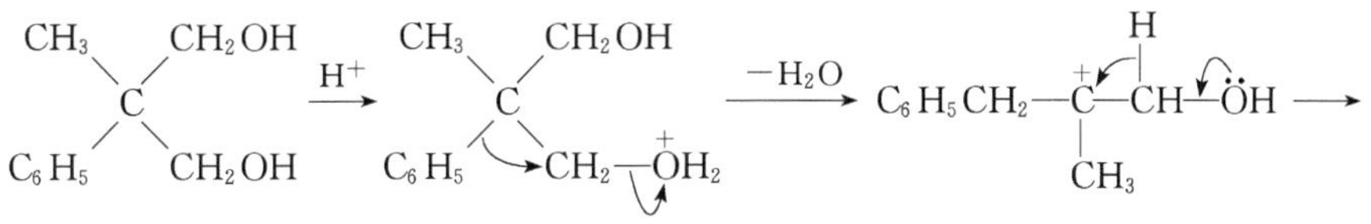

$$C_6H_5CH_2CH(CH_3)CH{=}\overset{+}{O}H \xrightarrow{-H^+} C_6H_5CH_2CH(CH_3)CHO$$

【习题 9-17】 给下列反应提出合理的反应机理。

(1) 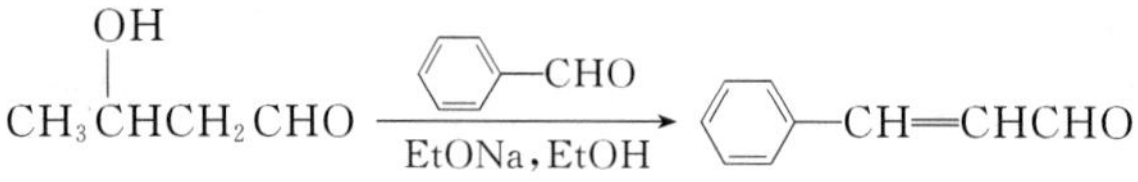

(2) $Ph_2CHCHO \xrightarrow{H^+} PhCH_2\overset{O}{\overset{\|}{C}}Ph$

(3) 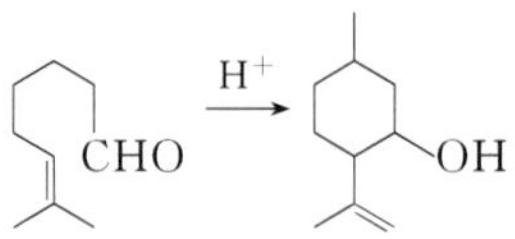

(4) 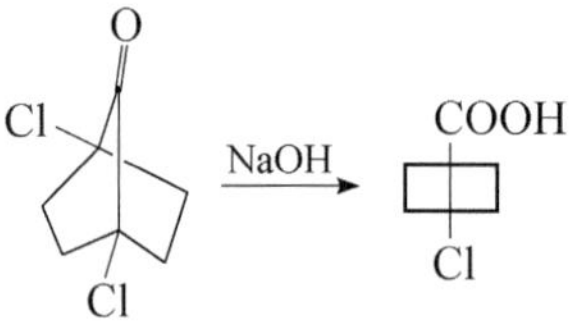

解 (1) 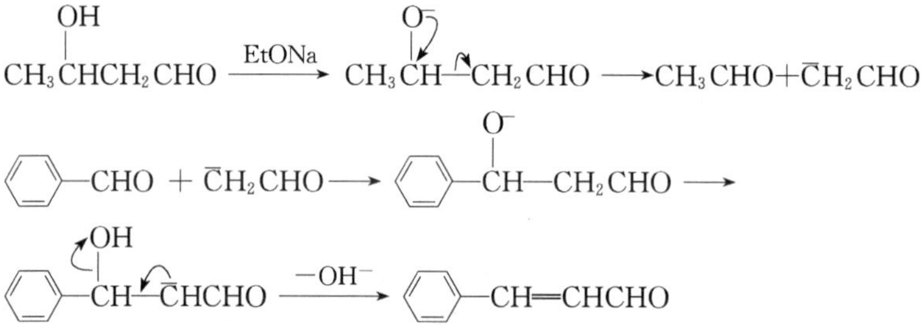

(2) 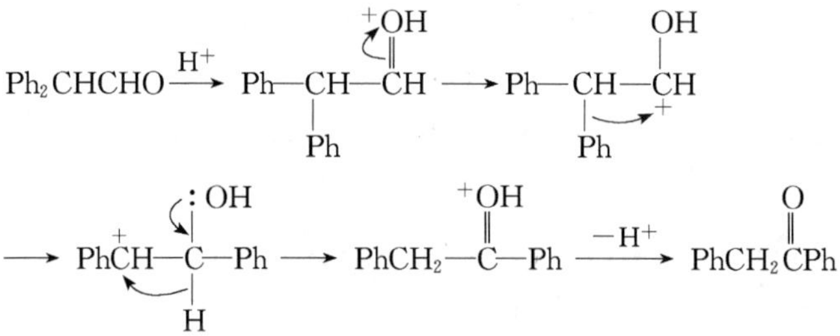

(3) 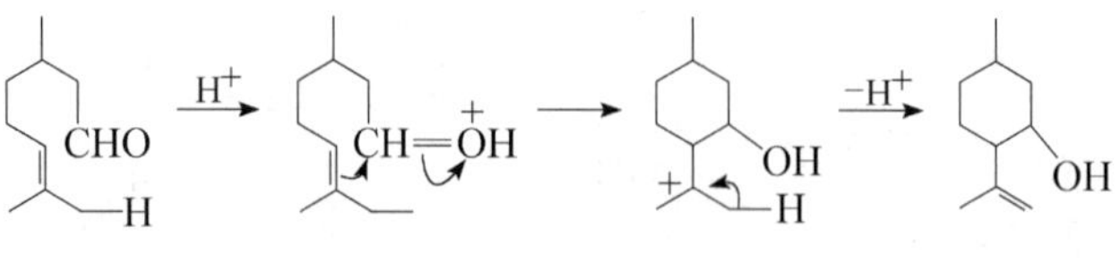

(4) 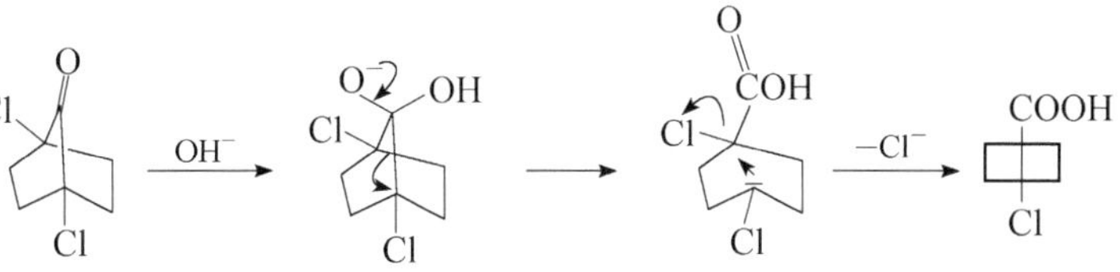

【习题 9-18】 给下列反应提出合理的反应机理。

(1) 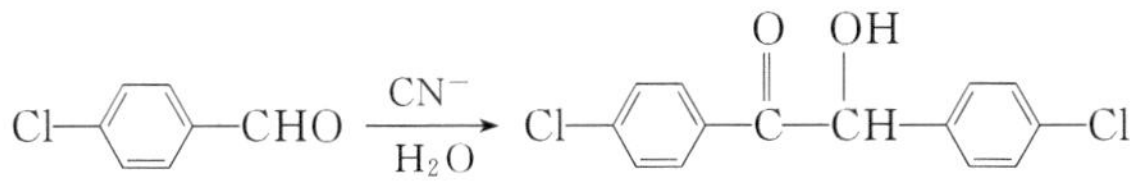

(2) 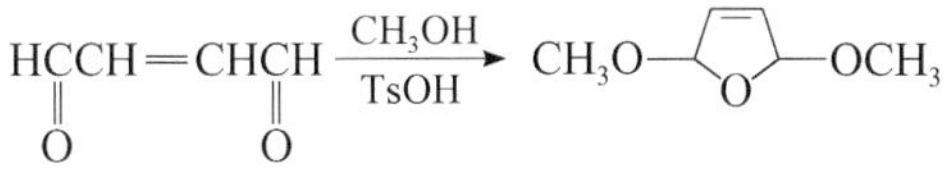

(3) $PhCHO + PhCH_2CN + NaCN \xrightarrow[H_2O]{CH_3OH} PhCH(CN){-}CH(CN)Ph$

(4) $n\,HCHO + H_2O \underset{\triangle}{\rightleftharpoons} HO{\leftarrow}CH_2O{\rightarrow}_n H$

解 (1) 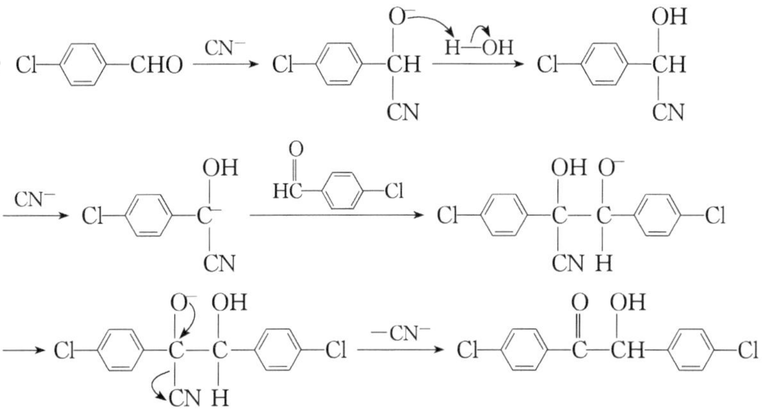

(2) 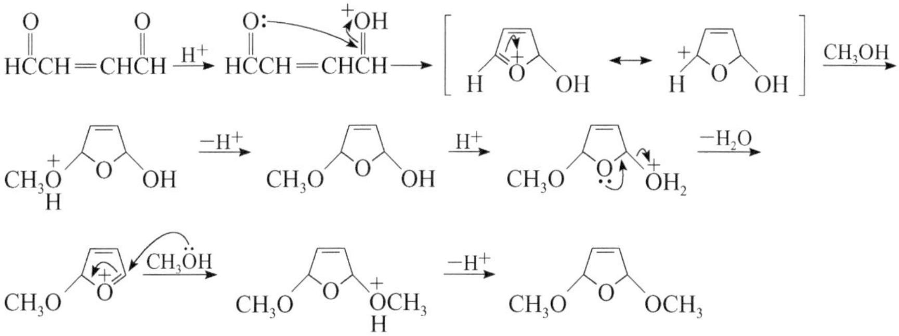

(3) 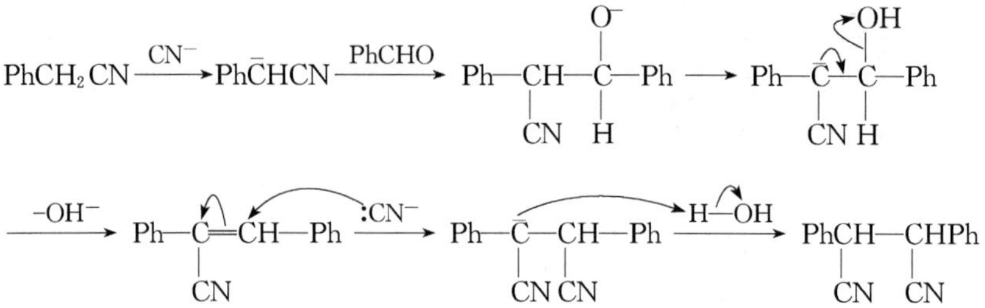

(4) 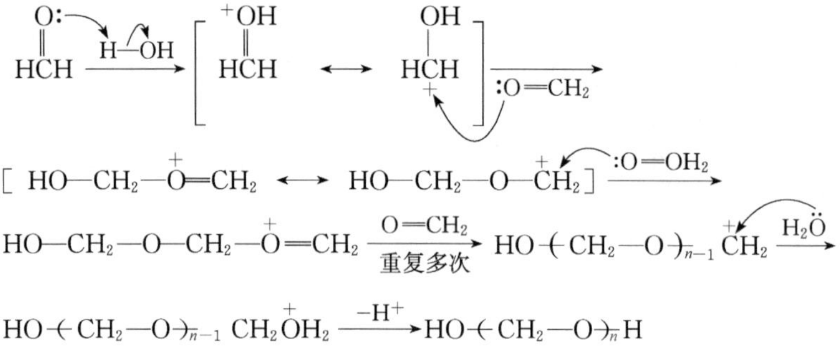

【习题 9-19】 实验结果显示，当 $\mathrm{Ph\overset{O}{\overset{\|}{C}}\underset{CH_3}{\underset{|}{CH}}CH_2CH_3}$ 分子中羰基的 α-位发生卤代反应时，不管用酸催化或是碱催化，卤素 Cl_2、Br_2、I_2 的反应速率都相同，试解释其原因。

解 酸催化反应机理如下：

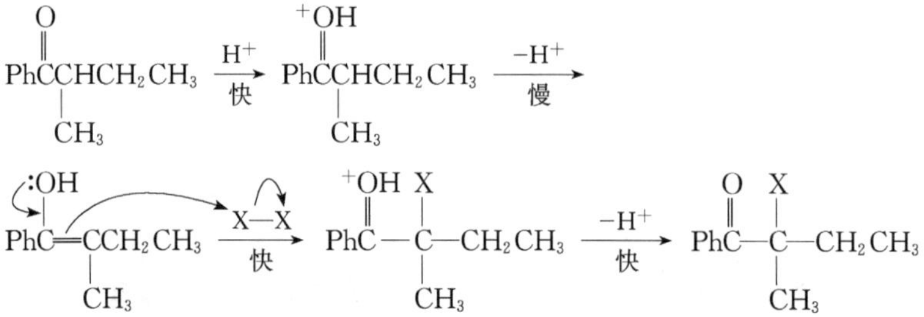

碱催化反应机理如下：

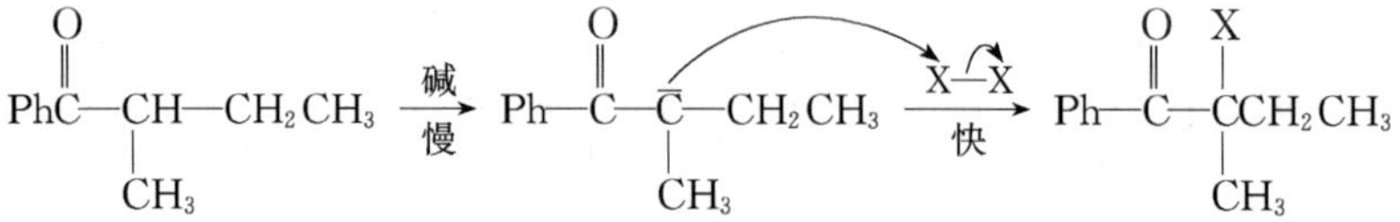

从上述两种反应机理可看出，醛、酮分子与卤素的反应不是速率决定步骤，所以不同卤素发生卤代反应时速率相同。

【习题 9-20】 在碱性条件下，将等物质的量的 Br_2 与 $C_6H_5COCH_2CH_3$ 进行 α-卤代反应，最后分离产物时发现有一半酮未发生反应，另一半酮则生成二卤化物，试给出合理的解释。

解 反应机理如下：

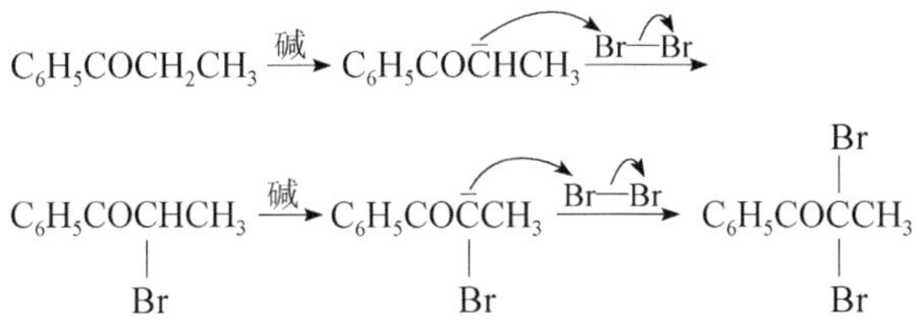

在反应中，因生成的一卤代酮的 α-质子酸性更强，更易被碱夺走，所以会继续反应生成二卤代化合物，且其反应速率比酮生成一卤代化合物的速率还要快。因此在等物质的量的 Br_2 与酮反应时，当 Br_2 反应完，仍有一半的酮尚未发生反应。

【习题 9-21】 苯乙酮可顺利发生碘仿反应，而 2,6-二甲基苯乙酮却不能发生碘仿反应，只生成 α-卤代产物：

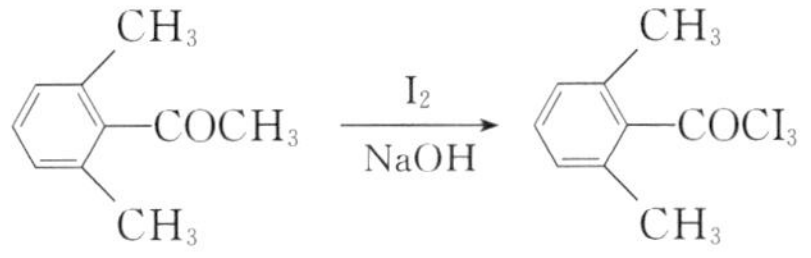

试给出合理的解释。

解　在碘仿反应过程中，首先生成三碘甲基酮，然后在碱作用下发生 α-断裂：

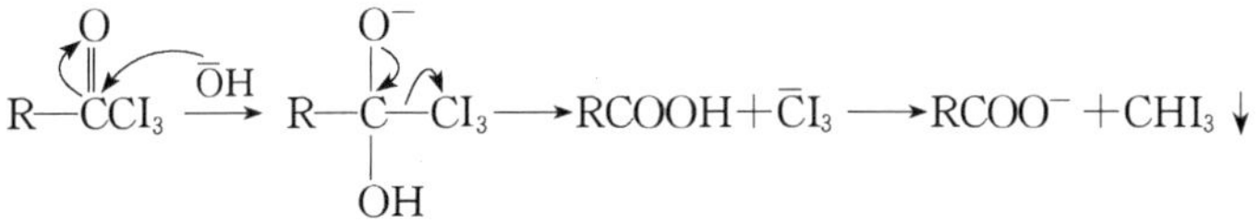

该过程首先是 ^-OH 对羰基的加成，使羰基碳原子由 sp^2 杂化为转化 sp^3 杂化。对于 2,6-二甲基苯乙酮，由于两个甲基的位阻作用，羰基碳由 sp^2 杂化转化为 sp^3 杂化时，产生的张力要远远大于没有两个邻位甲基的苯乙酮，结果导致亲核加成反应难以进行，使得产物仅停留在三卤代酮的阶段，而苯乙酮却可顺利进行反应生成碘仿。

【习题 9-22】 β,γ-不饱和醛（酮）的热力学稳定性要比 α,β-不饱和醛（酮）低约 30kJ · mol^{-1}，在酸或碱的催化下，它会自动发生异构化生成稳定的 α,β-不饱和醛（酮）。试以  为例，分别写出其在酸催化和碱催化条件下发生异构化的反应机理。

解　在酸催化条件下：

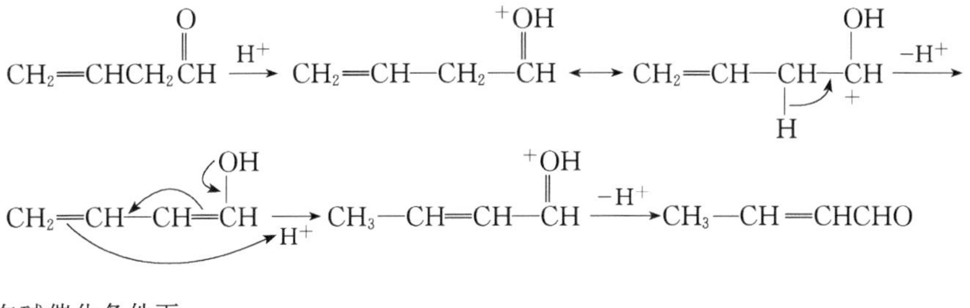

在碱催化条件下：

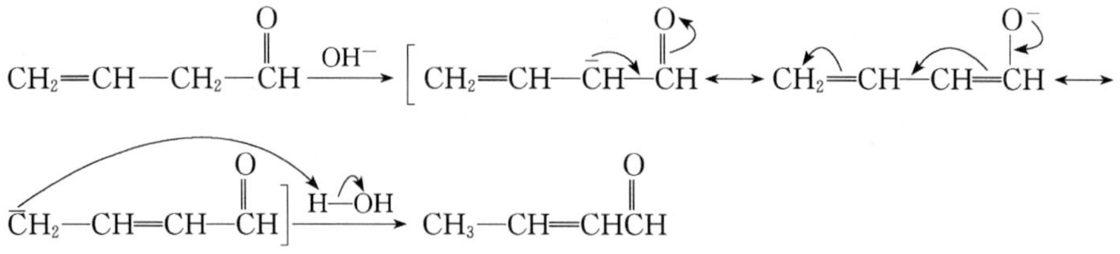

【习题 9-23】 给下列反应提出合理的反应机理。

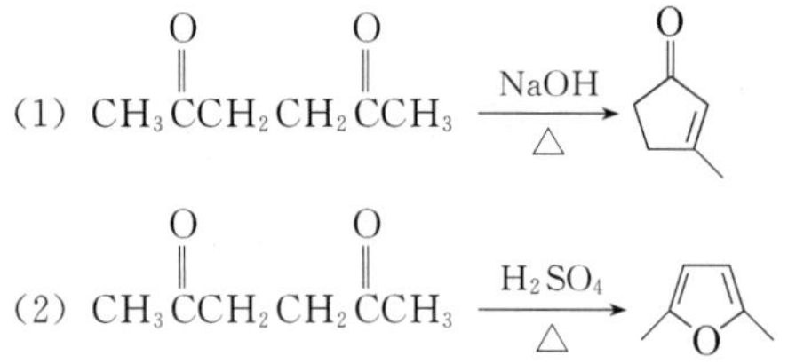

解 (1)

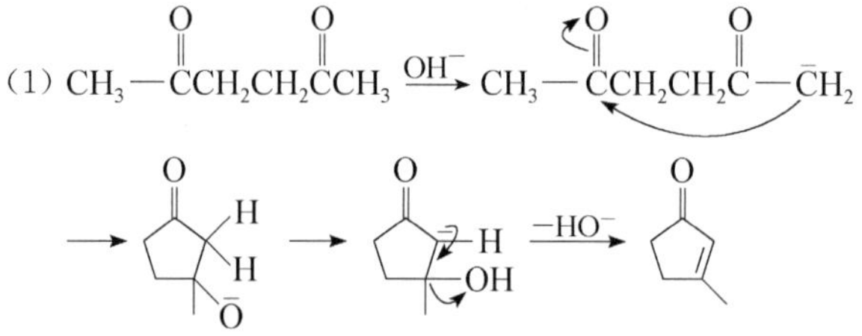

(2)

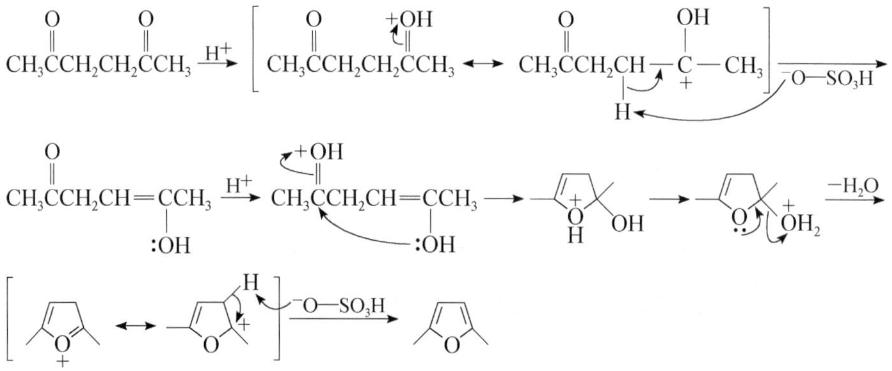

【习题 9-24】 α-卤代酮在强碱作用下发生重排生成同碳数羧酸的反应称为法沃斯基(Favorsky)重排，已知下列反应事实：

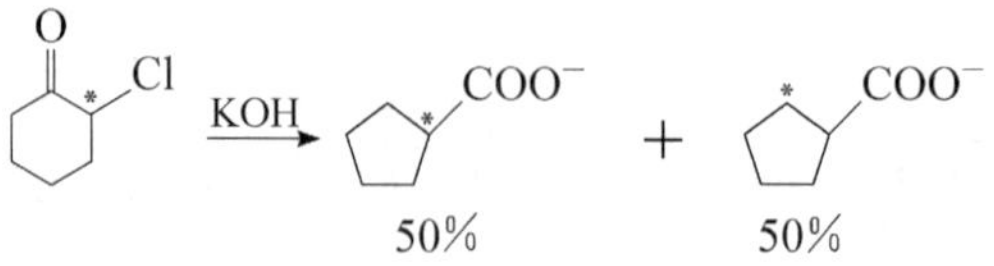

其中加 * 处为^{14}C标记的原子。试提出合理的反应机理。

解

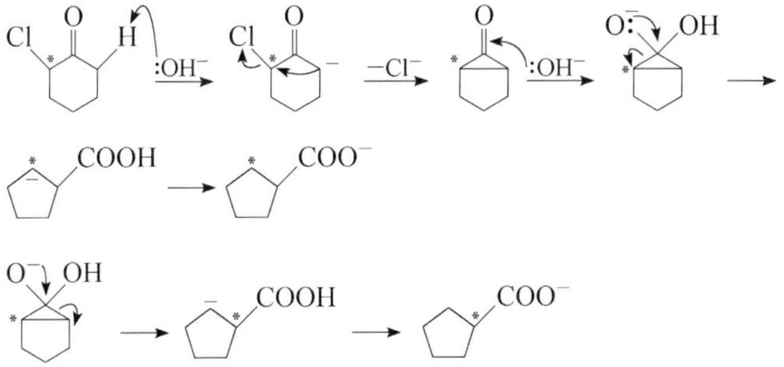

【习题 9-25】 肟在强酸作用下发生贝克曼(Beckmann)重排,重排产物水解后得酰胺。例如:

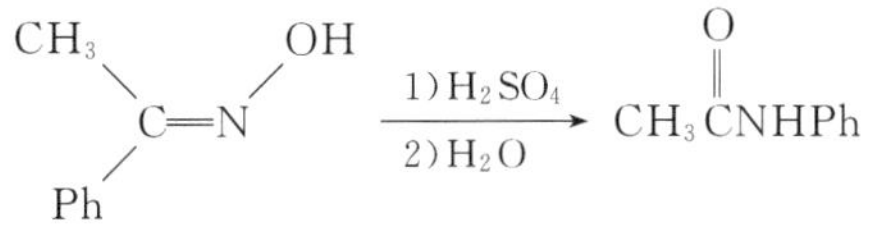

试提出合理的反应机理。

解

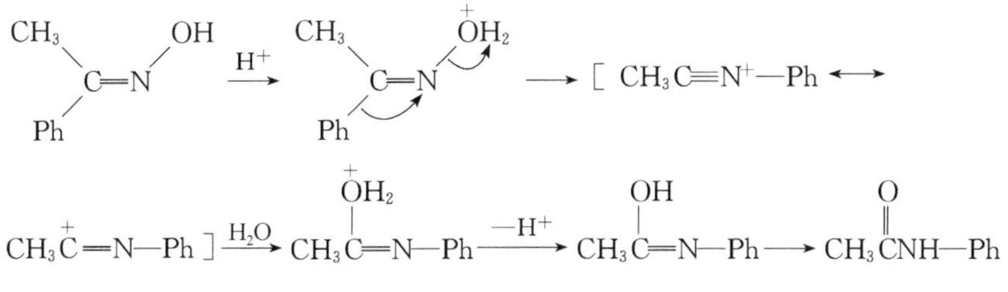

重排时总是与羟基处于反位的烃基迁移到氮原子上。

【习题 9-26】 在对醛、酮的 α-位进行烃基化时,为避免不必要的副反应,一种方法是用仲胺先与醛、酮反应生成烯胺,然后再进行烃基化。以下列反应为例:

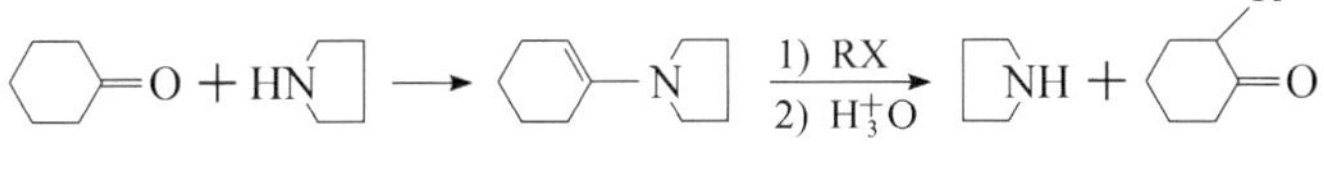

为什么不用卤代烃与醛、酮在碱性条件下直接烃基化?

解 醛、酮 α-氢的 pK_a 值为 15~17,与醇的酸性相近,必须使用 NaOH 或 RONa 等强碱,才能夺取醛、酮的 α-氢,生成相应的烯醇负离子,再进一步烃基化。由于这些碱的亲核性较强,容易直接先与 R—X 反应而使烃基化反应的产率下降。另外,在强碱条件下,醛、酮本身很容易发生醇醛缩合反应,这对烃基化反应不利。当用仲胺与醛、酮作用生成烯胺后,由于烯胺中氮原子上的 p 电子与双键的 p-π 共轭作用,相应碳原子上的电子云密度较高,有较强的亲核性,可顺利与 R—X 反应生成相应的烃基化合物。而在制备烯胺的过程中并不使用强碱性条件,所以醛、酮的醇醛缩合受到了抑制。

【习题 9-27】 在碱性条件下将羰基还原成亚甲基通常使用乌尔夫-凯惜纳-黄鸣龙反应。

以下列反应为例：

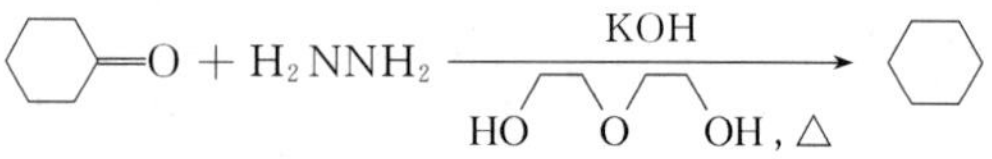

试提出合理的反应机理。

解

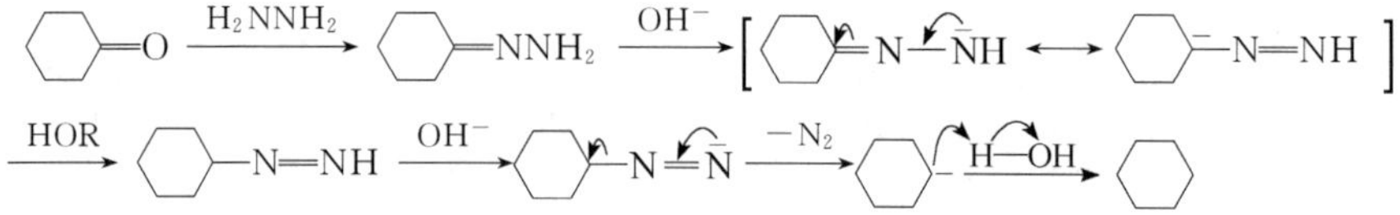

如分子内有对碱敏感的基团存在，则不宜用此方法还原。

【习题 9-28】 麦尔外因(Meerwein)-彭道夫(Ponndorf)还原可认为是欧芬脑尔(Oppenauer)氧化反应的逆反应，它可选择性地将羰基还原成羟基，分子中的硝基、卤素、氰基、不饱和键等不受影响。以下列反应为例：

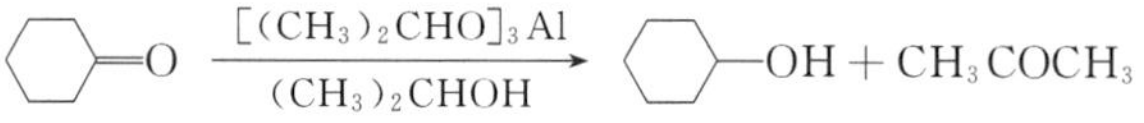

试提出合理的反应机理。

解 反应是通过环状过渡态进行的。反应机理如下：

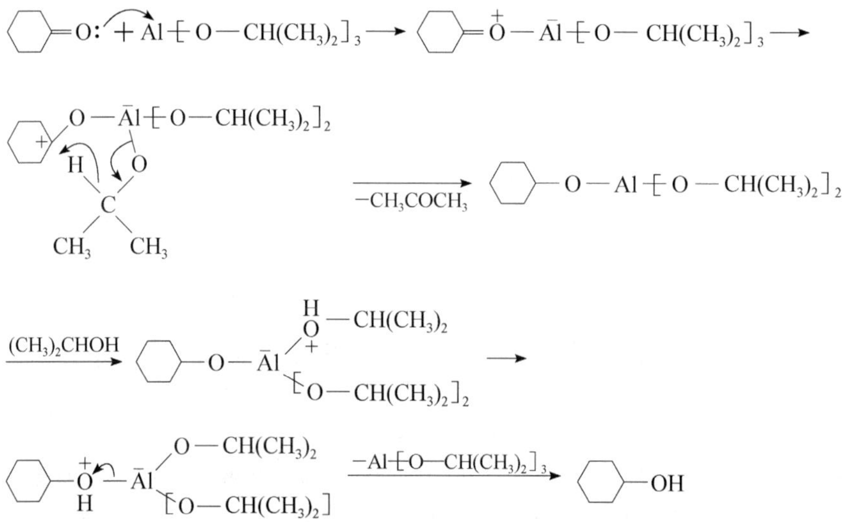

【习题 9-29】 在下列还原反应产物中，为什么反式异构体占优势？

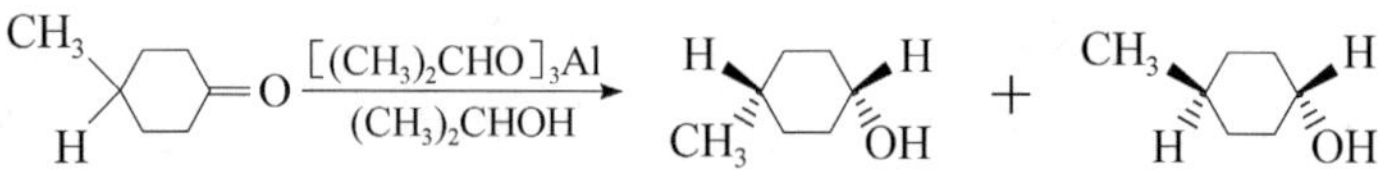

32%　　68%

解　在麦尔外因-彭道夫反应过程中，首先是醇铝分子与醛、酮分子配位形成络合物，然后经环状过渡态发生分子内的负氢离子转移得到还原产物。在第一步形成的中间体络合物分子中，由于醇铝基团体积很大，它只能在六元环的椅式结构中优先占据 e 键位置，而环上甲基位于 e 键或 a 键时，由于其环张力不同，导致中间体络合物的热力学能不等，根据哈蒙德假定，其反应的活化能不等，只有当配位基团与甲基处于反式取代时，反应的活化能最低，反应速率最快，因此产物中反式异构体占优势。

【习题 9-30】　根据下列实验事实回答问题。

(1) 在 TsOH 存在下，丙酮醛和 CH_3OH 一起加热，只有醛羰基生成缩醛，而酮羰基却不生成缩酮：

$$CH_3\overset{\overset{O}{\|}}{C}CHO + CH_3OH \xrightarrow{TsOH} CH_3\overset{\overset{O}{\|}}{C}CH(OCH_3)_2$$

试解释其原因。

(2) 在上述反应中，若用乙二醇代替甲醇与丙酮醛作用，则分子中的两个羰基都发生了反应，生成化合物(A)：

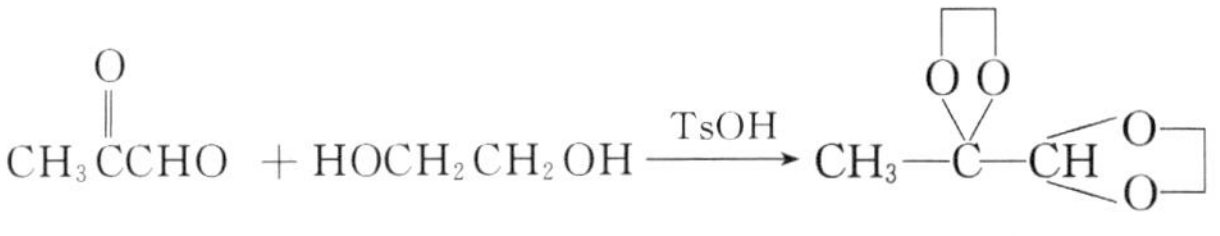

(A)

为什么此时酮羰基也能生成缩酮？给出合理解释。

(3) 反应(2)在生成化合物(A)的同时，还得到另一副产物(B)，(B)与(A)是同分异构体，其^{1}H NMR 谱数据如下：δ/ppm：1.43(s,3H)，4.26(m,8H)，4.5(s,1H)。试推测(B)的结构。

解　(1) 在反应过程中，由于醛羰基活性较高，位阻较小，故在反应中优先与醇缩合生成缩醛。而酮羰基由于活性较低，位阻较大，通常只能与甲醇缩合形成半缩酮，在分离过程中半缩酮会自行分解，所以只得到缩醛。

(2) 用乙二醇代替甲醇与酮羰基形成半缩酮后，另一个游离羟基很容易在分子内进一步发生缩合反应，生成热力学相对较稳定的具五元环的缩酮。所以用乙二醇代替甲醇后，分子中的两个羰基都与乙二醇发生了缩合反应，生成相应的缩醛和缩酮。

(3) 化合物(B)^{1}H NMR 谱数据表明，δ 1.43(s,3H)为邻位无氢原子的甲基信号，δ 4.5(s,1H)应为邻位无氢原子且与吸电子基团相连(应为氧原子)的次甲基信号，而 δ 4.26(m,8H)可能是一组与吸电子基团相连的亚甲基信号。再考虑缩醛和缩酮的形成过程，可知化合物(B)应为 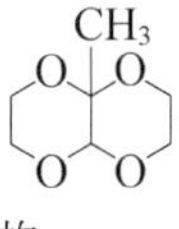

，即乙二醇在反应过程中两个羟基分别与两个羰基作用，形成稳定性很高的六元环结构。

【习题 9-31】　用化学方法区别下列各组化合物。

(1) 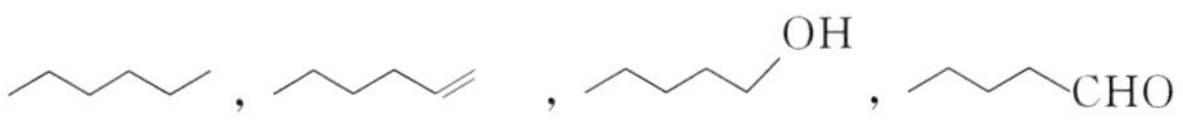

(2) 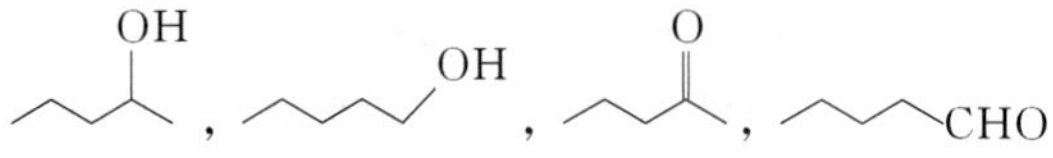

(3) 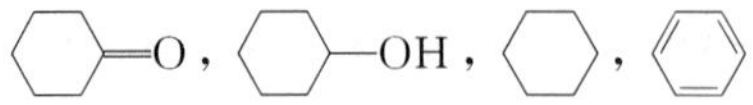

(4) 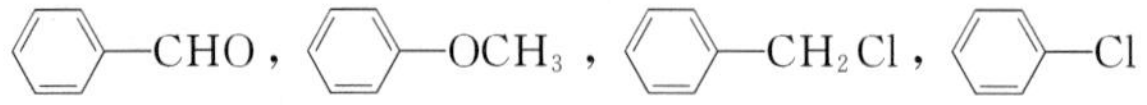

(5) 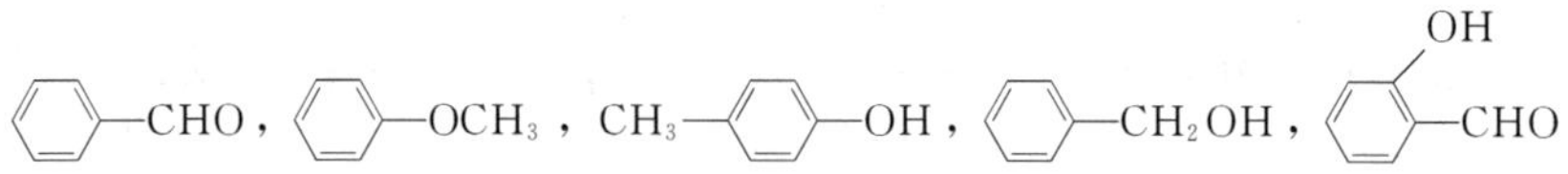

(6) 

(7) 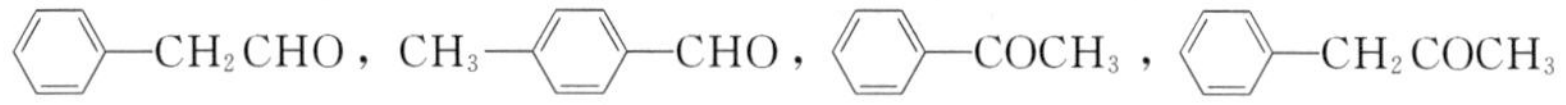

(8) $CH_3COCH_2COCH_3$，$CH_3CH_2COCH_2CHO$，$\mathrm{H\overset{\overset{O}{\|}}{C}CH_2CH_2CH_2CHO}$

解　(1)

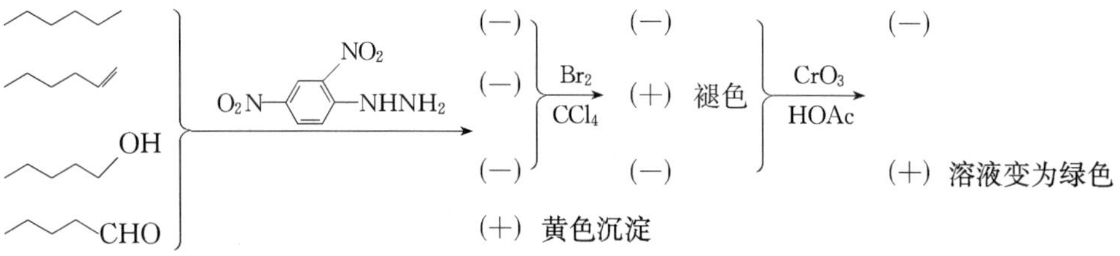

区别烷烃与醇时，一般不用金属钠，因通常试剂未进行无水处理，无羟基的化合物中含有的残留水也会发生反应。

(2) 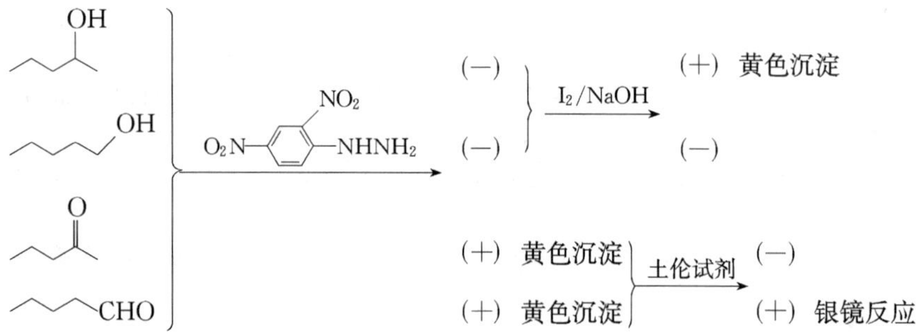

(3) 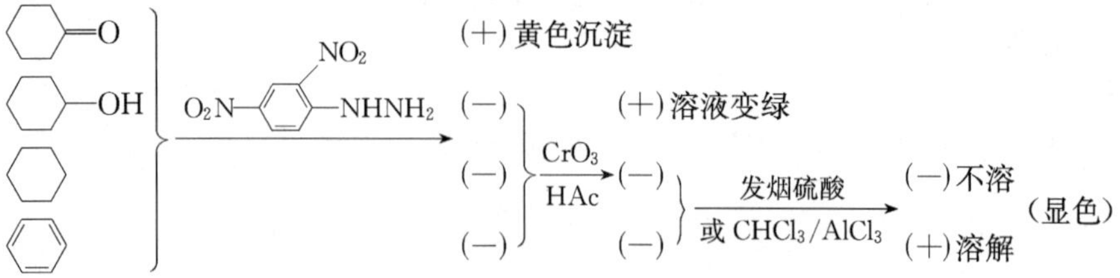

(4)
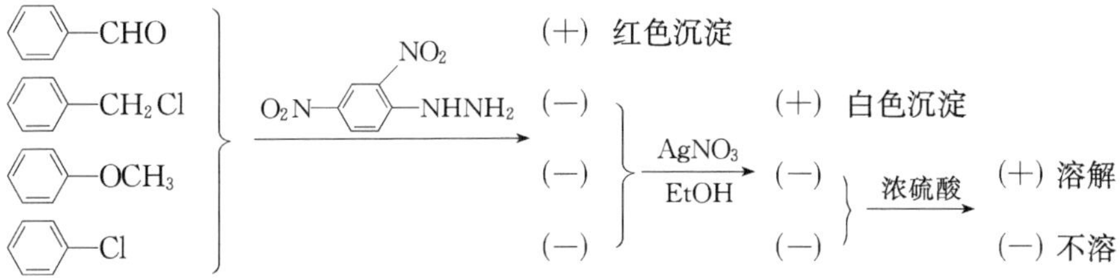

(5)
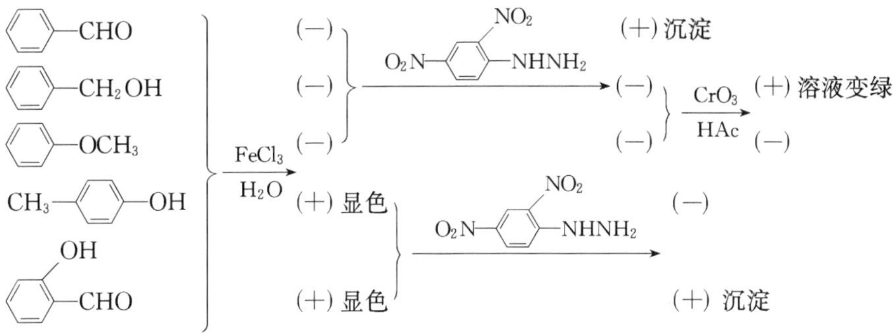

(6)
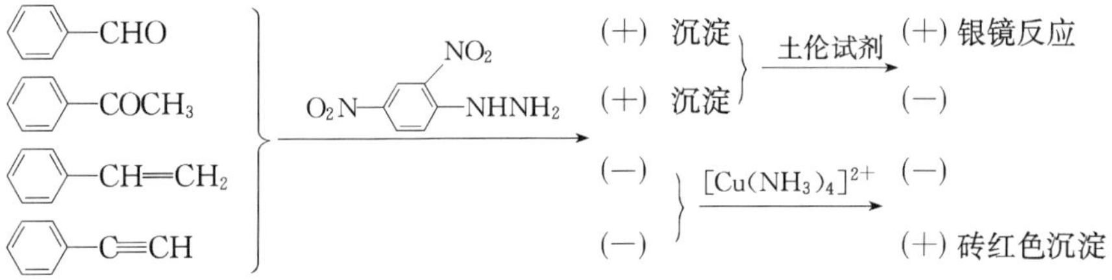

(7)
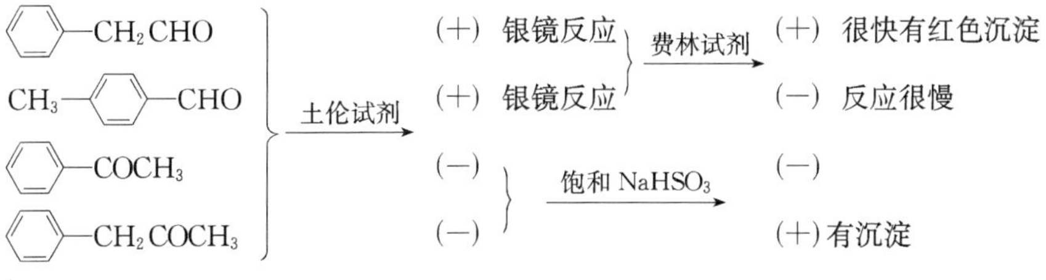

(8)
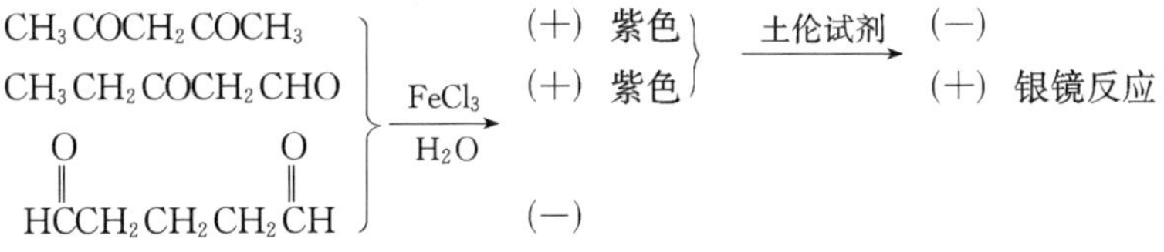

【习题 9-32】 由苯、甲苯及不超过 4 个碳的简单原料合成下列化合物。

(1) $CH_3CH{=}CHCH(OH)CH_2CH_2CH_2CH_3$

(2) $C_6H_5CH{=}CHCH{=}CHCH_2OH$

(3) $CH_3CH_2CH_2CH_2CH(CH_2OH)CH_2CH_2CH_3$

(4) $(CH_3)_2C(OH)CH_2CH_2C(OH)(CH_3)_2$

(5) $\mathrm{HOCH_2CH_2C(=O)CH_2OH}$

(6) 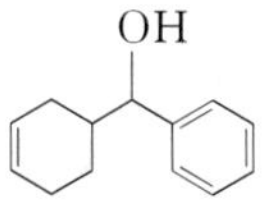

(7) 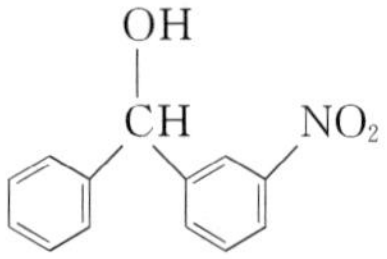

(8) $\mathrm{CH_3C(=O)CH_2CH_2CH_2OH}$

(9) $\mathrm{CH_3C(=O)CH_2CH_2CH_2CH_2CH(OCH_3)_2}$

(10) $\mathrm{C_6H_5CH(OH)C(=O)CH_3}$

解 (1) $\mathrm{CH_3CHO \xrightarrow{OH^-} CH_3CH(OH)CH_2CHO \xrightarrow[\triangle]{H^+} CH_3CH{=}CHCHO}$

$$\mathrm{CH_3CH_2CH_2CH_2Br \xrightarrow[Et_2O,低温]{Li} CH_3CH_2CH_2CH_2Li}$$

$$\mathrm{\xrightarrow[2)H_2O]{1)CH_3CH{=}CHCHO} CH_3CH{=}CHCH(OH)CH_2CH_2CH_2CH_3}$$

为防止在最后一步生成1,4-加成产物,所以用锂试剂而不用格氏试剂。

(2) $\mathrm{C_6H_5CH_3 \xrightarrow[Ac_2O]{CrO_3} C_6H_5CHO \xrightarrow[NaOH]{CH_3CHO} C_6H_5CH{=}CHCHO \xrightarrow[NaOH,\triangle]{CH_3CHO}}$

$$\mathrm{C_6H_5CH{=}CHCH{=}CHCHO \xrightarrow{LiAlH_4} C_6H_5CH{=}CHCH{=}CHCH_2OH}$$

为防止共轭双键被还原,应采用选择性更好的 $\mathrm{LiAlH_4}$ 作还原剂,而不用 $\mathrm{NaBH_4}$ 或催化加氢。

(3) $\mathrm{CH_3CH_2CH_2CH_2MgBr \xrightarrow[2)H_2O]{1)CH_3CH_2CH_2CHO} CH_3CH_2CH_2CH_2CH(OH)CH_2CH_2CH_3}$

$$\mathrm{\xrightarrow{SOCl_2} CH_3CH_2CH_2CH_2CH(Cl)CH_2CH_2CH_3 \xrightarrow[Et_2O]{Mg} CH_3CH_2CH_2CH_2CH(MgCl)CH_2CH_2CH_3}$$

$$\mathrm{\xrightarrow[2)H_2O]{1)CH_2O} CH_3CH_2CH_2CH_2CH(CH_2OH)CH_2CH_2CH_3}$$

(4) $\mathrm{CH{\equiv}CH \xrightarrow[NH_3(l)]{NaNH_2} NaC{\equiv}CNa \xrightarrow[2)H_2O]{1)CH_3COCH_3} (CH_3)_2C(OH)C{\equiv}CC(OH)(CH_3)_2}$

$$\mathrm{\xrightarrow[Ni]{H_2} (CH_3)_2C(OH)CH_2CH_2C(OH)(CH_3)_2}$$

(5) $CH\equiv CH \xrightarrow[NH_3(l)]{NaNH_2} NaC\equiv CNa \xrightarrow[2)H_2O]{1)CH_2O} HOCH_2C\equiv CCH_2OH$

$\xrightarrow[HgSO_4]{H_2SO_4,H_2O} HOCH_2CH_2\overset{\overset{O}{\|}}{C}CH_2OH$

(6) 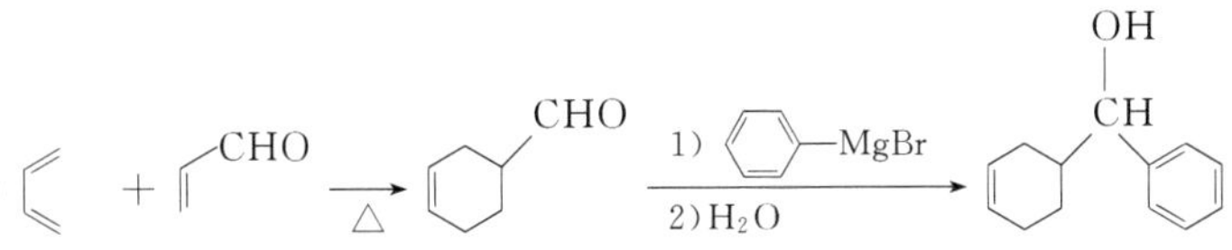

(7) 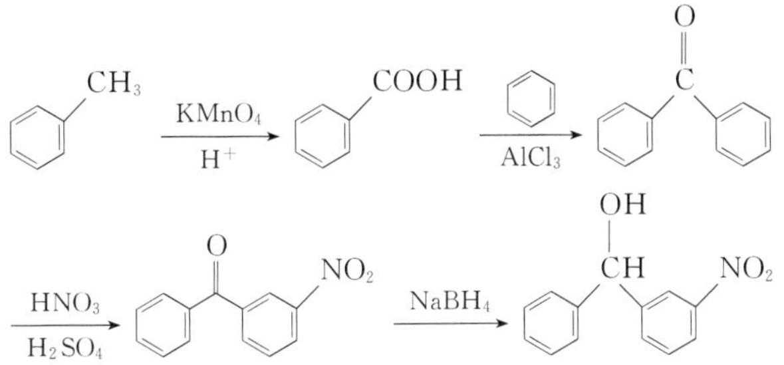

(8) 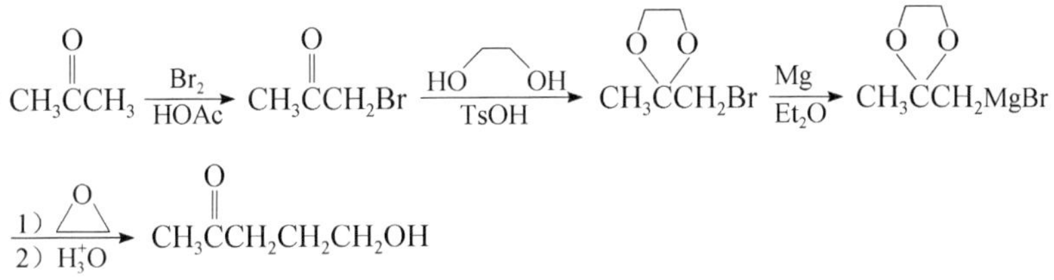

(9) 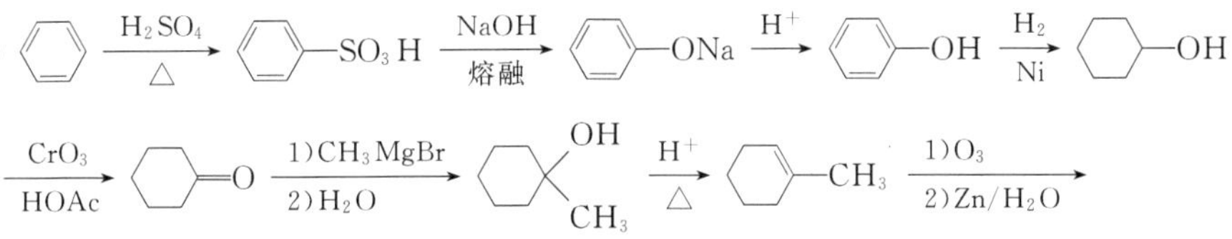

$CH_3\overset{\overset{O}{\|}}{C}(CH_2)_4CHO \xrightarrow[TsOH]{CH_3OH} CH_3\overset{\overset{O}{\|}}{C}CH_2CH_2CH_2CH_2CH(OCH_3)_2$

(10) $CH_3CHO \xrightarrow[H^+]{CH_3SH} CH_3CH(SCH_3)_2 \xrightarrow{C_6H_5Li} CH_3\overset{\overset{Li}{|}}{C}(SCH_3)_2 \xrightarrow[2)H_2O]{1)C_6H_5CHO}$

$C_6H_5\underset{\underset{OH}{|}}{CH}-\overset{\overset{SCH_3}{|}}{\underset{\underset{CH_3}{|}}{C}}-SCH_3 \xrightarrow[H_2O,CH_3OH]{HgCl_2} C_6H_5\underset{\underset{OH}{|}}{CH}-\overset{\overset{O}{\|}}{C}CH_3$

$C_6H_5CH_3 \xrightarrow[h\nu]{Cl_2} C_6H_5CHCl_2 \xrightarrow{OH^-} C_6H_5CHO$

或 $C_6H_5CH_3 \xrightarrow[Ac_2O]{CrO_3} C_6H_5CH(OCOCH_3)_2 \xrightarrow[\triangle]{H_2O} C_6H_5CHO$

【习题 9-33】 由苯、甲苯及不超过 4 个碳的简单原料合成下列化合物。

(1) 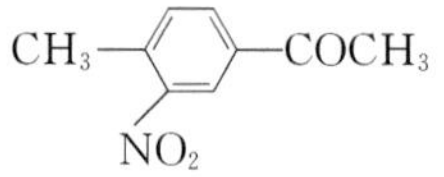

(2) 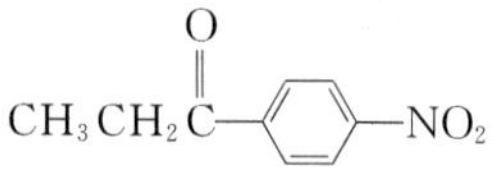

(3) 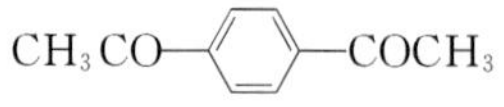

(4) 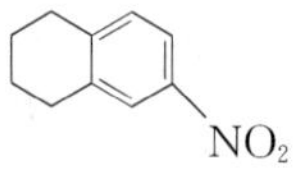

(5) 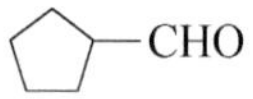

(6) 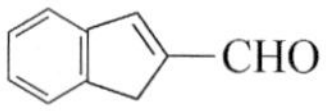

(7) 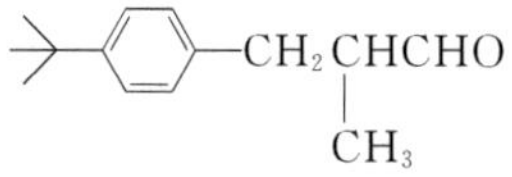

(8) 

(9) 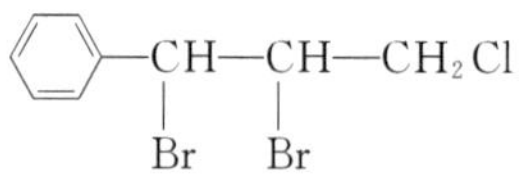

(10) 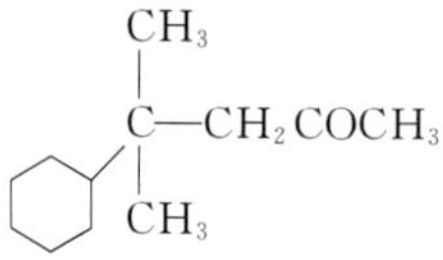

(11) 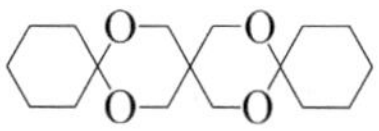

(12) 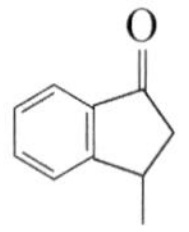

(13) 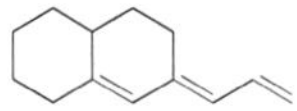

(14) 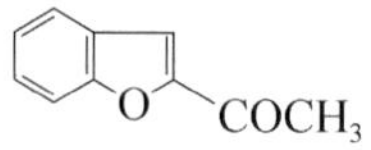

解 (1) 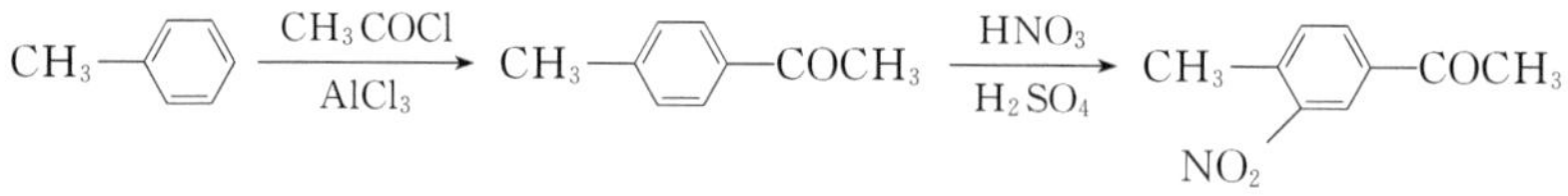

(2) 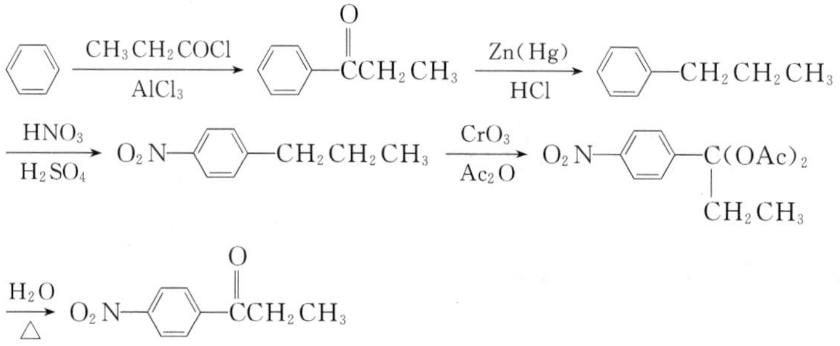

(3) 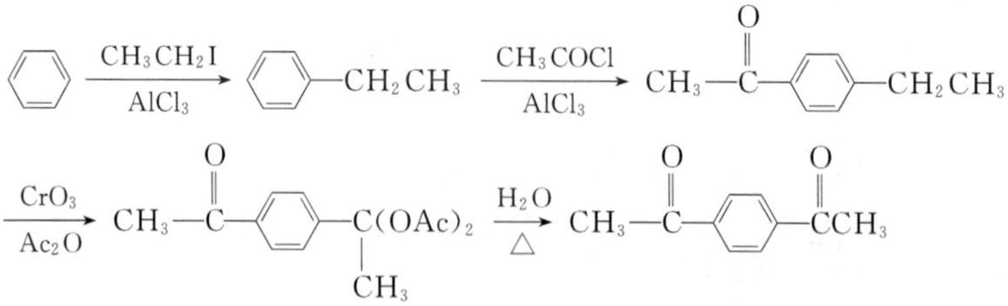

(4) 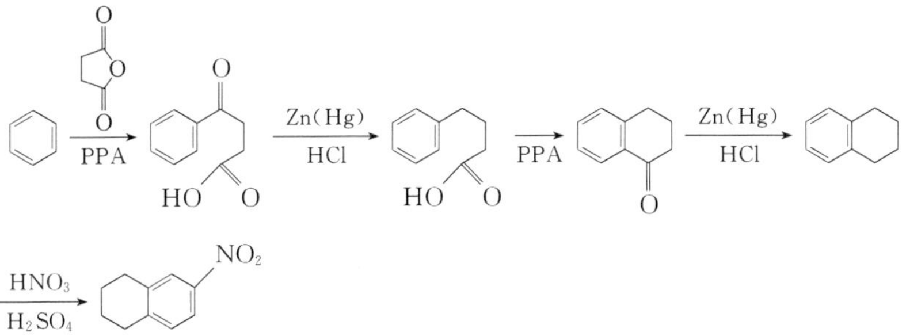

(5) 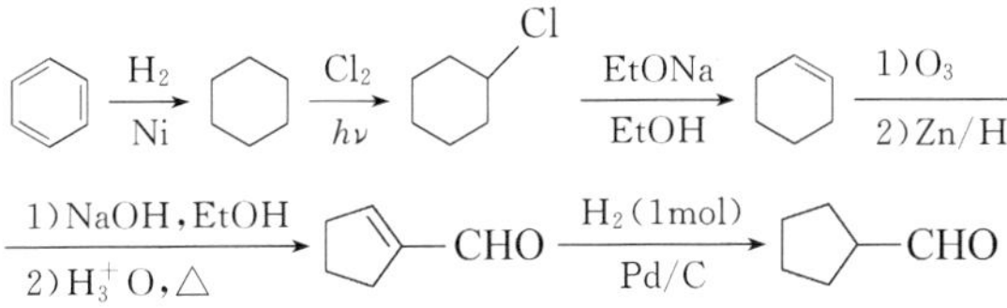

(6) 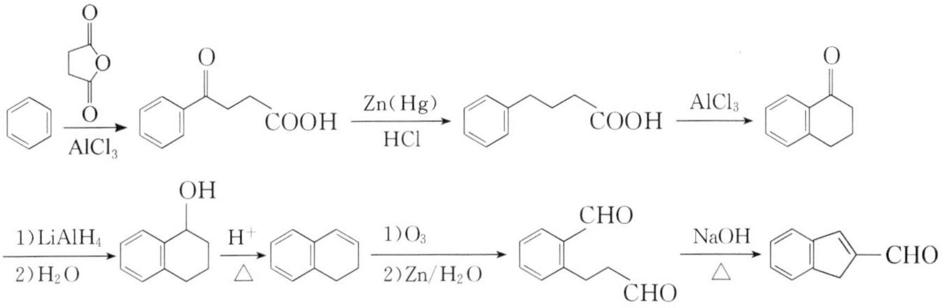

(7) 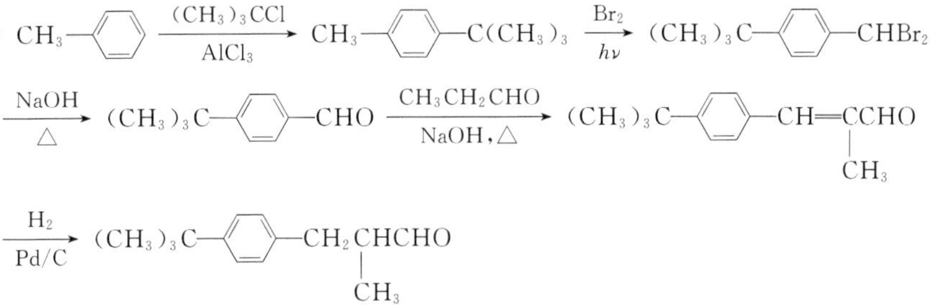

(8) 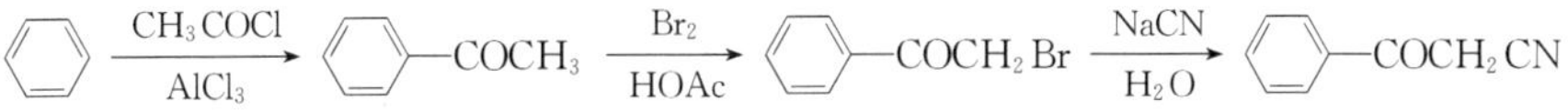

(9) 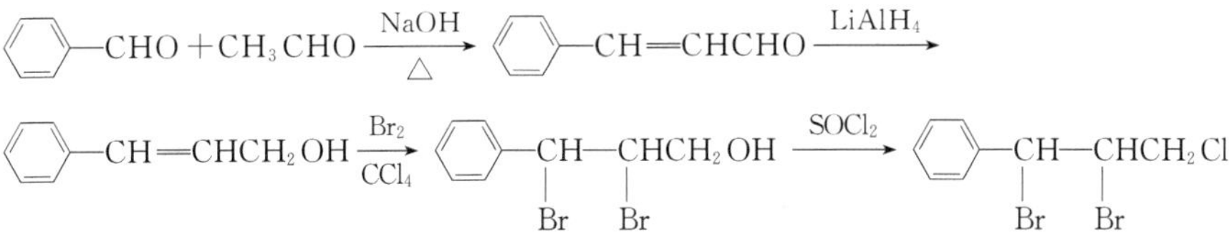

(10) $CH_3COCH_3 \xrightarrow[\triangle]{Ba(OH)_2} (CH_3)_2C{=}CHCOCH_3$

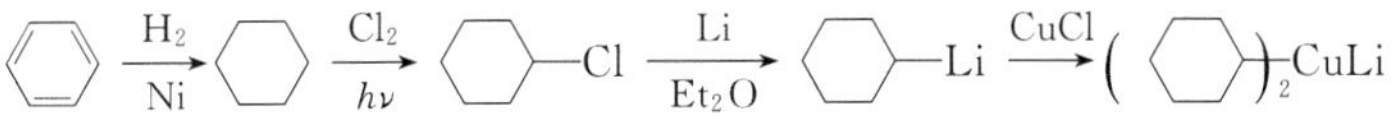

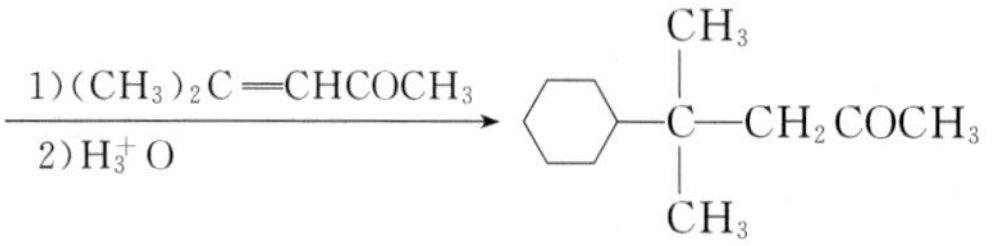

(11) 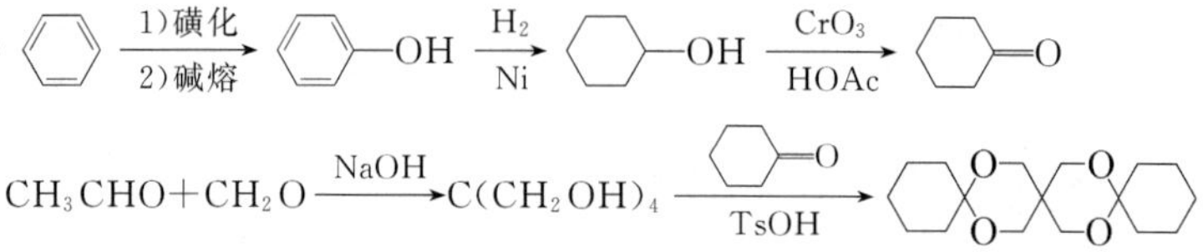

(12) $CH_3CHO \xrightarrow[EtOH]{EtONa} CH_3-\underset{\underset{OH}{|}}{CH}-CH_2CHO \xrightarrow[\triangle]{H^+} CH_3CH=CHCHO$

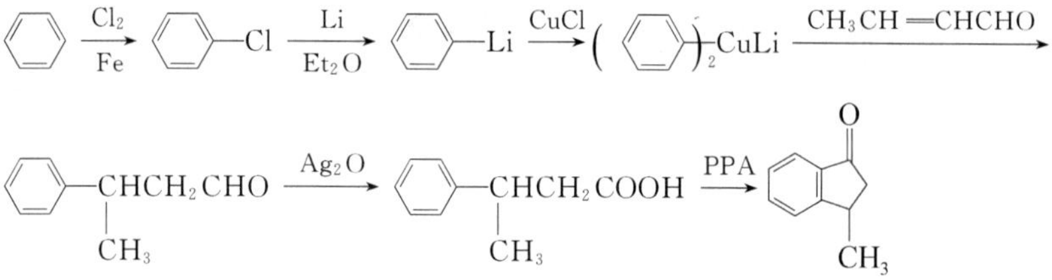

(13) $CH_3COCH_3 + CH_2O \xrightarrow{NaOH} CH_3\overset{\overset{O}{\|}}{C}CH_2CH_2OH \xrightarrow[\triangle]{H^+} CH_3\overset{\overset{O}{\|}}{C}CH=CH_2$

由于 $CH_3\overset{\overset{O}{\|}}{C}CH=CH_2$ 容易发生聚合,反应中可用相应的曼尼希碱代替:

$$CH_3COCH_3 + CH_2O + HN(CH_3)_2 \longrightarrow CH_3COCH_2CH_2N(CH_3)_2$$

因为曼尼希碱在碱性反应条件下加热会分解生成相应的 α,β-不饱和羰基化合物。

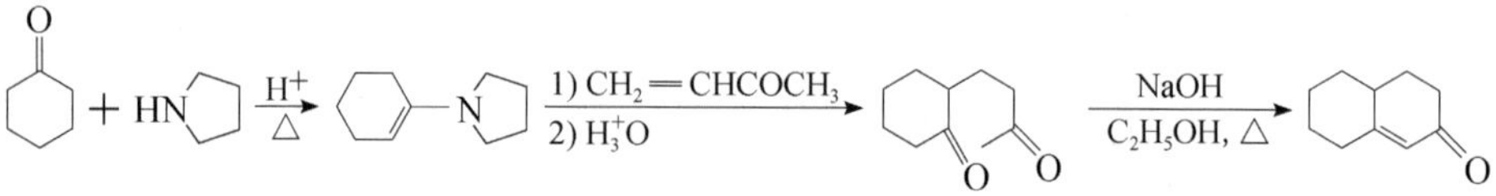

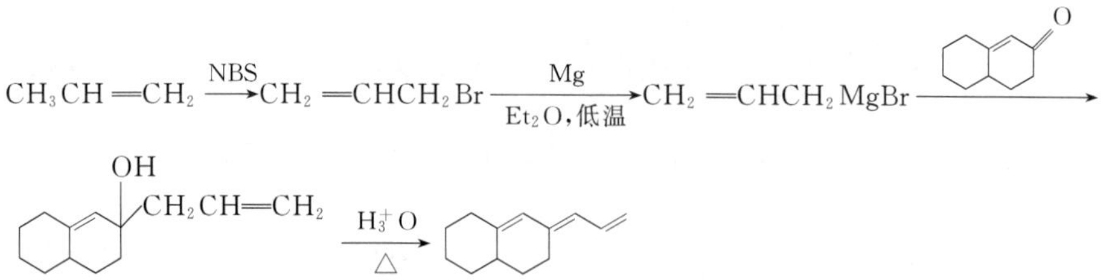

该步产物也可用相应的维悌希(Wittig)试剂[$CH_2=CHCH=P(C_6H_5)_3$]来制备:

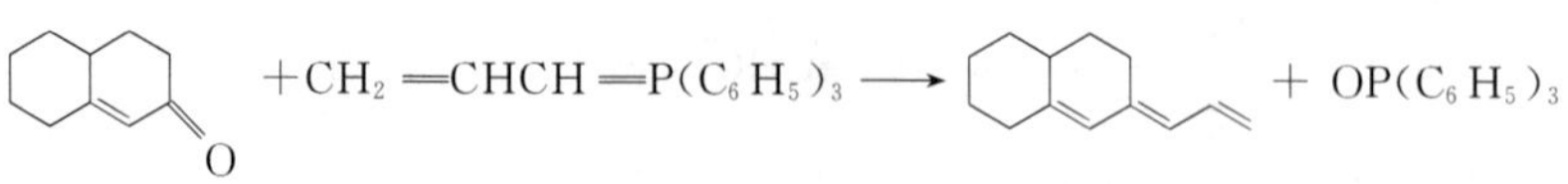

反应一步完成,产率很高。

(14) 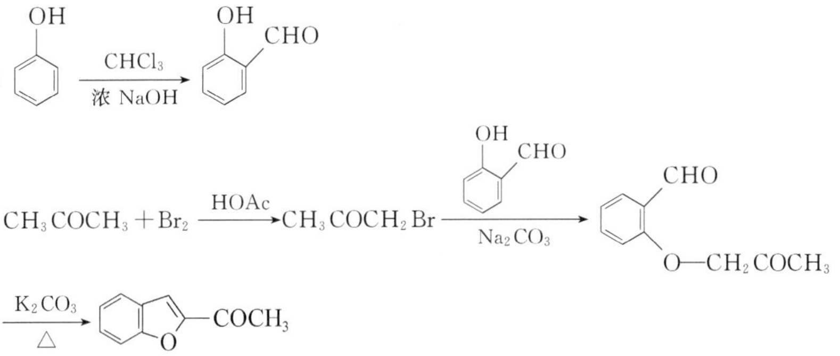

【习题 9-34】 由苯、甲苯及不超过四个碳的简单原料合成下列化合物，同位素原子来自 D_2O 和 $^{14}CO_2$。

(1) 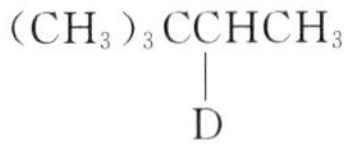

(2) 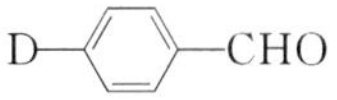

(3)  （加 * 处为 ^{14}C 原子）

(4) 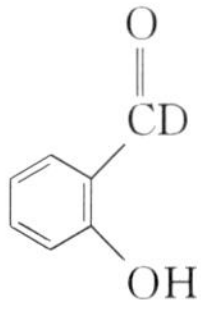

解 (1) 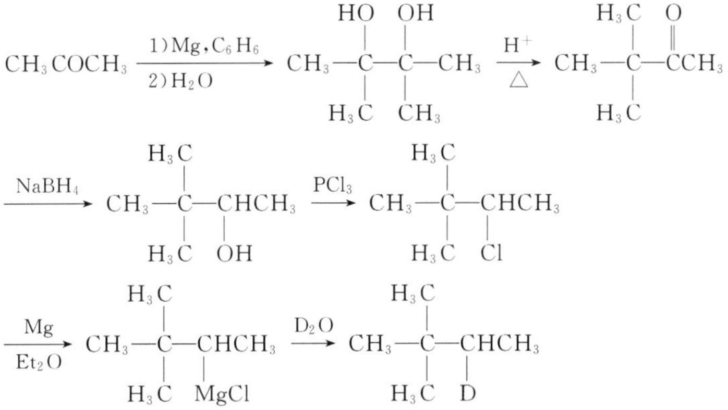

(2) 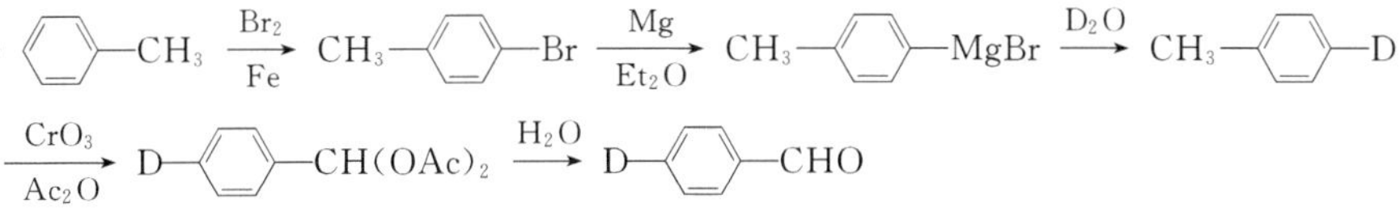

或

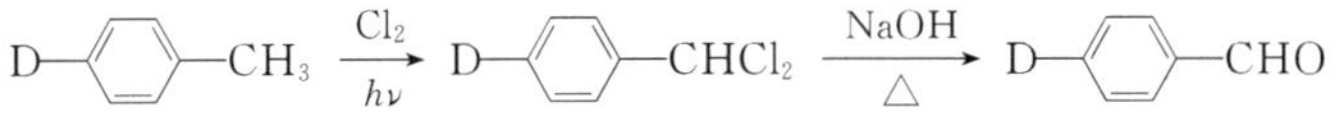

(3) 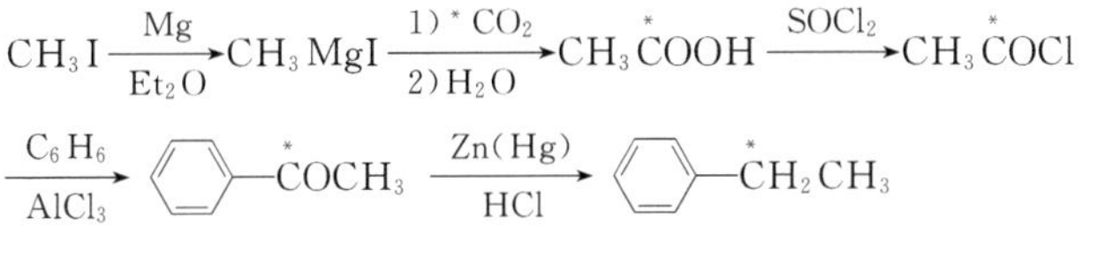

(4) 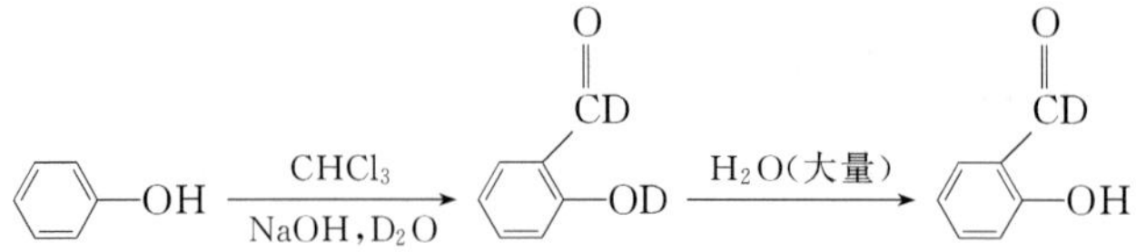

【习题 9-35】 化合物(A),分子式为 $C_6H_{12}O$,能与羟胺反应,与土伦试剂或饱和亚硫酸氢钠溶液均不发生反应。(A)催化加氢得(B),分子式为 $C_6H_{14}O$。(B)和浓硫酸作用脱水生成(C),分子式为 C_6H_{12}。(C)经臭氧化还原水解生成(D)和(E),分子式均为 C_3H_6O,(D)有碘仿反应而无银镜反应,(E)有银镜反应而无碘仿反应。推测(A)~(E)的结构。

解 (A)的不饱和度为$(2\times6+2-12)\times\frac{1}{2}=1$,可能有 $>C{=}O$ 或 $C{=}C$。由银镜反应和碘仿反应推测(D)为 CH_3COCH_3,(E)为 CH_3CH_2CHO。由于(D)和(E)是(C)的臭氧化还原水解产物,因此(C)为 $CH_3CH_2CH{=}C(CH_3)_2$。又因为(C)是(B)的脱水产物,而(B)又是羰基化合物还原的产物,所以(B)不可能是叔醇。(B)的结构应为 $CH_3CH_2CH(OH)CH(CH_3)_2$,由此推出(A)的结构为 $CH_3CH_2C(=O)CH(CH_3)_2$。

【习题 9-36】 化合物(A),分子式为 $C_5H_{10}O$,与 Br_2/CCl_4 溶液或金属钠均不发生反应。(A)用稀盐酸或稀氢氧化钠处理后得化合物(B),分子式为 $C_5H_{12}O_2$,(B)与 HIO_4 水溶液作用得甲醛和分子式为 C_4H_8O 的化合物(C),(C)可发生碘仿反应。试推测(A)~(C)的合理结构。

解 由(C)的分子式 C_4H_8O 知其不饱和度为 1,能发生碘仿反应说明可能含 $CH_3C(=O)—$ 结构,所以(C)的结构应为 $CH_3CH_2COCH_3$。由于(C)和甲醛是(B)经 HIO_4 氧化后的产物,而 HIO_4 可将 $—C(OH)—C(OH)—$、$—C(=O)—C(=O)—$ 和 $—C(=O)—C(OH)—$ 等类型化合物氧化,发生碳-碳键的断裂,生成相应的羰基化合物,结合题中所给条件,则(B)的结构应为 $CH_3CH_2C(CH_3)(OH)—CH_2OH$。由于(A)的不饱和度为 1,与 Br_2/CCl_4 溶液或金属钠均不发生反应,说明分子中无双键、羰基和活性氢,可能为环醚,结合(B)的结构,推出(A)的结构应为 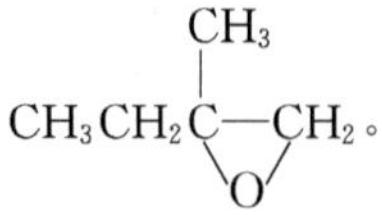。

【习题 9-37】 化合物(A),分子式为 $C_7H_{16}O$,与 $CrO_3/HOAc$ 溶液作用得(B),(B)的分子式为 $C_7H_{14}O$,(B)不与土伦试剂反应。B 用 NaOD 的 D_2O 溶液在 25℃ 处理数小时后,再用质谱进行分析,其相对分子质量为 116。试推测(A)、(B)的各种合理结构。

解 由于(A)的不饱和度为 0,化合物为饱和链状化合物,即为醇或醚,能被 $CrO_3/HOAc$ 氧化成(B),说明(A)为醇,(B)为羰基化合物。由于(B)不与土伦试剂作用,说明(B)为酮。(B)

用 NaOD 的 D_2O 溶液在室温下处理时主要发生 α-质子的氘代反应。由于(B)在氘代前后相对分子质量的变化为 2,所以(B)分子中只有两个 α-质子,故 α-位必然存在取代基。因此,(A)、(B)的可能结构为

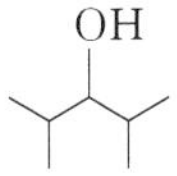 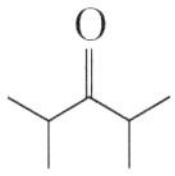 ; 或 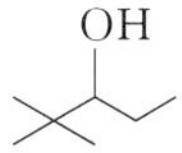 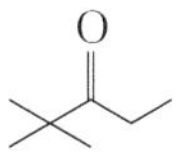

(A) (B) (A) (B)

【习题 9-38】 化合物(A),分子式为 $C_{10}H_{16}O$,能发生银镜反应,(A)对 220nm 的紫外光有强烈吸收,核磁共振数据表明(A)分子中有三个甲基,双键上氢原子的核磁共振信号相互间无偶合作用。(A)经臭氧化还原水解后得等物质的量的乙二醛、丙酮和化合物(B),(B)的分子式为 $C_5H_8O_2$,(B)能发生银镜和碘仿反应。试推测化合物(A)、(B)的合理结构。

解 化合物(A)的不饱和度为 3,能发生银镜反应说明分子中含—CHO,(A)对 220nm 的紫外光有强烈吸收,说明分子中含共轭体系。(A)经臭氧化还原水解后得等物质的量的乙二醛、丙酮和化合物(B),说明这些化合物之间以烯键形式相互连接。而化合物(B)的不饱和度为 2,能发生银镜反应和碘仿反应,说明分子中含有—CHO 和—$COCH_3$ 两种结构单元。由于(A)分子中只有三个甲基,丙酮中已有两个甲基,因此(B)的合理结构为 $CH_3COCH_2CH_2CHO$。将(B)与乙二醛、丙酮组合,(A)的结构可能为如下三种:

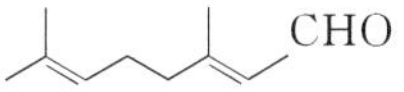 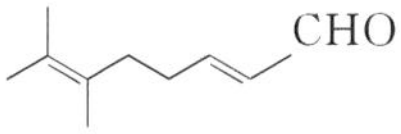 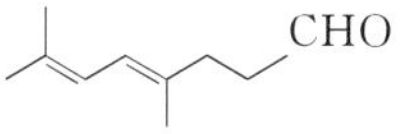

(Ⅰ) (Ⅱ) (Ⅲ)

但由于化合物(A)中双键上氢原子的核磁共振信号相互之间无偶合作用,即氢原子处于不同的双键体系中,故(Ⅱ)和(Ⅲ)均不符合要求,因此(A)的合理结构应为 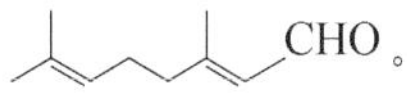。

【习题 9-39】 化合物(A),分子式为 $C_4H_6O_2$,其红外光谱在 $1740cm^{-1}$ 处有强吸收峰,核磁共振氢谱中只有一个单峰。试推测(A)的结构。

解 化合物(A)的不饱和度为 2,分子中可能含环或不饱和键,红外光谱 $1740cm^{-1}$ 有强吸收,说明分子中可能含羰基,核磁共振氢谱中只有一个单峰,说明分子中六个质子完全相同。综合分子式,得化合物(A)的结构为 $CH_3COCOCH_3$。

【习题 9-40】 化合物(A),分子式为 C_4H_8O,红外光谱在 $1725cm^{-1}$ 处有强吸收,核磁共振氢谱数据如下:δ/ppm:1.2(d,6H),3.3(m,1H),9.7(d,1H)。试推测(A)的合理结构。

解 化合物(A)的不饱和度为 1,可能含不饱和键或环,IR 中 $1725cm^{-1}$ 吸收和 ^1H NMR 谱中 δ 9.7(d,1H)说明分子中含醛基,其二重峰说明在醛基邻位碳上只有一个质子,δ 1.2(d,6H)应为两个相同的甲基质子信号,而 δ 3.3(m,1H)应为连接甲基与醛基的次甲基,故化合物(A)的结构为$(CH_3)_2CHCHO$。

【习题 9-41】 化合物(A),分子式为 $C_{10}H_{12}O_3$,(A)不与 Ag_2O 作用,也不能被 CrO_3/HOAc 氧化。(A)用浓氢碘酸处理后得(B),(B)可与 Ag_2O 作用生成邻苯醌。(A)的核磁共振谱如图 9-3 所示。试推测(A)、(B)的合理结构。

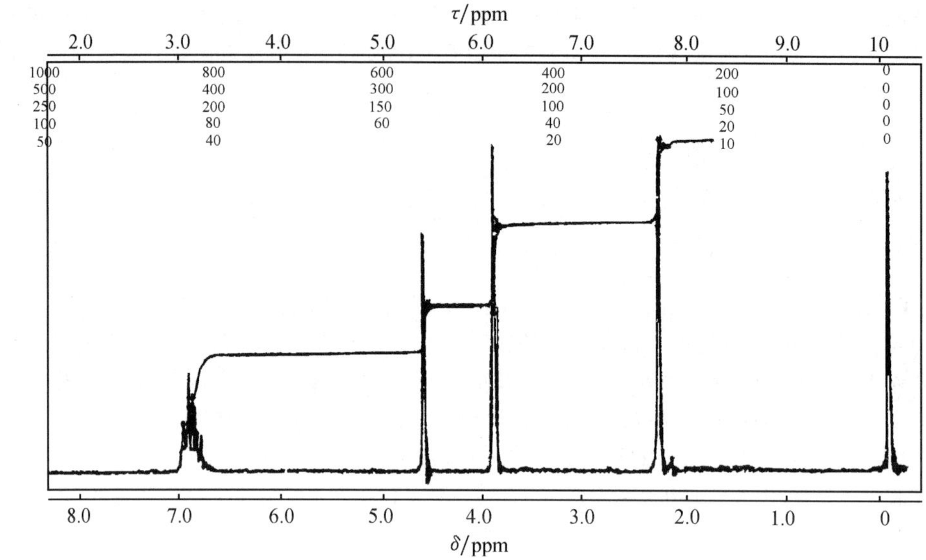

图 9-3　化合物的[1]H NMR 谱图(二)

积分曲线高度按各组吸收峰化学位移由小到大顺序为 9、9、5、11

解　化合物(A)的不饱和度为 5，分子中可能含苯环。从(A)的核磁共振谱(图 9-3)中积分曲线可知分子中不同氢原子数之比为 3∶3∶2∶4，δ 2.29(s,3H)为甲基信号，且邻位有一吸电子基团。δ 3.88(s,3H)也为甲基信号，且与强吸电子基团相连。δ 4.57(s,2H)应为一亚甲基信号，且与强吸电子基团相连。δ 6.65～7.05(m,4H)说明分子中有二取代苯环。(A)不能被 CrO_3/HOAc氧化，说明(A)不是伯醇、仲醇或酚。(A)可与浓氢碘酸作用，说明分子中可能含醚键。(B)能与 Ag_2O 作用生成邻苯醌，说明(B)应为邻苯二酚

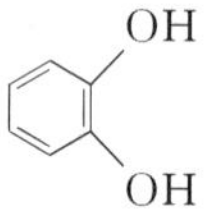

，即化合物(A)应为邻苯二酚的醚或酯。除去已知的分子结构单元外，化合物(A)还应有一个碳原子、一个氧原子和一个不饱和度，故可能是羰基。将所有结构单元组合起来，化合物(A)的合理结构应为

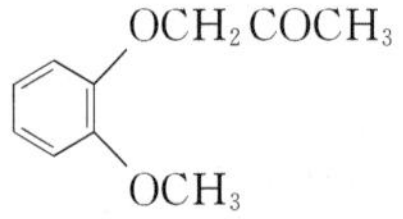

，化合物(B)的合理结构为

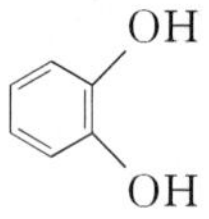

。

【习题 9-42】　化合物(A)，分子式为 C_4H_7ClO，其红外光谱和核磁共振谱分别如图 9-4 和图 9-5 所示。试推测(A)的合理结构。

解　由分子式可知化合物(A)的不饱和度为 1，即分子中可能含一个双键或一个环，由红外光谱(图 9-4)中 1730cm^{-1}强吸收峰可知分子中含羰基，故其余部分均为饱和链状结构。核磁共振谱(图 9-5)中积分曲线表明分子中不同氢原子数之比为 3∶3∶1。δ 1.57(d,3H)应为甲基质子信号，且甲基邻位碳原子上只有一个质子。δ 2.29(s,3H)也应为与吸电子基团相连的另一甲基质子信号，单峰说明邻位碳上无质子。δ 4.23(q,1H)说明应为次甲基信号，且邻位碳上有三

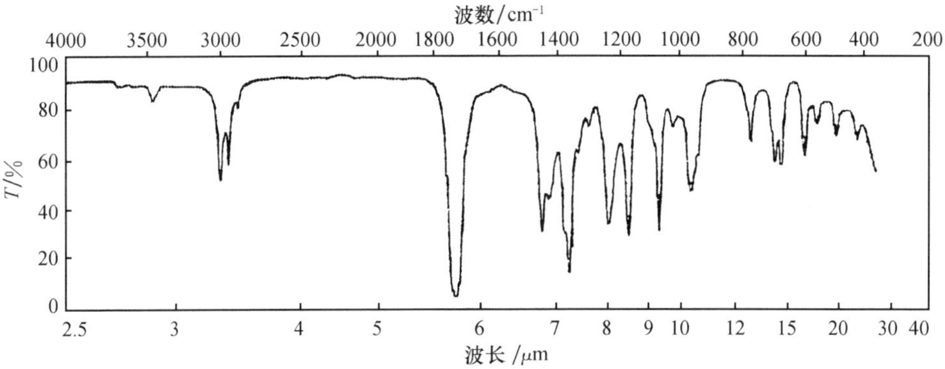

图 9-4 化合物的红外光谱图(二)

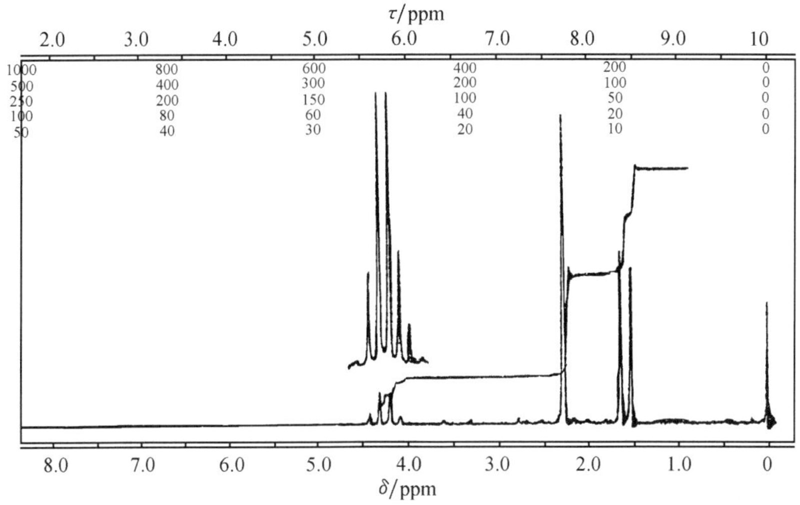

图 9-5 化合物的¹H NMR 谱图(三)

积分曲线高度按各组吸收峰化学位移由小到大顺序为 13、13、4.5

个质子,化学位移值很大说明其与强吸电子基团相连。综合上述结构单元,故化合物(A)的合理结构应为 $CH_3COCH(Cl)CH_3$ 。

【习题 9-43】 化合物(A),分子式为 $C_9H_{10}O_2$,其红外光谱和核磁共振谱分别如图 9-6 和图 9-7 所示。试推测(A)的合理结构。

解 化合物(A)的不饱和度为 5,分子中可能含苯环。由红外光谱(图 9-6)中 1600～1500cm^{-1}吸收峰和核磁共振谱(图 9-7)中 δ 6.89～7.70 吸收峰可断定分子中有苯环,由图 9-7 中积分曲线可知各吸收峰所对应的氢原子数之比为 3∶2∶2∶2∶1。δ 1.37(t,3H)应为—CH_3 信号,且邻位碳上有两个质子。δ 4.02(q,2H)应为—CH_2—信号,且邻位碳上有三个质子,由于化学位移数值较大,故亚甲基应与一强吸电子基团相连。δ 9.77(s,1H)和图 9-6 中 1700cm^{-1}附

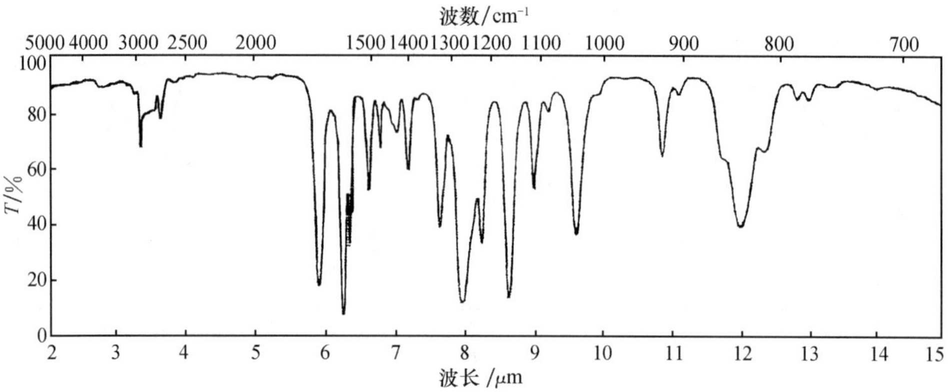

图 9-6　化合物的红外光谱图(三)

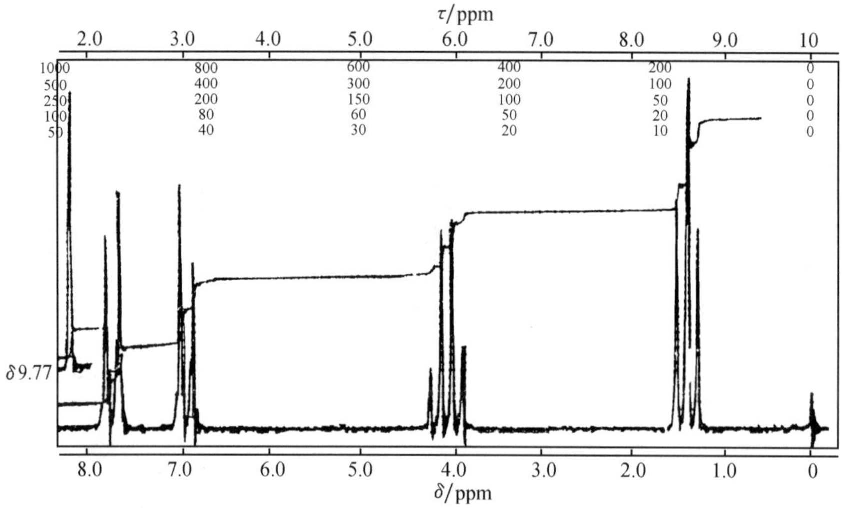

图 9-7　化合物的[1]H NMR 谱图(四)

积分曲线高度按各组吸收峰化学位移由小到大顺序为 11.5、8、8、7.5、3.5

近强吸收应为—CHO 信号。由 δ 6.89～7.70(m,4H)知其为二取代苯环,由图 9-6 中 830cm^{-1} 强吸收知其应为对二取代,δ 6.89(2H)和 δ 7.70(2H)的两组近似二重裂分也说明是强吸电子基团和强给电子基团的对二取代。故化合物(A)的结构应为 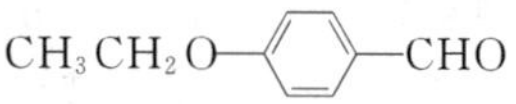

。

【**习题 9-44**】　化合物(A),分子式为 $C_{10}H_{12}O_2$,(A)的红外光谱和核磁共振谱分别如图 9-8 和图 9-9 所示。试推测化合物(A)的合理结构。

解　化合物(A)的不饱和度为 5,可能含苯环。由红外光谱(图 9-8)中 1600～1500cm^{-1} 吸收峰和核磁共振谱(图 9-9)中 δ 6.60～7.11 吸收峰可确证分子中含苯环。图 9-8 中 3100cm^{-1} 以上无吸收峰说明分子中无羟基,1725cm^{-1} 附近强吸收说明有羰基存在。由图 9-9 中积分曲线

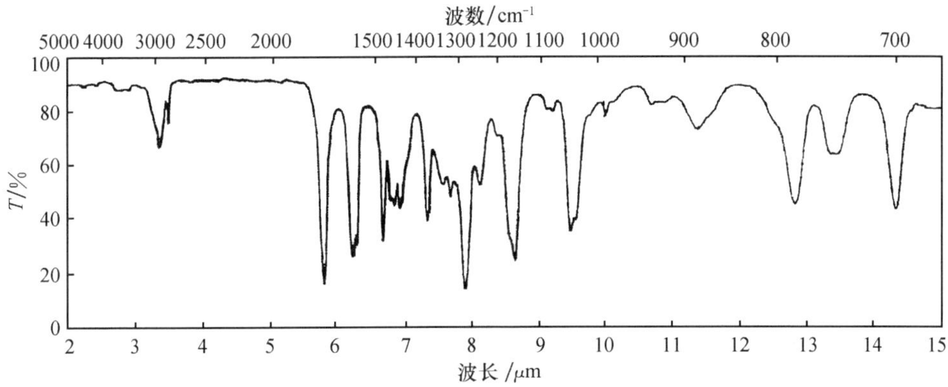

图 9-8 化合物的红外光谱图(四)

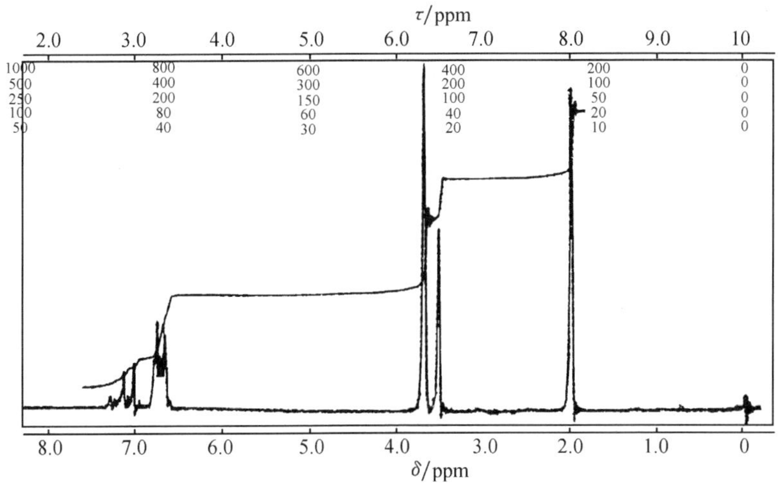

图 9-9 化合物的[1]H NMR 谱图(五)

积分曲线高度按各组吸收峰化学位移由小到大顺序为 8.5、6、8.5、13

得分子中不同种类氢原子数之比为 3∶2∶3∶4。δ 1.99(s,3H)为甲基信号,邻位基团无质子存在,且连有较强吸电子基团。δ 3.50(s,2H)应为亚甲基信号,其邻位基团也无质子存在,同样连有较强的吸电子基团。δ 3.67(s,3H)应为甲基信号,其邻位基团无质子,且连有吸电子能力很强的原子或基团。δ 6.60～7.11(m,4H)和图 9-8 中 $780cm^{-1}$、$700cm^{-1}$ 两个强吸收峰说明为间二取代苯。故化合物(A)的合理结构应为

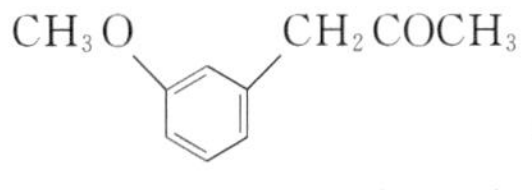

。

【习题 9-45】 化合物(A),分子式为 $C_5H_{10}O_3$,(A)的红外光谱和核磁共振谱分别如图 9-10 和图 9-11 所示。试推测(A)的合理结构。

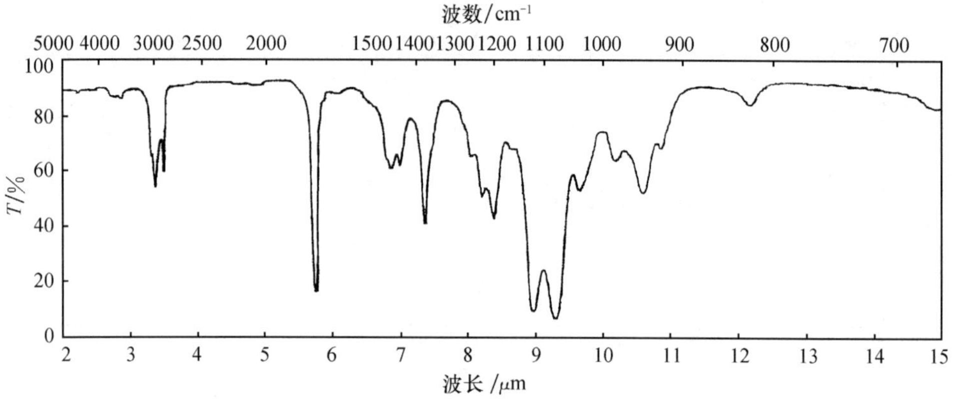

图 9-10　化合物的红外光谱图(五)

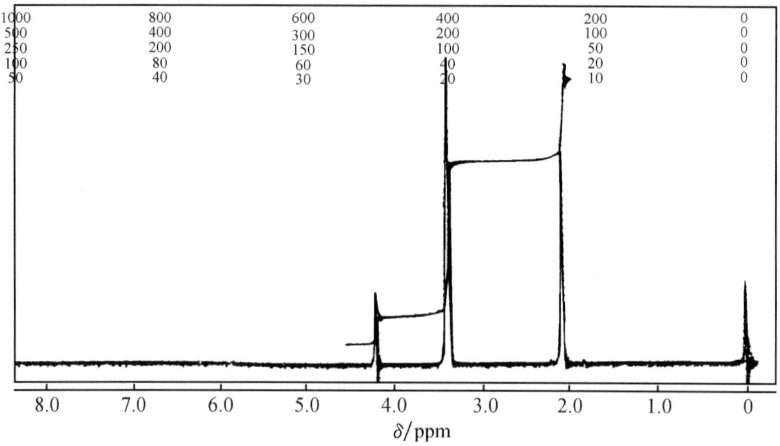

图 9-11　化合物的^{1}H NMR 谱图(六)

积分曲线高度按各组吸收峰化学位移由小到大顺序为 11、20、3.5

解　化合物(A)的不饱和度为 1,可能含双键或环。红外光谱(图 9-10)中 3000cm^{-1}以上无吸收峰说明不含羟基,由 1750cm^{-1}附近强吸收可知化合物中含羰基。核磁共振谱(图 9-11)的积分曲线表明化合物中不同氢原子数之比为 3∶6∶1。δ 2.07(s,3H)应为甲基信号,邻位基团无质子,且连有较强吸电子基团。δ 3.37(s,6H)应为等同的两个甲基信号,其邻位基团也无质子,根据化学位移值推测应与氧原子相连。δ 4.19(s,1H)应为一次甲基信号,其周围原子上均无质子,且具有很强吸电子能力。综上所述,化合物(A)的合理结构应为 $CH_3\overset{\overset{\large O}{\|}}{C}CH(OCH_3)_2$。

【习题 9-46】　化合物(A),分子式为 C_6H_9ClO,(A)的红外光谱和核磁共振谱分别如图9-12和图 9-13 所示。试推测(A)的合理结构。

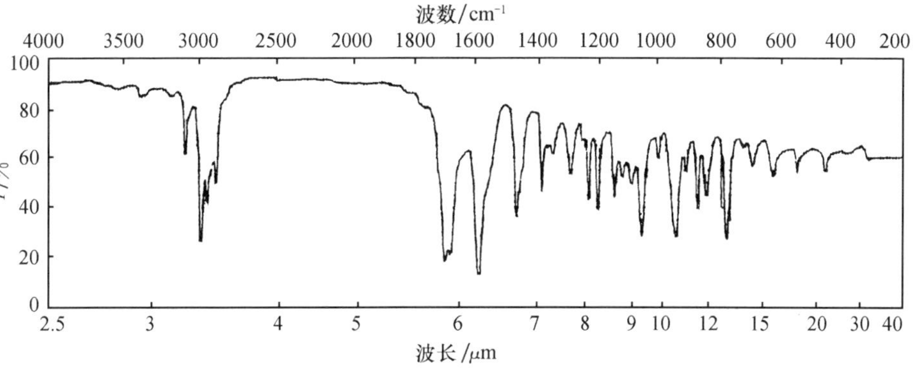

图 9-12　化合物的红外光谱图(六)

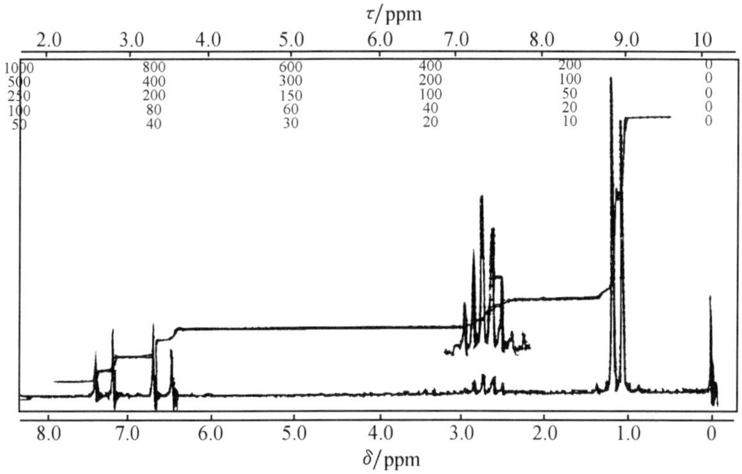

图 9-13　化合物的^{1}H NMR 谱图(七)

积分曲线高度按各组吸收峰化学位移由小到大顺序为 25、4、4、4

解　化合物(A)的不饱和度为 2,分子中可能含双键或环。红外光谱(图 9-12)中 $1700cm^{-1}$ 处强吸收表明分子中含羰基,而 $3100cm^{-1}$ 处吸收峰和核磁共振谱(图 9-13)中 δ 6.59～7.29 吸收峰说明分子中含双键。图 9-13 中的积分曲线表明分子中不同氢原子数之比为 6∶1∶1∶1。δ 1.13(d,6H)应为两个相同甲基信号,且其相邻碳原子上只有一个质子。δ 2.71(m,1H)应为次甲基信号,且与吸电子能力较强的基团相连。δ 6.59～7.29(m,2H)应为二取代的双键信号,由于化学位移向低场移动了近 1ppm,故双键上应连有吸电子基团。图 9-12 中 $950cm^{-1}$ 附近的强峰说明双键构型为 *E* 型。综上所述,则化合物(A)的结构应为

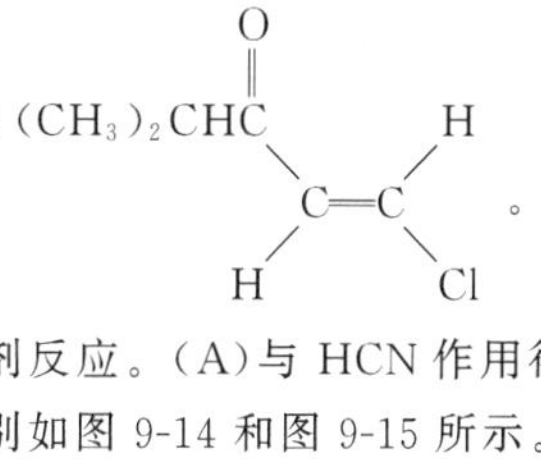

。

【习题 9-47】　化合物(A),分子式为 $C_{14}H_{12}O$,能与土伦试剂反应。(A)与 HCN 作用得化合物(B),分子式为 $C_{15}H_{13}NO$,(B)的红外光谱和核磁共振谱分别如图 9-14 和图 9-15 所示。试

推测(A)、(B)的合理结构。

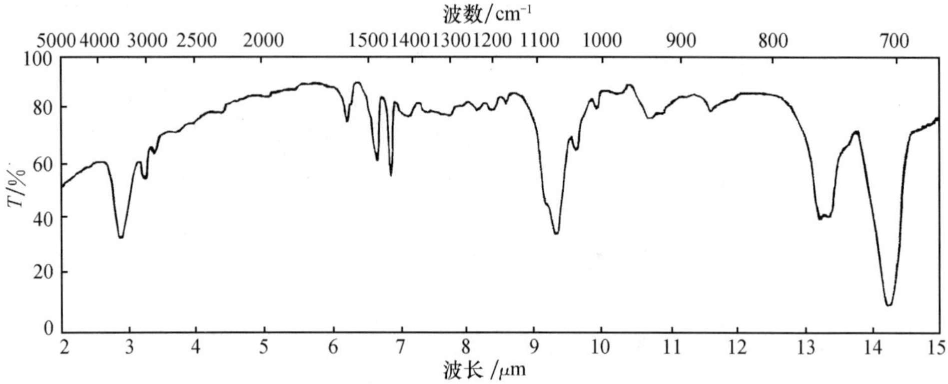

图 9-14　化合物的红外光谱图(七)

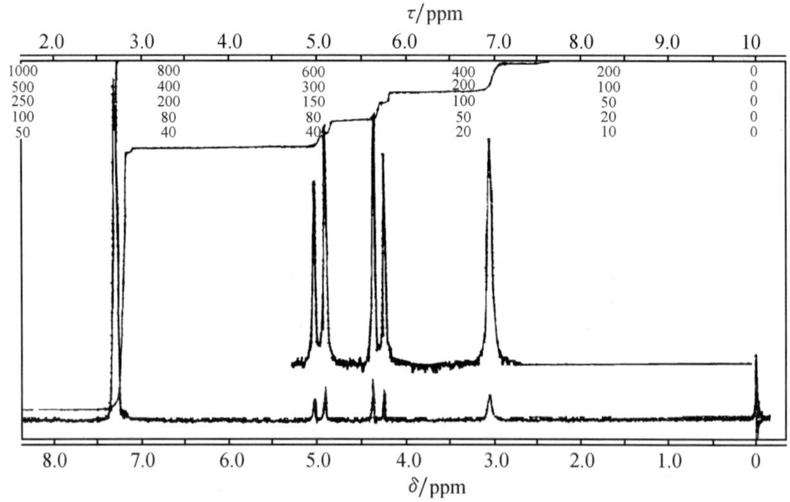

图 9-15　化合物的[1]H NMR 谱图(八)

积分曲线高度按各组吸收峰化学位移由小到大顺序为 3.5、3.5、3.5、35

解　化合物(A)的不饱和度为 9,分子中可能含芳环。(A)能与土伦试剂作用,说明分子中含醛基。(A)与(B)分子式相差一个 HCN 分子,说明(B)为氰醇。(B)的红外光谱(图 9-14)中 $3600cm^{-1}$附近有强吸收也说明分子中含羟基。(B)的核磁共振谱(图 9-15)的积分曲线表明分子中不同氢原子数之比为1∶1∶1∶10。δ 3.05(b,1H)应为羟基质子信号。δ 4.31(d,1H)为次甲基质子信号,二重裂分说明邻位碳原子上有一个质子。δ 4.94(d,1H)说明分子中还有一个次甲基。δ 7.28(s,10H)说明应为两个相同的一取代苯环,单峰说明取代基电性效应不强。综上所述,化合物(B)的合理结构应为 $(C_6H_5)_2CH\underset{\substack{|\\OH}}{C}HCN$,相应的(A)的合理结构应为 $(C_6H_5)_2CHCHO$。